Gerald Mackenthun

Tagebuch des Corona-Jahres 2020

Geschrieben für Leser des Jahres 2380

Gerald Mackenthun

Tagebuch des Corona-Jahres 2020

Geschrieben für Leser des Jahres 2380

Impressum

Die Deutsche Nationalbibliothek verzeichnet diese Publikation in der Deutschen Nationalbibliographie; detaillierte bibliographische Daten sind im Internet über http://dnb.dnb.de abrufbar.

1. Auflage Februar 2021

Dr. Gerald Mackenthun, Eberbacher Str. 4, 14197 Berlin, 030 8227813

Email: verlagta@gmail.com; www.verlag-ta.de

Druck und Vertrieb: Books on Demand GmbH
In de Tarpen 42, 22848 Norderstedt

Gesetzt aus der Athelas serif Standard und der Gill sans serif light.

ISBN 978-3-946130-32-1 (Print)

ISBN 978-3-946130-33-8 (eBook)

Es gibt an den Menschen mehr zu bewundern als zu verachten.

Albert Camus in „Die Pest“

Inhalt

Einleitung

Um die Jahreswende 2019/2020 erreichten Meldungen Europa, dass ein grippeähnliches Virus von der chinesischen Großstadt Wuhan aus sich durch Flugreisende in der ganzen Welt verbreite. Nach einigen Tages des Vertuschens und Zögerns wurde die Stadt von den Behörden abgeriegelt; nur in dringenden Fällen durfte sie betreten oder verlassen werden. Doch es war zu spät. Wo immer das SARS-CoV-2 genannte Virus auftauchte, wurde das öffentliche Leben heruntergefahren, wurden Ausgangssperren verhängt, die Schulen, Universitäten, Museen, Theater und viele Geschäfte geschlossen, die Grenzen dichtgemacht, der Flugverkehr eingestellt und private Feiern ebenso wie Versammlungen unter freiem Himmel verboten. Fast alle Regierungen der Welt verordneten ähnliche Maßnahme, nur einige Diktatoren und Autokraten leugneten die Gefahr. In Deutschland sollte spätestens mit der Rede der Bundeskanzlerin Angela Merkel am 18. März 2020 der Ernst der Lage allen klar geworden sein. Die mit einer SARS-CoV-2-Infektion einhergehende Erkrankung wurde Coronavirus Disease 2019 (COVID-19) genannt. Die weltweite Corona-Pandemie bzw. Corona-Krise war da.

Das Buch der Stunde war Albert Camus' Roman *Die Pest* aus dem Jahre 1947. Camus schildert den Verlauf der Pestseuche in der fiktiven Stadt Oran an der algerischen Küste aus Sicht der Hauptfigur des Arztes Bernard Rieux. Einige tote Ratten und ein paar harmlose Fälle einer rasch zum Tode führenden Erkrankung sind die Anfänge einer schrecklichen Pestepidemie, welche die Stadt in den Ausnahmezustand versetzt, sie von der Außenwelt abschneidet und tausende Todesopfer fordert. Die handelnden Personen nehmen den schier ausweglosen Kampf gegen den Schwarzen Tod auf jeweils eigene Weise auf.

Das Buch *Die Pest* ist Teil der Philosophie von Camus, welche um „das Absurde" kreist, eine existenzielle Gegebenheit. Das Absurde ist steter Begleiter des Menschen. So auch in *Die Pest*. Der Tod ist absurd, er kennt keine Begründungen und Argumente. Er trifft Kinder ebenso wie Erwachsene, gute Menschen gleichermaßen wie Verbrecher, Vorsichtige genauso wie Lässige, Egoistische wie Solidarische. Viele Menschen, die im Frühjahr 2020 diesen offensichtlich wieder aktuell gewordenen Roman lasen, fühlten sich angesprochen.

Eine Lehre des Buchs lautet[1], „dass ... die unheimliche Bedrohtheit unaufhebbar zum Wesen des Lebens gehört". „Der Alte hatte recht", heißt es im letzten Absatz der *Pest*, „die Menschen blieben sich immer gleich. Aber das war ihre Kraft und ihre Unschuld". Der Arzt Rieux, dem der Bericht über die Pest in der Stadt Oran zugeschrieben wird, „wollte schlicht schildern, was man in den Heimsuchungen lernen kann, nämlich dass es an den Menschen mehr zu bewundern als zu verachten gibt." Der Leser nimmt die Gewissheit mit, dass Mut, Willenskraft und Nächstenliebe auch ein scheinbar unabwendbares Schicksal meistern können.

In dem Buch verschwindet die Pest, wie sie gekommen ist. Die Absperrungen werden aufgehoben und die Beschränkungen fallen fort. Die befreite Einwohnerschaft verbrüdert sich in einem Freudenfest, und das alte Leben fängt wieder an. Der Arzt Rieux steht abseits und weiß, dass diese Fröhlichkeit immer bedroht ist. Er weiß, dass der Bazillus niemals stirbt noch verschwindet. Die traumatische Erfahrung kollektiver Verwundbarkeit gehört zur Menschheitsgeschichte.

Die Medien erinnerten an weitere klassische Werke und Berichte über Pandemien. Im Alten Testament gibt es die Passage, in der Ägypten mit zehn Plagen überzogen wird, weil der Pharao Moses und die Juden nicht auswandern lassen wollte. Moses verständigte sich mit seinem Gott JHWH, dass dieser nach jeder Weigerung Ägyptens eine weitere Plage schicken wird, darunter schwarze Blattern (Geschwüre) und eine Viehpest. Die fantastische Vielfalt des *Decamerone* (um 1350), der Novellensammlung von Giovanni Buccaccio, war aus der Not der Absonderung geboren. Die zehn jungen Erzähler flohen vor der Pest aus Florenz in die Hügel von Fiesole, wo sie sich gegenseitig zehn mal zehn Geschichten erzählten.

Die Cholera, die Paris im Frühjahr 1832 heimsuchte, war von Russland nach Europa getragen worden. In Paris fielen ihr im Jahre 1832 etwa 20.000 Menschen zum Opfer. Der aus Deutschland stammende politische Schriftsteller Heinrich Heine, der sich zu der Zeit in Paris aufhielt und die Stadt bewusst nicht verließ, ging von 35.000 Toten aus. Sobald es die ersten Toten gab, verließen die Lebenden, die es sich leisten konnten, die Stadt. Heine blieb, weil er einen kranken Freund pflegen wollte und weil er bei der allgemeinen Panik als Journalist interessante Geschichten für seine Leser in Deutschland erwartete.

[1] das schrieb Otto Friedrich Bollnow in einem langen Essay über Camus` *Pest*, abgedruckt in der Zeitschrift „Die Sammlung", dritter Jahrgang 1948, Heft 2, S. 103-113

Auch wenn die Cholera als bakterielle Infektionskrankheit, die vorrangig auf verunreinigtes Trinkwasser zurückgeht, unter medizinischen Gesichtspunkten nicht mit dem Corona-Virus vergleichbar ist, sind Heines Beobachtungen von vor 188 Jahren in großem Umfange auf die heutige Zeit übertragbar. Der anfänglichen Sorglosigkeit folgt Verwirrung, die Gesichter werden ernster, die Plätze und Straßen leerer, man zweifelt an den Erkrankten- und Todeszahlen, man misstraut den Quellen. Schon zu Heines Zeiten ging die Pandemie mit der Verbreitung von Fake News einher. „Was sich heute vor allem in den Sozialen Medien zusammenbraut, wurde in Paris des Jahres 1832 per Mundpropaganda verbreitet", schreibt Tim Jung in seinem Vorwort zu Heines insgesamt nur kurzem Bericht, der den Titel *Ich rede von der Cholera* trägt. „So machte das Gerücht die Runde, dass das Volk gezielt vergiftet würde; in der Folge wurden zwei Menschen auf offener Straße ermordet, die ein weißes Pulver mit sich führten – wie sich herausstellte, nachdem die Unschuldigen bereits vom Mob zu Tode geprügelt worden waren."

Der wenig bekannte Schweizer Pfarrer Jeremias Gotthelf schrieb *Die schwarze Spinne* (1842), eine gruselige Geschichte, die ich als Kind im Schulunterricht zu lesen hatte. Die schwarze Spinne wird in einem Loch in einem Bettpfosten mit einem Propfen eingeschlossen und kann jederzeit wieder ausbrechen. Und Thomas Mann beschrieb 1911 in der Novelle *Der Tod in Venedig* den Tod eines berühmten Schriftstellers in einer Cholera-Epidemie in Venedig. Die Behörden verschweigen den Ausbruch der Krankheit. Aber selbst, als er über die Gefahr informiert ist, verlässt er die Stadt nicht, weil er sich in einen schönen Knaben verliebt hat. Der Schriftsteller stirbt an der Cholera, während er aus seinen Liegestuhl am Strand ein letztes Mal den jungen Mann beobachtet.

Schon zweimal in der Neuzeit haben Corona-Viren die Welt gelähmt – die Russische Grippe von 1889 bis 1895 und die Spanische Grippe von 1918 bis 1921. Die Russische Grippe war die erste globale Pandemie, von der man einigermaßen zuverlässig weiß. Diese war mit bis zu einer Million Opfern weltweit die bis dahin schwerste Virus-Epidemie, übertroffen erst durch die Spanische Grippe, die ab 1918 weltweit über 25 Millionen Opfer forderte. Insgesamt sollen ab 1918 global etwa 500 Millionen Menschen infiziert worden sein, was eine Letalität von 5 bis 10 Prozent ergibt, die damit deutlich höher lag als bei Erkrankungen durch andere Influenza-Erreger.

Die Strukturähnlichkeiten traumatischer Pandemie-Erfahrungen in der Geschichte können indessen nicht die großen Unterschiede zwischen damals und heute einebnen. Im Mittelalter war die Nähe zwischen Magie, Medizin und Scharlatanerie groß. Heute fällt es selbst in der katholischen Kirche nur noch wenigen ein – dem Churer Bischof Marian Eleganti zum Beispiel –, die Corona-Krise als Strafe Gottes anzusehen.

Was offenbar unvermeidlich dazugehört, ist die Versuchung, einen Sündenbock zu finden, der die Seuche angeschleppt hat. Im Mittelalter galten Fremde, Prostituierte, Juden und die Armen als Kandidaten. Heute bezichtigen Amerika und China einander, für die Corona-Pandemie verantwortlich zu sein. Man muss wohl skeptisch bleiben gegenüber der romantischen Vorstellung dieser Tage, die Pandemie löse vor allem eine Welle der Solidarität aus. Sie löst mindestens gleichzeitig auch Egoismus, Nationalismus und Wellen des Autoritarismus aus. Einige meinen, die Globalisierung mit ihrem stetig ausgeweiteten Warenverkehr sei der wahre Urheber, aber auch das scheint nur eine Variante des Suchens nach einem Sündenbock zu sein.

Von den historischen Berichten angeregt und erfasst von der überall spürbaren Besorgnis und Nervosität lasen meine Frau und ich gemeinsam eine Reclam-Auswahl aus dem *Tagebuch* des englischen Marine-Staatssekretärs Samuel Pepys der Jahre 1660-1669. Pepys erlebte die Wiedererrichtung der Monarchie (mit einem an Politik gänzlich uninteressierten König), die Pest 1665 in London, am Ende des selben Jahres eine verheerende Feuersbrunst, die die halbe Stadt in Schutt und Asche legte, und den Seekrieg zwischen Holland und England. Pepys, der unter anderem für das Beschaffungswesen der Marine zuständig war und einen gewissen Einfluss erlangte (auch war er von Korruption nicht gänzlich frei), kam uns über die Distanz von 360 Jahren menschlich nahe. Was werden die Menschen in 360 Jahren von uns wissen und denken? Das war die Frage, die mich zum Untertitel meines Tagebuches inspirierte.

*

Der Anlass, ein Tagebuch des Corona-Jahres 2020 zu schreiben, lag indes woanders. Kaum nahm die Pandemie an Fahrt auf, meldeten sich nervöse Feuilletonisten zu Wort mit der nachdrücklich geäußerten Behauptung, „nach Corona wird nichts mehr so sein wie zuvor“. Das kam mir sowohl voreilig als auch fraglich vor. Als Psychologe erwarb ich die Erkenntnis, dass sich der Mensch als Spezies durch eine Pandemie nicht ändern wird. Er wird nicht besser oder schlechter durch sie; er bleibt sich immer ähnlich. Die menschliche Psyche ändert sich über die Zeit kaum, weder im Kollektiv noch im Individuum. Die Geschichte zeigt menschliches Handeln in allen seinen

Facetten, den guten wie den schlechten. Wahn und Würde des Menschen liegen eng beieinander und laufen parallel. Zu allen Zeiten gab es Egoismus und Niedertracht, und zu allen Zeiten gab es Großherzigkeit und Hilfsbereitschaft. Mit einer grundlegenden Verbesserung der psychisch-ethischen Grundausstattung des Menschen ist nicht zu rechnen.

Gleich bleibt sich auch das stete Gefühl der Überforderung. Viele Kommentatoren empfinden die Zeit ab etwa den Anschlägen am 11. September 2001 in den USA (oder ab irgendeinem anderen Zeitpunkt) als eine Krisenzeit. Die Zahl der Konflikte scheint seit Jahren im gleichen Maße zu steigen, wie die Chancen auf Lösungen sinken. Zu Beginn der Pandemie und den Kontaktbeschränkungen schien es, dass alle Solidarität, Nachbarschaftshilfe und Verständnis für die harte Arbeit in den Krankenhäusern erfasste. Das ging schnell vorüber. Zwar protestierten ab Spätsommer einige kleine, aber lautstarke Gruppierungen gegen die „Diktatur" der Kontaktbeschränkungen, aber die große Mehrheit schickte sich in das Notwendige. Die überwiegende Mehrheit der Bevölkerung reagierte mit Vernunft und Sachverstand auf die neue Lage, fand sich in diese neue Situation schnell ein und begriff die Relevanz dieses Geschehens. Man stellte das Verhalten ohne große Proteste um.

Wir leben in einem Land und in einem politischen Klima, in welchen eine vernünftige Ansprache der Politik und der verantwortlichen Institutionen gute Wirkung zeigt. Es war ein überraschender und auch großer Moment zu sehen, wie unsere Nation in der Lage ist, kollektiv vernünftig zu handeln. Die Coronakrise lehrte uns den Wert von Solidarität und Vernunft, sie lehrte uns wohltuende Entschleunigung und Verzicht. Sie zeigte auch, wie falsch das ständige Krisengerede ist und wie weit entfernt dieses Gerede von einem Großteil der Bevölkerung stattfindet. Viele sahen sich darin bestätigt, dass unsere Konsumgesellschaft fragwürdig ist. Die Lernfähigkeit in den Despotien und unter erratischen Führungspersönlichkeiten (USA, Russland, China) war deutlich geringer. Nicht alle sind bereit, die Realität zur Kenntnis zu nehmen. Wir haben das Glück, in einem Land zu leben, wo die politischen Führungsfiguren bereit sind, die Realität wahrzunehmen und rational darauf zu reagieren.

Corona ist wie ein Traum oder Alptraum, der vorübergehen wird. Es werden Menschen sterben, das ist richtig. Es werden aber noch viel mehr Menschen an ganz anderen Dingen sterben. Corona wird niemals den Tod dominieren. Andererseits, es sind richtige Tote, nicht die fragwürdigen Hochrechnungen über vorzeitig Gestorbene wegen Stickoxid und Feinstaub. Corona ist keine

Katastrophe biblischen Ausmaßes. Das war in früheren Jahrhunderten die Pest, als in ganz Europa ein Drittel der Einwohner starb, in einigen Städten bis zu drei Viertel. Die Menschheit heute ist dem Virus gegenüber nicht ohnmächtig. Wir bleiben ohnmächtig nur dem Tod an sich gegenüber.

*

Entgegen der obigen These von der weitgehenden Unveränderbarkeit der Psyche ist seit Mitte des vorigen Jahrhunderts eine erstaunliche Verbesserung der Lebensbedingungen der Menschen in globalem Maßstab zu beobachten. Es scheint, als hätte sich die Menschheit im Großen und Ganzen mehr auf ihre kooperativen, mitfühlenden und einsichtsvollen Fähigkeiten besonnen. Heute sind die Menschen weltumfassend gesehen gesünder, wohlhabender und sie leben länger als zu jeder anderen Zeit in der Geschichte des *Homo sapiens*. In den vergangenen 70 Jahren, seit Ende des Zweiten Weltkriegs, gab es einen kolossalen Ausbruch aus Armut, Kindersterblichkeit und Analphabetismus. Immer mehr Mädchen gehen zur Schule, die Schulzeit verlängert sich, Milliarden Menschen genießen einen Komfort, der vor 100 oder 200 Jahren noch unvorstellbar war. Einkommen und Gesundheit haben sich fast überall verbessert. Die Lebenserwartung hat sich in etwa verdoppelt, was die Chancen auf Freiheit und Selbstbestimmung deutlich ausweitet.[2] Dieser Fortschritt beruht ganz überwiegend auf einem Zurückdrängen von Kirchenmacht und einer weiten Verbreitung des freien Gedankenaustausches und von marktwirtschaftlichem Handel unter demokratischen, wohlfahrtsstaatlichen Staatsverfassungen, die sich der Friedenssicherung als einer obersten Maxime verschrieben haben.

Betrachtet man die Welt nicht nur durch die verzerrte Brille der Apokalyptiker[3], könnte man mit einigem Recht zu dem Ergebnis gelangen, dass sich die Menschheit seit einigen Jahrzehnten im Aufwind befindet. „Die Aufklärung funktioniert“, betont der amerikanisch-kanadische Psychologe Steven Pinker in einem Beitrag für die Neue Zürcher Zeitung (21. Februar 2018[4]). Die Fort-

---

2 Angus Deaton (2017) *Der große Ausbruch. Von Armut und Wohlstand der Nationen.* Stuttgart: Klett Cotta. Der britisch-amerikanischer Ökonom ist Professor für Wirtschaftswissenschaften an der Princeton University. Er erhielt 2015 den Alfred-Nobel-Gedächtnispreis für Wirtschaftswissenschaften für seine Analyse von Konsum, Armut und Wohlfahrt.

3 beispielsweise der frühere EU-Parlamentarier Hans-Peter Martin: *Game over. Wohlstand für wenige, Demokratie für niemand, Nationalismus für alle – und dann*? München 2018. Sein Kompendium der Ausweglosigkeit erzeugt ein Gefühl der Lähmung.

4 https://www.nzz.ch/feuilleton/die-aufklaerung-funktioniert-ld.1358560. Von Pinker erschienen unter anderem: *The Better Angels of Our Nature: Why Violence Has Declined.* Vi-

schritte seien kein bloßer Zufall. Vielmehr handelt es sich um die Fortsetzung eines Prozesses, der Ende des 15. Jahrhunderts durch die Wiederentdeckung der kulturellen Leistungen der griechischen und römischen Antike in der Renaissance angestoßen, im späten 18. Jahrhundert durch die Aufklärung und im 19. Jahrhundert durch Religionskritik fortgesetzt wurde und der im 20. Jahrhundert die menschlichen Lebensverhältnisse in fast jedem Bereich verbessert hat.

Hat die Menschheit also doch aus der Geschichte gelernt? Die Regierungen und die Gesundheitssysteme vieler Staaten zeigten sich angesichts der Bedrohung durch das neuartige Virus erstaunlich reaktionsschnell und anpassungsfähig. Die offenbar ebenfalls unvermeidliche Kritik an der angeblichen Unfähigkeit der Herrschenden gehört seit jeher zur politischen Folklore. Was das Gesundheitssystem angeht, so wird seit Jahren behauptet, dass es kaputtgespart wird. Nun zeigte sich die Politik erstaunlich handlungsfähig. Das Gesundheitssystem hatte sich innerhalb weniger Tage auf die neue Lage eingestellt, planbare Behandlungen und Operationen zurückgestellt und Tausende von Intensivbetten für schwer an Corona Erkrankte bereitgestellt.

Die Zuständigkeit für Seuchen freilich ist an Virologen und Epidemiologen übergegangen: ein Segen für die Menschheit. Dass es so kam, verdanken wir einem evolutiven Prozess, der gespeist wird aus wissenschaftlicher Neugierde, medizinischem Erfolg und kapitalistischer Fortschrittsdynamik. Gesundheit ist nichts, was vom Himmel fällt, sondern verdankt sich einer wirtschaftlichen Erfolgsgeschichte, die auch künftig nicht abbrechen darf. Neu und beruhigend ist die internationale Zusammenarbeit der Virologen. Normalerweise stehen sie in heftiger Konkurrenz zueinander.

Der Rationalität der wissenschaftlichen Medizin können wir vertrauen. Gewiss ist es nötig, auf die Knappheiten (Betten, Beatmungsgeräte, Mundschutz, Desinfektionsmittel) hinzuweisen. Darüber sollte aber nicht vergessen werden, was alles in Fülle und zugleich flächendeckend da ist – nicht vom Himmel gefallen, sondern als Frucht unseres Wohlstands.

Theodor Dostojewski hat gesagt, „den Grad einer Zivilisation kann man abschätzen, wenn man ihre Gefängnisse betritt“. Deutschland hat eine ver-

---

king Adult, 2011. Übers. Sebastian Vogel: *Gewalt: Eine neue Geschichte der Menschheit*. Frankfurt am Main 2011. *Enlightenment Now: The Case for Reason, Science, Humanism, and Progress*. Allen Lane, 2018. Übers. Martina Wiese: *Aufklärung jetzt: Für Vernunft, Wissenschaft, Humanismus und Fortschritt. Eine Verteidigung*. Fischer, Frankfurt/M. 2018. Pinkers Bücher erfahren in der Öffentlichkeit breite Aufmerksamkeit.

gleichsweise niedrige Kriminalitätsrate und eine niedrige Zahl von Häftlingen. Die Zahl der Morde ist in den USA neunmal höher als in Deutschland. In Kalifornien gibt es mehr Menschen in Haftanstalten als Studenten an Universitäten. Deutsche Gefängnisse sind relativ klein und beherbergen nie mehr als 1200 Gefangene. Diese tragen ihre eigene Kleidung und sind nicht uniformiert wie in den USA. Es gibt viel weniger Gewalt in deutschen Gefängnissen als in amerikanischen, unter anderem, weil in Deutschland die Gefangenen Einzelzellen haben. Die Todesstrafe ist abgeschafft.

Der Ökonomen Robert Fogel erhielt 1993 den Nobelpreis für Wirtschaftswissenschaften. 2011, im Alter von 85, schrieb er unter dem Titel *The Changing Body* ein Buch über die Beziehung von Kapitalismus und Körper: Die Fortschrittsgeschichte besserer Ernährung, guter medizinischer Versorgung, einfallsreicher Ingenieurskunst (nicht zuletzt der Erfindung der Kanalisation, die die Cholera zum Verschwinden brachte) und wirtschaftlichen Wachstums war es, die diesen grandiosen Verbesserungsschub für die Gesundheit ermöglicht hat. Impfen, anfangs sehr teuer, wurde immer günstiger und für viele erschwinglich. Man ist geneigt, die Gesundheit ausschließlich als individuelles Gut zu betrachten, das sich aus genetischer Prägung, persönlichem Lebensstil und achtsamer Ernährung ergibt. Dabei wird übersehen, wie sehr die „Volksgesundheit“ sich seit 200 Jahren für alle verbessert hat.

Die Einsicht, dass Kriege unter allen Bedingungen verhindert werden müssen, ist breit akzeptiert. Menschenrechte, Demokratie und Umweltschutz haben sich in weiten Teilen der Welt durchgesetzt. 1945, gegen Ende der Nazi-Herrschaft, existierten nur noch drei demokratische Staaten in Europa: Großbritannien, die Schweiz und Schweden. Nach 1945 war Osteuropa unter sowjetischer Herrschaft. Heute sind so gut wie alle 49 europäische Staaten Demokratien. Weißrussland, Ungarn, Polen und Serbien werden autokratisch geführt, doch sie sind weit entfernt von Zuständen wie im nationalsozialistischen Deutschland. In Lateinamerika verschwanden die Militärdiktaturen, in Osteuropa die Einparteiensysteme. Einige Staaten Afrikas und Asiens lassen Wahlen und Aktivitäten der Zivilgesellschaft zu. Der demokratische Wohlfahrtsstaat minimiert durch Daseinsvorsorge und -fürsorge Lebensrisiken und erhöht Freiheitschancen.

Gerade im Überblick und aus der Rückschau zeigen sich die großen Unterschiede von damals und heute. Davon möchte ich meinen Lesern im Jahre 2380 berichten[5]:

Vor 100 Jahren waren die sanitären Zustände für den Großteil der Bevölkerung primitiv, Lebensmittel und Kleidung waren knapp. Nur reiche Familien verfügten über Waschmaschine, Telefon, Kühlschrank oder Auto. Einen Fernseher besaß nach dem Zweiten Weltkrieg niemand. Die folgende Generation profitierte im Laufe der Zeit von erstaunlichen medizinischen Fortschritten. Ihr kamen der durch ein hohes Wirtschaftswachstum ermöglichte Aufbau des Sozialstaats und seine ständige Ausweitung zugute. Ein Maß an sozialer Sicherheit wurde erreicht, wie es frühere Generationen nicht gekannt hatten. Der materielle Fortschritt seit jener Zeit ist atemberaubend.

Heutige Familien wären entsetzt, wenn man ihnen eine Wohnung ohne Badezimmer und mit einer (häufig mit anderen Familien gemeinsam genutzten) Toilette im Hof oder Treppenhaus anbieten würden. Annehmlichkeiten, die einst einen Luxus darstellten, dessen sich nur eine winzige Minderheit erfreuen konnte, sind heute alltäglich. Sämtliche Bewohner der Bundesrepublik (mit ganz wenigen Ausnahmen) haben ein Dach über dem Kopf. In ihren Wohnungen und Häusern haben sie es warm, Tag und Nacht gibt es Strom und fließend kaltes und warmes Wasser. Die meisten Familien besitzen ein Auto; auch Haushalte mit zwei Autos sind nichts Ungewöhnliches. Die anderen benutzen ein weitverzweigtes Netz des öffentlichen Personennahverkehrs. Das Vorhandensein von Kühlschrank und Smartphone wird als selbstverständlich betrachtet. Heute kann man auf mobilen Smartphones Fernsehen schauen, das war noch vor 20 Jahren unvorstellbar. Auslandsreisen, die in den 1950er Jahren ein Privileg der Reichen waren, sind heute für Millionen erschwinglich. Fast alle fahren mindestens einmal im Jahr in den Urlaub.

Nicht nur der materielle Besitz, auch Einstellungen und Mentalitäten haben sich erheblich geändert. Rassistische Ansichten und offen rassistische Diskriminierung wurden noch vor einem halben Jahrhundert weithin akzeptiert und kaum als der Rede wert betrachtet. In Europa lebten nur wenige Menschen nichtweißer Hautfarbe. Die Todesstrafe war noch in Kraft und wurde bei schwersten Verbrechen auch vollstreckt. Homosexualität war kriminali-

[5] Ich orientiere mich an den Anfangskapiteln von Ian Kershaw: *Achterbahn: Europa 1950 bis heute* (München 2019)

siert, Abtreibung verboten. Die christlichen Kirchen besaßen beträchtlichen Einfluss, und die Gottesdienste waren noch recht gut besucht.

Heute bildet die multikulturelle Gesellschaft die Norm. Gleichgeschlechtliche Ehen und Abtreibung werden weithin akzeptiert. Frauen sind prinzipiell und faktisch geleichgestellt. Ausbildung und Einkommen der Kinder wurden besser und höher als die der Eltern. Westliche gesellschaftliche und kulturelle Fortschrittsmuster verbreiteten sich in der gesamten entwickelten Welt.

Sind die utopischen Energien erschöpft, wie es Jürgen Habermas schon 1985 mutmaßte? Mit dem Zusammenbruch des Sowjet-Imperiums verloren Kommunismus und Sozialismus die letzte Legitimation. Der westliche Lebensstandard und die im Westen ausgeformte repräsentative Demokratie wurden nach 1990 der einzige realistische Maßstab für die zukünftige Entwicklung von Gesellschaften und Staaten. Doch nun stellte sich dem Glauben an ein unendliches Wachstum mit unendlichen Ressourcen und unendlicher Güterproduktion die Warnung vor einer Überforderung und dem Zusammenbruch des ökologischen Systems entgegen. Zugleich bedrängen autokratische Regierungen wie in China, Polen oder Weißrussland die freiheitliche Demokratie. Zu dieser Bedrohung von außen gesellt sich im Innern eine Lust an der Destruktion der Demokratie (die nicht als solche anerkannt wird) und ihren Institutionen (die angeblich permanent „versagen"). Es scheint, als sei ein Teil der Bevölkerung des Friedens und des Wohlstandes überdrüssig. Ein links-feministisch-ökologisches, hegemoniales Milieu wird zunehmend von nationalistisch-rechten Bevölkerungsteilen herausgefordert. Es ist noch nicht auszumachen, wer diese Auseinandersetzung für sich entscheiden wird.

Statt einer Utopie gewann eine Dystopie an Einfluss und beherrscht das Feuilleton. Es ist die Erzählung vom nahen Untergang, wenn nicht alle sofort umschwenken und – ja, was eigentlich machen sollen? Um den Ausstoß des Treibhausgases CO_2 auf ein angeblich erdgemäßes Niveau zu senken, müssten Produktion und Konsumtion um ungefähr die Hälfte heruntergefahren werden. Seit 1973, seit dem Bericht des Club of Rome, wird vor dem Zusammenbruch des globalen Ökosystems gewarnt. Die Regierungen vor allem der westlichen Welt haben seitdem mit vielfältigen Maßnahmen Luft und Wasser sauberer gemacht. Aber viele bleiben interesselos. Die einfache Erkenntnis, dass ein unendliches Wachstum auf einen endlichen Planeten logisch nicht möglich ist, dringt nicht wirklich durch. Das Hauptproblem, die ständig wachsende Bevölkerung – jährlich 80 Millionen mehr, die Einwohnerzahl

Deutschlands –, wird nicht thematisiert. Die Freiheit, Kinder zu bekommen, wird nicht angetastet. Noch gibt es keinen neuen Wachstumsbegriff, es gibt kein Konzept für Konsumreduktion und Askese, es gibt noch keinen allgemein anerkannten neuen Wohlstandsbegriff, der an die Stelle des Bruttoinlandsproduktes treten könnte.

*

Die Corona-Pandemie des Jahres 2020 bot Anlass für einen erneuten Anlauf, ein globales Schicksal zu denken. Aber auch diesem alle Menschen ohne Unterschied betreffende Ereignis wird nach alten Mustern begegnet: Die übliche Mischung aus erstaunlicher Solidarität und Kooperation auf der einen und dem Weiterwurschteln und dem nur allzu menschlichen Egoismus auf der anderen Seite. Die simple Einsicht, dass der Mensch ein Lebewesen unter vielen anderen, auch winzigen Lebewesen ist, wird verdrängt. Immerhin: Die meisten Regierungen handelten zwar national, aber in der Regel rational und überlegt. Die Politik, nicht die Wirtschaft oder die Wissenschaft nahm das Heft in die Hand und verordnete nie dagewesene, radikale Maßnahmen der sozialen Isolation. Saturierte Bürger waren durchaus zu solidarischem Handeln und temporären Verzichtsleistungen bereit. Sozialromantiker sahen in dem verordneten Lustverzicht schon den Beginn des Untergangs des Kapitalismus; Soziologen sahen die Chance zu Besinnung auf das Wesentliche.

Jede Krise ist eine Chance, aber nur für die, die sie nutzen. Auch in dieser Corona-Krise traten neue Gedanken auf. Aber werden sie über den aktuellen Schockmoment hinaus wirken? Haben sich die politischen Kräfteverhältnisse verändert? Es sieht nicht danach aus. Wird sich der ökonomische Produktionsprozess verändern? Vermutlich nur wenig. Einige Betriebe und Unternehmen werden insolvent gehen, einige Arbeitnehmer werden arbeitslos werden. Welche neuen Möglichkeiten ergeben sich? Es wird vielleicht mehr Heimarbeit und mehr Video-Konferenzen geben. Alle westlich geprägten Staaten wollen möglichst schnell zum früheren Status zurückkehren und wenden dafür Milliarden auf. Alle wollen wieder reisen und ins Restaurant gehen. Die fast grenzenlose Mobilität gehört zum heutigen Lebensstandard.

Man findet Trost darin, dass sich das Verhalten der Menschen zu Seuchenzeiten und auch sonst über die Jahrhunderte nicht groß verändert. Es gibt die Ängstlichen, die Vorsichtigen, die Panischen, die Rationalen, die Tatkräftigen, die Besonnenen, die Klagenden, die sich Fügenden. Was sich stark verbessert hat, das ist die Einflussmöglichkeit und die Schlagkraft staatlicher

Institutionen, ferner die Rationalität der zu treffenden Maßnahmen. Es scheint dabei unvermeidlich, dass ein kleinerer Teil der Bevölkerung auch nach Monaten noch nicht an die Existenz eines neuartigen, gefährlichen Virus glauben kann oder will. Sie stellen alles infrage und dünken sich schlau. Es wird immer jene geben, die die verordneten Maßnahmen für zu spät und für zu lasch halten, und jene, die sie für verfrüht und zu harsch halten. Irgendwo dazwischen laviert die Politik.

Die Kontroversen über die Corona-Gegenmaßnahmen waren heftig, aber letztlich steril. Es folgte nichts Neues daraus. Es gab keine Alternative zur sozialen Distanz in der Pandemie. Für Detailregelungen gibt es immer einen Ermessensspielraum, daraus muss man keine Ideologie machen.

*

Die Rede, „nichts wird so sein wie vorher", provozierte meinen Widerspruch, und ich begann, ein Corona-Tagebuch zu schreiben, in Gedanken an meine Leser in 360 Jahren.

Die Entscheidung fiel Mitte März 2020. Von da an galt es, die Ereignisse nach vorne zu verfolgen und nach hinten zu rekonstruieren. Da Archive und Bibliotheken geschlossen waren und blieben, hatte ich Mühe, die Zeit bis Anfang Januar 2020 zu rekonstruieren. Ich verzichtete schließlich kurzerhand auf den Januar. Und ich brach das Tagebuch Mitte November 2020 ab. Ich war erschöpft von der Arbeit und zugleich erleichtert, dass der mieseste Präsident, den die Vereinigten Staaten jemals hatten, abgewählt war und ein Impfstoff gegen das Covid-19-Virus unmittelbar vor der Zulassung stand.

Herausgekommen ist kein Tagebuch im engeren Sinne. Dieses müsste intimer und erzählerischer sein. Es ist eher ein Denk-Tagebuch, ein Arbeitsjournal, dessen Inhalte vielleicht später einmal in einen Aufsatz oder ein Buch übernommen werden können. Die Notizen erscheinen in chronologischer Folge, zusammengehalten von einem generellen Interesse am Politischen.

Es fällt schwer, Leuchtmarken der Vergangenheit und der Gegenwart festzuhalten. Oft gelingt dies nur mit erheblicher Gedächtnisarbeit. Dabei können Notizen und Aufzeichnungen immerhin ein wenig helfen. Es geht um den Versuch, flüchtige Gedanken für später festzuhalten. Es stellte sich heraus, dass die politischen Debatten mein Hauptinteresse fanden und – zu meiner eigenen Überraschung – die persönlichen Ereignisse stark in den Hintergrund traten.

Ich verarbeitete die drei Zeitungen, die ich regelmäßig lese, die Frankfurter Allgemeine Zeitung, die Neue Zürcher Zeitung und den Tagesspiegel Berlin. Parallel dazu beschäftigte ich mich mit politischen und psychologischen Fragen, zu denen ich meine Gedanken und Kommentare aufschrieb. Man wird rückblickend im Lichte des Geschichtsverlaufs sicher auch an diesem Tagebuch die relative Nichtigkeit des Tagesgeschehens feststellen müssen. Was davon wird die Leser in 360 Jahren interessieren? Es könnte sein, dass ich sie langweile oder enttäusche. Aber was ich hier aufschreibe war das, was einige von uns in diesem denkwürdigen Jahr beschäftigte.

Berlin, Dezember 2020

Februar

1. 2. Schreibe eine Rezension zu Bernhard Haslinger, Bernhard Janta (Hg.): *Der unbewusste Mensch. Zwischen Psychoanalyse und neurobiologische Evidenz* (2019), für das Deutsche Ärzteblatt, Ausgabe PP. Die Autoren sind ausgewiesene Experten auf den Gebieten der Psychiatrie, Psychotherapie, Psychoanalyse, Neurologie und Neurobiologie. Die Unterscheidung von explizit-deklarativem und implizitem Gedächtnis 1957 veränderte das Bild vom Menschen ebenso wie die Psychoanalyse als Therapieform. Der deutsch-amerikanische Psychoanalytiker Otto F. Kernberg äußert im Vorwort die Hoffnung, dass das Verständnis von moderner Neurobiologie und den seelischen Strukturen des Selbst die Kompetenz der Behandler in Diagnostik und Behandlung psychischer Erkrankungen stärkt.

Fange an, das Buch von Alexander Kluy (2019) *Alfred Adler. Die Vermessung der menschlichen Psyche. Biografie.* München, zu lesen. Die erste Biographie Adlers seit 25 Jahren!

2. 2. Das globale Bevölkerungswachstum müsste eigentlich zur Klimadebatte gehören, tut es aber nicht. Die Übervölkerung kommt nicht einmal am Rande vor. Im aktuellen Bestseller der deutschen Klimaaktivisten Luisa Neubauer und Alexander Repenning (*Vom Ende der Klimakrise*, Oktober 2019) findet sich zum Bevölkerungswachstum auf rund 300 Seiten kaum mehr als ein Nebensatz. Und das Handbuch der *Extinction Rebellion* (bedeutet: Rebellion gegen das Aussterben) diskutiert Kolonialismus, veganes Kochen und Massentierhaltung, nicht aber die Frage der Bevölkerungsentwicklung. Die „ökologische Grenze der Erde" wird nicht mit der Belastung der Ressourcen durch immer mehr Menschen in Verbindung gebracht. Auch das Pariser Abkommen schweigt dazu, ebenso die 17 Prioritäten in den Zielen für nachhaltige Entwicklung der Vereinten Nationen. Und auch in den Programmen deutscher Parteien sucht man vergeblich nach einer konkreten Stellungnahme. Selbst die Grünen bleiben vage. In den wenigen Stellungnahmen, die es überhaupt gibt, ist ein Unbehagen zu spüren, das Problem genauer in den Blick zu nehmen. Alle wissen, dass in wenigen Jahrzehnten neun oder gar zehn Milliarden Menschen auf der Erde leben werden. Wie die versorgt werden sollen bei gleichzeitiger CO2-Neutralität, ist ein Buch mit sieben Siegeln.

Wer überhaupt darüber nachdenkt, scheint des Problem als unlösbar anzusehen. Das wird nicht zugegeben und nicht ausgesprochen.

Vor einigen Jahrzehnten war das Thema der Bevölkerung in politischen Debatten präsent. Werke wie *Die Bevölkerungsbombe* des Engländers Paul R. Ehrlich erschien Ende der 1960er Jahre in hoher Auflage. Bis etwa um die Jahrtausendwende erschienen Bücher wie *Kriege der Zukunft: Die Bevölkerungsexplosion gefährdet den Frieden* (1998) oder *Die dritte Revolution: Antworten auf Bevölkerungsexplosion und Umweltzerstörung* (1994). In diesem Jahrhundert sind es kaum ein Dutzend Bücher auf dem deutschen Büchermarkt, die sich mit dem Thema befassen. Dabei dürfte klar sein, dass das anhaltende Bevölkerungswachstum in einen bedrohlichen Raubbau an der Natur mündet. Aber insgesamt wird Bevölkerungswachstum nicht als katastrophales Risiko angesehen. Und muss man wirklich besorgt sein? Die Ernährungslage hat sich global gesehen in den vergangenen Jahrzehnten stetig verbessert. Können also im Jahre 2050 knapp zehn Milliarden Menschen ernährt werden? Aber es geht ja nicht nur um Ernährung, sondern auch um Wohnungen, Arbeitsplätze, Infrastruktur, Bildung, Kultur und steigenden Lebensstandard, nicht zu reden von der Friedenssicherung.

Die Debatte wird vielleicht auch deswegen nicht geführt, weil im linksalternativen-grünen Milieu eine direkte Zusammenhang zwischen westlicher, komfortabler Lebensweise und Armut und Hunger in anderen Weltteilen gesehen wird. Eine Konsequenz wäre, im Westen auf Komfort zu verzichten und den Lebensstandard zu senken, damit genügend Ressourcen für arme und Schwellenländer zur Verfügung stehen. Verbal ist die Solidarität mit den Armen und Ausgebeuteten schnell zu haben, was aber nicht zu Verhaltensänderungen führt. Vielleicht ist dieser Zusammenhang auch schlicht falsch? Er wird zwar behauptet, aber niemand scheint so richtig daran zu glauben. Tatsächlich ist es falsch anzunehmen, dass wir im Westen den Entwicklungsländern etwas wegnehmen. Der steigende Lebensstandard dort orientiert sich an den Erfolgen im industrialisierten Norden. Wir sind Vorbild. Uns am Lebensstandard der Dritten Welt zu orientieren, scheint völlig absurd.

Viele Länder auf der Erde probieren unterschiedliche Rezepte aus, um die Reproduktionsquote zu senken. Es gibt kein einheitliches Konzept, die nationalen Unterschiede sind zu groß, auch was das Kräfteverhältnis zwischen Befürwortern von Frauenrechten einschließlich der Empfängnisverhütung und den konservativen, meist religiösen Gegenkräften angeht. Werden CO2-

Einsparungen im industrialisierten Norden nicht im Handumdrehen von der Zunahme der Bevölkerung im Süden ausgehebelt? Andere halten Ermahnungen westlicher Staaten an die Länder mit hoher Geburtenrate für grundsätzlich unerwünscht. Wir dürften uns nicht anmaßen, das Kinderkriegen in anderen Ländern für bedenklich zu erklären. Das gelte selbst für Länder mit starkem katholischen Einfluss. Manche weisen darauf hin, dass mit zunehmendem Lebensstandard in der Regel auch die Geburtenrate sinkt. Das Wachstum von Bevölkerungen nimmt ab, wenn Frauen über die Zahl ihre Kinder frei entscheiden können und einen freien Zugang zu Verhütungsmitteln haben. Das müsse ausreichen. Und halten die Vereinigten Nationen nicht das Einpendeln der Weltbevölkerung bei elf Milliarden für möglich? Das bedeutet freilich auch, dass diese Lawine nicht aufzuhalten ist.

Das Erstarken rechter Bewegungen in einigen Ländern, darunter den USA, bedeutet allerdings auch, dass vehement das Recht auf Abtreibung und Familienplanung bekämpft wird. Selbst Linksliberale halten die staatliche Ein-Kind-Politik Chinas für verwerflich. Der Staat dürfe nicht in die Familienplanung eingreifen. Es sieht nicht so aus, dass sich die Regierungen und Gesellschaften weltweit sachlich mit einer verantwortungsvollen Geburtenkontrolle befassen. Ohne massiven politischen Eingriff in die Produktionsrate vor allem in Schwarzafrika und in Teilen Asiens steuert die Menschheit in 80 Jahren auf elf Milliarden Erdbewohner zu, 60 Prozent mehr als heute. Für alle diese Probleme hat die Umweltschutz- und Klimabewegung weder ein Sensorium noch eine Antwort.

Die Schülerin Greta Thunberg hat es innerhalb von zwei Jahren vermocht, aus ihrem Einzelprotest vor dem schwedischen Parlament eine scheinbar weltweite Jugendbewegung zu machen. Sie bekommt Schlagzeilen auf der ganzen Welt, aber das ist kein politisches Handeln. Sie glaubt, dass alles erreichbar ist, „wenn wir es wirklich wollten". Sie glaubt, dass die Rede vom ewigen Wirtschaftswachstum nur Opportunismus ist, um nicht Wählerstimmen zu verlieren. Das einzig sinnvolle wäre es aber, jetzt und sofort „die Notbremse zu ziehen". Wenn man nur wüsste, was sie darunter versteht.

Vielleicht Runterfahren der Produktion, weniger Konsum, kleinere Wohnungen, weniger Reisen und in den geburtenstarken Gesellschaften Gleichberechtigung der Frauen und freier Zugang zu Verhütungsmitteln sowie das Recht auf Abtreibung? Davon ist bei Thunberg und der Fridays for Future-Bewegung nirgends die Rede. Sie überlässt es den Politikern, Entscheidungen zu treffen. Diese Entscheidungen sind ihr aber nicht weitreichend genug.

So beißt sich die Katze in den Schwanz. Thunberg und Fridays for Future fordert sofortige Maßnahmen, ohne zu sagen, welche es sein sollen. Und wenn auf die Erfolge in der Klimapolitik hingewiesen wird, ist ihnen das zu wenig.

Im September 2019 hielt Thunberg eine kurze, hochemotionale Rede in New York vor Delegierten der Vereinten Nationen: „Sie haben mit ihren leeren Worten meine Träume und meine Kindheit gestohlen. Menschen leiden. Menschen sterben. Das Ökosystem kollabiert! Wir befinden uns im Anfang eines Massenaussterbens, und alles, woran ihr denken könnt, sind Geld und Märchen von ewigem wirtschaftlichem Wachstum. Wie könnt ihr es wagen wegzuschauen!"

Thunberg und Fridays for Future irren in mehrfacher Hinsicht. Der Planet wird nicht einer kleinen Gruppe von Menschen geopfert. Vielmehr profitieren Milliarden von höherer Bildung, besserer Gesundheit und steigendem Lebensstandard. Die dafür notwendigen Gegenstände müssen natürlich produziert werden. Thunberg hält höhere Bildung, bessere Gesundheit und hohen Lebensstandard, von dem nicht zuletzt sie selbst profitiert, für „Luxus der Wenigen". Sie stellt die rhetorische Frage, was sie, wenn sie selbst alt sein wird, ihren Kindern und Enkeln erzählen soll, wenn diese danach fragen, warum die heutigen Lebenden „nichts unternommen haben".[6] Abgesehen davon, dass nicht recht klar ist, an wen sie sich wendet – die Politiker, ihre Eltern, die Menschheit insgesamt –, so kann man ihr schon heute die Antwort geben:

„Liebe Greta, Sie selbst gehen davon aus, dass Sie ihren 75. Geburtstag im Jahre 2078 feiern werden. Bitte bedenken Sie dabei, dass sie nicht in den ersten Lebensjahren gestorben sind, weil das schwedische Gesundheitssystem ausgezeichnet funktioniert und Sie geimpft wurden. Wir Erwachsene, die Sie so stark für angebliches Nichtstun kritisieren, haben Ihnen Ihre Schule, Internet, Autos, Flugzeuge und Konferenzsäle zur Verfügung gestellt. Noch bevor Sie geboren wurden, wurden in vielen westlichen und industrialisierten Ländern wirksame Maßnahmen zur Luftreinigung und zur Verbesserung der Wasserqualität eingeleitet. Bitte sagen Sie Ihren Kindern und Enkeln, dass dieser hohe Lebensstandard durch den Erfindungsreichtum und die Tatkraft von Abermillionen Menschen geschaffen wurde. Ja, wir haben es gewagt, ihnen eine sicheres Heim, eine gute Schulbildung, Wärme und

---

6 Bezug genommen wird auf Greta Thunbergs Rede auf dem UN-Klimagipfel im polnischen Kattowitz im Dezember 2018.

Elektrizität rund um die Uhr und eine Zukunft mit guten Aussichten zu schaffen! Immer weniger Menschen leiden, weil westliche Staaten sich bemühen, dass der ökonomische Aufschwung auch ärmeren Ländern zugute kommt. Ökonomische Prosperität finanziert vieles, auch Schulen, Kraftwerke und Krankenhäuser. Vielleicht klären Sie Ihre Kinder und Enkel darüber auf, dass es nur allzu menschlich ist, steigenden Wohlstand zu genießen, und dass es kaum einen gibt, der darauf freiwillig verzichtet. Wir, die wir etwas älter sind als Sie, haben Ihnen und Ihren Kindern nicht die Zukunft gestohlen, sondern vielmehr einen sicheren Weg in die Zukunft bereitgestellt, mit ausreichender Nahrung, einem hohen medizinischen Standard, guter Schulbildung für alle und einem sicheren Rechtssystem. Sie und Ihre Kinder können guter Hoffnung sein. Die industrialisierten Staaten sind dabei, langsam aber sicher fossile Brennstoffe durch regenerative Energien zu ersetzen. Das System muss nicht geändert werden. Der Wandel ist bereits eingeleitet. Mit freundlichen Grüßen, Gerald Mackenthun (Berlin)“

3. 2. Gängige Elitenkritik: Die Elite könne nur ein Klub von Etablierten sein, die sich selbst ernennt, gegenseitig begünstigt und mit Macht ausstattet. Wenn die herrschenden Eliten die Welt nicht vor dem Untergang bewahren kann, müsse die Welt eben von ihr befreit werden. Für Kapitalismuskritiker gibt es keine Leistungsträger, es gibt bloß kapitalistische Schmarotzer, die den Armen das letzte Hemd wegnehmen. Neue Eliten wettern gegen „die Elite“ als Institution, um selbst die bestehenden Positionen der Macht zu besetzen. Donald Trump in den USA, die Partei Alternative für Deutschland und Matteo Salvini in Italien haben vorgemacht, wie das geht.

Tatsächlich aber herrschten und herrschen Eliten selbst in den egalitärsten aller Gesellschaften – weil es stets Menschen gibt, die mehr leisten und klüger sind oder überlegter entscheiden als andere. Sie sind meist irgendwie besser und agieren erfolgreicher. Die Frage ist deshalb nicht, ob es Eliten geben darf – es gibt sie eben. Es war der Sozialphilosoph Friedrich August von Hayek, der hier einen grundlegenden Unterschied hervorhob: Während in geschlossenen Gesellschaften die Auserwählten sich tatsächlich wechselseitig autorisieren, ist es in offenen, liberalen Gesellschaften gerade die größere Zahl aller anderen, die daran mitwirken, wer zur kleinen und stark beobachtete Gruppe der Elite zählt. Bürger und Konsumenten belohnen durch ihre Wahl- oder Kaufentscheidungen jene Leute, die ihrer Meinung nach die anstehenden Aufgaben besser erledigen als andere. Die liberale Elite verdankt ihre Position zunächst nicht Privilegien, sondern hat sich zu bewähren. Die Elite kann nicht versagen, denn sonst wäre sie keine. Allerdings gibt es immer wieder Versager, die aus dem Club der Elite absteigen. Der Kreis der Elitären wechselt sich aus, die Elite als Gruppe bleibt. Die öffentliche Rhetorik spricht zwar antielitär immer wieder vom Versagen der Eliten, die Gesellschaft aber wird von Leistungsfähigen getragen wie eh und je.

Die aktuellen Eliten sind intellektuell tätig, auch wenn sie keine Intellektuellen im engeren Sinne sind, sie arbeiten im gehobenen Angestelltenverhältnis oder selbständig und sind hypermobil. Der amerikanische Historiker Christopher Lasch analysierte 1995 die Eliten des globalen Zeitalters in seinem postum erschienenes Buch *The Revolt of the Elites and The Betrayal of Democracy* (deutsch *Die blinde Elite. Macht ohne Verantwortung*). Sie leben angeblich nicht in Gemeinschaften, sondern in Netzwerken. Lokale Verankerung ist ihnen scheinbar ebenso fremd wie eine Verpflichtung gegenüber Nachbarn und Mitbürgern. Sie wollen sich ihre Freunde und Kollegen selbst aussuchen, sie folgen angeblich dem Sirenengesang der Opportunitäten und blicken auf alle herab, die sich konservativ nicht bewegen. Sie geben sich betont tolerant unter ihresgleichen, sondern sich aber vom Rest der Bevölkerung hochnäsig ab.

Der Leser sollte sich darüber im Klaren sein, dass der Text sich mit den Verhältnisse in den USA befasst und eine gewisse Kenntnis der Kulturgeschichte des Landes voraussetzt, die sich erheblich von der Europas unterscheidet. Lasch stellt die Abgehobenheit der modernen US-Eliten in einen starken Kontrast zu den Gepflogenheiten früherer Oberschichten, die sich um die Entwicklung ihrer Heimat, insbesondere im Lokalen, verdient gemacht hätten, wofür sich heute kaum noch jemand interessieren würde. So recht Lasch bei vielem möglicherweise hat, so kann man allerdings auch den Eindruck einer gewissen Nostalgie gewinnen.

In der Gegenwart setzt sich die unpräzise Kritik der Eliten fort. Nassim Nicholas Taleb nennt sie polemisch „Intellektuellen-Idioten", die sich in der eigenen Blase aus Statistiken, Denkfabriken, Startups, Medien und Fakultäten aufhalten – also ziemlich weit herumkommen. Der britische Journalist David Goodhart prägte die Unterscheidung zwischen den „Anywheres" und den „Somewheres". Mit Ersteren meint er jene rund 20 Prozent der Menschen in entwickelten Gesellschaften, die aufgrund ihrer Kompetenzen überall auf der Welt gefragt und auch zu Hause sind, und mit Letzteren alle anderen, die tendenziell da sterben, wo sie auch geboren wurden.

Der israelische Psychoanalytiker Carlo Strenger trug 2019 mit einen längeren selbstkritischen Essay – denn er zählt sich selbst zu dieser Elite – aus der Innensicht zum Thema bei (unter dem Titel *Diese verdammten liberalen Eliten*). Die neuen Eliten sind akademisch gut ausgebildet, sind in Medien, Digitalwirtschaft, Kunstszene und Wissenschaft übervertreten und wirken dadurch meinungsbildend. Trotz hohem Bildungsgrad sind sie keine Bildungsbürger: Sie achten nicht den Kanon und die Tradition. Sie sind Gewinner der Globalisierung, haben nichts gegen Migration (solange diese Menschen ihnen nicht zu nahe kommen) und verfechten als Universalisten die Menschenrechte. Man sieht sie geschäftig und mit ernsten Gesichtern in den Innenstädten herumlaufen, den Hochleistungslaptop im Rucksack und einen Kaffeebecher in der Hand. Ist ihnen ein ausgeprägtes soziales Gewissen zu eigen, wie Strenger meint? Sie blicken auf Menschen herab, die sich von Populisten verführen lassen, und tun sich doch zugleich schwer mit ihrem hochreflexiven Habitus, der sie dazu anhält, alle Lebensentscheidungen kritisch zu hinterfragen, vom Fleischkonsum bis zum Kinderkriegen.

Sind sie arrogant und blind für die Lebensweise und die Bedürfnisse der „normalen" Menschen, die Angst vor der Globalisierung und einer Masseneinwanderung haben? Ihre globale Perspektive bringt es mit sich, dass sie sich weniger um einzelne Menschen aus Fleisch und Blut als um das Schicksal der Menschheit als solcher kümmern. Strenger nimmt die Eliten in die Pflicht. Sie sind es, die auf die Nicht-Eliten zugehen und ihnen zuhören müssen. Was werden die Eliten dort hören? Vorurteile, Ressentiments und unerfüllbare Wünsche?

4. 2. Vormittags Beschäftigung mit der Wahlrechtsreform der Bundesrepublik, die nicht vorankommt. Das Bundeswahlrecht ist recht kompliziert. 299 Abgeordnete werden direkt nach dem Mehrheitswahlrecht in ihren Wahlkreisen gewählt, 299 weitere werden nach dem Proporz der an der jeweiligen Bundestagswahl beteiligten Parteien vergeben. Diese an sich klare Trennung wird ausgehebelt durch die Vorgabe, dass die insgesamt 598 Sitze in Gänze dem prozentualen Anteil der Stimmen entsprechen müssen. Wenn kleinere Parteien keine Direktmandate in den Wahlkreisen erringen, aber auf Bundesebene relativ gut abschneiden, wie beispielsweise die Parteien Die Linke und die Grünen, erhalten diese sogenannte Ausgleichsmandate. Das führte dazu, dass der Bundestag auf 709 Abgeordnete angeschwollen ist. Auf der von mir ansonsten nicht besonders geschätzten Petitionsplattform chan-

ge.org habe ich eine Petition an alle im Bundestag vertretenen Parteien formuliert, mit dem Ziel, dem Bundestag wieder auf seine ursprünglichen 598 Sitze zu reduzieren. Dazu schlage ich eine strikte Trennung zwischen den Wahlkreisen und den 299 proportional zum bundesweiten Wahlergebnis zu vergebenden Sitze vor. Natürlich sind schon andere auf diese Idee gekommen, die sich bislang dennoch nicht durchsetzen konnte. Sie benachteiligt die Kleinparteien, deren Chancen gering sind, Direktmandate zu gewinnen. Deswegen sind die Parteien in ihren Gesprächen über eine Wahlrechtsreform noch nicht zu einem Ergebnis gelangt.

5. 2. Vormittags wie so oft schwimmen und anschließend ein Kaffee im Lieblingscafé „Lotte am Platz".

Lese Wolfgang Röd, *Der Weg der Philosophie. Bd. 1: Altertum, Mittelalter, Renaissance.* München: Verlag C.H. Beck 1994, für mein großes Liberalismusthema. Daraus ein Gedanke:

Die Annahme eines Gottes und eines Jenseits bringt unendlich philosophische Schwierigkeiten mit sich, denen sich Philosophen gleichwohl mit Begeisterung stellten. Zu ihnen gehört Plotin (205-270 n. Chr.). Wie verhalten sich Diesseits und Jenseits zueinander? Wie konnte die materielle Welt aus dem Göttlichen hervorgehen? Warum hat Gott überhaupt die minderwertige, materielle, die menschliche Welt geschaffen? Warum blieb er nicht bei sich? Plotins Antwort lautet, das Vollkommenste und Mächtigste könne sich nicht auf sich beschränken, sondern müsse aus sich hervorgehen. Die Fülle der göttlichen Macht floss über zunächst in den Geist, so wie die Wärme aus dem Feuer kommt (Emanation). Die Seele ist die nächste Stufe unterhalb des Geistes. Der Abstieg der Seele in die sinnliche Welt ist bei Plotin immerhin kein Sündenfall oder Fehltritt.

„Obwohl Plotin die christliche Lehre vom Sündenfall verwarf, drückte er sich gelegentlich so aus, als hätte die Seele durch die Verbindung mit der Materie Schuld auf sich geladen." (Röd, 1994, S. 248) Wurde sie nicht von Gott in die materielle Welt herabgeschickt? Wie kann Plotin dann von den Qualen der Seele nach dem Tod unter Aufsicht von Dämonen sprechen? Hat Gott auch die Materie geschaffen? Nach Plotin ist die Materie das Böse schlechthin. Aber fließt dieses Etwas nicht auch aus dem Vollkommensten und Mächtigsten? Und wie kann Materie erkannt werden, da doch Erkenntnis stets Gleichartigkeit von Erkennendem und Erkanntem voraussetzt? Wenn der Geist materielle Gegenstände erkennen kann, müsse der Geist materiell sein. Das widerspricht seinen Grundannahmen. Plotin gab allen Begriff – Gott, Geist, Seele, Sein, Nichtsein, Materie, Einheit bzw. das Eine, Vielheit, Gut, Böse – neue Inhalte, in denen er sich heillos verstrickte. (Röd, 1994, S. 249ff.) Unbeantwortbar bleibt die Frage, wie das Eine (Gott) die Vielheit aus sich heraus erzeugt, sich also von sich selbst entfremdet. Das Bild vom Überfließen ist nur ein Bild, kein Beweis.

6. 2. Vormittags viele Patienten. Abends Schreibgruppe. Thema heute: „Ein winterlicher Spaziergang".

Ein winterlicher Spaziergang am Meer

Schwer hängen die grauen Wolken über der See und der Insel. Der Wind kommt von Westen. Zum Strand ist es nicht weit. Der Sand an den Dünen ist weich, wir laufen gegen den Wind. Wir streben an die Wasserkante, dort ist der Sand nass und hart. Darauf kann man gut gehen. Links herum oder rechts herum? Ist egal. Richtung Süden haben wir den Wind auf dem rechten Ohr, Richtung Norden auf dem linken. Wir ziehen die Pudelmützen tiefer und sprechen nicht viel. Wir machen uns aufmerksam auf besondere Wolkenformen, auf Möven, auf eine tote Scholle oder eine glitschige Qualle. Möwen langweilen sich in Gruppen. Sie halten ihre Nasen in den Wind. Wenn der harte Sandstreifen direkt am Wassersaum breit genug ist, gehen wir nebeneinander, sonst hintereinander. Der Untergrund ist auch hier direkt an der Wasserlinie unterschiedlich, je nachdem, ob gerade eine Welle abzog oder die Wellen noch nicht das Niveau der letzten Flut erreicht haben. Bei Hochwasser ist das Laufen am Meer mühsamer. Dann muss man auf den trockenen Sand ausweichen, er setzt einem Widerstand entgegen. Zudem ist der Streifen feuchten Sandes schmal. Wenn man nicht aufpasst, bekommt man nasse Füße. Hat mich eine Welle erwischt, erkundigt sich meine Frau, ob ich nasse Füße habe und ob ich noch weiterlaufen könne und ob wir nicht besser umkehren sollten, weil ich mir sonst den Tod hole. Wenn ich nasse Socken habe, schwindele ich und sage, die Schuhe seien trocken.

Seit ich laufen kann, laufe ich auch am Meer. Ich kenne die Geschwindigkeit der Wellen und mein implizites Gedächtnis sagt mir, wenn ich einen grossen Schritt zur Seite machen muss. Ich kenne die Wellen ganz genau, auch die doppelte Welle, die auf dem Rücken einer anderen schneller als sonst heranschiesst. In den Wellen habe ich schwimmen gelernt. Je älter ich wurde, desto höher durften die Wellen sein. Ich tauchte unter ihnen durch und liess mich von ihnen wiegen und überrollen und nutzte ihre Physik, um ohne große

Anstrengung ans Ufer zu schwimmen. Meine Oma, die auf uns aufpasste, lief aufgeregt am Ufer hin und her und rief: Schwimm' nicht so weit raus!

Jetzt gehen wir also am Meeresstrand spazieren, mit uns einige andere, meist in Paaren, oft mit Hunden, die im Zickzack über den Strand laufen, die Nase dicht über dem Sand. Die Häuser bleiben zurück. Auf der einen Seite die stets durch Sturmfluten gefährdeten Dünen, auf der anderen Seite das wechselhafte Meer. Bei ablandigem Wind ist es sandig grün und still und nach ein paar Tagen kommen die Quallen. Bei seeseitigem Wind vermehren sich die weißen Schaumkronen auf dem dunkelgrünen Wasser mit zunehmender Windstärke. Böse können die Nord- und Südwinde sein, die Schleier aus feinem Sand über den Strand ziehen. Die fliegenden Sandkörner zwicken Haut und Augen. Dann muss man schauen, dass der Wind von hinten kommt.

Meditativ schlecken die Wellen in monotonen Rhythmus am Strand, der Körper setzt mechanisch einen Schritt vor den nächsten. Halb unbewusst achte ich auf die anzischenden Wellen, um ihnen notfalls auszuweichen. Die Augen lockern sich durch den Blick in die Ferne. Wenn ich jetzt ins Wasser steige und immer geradeaus schwimme, komme ich irgendwann in England an. Oder der Blick senkt sich auf die eigenen Füße und lässt den Sand unter sich vorbeiziehen. Schön ist es, wenn es etwas wärmer ist. Dann ziehe ich Schuhe und Strümpfe aus und überlasse meine Füße dem Wasser. Es macht nichts, wenn sie kalt werden. Barfuß im Sand wirkt wie eine Massage. Das Meeresrauschen dämpft die Nerven. So vergehen gedankenverloren die Minuten und Stunden.

Wenn wir nicht mehr können, steuern wir quer über den Strand durch die Strandkörbe hindurch einen Dünenübergang an und schauen, wo die nächste Bushaltestelle ist. Bevor wir mit müden Beinen zu Hause ankommen, gönnen wir uns einen Cappuccino und ein Stück Butterkuchen.

7. 2. Eine teure Reparatur meines geliebten Diesel-Automatik-Autos bei einer Volkswagen-Fachwerkstatt brachte kein nachhaltiges Ergebnis. Erneuter Werkstatttermin. Ergebnis: die Einspritzdüsen sind defekt bzw. undicht. Der Kostenvoranschlag liegt bei knapp über 4000 €! Ich recherchiere, wie viel der Wagen noch wert wäre und komme auf 4400 €. Eine Reparatur lohnt sich nicht mehr. Ich stelle den Wagen auf der Plattform mobile.de zum Verkauf. Es meldet sich ein freundlicher, türkischstämmiger Berliner, der Interesse zeigt.

8. 2. (Sonntag) Beim Kieser-Krafttraining. – Rezensionen für das Deutsche Ärzteblatt/Ausgabe „PP" (Psychologische Psychotherapeuten) geschrieben.

Es starb mein Cousin E.L., Sohn meiner Tante mütterlicherseits, im Alter von 69 Jahren nach langer, schwerer Krankheit. Immer mehr versagten seine Muskeln; zum Schluss konnte er nicht mehr gehen, nicht mehr sprechen und nicht mehr schlucken. Es war grauenhaft mit anzusehen. Für diese Krankheit könnte ich Gott verfluchen, wenn es ihn denn gäbe. Meine Frau und ich besuchten ihn zuletzt kurz nach Weihnachten 2019.

9. 2. Unsere polnische Putzfrau berichtet freudestrahlend, dass sie für 50 Euro hin und zurück nach Mailand fliegt, um dort Tango zu tanzen Sie hat die Haltung, die so viele haben: Der Preis ist zwar verrückt niedrig, aber ich mache es trotzdem!

Allen, die sich jetzt um die Demokratie sorgen, möchte ich sagen: Was am 5. Februar im Thüringer Landtag stattgefunden hat, ist eine freie Wahl, und darüber hinaus hat ein liberaler und bürgerlicher Kandidat diese Wahl gewonnen. Es gibt keinen Grund, das Ergebnis moralisch zu verurteilen. Anders läge der Fall, wenn FDP-Mann Kemmerich nun mit dem Thüringer AfD-Chef eine Regierung angestrebt hätte. Aber er hat sich von Björn Höcke und dessen Partei eindeutig und unmissverständlich distanziert.

Beunruhigend ist der Gedanke, dass bürgerliche Politiker in Deutschland nicht mehr kandidieren, aus Angst, von der rechtslastigen „Alternative für Deutschland" (AfD) gewählt zu werden. Die AfD ist der Paria unter den Parteien. Man stelle sich vor, die Rechtspopulisten hätten sich einen Spaß daraus gemacht und Bodo Ramelow (Partei Die Linke) ins Amt gewählt – wäre es dann ein Tabubruch, ein Dammbruch gewesen? Da die FDP in Erfurt eine Zusammenarbeit mit der AfD ausschließt, wirken auch die Hinweise auf die thüringische Geschichte von 1930 unangebracht. Die AfD ist nicht durch die FDP „an die Macht gekommen".

In der Demokratie geht es um Mehrheiten. Sie müssen zustande kommen und sie sollten eindeutig sein. Sofern das Verfahren korrekt abläuft, was in Thüringen der Fall war. Wäre es anders, dürften im Bundestag Grüne, Liberale und Linkspartei nie gegen die schwarz-rote Koalition stimmen, wenn es die AfD auch tut. Das wäre das Ende jeder wirkungsvollen Opposition und ein Schaden für die Republik. Es wäre fatal, wenn eine demokratische Partei gegen ihre Überzeugungen handeln müsste, nur weil jemand mit weniger lauteren Absichten in einer Sachfrage dieselben Positionen vertritt. Damit würde man Kräften wie der AfD ein Vetorecht zubilligen, weil sie durch ein taktisches Abstimmungsverhalten den Ausgang jeder parlamentarischen Entscheidung manipulieren könnten.

Nun gilt es als Sakrileg, dass das Bündnis aus Christdemokraten und Liberalen seinen Kandidaten Thomas Kemmerich mit Unterstützung der AfD-Rechtspopulisten zum Ministerpräsidenten machte. Die Duldung durch die AfD rief einen Entrüstungssturm hervor, auch bei der SPD. 1994 plagten Reinhard Höppner, den Landeschef der SPD in Sachsen-Anhalt, weniger Skrupel. Er ließ sich mit den Stimmen der SED-Nachfolgepartei PDS zum Ministerpräsidenten wählen. Die Abgeordneten sind eben frei in ihrer Entscheidung.

Eine andere Frage ist, ob die Wahl taktisch klug war. Kemmerichs Vorgänger, Bodo Ramelow, ist in Thüringen beliebt. Eine Mehrheit der Bürger hätte ihn weiterhin gern als Ministerpräsident gesehen. Ob sie die Überrumpelung durch FDP, CDU und AfD goutieren werden, ist fraglich. Hinzu kommt: Nur fünf Prozent der Thüringer wählten die FDP. Dass Kemmerich den Landesvater Bodo abserviert hat, dürfte ihm übel genommen werden. Die Linken in Thüringen ebenso wie die AfD werden eine schwarz-gelbe Regierung bekämpfen, während sich die bürgerlichen Kollegen in Berlin von ihr distanzieren. Die Wahrscheinlichkeit, dass diese Regierung bald scheitert und es Neuwahlen gibt, ist groß.

Ob folgende Generationen diese Entwicklung in Thüringen noch verstehen werden? Ich denke, schon in einem Monat wird man die ganze Sache vergessen haben. Alle Parteien hatten sich mit Unvereinbarkeitsbeschlüssen selbst festgenagelt. So konnte Ramelow von der Partei Die Linke (die SED-Nachfolgepartei, wie gerne polemisch gesagt wird) nicht die notwendige Mehrheit erhalten. Im dritten Wahlgang trat dann überraschend Kemmerich an, der – ebenso überraschend, was aber von einigen bezweifelt wird – mit den Stimmen der AfD eine knappe Mehrheit erhielt.

Der Vorgang animierte mich dazu, ein fiktives Interview mit dem im November 2015 gestorbenen ehemaligen Bundeskanzler Helmut Schmidt (SPD) zu führen. An ihm erkannte man den Unterschied zwischen Politiker und Staatsmann. Er war wie wenige in der Lage, ein Problem präzise zu benennen, Er besaß einen lebenstüchtigen Pragmatismus. Für ihn gab es kein schlimmeres Unglück als die Vorstellung, Deutschland könnte in Diktatur und Krieg zurückfallen. Zugleich wies er den Anspruch zurück, auf allen Gebieten und ein ganzes Leben lang Vorbild sein zu müssen. Das betraf vor allem sein Rauchen.

Sehr geehrter Herr Schmidt, das Schicksal hat uns unfreiwillig zusammengewürfelt, damit wir ein Interview führen. Mir wurde aufgetragen, Sie zu interviewen, damit scheinen die Rollen erst einmal klar. Lassen Sie uns versuchen, das Beste aus der unangenehmen Situation zu machen.

Ich bin einverstanden. Antworten zu geben ist ohnehin besser beleumundet als Fragen zu stellen. – Gestatten Sie, dass ich rauche?

Warum müssen Sie so viel rauchen?

Das gehört zu meiner persönlichen Entfaltung und meinem persönlichem Wohlbefinden.

Stößt es Sie ab, wenn das Suchthafte des Rauchens zu offensichtlich ist?

Sie stellen mir Fragen, die ich mir nie gestellt habe und die mich eigentlich nicht interessieren.

Wie erklären Sie sich, dass ein rauchendes Papierröllchen erotisch wirken kann?

Das müssen Sie die Frauen fragen.

Was halten Sie von der These, dass Frauen durch das Tragen hoher Schuhe erhöhte Paarungsbereitschaft signalisieren?

Angeblich haben Frauen, die hohe Absätze tragen, mehr Orgasmen.

Herr Schmidt, Sie haben unendlich viele Interviews gegeben. Was macht für sie ein gutes Interview aus?

Dazu gehört einiges. Der Kritiker Benjamin Henrichs nannte die Interviews von André Müller „dramatisches Kunstwerk für zwei Personen". Sie entstehen, wenn existenzielle Fragen behandelt werden. Größte Zurückhaltung ist bei Gesprächen über Privates angebracht. Aber ich sehe auch, dass Journalisten in kurzer Zeit viel Text produzieren müssen. Ich hatte meistens Verständnis, wenn der Gesprächspartner nicht so gut vorbereitet ist.

Sie schätzen es also, wenn der Interviewer weiß, wovon er redet?

Natürlich. Ich hatte mal ein Buch geschrieben, und jemand rief an und wollte mich dazu befragen. Er hatte das Buch nicht gelesen. Ich musste ihm sagen, er möge sich wieder melden, wenn er es durch hat.

Das wird den Chefredakteur nicht gefreut haben, wenn der Mitarbeiter meldet, Schmidt habe ein Interview verweigert.

Das ist, frei heraus gesagt, nicht mein Problem. Ich denke, wir können uns darauf verständigen, dass bei den beiden Protagonisten zumindest in einigen bestimmten Kategorien von Interviews, die ich eher als Gespräch oder als intellektuellen Austausch ansehen möchte, eine gewisse Expertise vorausgesetzt werden darf.

Und was ist mit der Kurzform, der reinen Abfrage, der Form „Drei Fragen an Helmut Schmidt"?

Kann man natürlich auch machen. Unangenehm sind freilich suggestive Fragen, die nur allzu deutlich die Vormeinung des Fragers durchscheinen lassen.

Nach meinem Dafürhalten sind sehr viele Interviewte passiv gegenüber der Form und manchmal sogar gegenüber den Inhalten. Ich meine damit, dass sie sich die Form vorgeben lassen und nicht – wenn nötig – den Rahmen sprengen.

Ich glaube, Sie haben Recht. Ich darf aber für mich in Anspruch nehmen, eigene Akzente gesetzt zu haben, wenn es mir angebracht schien.

Wie haben Sie reagiert?

Ich habe Fragen als unsinnig oder auf falschen Voraussetzungen beruhend bezeichnet. Ich habe die zugrunde liegenden Implikationen zurückgewiesen, wenn sie mir falsch erschienen. Ich habe die Frage umformuliert und für meine Zwecke zurechtgelegt. Das hat manchmal Stirnrunzeln hervorgerufen und so manche Augenbraue ging hoch. Und ich habe mich nicht unter Druck setzen lassen.

Wie meinen Sie das?

Es war üblich, wird es aber immer weniger, das Interview-Transskript vom Interviewten gegenlesen zu lassen, mit der Chance der Korrektur. Heute wird vieles einfach abgedruckt oder gesendet, der angeblichen Authentizität wegen.

Die Journalisten schätzen die darin enthaltene Spontanität.

Und sie schätzen es, einen unbedachten Halbsatz herauszuklauben, in die Überschrift zu setzen und einen Empörungssturm anzufachen, oft mit dem Ziel, den Interviewten zu desavouieren.

Ich will auf jeden Fall vermeiden, dass sich Interviewte aus Unerfahrenheit in Schwierigkeiten bringen.

Wenn Gesprächspartner wissen, dass sie vor der Veröffentlichung noch mal auf das Interview schauen können, dann zensieren sie sich nicht schon im Gespräch.

Beim Interview ist mein Ziel, dass beide Seiten glücklich damit sind.

Je älter die Gesprächspartner sind, desto freier reden sie, desto grösser ist ihre Neigung, in einem Interview auch eine Art Vermächtnis zu sehen, desto grösser auch die Wahrscheinlichkeit, dass sie keine Pressesprecher mehr haben, die ihre Aussagen abschwächen könnten.

Sie waren sehr viele Jahre Mitherausgeber der Wochenzeitung Die Zeit. Fühlten Sie sich nicht wenigstens ein bisschen als Journalist?

Ich fürchte nicht, und wissen Sie warum? Weil ich es mir einfach nicht abgewöhnen kann, gründlich zu arbeiten.

Haben Sie ein Beispiel aus letzter Zeit, wo ein Interview aus Ihrer Sicht falsch lief?

Ja, die Interviewrunden nach den letzten Landtagswahlen in Sachsen und Thüringen. Der Moderator im Fernsehen wiederholte wie betrunken mehrmals, dass die Parteien „klare Kante" gegen die AfD zeigen.

Was kritisieren Sie daran?

Alle Studiogäste waren wie hypnotisiert von der Situation. Ich hätte dem Moderator gesagt: Nun hören Sie doch mal auf mit der „klaren Kante". Wie die Analyse der Wählerwanderungen zeigt, hat die AfD viele CDU- und SPD-Sympathisanten auf ihre Seite gezogen. Da sind auch viele konservative Bürgerliche darunter. Die müssen CDU und SPD zurückgewinnen. Um Gespräche mit der AfD kommen wir gar nicht herum.

Wo liegt Ihre Grenze, wenn es um die AfD geht?

Wir müssen unterscheiden zwischen strafrechtlich relevanten und grundgesetzwidrigen Haltungen und Handlungen einerseits und rechten sowie konservativen Haltungen und Forderungen andererseits. Einer Forderung nach Abschaffung unserer demokratischen Grundrechte werde ich mit allen legitimen Mitteln entgegentreten. Intoleranz ist geboten gegenüber Hass und Menschenfeindlichkeit, egal woher sie kommen.

Was bedeutet das für die Bundesrepublik?

Erneut fordere ich eine Differenzierung. Es muss unterschieden werden zwischen sozusagen harmlosen politischen Forderungen der AfD und Aussagen dieser Partei, die böswillig, verdrehend, hetzerisch und rassistisch sind. Eine partielle Zusammenarbeit ist möglich, solange sich deren Politiker an die hierzulande geltenden Standards der Höflichkeit und des Respekts halten. Die demokratischen Parteien brauchen davor keine Angst zu haben. Es ist die AfD, die sich über kurz oder lang von ihren extremistischen Positionen verabschieden muss. Das gleiche gilt für die Partei die Linke und die Grünen. Viele AfD- und Linke-Positionen sind wenig aufregend. Wir sollten uns freuen, ein Mehrparteiensystem zu haben, dass uns eine politische Auswahl anbietet. Und wir sollten uns von keiner Seite in ein Meinungskorsett oder Begrenzungswettbewerb zwingen lassen. Man kann Fahrradfahren *und* Atomstrom für gute Ideen halten.

Halten Sie die Forderung „Kein Islam in Sachsen" für legitim?

Auf alle Fälle, sofern *nicht* gleichzeitig und zusätzlich Hass auf Muslime geschürt wird. Mich hat immer irritiert, dass politische Forderungen vermeintlich mit einer Entwertung des Gegners einhergehen müssen. Mir hat diese Verknüpfung nie eingeleuchtet. Haben die Hasser so wenig Vertrauen in ihre Argumente?

Wie stellen Sie sich gegen die AfD ein?

Zu einer offenen, demokratischen Gesellschaft gehören Auseinandersetzung und Streit. Ich selbst sympathisiere nicht mit der AfD. Aber ich kann es auch nicht gutheißen, wenn man alle Wähler der AfD als Faschisten bezeichnet. Solange die Partei nicht verboten ist, müssen wir sie am politischen Diskurs teilhaben lassen. Andererseits stört mich eine Verrohung der politischen Auseinandersetzung, nicht nur bei der AfD. Auch andere Parteien und Gruppierungen sind nicht frei davon.

AfD und Pegida behaupten, sie seien das Volk. Sie haben eine Aversion gegen so gut wie alle Institutionen, die unsere Demokratie ausmachen.

In der Tat, das ist absurd. Es ist absurd zu behaupten, „die" Politiker seien korrupt, „das" Parlament sei eine Schwatzbude, „die" Journalisten Handlanger der Regierung und Deutschland eine Diktatur. Es ist absurd, so zu tun, als werde das Land mit Muslimen „überschwemmt", es ist absurd zu behaupten, wir stünden kurz vor einer „Islamisierung". Aber sind diese Parolen so viel absurder als die, die auf der anderen Seite des Stammtisches verbreitet werden? Was ist mit dem „totalitären Überwachungsstaat", in dem wir angeblich leben, mit dem „Finanzkapital", das uns beherrscht, mit der „Finanzoligarchie", die Griechenland kaputt sparen will, was mit dem Freihandelsabkommen, das uns angeblich mit Chlorhühnchen vergiften will?

Mich stört noch etwas anderes an den Journalisten, eigentlich sehr viel.

Lassen Sie hören.

Viele versuchen, der interviewten Politiker anhand objektiver Dilemmata in die Enge zu treiben. Manchmal wünschte ich mir die Gegenfrage: Was würden Sie *denn machen? Was schlagen* Sie *vor? Journalisten sind in der bequemen Rolle zu kritisieren, ohne sich um Lösungen kümmern zu müssen.*

Diese Unwucht ist tendenziell gefährlich. Sie kommt über Kritik nicht hinaus und lässt Politiker als dumm oder überfordert erscheinen. Ich habe Verständnis dafür, dass Helmut Kohl dem „Spiegel" nie ein Interview gegeben hat.

Politiker haben allerdings gelernt, mit den Gepflogenheiten umzugehen. Viele ergehen sich in Floskeln. Da vermisse ich die kritische, sachkundige Nachfrage.

Bitte erlauben Sie mir zu sagen, dass ich diese Konstellation akzeptiere, manchmal geradezu dankbar war, wenn unbedarft fragende Journalisten nicht nachbohrten. Die Reporter bekommen ihr Interview und ich meine Ruhe, um die nächsten Entscheidungen vorzubereiten.

Welche Interviewform schätzen Sie am meisten?

Das Gespräch, den Austausch, bei dem sich etwas entwickelt, die Lust am Nachdenken, das Herausschälen von Problemen, das Abgleichen von Positionen, so dass als Höhepunkt eventuell eine Meinungsänderung herauskommt – zumindest ein differenziertes Urteil.

Herr Schmidt, ich danke Ihnen für das Interview.

Gerne. Ich bekomme die Abschrift von Ihnen doch zum Gegenlesen?

10. 2. Schrieb eine Rezension über Klaus-Jürgen Bruder, Christoph Bialluch, Bernd Leuterer, Jürgen Günther (Hg.) *Paralyse der Kritik – Gesellschaft ohne Opposition?* Psychosozial Verlag Gießen 2019, erneut für das Ärzteblatt/Ausgabe PP.

Man kann dieses Buch nur verstehen, wenn man sich klarmacht, dass die Autoren aus einer linken, kapitalismuskritischen Position heraus die deutsche Gesellschaft und darüber hinaus gesellschaftliche Entwicklungen in der ganzen Welt betrachten. Sie stellen mit Erstaunen fest, dass ihre Kritik am Kapitalismus, der ihrer Ansicht nach im Gewande des Neoliberalismus die Demokratien unterwandert, nicht mehr die einzig mögliche fundamentale Oppositionshaltung ist. Eine grundsätzliche Kritik an der Demokratie werde zunehmend von einer konservativen und rechten politischen Warte aus übernommen. In einigen Staaten, darunter auch Demokratien, würden sich

Protestwähler nationalistischen und rassistischen Parteien zuwenden, die sich zugleich globalisierungskritisch geben. Dies ist die erste These der Herausgeber.

Die zweite These lautet: Der sogenannte Neoliberalismus werde durch die „politischen Eliten zu unrecht als Garant von Demokratie und Freiheit präsentiert“. Zugleich unterstellen die vier Herausgeber den neoliberalen Eliten, dass sie die rechten, nationalistischen und rassistischen Bewegungen hervorgerufen und gestärkt haben. Neoliberalismus und rechte Parteien werden von ihnen umstandslos in eins gesetzt. Auch sonst hantieren die Autoren manipulativ mit Begriffen. Unversehens mutiert der Neoliberalismus zu einer rechten, dann zu einer rechtsradikalen und ganz schnell zu einer nationalistischen und rassistischen politischen und ökonomischen Haltung.

Dritte These: Es gebe im öffentlichen Diskurs keine Alternative mehr zum neoliberalen Mainstream. Gemeint ist: Eine sozialistisch-marxistisch-leninistische Fundamentalopposition gegen einen neoliberalen Kapitalismus ist derzeit nicht auszumachen. Man kann das Fehlen einer Opposition beklagen, wenn man nur sich selbst als Opposition sieht und alle anderen kapitalismuskritischen Positionen ausblendet.

Viertens scheint den Herausgebern und einigen der über 30 Autoren des Sammelbandes eine Art Revolte und „große Verweigerung“ als Reaktion auf diese Entwicklung vorzuschweben. Sie beziehen sich dabei auf Herbert Marcuse, dem Kritiker des modernen Kapitalismus zur Zeit der westdeutschen Studentenbewegung vor 50 Jahren. Die Entwicklung seitdem erscheint Herausgebern und Autoren als „verschärfte Krise des Kapitalismus“ in Verbindung mit einem „allgemeinen Niedergang sämtlicher sozialer Beziehungen“. Wissenschaft, Bildung und Gesundheitswesen unterstünden dem direkten Diktat der Kapitalakkumulation. Die „große Verweigerung“ blieb aber schon unter Marcuse verschwommen. Wem oder was soll man sich verweigern?

Seltsamerweise gebiert dieser angeblich hegemoniale Kapitalismus eine unübersehbare Fülle von oppositionellen Bewegungen und Projekten, von Occupy über Fairtrade bis zur ökologischen Landwirtschaft. Obwohl es diese bunte Opposition nach den Gesetzen des Kapitalismus (wie sie sich die Autoren vorstellen) nicht geben dürfte, erhoffen sich die Autoren von ihr eine antikapitalistische Gegenöffentlichkeit. Was aber fehle – dies die fünfte These – sei ein Zusammenschluss dieser Gegenöffentlichkeit, um die Schlagkraft zu erhöhen. Die Autoren wollen nichts weniger, als das gesamte „System“ zum Einsturz zu bringen, und dies unter den Schlagworten von Solidarität,

Kooperation, Gemeinsinn und einer ominösen „Wiederaneignung des Lebens“.

Damit wird psychologiehistorisch angeknüpft an die Gesellschaftskritik Sigmund Freuds, dessen Religionskritik und Analyse des „Unbehagens in der Kultur“ (1930) legendär sind. Freud setzte das über sich selbst aufgeklärte Individuum als Antipode zu einer mehr oder minder bewusstlosen Massenexistenz. Einige Autoren des Sammelbandes erhoffen sich von einem bedingungslosen Grundeinkommen (anstrengungslose staatliche Alimentierung, ASA) die Entfesselung des vermeintlich vorhandenen kreativen Potenzials in der Bevölkerung. Ob damit die allenthalben diagnostizierte Spaltung der Gesellschaften in links und rechts, oben und unten, reich und arm, Mann und Frau, Homo und Hetero usw. aufgehoben werden kann? Der Mensch erscheint in den Aufsätzen durchgängig als Opfer einer finsteren kapitalistischen Macht und von manipulierenden Eliten. Wie daraus ein selbstbefreites Subjekt entstehen soll, bleibt schleierhaft.

Der Denkfehler der meisten dieser Autoren besteht darin, dass sie den Grund für den mangelnden Zuspruch für ihre marxistisch-leninistischen Ideen in einem großen Verblendungszusammenhang und einer neoliberalen Unterdrückungsverschwörung sehen. Die Idee, dass einfach kein Interesse am Sozialismus besteht und die Ablehnung dagegen eventuell begründet ist, kommt ihnen nicht in den Sinn. Das Internet als bidirektionales Medium scheint der Hauptthese von der Paralyse der Kritik und der oppositionslosen Gesellschaft fundamental zu widersprechen. Hier können sich Einzelstimmen größtenteils frei äußern und sich zu Meinungsstürmen zusammenballen. Anfänglich feierten wir das Internet als Durchbruch zu einer weltweiten Kommunikation. Heute entpuppt es sich als Maschinerie der weltweiten Manipulation.

Die linke Intelligenzija, die politische Linke, steht nach dem Scheitern des marxistischen Großprojekts und dem angenommenen Ende der Erzählung von Aufklärung und Sozialismus vor einer fundamentalen Legitimationsfrage. Die politische Linke ist unwillig zum Kompromiss, verweigert den Konsens und stellt auch keine Tröstung in Aussicht. Schon länger scheinen linke Psychoanalyse und linke Kapitalismuskritik nicht mehr als eine marginale Partisanenrolle ausfüllen zu können.

II. 2. Am 29. Juni 2019 wandte sich eine Gruppe von Ausbildungskandidaten der Psychotherapie an offenbar alle Ausbildungsinstitute in Deutschland mit der Bitte, ihre Initiative „Psychotherapists/Psychologists for Future" zu unterstützen. Ihr Vorbild ist die Bewegung „Fridays for Future". Die Initiative will diese Bewegung unterstützen, unter anderem durch eine „Verwandlung von Angst in aktive Veränderungsprozesse". Die Initiatoren betreiben eine eigene Web Page und sind international vernetzt. In der August-Ausgabe des *Deutschen Ärzteblattes*/Ausgabe für Psychologische Psychotherapeuten (Ausgabe PP, S. 354) veröffentlichte ich einen kurzen Kommentar mit einigen Bedenken gegen die Initiative:

Ich sehe die Initiative der Ausbildungskandidaten aus fachlichen Gründen kritisch. Ein erster Einwand richtet sich gegen die Annahme der Initiatoren, nur die Leugner einer Klimaveränderung würden jene bekannten psychischen Verhaltensweisen an den Tag legen, die Abwehr und Verdrängung genannt werden. Doch Verleugnung und Verdrängung und alle andern Abwehrmechanismen treten ubiquitär auf. Man findet sie mehr oder weniger bei allen Menschen. Es ist leicht nachzuweisen, dass auch Klima-Aktivisten nicht das gesamte Spektrum der Wirklichkeit im Auge haben. Ginge es wirklich darum, die Klimaerwärmung zu begrenzen, so müssten die fast emissionsfreien Kernkraftwerke länger laufen und neue gebaut werden, es müsste die Kohlendioxid-Verpressung in den Untergrund forciert und die Grüne Gentechnik gefördert werden, um schneller als mit herkömmlichen Methoden hitze- und trockenresistente Pflanzen zu züchten. Die angebliche Verdrängung und Verleugnung ließe sich auch damit erklären, dass in Deutschland und Europa die Auswirkungen eine Klimaerwärmung bislang kaum spürbar sind. Der Klimawandel wird in verschiedenen Teilen der Erde unterschiedliche Effekte haben. In Deutschland wird man eher wenig davon bemerken.

Ein zweiter Einwand betrifft die Konsequenzen der Initiativen. Gerade Psychologen, so heißt es dort, könnten dabei helfen, kollektive Abwehr aufzudecken und zu überwinden. „Menschen zu Verhaltensänderungen in Richtung eines zunehmenden Umwelt- und Klimabewusstseins zu bewegen, ist ein psychologisches Problem". Wenn damit gemeint ist, dass Psychotherapeuten das Thema Klimaerwärmung aktiv in die Therapien einbringen, so muss dies abgelehnt werden. Die Themen einer Therapie haben sich primär nach den Wünschen und Bedürfnissen der Patienten zu richten. Selbsteffizienz und Handlungskontrolle sind gewiss wichtige Teilziele einer Therapie. Sie dürften aber nicht unter dem Primat der aktuellen Klimadebatte stehen.

1970 veröffentlichte der Sozialpsychologe, Philosoph und frühere Adler-Schüler Manès Sperber ein Buch mit dem Titel *Alfred Adler oder Das Elend der Psychologie*. Gemeint ist das „Regime des Verdachts", das in Freuds ebenso wie in Adlers Kreis weit verbreitet war, um Abweichler von der reinen Lehre zu brandmarken. Das strahlte aus bis in die therapeutische Situation, in der der Therapeut mit seinen Deutungen scheinbar immer recht und der Analysand unrecht hat, wenn er Widerstand entwickelt. Wenn es immer der Andere ist, der verleugnet und verdränget, man selbst sich aber frei davon düngt, wächst „das furchtbare Spiel mit den psychiatrischen Diagnosen" (Sperber). Wir sollten uns davor hüten, mit dem Verdikt der Verdrängung dieses stigmatisierende Spiel erneut zu spielen.

In der folgenden September-Ausgabe des *Ärzteblattes* (Ausgabe PP, S. 396ff.) wurde die Sprecherin der Bewegung „Psychlogists/Psychotherapists for Future", Katharina van Bronswijk, interviewt. Ihren Angaben zufolge haben sich international rund 3000 Unterstützer aus 22 Ländern der psychologischen Bewegung angeschlossen. Sie betont, dass der Klimawandel ein komplexes und abstraktes Problem sei, welches nicht unbedingt direkte Auswirkungen auf den Einzelnen habe. Deshalb seien Verhaltensveränderungen so schwer zu erreichen. Das menschliche Gehirn sei kaum in der Lage, derart komplexe und weit in die Zukunft reichende Probleme zu verarbeiten. Das Thema rufe unangenehme Gefühle hervor: Wut, Angst, Trauer, Hilflosigkeit und Ohnmacht. Derartige Gefühle werden oftmals abgewehrt bzw. verdrängt. Das stehe dem gesellschaftlichen wie individuellen Handeln in Bezug auf Klimaschutz im Weg. Überhaupt sei es allein schon technisch schwer, individuelle klimarelevante Konsequenzen zu ziehen.

Von der Interviewerin angesprochen auf den Einwand, dass Patienten in einer psychotherapeutischen Sitzung nicht mit dem Thema Klimawandel von Seiten des Therapeuten konfrontiert werden dürfen, bekräftigte sie das Abstinenzgebot in dem Sinne, dass der Therapeut seine eigenen Weltanschauungen oder Meinungen aus der Therapie heraus halten müsse. Wenn aber der Patient Angst vor dem Klimawandel äußert, müsse der Therapeut professionell handeln. Als Berufsgruppe aber sei es den Therapeuten durchaus freigestellt, sich zu engagieren.

Ein Beitrag im *Psychotherapeuten-Journal* (18. Jg., 13. September 2019, S. 253ff.) greift die Frage nach dem Umgang mit der Klimakrise auf unter der Überschrift „Die Verleugnung der Apokalypse". Autor Fabian Chmielewski nimmt dabei die Perspektive der Existenziellen Psychotherapie ein. Auch er unterstellt eine kollektive Verdrängung als gegeben und spricht von einer „existenziellen Neurose“. Warum interessiert sich ein großer Teil der Bevölkerung nicht angemessen für die drohende Zerstörung der Welt? Immerhin gehe es um Leben und Tod, um die menschliche Existenz auf Erden. Will der Mensch nicht sein Überleben sichern? Sind Therapeuten dann nicht verpflichtet, mit ihrem psychologischen Rüstzeug aktiv einzugreifen? In der Rolle des Bürgers haben Psychologen und Psychotherapeuten das Recht, sich einzumischen.

Das Bestreben zu überleben ist eine treibende Kraft des Menschen als Naturwesen. Liegt nicht hier bereits eine erste Antwort auf die oben gestellten Fragen? In kaum einem Landstrich der Erde geht es klimamäßig um Leben und Tod. Von Wetterextremen sind immer nur ein kleinerer Teil der auf der Erde lebenden Menschen betroffen, die meisten bleiben verschont. Ein Hurricane an der Ostküste der USA tangiert Europa nicht im Mindesten. Das Gefühl der Apokalypse will sich einfach nicht einstellen. Drei heiße Sommer können nicht als existenzielle Krise erlebt werden. Das Leben der allermeisten erscheint nicht als gefährdet. Die Angst vor Vernichtung scheint nur in Köpfen von Aktivisten virulent zu sein, die sich in Panik hineinsteigern. Eine Bedrohung ist nicht wirklich spürbar und muss folglich auch nicht bekämpft werden. Die Vernichtung der Welt erscheint den allermeisten Menschen nicht als reale Perspektive. Kaum jemand kann erkennen, dass er direkt betroffen ist. Unter der Voraussetzung, dass derartige Empfindungen realistisch genannt werden können, erscheinen nunmehr die panikhaften Klimaaktivisten als politisch wie psychisch problematisch.

Sigmund Freud sah den psychischen Mechanismus der Verdrängung ausschließlich pathologisch. Neuere Autoren haben auf einen weiteren, zweiten Aspekt von Verdrängung aufmerksam gemacht: die gesunde Verdrängung. Diese besondere Verdrängung kann und soll eingesetzt werden zur Beherrschung von Problemen oder Traumata, die nicht gelöst oder nicht ungeschehen gemacht werden können. Der Patient kann lernen, bei aufsteigenden Gedanken, die individuell bedeutsam sind, dieses Aufsteigen zur Kenntnis zu nehmen und zugleich zu entscheiden, sich damit *nicht* zu beschäftigen. Der bewusste Entschluss zur Nichtbeschäftigung ist Konsequenz aus der Einsicht, dass man selbst oder seine Gruppe nicht in der Lage ist, das aufscheinende Problem zu lösen. Noch einmal: Verdrängung ist keineswegs ausschließlich pathologisch, sondern in seiner positiven Form ein Beitrag zur psychischen Gesundheit. Diesen Aspekt berücksichtigen weder die Psychologists for Future noch Autor Chmielewski.

Mit einiger Berechtigung könnte man nun umgekehrt den Klimaaktivisten und -besorgten maligne Verdrängung unterstellen. Sie ignorieren die Vergeblichkeit deutscher Anstrengungen zur Klimaneutralität im globalen Maßstab und sie halten ihre kleinen individuellen Bemühungen um Plastikvermeidung und vegane Ernährung für ausreichend. Sie blenden die Konsequenzen einer wirklichen Klimaneutralität aus, welche in einem asketischen Leben und Kinderlosigkeit bestehen müssten. Würde gezielt auf den vermeintlichen Klimanotstand reagiert, wäre es das Ende des bürgerlichen Lebens, wie wir es kennen.

Die positive Verdrängung halte ich für eine angemessene Reaktion auf den unbestreitbaren Klimawandel. Wir sollten aufhören, schrieb der amerikanische Autor Jonathan Franzen am 8. September 2019 im *New Yorker* (ganz in meinem Sinne), uns vorzumachen, dass das Zwei-Grad-Ziel erreichbar wäre oder wir ihm nur nahekommen könnten. Die Verleugnung besteht seines Erachtens in dem Glauben, dass die Menschheit immer noch das Steuer herumreißen könne. Wir leben in der Gegenwart, nicht in der Zukunft, betonte er. Wenn es darum geht, zwischen der abstrakten Bedrohung durch veränderte Klimaphänomene und einem guten Frühstück zu wählen, würde zumindest er das Frühstück wählen. Diese Art von Verdrängung ist psychologisch gut nachvollziehbar. Fliegen ist zu billig, klagt die Politik in der Klimadebatte. Trotzdem tut sie alles, damit nur ja keine Fluglinie pleitegeht. Das passt nur schwer zusammen.

Ich behaupte, dass sich die Hälfte bis Dreiviertel der erwachsenen Bevölkerung weder für den konkreten Klimawandel noch für dessen Auswirkungen interessieren. Die jüngste, Mitte September 2019 veröffentlichte Allensbach-Umfrage hat für Deutschland ergeben, dass der Anteil der Bevölkerung, der über die Klimaerwärmung beunruhigt ist, seit 2017 von 37 auf 61 Prozent gestiegen ist. Sofern überhaupt Sensibilität für das Thema existiert, ist ein größerer Teil besorgt, weiß aber nicht, was zu tun sei, und ein kleinerer Teil – derzeit politisch vertreten nur von der Alternative für Deutschland (AfD) – hält die Aufregung für übertrieben. Die EU-Länder haben ihre Treibhausgasemissionen gegenüber 1990 um 22 Prozent reduziert, trotz anhaltendem Wirtschafts- und Bevölkerungswachstum. Die Zahl der reinen Klimakatastrophenleugner dürfte sehr klein sein. Etwas größer dürfte jede Gruppe sein, die wie Jonathan Franzen den Klimawandel keineswegs leugnet, aber keine realistische Chance zu seiner Beherrschung sieht und auf kleine Schritte in technischer Innovation und persönlicher Verhaltensänderung setzt.

Ich zähle mich zur letztgenannten Gruppe. Es droht keine Auslöschung der Welt oder der Menschheit, ich spüre keine Angst und schon gar nicht Panik und ich sehe weder die Bereitschaft noch die Chance, das Zwei-Prozent-Ziel zu erreichen. Deutschland hat Milliarden von Euro ausgegeben, um in den vergangenen 30 Jahren den CO_2-Ausstoß um etwa ein Drittel zu senken, mit nicht messbarer Auswirkung für das globale Klima. Eine „Klimaneutralität" (ein Begriff, dessen konkrete Bedeutung in der politischen Debatte nirgends präzisiert wird) bis 2050 ließe sich meines Erachtens vielleicht zur Hälfte mit technischen Maßnahmen erzielen. Die andere Hälfte müsste mit einer Abkehr vom Massenkonsum und einer Begrenzung des Lebensstandards auf das Lebensnotwendige erzwungen werden. Der letzte Punkt ist unrealistisch, es gibt keinen Konsens darüber.

Doch selbst wenn das Zwei-Grad-Ziel verfehlt wird, gibt es weiterhin starke praktische und ethische Gründe für eine Reduzierung der Kohlenstoffemissionen. Die Menschheit hat ein Interesse daran, saubere Luft zu atmen und den Verbrauch endlicher Ressourcen zu minimieren. Zugleich bin ich Psychologe genug um zu wissen, dass der Mehrheit der Menschen das Frühstück wichtiger ist als die Zukunft des Planeten.

12. 2. Frühmorgens wieder schwimmen, anschließend Café Lotte. – Grafiker angerufen wegen Titelblatt zu meinem neuen Buch *Politisches Denken in Athen und Rom*, das seiner Vollendung entgegengeht. In diesem Buch werden die bis heute wirksamen politischen Ideen, die in Athen und Rom entwickelt wurden, im Kontext ihrer Zeit dargestellt. „Politisches Denken" ist dabei nicht nur Ideengeschichte; sie hat auch Verbindungen zur Realpolitik, zur Philosophie, zum Recht, zur Geschichtswissenschaft, zur Theologie, ja sogar zu einigen Werken der Dichtung. Die Geschichte zeigt: Demokratie wurde mühsam errungen und war immer gefährdet. Griechen und Römer zeigten immer wieder eine starke Geneigtheit zu Tyrannen und Alleinherrschern. Das frühe Christentum wandte sich dann gänzlich ab von der Politik und gab sich dem Mystizismus hin.

Das Buch führt in die Ideengeschichte und Philosophie der Politik in Athen und Rom ein und endet mit der Frage: Was können wir aus der antiken Geschichte lernen? Die Antwort lautet: Es kommt sowohl auf die Qualität des politischen Personals als auch auf die demokratische Gestaltung der Gesetze und der politischen Institutionen an. Der Staat sollte so organisiert sein, dass er schlechten und inkompetenten Herrschern unmöglich macht, allzu großen Schaden anzurichten.

Unterkunft für einen geplanten kurzen Besuch an der Ostsee gebucht. Mit einer Diesel-Spezialwerkstatt über meinen Diesel-Polo gesprochen. Die Reparatur sei für sie zu kompliziert. Abends psychotherapeutische Kollegen-Intervision bei mir mit A.L. und U.S.

13. 2. Diesel-Polo abgegeben in der VW-Werkstatt. Anschließend Kieser.

14. 2. Abends Schreibgruppe bei D.S. Wieder bog sich der Tisch unter den Speisen. Heutiges Thema „Vogel". Ich versuche einen möglichst ungehemmten und unzensierten Schreibfluss, herausgekommen ist eine Art dadaistischer Text ohne rechten Sinn, strukturiert durch Alliterationen.

15. 2. Heute vermass ein Architekt die Wohnungen unseres Hauses. Die Besitzerin will es auf ihre vier Kinder aufteilen. Meine Frau ruft bei ihr an. Die Besitzerin beruhigt uns. Es handelt sich um eine formale Übertragung, an unserer Wohnsituation werde sich nichts ändern. Abends Konzert meines früheren Patienten S.S. in der Osterkirche. Eine Art sakrale Musik ohne religiösen Inhalt. Sehr angenehm.

16.2. (Sonntag) Das grammatische Geschlecht „der, die, das", *das Genus*, hat mit dem biologischen Geschlecht, dem *Sexus* (Mann, Frau), fast nichts zu tun. Im 17. Jahrhundert übersetzten deutsche Grammatiker *Genus* mit (grammatisches) Geschlecht und nannten den Artikel Geschlechtswort. Das öffnete der Verwechslung mit dem Sexus Tür und Tor, umso mehr, als die Genera nun männlich, weiblich und sächlich genannt wurden.

Die Einteilung der deutschen Substantive in drei Genus-Klassen – Maskulinum, Femininum und Neutrum – bezieht sich nur auf die Wörter und selten auf das, was sie inhaltlich bezeichnen. Das Genus bedeutet als grammatischer Terminus stets „Art, Sorte". Das Genus stimmt mit dem biologischen Geschlecht (Sexus) als Merkmal von Lebewesen eher selten überein. Viele Sprachen haben maskulin (m.) und feminin (f.) unter ihren Genera (Mehrzahl von Genus), manche davon, unter ihnen das Deutsche, zusätzlich das Neutrum (lat. *ne-utrum* = keines von beiden). Das heißt nicht, dass die mit maskulinen und femininen Genera bezeichneten Wörter männliche bzw.

weibliche Wesenheiten oder Personen bezeichnen und das neutrale Genus nur Sachen. Es gibt Hauptwörter mit dem Artikel „der“, die Frauen mitmeinen, und es gibt welche mit „die“, die Männer mitmeinen.

Für Wörter, die etwas bezeichnen, das kein biologisches Geschlecht hat (wie Dinge oder Abstrakta), sind die deutschen Genera geschlechtsspezifisch bedeutungslos. Auch die Unterscheidung von männlich/weiblich einerseits und neutral andererseits in belebt und unbelebt trifft nicht: siehe das Kind, das Schwein oder den maskulinen Löffel, die feminine Gabel oder das neutrale Messer. Es gibt im Deutschen maskuline Wörter, die nicht nur männliche, sondern auch weibliche Person bezeichnen, zum Beispiel der Gast, der Säugling, der Flüchtling. Es gibt feminine Wörter, die sich auch auf männliche Personen beziehen können, zum Beispiel die Lehrkraft, die Geisel, die Majestät, die Waise. Ebenso gibt es Neutra, die männliche oder weibliche Personen bezeichnen, zum Beispiel das Mitglied, das Staatsoberhaupt, das Kind, das Gegenüber. Die Wörter „Kunde“, „Kontoinhaber“ und „Sparer“ bezeichnen sowohl männliche als auch weibliche Personen.

Wie wenig Genus und Sexus miteinander zu tun haben – auch im Deutschen – zeigen weitere Beispiele: der Mann, die Person, das Mannsbild; der Blaustrumpf, die Frau, das Weib; der Engel (Engel haben in der Mythologie meist kein Geschlecht), die Gestalt, das Genie. Ferner der Bär, die Katze, das Reh; der Adler, die Fliege, das Pferd; trotz eindeutigem Sexus: das Männchen, das Weibchen (weil Diminutiva). Frohnatur, Landplage und Knallcharge sind feminin, Putzteufel, Plagegeist und Wonneproppen sind maskulin, Adlerauge, Klatschmaul und Hinkebein sind Neutra, und sie bezeichnen Personen aller denkbaren Geschlechter gleichermaßen. Es handelt sich um Konventionen, die keinen eigentlichen Sinn oder Zweck haben. Ausländer, die Deutsch lernen, stöhnen darüber.

Die Gegner des generischen Maskulinums verkennen dessen asexuelle Natur. Genus ist eine rein grammatikalische Kategorie, Sexus eine biologische. Die Wurst hat nichts Weibliches, der Käse nichts Männliches an sich.[7] Ebenso der Mund, die Nase, das Kinn. Über einen Sexus verfügen diese Worte nicht – einer Mündin oder einer Kinnin werden wir hoffentlich in der deutschen Sprache nicht begegnen (aber „die Gegenüberin“ wird schon probiert). Es gibt eine gewisse Übereinstimmung von Genus und biologischem Geschlecht, jedoch nicht durchgängig: der Mann, der Bruder, die Frau, die Tan-

7 Dr. Tomas Kubelik: Wie Gendern unsere Sprache verhunzt. Youtube https://www.youtube.com/watch?v=Ri-kVYDTEAk (angeklickt 17. März 2019).

te, das Kind, das Mädchen. Aber: der Lügner, die Geisel, die Wache, die Hilfskraft, das Mitglied, das Opfer, alles geschlechtsneutrale Personenbezeichnungen, die Männer und Frauen gleichermaßen meinen.

Mit „generischem Maskulinum" (bzw. maskulinem Genus) bezeichnet man den Sachverhalt, dass maskuline Personenbezeichnungen auf -er (wie Förster, Pfarrer) nicht in erster Line sexusmarkiert sind. Sie bezeichnen Personengruppen und -einheiten unabhängig von deren Sexus. Schwierig wird es bei Rollenbezeichnungen: So sind „die Studenten" gleichzeitig die allgemeine Bezeichnung für beide Geschlechter, aber auch die spezielle Form für männliche Studenten. Das Maskulinum ist in solchen Fällen sexusneutral. Die Studentinnen bezeichnen hingegen eindeutig nur weibliche Personen. Das Femininum markiert. Es wird durch die Silbe -in und ein paar Nebenformen wie -esse (Politesse), -isse (Diakonisse) oder -euse (Diseuse) extra bezeichnet. Diese Endungen bezeichnen den weiblichen Sexus als etwas Zusätzliches, Besonderes.

Plurale Gruppenbezeichnungen wie „die Wähler", „die Bürger" oder „die Ministerpräsidenten" umfassen männliche wie weibliche Personen. Es ist unschön und unnötig, auf einem Parteitag die „Genossinnen und Genossen" zu begrüßen. Die Anrede „Liebe Genossen" adressiert alle Anwesenden, die „Genossinnen" nur die weiblichen Teilnehmer. In der Anrede „Liebe Genossinnen und Genossen" kommen die Frauen zweimal, die Männer nur einmal vor. Ist das gerecht? Wenn man schon den Sexus von Angesprochenen unsinniger- und überflüssigerweise benennen will, dann könnte man zu „Liebe Genossen weiblichen und männlichen Geschlechts" oder „Liebe männliche und weibliche Genossen" greifen. Grundsätzlich unklar ist, warum nur das biologische Geschlecht hervorgehoben werden soll. Warum nicht andere Merkmale wie Religion und Haarfarbe?

Der vehemente Einsatz für eine veränderte Sprachnorm speist sich aus einigen Trugschlüssen. Einer lautet, es herrsche sprachliche Ungleichheit, bzw. Frauen würden „nicht mitgemeint". Da Gruppenbezeichnungen wie „Studenten" sexus-unspezifisch sind, hat dieser Verdacht keine Berechtigung. Der zweite Trugschluss: sprachliche Ungleichheit sei gleichbedeutend mit sozialer Ungleichheit. Soziale Ungleichheit soll durch sprachliche Differenzierung eliminiert werden. Soziale Ungleichheit ist nun aber eine Tatsache, die sich nicht aus der Welt schaffen lässt. Jeder Mensch ist ungleich dem anderen. Der dritte Denkfehler besteht darin, Ungleichheit mit Ungerechtigkeit gleichzusetzen. Das Gendern der Sprache, die Betonung der biologischen

Geschlechtlichkeit von Gemeinten, ist ja wie nichts anderes geeignet, die Ungleichheit hervorzuheben. In der Anrede „Liebe Genossinnen und Genossen" stelle ich die Differenz explizit heraus.

Ich halte es nicht für billig, die Frauen gesellschaftlich einseitig zu begünstigen. Bei gleicher Qualifikation werden Frauen bevorzugt eingestellt? Warum eigentlich? Dann doch lieber würfeln. Brauchen Frauen diese positive Diskriminierung überhaupt? Hält Frauenförderung die Frauen nicht in Unmündigkeit? Passen Frauenquoten zum Geist des Rechtsstaats und der Gleichheit? Ist nicht der Grundsatz, dass vor dem Gesetz alle gleich sind, eine Errungenschaft aufgeklärter Gesellschaften? Würden Frauen etwas merken, wenn alle Gleichstellungsbüros auf einmal geschlossen würden? Wie würde unsere Gesellschaft aussehen, wenn a) alle Gleichstellungsbeauftragten abgeschafft werden, b) die Posten der Gleichstellungsbeauftragten paritätisch besetzt werden („bei gleicher Qualifikation wird der männliche Bewerber bevorzugt") oder c) den 2000 Frauenbeauftragten ein System von 2000 Männerbeauftragten an die Seite gestellt wird? Wird eine „Diskriminierung" (also Unterscheidung) durch Gleichstellungbüros nicht erst recht befördert? Wie viele Frauen fühlen sich durch das Wort „Fußgängerüberweg" „ausgetilgt" und „nicht gesehen"? Handelt es sich eventuell um ein Spezialproblemchen leicht erregbarer Feministen, befeuert durch ein unkritisches Feuilleton? Und was die Gendersprache angeht: Kann bewiesen werden, dass Frauen durch Wörter wie „Fußgängerstreifen" wirklich „systematisch diskriminiert" werden? Was wäre durch die verbindliche Nutzung des Wortes „Zebrastreifen" gewonnen?[8]

Was wie ein Schildbürgerstreich aussieht, ist den Verfechtern der Gender-Sprache bitterer Ernst. Ausgerechnet jene Kreise, die sonst nicht genug von Toleranz, Diversität und Inklusion sprechen können, versuchen auf diese Weise den politischen Gegner kleinzukriegen. Es geht nicht um eine wissenschaftliche Auseinandersetzung. Es soll nicht nur das Schreiben vorgegeben werden, sondern auch das Denken. Doch unabhängig davon, wie man den Status von Frauen in unserer Gesellschaft bewertet, die gendergerechte Sprache ist unschön, weil holprig und kompliziert.[9]

---

[8] Claudia Wirz, „Wer fragt, gewinnt: Auswege aus endlosen Gender-Diskussionen", NZZ, 13. August 2020

[9] Eine Kritik des Gender-Neusprechs aus publizistisch-wissenschaftlicher Sicht von Rudolf Stöber: https://doi.org/10.1007/s11616-020-00625-0, angeklickt am 16. Februar 2021.

17. 2. Wie jeden zweiten Montag kommt die Putzfrau; nachmittags Thai-Massage.

18. 2. Frühmorgens Kieser, nachmittags fünf Patienten.

19. 2. Frühmorgens schwimmen. Anschließend meinen Polo-Diesel bei der VW-Werkstatt abgeholt. Der Interessent für meinen Polo-Diesel kommt mittags. Wir einigen uns auf 1500 € in bar. Überlege, ob ich mir einen neuen guten gebrauchten Wagen kaufen soll und entscheide mich dagegen. Stattdessen melde ich mich bei drei CarSharing-Firmen an. In den nächsten Tagen erhalte ich zu viel gezahlte Kfz-Steuer und Kfz-Versicherung zurück; es handelt sich um einige 100 €, die ich für das Automieten reserviere. – Ich verabschiede mich von meiner zweiten Intervisionsgruppe, der ich schon lange angehöre, ohne meine wahren Motive darzulegen. Die Gespräche dort waren immer erhellend, aber ich stimme immer weniger mit ihren Vorstellungen von Psychotherapie und ihren Theorien über Tiefenpsychologie überein. – Abends Treffen mit Freund I.Z.

20. 2. Ich sehe eine potentielle Patientin, die der Ausbildungskandidat C.U. übernehmen möchte. Ich rate ihm ab, die junge Frau zu übernehmen. Sie hat keine Therapiemotivation. Ansonsten den ganzen Tag Patienten.

21. 2. Vormittags Patienten, mittags Physiotherapie. Bin leicht erkältet. –

Immer mehr Gruppen machen Benachteiligungen, ungedeckte Bedürfnisse, Glückseinbußen und Verwundbarkeiten geltend[10]. Angeblich hat nur noch der weiße Mann Privilegien, alle anderen sind benachteiligt. Um die schlimmsten Benachteiligungen ist ein Wettrennen entstanden. Wer leidet am meisten? Verletzlichkeit (Vulnerabilität) ist die neue Leitvokabel. Der Soziologe Stephan Lessenich, Autor des Buches *Grenzen der Demokratie – Teilhabe als Verteilungsproblem* (September 2019), beschreibt die Lage wie folgt: „Souverän ist heute, wer über den Verwundbarkeitszustand entscheidet. Und

---

[10] Christian Geyer: „Wer bestimmt politisch, wer verletzlich ist?" FAZ, 28. Juli 2020. Das Wort „Glückeinbußen" verwendete Sigmund Freud in seinem Buch *Das Unbehagen in der Kultur*, 1930. Zum Thema des Beleidigtseins siehe Caroline Fourest: *Generation Beleidigt. Von der Sprachpolizei zur Gedankenpolizei. Über den wachsenden Einfluss linker Identitärer.* Aus dem Französischen, Berlin 2020.

das sind nicht die Verletzlichen selbst." Es sind ihre starken Lobbygruppen: Wohlfahrtsverbände, interessensgeleitete Forschungsgruppen wie die Bertelsmann-Stiftung und so gut wie alle etablierten Parteien, die eine exzessive Ausweitung der Bedürftigkeit betreiben, im Augenblick mit der Warnung vor „Altersarmut". Es wird darum gestritten, wer ganz vorne stehen darf auf der Prioritätenskala.

Welche Gruppe würden Sie, lieber Leser, an vorderste Stelle setzen und eventuell mit einer Spende unterstützen? Die Entscheidung ist schwer bis unmöglich, denn alle leiden irgendwie. Und am nächsten stehen uns jene im eigenen Land. Einen „nationalfixierten Rahmen" nennt Lessenich das. Der Maßstab, an dem Vulnerabilität gemessen wird, ist die vermeintliche Normativität des gesunden weißen Mannes, den man zugleich zum Teufel wünscht. Unperfektheit, Krankheit, Lebensschwierigkeiten oder gar Tod werden schon lange nicht mehr als „Schicksal" hingenommen. Vielmehr wird der Anspruch an Ausgleich und besondere Fürsorge von der Umwelt und dem Staat unumwunden eingefordert. Der Staat als neutrale Instanz wird von den Fordernden zwischen sich und den Geldverteilern bzw. Steuerzahlern geschoben. Das dispensiert von einer genaueren Bestimmung, woher das geforderte Geld kommen soll. Regelmäßig wird dann noch die Warnung vor „Stigmatisierung" und die Forderung nach mehr „Sichtbarkeit" nachgeschoben. Die Sichtbarkeit bemisst sich nicht zuletzt nach der Höhe der Summe, die „der Staat" für die je eigenen Bedürfnisse locker macht. Liegt das Ergebnis unter den Maximalerwartungen, wird von mangelnder Gerechtigkeit lamentiert. Jeder darf sich ungerecht behandelt fühlen.

23. 2. (Sonntag) Leicht erkältet; kurzzeitig leichtes Fieber. – Aus Italien werden die ersten beiden europäischen Covid-19-Todesfälle gemeldet.

24. 2. Leicht erkältet, dennoch vormittags Patienten.

25. 2. Frühmorgens Kieser, nachmittags Patienten. Pro Woche sehe ich im Schnitt 15-20 Patienten.

Der Bundesgesundheitsminister erhebt warnend die Stimme: Deutschland befinde sich am Anfang einer Corona-Epidemie.

26. 2. Frühmorgens schwimmen. –

Anfang des Jahres war ich auf einer Veranstaltung von Tiefenpsychologen zur Frage „Wie reagieren auf den Klimawandel?“ Einige wenige Psychologen berichteten, dass einige wenige Patienten unspezifische Ängste äußern würden. Ich selbst habe bislang noch keine derartige Erfahrung gemacht.

Während also in meiner Praxis der Klimawandel kein Thema ist, kommt nun die Furcht vor dem Corona-Virus bei fast allen Patienten zunehmend zur Sprache. Ich hatte dazu Anfang Februar einiges zur Epidemiologie (Verbreitung) und über Hygienemaßnahmen gelesen. Ich wurde angeregt – wie jedes Jahr auch –, einen Zettel gut sichtbar an die Praxistür zu hängen: „Erkältungszeit! Heute kein Händeschütteln!“ Alle Patienten gehen lächelnd darauf ein.

So ein Zettel und mein häufiges Händewaschen verhindern nicht, dass ich jedes Jahr zur Winterszeit ein wenig erkältet bin. Dieses Jahr war es besonders harmlos. Ich musste mich nur ein Wochenende lang ins Bett legen, dann waren Halskratzen und laufende Nase wieder weitgehend verschwunden.

27. 2. Heute kündigte ich meiner Frau an, in Apotheken nach Mundschutz zu fragen. In zwei Apotheken war dieser ausverkauft. Ob ich denn vorbestellen könnte? Nein, war die Antwort, das ginge leider nicht. Es gebe Lieferengpässe; die Apothekerin konnte nicht sagen, wann es Nachschub gibt. Offenbar waren nicht wenige Mitbürger auf dieselbe Idee gekommen, waren aber schneller als ich.

Nun ja, noch ist das Virus weit entfernt. Erste Infektionen werden aus Spanien, Österreich und der Schweiz gemeldet. Sorgen bereitet mir die Vorstellung, das ganze Stadtteile in Großstädten oder – wie derzeit in Italien – Kleinstädte und Dörfer von der Außenwelt abgeschnitten werden, um eine Ausbreitung des Virus zu erschweren. Als unangebracht empfinde ich die für die heutige Zeit so typischen Schuldzuweisungen, in diesem Fall, wer denn für die Ausbreitung von Corona verantwortlich sei. Selbst ein Virus wird nicht aus dem politischen Lagerkampf herausgehalten.

28. 2. In Bayern und Nordrhein-Westfalen gibt es die ersten Corona-Fälle, noch keine in Berlin. Die Internationale Tourismusbörse (ITB) wird eine Woche vor dem Start abgesagt – zu viele Besucher aus dem Ausland. 53 Deutsche sind zu diesem Zeitpunkt positiv getestet worden. Jeden Tag erscheinen unzählige neue Nachrichten zum Corona-Virus. Es trägt jetzt offizi-

ell den Namen COVID-19 oder Sars-CoV-2. Egal wie das Virus heißt, was kann ich dagegen tun?

Da das Virus als Tröpfcheninfektion über Mund und Nase sowie als Schmierinfektion über Berührungen übertragen wird, ist regelmäßiges und gründliches Händewaschen wichtig. Also befeuchte ich meine Hände, stelle den Wasserhahn ab (um zu sparen), und seife die Hände volle 20 Sekunden lang ein. 20 Sekunden können ziemlich lang sein. Empfohlen werden Mittel zur Handdesinfektion, die als „viruzid", deklariert sind. Papierhandtücher gleich in einen Eimer mit Deckel entsorgen.

Nachdem ich gestern nach Mund-Nasen-Schutz gefragt hatte, lese ich heute, dass nicht alle Maskentypen vor einer Infektion schützen. „Das Maskentragen in Deutschland im öffentlichen Raum ist nicht sinnvoll", sagt Clemens Wendtner, Leiter des Instituts für Tropenmedizin und Infektiologie München. Nur in Deutschland?

Das Corona-Virus ist so gefährlich, weil die Wahrscheinlichkeit einer Lungenentzündung erhöht ist. Die Symptome von Corona und Grippe ähneln sich. Es gibt aber, so lese ich, einen feinen Unterschied. Wie bei der Influenza sind Halsschmerzen, Husten, Fieber, Kopf- und Gliederschmerzen und Abgeschlagenheit Anzeichen sowohl für Corona als auch für Influenza. Weil das Corona-Virus aber die unteren Atemwege infiziert, hätten Betroffene keinen Schnupfen. Das beruhigt mich. Bei meiner kleinen Erkältung vor einigen Tagen lief meine Nase.

29. 2. Mittags psychologisches Gespräch in unserem psychotherapeutischen Ausbildungsinstitut in der Eichenallee; Freund A.W. erstmals mit dabei.

März

1. 3. (Sonntag) Langer Spaziergang mit meiner lieben Frau im Park von Sans Souci. Mildes Wetter. Bislang noch kein einziger Schneetag diesen Winter. – Der erste Corona-Fall in Berlin.

*

Soziale Ungleichheit erwächst nicht zwangsläufig aus der Ökonomie, sondern ist ein politisches und ideologisches Phänomen. So lautet die Hauptthese von Thomas Pikettys neuem Buch *Kapital und Ideologie*. Mit anderen Worten, soziale Ungleichheit ist politisch und sozial mehr oder weniger gewollt und kein Ergebnis irgendeines anderen Einflusses. Auf 1300 Seiten beschreibt der französische Ökonom die Geschichte ungleicher Systeme von den Feudal- und Sklavenhaltergesellschaften bis zu den kapitalistischen Gesellschaften der Gegenwart. Alle Gesellschaften waren sozial ungleich und haben diese gerechtfertigt und ihr einen Sinn gegeben.

So weit, so gut. Gibt es überhaupt eine Gesellschaft, die keine Ungleichheit kennt? Die Clan- und Stammesgesellschaften mit ihrer meist patriarchalischen Strukturen können es nicht gewesen sein. Es können nicht einmal die Sippen der Menschenaffen sein, in denen ein ausgeprägter hierarchischer Kampf besteht um Weibchen und Futter. Und die sozialistischen Gesellschaften mit ihrer Bevorzugung der Nomenklatura, der Führungspersönlichkeiten in der Einheitspartei, erst recht nicht. Besteht überhaupt ein direkter Zusammenhang von Kapitalismus und Ungleichheit? Gibt es nicht auch soziale Differenzierungen in nichtkapitalistischen, beispielsweise absolutistisch-ständischen oder Clan-Gesellschaften? Eine geld-egalitäre kapitalistische Gesellschaft kann man sich allerdings kaum vorstellen. Und was bedeutet bei Piketty überhaupt „egalitär"? Gleichheit wird in der aktuellen öffentlichen Debatte gerne mit Gerechtigkeit verkoppelt, so dass Ungleichheit ungerecht erscheint. Ist die natürliche Ungleichheit der Menschen ungerecht? Und wen könnte man dafür verantwortlich machen? Gleichheits- und Gerechtigkeitsapologeten propagieren, durch zusätzliche Bildungsangebote, d.h. durch gleiche Bildungschancen, die menschlichen Verschiedenheiten ausgleichen zu können. Übersehen sie, dass durch zusätzliche Förderung gerade die natürliche Ungleichheit zunehmen wird?

Piketty sieht die Lösung in einem „partizipativen und dezentralen Sozialismus". Dieser stützt sich im wesentlichen auf die stark progressive Besteuerung von Einkommen, Besitz und Erbe. Wer nur die Hälfte dessen hat, was der Durchschnittsbürger eines Landes besitzt, der zahlt nach Pikettys Vorstellungen eine jährliche Eigentumssteuer von 0,1 Prozent. Hinzu kommt eine Erbschaftssteuer von fünf Prozent. Hält ein Bürger hingegen das Tausendfache des Durchschnitts, müsste er 60 Prozent jährlich auf sein Eigentum und 80 Prozent bei Vererbung abgeben. Daneben fordert der Ökonom auch eine neue Besteuerung des Einkommens. Wer nur die Hälfte des Durchschnittseinkommens verdient, der soll darauf jährlich nur zehn Prozent Steuern zahlen, einschließlich Sozialabgaben. Beim Zehntausendfachen fallen 90 Prozent an.

Pikettys Vorschläge beinhaltet auch neuartige Elemente wie eine ausgebreitete Mitbestimmung in Betrieben und eine Art Starthilfe vom Staat in Höhe von 120.000 € für jeden Bürger, der sein 25. Lebensjahr erreicht – bezahlt aus der höheren Einkommens- und Erbschaftssteuer. Piketty stellt sich auf die Seite der sogenannten Abgehängten, die er gegen „die Eliten" und Globalisierungsgewinner in Schutz nimmt. Er solidarisiert sich mit den Gelben Westen in Frankreich und greift das „neoliberale Europa" an.

Was würde ein Startguthaben von 120.000 € bedeuten? Die einen legen ihr Geld an, die anderen verstecken es unter ihrem Kopfkissen und wiederum andere geben es aus oder begleichen Schulden. Nach einiger Zeit ist die anfängliche Gleichheit, gemessen an der Geldsumme, ungleich geworden. Die Gleichheitsapostel müssen eine weitere staatliche Korrektur in Gang setzen, um der „wachsenden Ungleichheit" zu begegnen. Wieder wird Geld ausgegeben, nur um nach einer gewissen Zeit festzustellen, dass die einen ihr Geld verprassen und die anderen es gewinnbringend investiert haben. Die nächste Intervention ist fällig, und so weiter *ad infinitum*. Eine Gleichheit, gemessen im Pro-Kopf-Vermögen und -Einkommen, wird so niemals erreicht.

Schon in seinem Vorgängerbuch *Das Kapital im 21. Jahrhundert* (2013) rekonstruierte Piketty minutiös die Vermögensverteilung in Europa und Nordamerika über drei Jahrhunderte. Er konnte zeigen, dass sich das Eigentum immer weiter konzentriert. Er formulierte einen wirksamen Mechanismus: Wenn das Wirtschaftswachstum hinter der Kapitalrendite zurückfällt, wächst das bestehende und vererbte Vermögen schneller als die Einkommen aus Arbeit, wodurch die Ungleichheit weiter zunimmt. Der Kapitalismus sei mit seinem Versprechen, zu einer gerechten Gesellschaft zu führen, gescheitert. Hat „der Kapitalismus" das jemals versprochen? Ich kann mich nicht erinnern. Piketty glaubt, dass der Kapitalismus nach seinen eigenen Gesetzen eine wachsende Ungleichheit hervorbringt, also nicht mathematische Gesetze wie beispielsweise die Exponentialfunktion.

Lesern seiner Bücher fiel schnell Pikettys unbekümmerter Umgang mit Begriffen wie Kapital oder Kapitalismus auf. Insbesondere „Kapital" fasste Piketty als bloße Geldsumme jeglichen Besitzes auf, wobei er zukünftige Renten, Ferien- und Zweitwohnungen, Segelboote, Sammlungen und Campingwagen unberücksichtigt ließ. Andernfalls hätte er einen Großteil der Bevölkerung als „Kapitalisten" bezeichnen müssen. Er vernachlässigt damit den zwar ungleich verteilten, aber allgemein enormen Vermögenszuwachs nach dem Zweiten Weltkrieg. Indem er die Ungleichheit nur anhand von Geldmengen bemisst, benutzt er die eingeschränkte Sprache des Marktes. Wie ist in Pikettys Sprache nichtmaterielles Eigentum (Urheberrechte), die nicht monetäre Ungleichheit in einer Planwirtschaft, wie die Vernichtung von Eigentum in Kriegen, wie der Wertverlust beschädigter Ökosysteme abgebildet? Sind sie unter Pikettys Prämissen überhaupt abbildbar?

Auch Pikettys Begriff von Ideologie ist problematisch. Gemeint ist nicht eine Weltanschauung, die aus unhinterfragten persönlichen Präferenzen hervorwächst und sich die Wirklichkeit nach eigenem Gusto zurechtbiegt, sondern allgemein alle intellektuellen und moralischen Inhalte einer Gesellschaft. Aber dann ist Ideologie bei ihm doch wieder das gängige Narrativ der jeweiligen Elite, die von oben herab auf die weniger erfolgreiche Mehrheit der Gesellschaft blickt und ihre oftmals rohen Forderungen als populistisch abtut. Die Vorstellungen, dass Wohlstand auf überdurchschnittliche Intelligenz und Einsatz beruhen könnte, und dass sich daraus ein Anspruch auf höheren Konsum und einen gewissen Wohlstand ableiten lässt, kommt Piketty nicht in den Sinn.

Interessant sind seine langen Kapitel zum Eigentum, dessen geschichtliche Entwicklung vom Beginn der französischen Revolution an nachgezeichnet wird. Die Begründung von Eigentum, das nicht auf eigener Hände Arbeit beruht, war immer schwierig. Einige Philosophen anerkannten den Besitz als Naturrecht, in modernen Staaten mit verfassungsrechtlicher Absicherung. Und es gab Zeiten und Gegenden, in denen Eigentum als unantastbar angesehen wurde, insbesondere Eigentum an Grund und Boden. Die ungleiche Verteilung von Grundbesitz war immer und zu allen Zeiten ein Streitpunkt, bis hin zu Aufständen der Besitzlosen. Sozialdemokratische Politik versuchte das Eigentum einzuhegen.

Deutlich zu kurz greift Piketty, wenn er die Einheit Europas allein auf dem freien Kapitalfluss gegründet sieht. Der erste Schritt zu einer Europäischen Union bestand in der Versöhnung Frankreichs mit Deutschland und der Montanunion, welche half, den traditionellen Streit um die rheinischen Kohle- und Industriegebiete dauerhaft zu befrieden. Neben dem freien Kapitalfluss ist für Europa ebenso essenziell der freie Gedankenaustausch, die Reisefreiheit ohne Grenzen und die Arbeitnehmerfreiheit, sich in anderen EU-Staaten niederzulassen. Es ist unbegreiflich, wie diese wichtigen Bestandteile ignoriert werden können. Nur mit dieser Ignoranz kann der Autor von einer „Verabsolutierung des Eigentums“ sprechen. Der Investorenschutz erscheint ihm als Archaismus, als rückständig, nicht als wesentliches Instrument der Rechtssicherheit.

Ist Piketty Marxist? Seine Überbetonung der Ökonomie könnte darauf hinauslaufen, Politik nur mehr als abhängige Variable anzusehen. Diesen Eindruck konnte man nach der Lektüre von *Das Kapital im 21. Jahrhundert* (2013) erhalten. In *Kapital und Ideologie* erhält die Politik wieder ein stärkeres Eigenleben. Ideologie – wenn man nur wüsste, was er meint – wird zum wichtigsten erklärenden Faktor. In diesem Bild verliert das Privateigentum den Anschein des Naturrechts und wird als soziales Verhältnis sichtbar. Das ist ein wichtiger Punkt. So konnte Großbritannien das benachbarte Irland in eine Hungersnot stürzen, die Sklavenhalter bei der Durchsetzung der Menschenrechte für ihre verlorenen Sklaven entschädigt, der Kolonialismus als Entwicklungshilfe verkauft werden.

Ungleichheit ist für Piketty ein Hemmschuh der Entwicklung. Was heißt Entwicklung? Er unterstellt dem Kapitalismus einen kurzsichtigen Egoismus. Dieser Egoismus hat seit dem Zweiten Weltkrieg Millionen von Menschen aus der Armut geführt und ihnen Entwicklungschancen eröffnet, die es früher so nicht gab. Überhaupt spielt die soziale Durchlässigkeit von Gesellschaften bei dem Autor eine zu geringe Rolle. Es gibt gewichtige Stimmen, die Ungleichheit als Entwicklungsstachel betrachtet, als Ansporn, individuelle Kräfte einzusetzen. Wenn Piketty nach vermeintlich besseren Lösungen sucht, greift er doch wieder nur zu einem Wirtschaftswachstum, welches angesichts der ökologischen Krise problematisch geworden ist. Letzten Endes besteht Fortschritt selbst bei den Grünen in mehr materiellem Wohlstand, nur gleichmäßiger verteilt. Piketty ist in dieser Hinsicht nicht eindeutig. Er betont, dass die ökologische Frage nur gelöst werden dürfe unter der Prämisse der Sozialverträglichkeit. Der Frage der Umsetzung und ihrer Konsequenzen weicht Piketty aus.

Ist die bestehende Ungleichheit, gemessen in Geld, unabwendbar? Die Schere zwischen Arm und Reich geht angeblich immer weiter auf, besonders in den USA. Handelt es sich bei der Erzählung, Ungleichheit sei unabwendbar, um eine Ideologie? Wenn ja, dann könnte das Übel in der Logik von Piketty abgeschafft werden. Warum passiert es nicht? Gewiss, die Reichen und die Eliten sind stark. Sie bestimmen den öffentlichen Diskurs. Warum wird dieses Narrativ dennoch nicht als Ideologie durchschaut? Vielleicht, weil immer noch viele es einleuchtend finden, dass Einkommen und Vermögen mehr oder weniger mit Leistung und Einsatz zu tun haben?

Markt und Wettbewerb, Gewinn und Lohn, Kapital und Schulden, Einheimische und Fremde, Steuerparadiese und Wettbewerbsfähigkeit, selbst hochqualifizierte und geringqualifizierte Arbeiter sind nach Piketty soziale und historische „Konstruktionen". Wenn man wüsste, wie sie zustande kommen, könnte man sie ändern. Oder sie kommen zustande ohne einen zentral handelnden Akteur, was die Steuerung enorm erschwert. Ohne einen gewissen Grad an Zustimmung funktionieren sie nicht, jedenfalls nicht in einer Demokratie. Und hier scheint der Kern des Problems zu liegen: Was Piketty als soziale Ungerechtigkeit anprangert, findet bei einem relevanten Bevölkerungsanteil immer noch Billigung. Es wäre interessant zu erfahren, welche Gründe dafür namhaft gemacht werden können.

2. 3. Ich gönne mir zwei Wochen Pause. Mein Buch *Politisches Denken. Athen und Rom* ist in meinem eigenen VTA-Verlag erschienen. Zuletzt hat mich das Register noch viel Arbeit gekostet. Mit dem Umschlagentwurf des Grafikbüros superdeblik bin ich zufrieden; angenehme Farben.

Es ist kein wissenschaftliches Werk, ich habe mir alles angelesen und nicht selbst geforscht. Eigenständig aber ist das Schlusskapitel, welches lautet: „Das kann man aus der (antiken) Geschichte lernen". Es gibt einiges, das man lernen kann, unter anderem, dass sich die Demokratie seit der griechischen Antike enorm verändert und vor allem ausgeweitet hat.

Mittags Physiotherapie, nachmittags ist die Putzfrau bei uns und wir bei der Thai-Massage.

3. 3. Nachmittags beim Neurologen Professor W., weitere Spritzen .

4. 3. Abendveranstaltung der Berliner Psychotherapeutenkammer: „Qualitätssicherung in der Psychotherapie". Sehr gut besucht, obwohl die Angst vor dem Corona-Virus zunimmt. Das Gutachterverfahren wird voraussichtlich Ende 2022 auslaufen und muss durch etwas anderes ersetzt werden. Die zwei Referenten des Abends spekulieren darüber, wie ein Patienten-Fragebogen aussehen könnte. Damit soll der Therapiefortschritt gemessen werden. Ich vermute, dass meine Kollegen Psychotherapeuten ziemlich erstaunt sein werden, wie gering ihr Erfolg ist. Ich halte Psychotherapie für erstaunlich wirkungslos, was nicht heißt, dass sie gänzlich umsonst wäre. Natürlich, man bemüht sich als Therapeut, die Lebenssituation der Patienten zu verstehen

und irgendwie zum Besseren zu wenden. Aber die meisten sind doch sehr eingefahren in ihrem Denken und Verhalten.

Welche Kriterien zur Beurteilung der Qualität einer Psychotherapie gäbe es überhaupt? Was ist ein qualitativ gutes Ergebnis einer Psychotherapie? Therapeuten und Patienten unterscheiden sich erheblich. Man könnte unterscheiden zwischen Prozessqualität und Ergebnisqualität. Letztere könnte mit einer Vorher- und einer Nachher-Befragung ermittelt werden. Aber reine Zahlen bringen noch gar nichts, diese müssen interpretiert werden. Welche Entscheidungen werden auf der Grundlage dieser Daten getroffen? Es gibt Ängste vor einem zu hohen Dokumentationsaufwand. Einige Kollegen fürchten, durch Tests und Fragebögen könnte der therapeutische Prozess „entzaubert" werden. Andere fürchten eine Kontrolle bis hin zur Big Brother-Paranoia. Wie weit darf die Kontrolle des Therapieprozesses gehen? Die Selbstkontrolle der Psychotherapeuten-Community funktioniert nicht wirklich. Das Thema ist emotional aufgeladen.

6. 3. Beerdigung meiner Halbschwester väterlicherseits, I.W., auf dem Friedhof Friedrichshagen. Ihr Sohn Carsten hielt eine kurze und schöne Rede. Anschließend trafen sich gut 50 Leute beim Italiener. Mein Bruder war auch dabei. Er war aus Leipzig gekommen. Es nieselte fast die ganze Zeit und es war kühl.

15 Corona-Fälle in Berlin. Die Gesundheitsämter kommen nur langsam in Fahrt. Es stellt sich als schwierig heraus, alle Kontaktperson der Infizierten zu informieren.

7. 3. Ein Infizierter feierte in einem Club. Wenige Tage später steht fest: mindestens 42 Menschen haben sich in dieser einen Nacht infiziert. Die Gesundheitsämter testen wegen mangelnder Kapazität nur Menschen mit Symptomen.

Habe über das Internet vier Gläser köstlicher Schokoladencreme bei Grashoff in Bremen bestellt. Meine Frau darf davon nichts erfahren. Sie ist der Auffassung, dass Schokolade und Zucker Gifte sind. Wir essen jeden Morgen Obstsalat und trinken dazu Kaffee. Ich mache mir einen Milchkaffee. Meine liebe Frau hasst die Haut, die sich auf der Oberfläche des sich abkühlenden Milchkaffees bildet.

8. 3. Strategie der Bundesregierung und der Länderregierungen ist es, die Kurve der Infizierten und Toten abzuflachen, damit das Gesundheitssystem, insbesondere was die Betten der Intensivmedizin angeht, nicht kollabiert. Man hofft, dass Deutschland nicht die schlimmen Erfahrungen von Italien machen muss, von wo aus sich das Virus über Europa verbreitet. Fast überall auf der Welt werden Kontakteinschränkungen verfügt. Die Börsenwerte rauschen in den Keller, der deutsche DAX verliert rund 30 Prozent. Die Bundesregierung arbeitet an milliardenschweren Soforthilfen für Unternehmen und Arbeitnehmer. Das Credo eines ausgeglichenen Bundeshaushalts (die Ausgaben übersteigen nicht die Einnahmen), welches in den vergangenen Jahren hierzulande eingehalten wurde, wird aufgegeben. Arbeitnehmer sollen nicht entlassen, sondern in „Kurzarbeit" bei fast vollem Lohnausgleich geschickt werden. Das hält die Arbeitslosenzahl niedrig.

9. 3. Es gibt die ersten Todesfälle in Deutschland. Gesundheitsminister Jens Spahn (CDU) schlägt vor, Veranstaltungen mit mehr als 1000 Teilnehmern abzusagen. Auf Bundesebene wird die Absage von Fußballspielen debattiert, erste Bundesländer haben Spiele verboten. Die Solidarität der Bevölkerung ist erstaunlich. Fast alle halten sich freiwillig an die Kontakteinschränkungen und an die Hygieneregeln. „Eine nie dagewesene Demonstration der Mitmenschlichkeit", formulierte der Chefredakteur der Wochenzeitung *Die Zeit.* In Deutschland bedarf es kaum eines Zwangs, um die Maßnahmen durchzusetzen. Die Bundeskanzlerin setzt auf Vernunft und Einsicht. Die Angst vor dem unbekannten Virus tut das übrige.

10. 3. Der Regierende Bürgermeister von Berlin will sich vor dem Verbot von Veranstaltungen mit mehr als 1000 Teilnehmern noch mit der Bundeskanzlerin absprechen. Der Virologe Christian Drosten von der Berliner Charité spricht mahnende Worte. Er gilt als Kapazität, weil er zu dieser Art von Virus geforscht hat. Die Berliner Gesundheitssenatorin drängt auf einen strikteren Kurs, Bürgermeister Müller zögert noch. Die Schließung von Schulen und Kitas liegt in der Luft. Das Robert-Koch-Institut für Virologie rät erstmals zur „sozialen Distanzierung". Den Bundesländern wird es überlassen, ob sie Schulen schließen. Es wird keine bundeseinheitliche Lösung geben. In Berlin bleiben die Schulen noch offen, aber Klassenfahrten und Sportwettkämpfen werden gestrichen. Der Berliner Kultursenator sagt alle Veranstaltungen in den staatlichen Theater-, Opern- und Konzerthäusern bis nach Ostern ab.

Der Beginn des Sommersemesters an den Universitäten wird um eine Woche auf den 20. April verschoben. Der „Karneval der Kulturen" in Berlin wird abgesagt.

11. 3. Die Weltgesundheitsorganisation WHO hatte einige Tage gezögert, eine „Pandemie", also eine weltweite Epidemie, auszurufen. Die Folgen einer Einschätzung von Covid-19 als „Pandemie" durch die WHO sind allerdings unklar. Heute jedenfalls war es soweit. Bundeskanzlerin Merkel warnt vor einer Überlastung des Gesundheitssystems. In Deutschland sind knapp 120 Infektionsfälle bekannt. Ein Gefühl der Unsicherheit macht sich breit. Es kommt zu Hamsterkäufen, insbesondere Toilettenpapier. Alle rätseln: Wieso gerade Toilettenpapier? Der Vorsitzende der Freien Demokratischen Partei (FDP) warnte die Kanzlerin vor einem „Kontrollverlust wie bei der Zuwanderung nach Deutschland 2015". Es klingt, als freue er sich darauf.

12. 3. Die globalen Klimaschutzziele lägen selbst bei einem rasanten Umsteuern der Wirtschaft außer Reichweite, sagt der amerikanische Ökonom und Nobelpreisträger William Nordhaus von der Yale-Universität in einem Interview mit der Neuen Zürcher Zeitung (25. Januar 2020). 2019 wurde im Kampf gegen den Klimawandel auf etwa 20 Prozent der globalen Treibhausgasemissionen ein Preis erhoben. Er liegt im Durchschnitt bei etwa 2 Dollar pro Tonne ausgestoßenes CO2. Ein sinnvoller Preis müsse aber bei 40 Dollar oder gemäß gewisser Berechnungen gar bei 100 Dollar liegen, damit er gegen den CO2-Ausstoss wirkt – aber ganz sicher nicht bei 2 Dollar. Wir sind also nicht einmal in der Nähe dessen, was eigentlich getan werden müsste. Die CO2-Preiserhöhung müsste global harmonisiert werden. Dafür braucht es nicht nur den politischen Willen, sondern eine Koordination der Klimapolitik aller Länder. Irgendwann wird auch die US-Regierung wieder zur Vernunft zurückkehren. Andererseits, die Hälfte der Berechnungsmodelle zeigen, dass es unmöglich sein, das 2-Grad-Ziel noch zu erreichen[11]. Das System ist zu träge. Selbst wenn die Menschheit die schnellstmögliche Wende in Richtung Null Emissionen schafft, wird sich weiterhin CO2 in der Atmosphäre ansammeln, Denn man kann die Industrie von rund 7 Milliarden Menschen in 200 Nationalstaaten nicht einfach stilllegen. Das 2-Grad-Ziel ist zwar richtungsweisend,

---

11 Das Zwei-Grad-Ziel beschreibt das Ziel der internationalen Klimapolitik, die globale Erwärmung auf weniger als zwei Grad Celsius bis zum Jahr 2100 gegenüber dem Niveau vor Beginn der Industrialisierung (etwa 1800) zu begrenzen.

ist aber nicht kompatibel mit den ökonomischen Realitäten. Noch hat niemand berechnet, wie viel global gesehen es kosten würde, das Ziel zu erreichen, und noch weniger, wer es bezahlen soll. Nordhaus sagt, man müsste für den Ausstoß einer Tonne CO2 einen Preis von 20.000 Dollar setzen. Die Schweiz verlangt auf Brennstoffen wie Heizöl – nicht aber auf Benzin und Diesel – derzeit 96 Franken (ungefähr 99 Dollar). Damit liegt die Schweiz im internationalen Vergleich an der Spitze. D.h., alle anderen Staaten liegen darunter. Laut Nordhaus könnte bei einer eingehaltenen Balance von ökonomischer Vernunft und ökologischem Wunsch die Erwärmung bis 2100 bei plus drei Grad begrenzt werden. In China werden angeblich 45 Prozent der globalen Kohleförderung verbrannt. Solange die Chinesen nicht davon Abstand nehmen, kommt die Welt nicht weit beim Klimaschutz.

Die Erde selbst hat sich im Rahmen ihrer natürlichen Variabilität im Laufe der Erdgeschichte nie an ein 1,5- oder 2-Grad-Ziel gehalten. In den vergangenen tausend Jahren gab es mindestens zwei, jeweils mehrere Jahrzehnte oder gar Jahrhunderte lange Episoden, in denen die mittlere Temperatur um mehr als 1,5 Grad von den langjährigen Mittelwerten abwichen. Während des „mittelalterlichen Klimaoptimums" war es auf den britischen Inseln und in Mitteleuropa erheblich wärmer als zuvor und danach. In der sogenannten Kleinen Eiszeit im 17. Jahrhundert war es dagegen weitaus kälter.

Das Problem mit den heutigen Klimaabkommen ist die Freiwilligkeit. Es hat keine negativen Folgen, wenn man nicht mitmacht oder wenn man wieder austritt. Als Kanada seine ölhaltigen Sande entdeckte, zog es sich aus dem Kyoto-Protokoll zurück. Die US-Regierung konnte ohne Folgen das Paris-Abkommen kündigen. Laden die Abkommen von Kyoto und Paris zum Nichtstun ein?

Klimaaktivisten argumentieren, der Verzicht auf wirtschaftliches Wachstum wäre eine bessere Strategie im Kampf gegen die Erwärmung. Dagegen hat sich Nordhaus immer gewehrt. In dem NZZ-Interview sagte er: „Wollen Sie den Leuten ernsthaft sagen, dass wir die Autobahnen stilllegen, die Züge, die Spitäler, die Schulen? Sollen sie bei der Kleidung, der Nahrung und beim Dach über dem Kopf verzichten? Ich kann mir nicht vorstellen, dass man damit irgendwo auf der Welt eine Abstimmung gewinnen könnte."

13. 3. Jetzt soll in Berlin Schulen und Kitas doch stufenweise ihren Betrieb einstellen. Der öffentliche Nahverkehr soll runtergefahren werden. Die Wirtschaftssenatorin und die Verkehrssenatorin, beide von den Grünen, sind

entsetzt, weil der Regierende Bürgermeister ohne Absprache mit ihnen so entschieden hat. Beschlossen wird, alle Veranstaltungen mit mehr als 50 Personen abzusagen. Clubs und Bars sollen in einigen Tagen schließen. Heute haben Bundesfinanzminister Olaf Scholz und Wirtschaftsminister Peter Altmaier vor den Medien ein bisher beispielloses Maßnahmenpaket vorgestellt, um die Auswirkungen des Coronavirus auf die Wirtschaft abzufedern. Die Maßnahmen sollen verhindern, dass an sich gesunde Unternehmen in Finanznot geraten oder Mitarbeiter entlassen, weil es Störungen in der Lieferkette gibt oder die Nachfrage einbricht. Beim Kurzarbeitergeld übernimmt die Bundesagentur für Arbeit bis zu 67 Prozent des ausgefallenen Nettolohns, wenn ein Unternehmen Mitarbeiter in Kurzarbeit schickt. Lufthansa streicht das Angebot wegen der Coronakrise noch stärker zusammen. Bis 19. April fänden nur noch circa fünf Prozent der ursprünglich geplanten Flüge statt, teilte der Konzern bei der Vorlage der Jahresbilanz mit. Rund 700 von 763 Flugzeugen blieben vorläufig am Boden.

*

Wir leben in einer Zeit der unbegrenzten Möglichkeiten und des Überflusses. Unsere Computer erlauben uns, viel mehr aufzuzeichnen, dank unseren Mobiltelefonen können wir viel mehr kommunizieren, dank unseren Verkehrsmitteln viel schneller reisen, als dies früher möglich war. All das wird als großer Fortschritt empfunden. Wir verlieren damit aber eine Eigenschaft, welche einst für das Überleben auf der Erde zentral war: die Genügsamkeit.

Wir setzen auf Technik. Emissionsarme Energieträger und effiziente Geräte halten unseren Lebensstil aufrecht, während die Emissionen reduziert werden. Technologische Innovation ist unsere Stärke, und wir haben Recht, sie zu nutzen. Unser Wirtschaftssystem und unsere Wissenschaft sind darin sehr leistungsfähig und davon abhängig. Sie werden ihren Beitrag zu einer nachhaltigeren Lebensweise leisten. Aber sie entfernen uns auch immer weiter von einer genügsamen Lebensweise. Ist Genügsamkeit höher einzustufen als Komfort, Sicherheit und Vergnügen?

Heute stellen Politiker aller Couleur in Aussicht, ein bedrohliches Problem zu lösen, ohne den Wohlstand anzutasten. Das Wort „Verzicht“ ist aus dem politischen Wortschatz verschwunden. Genügsamkeit ist oft ohne Zutun des Staats möglich. Eine Diagnose der Ursachen des Klimawandels und anderer Nachhaltigkeitsprobleme ist einfach: Wir leben über unsere Verhältnisse. Aber was ist das richtige Verhältnis?

Jugendliche sind genauso inkonsequent wie Erwachsene. Jugendliche fragen die ältere Generation, ob diese nicht endlich ihre Autos verkaufen oder noch besser verschrotten lassen, obwohl sie zu ihren Geigenstunden, ihrem Schwimmunterricht und ihrer Nachhilfestunde selbstverständlich gefahren werden wollen – oder müssen, weil keine günstigen Busverbindungen existieren. Sie fliegen zum Schüleraustausch nach Amerika oder Argentinien und im nächsten Jahr wieder, um die dort gefundenen Freunde zu treffen. Zwischenzeitlich fliegen sie in die Schweiz zum Skifahren und fahren an die Ostsee. Diese verlogene Selbstgerechtigkeit! Wieder den Ball mitten ins leere Tor gedroschen, wieder alles richtig gemacht.

14. 3. Sämtliche Kultureinrichtungen müssen wegen Corona ab sofort schließen, ebenso alle Sportplätze, Fitnessstudios, Friseurläden, Clubs und Bars. Alle Veranstaltungen mit mehr als 50 Menschen sind ab sofort verboten. Das betrifft auch Gottesdienste.

Sars-CoV-2, wie Epidemiologen das neuartige Coronavirus getauft haben, macht nicht nur vielen Menschen Angst, es trifft auch die Weltwirtschaft mit voller Wucht. Bisher war der Erreger, Verursacher der Lungenerkrankung Covid-19, in erster Linie ein chinesisches Problem. Jetzt ist er zur globalen Bedrohung geworden. Er hat Europa erreicht und Afrika, Australien und Amerika. Selbst in Island wurde inzwischen der erste Corona-Fall bestätigt.

Die Welt der Wirtschaft ist klein geworden in den vergangenen Jahrzehnten durch die immer engeren Handelsverflechtungen über Länder und Kontinente hinweg. Jetzt führt das Virus den Unternehmen und Investoren brutal vor Augen, dass diese Normalität des internationalen Handels im 21. Jahrhundert keine Selbstverständlichkeit ist – und wie abrupt das ausgetüftelte Räderwerk der Globalisierung fast über Nacht ins Stocken geraten kann. Lieferketten zwischen Ländern und Kontinenten sind unterbrochen, Verkaufszahlen in fernen Exportmärkten brechen ein, wichtige Geschäftsreisen müssen abgesagt werden.

Das Virus schlägt zu einem kritischen Zeitpunkt zu: Begonnen hat die moderne Ära der Globalisierung, also das Zeitalter eines beschleunigten internationalen Austauschs von Waren, Dienstleistungen, Kapital, Ideen und Arbeitskräften, vor etwa drei Jahrzehnten. Dieser Trend war lange Zeit der wohl wichtigste Wachstumsmotor für die Weltwirtschaft. Aber die Krise der Globalisierung setzte schon mit der Lehman-Pleite ein[12]. Spätestens seit der Protektionist Donald Trump im Weißen Haus regiert, macht das Schlagwort von der beginnenden „Deglobalisierung“ die Runde.

15. 3. (Sonntag) Berlin kündigt einen Hilfsfonds für Hotels, Restaurants und Clubs an.

Es ist schon viel geschrieben worden über die Krisen der Welt – es ist schon zu viel geschrieben worden über die Krisen der Welt! Ein neues Krisenbuch wie das des Israeli Nadav Eyal mit dem Titel *Revolte* ruft bei mir zunächst nur Langeweile hervor. Wieder einer, der mit viel Fleiß und durchaus akribisch die Krisenherde der Welt abklopft, um erneut zu beweisen, dass sich diese auf dem direkten Weg in den Abgrund befindet („unsere Weltordnung zerfällt“). Das höre ich nun schon seit 50 Jahren. Gähn!

Werden demokratische Werte im Weltmaßstab wirklich „zunehmend missachtet“? Streben nicht immer mehr Staaten zu einer demokratischen Verfassung? Steigt nicht im großen Ganzen den Lebensstandard, wenn auch nicht überall gleichmäßig? Eyals Buch erfuhr eine hohe Auflage und wurde in viele Sprachen übersetzt. Wie lässt sich erklären, dass eine grundlegend positive Entwicklung seit 70 Jahren auf unserem Globus von so vielen Intellektuellen nicht erkannt oder ignoriert wird? Die Kindersterblichkeit sinkt, die Analphabetenrate ebenso, während zugleich immer mehr Menschen in Demokratien leben. Die Flüchtlingsströme gehen nicht von den Demokratien zu den Diktaturen, sondern allemal umgekehrt.

Trotz alledem sieht Eyal die westliche Welt in einer Krise. Steckt nicht auch die islamistische Welt in einer Krise? Es bleibt bei ihm unklar, ob die Krise in der Revolte gegen die Globalisierung zu sehen ist oder in der Globalisierung selbst. Was ist schlimmer? Die Vorzüge der Globalisierung zeigen sich auf schlagende Weise in der Corona-Sars-Krise, in der eine selbstverständlich gewordene weltumspannende Mobilität drastisch beschnitten werden musste.

Nationalisten haben zu allen Zeiten die Vorzüge des freien Austausches von Menschen, Waren, Kapital und Ideen bekämpft. Vor 1914 standen sich in Europa ultranationalistische Staaten unversöhnlich gegenüber. Die heutigen

---

12 Lehman Brothers Holdings Inc. war eine US-amerikanische Investmentbank mit Hauptsitz in New York, die am 15. September 2008 infolge einer Finanzkrise Insolvenz beantragen musste.

Nationalisten sind im Vergleich dazu harmlos und unbedeutend. Natürlich machen sich Nationalisten die allfälligen und unvermeidlichen Krisen in den Demokratien zu Nutze, um ihre rückwärtsgewandten Ideen durchzusetzen. Praktisch alle Parteien, sofern sie in der Opposition sind, greifen die jeweiligen Regierungen an. Nutzen die Nationalisten die Krise oder sind sie selbst die Krise? Ursache und Wirkung werden bei Eyal nicht recht deutlich. Ist die Ankunft von einer Million Flüchtlingen 2015 in Deutschland Ausdruck einer Globalisierungskrise oder vielmehr Anfangspunkt einer neuen Krise? Und wer revoltiert? Die Flüchtlinge oder die nationalkonservativen Regierungen in Polen und Ungarn? Warum können Populisten wie Trump und Boris Johnson die Macht erobern? Welche Revolte repräsentieren Dürreopfer in Sri Lanka? Eydal hatte sie besucht, vermutlich ohne zu ahnen, dass er mit seinen Flugreisen die Klimaerwärmung befeuert.

Die herrschende Meinung ist die Meinung der Herrschenden. Karl Marx hätte sich nicht träumen lassen, dass einmal eine linksintellektuelle Schickeria die Meinungshoheit mehr oder weniger erringen wird. Eyal gehört zu dieser Intelligenzija. Er macht in seinem Buch *Revolte* kaum mehr, als das von den Medien verbreitete Bild vom steten Niedergang des Westens noch einmal aufzuwärmen. Es fällt auf, dass der Israeli Eyal die Gefahr im Nationalismus und Rechtsextremismus sieht, nicht im islamischen Fundamentalismus und auch nicht im Fundamentalismus generell (also auch auf der Seite der Linken). Eyals Hauptgegner ist der langjährige israelische Staatschef Netanjahu und nicht die Hisbollah, die Fatach oder die Hamas, die Israel vernichten wollen. Vielleicht liegt es daran, dass der islamistische Fundamentalismus in Europa und Israel keine Chance hat, zu einer realen Macht zu werden. Bei der extremen Rechten in Europa sieht das anders aus.

Eyal bemerkt allerdings, dass die Revolte gegen die Globalisierung nicht nur von rechts kommt. Der Protest gegen das transatlantische Freihandelsabkommen TTIP wurde von Ökologen und Grünen getragen – das Abkommen wurde zu Fall gebracht. Eyal hat Sympathien für die Revoltierenden. Auch für die teilweise antisemitischen Gelbwesten in Frankreich? Die Revolte gegen die Klimakrise kommt eher aus der linksliberalen Ecke. Die Klimaerwärmung ist allerdings eine Folge der Globalisierung, des enormen Zuwachses an Waren- und Touristenströmen. Eyal ruft auf zur Toleranz über die Grenzen von Nationen und Religionen hinweg. Gähn!

Derartige Appelle sind nötig, aber sie erklären nichts. Aufklärung, Demokratie und Menschenrechte waren die Antwort auf die Verheerungen von zwei

Weltkriegen. Sind diese Ideale heute wirklich gefährdet, gefährdeter als vor 70 Jahren? Diese Ideale, meint Eyal, seien beerdigt worden mit den Anschlägen vom 11. September 2001 und der Finanzkrise von 2008.

Natürlich sollten wir uns alle weiterhin für Aufklärung, Rationalismus, Völkerverständigung und Demokratie einsetzen. Bei Eyal klingt es so, als sei er einer der letzten Rufer in der Wüste. Solidarität statt Turbokapitalismus, Verantwortung in der Klimakrise, mehr Einfluss ärmster Weltregionen im UN-Sicherheitsrat und die Flüchtlingskrise als Chance gegen die Vergreisung der Gesellschaften. Das ist einerseits wohlfeil, andererseits kunterbunt durcheinandergewürfelt. Das Buch ist mehr geprägt vom guten linksliberalen Willen als von politischem und psychologischem Sachverstand. Eyals wird gelesen, weil er auf der hegemonialen Wohlfühlwelle der links-grün-alternativen Weltanschauung surft.

16. 3. Berufsschulen und Oberstufenzentren werden geschlossen. Ein Tag später werden alle Schulen und Kitas geschlossen. Für Kinder von Eltern mit Berufen wie Arzt oder Polizist wird eine „Notbetreuung" eingerichtet, die langsam anläuft. Berlin will auf dem Messegelände innerhalb weniger Wochen ein eigenes Krankenhaus für bis zu 1000 Covid-19-Patienten errichten. Bundeskanzlerin Merkel hat heute angeordnet, dass große Teile des öffentlichen Lebens in Deutschland heruntergefahren werden. Bars, Klubs, Theater, Opern, Fitnessstudios und auch Spielplätze werden geschlossen. Auch Zusammenkünfte etwa in Vereinen, Kirchen, Moscheen und Synagogen werden verboten sowie eingeschränkte Zutrittsregelungen für Krankenhäuser und Pflegeeinrichtungen erlassen. Stark eingeschränkt wird auch der Tourismus. Urlaubsreisen ins In- und Ausland dürfe es nicht mehr geben, sagt Merkel. Erstmals seit mehr als zehn Jahren könnte die globale Nachfrage nach Öl sinken – weil ein Virus dafür sorgt, dass Teile der Wirtschaft darniederliegen. Die Öllånder reagieren mit kräftigen Förderkürzungen. Die Internationale Energieagentur (IEA) prognostiziert aufgeregt, dass im ersten Quartal 2020 der weltweite Ölverbrauch im Vergleich zum Vorjahresverbrauch zurückgeht, und zwar um 0,435 Millionen Barrel (Fass zu 159 Liter) am Tag. Wie üblich teilen Journalisten und Medien nicht den Grundwert mit. Der liegt bei 85,0 Millionen Barrel pro Tag. Die Reduktion beträgt also nur ungefähr 0,5 Prozent. Das ist die übliche Schwankungsbreite seit 2005.

*

Was macht das Virus mit uns? Die Diskussion darüber läuft an. Der Zukunftsforscher Matthias Horx hofft auf ein Medikament schon im Sommer. Unabhängig davon, ob es so schnell geht: Schon in wenigen Wochen wird die Menschheit gelernt haben, mit Corona zu leben. Es ist ein neuer Geschwindigkeitsrekord. Vielleicht hilft das digitale Nachverfolgen von Bewegungsprofilen. Noch sträubt sich der Datenschutzbeauftragte, aber wir haben in den vergangenen Wochen gesehen, wie schnell Positionen geräumt werden, die noch kurz zuvor als unverhandelbar galten. Horx („Die Welt nach Corona", Die Welt, 16. März 2020) rechnet nicht mit einem wirtschaftlichen Zusammenbruch, trotz einiger Ökonomen, die das Gespenst an die Wand malen. Die Reduktion der wirtschaftlichen Leistung um ein paar Prozent sei kein „Zusammenbruch", und auch das Gesundheitssystem werde nicht „zusammenbrechen", jedenfalls nicht bei uns in Deutschland. Die Wirtschaft und das Gesundheitssystem werden sich erholen, ebenso die Börsenkurse. Auch früher kam es nie zu einem Nullpunkt. Trotz aller Krisen und Umbrüche geht unterhalb davon das Leben der Menschen weiter. Neben der globalisierten Ökonomie werden sich die lokalen Produktionen verstärkt behaupten können. Psychologisch interessant bleibt die Frage, warum bislang fast alle Zukunftsprognosen Abstiegsprognosen sind. Einen Satz von Horx möchte ich nur zu gerne erfüllt sind: „Vielleicht werden wir uns sogar wundern, dass Trump im November abgewählt wird."

17. 3. Der Corona-Schock erinnert an die Weltfinanzkrise ab 2007. Damals waren die Risiken, die sich im globalen Finanzsystem aufgebaut hatten, sträflich vernachlässigt worden. So argumentiert auch heute wieder ein Teil der Experten. Sie kritisieren die aus ihrer Sicht unzureichenden Anstrengungen im Kampf gegen Seuchen. Vor 14 Monaten bilanzierte beispielsweise das Global Health Institute der amerikanischen Harvard-Universität in einer Studie für das World Economic Forum, die Welt sei „nicht darauf vorbereitet, auf eine signifikante Bedrohungen durch eine Pandemie zu reagieren". Die Warnung war unsubstantiiert. Das bedeutet „vorbereitet sein"? Zugleich wies die Untersuchung auf eine zunehmende Zahl von nationalen und regionalen Epidemien in den vergangenen Jahren hin. Auf längere Sicht könnten diese ähnlich großen wirtschaftlichen Schaden anrichten wie der Klimawandel.

Eine plausible Reaktion wäre, dass die Unternehmen auf kürzere und weniger komplexe Lieferketten setzen und sich weniger abhängig machen von einem Netz internationaler Zulieferer. Der temporäre Schock durch das

Coronavirus könnte deshalb sehr wohl zu einem dauerhaften Rückbau der Globalisierung führen. „Die Globalisierung so zu organisieren, dass alles dort gemacht wird, wo die Produktion am effizientesten ist – das ist vorbei“, sagt etwa Jörg Wuttke, Vorsitzender der EU-Handelskammer in China. Was er bedauert, das freut andere: Linken-Politikerin Sahra Wagenknecht sieht sich durch die Corona-Folgen in ihrer Forderung nach „einem vernünftigen Maß an Deglobalisierung“ bestärkt. Kann die Deglobalisierung unter dem Notregime einer Pandemie „vernünftig“ sein?

Doch schlimmer als der Erreger selbst ist womöglich die übertriebene Furcht, die er bei vielen Menschen auslöst. Auch darin liegt eine Parallele zur Finanzkrise, als eine zu große Vertrauensseligkeit von einem Tag auf den anderen in übersteigertes Misstrauen umschlug. „Die Wirtschaft kann enormen Schaden davontragen – nicht durch das Virus selbst, aber durch unsere Angst davor“, sagt der renommierte Risikoforscher Gerd Gigerenzer vom Max-Planck-Institut für Bildungsforschung in Berlin. Er zieht sogar den Vergleich zu den Anschlägen vom 11. September 2001: Rein ökonomisch betrachtet, war nicht der Einsturz des World Trade Center das Problem, sondern die Reaktion darauf. Allein die Sicherheitsmaßnahmen kosteten rund eine halbe Billion Dollar an Wirtschaftsleistung. Es starben innerhalb eines Jahres Studien zufolge 1600 Menschen zusätzlich im Straßenverkehr – weil sie nun Angst vor dem Fliegen hatten und deshalb über lange Strecken mit dem Auto fuhren.

Folgt man Gigerenzer, so wurde auch bei früheren Pandemien viel Geld sinnlos vernichtet. Bei Vogelgrippe, Sars oder BSE habe es in Deutschland zwar große Panik, aber keinen einzigen Toten gegeben. Am Rinderwahn starben in ganz Europa 150 Menschen, so viele wie am Trinken von parfümiertem Lampenöl. „Bei der Schweinegrippe haben Experten der WHO bis zu zwei Milliarden Infizierte weltweit vorausgesagt“, sagt der Wissenschaftler. „Darauf gaben die Regierungen zum Beispiel gewaltige Summen für das Medikament Tamiflu aus, obwohl bis heute nicht nachgewiesen ist, dass es gegen die schweren Folgen der Grippe hilft.“ In Deutschland seien am Ende zwar 250 Menschen an der Schweinegrippe gestorben – aber immer noch weniger als an der normalen Grippe. Ganz zu schweigen von den geschätzt 18.000 Menschen, die hierzulande jedes Jahr angeblich vermeidbaren Behandlungsfehlern im Krankenhaus zum Opfer fallen – bei 19,4 Millionen Behandlungsfällen pro Jahr in Deutschland (also 0,09 %).

Es ist nicht auszuschließen, dass der Rückbau der Globalisierung am Ende weit mehr Menschenleben fordert, als es das Virus selbst jemals vermocht hätte. Auf direktem Weg, weil zum Beispiel Arzneimittel knapp werden und Kranke nicht mehr angemessen behandelt werden können. Auf indirektem Weg, weil die neuen Handelsbarrieren viel Wohlstand vernichten, was nach aller historischen Erfahrung nicht ohne Folgen für die Sterblichkeit bleibt. Immerhin ist die durchschnittliche Lebenserwartung auf der Welt in der Zeit der beschleunigten Globalisierung seit 1990 um mehr als sechs Jahre gestiegen – am stärksten in den ärmeren Ländern, in denen ein ökonomischer Rückschlag auch die schwerwiegendsten Folgen für die Gesundheitsversorgung hätte.

18. 3. Bundeskanzlerin Merkel redet am Abend den Bürgern in einer Fernsehansprache ins Gewissen. Die Lage sei ernst und die Bürger sollten sie ebenfalls ernst nehmen. Nur wenn alle mitmachen, kann die Pandemie eingegrenzt werden. Merkel hat ausdrücklich nicht mit dem Instrument des Ausnahmezustandes gedroht. Sie hat den Staat überhaupt nicht absolut gesetzt. Sie hat die Verantwortung der Politik mit der der Bürger kombiniert, hat an den Gemeinsinn appelliert, der die Lösung bringen soll. Ich habe den Eindruck, dass die meisten Menschen dies für hilfreich halten beim Kampf gegen das Virus. Das Problem ist eher die Nachlässigkeit einiger im Umgang mit den Schutzmaßnahmen. Die grundsätzliche Frage ist immer, wie man gesundheitliche Erfordernisse mit den sozialen und ökologischen Bedürfnissen austariert. Wer meint, die Regierung habe zu spät gehandelt, sollte sich vor Augen halten, dass sich demokratische politische Entscheidungsträger auf die Akzeptanz dieser Entscheidungen in der Bevölkerung stützen müssen. In einem frühen Stadium, wenn die Pandemie noch weit weg erscheint (in Norditalien beispielsweise), mag diese Akzeptanz noch nicht gegeben sein. Bei uns drohen nicht chinesische Zustände. Die kulturellen Erfahrungen Chinas und des Westens sind unterschiedlich. Die Chinesen haben harte Möglichkeiten, Menschen in ihren Häusern einzusperren und gleichzeitig Massen von Helfern zu rekrutieren.

Die meisten Geschäfte müssen schließen, auch Restaurants – die Abholung von Speisen bleibt erlaubt. Geöffnet bleiben Lebensmittelläden, Banken, Drogerien und Apotheken. Die ersten Spielplätze werden gesperrt. Nicht mehr als zehn Leute dürfen sich versammeln. Das betrifft auch Beerdigungen. Die Trauergäste müssen sich vor den Kapellen und Feierhallen versammeln. – Berlin hat 1045 Intensivbetten mit Beatmungsmöglichkeiten. Es werden 600 Millionen Euro Soforthilfe für Berliner Firmen und Selbstständige bereitgestellt. Die Zahl der Infizierten in Berlin steigt rasant; es gibt den ersten Toten in unserer Stadt.

19. 3. In der Rede von Kanzlerin Merkel auf dem Weltwirtschaftsgipfel in Davos 2020 beklagte sie die Sprachlosigkeit und Unversöhnlichkeit zwischen Mensch, die den Klimawandel leugnen, und jenen, für die Klimaschutz die höchste Priorität habe. Es gibt allerdings noch eine andere, mutmaßlich wichtigere Konfrontationslinie: die Frage, ob der Klimawandel beeinflusst bzw. aufgehalten werden kann. Klimaschützer insistieren, dass das von Menschen erzeugtes CO2 der hauptsächliche Klimakiller sei und dass dessen menschengemachter Ausstoß möglichst auf Null reduziert werden müsse. Der Kohlenioxidanteil in der Luft beträgt 0,038 Prozent. Davon produziert die Natur 96 Prozent, den Rest, also vier Prozent, der Mensch. Das sind dann vier Prozent von 0,038 Prozent also 0,00152 Prozent sind menschengemacht.

Die menschliche Produktivität scheint nur eine kleine Quelle für den CO2-Ausstoß zu sein. Eine andere, durchaus erhebliche Quelle sind Vulkane. Angeblich hat der Vulkan Pinatubo in Indonesien 1991 in vier Tagen mehr CO2 ausgestoßen als die gesamte Menschheit seit Beginn der Geschichte. Es sind also Zweifel berechtigt, ob die Milliarden Dollars und Euros für technische Klimaschutzmaßnahmen jemals in der Lage sein werden, den CO2-Gehalt der Luft zu reduzieren.

Seit Einführung der Euro-1-Norm 1992 für Personenkraftwagen mit Verbrennungsmotor konnten die Emissionen im Straßenverkehr drastisch reduziert werden. Optimierte Verbrennungsmotoren und neue Abgasnachbehandlungssysteme haben durch die Verringerung der Schadstoffemissionen und des Treibstoffverbrauchs seither die Luftqualität deutlich verbessert. Der CO2-Ausstoß sank in Deutschland dennoch nicht, weil immer mehr und immer schwerere Fahrzeuge produziert und gekauft werden, „Stickoxide sind jedes Jahr für mehrere Zehntausende vorzeitiger Todesfälle in Europa verantwortlich", lese ich in den Medien. Wieder dieser schlampige Stil. CO2 kann nicht verantwortlich gemacht werden, weil CO2 keine Person ist, die man haftbar machen könnte. Wenn CO2 tatsächlich verantwortlich wäre, wäre das schön, weil dann kein Mensch verantwortlich ist. Und die angeblich Zehntausende von vorzeitigen Todesfällen sind eine theoretische Hochrechnung. Kein einziger Mensch ist in der Vergangenheit konkret und kausal an Stickoxid gestorben.

20. 3. Auf einen Bundesbürger kommen nach Angaben der Europäischen Umweltagentur 11 Tonnen CO2-Äquivalente pro Jahr (nach anderen Angaben 8,7 Tonnen pro Bürger). Der europäische Durchschnitt liegt bei 8 t. Frankreich und England liegen bei 7 t, Spanien bei 7,3, Italien bei 7,1 und Polen bei 10,9 t CO_2-äquivalente pro Jahr und Einwohner (2017). Frankreich steht besser da, weil das Land an die 40 Prozent seines Energiebedarfs mit Kernkraft abdeckt. Dabei entstehen kaum Treibhausgase. Der im Umfang sehr geringe radioaktive Müll kann oberirdisch gelagert werden. Seit der Wiedervereinigung hat die Bundesrepublik die Emissionen um rund 35 % gesenkt. Greenpeace erinnert daran, dass in Deutschland im Schnitt auf 100 Deutsche 61 Autos kommen, in Rumänien nur 36 pro 100 Einwohner. Das wird als Vorbild hingestellt. Rumänischer Lebensstandard als Ziel für Deutschland? So ist es gemeint: In Ungarn, Kroatien oder Rumänien ist das Einkommen pro Kopf deutlich niedriger als in der Bundesrepublik. Weniger Konsum bedeutet weniger Produktion und weniger Treibhausgase. Deutschland als Exportnation stößt auch deswegen mehr CO2 aus, weil so viele Güter exportiert werden. Schweden hingegen steht gut da wegen eines hohen Wasserkraftanteils. Letztendlich sagen die Vergleichszahlen wenig aus.

In Deutschland dreht sich die ganze Debatte um Stickstoffdioxid, obwohl Feinstaub für Menschen als viel gefährlicher gilt. Laut Umweltepidemiologen stirbt ein Durchschnittsbürger mehrere Lebensmonate früher durch die Feinstaubbelastung, die in Deutschland im Vergleich mit anderen Ländern allerdings nicht sehr hoch ist. Die Verkürzung der Lebenszeit durch Stickstoffdioxid beträgt hingegen deutlich weniger als ein Tag. Die öffentliche Debatte betrifft also das falsche Problem, und Aktivisten schocken die Menschen mit ebenso horrenden wie abstrusen Zahlen über angeblich durch Stickstoffdioxid ausgelöste Todesfälle. Die Diskussion ist umso absurder, wenn man bedenkt, dass die Grenzwerte für den Ausstoß von Kohlenmonoxid und Stickstoffdioxid in den vergangenen Jahrzehnten bereits zwischen gut 60 Prozent und über 80 Prozent für Benziner und Diesel gesunken sind.

21. 3. Bund und Länder einigen sich auf ein Kontaktverbot. Nun dürfen sich nicht mehr als zwei Menschen zusammenfinden, mit Ausnahmen: Familien, in einem Haushalt Zusammenlebende und Lebenspartner. Ein Abstand von

1.50 Meter von Mensch zu Mensch muss eingehalten werden. Linke und Grüne tragen die Beschlüsse zähneknirschend mit. Die Maßnahmen heißen zurecht „Ausgangsbeschränkungen“, nicht „Ausgangssperre“. Gefordert wird eine vorsorgliche Quarantäne für alle Menschen über 70 Jahre, aber der Berliner Senat kann sich nicht zu einer Empfehlung oder Anordnung durchringen. Restaurants dürfen nur noch Essen zum Mitnehmen anbieten. Alle Friseure müssen schließen.

Von links und rechts heißt es, die Liberalisierung und die Globalisierung habe die Krise befeuert und der freie Markt sei unfähig, diese zu meistern. Covid-19 werde als Vorwand dienen, um mit umso mehr Nachdruck Steuererhöhungen und mehr Staatsausgaben zu fordern, also die Schuldenlast wieder zu erhöhen. Dabei trifft der Erreger gerade diejenigen EU-Staaten am stärksten, die nach der Euro-Krise nicht Vorsorge getroffen und keine Schulden abgebaut haben. Die Maastricht-Kriterien, die die wirtschaftlich gefährlich hohe Staatsverschuldung begrenzen sollen, sind in der aktuellen Situation obsolet. Für liberale Politiker stellt diese Krise eine besondere Herausforderung dar. Sie unterstützen eingreifendes Regierungshandeln, gegen das sie sonst Sturm laufen würden.

Die Begrenzung der Neuverschuldung wird von einigen Politikern selbst in der Phase der Hochkonjunktur infrage gestellt. Es wird vom „Dogma“ eines ausgeglichenen Haushaltes gesprochen. „Austerität“ wird ausgesprochen wie ein Schimpfwort. Dieses „Dogma“ müsse fallen, es bedürfe massiver staatlicher Investitionsprogramme. Manche Zeitgenossen betrachten die Staatsverschuldung nicht als eine Notwendigkeit (um die Not zu wenden), sondern als eine Art Pflicht für das Gemeinwesen. Sie gehen davon aus, dass die Staatsverschuldung eigentlich nichts kostet, da die Zinsen nahe null liegen. Um die Tilgung könne man sich irgendwann später einmal kümmern. Die Tilgung von Staatsschulden gilt vielen als eine abwegige Idee – kein Staat mache da mit. Dahinter steht eine andere Annahme, nämlich dass man früher aufgenommene Schulden durch die Ausgabe neuer Staatspapiere tilgt. Diese Annahme lebt von einer weiteren Annahme, die der dauerhaften Bonität des Schuldners. Griechenland, Italien und andere Staaten haben diese Bonität in der jüngeren Vergangenheit vorübergehend oder ganz verloren. Theoretisch kann dies auch der Bundesrepublik passieren.

Ein zweiter Grund für die vermeintliche Harmlosigkeit weiterer Staatsverschuldung lautet: Staatsschulden seien keine Belastung für kommende Generationen, weil der Schuld ein Vermögen in Gestalt der Staatsanleihen gegenüberstehe. Irgendwann werden die Staatsanleihen ausbezahlt und stehen für Investitionen oder Konsum zur Verfügung. Vergessen wird, dass die Tilgung aus dem Staatshaushalt erfolgt und dieses Geld dem Staat nicht für Investitionen oder konsumtive Ausgaben zur Verfügung steht. Aus der Sicht der Gläubiger sind der Besitz von Staatsanleihen Vermögen, getragen von der Hoffnung, dass der Staat zwischenzeitlich nicht Pleite geht, was im Falle der Bundesrepublik tatsächlich eher unwahrscheinlich ist. In Griechenland aber konnte der Staat zeitweise auf dem privaten Kapitalmarkt keine Staatsanleihen mehr platzieren, weil niemand diese unsicheren Papiere kaufen wollte. Bekanntlich sprangen die Europäische Zentralbank und der Europäische Währungsfond ein, um den Bankrott abzuwenden. Wenn die Menschen das Vertrauen in die Nachhaltigkeit der Staatsfinanzen verlieren, ist der Vermögensstatus schnell weg.

Werden diejenigen Kräfte von links und rechts, die in den vergangenen Jahren den Staat und dessen Führungspersonal kontinuierlich madig gemacht, die das Gerede vom „Staatsversagen“ unter die Leute gebracht und Hass auf die sogenannten Eliten propagiert haben, an Zulauf gewinnen? Die große Mehrheit der Deutschen ist mit dem Krisenmanagement der Regierung einverstanden, sie verbindet damit in erster Linie Bundeskanzlerin Merkel und den Bundesgesundheitsminister Spahn von der CDU. Zudem wird der bayerische Ministerpräsident Söder (CSU) als beherzt, entscheidungsfreudig und zupackend angesehen. Das Dauer-Bashing vom linken und rechten Rand erscheint einem Großteil der Bevölkerung in der Krise als unpassend frivol; alternative Lösungen haben weder Linke noch AfD im Angebot. Kein Mensch kann seriös vorhersagen, wann die Ausbreitung des Coronavirus soweit eingedämmt sein wird, dass die Auflagen und Ausgangsbeschränkungen wieder gelockert werden können, so dass das öffentliche Leben inklusive der Wirtschaft zu einer gewissen Normalität zurückkehren kann.

22. 3. (Sonntag) Derzeit arbeiten Ärzte und Kliniken vielerorts (keineswegs überall) am Limit ihrer Möglichkeiten. Bis zu diesem Limit leisten sie Erstaunliches. Wir können der Rationalität der wissenschaftlichen Medizin vertrauen. Man kann natürlich auf die derzeitige Knappheit an Intensivbetten, Beatmungsgeräten, Mundschutz und Desinfektionsmittel hinweisen. Diese Knappheit bezieht sich ausschließlich auf die neuartigen Belastungen durch das Corona-Virus. Im großen Ganzen ist alles in Fülle und flächendeckend da, eine Folge unseres Wohlstandes.

Pandemien kommen nicht nur im dunklen Mittelalter vor. Damit haben viele nicht gerechnet. Ihre Unwissenheit verführt sie dazu, unsinnigerweise dort nach Schuldigen zu suchen, wo der Zufall wirkt. Zu sagen, dass Pandemien Folge der globalisierten Weltwirtschaft sind, ist Nonsens. Auch in früheren Jahrhunderten gab es einen weitgespannten Handel und viel Verkehr auf den lumpigen Straßen. Weil man nicht wusste, was die Ursachen von Pest und Cholera waren, beschuldigte man Hexen und Juden. Und man versuchte sich mit Dämpfen und Getränken aus Pflanzenextrakten und Schlangenhaut zu schützen. Noch heute gibt es Wohlstandsbürger, die glauben, sich nicht impfen lassen zu müssen und die an die Heilkraft von Phytomedizin und Homöopathie glauben. Greifen sie bei einer Lungenentzündung zu Globuli?

23. 3. Der Berliner Senat ist sich nicht einig, ob es eine Ausgangssperre geben soll, also weitere Einschränkungen der Bewegungsfreiheit. Die einen finden die Maßnahmen zu scharf, die anderen zu lasch und die Dritten, die es immer schon gewusst haben, zu spät. Das endlose Palaver geht weiter. Die Cafés haben die Anzahl ihrer Tische und Plätze reduziert. Überall wird darauf hingewiesen, dass Abstand zu halten sei. Es ist ein Vorurteil, dass „die Deutschen" nur Klopapier kaufen und horten. Händewaschen findet häufig statt. Und immer mindestens 20 Sekunden! Aber dabei nicht das Wasser laufen lassen!

Im Kampf gegen das Corona-Virus zeigt sich die neue Schnelligkeit der biologischen Wissenschaft. Forscher arbeiten so intensiv wie noch nie zuvor. Dabei sind es erst drei Monate her, dass die ersten durch das Virus ausgelösten Krankheitsfälle in der chinesischen Stadt Wuhan auftraten. Yes, we dare! Wir haben es gewagt, die Wissenschaft international zu vernetzen, die Analysemethoden immer weiter zu verfeinern, die Produktionsstätten umzustellen, internationale Hilfe anzubieten und bereitzustellen.

Der bekannte Publizist und Weltdeuter aus Israel, Yuval Noah Harari, diskutiert in einem längeren Essay die mögliche Entwicklung der Staaten nach der Corona-Krise. Im Wesentlichen sieht er die Notwendigkeit einer Entscheidung zwischen Überwachung und Freiheit. Er fürchtet, dass einige Notstandsmaßnahmen nicht aufgehoben werden, sondern fortbestehen. Regierungen hätten zunehmenden Hunger nach Daten ihrer Bürger, die sie zur Steuerung und Überwachung einsetzen. Es drohe ein „totalitäres Überwachungsregime". Er hat dabei sein Heimatland, Israel, als negatives Beispiel vor Augen: „Mein Heimatland Israel rief den Notstand während seines Unabhängigkeitskriegs von 1948 aus. Er rechtfertigte eine ganze Reihe von temporären Maßnahmen, von der Pressezensur und der Landkonfiskation bis hin zu speziellen Prozeduren beim Puddingmachen (kein Witz). Der Unabhängigkeitskrieg ist schon lange gewonnen, der Notstand aber nie aufgehoben worden. Und Israel hat viele der ‚temporären' Maßnahmen von 1948 nicht zurückgenommen (immerhin gnädigerweise 2011 das Dekret zum Notstands-Pudding)." („In der Corona-Krise stellen wir die Weichen für die Zukunft: Wir müssen den Totalitarismus bekämpfen und den Bürgersinn stärken", NZZ, 23. März 2020)

Darauf reagierte Thomas Eppinger, Herausgeber von „Mena-Watch". Mena-Watch ist nach eigenen Angaben ein „unabhängiger Nahost-Thinktank" („Nicht nur in Israel: Big Data gegen Corona", 6. April 2020). Eppinger schreibt: „Da Harari außer beim Pudding im Ungefähren bleibt: Die Presse in Israel ist frei. Nur wenn eine ‚unmittelbare Wahrscheinlichkeit für eine echte Beschädigung der Sicherheit des Staates' besteht, kann eine Behörde, die beim Militär angesiedelt ist, die Veröffentlichung untersagen. Nur ‚für den Fall, dass ein direkter Konflikt zwischen der Pressefreiheit und der staatlichen Sicherheit existiert, steht laut dem Obersten Gerichtshof die Sicherheit über der Pressefreiheit', wie die damalige Leiterin der Behörde dem SPIEGEL erklärte. Oberste Instanz ist nicht die Regierung, sondern der Oberste Gerichtshof." Natürlich müssten staatliche Institutionen zu demokratischen Normalität zurückkehren. Die Zivilgesellschaft müsse das überwachen und kritisch begleiten. An „Big Data" würden die modernen westlichen Staaten aber nicht vorbeikommen.

Harari arbeitet also mit einem nicht korrekten Schreckbild, um seine Warnung vor staatlicher Überwachung zu begründen. Richtig ist, dass personenbezogene Daten nicht dazu missbraucht werden dürfen, um Regierungen übermächtig zu machen. Diese Gefahr scheint mir im Westen nicht zu bestehen. Im übrigen müssen sich Regierungen, Bürger und Staaten nicht zwischen Überwachung und Freiheit entscheiden. Schon die Alternative ist falsch; sie besteht zwischen Gesundheit und Freiheit. Und die Entscheidung ist keine zwischen zwei sich ausschließenden Alternativen, sondern ist eine des Sowohl-als-auch. Die meisten Regierungen lavieren zwischen den Polen Gesundheit und Freiheit.

24. 3. Ich sehe keine lange Lebensdauer für die rechte Partei „Alternative für Deutschland" (AfD). Diese Partei hat zu echten Zukunftsfragen nichts beizu-

tragen. Das gilt meines Erachtens auch für die Umweltschutzbewegung der Jugend, „Fridays for Future". Außer der Forderung, es müsse „schnell" „etwas" geschehen, hat diese Bewegung nichts zu bieten. Nun ist tatsächlich schnell etwas geschehen, nämlich ein Herunterfahren der wirtschaftlichen und sozialen Aktivitäten. Satellitenaufnahmen zeigen eine drastische Reduktion von Luftschadstoffen in China (und vermutlich auch anderswo). Die Fridays for Future-Bewegung müsste sich freuen, tut sie aber nicht. Sie hält sich intuitiv zurück, denn ihre Forderung nach radikalen Maßnahmen zum Klimaschutz laufen eben auf das hinaus, was wir derzeit erleben: ein radikales Herunterfahren vieler gesellschaftlicher Aktivitäten mit der Folge Kurzarbeit, Verlust von vielen Arbeitsplätze und steigende Armut für einige Bevölkerungsgruppen. Das wiederum bedeutet, dass die Umweltbewegung nicht von der Corona-Krise profitieren wird. Im Augenblick tritt der weltweite Klimaschutz hinter die Bewältigung der Virus-Herausforderung zurück. Die Umweltschutzbewegung hat in der jüngeren Vergangenheit immer beklagt, dass zu wenig auf die Wissenschaftler gehört wird. Jetzt, in der Corona-Krise, werden Virologen und Epidemiologen zu geschätzten Gesprächspartnern der Politik, deren Empfehlungen weitgehend gefolgt wird.

Habe heute – wie viele meiner Kollegen – mit Therapiestunden mittels Videoübertragung begonnen. Einige Patienten wollen damit die Ansteckungsgefahr meiden. Ich bin nicht begeistert von dieser Veränderung, werde mich aber wohl dran gewöhnen. Aus meiner Erfahrung ist die Video-Telefonie nur ein unvollkommener Ersatz für die persönliche Begegnung. Die Technik, die sich zwischen Ich und Du schiebt, reduziert die Unmittelbarkeit der Begegnung. Andererseits entfallen viele Stunden, die man in Verkehrsmitteln bei der Fahrt von Ort zu Ort zubringen müsste. Nur die Extrovertierten haben jetzt ein Problem. Wenn man vom Abstandhalten spricht, sollte man auch von familiärer Nähe reden. Man muss sich langweilen, um seine Kreativität zu entdecken.

25. 3. Ich versuche mich damit auseinandersetzen, dass die Klima-Apokalypse womöglich noch zu meinen Lebzeiten eintreten wird. Ich glaube, dass diese Katastrophe allenfalls hinauszuzögern oder zu mildern, nicht aber zu verhindern ist. Die einzige Chance, die vom Weltklimarat angepeilte Emissionsreduktion rechtzeitig zu realisieren, bestünde in der drastischen Reduktion von beinahe jedem Aspekt unseres täglichen Lebens. Was, um es milde auszudrücken, sozialer Sprengstoff wäre. Den Beweis liefert mir der Gelbwesten-

Aufstand nach Präsident Macrons Versuch, den Verbrauch fossiler Treibstoffe durch eine moderat höhere Besteuerung ein wenig zu drosseln. Schon das führte zu einer grundsätzlichen Revolte. Blockiert wurde das öffentliche Leben in Frankreich mit Protesten gegen einen Staat, der sich aus langfristig relevanten finanziellen Überlegungen heraus daranmachte, seine Rolle als bedingungsloser Allversorger zu räumen.

Es stellt sich die Frage nach dem Umfang staatlicher Fürsorge. Einige Milieus fühlen sich nicht mehr von den staatlichen Organen gesehen und repräsentiert. Andere erwarten von ihm alles, vor allem Sicherheit und Geld, viel Geld. Sind jene, die immer mehr staatliche Eingriffe fordern, auch jene, die dem Staat zunehmend misstrauen? Es tauchen neue Inkohärenzen und Brüche auf, denen die traditionelle Typenlehre von der politischen Linken und der Rechten keineswegs mehr entsprechen. Rassisten wie Antirassisten trauen dem Staat nicht mehr zu, ihre Interessen zu vertreten – eine bedrohliche Front von Verneinern des demokratischen Staats.

26. 3. Die Europäische Union plant in den nächsten 30 Jahren eine Klimawende, die Unternehmen und Bürgern einiges abverlangt. Das Ziel der Klimaneutralität bis 2050 soll in der EU gesetzlich festgeschrieben werden. Anfang März stellte EU-Kommissions-Chefin Ursula von der Leyen dazu einen Entwurf vor. Damit beschreite Europa „unumkehrbar“ den Weg in eine nachhaltige Zukunft.[13] Aus der Wirtschaft wie auch von Umweltschützern kam umgehend Kritik. Die Wirtschaft fürchtet, abgewürgt zu werden; den Umweltschützern geht das Vorhaben nicht schnell genug.

Die Kommission hatte Greta Thunberg, Erfinderin der Fridays for Future-Bewegung, zur Präsentation des EU-Klimagesetzes nach Brüssel eingeladen. Schon vorher hatte Thunberg den Plan als „Kapitulation“ vor den notwendigen Aufgaben angeprangert. Das Ziel liege zu weit in der Zukunft. Sie will keine Kompromisse. Nach Jahrzehnten der Investition in klimafreundliche Energiegewinnung und ressourcenschonende Produktion meint sie, Gegenmaßnahmen gegen die Klimaerwärmung müssten „sofort beginnen“. Gehört auch sie zu jenen, die sich immer weiter von der Realität entfernen, nur damit sie Maximalforderungen aufstellen können?

---

[13] Es ist zu bezweifeln, dass das „unumkehrbar“ mit der Freiheit der Entscheidung künftiger Generationen in Einklang zu bringen ist.

Ausgehend von Maximalforderungen ist der EU-Klimaplan natürlich nicht geeignet, die in den Köpfen der Klimaaktivisten ausgedachten Ziele zu erreichen. Das EU-Ziel würde, so heißt es in dem offenen Brief von Klimaschützern, der auch von Thunberg unterzeichnet ist, „mehr schaden als Gutes tun". Ich nehme an, dass sie trotz dieser seltsamen Logik dennoch der Meinung sind, dass *kein* EU-Plan die noch schlechtere Variante wäre. Der EU wird „Nichtstun" vorgeworfen. Differenzierung ist offenbar nicht Sache der Umweltschützer. Der EU-Plan wird ablehnt und bekämpft oder zumindest ignoriert und nicht unterstützt. Denn sie möchten, dass „Opfer" gebracht werden. Genau dies versucht die EU-Kommission zu vermeiden. Sie ist der Meinung, dass Klimaschutz kosten darf, aber nicht auf Kosten von Geringverdienern und nicht auf Kosten von Arbeitsplätzen. Die Umweltschützer werden vielleicht irgendwann einmal einsehen, dass dies die Suche nach der Quadratur des Kreises ist. Im Augenblick scheint es ihnen egal zu sein, welche Personenkreise welche „Opfer" bringen könnten, abgesehen vielleicht jene, die sie selbst betreffen. Jedenfalls wollen sie nicht bis 2050 oder 2030 warten, sondern „Netto-Null-Emissionen" jetzt und sofort.

„Netto-Null-Emissionen" bzw. „Klimaneutralität" bedeutet, dass alle Treibhausgase, sofern sie nicht vermieden werden, ausgeglichen werden, etwa durch Aufforstung oder CO2-Speicherung. Bisher gilt, dass die EU die Klimagase bis 2030 um 40 Prozent unter den Wert von 1990 drücken will. Die EU-Kommission erwägt eine Verschärfung auf 50 bis 55 Prozent. Klimaschützer verlangen 65 Prozent. Nach Angaben der Klimaschützer bedeutet ein Stopp der globalen Erwärmung bei 1,5 Grad harte Auflagen für Industrie, Energieversorger, Landwirtschaft und Privathaushalte. Zumindest die Industrie hat sich bereits geäußert. Der Bundesverband der Deutschen Industrie (BDI) warnte von immer schärferen Auflagen, die Unternehmen überfordern könnten. Zudem bleibe völlig offen, ob und mit welchen Instrumenten derartige Ziele überhaupt erreicht werden können. Und der Deutsche Gewerkschaftsbund lässt sich auf eine derartige Debatte erst gar nicht ein. Nötig seien nicht schärfere Zwischenziele, sondern „ein gerechter Strukturwandel". Dieser bleibt genauso unscharf wie die Maßnahmen zur Begrenzung der Klimaerwärmung.

Völlig unklar ist, wie das „Zieldreieck" deutscher Energiepolitik – Umweltverträglichkeit, Wirtschaftlichkeit, Versorgungssicherheit – erreicht werden soll. Auf den Atomausstieg folgt der Kohleausstieg. D. h., erneuerbare Energien müssen ausgebaut werden auf Teufel komm raus. Gleichzeitig soll der Verbrennungsmotor bis 2050 abgeschafft und vollständig durch Elektroantrieb ersetzt werden. Bis dahin sollen auch die Gasheizungen demontiert sein. Da Biomasse, Windkraft und Wasserkraft schon heute an die Grenzen ihrer Ausbaufähigkeit stoßen, bleibt die Solarenergie. Wie damit ein Stahlwerk betrieben werden soll, bleibt rätselhaft. Deutschland wird sich in ein riesiges Solarenergiefeld verwandeln müssen, um genügend Strom produzieren zu können. Das Thema Versorgungssicherheit ist damit nicht erledigt. Es fließt kein Strom, wenn die Sonne nicht scheint. Und ist dieser Plan wirtschaftlich?

Es ist von Verzicht die Rede. Das ist kein neues Phänomen. Einzelne haben sich immer damit beschäftigt und ihre Konsequenzen gezogen. Einigen dämmert jetzt, dass etwas weniger Konsum kein großer Verlust ist. Ausgiebige Spaziergänge haben wir schon immer gemacht. Einige lesen jetzt Bücher, viele schauen vermehrt Netflix-Serien. Der Trivial-Trash in den Fernsehkanälen hat nicht abgenommen.

Bundesweit steigt die Zahl der Infizierten stark. Die Versorgung mit Schutzkleidung für Klinikpersonal und Arztpraxen scheint nicht durchgehend zu klappen. Die Wirtschaftshilfen für kleine Unternehmen, Freiberufler und Selbstständige laufen an. Die Server der Investitionsbank Berlin-Brandenburg brechen unter der Masse von Anträgen zusammen. Im großen Ganzen gilt das Verfahren aber als unbürokratisch und schnell.

27. 3. Die Erwartungen an den Staat wachsen tendenziell ins Uferlose. Politiker begehen oftmals den Fehler, unrealistische Versprechungen abzugeben. Wenn diese dann – wie mit gesundem Menschenverstand zu erwarten gewesen ist – nicht erfüllt werden, sind Wut und Aufregung groß. Zu dieser Erwartungshaltung gehört, dass der Staat alle Lebensrisiken nicht nur abfedern, sondern zu 100 Prozent kompensieren soll. Überall versprechen Präsidenten, Kanzler und Minister, es werde genügend Geld vorhanden sein, damit kein Unternehmen Konkurs geht und kein Arbeitnehmer seine Stelle verliert. Das wird nicht zu erfüllen sein. Es gibt keine einzige Branche, die ankündigt, aus eigenem Vermögen die Krise meistern zu wollen. Alle rufen nach dem Staat, alle melden Forderungen an. „So können die Sozialdemokraten ihre Befriedigung kaum verhehlen, dass die ungeliebte Schuldenbremse vorerst Geschichte ist.“ Das schreibt der Chefredakteur der NZZ, Eric Gujer, in einem Kommentar am 27. März 2020.

Abends Schreibgruppe, oder wie wir auch sagen „Schreibsalon“. Thema: Wenn ich ein Baum wäre, welcher wäre das? Ich wähle die Libanonzeder, an die ich eine schöne Erinnerung während einer Weimar-Reise im dortigen

Botanischen Garten habe. Andere wählen den Kirschbaum, zwei die Birke und eine den Weihnachtsbaum.

28. 3. Was ist das Recht des Infizierten, nicht andauernd beobachtet zu werden, gegen den Tod anderer, den er eventuell auslöst? Das fragt der Journalist und Architekturkritiker Niklas Maak in einem Beitrag für die FAZ („Ein Zentrum, was ist das?“, 28 März 2020, S. 11). Diese Frage wurde bereits zu Beginn der Aids-Epidemie Anfang der 1980er Jahre leidenschaftlich diskutiert. „Keine Rechtfertigung für Lust“ lautete eine der Parolen der Aids-Aktivisten. Ich widerspreche: Einer, der ein potentiell tödliches Virus für sich und andere in sich trägt, muss sich für sein gefährdendes Verhalten rechtfertigen. Die Frage führt, so gestellt, immer zur Einschränkung der Freiheit. Quarantänemaßnahmen sind das klassische Mittel zur Eindämmung von Seuchen.

29. 3. (Sonntag) Unter anderem zeigt sich jetzt der Wert der Nationalstaaten. Diese können gezielter auf die Situation im eigenen Land reagieren. Es ist kein Nachteil, einen Flickenteppich auch zeitlich differenzierter Maßnahmen zu haben. Föderalismus bedeutet Unterschiedlichkeit. Wir haben nicht die Vereinigten Staaten von Europa, sondern einen Bund souveräner Staaten, die langsam, aber immer mehr Souveränitätsrechte an die Europäische Union abgeben. Selbstverständlich wird die Dichte der Kooperation nach dieser Krise zunehmen, aber es bleibt beim Austritt Großbritanniens aus der EU. Auch der Trend zur Globalisierung ist in den Köpfen und Herzen der Menschen fest verankert. Die internationale Arbeitsteilung ist nicht erschüttert. Nur punktuell kommt es zu Lieferengpässen.

*

Weil nun doch einige Psychotherapiepatienten wegen der Corona-Angst absagen, beschließt meine liebe Frau, bis Ostern beruflich zu pausieren. Ich arbeite weiter wie bisher. Auch weil ich Videotherapie anbiete, liefen meine Therapien unbehindert weiter. Es gab für mich im ersten Quartal keinen Rückgang und keine Einbußen.

30. 3. Einige spekulieren weiter über die Folgen von Corona. Der Physiker und Science-Fiction-Autor Heinz Steinmüller erwartet – wie ich – nach dem Ende der Pandemie keine grundlegenden Verhaltensänderungen. Die habe es schon nach den Terroranschlägen vom 11. September 2001 nicht gegeben.

Natürlich haben sich die Sicherheitsvorkehrungen nicht nur an Flughäfen verschärft, das tangiert aber nicht grundlegend unseren Lebensvollzug. Wie üblich werden die Notfallpläne angepasst und die Vorsorgemaßnahmen verstärkt. Vielleicht wird die Zahl der Geschäftsreisen und Kreuzfahrten ein wenig sinken. Die online-Kontakte waren unbefriedigend und haben den Wert des direkten Austausches zwischen Menschen erneut deutlich werden lassen. Die Menschen zumindest im Westen werden sich ihre Mobilität nicht nehmen lassen. Der Mensch ist ein soziales Wesen. Die sogenannten sozialen Netzwerke sind nur eine zusätzliche Möglichkeit der Kontaktaufnahme. Mit einem Wort, sagt Steinmüller, wir werden nach der Krise unsere Lebensstile höchstens minimal ändern.

31. 3. Die überwiegende Mehrheit der Menschen hält sich an die angemahnten Vorsichtsmaßnahmen. Sie haben begriffen, dass es darum geht, die Zahl der Ansteckenden niedrig zu halten, um das Gesundheitssystem nicht zu überfordern. Einige können der Entschleunigung sogar etwas Positives abgewinnen: weniger Gehetztsein, weniger Aufgaben, ein etwas ruhigeres Leben, mehr Zeit für den Partner und die Kinder.

Der Senat hat angeordnet, dass jeder, der sich draußen aufhält, sich gegenüber der Polizei ausweisen und der Grund seines Spaziergangs benennen muss. Die Polizei patrouilliert mit zwei Hundertschaften und Reiterstaffeln durch die Stadt. Die Grünen fordern ein Verzicht auf die Ausweis-Pflicht, die Linke eine Aufweichung des Aufenthaltsverbots im Freien. Dem wurde dann auch schnell nachgegeben.

April

1. 4. Ängste und Hoffnungen wechseln sich im Tagesrhythmus ab. International vernetzt arbeiten Biologen rund um die Uhr an dreierlei: an Tests zum Infektionsnachweis, an der Entwicklung eines Impfstoffes und an einem Medikament. Die sozialen Einschränkungen verändern die gewohnte Lebensweise vieler Menschen in grundsätzlicher und ungewohnter Weise. Bund und Länder verständigen sich darauf, die bestehenden Ausgangsbeschränkungen bis nach Ostern zu verlängern. Die Menschen sollen generell auf private Reisen und Besuche verzichten.

Das Coronavirus hat inzwischen nicht nur Hunderttausende Menschen infiziert, sondern auch sämtliche Mediensparten befallen. Es gibt derzeit nicht zu wenige Informationen, sondern es sind zu viele, und es ist nicht leicht zu sagen, was davon beachtenswert ist. Überall tummeln sich Experten der Zukunft und Matadore des Bedenkens, aber nicht alle haben unsere Aufmerksamkeit verdient. Wie inzwischen viele andere hören wir regelmäßig den Podcast von Christian Drosten. Er ist Leiter der Virologie an der Berliner Universitätsklinik Charité. Bei ihm kann man wissenschaftliches Denken lernen. Wissenschaftliches Denken ist nüchtern und rational; es kommt ohne Schuldzuweisung, Verschwörungswahn und Hysterie aus. Der Virologe verzichtet darauf, rhetorisch aufzutrumpfen, redet ausschließlich zur Sache und reflektiert fortwährend die Bedingungen unseres Wissens über Sars-CoV-2. Das ist wohltuend.

Ich merke, dass ich mit der Beobachtung des Verlaufs der Pandemie überhaupt nicht nachkomme. Die Medien feuern jeden Tag aus allen Rohren. Die Bundesregierung hat ein Hilfspaket für betroffene Branchen und Arbeitnehmer in Höhe von 156 Milliarden Euro aufgelegt, das entspricht ungefähr 40 Prozent des gesamten Bundeshaushalts für 2020 – noch einmal obendrauf gelegt! Das Ganze wird ergänzt von Hilfsprogrammen der Länder und Kommunen, auch jeweils immer mehrere Milliarden. Das Konjunkturprogramm in Japan hat einen Umfang von umgerechnet 915 Milliarden Euro.

Die Restaurants sind weiterhin geschlossen; einige geben Essen zum Mitnehmen aus. Der Autoverkehr ist um gut ein Viertel geschrumpft, der Flugverkehr um 90 Prozent, die Kreuzfahrtschiffe liegen fest vertäut an Molen. Die Schulen bleiben generell auch über Ostern geschlossen. Die Lehrer verschicken Lernmaterialien per Post oder unterrichten online. Fußball und andere Sportarten sind vollkommen eingestellt, was ich sehr begrüße. Wer braucht schon Fußball? Auch die Taxifahrer beginnen, sich mit Plexiglasscheiben zu schützen. An immer mehr Kassen in den Supermärkten und Lebensmittelgeschäften findet man diesen durchsichtigen Schutz.

2. 4. Die Corona-Krise folgt bei aller Neuartigkeit einem typischen sozialpsychologischen Reaktionsmuster: auf eine Phase von Abwehr und Verharmlosung folgt die Etappe ernsthafte Auseinandersetzung und der fast einmütigen Forderung nach umfassenden Maßnahmen, die in einer weiteren Bewegung nun ihrerseits hinterfragt werden. Und tatsächlich taucht bereits die Forderung nach einer „Exit-Strategie" auf. Die sozialen und wirtschaftlichen Fol-

gen werden gegen den Gesundheitseffekt abgewogen. Die Kritik wird sich wahrscheinlich verstärken. Die Kontaktbeschränkungen werden bis zum 19. April verlängert. Die Ausweispflicht entfällt wieder, die Bevölkerung soll sich an der frischen Luft erholen können. Die Forderung der Polizeigewerkschaft, Parks und Grünflächen zu schließen, wird vom Senat abgelehnt.

Eine seltsame Geschichte erregt die Stadt: 200.000 Schutzmasken aus China für die Berliner Polizei komme nicht an. Sie sollen in Bangkok in die USA umgeleitet worden sein. Der Innensenator behauptet, die Ladung sei „konfisziert“ worden und spricht von „moderner Piraterie“. Später stellt sich heraus, dass die Masken vom Hersteller zu einem deutlich höheren Preis in die USA verkauft, also durchaus umgeleitet wurden.

Fußballspiele, Karnevalssitzungen, Popkonzerte, Volksbelustigungen, Stammtische, Kegelklubs, Restaurantbesuche – jetzt sieht man: es geht auch ohne. Bei einigen stellt sich sogar Erleichterung an. Man muss jetzt nicht jeden Tag hierhin und dorthin. Man darf auch zu Hause bleiben. Man kann telefonieren und man kann spazieren gehen. Das ist keine Isolation. Mehrfache Urlaubsreisen im Jahr und Kreuzfahrtschiffe stanken schon länger zum Himmel. Ich wünschte, es würde noch lange so weitergehen in dieser ruhigen Art.

Politiker appellieren an die Bevölkerung, durchzuhalten. Welches Infektionsrisiko bergen Türklinken? Die Weltarbeitsorganisation sieht die schwerste Krise seit dem Zweiten Weltkrieg. Nicht Millionen, nein, Milliarden Arbeitsplätze seien bedroht. Der Regierungschef von Großbritannien hat sich mit dem Virus angesteckt und liegt im Krankenhaus auf der Intensivstation. Viele denken: Geschieht ihm recht! Paris erlaubt das Joggen erst ab 19:00 Uhr, weil die Straßen tagsüber so voll sind, was wiederum daran liegt, dass alle Parks gesperrt sind.

Habe mir *Lawrence von Arabien* von 1962 angeschaut, mit dem unvergleichlichen Peter O'Toole in der Hauptrolle. Fast vier Stunden Dauer.

3. 4. Intellektuelle Schwarzseher wie der italienische Philosoph Giorgio Agamben und der Bonner Philosoph Markus Gabriel sehen die Menschen durch staatliche Vorschriften auf „eine rein biologische Funktion“, auf einen „Virenträger“ reduziert. Agamben behauptet in einem Beitrag für die NZZ („Nach Corona: Wir sind nurmehr das nackte Leben", NZZ, 18. März 2020), die Pandemie sei nur eine „angebliche", eine Erfindung, und die Vorsichtsmaßnahmen völlig überzogen. Die staatlich verfügten Bewegungseinschrän-

kungen dienten dazu, den „Ausnahmezustand zum Normalzustand“ zu machen. Im Umkehrschluss bedeutet das, dass für Agamben selbst eine Pandemie kein ausreichender Grund sei, die Sicherheitsmaßnahmen zu erhöhen und gesundheitliche Vorsorgemaßnahmen zu verordnen.

Am 15. April (ich füge das hier ein, weil es sich um Agamben handelt) legte Agamben in der NZZ nach: Angesichts von Corona sei sein Land Italien „ethisch und politisch zusammengebrochen“, die Grenze zur Barbarei „überschritten“, als ob Mussolini und Silvio Berlusconi nie regiert hätte. Die Toten würden einsam sterben und ihre verbrannten Leichen nicht bestattet werden. Das ist in Italien tatsächlich der Fall, weil dort mehr Menschen im Zusammenhang mit einer Corona-Infektion sterben als in anderen europäischen Ländern. Der Grund ist unbekannt, es mag sich um einen unglücklichen Zufall handeln. Agamben mag dies nicht hinnehmen, es würde sich doch nur um ein unbestimmtes Risiko handeln.

Viele der sogenannten Philosophen sehen Gespenster, die andere nicht erkennen können. Die Kontaktsperren werden wieder gelockert. Es deutet nichts darauf hin (mit Ausnahme vielleicht von Ungarn), dass die westlichen Regierungen länger als nötig an den Einschränkungen festhalten. Der Schaden für die Wirtschaft wäre zu groß. Dann kann auch wieder das Kultur- und Liebesleben aufgenommen werden, welches Agamben zufolge „eingestellt“ worden sei. Diesem vermeintlichen Starphilosophen ist es keineswegs verboten, Kranke zu besuchen und zu trösten – bis er selbst erkrankt oder andere angesteckt hat. Das ist kein „unbestimmtes Risiko“.

Die sogenannte Hongkong-Grippe 1968 bis 1970 war aggressiver als Corona heute und kostete wohl mehr als einer Million Menschen weltweit das Leben, darunter in Deutschland schätzungsweise 40.000. Die Hongkong-Grippe entstand aus einer Kombination von Geflügelpest-Viren mit Influenza-Viren. Damals wurden keine Schulen, Betriebe und Restaurants geschlossen. Das ist ganz im Sinne Agambens. Er unterstellt den Demokratien Europas und anderswo, den Ausnahmezustand verstetigen zu wollen und damit nach der totalen Macht zu greifen. Auch der Universal-Deuter Peter Sloterdijk sieht eine Machtergreifung des Sicherheitsstaates unter dem Deckmantel der medizinischen Notwendigkeit. Weil Neologismen so viel Spaß machen, prophezeit er die „Unterwerfung unter die medico-kollektivistische Diktatur“. Als besonderes bedenklich empfindet es Sloterdijk, dass die Corona-Einschränkungen von der Mehrheit der Bevölkerung für „legitim gehalten“ werden. Genau das ist der Unterschied zum Machtstaat und zur Diktatur. Legitimität bedeutet weitgehende freiwillige Zustimmung des Volkes. Umfragen zufolge befürworten gut 90 Prozent der Deutschen Kontaktsperren und sie vertrauen dem Gesundheitssystem. Keiner der politischen Entscheider beharrt darauf, die Einschränkungen länger als nötig aufrecht zu erhalten.

Der Philosoph Slavoj Zizek hat auf Agamben geantwortet („Der Mensch wird nicht mehr derselbe gewesen sein: Das ist die Lektion, die das Coronavirus für uns bereithält", NZZ, 13. März 2020). Agambens Analyse sei von einer Überwachungs-Paranoia befeuert, die überall staatliche Gängelungsmaßnahmen wittert und das Virus als politisches Konstrukt abtut. Agamben blende die Realität der Gefahr aus.

Aber auch Zizek raunt vom Ende des Kapitalismus „wie wir ihn kennen". Das tut er seit Adam Smith selig, doch will der Schurke seit 400 Jahren nicht sterben. Zizek träumt von einem neuen Kommunismus, einer globalen Organisation, die den Planeten von allen Elementen reinigt, die dem humanitären Fortschritt im Wege stehen. Dann könnte endlich die Wirtschaft im Sinne der Menschen kontrolliert und der nationalstaatliche Egoismus gezähmt werden. Der Zizek-Kommunismus bedeutet wie eh und je Zwangsstaat und Befehlswirtschaft – bloß jetzt einen Schritt weiter gedacht, nämlich global und total.

Wo sind die Fakten, die den Weissagern Recht geben würden? Viktor Orbán in Ungarn regierte schon vor der Corona-Krise, ebenso Boris Johnson und Donald Trump. Es dräut kein Carl-Schmitt-Staat. Die Gewaltenteilung wankt fast nirgends. Auch früher nicht. Die italienische Demokratie wankte nicht im Krieg gegen die Roten Brigaden und die deutsche nicht im Kampf gegen den RAF-Terror.

Die Corona-Krise offenbart auch eine Krise der Meinungsmacher: Ihnen fällt nicht viel Kluges ein. Sie setzen ihr Geschäft fort, das sie immer betreiben: warnen vor dem Untergang der Demokratie. Aber der permanente Notstandsstaat ist nicht das Schicksal der Demokratien. Und die Demokratien sind auch nicht die allmächtigen Retter. Die Einparteienherrschaft Chinas wird einerseits als Vorbild für die vermeintlich planlosen und handlungsschwachen westlichen Demokratien in der Corona-Krise gepriesen, andererseits als drohendes Beispiel für den Verlust bürgerlicher Freiheiten vorgeführt.

Auf die schwierige Einschätzbarkeit und letztlich Unsichtbarkeit der Gefahr haben die meisten Gesellschaften der Erde – und alle sind betroffen – nach demselben Schema reagiert, selbst diejenigen, die es zunächst nicht wollten. Es gibt gegen Covit-19 keine Medizin und keine Impfung, nur Tests (entweder den direkten Nachweis des Virus oder den Nachweis von Antikörpern gegen das Virus). Die zeitweise Beschränkung der Bürgerrechte war alternativlos. Die Oppositionsparteien schweigen derzeit weitgehend, weil sie keine bessere Alternative haben. Die „Entdeckung der Langsamkeit" wird vielfach erstaunt und froh zur Kenntnis genommen. Die Gesellschaften zeigen sich als erwachsen genug, den gebotenen Weg des Abstandhaltens gemeinsam zu gehen.

Im 1. Quartal des Jahres habe ich recht gut verdient. Eigentlich mehr als nötig, da ich doch offiziell berentet bin.

4. 4. Unser Mentor und Institutsgründer J.R. wird 92 Jahre alt. Wie schon in der Vergangenheit sind wir unsicher, wie wir uns verhalten sollen. Einerseits wünscht er keine Blumen oder Glückwunschkarten, andererseits wissen wir, dass er sich darüber freut, wenn man an ihn denkt. Meine Frau schreibt einige liebevolle Zeilen.

Kulturphilosoph Robert Harrison: „Es muss sich erst noch zeigen, was dieser Moment für uns alle gewesen sein wird – wird er uns radikal befreien oder für lange Zeit lähmen?" Antwort: weder-noch. Das Coronavirus hat nichts von einer Apokalypse: Es regt die Phantasie nicht an, sondern lähmt bloß den Betrieb.

Wie schützt man die besonders gefährdeten Alten in den Altersheim? Soll es eine Maskenpflicht für alle in der Öffentlichkeit geben? Oder nur für bestimmte Berufsgruppen? Wie schnell oder langsam verdoppelt sich die Zahl der Infizierten – und ist das ein Kriterium für die Lockerung der Maßnahmen?

Der Deutsche Ethikrat hat weitere Empfehlungen zur Corona-Pandemie gegeben: mehr Plätze in den Krankenhäusern (gemeint sind offenbar Betten der Intensivmedizin), nationale Koordinierung der Intensivbetten, mehr Corona-Tests, Untersuchung des Infektionsgeschehens (Hals, Lunge) und Maßnahmen zur Vorbeugung, also Kontaktbeschränkungen. All das soll dazu dienen, den medizinischen Notstand zu verhindern. Und es müsse darüber nachgedacht werden, welche Maßnahmen zurückgefahren und welche Lockerungen vorgenommen werden könnten.

In Österreich steuert die Regierung vorsichtig und unter strengen Auflagen und Mahnungen wieder in die Richtung einer allmählichen Normalisierung. Sie solle nach Ostern beginnen. Zunächst sollen kleinere und dann größere Geschäfte wieder öffnen, darunter auch Restaurants und Hotels. Die schulischen Abschlüsse sollen nachgeholt werden, die Schulen selbst aber erst frühestens Mitte Mai allgemein wieder öffnen. Die Umfragewerte für die Regierung sind so hoch wie seit drei Jahrzehnten nicht mehr. Aktuell gibt es erleichterte Einreisebestimmungen für Hunderttausende von Erntehelfer, die routinemäßig aus Polen nach Deutschland kommen.

Der Anteil Verstorbener unter den Infizierten variiert international stark. In Deutschland ist die Sterblichkeit eher niedrig. Sie steigt aber und liegt bei 1,3 Prozent, in Italien jedoch bei 12,1 Prozent. Andere Länder liegen irgendwo dazwischen. Die Gründe sind vielfältig bzw. nicht wirklich bekannt. Die Art der Zählung oder unterschiedliche Altersstruktur der Bevölkerung spielen eine Rolle.

Als ich heute nach Hause kam, fand ich einen Zettel unserer Nachbarin Q. im Briefkasten: Sie biete an, für uns Nachbarn einzukaufen. Da ich sie gerade eben auf ihrer Veranda im Erdgeschoss sah, ging ich zurück und bedankte mich. Meine liebe Frau und ich kommen gut selbst zurecht. Aber ich freute mich über die Geste der Nachbarin.

5. 4. (Sonntag) Meine Frau und ich planten, bei schönem Wetter das Ausflugsgebiet Pfaueninsel zu besuchen, doch diese war, wie eigentlich zu erwarten war, gesperrt. Machten deshalb einen längeren Spaziergang entlang der Havel. Viele Radfahrer und Paare unterwegs. Die Kastanien zeigen erste Knospen. Ich überarbeite meine Folien zum Ausbildungskurs „Einführung in die Tiefenpsychologie“ Ende April im Magdeburger Ausbildungsinstitut für Psychologische Psychotherapie MAPP. Der Kurs soll per Video gehalten werde, was mir nicht recht ist, aber ich schicke mich drein. Ich soll am 14. April in die Online-Videotechnik eingeführt werden.

Es ist keineswegs so, dass man passiv auf die Pandemie reagiert. Im Gegenteil: Überall wird auf die neuen Erfordernisse eingegangen. Fast täglich kommen Mitteilungen unsere Berufsverbände und Selbstverwaltungsorgane mit neuen Bestimmungen, die alle flexibel auf die sozialen Einschränkungen reagieren. Einige begrenzende Bestimmungen unseres Berufsstandes fallen weg. Entscheidungen, die in normalen Zeiten langer Diskussionen bedürfen, fallen jetzt innerhalb von Tagen.

6. 4. Auch die von mir geschätzte Frankfurter Allgemeine Zeitung bedient sich des Begriffs „Staatsversagen", ergänzt um das Wort „tödlich". Der Kommentar wendet sich gegen die offenbar in Italien weit verbreiteten Meinung, die Europäische Union mit ihren Sparvorgaben habe das italienische Gesundheitssystem ausgedörrt – mit der Folge von derzeit 15.000 Corona-Toten. (Korrekt müsste es heißen: Verstorbene, bei denen eine Coronainfizierung festgestellt wurde.) Tatsächlich, so der Kommentator in der FAZ, sei viel Geld in das italienische Gesundheitssystem geflossen. Die Verantwortung, wie das Geld ausgegeben wird, liege bei den Regionen. Italien hat sich nicht kaputt gespart, hat vielmehr in den vergangenen Jahren die Staatsverschuldung exorbitant ausgeweitet.

Der Regierende Bürgermeister von Berlin schreibt an die 2,2 Millionen Haushalte in Berlin. Er verspricht, alles zu tun, um die Corona-Infektionen in der Stadt einzudämmen. Dazu müssten alle ihr Leben spürbar einschränken.

In der Wohnung über uns ziehen neue Nachbarn ein. Sie scheinen nett und intelligent zu sein. Unausstehlich ist hingegen die Familie im Stockwerk unter uns. Schon vor der Corona-Krise durften deren kleine Kinder nicht draußen spielen und tobten in der Wohnung herum. Meine Theorie ist, dass die Mutter und Ehefrau einer Sekte angehört, deren Ziel es ist, sich von der Umwelt abzuschirmen.

War beim Hautarzt. Arztbesuche sind mir immer unangenehm.

7. 4. Uns erreichen E-Mails von Freunden und Kollegen. M.V. beispielsweise schreibt: „Einerseits erlebt man die Frühlingssonne intensiv wie zum ersten Mal im Leben. Doch gleichzeitig hat diese Schönheit einen Nebengeschmack des Unheimlichen. Es ist schon recht, dass die Sonne so schön scheint; doch irgendwie würde trübes Wetter besser zur Situation passen. Die Sonne hat etwas von einem Zuviel." Er rette sich in eine Routine nach selbstauferlegter Vorschrift.

M.B. berichtet uns, wie sie den Alltag mit zwei kleinen Kindern und ihrem Mann organisiert, der derzeit von zu Hause aus arbeitet. „Da wir nun zu Hause sind, müssen wir auch zu Hause essen, d. h., wir müssen jeden Tag kochen (wovor ich mich im Normalfall drücke, mein Mann kocht viel lieber als ich). Als wir uns den Plan für unsere neue Lebensrealität geschmiedet haben, bekam ich es, wenn ich ganz ehrlich bin, mit der Panik zu tun. Denn in unserer bisherigen gewohnten Lebensrealität sind die Kinder von morgens bis in den Nachmittag hinein in der Schule und Kita." Ihre Freiheit ist eingeschränkt „Ich habe eine Zeit lang intensiver als sonst Zeitung gelesen, die Lage in Italien verfolgt. Die Massen von Toten, die in den LKWs zu den Krematorien gebracht werden, die Ärzte, die über Tod und Leben entscheiden müssen, weil die Ressourcen einfach nicht erreichen ... Das deprimiert mich zutiefst."

Unsere Kollegin D.S. hat sich mit Theodor Storms *Schimmelreiter* (1888) und dem darin enthaltenen Aberglauben auseinandergesetzt. Sie fühlt sich erinnert an die derzeit kursierenden Verschwörungsmythen und plädiert für Aufklärung und Wissenschaft. Unser alter Freund G.J. schreibt: „Ich erlebe zum einen sehr freundliche nachbarschaftliche Hilfe: Angebote von 4 Nachbarn, für mich einzukaufen (weil ich wegen meines Alters zum gefährdeten Personenkreis gehöre). ... Zum anderen gehöre ich ja aufgrund meines Alters zu den Personen, die als Kind noch etwas vom 2. Weltkrieg und dann die Nachkriegszeit miterlebt haben. Das war auch eine Katastrophe, die mich wie überhaupt die damalige Generation geprägt hat und Anlass gab zu der Hoffnung, dass die schlimmen Erfahrungen zu mehr Menschlichkeit in der Zukunft führen werden. Wenn ich jetzt Bilanz ziehe, kann man sagen: für diese Generation hat sich das zu einem beachtlichen Teil bestätigt, wenn man z. B. an die deutsch-französische Freundschaft und die Schaffung der EU denkt."

Oder D.R. aus unserem weiteren Kreis: „Mir weitet es die Seele, wenn ich das erlebe: Menschen, die auf Balkonen Musik oder Theater machen, junge Leute, die ihre Fähigkeiten im digitalen Bereich einsetzen, um anderen zu helfen, auch Hilfe zu organisieren, digitale Hauskonzerte und Museumsführungen, nachbarschaftliche Hilfe ... Wir erleben eine Zeit, die uns in einem Grad mit unseren Ohnmachtsgefühlen konfrontiert, wie wir es bisher nicht so sehr oft erlebt haben. ... Was kann ich beeinflussen, wo muss ich Hingabe üben? ... Es bleibt ein Rest, den wir, wie ich glaube, schlicht aushalten lernen müssen. ... Corona fügt dem Menschen eine massive narzisstische Kränkung zu, indem dieser Virus ihn von der Vorstellung, Beherrschers der Natur zu sein, auf seine Position als Teil der Natur zurückwirft."

Die Zahl der Infizierten liegt in Berlin bei knapp über 4000, etwas über 2200 gelten als genesen.

8. 4. Anfang April hieß es in einigen Zeitungsberichten, dass das Bundesamt für Bevölkerungsschutz schon 2012 vor einem Virus warnte, dass unser Gesundheitssystem zum Einsturz bringen könnte. Geschehen sei seitdem nichts,

behauptete beispielsweise Livia Gerster von der FAZ („Der Bericht, den keiner las“, 5. April 2020). Durch den Bericht der Bundesregierung, Drucksache 17/12051, hätte die Regierung „ziemlich genau wissen können, was da auf uns zukommt“. Ist mal wieder ein „Staatsversagen“ zu beklagen?

Schaut man sich die Drucksache genauer an, sieht es natürlich wieder einmal ein bisschen anders aus, als die Zeitungen berichten. Deutschland besitzt einen ausgefeilten Bevölkerungsschutz, der natürlich immer wieder angepasst und verbessert werden kann. Der Bericht will anhand von zwei Beispielen, für „extremes Schmelzhochwasser aus den Mittelgebirgen“ und einer Pandemie durch einen modifizierten SARS-Virus das Risiko analysieren.

Der Bund ist zuständig für den Schutz der Bevölkerung vor Gefahren und Risiken, die von militärischen Konflikten und Kriegen ausgehen. In allen anderen übrigen Fällen liegt die Zuständigkeit bei den Ländern. Die Autoren sind sich allerdings einig, dass eine strikte Trennung nicht sinnvoll sei.

Für eine Risikoanalyse müssen die Eintrittswahrscheinlichkeit und das zu erwartende Schadensausmaß bestimmt werden. Für die Risikoanalyse einer Pandemie durch einen SARS-Virus war das Robert-Koch-Institut (Berlin) federführend. Das Szenario geht zwar von realistischen Annahmen aus, wählt jedoch immer die gravierendste Variante. So soll nach ca. 300 Tagen in Deutschland ca. 6 Million Menschen an einem unbekannten, modifizierten SARS erkrankt sein. Das Gesundheitssystem sei überfordert. Die lebenswichtige Infrastruktur bleibe erhalten. Schlüsselpositionen bleiben weiterhin besetzt. Ein Impfstoff sei nach drei Jahren verfügbar. D. h., es wurde fast durchgängig die höchste Schadensstufe angenommen.

Was die Eintrittswahrscheinlichkeit einer Virusepidemie angeht, wurde die Klasse C: „bedingt wahrscheinlich“ angenommen – ein Ereignis, das statistisch in der Regel einmal in einem Zeitraum von 100 bis 1000 Jahren eintrete. Die Eintrittswahrscheinlichkeit-Klassen gehen von A (sehr unwahrscheinlich) bis G (sehr wahrscheinlich).

Die Autoren gingen von dem hypothetischen Ereignis aus, dass es sich um eine Modifikation bekannter SARS-Viren handelt, die Inkubationszeit 3 bis 5 Tage beträgt, fast alle Infizierten auch erkranken, die Symptome Fieber, trockener Husten sowie Atemnot sind und Röntgenaufnahmen sichtbare Veränderungen in der Lunge zeigen. Die Letalität wird mit 10 Prozent der Erkrankten als hoch angenommen. Alle Altersgruppen seien gleich betroffen. Es flossen keine Annahmen über die Wirkung der Begrenzung menschlicher Kontakte und Mobilität ein. Zunächst – so wird in dem Bericht weiter angenommen – stehen keine Medikamente zur Verfügung, ein Impfstoff erst nach drei Jahren. Da das Virus weiter mutiere, komme es zu drei Erkrankungswellen unterschiedlicher Intensität. Es wird angenommen, dass jeder Infizierte im Durchschnitt drei Personen infiziert und es jeweils drei Tage dauert, bis es zur nächsten Übertragung kommt. Die Gegenmaßnahmen – Schulschliessungen, Absagen von Großveranstaltungen, Einhaltung von Hygieneempfehlungen – waren bereits damals schon im Infektionsschutzgesetz vorgesehen. Die Gesamtbevölkerung Deutschlands wird mit 80 Millionen angenommen. Es wird ferner angenommen, dass eine Person nach Durchleben der Erstinfektion für 360 Tage immun ist. Danach kann diese Person durch eine mutierte Version des Virus wieder infiziert werden.

In der ersten Welle – so die Berechnung – sind 6 Millionen Menschen gleichzeitig erkrankt, in der zweiten Welle 3 Millionen und in der dritten 2,3 Millionen. Davon sind krankenhauspflichtig 4,1 Millionen, 2 Millionen beziehungsweise 1,6 Millionen. Intensivpflichtig wären dieser Berechnung zufolge 1,1 Millionen, 0,6 Millionen und 0,4 Millionen. Innerhalb von drei Jahren kumulieren sich die Toten auf 7,5 Millionen als direkte Folge der Infektion. Zugrunde gelegt wird, wie schon gesagt, dass alle Infizierten auch erkranken und die Sterberate 10 Prozent beträgt. Die enorme Anzahl Infizierter, deren Erkrankung so schwerwiegend ist, dass sie ins Krankenhaus müssen, übersteigt die vorhandenen Kapazitäten um ein Vielfaches – nach meiner eigenen Berechnung um das Achtfache der tatsächlich vorhandenen Bettenkapazität.

Würde man davon ausgehen, dass keinerlei Gegenmaßnahmen eingesetzt werden (Quarantäne u. ä.) und jeder Infizierte drei weitere Personen infiziert (bis der Impfstoff zur Verfügung steht), so hätte man mit einem noch drastischeren Verlauf zu rechnen. Zum einen wäre die absolute Zahl der Betroffenen höher, zum anderen wäre der Verlauf auch wesentlich schneller. Während im vorgestellten Modell der Scheitelpunkt der ersten Welle nach rund 300 Tagen erreicht ist, wäre dies ohne antiepidemische Maßnahmen schon nach rund 170 Tagen der Fall. Dieser Zeitgewinn durch antiepidemiologische Maßnahmen kann sehr effizient genutzt werden, um zum Beispiel persönliche Schutzausrüstung herzustellen, zu verteilen und über ihre korrekte Anwendung zu informieren (S. 65).

Das Auftreten von neuen Erkrankungen ist ein natürliches Ereignis, das immer wieder vorkommen wird. Es ist aber in der Praxis nicht vorhersehbar, welche neuen Infektionskrankheiten auftreten, wo sie vorkommen werden und wann dies geschehen wird. Das kann keine Prognose leisten.

In Deutschlands gibt es das Infektionsschutzgesetz, auf internationaler Ebene greifen im Fall einer Pandemie die internationalen Gesundheitsvorschriften der WHO von 2005. Hierbei handelt es sich um rechtlich verbindliche Richtlinien zur Kontrolle von Infektionskrankheiten. Auf deutscher Länder- und kommunaler Ebene wurden auf dieser Basis eigene Pandemiepläne erstellt. Die Basis ist der nationale Influenza-Pandemieplan von 2007. Ein Unsicherheitsfaktor sei immer, inwieweit die Empfehlungen von der Bevölkerung umgesetzt werden. Außerdem sei von einer vielstimmigen Bewertung der Ereignisse auszugehen, die nicht widerspruchsfrei ist. Die Bevölkerung werde verunsichert werden.

Der aktuellen Bettenkapazität von 500.000 Krankenhausbetten würde in der ersten Welle mehr als 4 Millionen gleichzeitig Erkrankte gegenüberstehen, die unter normalen Umständen im Krankenhaus behandelt werden müssten. Da so viele Betten nicht vorgehalten werden, müsste der überwiegende Teil der Erkrankten Zuhause versorgt werden. Notlazarette müssten eingerichtet werden. Es käme zu erheblichen Problemen im Bereich der Müllabfuhr und der Versorgung mit Waren des täglichen Bedarfs.

Der Bericht sagt nicht, was zu tun ist. Im Übrigen geht er davon aus, was dann ab Mitte März 2020 bei uns tatsächlich geschah: schnelle Reaktion der Behörden, umfassende Information der Bevölkerung, zugleich Verunsicherungen in der Bevölkerung wegen teilweise widersprüchlichen Informationen aufgrund nicht optimaler Informationsinterpretationen, Herunterfahren der Mobilität, Einschränkung der Bewegungsfreiheit, steigende Preise für stark nachgefragte Güter, erhebliche Kosten für die Wirtschaft, private Einbußen durch Arbeitslosigkeit, besondere Gefährdung des Personals in Krankenhäusern, Pflegeheimen und Arztpraxen, Engpässe bei Schutzkleidung und teilweise Umstellung der Produktion.

Aus der Drucksache lässt sich entnehmen, dass die Behörden im Rahmen des Möglichen und Sinnvollen sehr gut auf eine Pandemie vorbereitet sind. An keiner Stelle wird gesagt, dass als Vorsorgemaßnahme die Gesamtbettenzahl von 500.000 auf 4 Millionen erhöht werden sollte, um bei einer eventuell ausbrechende Pandemie alle Patienten in Krankenhäusern behandeln zu können. Man kann nicht das Achtfache an Krankenhausbetten für eine Pandemie vorrätig halten, von der man nicht weiß, ob und wann sie kommt. Dies würde kein Politiker mittragen und auf großes Unverständnis in Medien und Bevölkerung stoßen.

Zweitens hätte man anhand des Berichtes nicht vermocht vorauszusehen, was als Pandemie seit Anfang Januar 2020 sich tatsächlich über den Erdball verbreitet. Die einzelnen Szenario-Parameter des Berichts unterscheiden sich erheblich von der tatsächlich jetzt ablaufenden Pandemie in Deutschland. Mitte April 2020 reichen die Krankenhausbetten, auch die der Intensivmedizin. Die Produktion von Arzneimitteln, Medizinprodukten, Schutzausrüstungen und Desinfektionsmittel wurde international hochgefahren. Engpässe wurden relativ rasch beseitigt. Die schnell einsetzenden Schutzmaßnahmen (Grenzschließungen, Reiseverbote, Kontaktreduzierung) schafften dafür Zeit. Die Forderung, *alles* müsse *sofort* vorrätig sein, ist unrealistisch. Kein Staat unserer Erde hatte eine derartige Lagerhaltung. Ein Impfstoff wird vermutlich nicht in drei Jahren, sondern möglicherweise schon Anfang 2021 verfügbar sein. Dies Dank einer internationalen Vernetzung, auch ein Ergebnis der Globalisierung.

Die „Warnung des Berichts" wurde also keineswegs ignoriert, allein schon, weil der Bericht keine Warnung enthielt. Er war kein „Drehbuch" und keine „Übung", sondern die Beschreibung eines Szenarios. Die FAZ-Redakteurin Livia Gerster mißversteht diese Bundestagsdrucksache, wenn sie fragt, deshalb keine Vorräte an Schutzkleidung und Masken angelegt wurden? Warum wurden nicht mehr Beatmungsgeräte angeschafft und die Labore auf Tests vorbereitet?

Anhand des Berichts hätte man ableiten können, dass ein achtfacher Vorrat an Krankenhausbetten, Beatmungsgeräte, Schutzkleidung und Masken bereitgehalten werden müsste. Diese Sachen hätten auf eine unbestimmte Zeit irgendwo gelagert, kontrolliert und bewacht werden müssen. Das alles hätte bezahlt werden müssen. Der Bericht enthielt auch keine grundsätzlich neuen Informationen. Wen interessieren schon hypothetische Probleme, wenn man reale hat? Diese Drucksache war nur eine von 253, die die Bundestagsabgeordneten im Jahre 2013 ausgehändigt bekamen. Die Schweine- und die Vogelgrippe waren am Ende nur halb so wild gewesen. Nach der Corona-Krise werden sicherlich Vorräte angelegt, aber vermutlich nicht das Achtfache dessen, was vor der Krise vorhanden war. Das ist schon deshalb nicht sinnvoll, weil die reale Pandemie anders abläuft als in den Annahmen des Berichts.

Niemand kann auf alle Katastrophe und auf die jeweils spezifischen Anforderungen vorbereitet sein. Das wäre nie zu bezahlen. Es gibt auch keine Bunker für 80 Millionen Menschen. Machen es sich die Medien und die Bevölkerung nicht ein bisschen zu einfach mit ihrer Vollkaskomentalität? Man kann es nicht allen recht machen, vor allem denen nicht, die hinterher alles besser wissen. Nach der Corona-Krise werden wir uns wieder mit dem Klimawandel, der Luftreinhaltung, dem Bildungssystem, der Rente, der Altersarmut, den Niedriglöhnen usw. beschäftigen. Was könnte man, mit Ausnahme der Schutzkleidung für Risikopersonal, in Deutschland künftig besser machen? Nicht viel. Auch sonst wurden nirgendwo gigantische Mengen Schutzkleidung und Beatmungsgeräte eingelagert. Wie viele Bundesbürger lagern Lebensmittel und Wasser für 14 Tage, wie vom Katastrophenschutz empfohlen? Kritiker der Vorratslagerung hätten sicherlich von einer Verschwendung von Steuermitteln besprochen, von unberechtigter Panikmache usw. Auch wäre sicherlich über die notwendige Menge gestritten worden. Auch die Presse hat eine Mitschuld, weil sie diese Bundestagsdrucksache schlicht verschlafen hatte.

Das Szenario beschreibt nicht, wie man genau dieses Szenario verhindern könnte. Alle Maßnahmen, die jetzt ergriffen wurden, werden in dem Szenario als notwendige Handlungen aufgeführt. Der Unterschied besteht unter anderem darin, dass im Szenario alle Infizierten auch erkranken, was bei der jetzigen Pandemie glücklicherweise nicht der Fall ist. Die Autoren der Drucksache stellen keine Alternativszenarien auf. Die Bundes- und Länderregierungen haben – vermutlich ohne die Bundestagsdrucksache zu kennen – die Pandemiemaßnahmen anhand der Katastrophenpläne verordnet. Ein Versäumnis ist nicht erkennbar. Es gibt dezidiert *nicht* die Empfehlung die Bettenzahl vorsorglich zu vervielfachen. Es gibt überhaupt gar keine Empfehlung. Was hätte die Politik letztlich vor dem Hintergrund der geringen Eintrittswahrscheinlichkeit anders machen sollen? Alle verantwortlichen Stellen haben das ihre getan und die Strategie an die Parameter der realen Seuche angepasst. Die Autorin missversteht das Szenario als Drehbuch, das sich die staatlichen Akteure sklavisch hätte halten müssten. Die tatsächlichen Konsequenzen aus dem Bericht zieht sie nicht. Die einzige, die versagt hat, scheint mir die Journalistin zu sein.

9. 4. Der hessische Minister der Finanzen, Thomas Schäfer, hat sich suizidiert. In einer größeren Todesanzeige werden seine Verdienste gerühmt. Ich möchte aus diesem Text zitieren, um die besonderen Fähigkeiten hervorzuheben, derer es bedarf, um hohe Staatsämter zu bekleiden. Dies richtet sich gegen die Miesmacher, Schwarzseher, Apokalyptiker, Querulanten, Klug-

scheißer und Nörgler, die aus meist völliger Unkenntnis der tatsächlichen Verhältnisse gegen „die Herrschenden" und „die Eliten" schnöden. In dem Text heißt es, dass Schäfer beide juristische Staatsexamina erfolgreich abgelegt hat und promoviert wurde, also bereits früh Leistungen erbrachte, die nur wenige aufzuweisen haben. Er war Anwalt einer großen Bank, bevor er in die hessische Landesverwaltung wechselte. Dort leitete er mehrere Jahre lang verschiedene Abteilungen des Justizministeriums. 2005 wurde er zum Staatssekretär ernannt, 2010 zum Finanzminister gewählt. „Er war geprägt von großem Tatendrang und Entschlossenheit, hohem Pflichtbewusstsein und herausragender fachlicher Kompetenz. Dabei blieb er den Mitarbeiterinnen und Mitarbeitern des Geschäftsbereichs stets in besonderem Masse zugewandt." Er war in mehreren Aufsichtsgremien Mitglied und wurde mehrmals zum Vorsitzenden der Finanzministerkonferenz gewählt. „Als kenntnisreicher, erfahrener Fachmann durchdrang er die unterschiedlichsten Themen, suchte und wagte dabei aber auch immer den Blick über den Tellerrand. Er war ein schlagfertiger und wortmächtiger Rhetoriker, der Freude am argumentativen Austausch und große Überzeugungskraft hatte. ... Die Berufung zum Finanzminister und die Ausübung dieses Amtes empfand er als Privileg und Ehre. Dabei hat er jeden Tag aufs Neue zum Ausdruck gebracht, wie wichtig die Mitarbeiterinnen und Mitarbeiter am Erfolg des Ganzen sind." Er habe die Arbeit seiner Mitarbeiter immer geschätzt.

Diese Worte umreißen in etwa die Fähigkeiten und Eigenschaften vorbildhafter Führungspersonen. Ihre Kritiker erscheinen mir im Vergleich dazu oftmals kleinkariert, lächerlich und inkompetent. Warum Schäfer Selbstmord beging, ist auch mehrere Wochen später nicht bekannt.

*

Das öffentliche Leben ist zwar eingeschränkt, die Versorgung mit allen lebenswichtigen Gütern funktioniert aber fast reibungslos. Sofern in einem Laden etwas ausverkauft ist, findet man es im nächsten. Sehr viele Berufsgruppen arbeiten weiterhin: Ärzte: Pflege, Politiker, Lehrer, Polizisten, Kassierer. Selbst wir Psychotherapeuten wurden als „systemrelevant" eingestuft und dürfen bzw. müssen weiter arbeiten. Vor vielen Verkaufskassen wurden Plexiglasscheiben aufgestellt. Die Menschen gehen einzeln, zu zweit oder höchstens zu dritt. Auch in den Parks ist man auf Abstand. In Supermärkte werden die Menschen mengenmäßig kontrolliert eingelassen. Gut 200.000 Deutsche wurden mit Flugzeugen aus allen Ecken der Welt nach Hause geholt (ebenso wie viele andere Ausländer in ihre Heimatländer), das muss auch erst einmal organisiert werden. Es wird viel darüber geredet, dass es zu wenig Mundmasken, Desinfektionsmittel und Beatmungsgeräte gibt. Es kommen jene ausführlich zu Wort, die einem Mangel feststellen, nicht jene, bei denen alles vorhanden ist. So entsteht wieder mal ein schiefes Bild in der Öffentlichkeit. Über die Verantwortlichen, die bis zu Erschöpfung arbeiten, ergießt sich am Ende nur Spott und Undankbarkeit. Wenn ich mir die Welt anschaue, bin ich gerade sehr froh darüber, Bürger der Bundesrepublik Deutschland sei. Alles läuft einigermaßen geordnet und ist aufs Funktionieren ausgerichtet. Trotzdem wird viel gemeckert. Die einen halten die Maßnahmen für zu lasch, die anderen für zu streng. Wenn etwas nicht sofort erhältlich ist, wird auch gemeckert. Die Menschen sind sehr verwöhnt.

War beim Hautarzt, der mir eine Salbe verschrieb. Es handelt sich um einen Pilz, der mir peinlich ist. Habe mich über meine Frau geärgert, die den Ausschlag mit meinem Zucker- und Schokoladenkonsum in Verbindung brachte. Ich halte von solchen Kausalüberlegungen überhaupt nichts.

10. 4. Die Journalistin Hatice Akyün vom Berliner „Tagesspiegel" kündigte, oder vielmehr drohte kürzlich in einem Kommentar an, sie wolle, „sobald wir diese Krise hinter uns haben", folgenden Punkt kritisieren: „Wie konnten wir es zulassen, dass unser Gesundheits- und Pflegewesen auf Gewinn ausgerichtet ist, ohne dass wir als Gesellschaft dagegen aufbegehrt haben?" (4. 4. 2020) Es ist zu befürchten, dass hier wieder eine Blinde von der Farbe spricht. Um die Frage zu beantworten, wäre es nötig, erst einmal unser Gesundheitssystem zu beschreiben. Das beginnt mit der Beschreibung des Gesundheitswesens, seiner grundsätzlichen Zweiteilung in ambulante und stationäre Behandlung. In beiden Segmenten steigen die Ausgaben kontinuierlich, ebenso wie die Zahl der behandelnden Ärzte. Auf Landesebene beteiligen sich die Wissenschaftsministerien an der Forschung von Universitätskliniken. Die allermeisten Krankenhäuser werden auf kommunaler Ebene betrieben. Es gibt verschiedene Träger: kommunale oder städtische, kirchlich-gemeinnützige und privatwirtschaftliche. Dieses bunte Bild müsste differenziert betrachtet werden. Die eigentliche Frage von Frau Akyün ist die nach dem Profit. Die Journalistin müsste erklären, was kritikwürdig am Profit ist. Profit heißt, es kommt mehr herein als ausgegeben wird. Man nennt das Wirtschaftlichkeit. Viele kommunale Krankenhäuser wurden in den vergangenen Jahrzehnten privatisiert, weil die Kommunen sich nicht mehr in der Lage sahen, defizitäre Krankenhausbetriebe jedes Jahr erneut bezuschussen

zu müssen. In der Regel gab es dagegen Widerstand und Protest, doch letztlich siegten die wirtschaftlichen Argumente. Wenn dies kritikwürdig ist, sollte Akyün die Alternativen benennen. Ein weiteres Anliegen der Politik war es, durch etwas mehr Wettbewerb die Leistungen der Krankenhäuser zu erhöhen. Das erfolgte über verschiedene Maßnahmen, unter anderem Kriterien zur Qualitätssicherung und dem Fallpauschalen-System. Durch Profite, also Gewinne, wurden die Häuser in die Lage versetzt, moderne Behandlungsmethoden einzusetzen, das Personal zu bezahlen und zu expandieren, d. h. neue Angebote zu machen (beispielsweise ein Hospiz-Haus zu eröffnen). Ich kann daran nichts Kritikwürdiges erkennen. Das Nebeneinander von gemeinnützig-karitativen und privatwirtschaftlichen Einrichtungen existiert analog in der Pflege. Auch diese Einrichtungen werden in aller Regel nicht altruistisch defizitär betrieben.

Die eingangs gestellte Frage der Journalistin geht von der falschen Vorstellung aus, dass Profit bzw. Wirtschaftlichkeit etwas grundsätzlich Negatives ist. Sie arbeitet in einem Medienhaus, dass auf Gewinn (also Profit) angewiesen ist, um sie zu bezahlen.

Die zweite falsche Grundannahme ist die, dass es gegen den Umbau des deutschen Gesundheitswesens keinen Widerstand gab. Ich kann mich an keine Maßnahme des Bundesgesundheitsministeriums erinnern, welche nicht den wütenden Protest der Betroffenen hervorgerufen hätte. Alle Gesetzesvorhaben werden grundsätzlich erst nach Anhörung aller Betroffenen von den Parlamenten, also Politikern verabschiedet. Wenn es andere Vorschläge gab, so erhielten sie letztendlich keine Mehrheit. D. h. nicht, dass man nicht immer wieder über weitere Verbesserungen nachdenken könnte. Aber dann bitte unter realistischen Voraussetzungen und in Kenntnis der tatsächlichen Sachlage.

11. 4. Habe den Pollenfilter von unserem Auto ausgebaut und mit dem Staubsauger gereinigt. Offenbar wurde der Filter noch niemals gesäubert. Habe einen neuen Filter über Internet bestellt. Die Internetshops liefern nach wie vor zuverlässig.

Habe einen Film auf dem Laptop angesehen: *Insight Llewyn Davis* (2013) thematisiert das Scheitern eines jungen Folksängers in den sechziger Jahren in New York. Darin sehr schöne und traurige Balladen. Llewyn ist aber ein „Aschloch", wie ihn seine Freundin zurecht bezeichnet. Insgesamt uninteressant.

Waren mit unseren Freunden schon ein paar Mal in dem kleinen Restaurant „Uma“ am Friedrich-Wilhelm-Platz, welches ayurvedisch-vegetarische Kost anbietet. Ihr Café musste, wie alle anderen Restaurants auch, schließen. Die Besitzerin liefert jetzt Essen direkt an die Haustür. Schmeckt ausgezeichnet. Die Portionen sind so groß, dass wir zwei volle Mittagessen damit bestreiten – und das für zusammen nur 25 Euro. Man mag gar nicht erwähnen, wie preiswert das ist.

*

In den letzten 250 Jahren haben die modernen Staaten des Westens eine globale Infrastruktur mit fossilen Brennstoffen aufgebaut, die ein beispielloses Wirtschaftswachstum, einen beispiellosen Wohlstandszuwachs und eine globale Vernetzung mit sich gebracht hat. „In den nächsten 30 Jahren müssen wir sie wieder abbauen“, meint die Zeitschrift *The Correspondent* in der Ausgabe vom 10. April 2020. Nationen mit hohem Einkommen könnten ihr derzeitiges Wirtschaftswachstum nicht aufrechterhalten, wenn sie die zahlreichen Krisen überwinden wollen, mit denen wir gerade konfrontiert sind. Es komme auf Lebensqualität an, nicht auf das Bruttoinlandsprodukt. Ich bin gänzlich anderer Ansicht. Die Ideen sind nicht neu, aber keine Volkswirtschaft ist bislang darauf angesprungen. Was eine Wirtschaft ohne Wachstum bedeutet, erleben wir ja gerade.

12. 4. (Sonntag) Gesundheitsfachleute kritisieren in einem Memorandum die Präventionsmaßnahmen der Bundesregierung („Thesenpapier zur Pandemie durch Sars-CoV-2/Covid-19“, FAZ, 9. April 2020, S. 19). Die epidemiologischen Daten würden nicht ausreichen, um die Ausbreitung der Pandemie zu beschreiben. Das ist richtig und von vielen Seiten bereits bedauernd angemerkt. Andere Daten gibt es aber im Augenblick nicht. Alle Welt weiß, dass die Zahl der gemeldeten Infektionen – am vergangenen Mittwoch waren es in Deutschland 107.000 – wenig aussagekräftig ist. Die Zahl der positiv Getesteten müsste verglichen werden mit der Zahl der insgesamt Getesteten. Diese Zahl hängt wiederum ab von der Verfügbarkeit der Tests. Die Verdopplungszeit ist also nur ein unsicherer Parameter für politische Entscheidungen. Auch die Zahl der „Corona-Toten“ ist ein fraglicher Wert. Wegen der häufigen Multimorbidität älterer Patienten kann der Tod oft nicht eindeutig auf das Virus zurückgeführt werden. Auch wird in Deutschland relativ wenig obduziert.

Ebenfalls nicht neu ist die Beobachtung, dass sich das Krankheitsgeschehen auf Altenheime und Krankenhäuser verlagert. Covid-19 stellt keine gleichmäßige Gefahr für die ganze Bevölkerung dar. Die Wissenschaftler schreiben, dass selbst bei einer streng durchgeführten „sozialen Distanzierung" die Gefahr einer zweiten und dritten Welle steigt. Sie machen keine Vorschläge, wie das zu verhindern wären (eine zweite und dritte Welle ist vermutlich überhaupt nicht zu verhindern). Auch in diesem Punkt rennen die Autoren offene Scheunentore ein. Sie raten zu einer Trennung von Infizierten von Nichtinfizierten. Geschieht das nicht schon? Ebenfalls ideenlos zeigen sie sich in der Frage, wie sie mit der Pandemie einhergehende soziale Ungleichheit und andere soziale Konflikte vermieden werden können. Zum Schluss äußern sie die Besorgnis, dass mit der Infektionsschutzgesetzgebung „Elemente ... aus Ländern mit totalitären Gesellschaftssystemen in das deutsche Staats- und Rechtssystem übernommen werden". Als Beispiel nennen sie die Debatte um eine verpflichtende Mobilfunk-Ortung für positiv Getestete. Diese wird diskutiert, ist aber noch keineswegs beschlossen und wird von den führenden Politikern auch abgelehnt. Insgesamt wieder mal viel heiß Luft, diesmal von Seiten der Wissenschaft, und geeignet, die Bevölkerung zu verunsichern.

Einige Lungenärzte meinen, viele Corona-Patienten würden vorschnell intubiert. Intensivmediziner, Anästhesisten und Pneumologen halten dagegen. Einigen Patienten könne man mit Sauerstoffgabe durch Nasensonden und eine nicht-invasive Beatmung helfen. Bei der Mehrzahl der Covid-19-Patienten auf der Intensivstation sei das aber nicht ausreichend: Oft sei eine invasive Beatmung lebensnotwendig.

Unsere Züricher Freunde, das Ehepaar G. und F.A., haben mir zwei Texte geschickt. Der eine ist eine Kritik der Weltgesundheitsorganisation WHO (von einem Ernst Wolff, abgedruckt am 23. März in dem Online-Magazin von Ken Jepsen), der andere ein Interview mit dem Kapitalismus-Kritiker Noam Chomsky. Beide Texte werden wohl im Freundeskreis um die beiden herum diskutiert.

Der Text über die WHO wiederholt die altbekannten Vorwürfe aus der linksextremistischen Ecke, diese Organisation sei finanziell zu abhängig von privaten Pharma-Unternehmen und der Bill-Gates-Stiftung.

Es ist zum Verzweifeln. Noch das altruistischste Unternehmen wird schlecht geredet und ihm kritikwürdige Motive unterstellt. Mit dieser Hyperkritik kann alles schlecht gemacht und schlecht geredet werden. Sie läuft darauf hinaus, dass es nichts Gutes mehr auf der Welt gibt. Sie mündet in einen Nihilismus, der Werte nicht mehr erkennen kann. Vor allem sind die Konsequenzen nicht ersichtlich. Soll die Bill-Gates-Stiftung ihre Tätigkeit und ihre hohen Geldzuwendungen einstellen? Soll die WHO ihre Tätigkeit einstellen?

Und wer ist dieser Ken Jepsen? Offenbar ein windiger ehemaliger Rundfunkmoderator. Ich habe mir mal seine Stimme angehört. Sie ist überheblich und herablassend. Seine Aussprache ist abstoßend süffisant. Und die Argumentation ist derart verdreht, dass man als Leser verrückt werden könnte. Soll die WHO etwa nicht mit Pharmakonzernen zusammenarbeiten? Wer soll denn die Impfstoffe herstellen?

Es ist allgemein bekannt, dass während der Vogelgrippe-Epidemie große Mengen von Impfstoff geordert wurden, die dann nicht gebraucht wurden. Heute wird, in der Corona-Krise, kritisiert, dass es zu wenig Vorsorge gab. Was ist denn nun richtig? Für einige Kommentatoren scheint der einzige Weg zu sein, ohne Ausnahme alles zu kritisieren: wenn gehandelt wird und wenn nicht gehandelt wird, wenn zu viel oder zu wenig getan wird, wenn zu früh oder zu spät gehandelt wird – alles wird der zersetzenden und ätzenden Kritik unterworfen, solange, bis das Argwohn alle Bereiche des öffentlichen Lebens durchdringt. Bei derartigen Artikeln wird mir geradezu schlecht. Ich kann diesen Verschwörungswahn nicht mehr lesen und hören. Ich will es auch nicht mehr. Man verschone mich damit.

Ich habe mir auch das Chomsky-Interview durchgelesen. Wieder bin ich tief erschüttert über dessen Torheit. Auch er ein Verschwörungshysteriker. Entweder habe ich die vergangenen Jahrzehnte verschlafen und lebe auf einem anderen Planeten, oder Chomsky ist ein brandgefährlicher Demagoge, der die Fakten verdreht, um die Leute irre zu machen. Millionen Menschen, auch Politiker, arbeiten weltweit bis zu Erschöpfung daran, der Corona-Krise Herr zu werden, dann kommen Jepsen und Chomsky und ziehen alles in ihren nihilistischen Dreck.

13. 4. Zum ersten Mal seit vier Wochen wieder ein wenig Regen. Erneut kommen die Sorgen wegen des Klimawandels hoch. In den Wäldern um Berlin herrscht erhöhte Waldbrandgefahr. In den Gärten um uns herum blühen die Obstbäume.

Die FAZ, immer auf der Höhe der Zeit und die Hand an dessen Puls, entdeckt ein neues literarisches Genre: das Corona-Tagebuch (Katharina Teutsch, „Die Stunde der Maulhelden“, FAZ, 4. April 2020, S. 13). Offenbar fühlen sich nicht wenige berufen, ihren Mitmenschen das Menetekel zu deuten und sich nebenbei wichtig zu machen. Das Thema interessiert mich, denn auch ich schreibe ja ein Tagebuch. Was ich aber gewiss nicht will, ist, dem Weltgeschehen einen Sinn verleihen. Der Mensch und überhaupt alles Lebendige lebt mit Bakterien, Viren, Pilzen und Kleingetier, und mit der Mutation aller Krankheitserreger ist immer zu rechnen. Das hat keinen „Sinn“, sondern ist normales evolutionäres Geschehen. Eine Art existenzielle Verunsicherung verspüren viele, wenn sie es vielleicht auch nicht in Worte fassen können. Ihnen wird empfohlen, jetzt, wo sie Zuhause bleiben müssen, die Steuererklärung zu machen oder den Keller aufzuräumen. Der Fernsehjournalist Gert Scobel fragt in seiner Wissenssendung vom 2. April: „Wer entscheidet, ob ein Todkranker behandelt wird oder nicht, nach welchen Kriterien? Und basiert die medizinische Versorgung in Deutschland überhaupt auf durchweg ethischen Prinzipien, wenn viele Kliniken im Normalbetrieb nach der Logik von Fallpauschalen wirtschaften?“ Das sind Fragen für Anfänger, die schon längst beantwortet sind. Es entscheidet der Arzt vor Ort nach der Berufsordnung für Ärzte. Die Politik sollte sich da raushalten. Und was soll an Fallpauschalen unethisch sein? Scrobel insinuiert, Krankenhaus-Fallpauschalen seien unethisch; den Beweis bleibt er schuldig.

Die Forderung nach Staatshilfe in der Krise ist oft berechtigt. Sie droht aber auch in Maßlosigkeit abzugleiten, gerade so, als bestünde ein Anspruch auf Ausgleich für jeglichen Verlust. Es entsteht der fatale Eindruck, der Staat lasse sich im Angesicht der Krise mal so richtig melken. Die Angst vor dem wirtschaftlichen Absturz ist so groß, dass der Staat nicht glaubt, sich mit Hinweis auf Eigenverantwortung verweigern zu können. Ausgerechnet Wirtschaftsverbände und mit ihnen die FDP rufen jetzt so laut wie nie nach dem Staat. Andererseits handelt es sich staatlich verordnete Kontakt- und Produktionsbeschränkungen mit massiven Auswirkungen auf Einkommen, Gewinn und Beschäftigung, wofür der Stat geradestehen muss. Das Corona-Virus ist eine Naturkatastrophe, kein Staatsversagen. Hat denn niemand für Krisenzeiten vorgesorgt? Im Kleinen zeigt sich Verantwortung, wenn Mieten und Kreditrückzahlungen gestundet werden und Kunden gegenüber Firmen nicht auf Rückzahlung bestehen, sondern Gutscheine für später akzeptieren.

14. 4. Auch ich werde kurzzeitig von Panik erfasst. Ich recherchierte im Internet, was von behördlicher Seiten als Notfallration empfohlen wird. Ich stieß auf ziemlich lange Listen von Lebensmitteln und anderen Dingen, die für 14 Tage reichen sollen. Bei angenommenem einem Kilo Lebensmittel pro Tag

und Person hätten meine Frau und ich 28 Kilo Lebensmittel irgendwo in unserer Wohnung oder im Keller aufbewahren müssen. Davon nahm ich schnell wieder Abstand. Ich kaufte aber einige Dinge, unter anderem einen Gaskocher, sechs Gaskartuschen, 12 Paar weiße Baumwollhandschuhe, eine Taschenlampe, einen Erste-Hilfe-Verbandskasten, einen Feuerlöscher und eine Feuerlöschdecke. Alles werden wir voraussichtlich nie benützen müssen. Die Baumwollhandschuhe sind überflüssig, wenn man sich die Hände wäscht, ebenso die Taschenlampe, weil es keinen Stromausfall gibt. Außer kleinen Schnittwunden hatten wir noch nie etwas zu verbinden. Die Feuerlöschdecke dient auch zum Löschen von Kochtopf- und Pfannenbränden, was uns noch niemals passiert ist. Die zwei kleinen Fläschchen Isopropylalkohol (als Desinfektionsersatz) stehen auch bloß rum. Heute habe ich alle diese Sachen in verschiedene Schubläden verstaut. Von einem Freund bekamen wir zwei Mundschutz-Masken. Darunter stauen sich sofort die Wärme und die Feuchtigkeit der Atemluft. Ich habe es keine Minute ausgehalten und werde die Dinger nicht benutzen.

Den 1946er Film *My Darling Clementine* angeschaut. Spielt Ende des 19. Jahrhunderts in einem heute noch existierenden Örtchen namens Tombstone in Arizona, nahe an der Grenze zu Mexiko. Mit Henry Fonda als Wyatt Earp, der als einziger beim Shoutout im Oktober 1881 am O.K. Corral in Tombstone, Arizona, ungeschoren davonkommt.

Mir wurde der Film *Memento* (2000) empfohlen. Ein Mann, der sein Kurzzeitgedächtnis verlor, sucht den Mörder seiner Frau. Reichlich verschachtelt und unglaubwürdig. Warum, so frage ich mich, soll ich meine Zeit mit solch' rätselhaften Unsinn vergeuden? Guy Pearce ist eine Fehlbesetzung, viel zu smart und viel zu wenig erschüttert für einen, der sein Gedächtnis verlor.

Der Berliner Senat teilt mit, dass mit einer Lockerung der Maßnahmen nicht vor dem 27. April oder dem 1. Mai zu rechnen ist. Lockerungen soll es im Bereich des Einzelhandels geben, im Versammlungsrecht und bei der Ausübung von Religion. Es mehren sich einzelne Stimmen, die das Demonstrationsverbot für unverhältnismäßig halten. Man könne doch beispielsweise einen Autokorso veranstalten. Auch die Einschränkung der Religionsfreiheit, konkreter gesagt das sich Versammeln in Kirchen, wird kritisiert. Der gemeinsame Gottesdienst scheint angesichts der Krise gemeinschaftsfördernd. Im Unterschied zu Italien hält das deutsche Gesundheitssystem. In der Bergmann-Klinik in Potsdam erkrankten mehrere Dutzend Menschen am Corona-Virus. Die Leitung der Klinik wird kritisiert. Laut dem Kartendienst von der Firma Apple ist der Autoverkehr in Berlin um 50 Prozent und die Zahl der Fußgänger um 66 Prozent zurückgegangen.

15. 4. Unsere gut vernetzte, polnische Putzfrau G. ist ganz aufgeregt: Alle würden jetzt die finanzielle Soforthilfe des Berliner Senats in Anspruch nehmen, und wir sollten das auch tun. Bespreche die Sache mit meiner Frau. Wir sind skeptisch. Erstens arbeiten wir weiter und haben derzeit keine finanziellen Verluste, und zweitens sind wir über die Kassenärztliche Vereinigung abgesichert, und zwar dann, wenn man zehn Prozent unter den Quartalseinnahmen des Vorjahres-Vergleichsquartals liegt.

Die ersten Zeitungsberichte über Betrügereien bei den staatlichen Soforthilfen: es ist traurig, dass in betrügerischer Absicht Geld beantragt oder Geldzahlungen auf unberechtigte Konten geleitet werden. Verbrecher ruhen nie. Die staatlichen Organe haben nicht nur mit der Corona-Krise zu tun; Kriminelle bedrohen Bürger und Institutionen ohne Pause.

Heute entscheiden die Bundeskanzlerin und die Ministerpräsidenten der Länder, wie es nach dem 19. April weitergehen soll. Die Kritikmaschine der Medien läuft langsam wieder warm. Unterschiedliche Aussagen von Wissenschaftlern werden gegeneinander ausgespielt. Die einen neigen zu Österreich, wo die Ausgangs- und Kontaktverbote gelockert werden, die anderen mahnen, es mit Frankreich zu halten, wo die strengen Ausgangsbeschränkungen bis 11. Mai verlängert wurden. Wird es in Deutschland eine schrittweise Wiedereröffnung von Schulen, Kitas und Geschäften geben? Ein aufgeblasener Wicht von der Berliner FDP klagt gegen den Berliner Senat, weil der nicht detaillierte Auflagen für alle Branchen einzeln aufgelistet hat.

Seit Wochen heißt es, Deutschland (und andere Staaten) hätten nicht vorgesorgt und seien nicht auf die Pandemie vorbereitet gewesen. Nun heißt es, aktuell stünden in Deutschland 10.000 freie Betten mit Beatmungsgeräten und weitere 10.000 Intensivbetten zur Verfügung. Hunderttausende von Mundschutzmasken würden im Inland produziert oder importiert. Von Mangel keine Spur, die Panik von gestern vergessen. Doch halt! Viele vergessen, dass das medizinische und pflegerische Personal für Intensivbetten nicht von den Bäumen gepflückt werden kann. Die Zahl der Intensiv- und Beatmungsbetten ist das eine, das dafür notwendige Personal das andere.

16. 4. Die Bundeskanzlerin und drei Ministerpräsidenten von Bundesländern haben am gestrigen Nachmittag die gemeinsam beschlossenen weiteren Schritte vor der Presse erläutert. Alle waren gut informiert, überlegt, eloquent, einsichtig. Bestimmte Schul-Jahrgangsklassen sollen demnächst wieder in die Schule gehen, auch größere Geschäfte können unter Einhaltung von Schutzmaßnahmen wieder öffnen. Die fragenden Journalisten stellten ihre Fragen nur, um überhaupt Fragen zu stellen. Ziemlich überflüssig, zumal zuvor schon alles erklärt worden war. Wie traurig ist diese Journalisten-Truppe im Vergleich zu den verantwortungstragenden Politikern.

Wie Bundeskanzlerin Angela Merkel auf der Pressekonferenz erläuterte, macht es bei einem exponentiellen Anstieg einen deutlichen Unterschied, ob die Reproduktionsrate bei 1,0 oder zum Beispiel bei 1,2 liegt. Im letzteren Fall würden fünf Menschen nicht im Schnitt fünf Menschen anstecken, sondern sechs. Mit dieser Reproduktionszahl würden wir laut Merkel im Juli bereits wieder an der Belastungsgrenze unseres Gesundheitssystems stehen. „Wir bewegen uns auf dünnem Eis", warnte sie.

Heute wurde letztlich wieder alles zerredet. Alle wähnen sich in der Opferrolle: Warum die älteren Schüler, warum nicht die jüngeren Schüler, wo bleiben die kleinen Kinder in den Kitas, warum Geschäfte bis 800 m² Verkaufsfläche, warum nicht 700 oder 900 m², warum der „Flickenteppich" der Bundesländer; die gefährdeten Alten bleiben ausgegrenzt, die Gesellschaft wird zunehmend gespalten usw. Zunehmend tritt die Tödlichkeit der Seuche in den Hintergrund. Es wird gequatscht auf Teufel komm raus und alle tun sich wichtig. In der Krise erwarten die Menschen zu viel von der Politik; ich erwarte offenbar zu viel von den Medien und der Intelligenzija.

Dies ist die Stunde des Staates, Politiker legen die Marschroute fest. Die Exekutive ist mit erstaunlicher Machtfülle ausgestattet. Man könnte sich daran gewöhnen, dass „der Staat" alles richtet, alles bezahlt, alles rausreißt. Ohne Prüfung werden Kredite und Überbrückungsgelder bezahlt; unvermeidlich geschehen die ersten Betrügereien.

Wer war auf eine solche Pandemie vorbereitet? Wer hat genug zurückgelegt, um eine Durststrecke von einigen Wochen zu überstehen? Meine Frau und ich haben in dieser Hinsicht keine Probleme. Unsere Ersparnisse reichen für den Lebensunterhalt mehrerer Monate. Viele Menschen und Unternehmen konnten oder wollten keine derartige Vorsorge treffen. Was heißt das für das Prinzip der Selbstverantwortung, das für Unternehmen ebenso gilt wie für Individuen? Regierungen und Parlamente stellen Milliarden zur Verfügung, aber ich habe bisher nur einen einzigen Artikel gelesen, woher dieses Geld kommt, und ich habe es nicht verstanden. Die Geldvermehrung ist ein Mirakel. Die Botschaft jedoch lautet: Niemand muss Angst haben, der Staat sorgt für alle. Aber auch das ist einigen zu wenig; sie verlangen mehr. Sozialdemokraten fordern wieder einmal eine „Reichensteuer".

Es wird trotz Hilfszahlungen einige Firmenpleiten geben, verschuldete und unverschuldete. Es herrscht die Meinung, dass es wirtschaftlich immer weiter aufwärtsgeht. Die gute Konjunktur der vergangenen zehn Jahre verleitet zu solchen Annahmen. Die Corona-Krise macht jetzt einen Strich durch die sorglose Rechnung. Das sollte im Grunde unternehmerisches und persönliches Risiko sein.

Eine hohe Staatsquote ist keine Garantie für Wohlfahrt. Die Staatsquote in Italien beträgt 50 Prozent, in Deutschland 44 Prozent und in der Schweiz 33 Prozent. Trotzdem war Italien nicht besser auf das Virus vorbereitet. Staatsgeld ist das eine, Effizienz das andere. Die Menschen können sich immer nur auf die letzte Krise vorbereiten, nicht auf die kommende, die immer überraschende Momente hat.

Der Berliner Senat lehnt eine allgemeine Maskenpflicht in Geschäften und im öffentlichen Nahverkehr ab. Am 21. April kommt als letztes Bundesland auch in Berlin eine Maskenpflicht, allerdings nur im öffentlichen Nahverkehr. Es wird beschlossen, dass Veranstaltungen mit mehr als 5000 Personen nicht stattfinden. Die Olympischen Spiele in Japan wurden um ein Jahr auf 2021 verschoben.

17. 4. Mein Friseurtermin heute fiel aus. Muss mein Haar erst mal weiterwachsen lassen. Filter ins Auto eingebaut und durch die Waschstraße gefahren.

Die Pandemie wird nicht als ein Naturereignis aufgefasst. Das ist neu. In früheren Jahrzehnten und Jahrhunderten wurden Lepra, die Pest, die Pocken, die Spanische Grippe weitgehend hingenommen. Sie mussten hingenommen werden, weil all jene Informationen und Möglichkeiten fehlten, über die wir heute verfügen. Wenn vom Staat verlangt wird, dass er die Bürger vor einem Virus schützt, dann muss dem Staat auch das Recht zugestanden werden, die dafür sinnvollen Maßnahmen zu ergreifen. Diese sind fast überall auf der Welt fast überall die gleichen: Hygiene und Abstand halten. Wer sich darüber hinwegsetzen will, darf vom Staat nichts erwarten und verlangen. Er muss es in eigener Verantwortung tun.

Die Philosophen sind eifersüchtig auf die Mediziner. Es wird von einigen sogenannten Philosophen kritisiert, dass Virologen und Mediziner derzeit die entscheidenden Berater für Politiker sind. Wie sollte es auch anders sein? Die Bedrohung hat die Form eines Virus. Automechaniker oder Buchhändler sind im Augenblick dafür schlechte Ratgeber.

Es mehren sich die Stimmen, die der Gesundheit keinen Vorrang mehr einräumen wollen. Die Wirtschaft müsse wieder zum Laufen gebracht werden. Es gebe weniger Corona-Tote als Grippe-Tote in einem normalen Jahr. In Schweden haben Läden und Restaurants weiterhin geöffnet. Das Leben ist nun mal lebensgefährlich, da sollten wir uns nicht von einem Virus allzu sehr einschüchtern lassen. Akzeptieren wir unsere Sterblichkeit und leben weiter so wie bisher. Was gehen mich die überfüllten Krankenhäuser, die fehlende Schutzausrüstung und die vulnerablen Alten an? Die Qualität der vorhandenen Daten ist schlecht. Es gibt keinen wissenschaftlichen Sachzwang. Westliche Demokratien wenden Methoden der chinesischen Diktatur an. Ich will Freiheit! (Georges Bindschedler: „Es ist die Frage, die die Absurdität mancher Notmaßnahme offenbart: Wollt ihr denn ewig leben?“, in NZZ, 17. April 2020).

Gestern war im „Tagesspiegel“ ein Artikel von Prof. Bert Rürup, Chefökonom des „Handelsblatts“ und „Präsident des Handelsblatt Research Institute“. Titel des Artikels „Mit der Covid-19-Pandemie wird die soziale Frage neu gestellt. Neoliberale Rezepte versagen. Was bedeutet das für die geopolitischen Hauptakteure?“

Meines Erachtens kann Rürup Liberalismus und Neoliberalismus nicht auseinanderhalten. In der großen Depression der Dreißigerjahre gab es verschiedene staatliche Programme, um die Arbeitslosigkeit niedrig und die Wirtschaft am Laufen zu halten. Das ging soweit, dass der New Deal Roosevelts von einigen Ökonomen als „sozialistisch“ bezeichnet wurde. In den 1930er Jahren wandelte sich der staatskritische Liberalismus zum sozialorientierten Neoliberalismus. Dieser ist in der großen Depression keineswegs „krachend gescheitert“, führte vielmehr in einigen Ländern aus der kriegsbedingten Depression heraus.

Im Gegensatz zu Rürup sehe ich nicht, dass der Corona-Schock den Neoliberalismus in eine tödliche Krise stürzen wird. Corona wird ohnehin wenig verändern, sowohl wirtschaftlich als auch sozial. Der Neoliberalismus, definiert als soziale Marktwirtschaft mit weitreichenden individuellen Rechten, zeigt in der Krise seine Stabilität. Regierungen, also „der Staat“, zeigen Handlungsfähigkeit. Und die Bürger sind in ihrer großen Mehrheit bereit, einsichtsvoll den verordneten und empfohlenen Maßnahmen zu folgen. Alle Einschränkungen individueller Freiheitsrechte werden im Vertrauen mitgetragen, dass diese temporär sind und über kurz oder lang wieder aufgehoben werden. Diese auch fiskalische Verantwortungsübernahme des Staates widerspricht in der Tat dem ursprünglichen und orthodoxen Liberalismus. Der Neoliberalismus kann damit gut leben. Gelegentlich ist jetzt zu hören, dass ein bedingungsloses Grundeinkommen (anstrengungslose staatliche Alimentierung) viele Härten des Shutdowns hätte verhindern können. Eine ernsthafte Diskussion ist das nicht.

Rürup geht auf die Situation in Russland ein, doch dürften die dortigen Zustände kaum vorbildhaft für Deutschland oder Europa sein. Ob die USA so unbegrenzt mächtig sind, wie der Ökonom Rürup suggeriert, wage ich zu bezweifeln. Europa bzw. die Europäische Union sind keineswegs ohnmächtig, und mit China erwächst den USA und Europa ein ernstzunehmender Gegenspieler. Auch wird Donald Trump, der grobschlächtige Tölpel, der notorische Lügner mit dem unflätigen Mundwerk, in spätestens viereinhalb Jahren von der politischen Bühne verschwinden.

Ob sich in USA, Russland oder China die Wirtschaft- und Sozialpolitik nach der Corona-Krise in Richtung auf einen Neoliberalismus, also soziale Marktwirtschaft mit einem starken Sozialstaat, entwickeln wird, steht in den Sternen. Ich glaube eher nicht daran. Gegen die geringe Besteuerung von internationalen Konzernen gibt es in den einzelnen EU-Staaten Widerstand. Da wird sich sicherlich in nächster Zeit etwas ändern.

Die Europäische Union war zu Beginn ihrer Gründung ein lockerer Verbund von Nationalstaaten. Mehr war damals nicht drin. Inzwischen ist die Integration auf den Feldern Agrarsubventionierung, finanzielle Förderung zurückgebliebener Regionen, Verteidigung und Liberalisierung des grenzüberschreitenden Verkehrs weit vorangeschritten. Es gibt immer wieder Stimmen, die das als zu wenig erachten, doch gibt es keine Mehrheit bei den Mitgliedstaaten, die Zusammenarbeit so weit zu steigern, dass man von den Vereinigten Staaten von Europa oder einer Europäischen Regierung sprechen könnte. Es wird keine Einheitlichkeit in der EU geben, was die Durchschlagskraft der EU natürlich nicht weiter erhöhen wird. Ob die Vergemeinschaftung der Schulden schlecht wirtschaftender EU-Staaten die Europäische Union stärkt, wage ich zu bezweifeln.

18. 4. Die Pandemie-Zahlen in Deutschland sind nach wie vor relativ niedrig: 140.000 bestätigte Fälle, 4200 Tote und über 81.000 Gesundete. Die Zahl der insgesamt Getesteten wird in der Regel nicht mitgeteilt. Sechs von sieben mit Covid-19 Infizierte müssen nicht ins Krankenhaus. Die Leitstelle für die bundesweite medizinische Notrufnummer 116117 wurde auf 1750 Mitarbeiter aufgestockt. Die guten Zahlen sind noch kein Grund zum Übermut, sagt der Gesundheitsminister. Er wirbt für Geduld. Wird man zum Sommer wieder reisen können? Ich habe für die Ostsee gebucht, eine Woche im Juli und zwei Wochen im September, ferner zwei Wochen Italien im August. Erstmals in meinem Leben werde ich drei Monate Pause am Stück machen, und zwar das gesamte dritte Quartal. Ich habe bei der Kassenärztlichen Vereinigung Berlin den Antrag auf Ruhen meiner Praxis gestellt, was vor wenigen Tagen genehmigt wurde. Ich stelle mich darauf ein, in Berlin bleiben zu müssen, und hoffe, dass wenigstens das Freibad und mein Sportstudio ab Juli wieder geöffnet haben. Auch der Zoologische Garten und der Botanische Garten sollen bald wieder öffnen. Die Corona-Warn-App für Smartphones wird es voraussichtlich im Mai geben. Die Kritik von Datenschützern dagegen hält an. Viele Unternehmen mussten Mitarbeiter entlassen oder auf Kurzarbeit setzen. Ist es dann noch angemessen, Dividende an die Aktionäre zu zahlen? Die Gesichtsmasken werden immer bunter und an das übrige Outfit angepasst. Die Kleingärten hinter unserem Haus sind seit Wochen stärker besucht als sonst. Die Obstbäume blühen. Ich bin sicher, dass die Entscheidungsträger die Frage von Lockerungen mit größtem Verantwortungsbewusstsein behandeln.

19.4. (Sonntag) Fast 13.000 der 30.000 Intensivbetten sind in Deutschland derzeit nicht belegt. Das geht aus aktuellen Zahlen der Deutschen Interdisziplinären Vereinigung für Intensiv- und Notfallmedizin (DIVI) hervor.

Bei herrlichem Sonnenschein und blauestem Himmel am Vormittag Spaziergang an der Havel. Am Nachmittag spontaner Anruf von meinem alten Freund I.Z., er sei in der Nähe, ob wir uns nicht treffen könnten? Wir holten uns zwei Cappuccini im Lieblingscafé und setzen uns auf den Rüdesheimer Platz. Später stieß noch unser Kollege H.M. hinzu. H.M. ist der Meinung, dass die Maßnahmen zu streng sind. Er behauptet, dass der Gesundheitsminister diese durchsetzte, um an Popularität zu gewinnen – also nicht aus sachlicher Notwendigkeit. Aber kann man Popularität gezielt hochschrauben? Und sind andere Länder nicht noch viel rigider vorgegangen? Wo sollen solche Gedanken hinführen?

Weiterhin kein Regen, aber die Obstbäume und der Flieder blühen. In den Brandenburger Wäldern um Berlin herum herrscht erhöhte Waldbrandgefahr.

Habe mir eine Folge der hochgelobten Serie *Westworld* angeschaut. Spielt in einem futuristischen Vergnügungspark, wo die Roboter-Menschen zu Nazi-Killern und -Folterern umgepolt werden und ein Massaker anrichten. Ödes Gewaltkino.

20. 4. Eine Ziffer spielt derzeit eine entscheidende Rolle: die Reproduktionszahl von Covid-19. Das erklärte Ziel war es, diese Zahl unter 1 zu drücken. Das scheint laut Robert Koch-Institut im Moment erreicht. Was sagt diese Zahl aus?

Die Reproduktionszahl oder -rate bzw. Infektionsrate ist ein Mittelwert, wie viele Menschen eine infizierte Person ansteckt, wenn niemand in der Bevölkerung immun ist und auch keine Maßnahmen zur Eindämmung des Virus getroffen sind. Für Covid-19 hat das Robert Koch-Institut diese Basisreproduktionszahl R nach verschiedenen Studien zwischen 2,4 und 3,3 verortet. Im Durchschnitt steckt also jeder Infizierte ca. drei Personen an.

Die genaue Berechnung der Reproduktionszahl ist schwierig, da sie stark von den verfügbaren Informationen abhängt. Zum Beispiel gibt es auch Krankheitsverläufe ohne Symptome, die nicht erkannt und gemeldet werden. Ohne Annahmen und Schätzungen kommt man also nicht aus. Das RKI nimmt für die Berechnung an, dass zwischen der Infektion einer Person bis zur Infektion der von ihr angesteckten Folgefälle eine mittlere Zeitspanne von vier Tagen vergeht. Somit werden, vereinfacht gesagt, die gemeldeten Neuinfektionen eines gegebenen Tages mit den Neuinfektionen von vor vier Tagen verglichen.

Anfang März lag die Reproduktionszahl in Deutschland noch bei 3, etwa seit dem 22. März stabilisierte sie sich um den Wert 1. Am 16. April teilte das RKI mit, das die Reproduktionsrate bei etwa 0,7 liege. Die Schwankungsbreite der Schätzung liege zwischen 0,5 und 0,8. Liegt R bei 0,7, stecken zehn Infizierte im Schnitt weitere sieben Menschen an, die Zahl der täglichen Neuansteckungen geht also zurück. Es gibt aber regionale Unterschiede.

Eine weitere Zahl, die wichtig ist, um die Ausbreitung einer Epidemie einzuschätzen, ist die Verdopplungszeit. Die Verdopplungszeit benennt die Anzahl der Tage, in denen sich die Neuinfektionen mit dem Coronavirus verdoppeln. Grundsätzlich gilt: Je länger die Verdopplungszeit ist, desto besser für die Krankenhäuser.

Ohne Maßnahmen, bei einem unbegrenzten, exponentiell steigenden Wachstum der Fallzahlen würde das Gesundheitssystem kollabieren, auch wenn nur wenige der mit Covid-19-Infizierten eine Behandlung auf der Intensivstation benötigen. Zu Beginn der Corona-Epidemie lag die Verdopplungszeit bei zwei Tagen. Inzwischen ergeben Berechnungen, dass die Verdopplungszeit in den Bundesländern zwischen 15 und 20 Tagen beträgt.

21. 4. Angesichts der jüngsten Lockerungen zeigt sich Virologe Christian Drosten besorgt: Die Zahl der Infizierten könne abermals rasant steigen. Gleichzeitig meldet die Pharmaindustrie schnelle, aber nicht problemlose Entwicklungen. Die Stimmung in Italien ist düster. Noch immer sterben dort (nicht bei uns) jeden Tag hunderte Menschen. Eine Corona-App für Smartphones könnte Leben retten. Zum ersten Mal in der Geschichte des Mobiltelefons könnte mit Hilfe moderner Technik ermittelt werden, wer einem Infizierten nahe gekommen ist. Diese Personen können gewarnt werden, noch bevor sie ein Kratzen im Hals bemerken. Einige reagieren auf die Corona-App so, als sollte die elektronische Diktatur in Deutschland eingeführt werden. Das Recht auf informationelle Selbstbestimmung ist ein Grundrecht. Genauso wie die Versammlungsfreiheit oder das Recht auf Leben. Leider muss man noch einmal daran erinnern, dass das Leben gerade in Gefahr ist. Also kann man sich derzeit nicht frei bewegen. Ein Großteil der Bevölkerung scheint damit einverstanden zu sein. Doch seit Tagen faselt eine Partei von „Totalüberwachung“, die bei jeder anderen Gelegenheit die volle Härte des Staates einfordert – es ist die AfD.

22. 4. Die Infektionszahlen in den Bundesländern sind sehr unterschiedlich. Sie ist beispielsweise dreimal höher in Bayern als in Berlin. Die Reproduktionsrate liegt jetzt bei 0,8. Die unterschiedlichen Fallzahlen pro 100.000 Einwohner rechtfertigen unterschiedliche regionale Maßnahmen, das was von der Journaille und der Intelligenzija als „Flickenteppich“ angefochten wird.

Die Systemkritisierer sehen eine Chance, ihre idealistischen Vorstellungen mit und nach der Pandemie durchzusetzen. Die Forderungen für die Zukunft kommen aber nur aus der Schublade von gestern: Entschleunigung, mehr Solidarität, Abschaffung des Kapitalismus. Teilweise wird es mit den alten Forderungen nach einem ökologischen Umbau des gesamten Wirtschaftssystems weltweit verbunden. Es scheint ein Frohlocken auf: Da ist sie endlich, die langersehnte Gelegenheit zu einer Neugestaltung der Welt, wie sie am Schreibtisch von akademisch geschulten und gut situierten Bürgern ersonnen wird. Im Gegensatz zur globalen Wirtschaftskrise 2008 liegen die Ursachen diesmal aber nicht in einer immanenten Krise des „Systems", sondern kommt von außen, von einem natürlichen Feind des Menschen. Auch eine nichtkapitalistische Welt muss mit vergleichbaren Strategien reagieren. Doch die Linken hoffen, je länger die Einschnitte dauern, desto grösser wird das Potenzial für eine Umwälzung in ihrem Sinne. Doch es scheint sich wieder einmal um eine eingebildete Revolutionsmöglichkeit zu handeln. Was wir erleben, ist nur eine relativ kurze Unterbrechung des Üblichen.

Das Individuum wird von Krankheiten „gestört", die Gesellschaft durch Pandemien. Natürlich sind Gesellschaften wie Individuen störanfällig. Das hat nichts mit der Wirtschaftsform zu tun. Wird jetzt die blinde Betriebsamkeit infrage gestellt? Vielleicht wird das bisher Selbstverständliche wieder einmal diskutiert. Die weniger gut bezahlten Berufe im Krankenhaus und in der Pflege sollen besser bezahlt werden. Es werden Einmalzahlungen von 100, von 500 oder gar 1500 € gefordert, aber niemand sagt, woher das Geld kommen soll. Hauptsache, man ist auf der moralisch richtigen Seite und kann die ökonomisch Denkenden ärgern. Von mir aus sollen mögliche gesellschaftliche Veränderungen diskutiert werden, doch mit Sicherheit wird die Bevölkerung nicht mitspielen. Man wird wieder konsumieren und Spaß haben wollen. Weisheit setzt erst nach der Erfahrung ein.

In einigen Städten, auch bei uns, gilt ab sofort eine Maskenpflicht für öffentliche Verkehrsmittel und in Geschäften. Der Einzelhandel darf wieder öffnen. Kultur- und Sportveranstaltungen dürfen weiterhin nicht stattfinden.

Bundeskanzlerin Merkel hat sich im internen CDU-Kreis dagegen ausgesprochen, vorschnell die einschränkenden Maßnahmen zu lockern. Sie wandte sich gegen eine „Öffnungs-Diskussionsorgie". Die Opposition und das Feuilleton drehen durch. Merkel wird unterstellt, dass sie eine Diskussion über Lockerungen verhindern will. Sie habe eine „Tendenz zum Obrigkeitsdenken", als ob sie die freie Diskussion abwürgen wollte oder könnte. Meinungsfreiheit wird der Kanzlerin von der Opposition nicht zugestanden. Der Vizevorsitzende der FDP bescheinigt ihr, sie habe die deutsche Rechtsordnung nicht verstanden, denn über einschränkende Maßnahmen nach dem Infektionsschutzgesetz würden die Länder entscheiden, nicht die Bundesregierung. Das ist richtig. Aber soll sie den Mund halten, wenn sie mit ihren CDU-Ministerpräsidenten spricht? Viele freuen sich schon darauf, dass Merkel dieses intern gesprochene Wort politisch auf die Füße fallen wird. Die Journaille und einige Intellektuelle hatten schon immer Mühe mit ihrem Politikstil und ihrer besonnenen und oftmals trockenen Redeweise. Die AfD hält Merkel ohnehin für eine „Kanzlerdiktatorin". Diese autoritäre Partei ist gegen die Autorität der Bundeskanzlerin; die AfD will lieber selbst den Diktator stellen.

Doch hat Merkel nicht prinzipiell recht? Tragen Debatten über Lockerungen der Maßnahmen zum Leichtsinn bei? Frank Roselieb, der das Institut für Krisenforschung in Kiel leitet, sagt: „Ja, leider. Menschen reagieren in Krisensituationen etwa so wie der Autofahrer an der roten Ampel. Springt diese auf grün, geben alle Gas, egal ob es vielleicht noch kreuzenden Verkehr gibt."

23. 4. Der Umweltschutz und insbesondere das Thema Klimaerwärmung sind wie gesagt in den Hintergrund getreten. Das Herunterfahren der Wirtschaft und die Einschränkung persönlicher Kontakte hat die Luftqualität noch ein wenig weiter verbessert. Es wird spürbar weniger Energie verbraucht, die Preise für Benzin und Diesel sind so niedrig wie schon lange nicht mehr. Reduziertes Wirtschaften dient dem Umweltschutz, was umgekehrt bedeutet: weiterer Umweltschutz gibt es nur zu Ungunsten unseres Wohlstandes. Das scheint mir einer der tieferen Gründe, warum in den vergangenen Jahrzehnten schon viel passiert ist, es aber kein „radikales Umsteuern" gibt.

Trotzdem wird immer wieder mal hartnäckig nach einer nachhaltigen Wirtschaft verlangt. Zu ihnen gehört Ingolfur Blühdorn. Er und andere Wissenschaftler analysieren die derzeitige Situation als „nachhaltige Nicht-Nachhaltigkeit", so der Titel ihres 2019 erschienenen Buches, mit dem Untertitel „Warum die ökologische Transformation der Gesellschaft nicht stattfindet". Sie sehen den Grund nicht in der Furcht vor einem wirtschaftlichen Niedergang, sondern in einer Ruhigstellung der Bevölkerung durch Konsum. Der Konsum hat in dieser Sicht nicht die Funktion, Bedürfnisse zu befriedigen, sondern die Bevölkerung einzulullen. Ruhiggestellt durch konsumorientierte Selbstbestimmung würden die Bürger davon absehen, den von ihnen ernannten Entscheidungsträgern ins Gewissen zu reden und ins Handwerk zu pfuschen. Diese Hypothese hat zwei Seiten, einerseits, dass die Eliten sich verschworen haben, die Bürger einzulullen (um eigentlich was zu machen?), andererseits die dann doch richtige Einsicht, dass zu einem ökologischen

Wirtschaftssystem mindestens zwei gehören: die da oben und die da unten. Nicht wenige Bürger suchen sich aus der Verpflichtung zur Mündigkeit zu befreien.

Umweltschutz wird so lange geduldet, wie er Wirtschaftswachstum und Lebensstandard nicht bedroht. Das ist auch das ausgesprochene Credo der Grünen. Sie suggerieren, dass es eine „grüne Ökonomie" geben könne. Ob sie damit in naher Zukunft in die Bundesregierung gespült werden, bleibt abzuwarten. Doch ist nicht die selbstverständliche Nutzung von Natur Teil unserer modernen Lebensweise? Die Ausweitung von Mobilität und Selbstoptimierung ist untrennbar verbunden mit materieller und energetischer Expansion. Mit der Reduzierung des internationalen Flugverkehrs von derzeit 90 Prozent bricht diese Selbstverständlichkeit auf. Es ist anzunehmen, dass alle modernen westlichen Gesellschaften nach der Corona-Krise sehr schnell zum alten *status quo* zurückkehren werden. Was also ist das eigentliche Anliegen einer immer wieder beschworenen, aber nie wirklich verfolgten und umgesetzten ökologischen Nachhaltigkeit?

24. 4. Man kommt vom Corona-Thema nicht los. Wir werden von morgens bis abends mit Nachrichten eingedeckt. Neuinfektionen und Todesfälle werden wie Erbsen gezählt. Wie üblich sind die Medien voll mit schlechten Nachrichten, und das Positive wird unterschlagen. Es sterben vergleichsweise wenige an Covid-19. Aus der Sicht von uns Psychotherapeuten ist das Virus keine psychische Krankheitsursache. Die Praxen sind nicht voller als sonst. Es ist normal, dass wir alle in Sorge sind und mehr oder weniger Angst empfinden. Einige befürchten einen schweren wirtschaftlichen Schaden, der auf ihr persönliches Leben zurückschlagen könnte. Die Kontaktverbote bedeuten für einige erhöhten organisatorischen Aufwand und damit mehr Stress. Einige Bevölkerungsgruppen haben weniger Probleme, beispielsweise die Rentner. Wer schon vorher psychische Probleme hatte, wird jetzt verstärkt leiden. Aber nicht alle haben psychische Probleme. Eine kleinere Gruppe der Bevölkerung hat schon immer eine ausgeprägte Angst vor Ansteckung und Krankheiten; das war auch schon mit dem HI-Virus oder beim Tschernobyl-Fallout der Fall. Wer vorher schon einen leichten Hände-Waschzwang hatte, sieht sich jetzt bestätigt. Die Belastung aufgrund der sozialen Isolation halte ich bei den meisten eher für gering. Über uns wurde ja bislang keine echte Quarantäne verhängt. Die Straßen sind voll, die Menschen halten Abstand und die meisten tragen Mundschutz. Sie sind bemerkenswert anpassungsfä-

hig. Nicht wenige meiner Patienten berichten von positiven Auswirkungen der Corona-Krise auf ihr Leben. Sozial schüchternen Menschen kommt die derzeitige Lage entgegen. Wenn die ersten Geschäfte wieder aufmachen, gehe ich als erstes zum Friseur. Meine Sommerferien in Italien muss ich wohl streichen.

25. 4. Dürfen Krankenhäuser Profit machen? Dürfen Unternehmer Gewinn machen? Ist das ethisch vertretbar?

Unter akademisch gebildeten Intellektuellen ist es schon seit Jahrzehnten üblich – ich gehörte einst als junger Mann auch dazu –, den Kapitalismus und damit Profit als unethisch und ungerecht abzulehnen. In dieser weitverbreiteten, dominierenden Weltsicht sind Unternehmer verantwortungslos, weil sie die Umwelt und die Arbeitnehmer ausbeuten. Ein verantwortungsvolles Unternehmertum ist in diesen Kreisen unvorstellbar. Die Frage, „dürfen Unternehmer Gewinne machen?" ist hochaktuell. Der Philosoph und Ethiker Otfried Höffe hat unter dieser Überschrift einen längeren Essay in der Frankfurter Allgemeinen Zeitung veröffentlicht (12. August 2016, S. 20). Im Folgenden stütze ich mich auf seine Argumente, weil er bündig formuliert, was auch ich denke.

Zunächst erinnert er an einige Binsenweisheiten, wie beispielsweise die, dass alles Handeln seine Antriebskraft zumindest im Falle des Unternehmers nicht in der Nächstenliebe, sondern in einem Selbstinteresse, dem Profitstreben, liegt. Profitstreben heißt, dass die Unternehmung einen Gewinn abwerfen soll, einen Überschuss des erzielten Betrages über die angefallenen Kosten. Die Profit-Kritik blendet die vorab eingesetzte Arbeit meist gänzlich aus. Der Unternehmer muss nicht nur die vorausgehenden Arbeiten und Investitionen vorschießen, sondern auch Folgekosten bedenken, beispielsweise die fälligen Abgaben und Steuern.

Auch ein dritter Baustein, wie Höffe es nennt, wird von den Kritikern des Unternehmertums häufig verdrängt. Das Profitstreben, so wird unterstellt, habe seinen Zweck in sich selbst. Das mag manchmal der Fall sein, wobei allerdings rätselhaft bleibt, wie es der Unternehmer schafft, seine Ware an den Mann zu bringen, wenn es nicht um Bedürfnisbefriedigung, sondern nur um seinen Profit geht.[14] In der Regel dürfte es aber doch so sein, dass Unter-

[14] Eine Freundin behauptete unlängst im Brustton der Überzeugung, der Pharmaindustrie gehe es ausschließlich um den Profit. Um keinen Streit zu provozieren, antwortete

nehmer und Dienstleister Produkte und Dienstleistungen anbieten, die eine Marktnachfrage befriedigen. Die Werbung trägt dazu bei, Bedürfnisse hervorzurufen, die es ohne das Angebot und dessen Vermarktung möglicherweise nicht geben würde. Sind alle Konsumenten manipulierbare Deppen? Sicherlich nicht. Sehr vieles, angefangen bei Wasser und Brot, ist lebensnotwendig. Das Profitstreben kann auch Mittel zu einem höheren Zweck sein, sei es, Bedürfnisse zu befriedigen, sei es, die Anerkennung seiner Mitbürger zu gewinnen.

Philosophen, so Höffe, gelten als lebensuntüchtig. Dabei gab es einige unter ihnen mit Geschäftssinn. Beispielsweise Spinoza, der wegen seiner humanistischen Gedanken aus seiner Gemeinde ausgeschlossen wurde, in eine andere Stadt zog und sich dort einem einträglichen Beruf zuwandte, dem Schleifen von Linsen für Mikroskope und Teleskope. Binnen kurzem wurde er dafür unter den Naturforschern seiner Zeit berühmt. Auch diese Spezialfertigkeit hatte seinen Zweck in sich. Sie diente der Befriedigung eines Bedürfnisses und dem Unterhalt seines Lebens.

Die Steuern, die aus Profit und Gewinn abgeführt werden, kommen der Gemeinschaft zugute. Auch dieser Umstand wird konsequent von den Kritikern ausgeblendet. Wenn gesagt wird, Unternehmen und Betriebe zahlen zu wenig Steuern, so heißt es immerhin, dass sie dennoch Steuern bezahlen. Über die Höhe der Abgaben kann immer gestritten werden. Einige Unternehmen nutzen Schlupflöcher, um sich der Steuerlast zu entledigen oder diese zu minimieren, was nicht strafbar ist, aber heutzutage als ethisch kritikwürdig angesehen wird. Auch über die Verwendung der Mittel, die vom Staat eingesammelt und umverteilt werden, kann man diskutieren und streiten. Unstrittig dürfte sein, dass der Staat Milliarden einnimmt und in einem komplizierten Geldkarussell wieder ausgibt.

Höffe ist sich sicher, dass sich das Eigeninteresse des Unternehmers nach Profit mit den Interessen des Gemeinwesens deckt. Um Steuern erheben zu können, schafft ein kluges Gemeinwesen für Unternehmer profitable Rahmenbedingungen. Diese Rahmenbedingungen betreffen auch den sogenannten Markt, das Gesamt der vielfältigen Nachfrage und des vielfältigen Angebots. *Der Wohlstand der Nationen*, so der Titel eines berühmten Werkes von Adam Smith, beruht auf Gewinn. Einige Kapitalisten mögen profitgierig sein. Weit wichtiger für Smith war der Effekt von Gewinn für das Gemeinwe-

---

ich nicht darauf, fragte mich aber, ob denn nicht auch sie, die manchmal krank ist, von Medikamenten profitiert?

sen. Deswegen rühmte er den freien Markt, denn dieser stachele Kreativität, Wagemut und Anstrengung an, wobei gleichzeitig ein Arbeitsethos aufgebaut und erhalten wird.

Und nicht zuletzt wird durch die Marktwirtschaft das Sparen zu einer grundlegenden Haltung. Wird Geld zurückgelegt, kann man sich auf dem Markt freier bewegen. Der Markt steigere die Fähigkeit und Bereitschaft zu Leistung und senke die finanziellen Kosten und den Ressourcenverbrauch. Sein Mechanismus drängt zu einem bedarfsgerechten Angebot an Gütern, Dienstleistungen und deren wirksamer Zuteilung. Nicht zuletzt tritt er durch höhere Preise der Verschwendung entgegen. Smith lobte also den Markt nicht wegen der Möglichkeit hoher Unternehmensgewinne, sondern weil in der Tendenz die Löhne steigen und die Preise fallen. Die Profite sind in der Höhe begrenzt durch die Bedürfnisse der Konsumenten. Der freie Markt enthält Mechanismen, die den Lohnarbeitern und den Konsumenten zugute kommen, schließlich – über die Steuern – der Gesamtbevölkerung.

Orthodoxe Marktliberale glauben an die selbstheilenden Kräfte des freien Marktes. Allen anderen ist bewusst, das auf Märkten, die sich selbst überlassen bleiben, Oligopole und Monopole entstehen und dass es in der Folge zu Ausbeutung der Arbeiter und hohen Preisen für Konsumenten kommt. Deshalb braucht es eine wirksame Gegenkraft, eine mit der nötigen Macht ausgestattete Instanz, die für gemeinwohlförderliche Rahmenbedingungen sorgt. Diese Aufgabe haben der Staat und seine Institutionen bzw. zwischenstaatliche Organisationen.

Ein wesentlicher Baustein für das Gelingen dieser Aufgabe ist fraglos der Rechtsschutz einschließlich des Schutzes von Eigentum. Die Aufgabe dieser Institutionen und Organisationen ist es, den Monopolen und Oligopolen, den Kartellen samt ihren Preisabsprachen und dem unlauteren Wettbewerb entgegenstehen. Solange Unternehmen und Betriebe diese geltende Marktordnung anerkennen, verdienen sie die volle unternehmerische Freiheit. Sie dürfen ihr Eigeninteresse auf eigene Weise verfolgen und innerhalb eines lauteren, d.h. aufrichtigen und ehrlichen Wettbewerbs Gewinne machen, also davon leben.

Wenn Adam Smith meint, das Gewinnstreben diene letztlich der Gesamtbevölkerung, so griff er dem bedeutenden Theoretiker der Gerechtigkeit, John Rawls, vor. Rawls stellte das Postulat auf, dass Unterschiede in einer Gesellschaft zu akzeptieren sein, wenn alle gleiche Chancen haben, an dieser Gesellschaft teilzunehmen. Die Ungleichheiten auch im Einkommen und im

Gewinn seien tolerierbar, wenn sie den am schlechtest Gestellten zugutekommen. Das ist durch ein ausgedehntes Sozialsystem gewährleistet (bis hin zur Obdachlosenhilfe). Auch dieser Zusammenhang ist den meisten Kapitalismuskritikern völlig unbekannt. Im großen Ganzen dient der steuerliche Beitrag von Unternehmen und Betrieben der Gerechtigkeit. Sozialneid verbietet sich. Höffe fragt, „warum sollte man eine stärker egalitäre Gesellschaft vorziehen, wenn man sich dabei schlechter steht?"

Die seit Marx ungebrochene und beliebte Kapitalismuskritik sollte selbstkritischer werden. Das Verdikt des „Raubtierkapitalismus" mag für die USA gelten, nicht für Europa. Hier herrscht eine rechts- und sozialstaatliche gebundene Marktwirtschaft, die einen Gerechtigkeitsrang hat. Die soziale Marktwirtschaft als „Kapitalismus" abzuwerten, ist fehl am Platz. Der Wettstreit verhindert, das wusste schon Immanuel Kant, dass die Kreativkräfte der Menschen einschlafen („Idee zu einer allgemeinen Geschichte in weltbürgerlicher Absicht", 4. Satz).

Von Kant stammt das schöne Wort von der „ungeselligen Geselligkeit" (ebd.). Dieser scheinbar paradoxe Begriff bezeichnet das Doppelgesicht der menschlichen Existenz bzw. einen gesellschaftlichen Antagonismus. Die Ungeselligkeit zeige sich in Ehrsucht, Herrschsucht und Habsucht. Doch zugleich würden sie dem Fortschritt der Menschheit dienen. Der Aufstieg der Niederlande, Englands und Preußens verdanke sich auch dem Wettbewerb, der Konkurrenz und Wachstum fördert. Doch zugleich sei der Mensch ein Wesen, das nach Sicherheit und Ruhe verlangt und damit Innovationen bremst. Diese Anteile sind in den einzelnen Individuen unterschiedlich verteilt. Die Forderung, es müsse „ein Ruck durch Deutschland gehen", wird nur einen Teil der Bevölkerung erreichen. Andere werden Angst bekommen.

Der sechste Baustein des Unternehmertums ist die Risiko- und Investitionsbereitschaft. Adam Smith sah im Profit primär das Entgelt für das Risiko eines Unternehmers, für seinen auch persönlichen Einsatz in Leitung und Aufsicht. Der Profit setzt sich aus verschiedenen Anteilen zusammen: dem Kapitaleinsatz, dem Lohn für das Risiko (Risikoprämie), der Rendite, der Betriebsführung, der Managementleistung und schließlich der Innovationsprämie für kreatives Unternehmertum. Risiko bedeutet, dass der Unternehmer für ein Scheitern seiner Unternehmung geradesteht. Arbeitnehmer tragen dieses Risiko indirekt mit, indem sie bei einer Insolvenz arbeitslos werden. Hier tritt dann der Sozialstaat in Aktion und federt dieses Risiko mit diversen Programmen ab.

Die logische Folge diese Aufzählung bedeutet: Damit sich Unternehmertum lohnt, muss der Gewinn deutlich höher ausfallen als die Kapitalrendite für Bankeinlagen oder ein Aktiendepot. Ferner muss der Lohn für Managementarbeit wegen des damit verbundenen und getragenen Risikos höher sein als der Lohn für die Arbeitnehmer. Profit ist der Lohn für das Eingehen eines Risikos, das dem Unternehmer in der Regel nicht abgenommen werden kann. Das kluge Abwägen des Risikos setzt ein Sonderwissen voraus, das nicht jeder hat. Die Marktkräfte richtig einzuschätzen, ist nicht jedermanns Sache. Der Profit ist auch eine Prämie für dieses Sonderwissen. Unternehmen, die es sich leisten können, richten Forschungsabteilungen ein, die sich Innovationen widmen. Auch diese Wissenserweiterung kommt letztlich einem öffentlichen Interesse zugute.

Um Kapital und Sonderwissen einzusetzen, bedarf es (achter Baustein) einer erfolgversprechenden ökonomischen Strategie. Zu alledem ist eine Intelligenz vonnöten, die über der des Durchschnittsmenschen liegt. Nicht alle Menschen haben das Zeug zum Unternehmertum. Sie sind mit der Sicherheit eines monatlichen Arbeitnehmereinkommens zufrieden. Nicht alle Unternehmer sind Mäzenaten, aber viele große Unternehmer waren und sind es. Sie widmen ihr Leben nicht nur dem Geldanhäufen, sondern sind sich ihrer gesellschaftlichen Verantwortung bewusst. Sie stecken ein Teil ihres Profits in Stiftungen kultureller, politischer oder soziale Art. Man kann dies Prestigeobjekte nennen und als Narzissmus abtun, aber das wirkt kleinkariert. Profit hat eine erhebliche gesellschaftliche Konsequenz. Unternehmer schielen nicht bloß nach der Rendite und dem nachhaltigen Gewinn. Mit ihrem Erfolg wollen sie auch sich vor anderen und vor sich selbst bestätigen. Mäzenaten sind gern gesehene Leute. Vielleicht wollen sie sogar mit großen Stiftungen in die Geschichte eingehen. Selbstachtung wie Fremdachtung ist ein Grundbedürfnis der Menschen.

Profit an sich rechtfertigt kein Verbot, nicht einmal ein Verbot, „nur nach Profit zu streben". Sofern man die geltenden Gesetze beachtet, darf man, statt höhere Ziele anzustreben, den schnöden Mammon suchen. „Unternehmer dürfen jedenfalls Profit machen", betont Höffe zum Abschluss, „weil sie ein vierfaches Recht haben: ein Recht auf Rendite, ein Recht auf Managementlohn, ein Recht auf eine Risikoprämie und ein Recht auf Anerkennung". Damit nicht genug. Es gibt sogar eine Verpflichtung zum Profit: wegen der Arbeitsplätze, die er schafft, wegen der Steuern, die Unternehmer und ihre Angestellten entrichten, wegen der damit verbundenen Aspekte des Gemeinwohls und aus Gründen der Gerechtigkeit (im Sinne Rawls). „Weil das Gemeinwohl dem ärmsten Teil der Bevölkerung zugute kommt, dürfen Unternehmer nicht nur Gewinne machen, sondern sie sollen es sogar."

Am angenehmsten und am angesehendsten ist aber jener Unternehmer, der wirtschaftlich arbeitet, also Rendite, Profit und Gewinn macht, dies aber nicht zum einzigen, noch zum höchsten Wert erklärt, sondern dieses Geld (und sich selbst) für wesentlichere Dinge, für nichtmaterielle Werte offenhält: für Kunst und Kultur, für Großzügigkeit, für Wissenschaft und Philosophie.

26. 4. (Sonntag) „Du hast wieder dein Teelicht brennen lassen", sagt meine Frau nach dem Frühstück zu mir. „Das macht nichts", antworte ich, „wir haben doch jetzt einen Feuerlöscher im Haus."

Kürzlich sagte meine Frau zu mir: „Ich habe gehört, man soll Erdbeeren nicht unter fließendem Wasser abwaschen, sondern in ein Wasserbad tauchen, weil sonst das Aroma verschwindet." Ich halte das für fraglich, sagte aber nichts.

Ich hatte im Januar auf der Plattform change.org eine Petition an alle im Bundestag vertretenen Parteien gerichtet mit einem Vorschlag, wie die aus Gründen des Bundeswahlgesetzes steigende Anzahl von Bundestagsabgeordneten begrenzt werden könnte (http://chng.it/GqVtHg66). Am heutigen Tag habe ich genau 1385 „Unterstützer". Inzwischen gibt es drei oder vier Petitionen zur Verkleinerung des Bundestages, die auf 40.000 oder gar 100.000 Unterstützer kommen. Aus zwingenden Gründen, die ich hier nicht darlegen kann, ist ein Kompromiss zwischen den im Bundestag vertretenen Parteien zu einer Wahlrechtsreform schwierig bis unmöglich. Im großen Ganzen halte ich aber das Problem für ziemlich marginal. Ob der Bundestag nun 598 oder 700 Abgeordnete umfasst, ist weitgehend unerheblich. Sie müssen halt im Plenarsaal ein bisschen enger zusammenrücken. Unter Pandemie-Bedingungen ist das natürlich etwas schwierig.

Bei change.org tummeln sich Menschen mit den unterschiedlichsten Anliegen, die meisten sind recht abwegig. So gibt es jetzt eine von gut 22.000 Menschen unterstützte Petition zur Rehabilitation und Anerkennung von zwei bislang vergessenen Opfergruppen des Nationalsozialismus, der sogenannten Asozialen und der Berufsverbrecher. Ich bin sehr froh und dankbar, dass jetzt endlich auch Berufsverbrechern die ihnen lange vorenthaltene Anerkennung zuteil werden soll. 75 Jahre nach Kriegsende muss jetzt endlich auch diese Nazi-Opfergruppe in den Fokus gerückt werden. Alle Opfergruppen haben es geschafft, mit Denkmälern und Hinweistafeln geehrt und rehabilitiert zu werden, nur die Berufsverbrecher bislang nicht. Was ich vermisse, ist eine Würdigung der Opfer von Berufsverbrechern. Hier klafft noch eine Lücke in der deutschen Opferkultur.

*

Unsere neuen Nachbarn über uns sind sehr höflich und sozial eingestellt. Sie hatten uns kürzlich darauf hingewiesen, dass sie gerne ihre Stereoanlage benutzen, um Musik zu hören. Vorgestern musste meine liebe Ehefrau jedoch um kurz vor Mitternacht bei ihnen anrufen und um Ruhe bitten. Sie hat deswegen ein schlechtes Gewissen, aber ich beruhigte sie. Wenn unsere Nachbarn uns schon bitten, ihnen Bescheid zu geben, wenn es zu laut wird, dann sollten wir, wenn nötig, davon Gebrauch machen.

Vorgestern, gestern und heute den Kurs „Grundlagen der Tiefenpsychologie" als online-Kurs für das Magdeburger Ausbildungsinstitut für psychologische Psychotherapeuten (MAPP) gegeben. Die verwendete Plattform hat einige technische Macken, mehrmals wurde ich rausgeschmissen. Letztendlich lief der Kurs aber ganz gut.

27. 4. Ab heute gilt Maskenpflicht in allen Bussen und Bahnen, aber nicht in Geschäften. Auch ich trage dieses Ding jetzt beim Einkaufen. Einige fordern eine Maskenpflicht auch für Schulen, wenn diese jetzt langsam wieder ihre Arbeit aufnehmen. Viele Geschäfte haben Aus- und Eingänge getrennt, sodass man sich nicht in die Quere kommt. Der Flughafen Tegel soll geschlossen werden, wenn der neue Flughafen Schönefeld eröffnet wird. Das ist der Plan. Jetzt, da der Flugbetrieb fast zum Erliegen gekommen ist, fordern einige, Tegel gleich ganz zu schließen und mit Schönefeld im Oktober neu zu beginnen.

Die Bundesregierung schließt die Rückholaktion für rund 240.000 Deutsche ab, die im Ausland wegen der Corona-Pandemie gestrandet waren. Federführend war das Auswärtige Amt. Die Aktion hatte am 17. März begonnen, nachdem viele Länder ihre Grenzen kurzfristig schlossen und die Flugverbindungen gekappt hatten. Insgesamt waren mehr als 2000 Mitarbeiter des Außenministeriums – ein Drittel der Belegschaft – mit der Aktion beschäftigt, ein beispielloser Kraftakt. – Die Kastanien blühen. – Sogenannte Reichsbürger und andere Rechtsextremisten, Linksextremisten, Islamisten und ausländische Geheimdienste (an vorderster Stelle der Russlands) benutzen die unsichere Situation, und noch mehr Unruhe zu verbreiten. Das schreiben die Zeitungen. Die Zahl der Corona-Leugner ist nicht besonders groß, aber das

Ausmaß der Gefahr, die von ihnen ausgeht, ist für den Normalbürger nicht abzuschätzen. – Das traditionelle Oktoberfest in München, eine jährlich wiederkehrende Veranstaltung mit 6 Millionen Besuchern aus aller Welt, wurde vorsorglich abgesagt. Abgesagt wurde auch unser jährliches Weinfest hier im Viertel. Ich trauere dem Weinfest nicht nach. Es war wochenlang laut und auswärtige Autos parkten die Straßen voll.

28. 4. Als letztes Bundesland verhängt Berlin eine Maskenpflicht im Einzelhandel. Die Spielplätze in den meisten Berliner Bezirken öffnen wieder.

Eine beliebte Floskel lautet: „Wir sind ein reiches Land, wir können uns das leisten." Das stimmte schon vor der Krise nicht wirklich. Zurzeit gibt das Land die durch vernünftiges Haushalten angesparten Milliarden aus. Zum Glück wurde der Rat linker Ökonomen und Politiker ignoriert, in den vergangenen guten zehn Jahren neue Schulden zu machen. Immerhin wurde der Schuldenstand Deutschlands unter 2000 Milliarden Euro gedrückt. Die Deutschen zahlen schon jetzt hohe Steuern und haben die höchsten Strompreise Europas. Ohne eine florierende Wirtschaft und ohne hohe Steuern wird die Zahl der Arbeitslosen steigen und viele verarmen. Die Umverteilungs-Lobbyisten bringen sich in Stellung: Sie fordern eine Reichensteuer. Ausreichend Geld ist damit angeblich leicht einzusammeln – für den Klimaschutz, für Seenotrettung im Mittelmeer, für die schlecht haushaltenden Staaten Südeuropas, für anhaltend hohe Renten, für die Digitalisierung der Schulen, für ein bedingungsloses Grundeinkommen, für die Kinder, für die Alten, für Krankenschwestern und Pfleger, überhaupt für Krankenhäuser, für die Milchbauern, für die Forstwirte, für Dozenten und Scheinselbständige, für die marode Bundesbahn, für die marode Infrastruktur, für die Bildung bildungsferner Schichten, für die griechischen Flüchtlingslager, für Arbeiterinnen in der asiatischen Textilindustrie usw. Jeder soll und will spezifisch unterstützt werden. Nach der Corona-Krise werden die altbekannten Probleme weitergehen. Nicht alles wird man mit Geld reparieren können.

In liberalen Kreisen ist es Konsens, dass es eine „Umverteilung von unten nach oben" gibt. Abgesehen davon, dass „unten" steuermäßig wenig bis nichts zu holen ist, sprechen die Zahlen eine andere Sprache. Setzen wir als Messlatte die Staatsquote an: wie viel die Regenten einnehmen und ausgeben, womit sie die Loyalität der Wähler erkaufen und den Verwaltungsapparat aufpäppeln.

Um 1900 kassierte der amerikanische Staat (Bund, Länder, Gemeinden) 8 Prozent, 2020 waren es über 40, also 500 Prozent mehr. Großbritannien: von 12 auf 36 Prozent. Deutschland: von 20 auf 45 Prozent. In Deutschland wird die Staatsquote 2021 auf knapp 54 Prozent der Wirtschaftsleistung anschwellen.

Das sind die dürren Zahlen. Der moderne Wohlfahrtsstaat nimmt und gibt – auch sich selber. Und alles für einen hehren Zweck – von der Verteidigung bis zur „sozialen Gerechtigkeit". Je mehr Verteilung, desto mehr Verwaltung und Vorschriften. Je mehr die Gesellschaft in subnationale Identitäten je nach Geschlecht, Hautfarbe, Herkunft und weltlichem Glauben zerfällt, desto mehr Konflikte. Hier greift der Staat als Schiedsrichter und Gönner ein, d.h. noch mehr Verwaltung und Bürokratie. Der Bürger fordert die nächste Wohltat, und der Staat gibt.

Ein Traum der Grünen hat sich erfüllt: weniger Autos auf den Straßen. Gemäß Daten des Kartendienstes von Apple ist der Autoverkehr in Berlin um 50 Prozent zurückgegangen. Der Stromverbrauch sank um zehn Prozent, der Weinkonsum stieg um 20 Prozent. Die Anzeigen wegen Diebstähle (einschließlich Autodiebstähle) und Einbrüche sollen um 60 bis 70 Prozent zurückgegangen sein, die gesamte Verbrechensrate um fünf Prozent. Die Lieferdienste verzeichnen einen Anstieg um 330 Prozent. Die Zahl jener, die bargeld- und berührungslos in Geschäften zahlen, ist um ein Viertel gestiegen. Die Videotelefonie boomt und ist teilweise überlastet. Erwartet wurde, dass die häusliche Gewalt steigt. Zur Enttäuschung der Berufswarner sank die Zahl der gemeldeten Fälle.

29. 4. Ich komme gar nicht mehr dazu, Privates zu berichten. Das will ich nachholen.

Vor einiger Zeit wurden die allermeisten Straßenlaternen in unserer Straße von Gas auf LED-Licht umgestellt, Jedoch nicht die beiden Laternen direkt vor unserem Haus. Das wurde heute ruckzuck nachgeholt. Bauarbeiter rückten mit einem kleinen Bagger an, legten die alten Laternen frei, diese wurden demontiert und auf einen Lastwagen verladen. Schon stand der nächste Lastwagen mit den neuen Laternenmasten bereit. Diese wurden aufgestellt, die Gruben zugeschüttet und das aufgerissene Pflaster erneuert. Eine Arbeit griff in die andere. Das sah sehr gut organisiert aus.

Schon vor gut einem Jahr habe ich meinen Ikea-Schrank leergeräumt und verschenkt. Die Wand ließ ich in mittelblau streichen, das erste Mal, dass ich mit einer farbigen Wand lebe. Meine liebe Ehefrau war zunächst gegen eine farbige Wand, sie würde das Zimmer dunkel machen. Das ist nicht eingetreten. Schon vor einigen Monaten habe ich eine Hängeregal gekauft, welches über dem Sofa montiert werden soll. Um die Jahreswende versuchte ich über das Internetportal nebenan.de einen Helfer zu finden, doch das klappte nicht. Dann kamen andere Sachen dazwischen. Das Regal steht immer noch in der Ecke.

Meine liebe Frau hatte die Idee, sich einmal mit dem Humanisten Erasmus von Rotterdam zu beschäftigen. Sie hatte Interesse zu erfahren, was es mit dessen Humanismus auf sich habe. Ein Buch zu diesem christlichen Gelehrten fand sich in ihrer Bibliothek, doch wir gaben die Lektüre schnell auf. Der Autor setzte zu viel voraus und beschäftigte sich länglich mit der Editionsgeschichte des Erasmus. Das fanden wir nicht so interessant. Ich erinnerte mich eines Buches in meiner Bibliothek mit dem Titel *Humanisten. Biografische Profile*, herausgegeben 2000 von Paul Gerhard Schmidt. Der Aufsatz über Erasmus gibt uns Laien einen ersten Hinweis, doch ist der Ehrentitel „Humanist" zunächst nicht eingängig. Seine Werke schrieb er in einem Latein, welches vorbildhaft sein soll. Ihre Inhalte sind uns heute kaum mehr interessant. Er übersetzte wichtige griechische Werke ins Lateinische. Jesus war ihm ebenso wichtig wie Sokrates.

Er geriet zwischen die Fronten der Reformation Luthers und der katholischen Kirche des Papstes und der Bischöfe. Erasmus kritisierte die katholische Kirche ebenso wie die Aggressivität Luthers. Luther selbst beschimpfte Erasmus auf das Unflätigste, während die Papstkirche Erasmus als einen Abtrünnigen behandelte. Erasmus kam viel herum in Europa, vor allem Italien, Frankreich und England, und setzte sich schließlich in Basel zur Ruhe. Er hasste den Fanatismus (auch den Luthers) und war wohl selbst ein umgänglicher Mensch. Alle Dissonanzen zwischen den Menschen könnten vergleichsweise friedlich ausgetragen werden, wenn nicht die Übertreiber, die Halsstarrigen, die Einseitigen, die Scheuklappendenker und die Fanatiker jeglicher Couleur jede Verständigung zerstören würden. Dafür trat Erasmus ein, und das mag Grund dafür sein, ihn einen Humanisten zu nennen. Denn seine Sendung und sein Lebenssinn waren die harmonische Zusammenfassung der Gegensätze im Geiste der Humanität. In der Ablehnung der Extreme war ihm Goethe gleich. Vor allem der Krieg schien Erasmus unvereinbar mit einer moralisch denkenden Menschheit.

Meine Tasche für das Kieser-Training steht in der Ecke und wartet auf Wiederbenutzung. Kieser hat uns Mitgliedern per Internet Übungsvideos geschickt, so dass ich anhand dieser Anleitungen einige Übungen machen kann.

Ende März sollte der internationale DAP-Kongress in Berlin stattfinden. Ich hatte einen Vortrag über Steven Pinkers These von der deutlichen Abnahme der Gewalt seit Ende des Zweiten Weltkrieges angeboten. Der Kongress fiel leider ins Wasser, doch wurde von der Deutschen Akademie für Psychoanalyse (DAP) angeboten, diesen Vortrag in ihrer Zeitschrift zu veröffentlichen. Die Überarbeitung meines Textes steht noch aus.

Heute Abend nehme ich wieder einmal eine mündliche Abschlussprüfung einer Ausbildungskandidatin in der DAP ab. Sie hat zwei umfangreiche Fallgeschichten vorgelegt, eine Psychoanalyse mit 320 Stunden und eine tiefenpsychologisch fundierte Psychotherapie mit 80 Stunden. In beiden Fällen handelt es sich um Patienten mit extremer Schüchternheit und einer Angststörung. Ich kann nicht entscheiden, welches Therapieverfahren angemessener wäre. Die Lektüre dieser Fallgeschichten erinnert mich an einen Satz von J.R., wonach eine „Psychotherapie ohne Philosophie nichts taugt". Ich halte diese Aussage für zu streng. J.R. selbst ist in der Philosophie Zuhause. Die Philosophie in einer Psychotherapie in den Vordergrund zu stellen bedeutet, sich als Therapeut mit philosophischen Gedanken zu beschäftigen und sich an ihnen weiterzubilden. J.R. hat aber meines Wissens niemals längere Psychotherapien durchgeführt. Eine Therapiestunde bei ihm war teuer. Mir kommt die Betonung der Philosophie so vor, als diene sie dem Therapeuten dazu, sich vor den lebendigen und chaotischen innerpsychischen Konflikten der Patienten zu schützen. Mit der Demonstration philosophischer Überlegenheit kann man Patienten beeindrucken und auf Distanz halten.

Las *Sublimierung und Gewalt* des Psychotherapeuten Claus-Dieter Rath, Mitbegründer der Freud-Lacan-Gesellschaft. Besteht hauptsächlich aus der Exegese von Freud-Sätzen. Ich wollte das Buch für das Ärzteblatt/Ausgabe PP rezensieren, verzichte aber darauf, ist zu speziell. Allein schon die Verknüpfung von Sublimierung und Gewalt ist mir nicht einsichtig. Der Untertitel lautet „Elemente einer Psychoanalyse der aktuellen Gesellschaft", doch auch in dieser Hinsicht ist das Buch wenig ergiebig.

Ich habe es immer noch nicht geschafft, Werbung für mein Buch *Politisches Denken. Athen und Rom* zu machen. Die Verkaufszahlen sind beschämend niedrig; überhaupt habe ich in diesem April mit meinem Verlag wenig Umsatz gemacht.

Habe mir ein neues Handy gekauft: iPhone SE von Apple (fast 500 €). Mein derzeitiges Handy wird meine liebe Ehefrau bekommen; sie hatte noch nie ein Smartphone, es wird ihr erstes sein. Ich freue mich auf das neue Gerät. Hat 64 Gigabyte Speicher, ein etwas größeres Display, einen schnelleren Prozessor. Das Gerät wurde heute geliefert, in schickem, weißem Apple-Design.

„Deutschland spricht" ist eine Initiative der Frankfurter Allgemeinen Zeitung (vielleicht auch andere Medien), um Menschen unterschiedlicher Meinung miteinander ins Gespräch zu bringen. Schon im vergangenen Jahr hatte ich mich angemeldet, aber meine ausgewählter Gesprächspartner, offenbar ein junger Student, bestätigte nicht den Kontakt. Ich habe mich für eine neue Runde angemeldet, die am übernächsten Sonntag stattfindet. Bin gespannt, ob mir ein Gesprächspartner zugeteilt wird und ob dieser sich auf das Gespräch einlässt.

30. 4. Derzeit ist die Expertise von Virologen und Epidemiologen stark gefragt. Doch natürlich haben sie nicht alleinige Definitionsmacht. In demokratischen Staaten gilt der Primat der Politik. Das war auch schon in der Finanzkrise 2008/9 der Fall. Die Bewältigung wurde nicht Investmentbankern und Hedgefonds-Manager überlassen. Auch in der Coronakrise müssen letztlich Politiker entscheiden. Politiker sind aber wiederum auf die Informationen von Experten angewiesen. Moderne Gesellschaften sind enorm komplexe Gebilde, sodass niemand mit letzter Sicherheit Entscheidungen treffen kann, auch Politiker nicht. Am Schluss müssen Regierungen und Parlamente entscheiden. Es ist bei uns üblich, dass vorher alle einschlägigen Experten befragt werden. Anzunehmen, die Wissenschaften würden solide Wahrheiten vermitteln, versteht Sinn und Grenzen von Wissenschaft nicht. Zugleich kann man nicht annehmen, dass sich „die Bevölkerung" eine eigene solide Meinung bilden könnte, obwohl viele von der scheinbaren Unumstößlichkeiten ihrer Meinung überzeugt sind. Immer wieder wird man sich über die Meinung der Fachleute hinwegsetzen. Schon jetzt werden Politiker dafür kritisiert, dass sie weitgehende seuchenhygienische Einschränkungen verhängen, doch die ökonomischen und psychischen Kollateralschäden ignorieren würden. Dabei liegt es auf der Hand, dass unsere Bundes- und Landespolitiker alles im Auge behalten müssen und dies auch tun.

Das niemals stillstehende Verhältnis von Experten und gewählten Politikern zeigt sich jetzt in der wieder stärker nach vorne drängenden Klimafrage. Viele Deutsche haben Angst vor der Gentechnik, modifizierten Lebensmitteln oder angeblich krank machender G5-Strahlung. Anderseits glauben sie inbrünstig an die wissenschaftlichen Berechnungen zur Klimaerwärmung und zu einem steigenden Meeresspiegel. Wissenschaftliche Expertise ist niemals absolut, sondern wird nach jeweiligen Interessen, Weltanschauung und Charakter ausgewählt, übernommen oder abgelehnt.

Mai

1. 5. Und ständig „scheitern" die Politik und der Markt oder drohen zu scheitern oder zu versagen. Es ist ein Wunder, dass wir nicht schon längst in der Anarchie leben. Wäre es nicht eine interessante Forschungsfrage, warum bei diesem ständigen Scheitern und Versagen von Politik, Nation, Eliten und Markt diese weiter existieren und nicht schon längst von der Bildfläche verschwunden sind? Im Jahre 2012 veröffentlichten die Wirtschaft- und Politikwissenschaftler Daron Acemuglo und James Robinson ein viel diskutiertes Buch mit dem Titel *Warum Nationen scheitern*. Jene Demokratien hätten die besten Chancen zu überleben, die es den Bürgern erlauben, aktiv am wirtschaftlichen und politischen Leben teilzuhaben, behaupten sie. Die Einbindung der Bürger sei die beste Garantie für Stabilität und Wohlstand. Das chinesische Modell hingegen sei zu autoritär und nicht zukunftsfähig.

Eine andere aktuelle Diagnose lautet, dass Demokratien zunehmend von innen und außen unter Druck gesetzt werden. Die Erfahrung lehrt, dass zunehmende Mitbestimmungsrechte von Bürgern Planungen lähmen, zumindest verzögern, und nicht geeignet sind, die Begeisterung der Bürger für die Demokratie zu erhöhen. Politisch Interessierte können nur frustriert werden von partizipativen Mitbestimmungselementen. Viele verwechseln Mitbestimmung mit der Erwartung, dass *ihre* Meinung sich durchsetzen wird. Die Auseinandersetzung in partizipativen Modellen ist um keinen Deut humaner als innerhalb des etablierten Politik-Zirkus. Es ist zweifelhaft, dass die Analyse von Acemuglo und Robinson zutreffend ist.

Angeblich nimmt das Zutrauen in die Leistungsfähigkeit der Demokratie ab, obwohl wir uns gerade in der Corona-Krise vom Gegenteil überzeugen können. Das Problem scheint mir weniger die Leistungsfähigkeit der Demokratie zu sein, als vielmehr die überbordenden Verwöhnungsansprüche der Bürger, die vom Staat alles verlangen. Wenn also vom Vertrauen in die Leistungsfähigkeit der Demokratie die Rede ist, dann muss man wissen, von welchem Niveau aus man startet. Ferner ist die Frage, wer es ist, der einen Blick auf die heutige Demokratie wirft. Sind es misogyne Intellektuelle, die ihren berufsmäßigen Pessimismus zu Papier bringen müssen? Der Mensch jammert gerne, vor allem, wenn er ein gewisses Niveau an Saturiertheit erreicht hat. Man muss nicht jedes psychische Problem behandeln. Die Gesellschaft ist resilienter, als man denkt.

Nehmen wir den Londoner Politikwissenschaftler Peter Pomerantsev und sein Buch *Das ist keine Propaganda. Wie unsere Wirklichkeit zertrümmert wird* (2020). Die digitale Informationsflut habe das Ideal der Redefreiheit ad absurdum geführt. In russischen Troll-Fabriken werden schon länger „alternative Wahrheiten" am Fließband produziert und über alle denkbaren online-Kanäle in vielen Staaten verteilt. Nicht nur Russland, auch China und die USA würden Desinformation gezielt für ihre politischen Interessen einsetzen, Russland und China allerdings gegen die Demokratien, die USA gegen Terrororganisationen. Unternehmen wie Facebook und Twitter ermöglichten auf ihren Plattformen zunächst ungehindert die Verbreitung von Fake News. Und hat nicht der intellektuelle Relativismus mit seiner fehlenden Trennschärfe zwischen subjektiver Wahrnehmung und objektiven Tatsachen das Bild von Realität und Wirklichkeit verschwimmen lassen? Wird die Demokratie das Internet überleben? Anfänglich feierten wir das Internet als Durchbruch zu einer weltweiten Kommunikation friedfertiger Menschen. Heute entpuppt es sich als Maschinerie der weltweiten Manipulation und Verwirrung. Ein entfesseltes Informationswettrüsten findet statt. Diese Technologie ist Teil des Problems, das sie zu lösen sucht.

David Runciman, Pomerantsevs Kollege aus Cambridge, ist skeptisch. *So endet die Demokratie* lautet sein Buchtitel. Totengräber sei weniger Donald Trump als vielmehr Facebook-Gründer Mark Zuckerberg. Die Demokratie verfüge über erprobte Instrumente, um mit einem Präsidenten Trump fertig zu werden. Facebook hingegen sei kaum kontrollierbar. Noch verfügten Demokratien nicht über die Instrumente, um den Einfluss von Facebook und Twitter zu kanalisieren. Der Niedergang der Demokratien liege im Rahmen des Möglichen. Vorschläge, wie man dies abwenden könnte, hat Runciman nicht.

Skeptisch ist auch die Heidelberger Politikwissenschaftlerin Ulrike Ackermann. Bei ihr versagt nicht „das System", sondern nur „die Politik". Ich weiß nicht, wo Ackermann die vergangenen Jahre verbracht hat. Deutschland kann es nicht gewesen sein, wenn sie konstatiert, dass es bei uns keine politische Auseinandersetzung gebe, sondern nur technokratisches Verwaltungshandeln. Sie geht dem Märchen vom Stillstand der Politik unter dem Einfluss der Großen Koalition von CDU/CSU und SPD auf den Leim. Der Hinweis auf das viel zitierte Merkel-Wort von der „Alternativlosigkeit" politischer Entscheidungen darf in dieser Erzählung nicht fehlen. Der politisch wache Zeitgenosse jedoch erinnert sich an erbitterte Debatten innerhalb der Großen Koalition, was fast periodisch dazu führte, dass die SPD aus der Koalition aussteigen wollte. Als ob es nicht einen andauernden politischen Streit gebe, plädiert Ackermann für die Rückkehr zum politischen Streit. Das ist seltsam, denn sie selbst konstatiert im Untertitel ihres Buches „Das Schweigen der Mitte" eine politische Polarisierung, die es zu überwinden gelte.

Alle Autoren verbindet das Unbehagen mit dem Zustand der Demokratie. Pomerantsev und Runciman glauben nicht an die Überlebensfähigkeit der Demokratie. Zugleich setzen sie alle Hoffnung auf neue *demokratische* Institutionen, ohne ins Detail zu gehen. Ackermann ist ein Stück zuversichtlicher, aber ist ihr Wunsch nach einer Rückkehr der Intellektuellen als politische Orientierungsinstanz realistisch und tragfähig? Auch Intellektuelle werden von der Dampfwalze des öffentlichen Nihilismus überrollt. Keiner der Autoren setzt Hoffnungen in die Europäische Union. Sie erscheint bedeutungslos. Alle drei Bücher wurden vor Ausbruch der Corona-Krise geschrieben.

2. 5. Es boomt die Corona-Literatur. Was sollen Schriftsteller im Home Office auch machen? „Ich habe keine Angst davor, zu erkranken. Wovor dann? Vor all dem, was die Ansteckung ändern kann. Davor, zu entdecken, dass das Gerüst der Zivilisation, so wie ich sie kenne, ein Kartenhaus ist." Das schreibt der italienische Schriftsteller Paolo Giordano. Aber die Zivilisation ist kein Kartenhaus. Sie existiert höchst lebendig weiter und sie wird sich rasch wieder fangen. Auch die Biologin Ina Knobloch folgt dem apokalyptischen Mainstream. Sie schreibt: „Viren verändern sich mit einer Geschwindigkeit, mit der kein Forscher der Welt mithalten kann. Weder die Medizin, noch die Wirtschaft, noch die Politik ist auf einen viralen Super-GAU eingestellt. Wenn ein neues aggressives und tödliches, hoch ansteckendes Virus angreift, droht nicht nur eine verheerende Todesrate, sondern auch der Zusammen-

bruch der globalen Wirtschaft, Nahrungsknappheit, Wassernot und Bürgerkrieg." Der Pessimismus wird gefüttert von der Annahme des schlimmstmöglichen Falles. Sein Eintritt ist nicht unmöglich, aber auch nicht sehr wahrscheinlich. Die Apokalyptiker suhlen sich in der Angstlust und sie wollen andere damit anstecken. Die moderne wissenschaftliche Medizin hat den viralen Ausbrüchen in einer weltumspannenden Kooperation durchaus etwas entgegenzusetzen. (Mich ärgert, wenn von „Schulmedizin" die Rede ist. Medizin wird nicht in der Schule gelehrt und sie ist auch nicht unterteilt in konkurrierende „Schulen".)

Deutschland gedenkt des Kriegsendes vor 75 Jahren. 75 Jahre Frieden in Europa! Für mich bedeutet es lebenslange Friedenszeiten. Ich bin dafür sehr dankbar. Ich bin dankbar, in diesem friedlichen, gut organisierten Lande zu leben.

Habe gestern mein neues Apple iPhone konfiguriert. Ich dachte zunächst, ich müsste mich im Internet darüber belesen. Tatsächlich ist das Überspielen aller Daten von meinem alten auf das neue Handy spielend einfach. Man legt beide Handys nebeneinander. Wenn man das neue Handy einschaltet, wird man sogleich nach der Datenübertragung gefragt. Man muss nur seine Apple-ID und den dazugehörigen Code eingeben, der Rest passiert praktisch von alleine. Auch das im Grunde genommen ein Wunder. Einziger Negativpunkt: Das kleine Fach für die Telefonie-Karte lässt sich nicht öffnen. Ich werde zu einem Fachhändler gehen müssen. Aber haben die überhaupt auf?

Die Berliner zeigen sich angesichts der Pandemie gelassen. Vier von fünf Befragten halten die Einschränkungen der Bürgerrechte in der Pandemie für angemessen. Die Zahl jener, die befürchten, dass sich ihre persönliche wirtschaftliche Lage verschlechtert, liegt laut einer Schnellumfrage bei lediglich 22 Prozent. 38 Prozent haben Angst, sich selbst oder ein Mitglied der Familie anzustecken. Bei den AfD-Mitgliedern sind es nur 24 Prozent. Diese Partei stellt die einschränkenden Maßnahmen am stärksten infrage und verbindet das mit einem Frontalangriff auf die Regierung. „Merkel entsorgen", lautet die Parole. – Obwohl viele Saisonarbeiter aus Polen nicht einreisen dürfen, gibt es genug Spargel und Obst. Die Preise sind allerdings leicht gestiegen. In weiteren Umfragen schneidet die konservative CDU in der Wählergunst am besten ab. Beliebtester Ministerpräsident eines Bundeslandes ist weiterhin der aus Bayern mit einem Beliebtheitswert von 94 Prozent. Unser Berliner Bürgermeister kommt auf nur 51 Prozent. Die Zahl der Kurzarbeiter ist in Deutschland von einem historischen Tiefstand (rund 25.000) sprunghaft auf

7,5 Millionen angestiegen. Die Zahl der Arbeitslosen hat sich um lediglich 300.000 gegenüber dem Vorjahreszeitraum erhöht. Ab kommenden Mittwoch gilt eine Maskenpflicht auch beim Einkaufen.

3. 5. (Sonntag) Langer Spaziergang mit meiner lieben Frau im Park von Sans Souci. Wir genießen das frische Grün, der Flieder blüht, ebenso die Kastanien. Nicht wenige Menschen sind unterwegs, aber wie meiner lieben Frau auffällt, ausschließlich Deutsche. Gerade in Sans Souci sind sonst immer viele ausländische Besucher. Das Restaurant Drachenhaus ist geschlossen. Im Krongut Bornstedt könnten wir Kaffee trinken, aber der Kaffee dort ist nicht gut. Wir fuhren mittags in das Sankt-Michaels-Restaurant und kaufen dort unser Mittagessen zum Mitnehmen. Nachmittags rief Tante I.L. aus Hamburg an, die immer anhänglicher wird. Sie las mir Fisch- und Seegedichte aus einem Ausstellungskatalog vor, darunter „Tod des Kabeljau". Dieses Gedicht erinnerte mich an meinen Freund W.A., dem ich es schickte. Ferner Telefonat mit Patient M.H., um mit ihm einen weiteren Termin auszumachen. Er überraschte mich damit, dass es ihm gut geht und er offenbar eine neue Freundin gefunden hat. Wie von mir vorausgesehen, verbesserte sich damit seine Stimmung schlagartig. Im Augenblick benötige er also keine Sitzungen. Vielmehr hätte seine Mitarbeiterin den Wunsch, mich als Therapeuten kennen zu lernen. Ich sagte ihm, sie möge mich morgen anrufen. Versuchte dann, eine weitere Patientin, F.D., zu erreichen. Sie ist alleinerziehende Mutter und arbeitet in einem Heim für gestrauchelte Erwachsene. In den vergangenen Wochen hatte sie erhebliche Mühe, eine Betreuung für ihren kleinen Sohn zu bekommen. Ich wollte mich erkundigen, wie es ihr geht, doch hob niemand das Telefon ab.

Die schriftlichen Hausaufgaben der Teilnehmer meines Onlinekurses trudeln langsam ein. Inhaltlich gut bis sehr gut, nur eine Teilnehmerin hatte viele Rechtschreibfehler. Sie sei Legasthenikerin und habe versäumt, ihren Text Korrektur zu lesen. Hätte sie aber machen können, wenn sie schon von ihrer Behinderung weiß. Darf man überhaupt „Behinderung" sagen? Oder heißt es jetzt „Person mit besonderem Schreibstil"? – Um den Überblick zu behalten, trage ich meine Arztbesuche und ihre Ergebnisse in eine Extrakladde ein. Das habe ich in der Vergangenheit vernachlässigt und will es jetzt für das Jahr 2019 und dieses Jahr nachholen. – In den vergangenen Tagen diktierte ich Gedanken zu einigen Patienten, die ich mir am Nachmittag anschaute und den jeweiligen Patienten zuordnete. Auch muss ich noch eine

Rechnung an die Deutsche Akademie für Psychoanalyse wegen meiner Teilnahme an einer mündlichen Abschlussprüfung für eine Ausbildungskandidatin der Psychotherapie schreiben und abschicken.

*

Erinnern Sie sich noch? Vor wenigen Wochen noch warf der schwedische Teenager Greta Thunberg Wirtschaftsführern und Staatsmännern vor, den Klimawandel zu unterschätzen, und forderte, wir alle sollten deswegen in Panik geraten. Tausende von Jugendlichen bevölkerten freitags die Straßen und skandierten, der Ausstoß von Treibhausgasen müsse sofort reduziert werden. Genau das ist jetzt passiert. Die Protagonisten der Bewegung gingen davon aus, dass es kein größeres Risiko für das Überleben der Spezies Homo sapiens gebe als die Klimaerwärmung. Der Weltuntergang stand unmittelbar bevor; einige Gemeinden und Städte hatten schon mal vorsorglich den „Klimanotstand" ausgerufen. Alle weiteren Entscheidungen der Parlamente sollten unter dem Vorbehalt ihrer Verträglichkeit für das Klima stehen. Das hätte den faktischen Stillstand der Politik bedeutet, denn alles menschliche Handeln beeinflusst das Klima.

Nun entwickelt sich Covid-19 zum großen Realitätstest für „Fridays for Future" und deren Unterstützer in Politik und Wissenschaft. „Die Pandemie ist ein Feldversuch darüber, was passiert, wenn die Wünsche der Klimabewegung in Erfüllung gehen", schrieb der Chefredakteur der Neuen Zürcher Zeitung, Eric Gujer, am 24. April. Deutschland wird sein Klimaziel dank Corona in diesem Jahr erreichen. Damit hatten die Grünen nicht gerechnet. Der Trend zu steigenden Emissionen scheint zumindest unterbrochen. Der Preis dafür ist gewaltig. Der Internationale Währungsfond rechnet mit einem weltweiten Wirtschaftsrückgang von drei Prozent, in den Industrieländern noch stärker. Die Klimabewegten nehmen den damit verbundenen Wohlstandsverlust stillschweigend in Kauf. Sie wünschen sich ein Ende des auf Wachstum basierenden „Kapitalismus". Auf indirekte Weise hat sich die übliche Kapitalismuskritik durchgesetzt. Die Fahrzeug-Zulassungen gingen in Deutschland im März um 40 Prozent zurück. Statt die verhasste Autoindustrie eingehen zu lassen, werden die Unternehmer mit Milliarden von Euro unterstützt. Regierungen werden ihre nationalen Fluggesellschaften retten. Ich gehe davon aus, dass die Mehrheit der Bevölkerung rasch zu ihren Konsumgewohnheiten zurückkehren und nur ein kleiner Teil es mit Konsumverzicht, Askese und weniger Flugreisen versuchen wird. Corona zeigt, dass es nicht nur das Risiko Erderwärmung gibt. CDU und CSU konnten in

Meinungsumfragen zulegen, während SPD und Grüne Prozentpunkte verloren. Es ist kontraproduktiv, ein einziges Risiko zu verabsolutieren.

4. 5. Museen und Gotteshäuser dürfen wieder öffnen. Viele Museen begrenzen die Besucherzahl durch online-Tickets. Friseure können wieder Kunden bedienen.

Um Infizierte zu isolieren, müssen die Infektionswege nachvollzogen werden. Das geht bisher so: Schon bei dem Verdacht, dass ein Patient Corona hat, muss ein Hausarzt das Gesundheitsamt informieren. Leute vom Gesundheitsamt melden sich bei dem Infizierten und ordnen für ihn Quarantäne an. Sie fragen ihn darüber hinaus, mit wem er Kontakt hatte. Für die Kontaktpersonen kann ebenfalls Quarantäne angeordnet werden. Das Gesundheitsamt muss dazu alle Namen, alle Verbindungen und alle Orte kennen. Diese Arbeit nimmt viel Zeit in Anspruch und bindet viel Personal.

Ein Kleinprogramm (Application, abgekürt App) auf einem modernen Smartphone könnte das verhindern. Die App ist schneller als das Gesundheitsamt. Sie könnte alle Kontaktpersonen kennen, nicht nur die, an dessen Namen sich der Infizierte erinnert. Durch den Sender für den Nahbereich, Bluetooth genannt, werden die Daten in der App auf den Mobilfunktelefonen (Smartphones) gespeichert. Wird eine Person, das die App benutzt, als infiziert erkannt, können über seine Smartphone-Daten alle anderen Kontakte und zusätzlich das nächstgelegene Gesundheitsamt informiert werden. Das soll anonym passieren, aber das genaue Verfahren ist umstritten. Unter Wahrung der Anonymität wird dem Gewarnten nur mitgeteilt, dass er in der jüngeren Vergangenheit Kontakt mit einem Infizierten hatte. Das wäre ein Signal, um sich testen zu lassen.

Es geht um Gesundheit und Krankheit. Das Gesundheitsamt ist kein Internetkonzern, für den Daten ein Geschäftsmodell sind. Reicht es aus, dass diese App *freiwillig* auf das persönliche Mobiltelefon aufgespielt wird? Eine automatisierte Meldung ans Gesundheitsamt von Personen, die einen infektionsrelevanten Kontakt hatten, würde viel kostbare Zeit sparen und helfen, Infektionsketten frühzeitig zu durchbrechen. Die App sollte also mit dem Gesundheitsamt verbunden sein und die Identifizierungsdaten des Handys, besser noch den Klarnamen samt Adresse senden. Der Datenschutz soll Missbrauch verhindern, nicht Lebensrettung behindern. Die Datenschutz-Grundverordnung sieht schon jetzt in Art. 9 vor, dass biometrische Daten verarbeitet werden dürfen, wenn das dem Schutz vor schwerwiegenden Gesundheitsgefahren dient. Und in Art. 6 steht, dass die Verarbeitung von personenbezogenen Daten gestattet ist, um lebenswichtige Interessen betroffener Personen zu schützen.

Staatliche Institutionen könnten die Freiwilligkeit der Teilnahme befördern, indem beispielsweise Lockerungen der Bewegungsfreiheit damit verbunden werden. Wie alle Rechte hat auch das Recht auf informationelle Selbstbestimmung gesetzlich definierte Grenzen, erst recht, wenn diese Einschränkungen zeitlich begrenzt sind. Es fallen ohnehin alle heraus, die kein Smartphone haben.

Computer-Experten waren in der Vergangenheit nicht nur Experten, die die Bundesrepublik beraten, sondern oftmals auch knallharte Lobbyisten und politische Aktivisten. Für den Chaos Computer Club und andere Netzaktivisten ist die App ein Überwachungsinstrument des Staates. Noch überwiegt die paranoide Furcht vor dem Überwachungsstaat und dem Datenmissbrauch. Datenschutz ist wichtiger als Gesundheit. Einige Nerds sind sogar anarchistisch. Sie lehnen den Staat als Ordnungsmacht ab, auch wenn dieser das Netz wegen illegalen Waffenhandels und Kinderpornographie regulieren möchte. Wenn der Staat Daten sammeln will, ist er ihnen auch dann suspekt, wenn damit Leben gerettet werden kann. Gemeinsam mit den Liberalen und Linken haben die Netzaktivisten jede vernünftige Diskussion über die Nachverfolgungs-App abgewürgt. Mit ihrem Misstrauen zerstören sie Vertrauen. Offenbar ist die Bundesregierung eingeknickt und lässt nun eine zahnlose App programmieren, die alles den Nutzern überlässt. Das wird nicht gut funktionieren.

Nicht nur die Angst vor der Seuche und vor Überwachung der Seuche wird von Feinden des liberalen Rechtsstaats missbraucht, auch der überbordende Argwohn kann für die Demokratie zum Gift werden. Gesunde Argwohn sollte sich aber auch gegen die richten, die böswillig Argwohn schüren, um das Vertrauen der Bürger in die öffentliche Ordnung zu schädigen.

5. 5. Über die weiteren Maßnahmen zur Lockerung der Restriktionen im Kampf gegen die Infektion wird öffentlich gestritten. Den einen geht die Öffnung zu weit, die anderen fordern rasch weitere Lockerungen. Auf der Seite der Öffnung stehen die konservative CDU und die kleine Partei FDP. Auf der anderen Seite finden sich die SPD und die Grünen.

Der Vorsitzende der FDP sieht das Land in einem vergleichsweise guten Zustand. Das Gesundheitssystem sei gestärkt, das Wissen über das Virus gesteigert und die Bevölkerung im Umgang mit der Gefahr gewissenhaft. Deshalb sollen für eine Lockerung nicht einzelne Wirtschaftssparten herausgegriffen werden, sondern das jeweiligen Hygienekonzept entscheidend sein. Wer die Hygieneregeln einhalten könne, sollte öffnen dürfen. Die Größe der Verkaufsfläche sollte keine Rolle dabei spielen. Zweitens müsse man regional vorgehen, denn ein Hotel im Norden dürfe nicht unter der Neuinfektion in einem Hotel im Süden leiden. Das erscheint mir strukturiert und nachvollziehbar.

Auch die Infektiologie hat ihre Erinnerungskultur. Selten fehlt derzeit der Hinweis auf die im Frühjahr 1918 ausgebrochene und ein Jahr später wiederkehrende Spanische Grippe, die ihre tödliche Kraft mit schätzungsweise 20 Millionen Toten in Europa erst in ihrer zweiten und dritten Welle entfaltete. Der Vergleich der damals so gegenläufigen Infektionsschicksale von St. Louis und Philadelphia belegt eindrucksvoll, wie effektiv rasch und radikal durchgeführte Quarantänemaßnahmen wirken können. Jüngst zutage getreten ist eine neue Spur, dass viele coronabedingte Todesfälle nicht nur alte, sondern in einer zweiten Welle auch viele junge Menschen treffen kann. Der Finanzcrash von 2008 dient heute als Vergleichsmaßstab zur Abschätzung der wirtschaftlichen Erschütterung, die die Kontaktverbote hervorrufen.

So einzigartig, wie einige glauben, ist auch diese weltumspannende Pandemie nicht. Unvorhergesehene Ausbrüche von Viren und Bakterien gehören zum unausrottbaren und immer wiederkehrenden Teil der Menschheitsgeschichte. Hygiene und Medizin haben Entscheidendes dazu beigetragen, dass die Folgen derartiger Epidemien und Pandemien begrenzt werden können. Nur der bornierte Zeitgenosse hält derartige Fortschritte für selbstverständlich. Unser kollektives Gedächtnis hat die sogenannte asiatische Grippe von 1957/58 mit über einer Million Toten nicht gespeichert. Die Hongkong-Grippe von 1968/69 und die russische Grippe 1977/78 sowie die verschiedenen Virus-Epidemien seit der Jahrhundertwende zeigen die Vulnerabilität der globalen Gesellschaft. Sofern der Stand der Wissenschaft und die sie umgebende Gesellschaft es zuließen, eröffneten biologische Katastrophen immer auch Fortschrittschancen. In der Neuzeit wurde mit verstärkten Vorsorgemaßnahmen reagiert. Die Vorratshaltung wurde verbessert, es wurden Lebensmittelreserven angelegt und die städtische Kanalisation eingeführt. Jede Katastrophe lässt uns mit Jacob Burckhardt „klug für das nächste Mal" werden. Unsere Gegenwart ist zukünftige Vergangenheit.

Mitte März wurden nach und nach weltweit binnen Tagen Maßnahmen der Kontaktvermeidung durchgesetzt, ohne Widerspruch angenommen und später noch immer von der Mehrheit gutgeheißen. Das haben viele von unserer liberalen Gesellschaftsordnung nicht erwartet. War das ein über Nacht eingetretener Wertewandel? Oder hatten sich die Feuilletonisten wieder einmal über die Gesellschaft und die Bevölkerung getäuscht? Sind beide in ihrem Kern einsichtiger und zugleich konservativer, als die Erzählung von einem zunehmenden Individualismus und Egoismus uns einreden will?

Es hat tatsächlich eine Veränderung gegeben, was sich an der Politik der Grünen festmachen lässt. In ihrer Gründungsphase vor rund 30 Jahren waren sie die „Anti-Parteien-Partei". Sie war gegen alle etablierten Parteien und gegen viele Entscheidungen „von oben", insbesondere gegen die Industrie und vor allem die Kernkraft. Sie vertraten einen kompromisslosen Umweltschutz. Im Laufe der Jahre haben sie gelernt, beispielsweise Auslandseinsätze der Bundeswehr mitzutragen. Damals zerfielen die Grünen in einen fundamentalistischen und einen realpolitischen Flügel. Heute scheinen die Realos die Partei zu beherrschen. Ging es vor wenigen Jahrzehnten noch um bedingungslose Selbstentfaltung, soll es heute der Staat richten. Begründet wird dies mit dem üblichen apokalyptischen Gerede, „dass die Gesellschaft immer krisenanfälliger wird". Das Sozialsystem soll noch weiter ausgebaut werden, niemand soll leiden, alle werden mitgenommen. Die Umverteilung von oben nach unten wird sich beschleunigen. Der Staat soll es richten, die Eigenverantwortung sinkt. Die Grünen müssen dazu jenen Staat kapern, den sie einst vehement abgelehnt haben. Sie sind auf dem Weg zu einer konservativen Partei und damit koalitionsfähig für CDU/CSU geworden.

Der polemisch verwendete Begriff des Ausnahmezustandes trifft die Sache natürlich nicht. Die Regierungen der Welt reagieren nicht auf eine politische Krise, sondern auf den ungewöhnlichen Fall einer biologischen. Von letzterer sind prinzipiell alle betroffen, auch die Regierenden selbst. Mit Ausnahme von Viktor Orbán in Ungarn und einigen Potentaten in Brasilien oder dem Iran nutzen Regenten die Pandemie nicht oder nicht hauptsächlich, um den politischen Gegner nieder zu machen. Wir befinden uns nicht in einem staatlichen, sondern in einem gesellschaftlichen Ausnahmezustand. Die betroffenen Nationen werden diesen Ausnahmezustand überwinden, indem sie sich optimistisch wieder der Normalität zuwenden. Es wird danach keinen Umbruch des gesellschaftlichen Zusammenlebens geben, denn dieses Zusammenleben ist historisch gewachsen und unterliegt langfristig wirkenden Beharrungskräften, die nicht so kritikwürdig sind, wie Feuilletonisten annehmen. Was langfristig wird, können wir eh' nicht voraussehen. Bis zum Beweis des Gegenteils ist Vorsicht der bessere Ratgeber.

6. 5. Die Forderung mehrerer Regierungen, den genauen Ursprung des Virus in China zu untersuchen, wird von chinesischen Behörden aggressiv zurückgewiesen. Schon seit Wochen gibt es Gerüchte und auch einige handfeste Hinweise, in den ersten Wochen der von Wuhan ausgehenden Epidemie sei es zu Vertuschungen und Einschüchterungen von Medizinern gekommen, die die Seuche nicht für harmlos hielten. Eine Aufklärung der Vertuschungsvorwürfe liegt im Interesse Pekings, aber die kommunistisch-leninistische Partei fühlt sich angegriffen und beleidigt.

*

Knappen Text über „gutes Argumentieren" zusammengestellt: Drücke Unsicherheit aus, wenn du unsicher bist. Bestreite nicht jedes einzelne Gegenargument, konzentriere dich auf das Wesentliche. Stelle so viel Übereinstimmung wie möglich fest. Kritisiere niemals die Person, sondern immer nur das Argument. Bedenke: Jeder Mensch kann sich irren. Bleibe beim Argument und werde nicht persönlich. Arbeite mit Fragen, weniger mit Feststellungen. Überlege genau, wann du in die Offensive gehst. Du kannst die Meinung eines anderen Menschen nicht ändern.

Die Zusammenstellung ist Teil eines längeren Textes mit dem Titel *Wahrheit und Objektivität. Über Wahrheitskriterien und gute Argumente* (derzeit 28 Seiten Umfang).

7. 5. Nach Jahren des vernünftigen Sparens fallen nun alle Hemmungen. Eine solche Ausgabenwucht gab es noch nie. Kann eine taumelnde Weltwirtschaft durch unfassbar viel Geld vor dem Absturz bewahrt werden? Oder beschleunigt das nur den Verfall des erreichten Wohlstands? Doch würde der Staat nicht einspringen, wären die Folgen noch katastrophaler.

Auf viele Aspekte des Corona-Themas kann ich nicht eingehen. Täglich sind die Zeitungen voll mit Berichten über einzelne Berufs- und Bevölkerungsgruppen. Viel Abseitiges wird nach vorne geschoben. Als am 1. Mai rund 2000 Menschen ohne nötigen Sicherheitsabstand gegen die Hygieneverordnungen demonstrierten und eine Einschränkung demokratischer Freiheitsrechte beklagten, wurde breit berichtet. Tatsache ist aber auch, dass die 3,6 Millionen Berliner fast vollständig *nicht* an dieser Demo teilnahmen. Große mediale Aufmerksamkeit erregen auch die vielen Verschwörungserzählungen, die im Internet kursieren. Die sind dermaßen abstrus, dass ich nicht darauf eingehen möchte. Einer aber muss erwähnt werden, der sich zentral an dieser Erregung beteiligt, nämlich der amerikanische Präsident Donald Trump. Er will Belege dafür haben, dass das neuartige Virus aus einem Hochsicherheitslabor in der chinesischen Großstadt Wuhan stammt. Chinesische Behörden weisen das empört zurück, wollen sich aber lieber nicht an einer internationalen Untersuchung beteiligen. Haben sie etwas zu verbergen? Hin und her diskutiert wird auch die Frage, wie der Schulbetrieb wieder aufgenommen werden könnte. Wie üblich erfolgt es nicht in Form sachlicher Vorschläge, sondern mit Angriffen und Schuldzuweisungen.

Viele Hoffnungen werden in die jetzt anlaufenden Lockerungen der Beschränkungen gesetzt. Zugleich gibt es starke Befürchtungen einer „zweiten Welle“, die noch heftiger werden könnte als die im Zeitraum von März bis Mai 2020. Eine solche zweite Welle nach einem ersten Höhepunkt gab es bei der Influenza-Epidemie 2019. Die Meinungen gehen also weit darüber auseinander, ob jetzt schon das Einkaufen erleichtert werden und die Kinder in die Schule gehen sollen. Die Besorgnis könnte sich gut noch 18 bis 24 Monate fortsetzen. Aber selbst die erfahrensten Gesundheitsexperten weltweit können nicht vorhersagen, wie schnell sich das Corona-Virus verbreiten wird. Es wird von Land zu Land variieren. Nicht nur Ladenbesitzer brauchen einen langen Atem. Eine unfassbare Idiotie beging ein Fußballspieler des Vereins Hertha BSC, der einen Kollegen bei einem Coronavirus-Test ohne Absprache und Erlaubnis filmte – und das ganze live im Internet übertrug.

In Deutschland sind jetzt über 165.000 Corona Fälle bestätigt. Knapp 7000 starben im Zusammenhang mit einer Corona-Infektion und über 132.000 sollen die Krankheit gut überstanden haben. Für Berlin lauten die Zahlen: über 6000 bestätigte Fälle, 154 Todesfälle und über 5100 Genesende. Im Vergleich zu 82 Millionen Deutsche und 3,6 Millionen Berliner scheinen die Zahlen nicht besorgniserregend hoch.

Eine Politikerin der Partei Die Linke, die Bundesvorsitzende K.K., meldet sich zu Wort und wirft der Bundesregierung mangelnden Mut zur wirtschaftlichen Steuerung vor. Die Regierung hätte ausgesuchte Unternehmen schon früher zwingen können, Mundschutzmasken zu produzieren. Ihr Vorschlag: Sondersteuer für Reiche. Ansonsten: noch mehr Geld für Arbeiter und Angestellte, Erhöhung aller Sozialleistungen, ein extra Corona-Elterngeld für Eltern mit Kinder, die derzeit nicht in Kitas und Schulen untergebracht werden können.

8. 5. Gestern an Schokolade überfressen. Heute Nacht Sodbrennen.

Beerdigung unseres alten Nachbarn Prof. H.L. Es waren 14 oder 15 Personen anwesend, darunter zwei ehrenamtliche Helfer seines Seniorenheimes, zwei oder drei Mitglieder seines Schrebergartenvereins, der Mann, der sich die vergangenen Jahren aufopfernd und selbstlos um ihn gekümmert hat, und einige wenige weitere Personen, die ich nicht kannte. Wie der Pfarrer in seiner kurzen Rede sagte, wollte H.L. eigentlich gerne Schauspieler werden. Er studierte Kunstgeschichte und Germanistik an der Freien Universität Berlin und absolvierte später in Stuttgart eine Sprecherziehungsausbildung. Sprecherziehung lehrte er dann auch an der FUB, wo ich in den siebziger Jahren bei ihm einen Kurs belegt hatte. Er hatte wohl keinen einzigen Freund und war äußerst misstrauisch und verwirrt, aber im Übrigen liebenswert und harmlos. Seine Schwester, mit der er Jahrzehnte zusammenlebte und in ständigem Streit stand, starb schon vor einigen Jahren. H.L. wurde Weihnachten 2018 von der Feuerwehr aus der völlig verwahrlosten Wohnung herausgeholt und ins Altersheim gebracht. Er wohnte in unserem Haus seit Kriegsende und hat offensichtlich keine einzige Mark bzw. keinen einzigen Euro in die Wohnung und ihre Einrichtung gesteckt. Auf dem Konto soll er eine halbe Million Euro gehabt haben, die, so ist zu hören, an den Zoologischen Garten Berlin gehen.

Ich ging zu Fuß zum nahegelegenen Friedhof. Auf der gegenüberliegenden Straßenseite wurde gehupt und ich schaute hinüber. Ich sah unseren neuen Nachbarn vorbeitraben, der, das wissen wir, seit Jahrzehnten in verschiedenen Städten den Marathon mitläuft. Ohne im Lauf innezuhalten rief er deutlich vernehmbar „Dreckshund“, offenbar gemünzt auf den Autofahrer, der ihn wohl zu Unrecht angehupt hatte.

9. 5. Die Einschränkungen werden Schritt für Schritt gelockert. Es wurde eine neue Kennziffer ausgegeben: wenn in einem Bezirk, also einer kleineren Verwaltungseinheit, die Zahl von Neuinfizierten über 50 pro 100.000 Einwohner pro sieben Tage steigt, sollen die Bewegung- und Kontakteinschränkungen wieder hochgefahren werden. In Deutschland und Berlin liegt diese Zahl derzeit bei neun bis zehn.

Die Corona-Pandemie stürzt die Staaten der Europäischen Union in eine relativ schwere ökonomische Krise. Die Wirtschaftsleistung in diesem Jahr könnte um 7,5 Prozent schrumpfen. Für Deutschland wird angenommen, dass es sich schneller erholen wird als andere Staaten. Alle weisen auf die große Unsicherheit der Vorhersagen hin, was den weiteren Verlauf der Pandemie angeht. Urlaubsreisen innerhalb Deutschlands sollen ab Pfingsten wieder möglich sein. Ab 25. Mai können zum Beispiel wieder alle Bundesbürger nach Mecklenburg-Vorpommern an die Ostsee reisen.

Generell sollen die Bundesländer selbst entscheiden, wie sie vorgehen. Bundeskanzlerin Angela Merkel überlässt den Ministerpräsidenten der Bundesländer die Verantwortung. Diese können selbst festlegen, wie groß die Gruppen sein dürfen, die sich treffen können. Ein Kommentator schreibt, es sei doch egal, ob das drei oder fünf Menschen seien. Er hat die Rechnung noch nicht begriffen. Ein kurzer Zahlenvergleich: drei Menschen stecken in jeweils drei Tagen drei weitere Menschen an, oder fünf Menschen stecken in je drei Tagen fünf Menschen an. Wie viel Infizierte gibt es nach 30 Tagen? Bei drei Menschen sind es 177.000, bei fünf Menschen sind es 49 Millionen.

Der FDP-Vorsitzende nannte die Begründung für den neuen Kurs, die sicherlich viele überzeugt hat: Warum soll ein Hotel in Emden schließen, weil in München ein infektologischer Hotspot ausgebrochen ist? Der Gedanke flächendeckender Quarantäne beruht allerdings auf der konkreten chinesischen Erfahrung aus dem Januar. Die Behörden hatten Angst vor einer panikartigen Fluchtwelle aus den von der Epidemie betroffenen Gebieten. Die Bilder über die von Polizei und Militär gesperrten Straßen sind noch in Erinnerung. Nur wie wahrscheinlich ist heute ein solches Szenario bei einer Krankheit, die nur in seltenen Fällen einen lebensgefährdenden Verlauf nimmt? Im Januar war das medizinisch und epidemiologisch keineswegs sicher.

Schweden ging einen etwas anderen Weg und verhängte keine Kontaktsperre an. Auch dort haben die Menschen Angst vor Ansteckung. Die Cafés sind zwar geöffnet, verzeichnen aber nur wenige Besucher. Die hohe Sterblichkeit in den Alten- und Pflegeheimen ist ein weltweites Phänomen. Ob Schweden schlechter oder besser abgeschnitten hat als andere Staaten, wird sich erst nach Ende der Pandemie ermitteln lassen.

In der Fußball-Bundesliga soll bald wieder gespielt werden – nur wann, steht noch nicht fest. Jedenfalls zunächst ohne Publikum. Die Schulen bzw. ihre Lehrer haben sich weitgehend auf Fernunterricht eingestellt. Es gilt Mundschutz in Bus, Bahn und Flugzeug. Fahrgäste sollen bundesweit in allen Verkehrsmitteln im Nah- und Fernverkehr eine Mund-Nasen-Bedeckung tragen müssen. Die intensive Reinigung von Fahrzeugen wird fortgesetzt. Der Absatz von Automobilen ist um 60 Prozent eingebrochen. Der Botanische Garten ist wieder offen. Dieses Jahr regnet es im dritten Jahr in Folge zu wenig. Es erfolgt ein Aufruf, Straßenbäume zu gießen.

Die Sozialdemokraten drehen sich weiterhin nur um sich selbst. Deutschland steckt in der schwersten Krise seit Jahrzehnten, aber die SPD streitet um die Besetzung des Postens des Wehrbeauftragten. – Ein unverhohlener Antisemitismus macht Sorgen. – Immer mehr setzt sich das bargeldlose Bezahlen durch. Die neuen Cash-Karten braucht man nur an das Bezahl-Terminal ranhalten, schon wird das Geld vom Konto abgezogen. Um Missbrauch zu begrenzen, lag der Höchstbetrag zunächst bei 25 € und wurde jetzt vorübergehend auf 50 € erhöht.

Täglich reklamieren größere und kleinere Gruppen ihren besonderen Opferstatus. Die Kinder oder die Frauen hätten die Last der Pandemie hauptsächlich zu tragen. Oder die Pflegeberufe, oder die Polizisten, oder die Mitarbeiter in den Amazon-Verteilerzentren, oder die Künstler oder die Armen oder die Senioren in Heimen. Im Opferchor dürfen queere Menschen nicht fehlen. „Die aktuelle Krise wirkt sich auf queere Menschen besonders aus“, wird geklagt. Die Belastung ist unerträglich: Verfahren zur Vornamens- und Personenstandsänderung sind ausgesetzt! Und der Höhepunkt: „Viele Menschen sind außerdem dazu gezwungen, Zeit mit Familienmitgliedern zu verbringen, die ihre sexuelle Orientierung oder Geschlechtsidentität nicht akzeptieren.“ Meine Frau akzeptiert meinen Schokoladenkonsum nicht. Wie unerträglich ist das denn!

Der von mir hochgeschätzte Journalist und Sprachexperte Wolf Schneider wird 95. Durch seine flott geschriebenen Bücher über deutsche Sprache hat er als Autor und Leiter der Henri-Nannen-Journalistenschule vielen Menschen die Liebe zum Deutschen nähergebracht. Mit Witz, Scharfsinn und Leidenschaft setzte sich Schneider für ein gutes Deutsch ein. Es reiche nicht, über einen ausgedehnten Wortschatz zu verfügen, man solle auch auf Stil und Ästhetik achten. „Mit Worten ordnen wir die Welt“, hat er einmal gesagt. Und ein Lehrsatz von ihm lautet: „Qualität kommt von Qual“.

10. 5. (Sonntag) Noch verzeichnen Exekutivpolitiker hohe Zustimmungswerte, Oppositionsparteien wie die Grünen sind zurückgefallen. Dies sind jedoch

nur Momentaufnahmen. Die Krise verändert vieles, aber nicht das Wesen der Politik: den Streit um die richtigen Ziele und die angemessenen Mittel. Der Chefredakteur der Neuen Zürcher Zeitung schreibt: „Die westlichen Demokratien pflegen sich auf die Aufklärung und ihr Ideal eines selbstbestimmten Menschen zu berufen. Das gilt auch in Zeiten von Krankheit und Tod, wenn also die letzten und grössten Fragen verhandelt werden. Wer dann allzu leicht auf Sachzwänge der Seuchenbekämpfung verweist, setzt sich dem Verdacht aus, er sehe im Menschen ein Wesen, das man zu seinem Glück zwingen muss." Da versteht der Chefredakteur etwas nicht. Wenn mein Verhalten nicht nur potenziell, sondern recht wahrscheinlich eine schwere Krankheit oder gar den Tod eines Mitmenschen verursachen kann, gebieten sowohl die Prinzipien des freiheitlichen Staates, als auch die der philosophischen Aufklärung, diese meine Freiheit zu beschneiden, wobei die Verhältnismäßigkeit des dabei angewandten Mittels beachtet werden muss. Der freiheitliche Staat ist dadurch gekennzeichnet, dass die Freiheitsrechte aller durch eine Begrenzung dieser Rechte gewahrt werden. Andernfalls droht die Anarchie, die keine Freiheit ist, sondern die Herrschaft des Stärkeren.

Nach Immanuel Kants unsterblicher Definition ist Aufklärung „der Ausgang des Menschen aus seiner selbstverschuldeten Unmündigkeit. Unmündigkeit ist das Unvermögen, sich seines Verstandes ohne Leitung eines anderen zu bedienen." Was Kant offenbar zu wenig bedacht hat ist die Notwendigkeit, sich aus seriösen Quellen zu informieren, bevor man sich seine Meinung bildet und diese dann ausspricht. Kants Satz klingt so, als ob alles aus dem Individuum selbst heraus entsteht. Das ist nicht nur im Informationszeitalter unrealistisch, sondern war es wahrscheinlich schon in Zeiten der Jäger, Sammler und Ackerbauern. Niemand kann alles wissen. Man informiert sich im Kreise der Familie, beim Bäcker an der Ecke und nicht zuletzt, aber nicht einmal an erster Stelle, durch Medien. Jene Quellen, die man selbst bevorzugt, müssen nicht die seriöseste sein. Auf die „Leitung eines anderen" zu verzichten führt wohl eher in die Sackgasse, also ins Vorurteil. Niemand wird von sich behaupten wollen, dass seine Unmündigkeit selbstverschuldet sei, noch wird er sich für unmündig halten. Damit wäre auch die Vorstellung Kants von „Leitung" zu hinterfragen. Anleitung kann Bildung befördern.

Kants Satz möchte ich so umformulieren: Aufklärung ist der Prozess des Individuums, sich in einer genauen und geradezu schonungslosen Selbstanalyse seiner Vorurteile und seiner Unwissenheit gewahr zu werden, ebenso aber auch seines Wissens und der Grenzen dieses Wissens. Dieser Prozess erfolgt in Auseinandersetzung mit anderen Individuen und durch Aneignung einer umfassenden Bildung. Sich in diesem Prozess der Leitung eines anderen anzuvertrauen, ist nicht grundsätzlich verkehrt. Es geht um sorgsame Auswahl von Informationen, auch aus den Bereichen Psychologie, Philosophie und Anthropologie, wobei in einem hermeneutischen Zirkel ständig zwischen der sachlichen Informationsebene und der Metaebene von gültigen und wahren Sätze samt der Prinzipien, wie wahre und gültige Gesetze gefunden werden können, hin und her gewechselt wird.

Ich hatte mich zu „Deutschland spricht" angemeldet und meinen vom Computer ausgewählten Gesprächspartner bestätigt. Leider hat sich dieser selbst nicht gemeldet. Das tut mir leid. Ich hatte mich schon innerlich in Selbstgesprächen auf das online-Zusammentreffen vorbereitet. Über die Motive der Nicht-Reagierer kann ich nur spekulieren.

11. 5. Kühle Nächte und tagsüber nicht mehr als 15 Grad. Die Tage hell und voller Sonnenschein. Kann meinen Übergangsmantel noch nicht zur Reinigung geben. Kaufen die ersten Erdbeeren in diesem Jahr.

Corona hat ungeahnte Folgen. In China schnellt die Zahl der Scheidungen in die Höhe. Offenbar haben sich dort Tausende Ehepaare während des Lockdowns etwas zu gut kennengelernt. Und weil sich der Smog über der indischen Metropole Delhi lichtet, können die Bewohner zum ersten Mal das Himalajagebirge in der Ferne erahnen. Wetterberichte hingegen werden ungenauer, weil Meteorologen wegen des reduzierten Flugverkehrs weniger Daten zur Verfügung haben. Der März 2020 soll der erste Monat seit 18 Jahren ohne Massaker mit Schusswaffen in den Vereinigten Staaten sein. Mit geschlossenen Schulen, leeren Flughäfen und Straßen fallen einige typische Ziele für Amokläufer weg. In Südafrika, wo die Regierung während des Lockdowns auch den Verkauf von Alkohol verboten hat, meldet die Polizei einen starken Rückgang von Morden und Vergewaltigungen.

„Die Frage lautet: Wie wollen wir leben?" Das ist die immer wiederkehrende Standardfrage der Wichtigtuer. Was heißt „wir", was heißt „leben"? Das Wir und das Leben sind viel zu groß, als dass die Frage nach ihren Inhalten beantwortet werden könnte. Andererseits, man kann natürlich die Frage stellen, wie es jetzt mit den systemrelevanten Niedriglohnbeziehern weitergeht, mit dem Arbeiten von zu Hause aus, mit dem Unterricht der Kinder zu Hause, mit dem Reiseverhalten. Wer bin ich noch, wenn ich nicht einkaufe? Seit 50 Jahren lebt die westliche Gesellschaft mit der Gewissheit, dass es mit dem

Konsum so nicht weitergehen kann. Seltsamerweise ging es mit dem Konsum dennoch immer weiter. Oder reicht es, staatliche Behörden für die nächste Krise mehr Schutzmasken und Beatmungsgeräte anschafft und mehr Intensivbetten in Krankenhäusern vorhält? Aber wird nicht die nächste Krise ganz anders aussehen?

Ist die Zeit der Utopie gekommen, wie der Journalist Urs Hafner in der Neuen Zürcher Zeitung (17. April 2020) meint? Wie sollte diese Utopie aussehen? Wer formuliert sie? Wer setzt seine Utopie durch? Sind die Lieferketten wirklich kaputt? Werden wir nicht seit Wochen zuverlässig mit allem versorgt? Ist die Europäische Union am Ende? Sicherlich wird es nicht nur bei Mundschutzmasken und Atemgeräten bleiben. Die Welt wird bessere und schnellere Nachweistests und eine Impfung bekommen. Das ist nicht utopisch, sondern beruhigende Realität. Eine Besonderheit der aktuellen Situation besteht darin, dass wissenschaftliche Expertisen mehr als sonst im Vordergrund stehen. Das bedeutet, dass die öffentliche Debatte um Corona einer etwas höheren Vernünftigkeitsgrad hat als sonst üblich. Aber keine Bange, die Intelligenzija und das Feuilleton mit ihrem evidenzfreien Gebabbel melden sich verstärkt zu Wort.

12. 5. Habe mir drahtlose Kopfhörer gekauft (Bluetooth-Verbindung), genauer gesagt vom Versandhandel zuschicken lassen. 80 Prozent preiswerter als von Apple, aber genauso gut. – Meine liebe Frau litt die vergangenen Tage sehr unter unseren Nachbarn über uns. Diese würden auch nach 22 Uhr laut reden, Musik hören und Stühle rücken. Sie habe „die ganze Nacht kein Auge zugetan“. Wir wechselten die Betten. Sie schläft jetzt im hinteren Zimmer und fühlt sich „wie in Abrahams Schoss“. Ich liege vorne im Balkonzimmer und höre von den Nachbarn über uns nichts.

Um späteren Generationen eine Idee von unseren finanziellen Situation zu geben, hier ein paar Zahlen. Meine liebe Frau hat ungefähr 100.000 Euro angespart, ich 150.000 Euro. Je nach herangezogener Statistik liegt das Bruttodurchschnittsvermögen der Deutschen bei rund 260.000 Euro (Mittelwert im Jahr 2019) bzw. 70.000 Euro (Medianwert). Das Vermögen ist ungleich verteilt und seine Berechnung hängt sehr davon ab, welche Parameter man heranzieht. In der Regel werden Rentenanwartschaften nicht hinzugezählt bzw. gerne „vergessen“, weil man dann den Reichen leichter vorwerfen kann, dass sie reich sind. Ein anderer Faktor, der die Zahlen verzerrt, ist das Immobilieneigentum. Wer Immobilien besitzt, ist im Schnitt wohlhabender als ohne. Westdeutsche haben mehr angespart als Ostdeutsche, Selbstständige mehr als Angestellte, Immobilienbesitzer mehr als Mieter. Für meinen Drei-Tageskurs „Einführung in die Tiefenpsychologie" erhalte ich 2000 Euro, als Prüfer in der mündlichen Abschlussprüfung zum Psychotherapeuten 200 Euro. Unsere Miete für eine viereinhalb Zimmerwohnung liegt bei 1200 Euro warm. Meine Frau hat eine Rente von monatlich 1200 Euro (staatliche und angesparte), meine Rente liegt bei 2000 Euro (je zur Hälfte staatlich und privat). Da wir beide teilberufstätig sind, haben wir weitere Einnahmen aus Psychotherapie und Supervision. Auf unser Einkommen zahlen wir ungefähr 20 Prozent Steuern. Wir kommen sehr gut über die Runden. Zum Vergleich: Das durchschnittliche monatliche Bruttogehalt eines vollzeitbeschäftigten Arbeitnehmers in Deutschland lag im Jahr 2017 bei ca. 3.770 Euro.

Die Unruhe steigt. Schon ist von „Diktatur", von der Herrschaft der Experten die Rede. Ich sah ein Bild von einer Demonstrantin, die mit weit aufgerissenem Maul einen Polizisten anschreit. Auch Frauen können ein Raubtiergebiss haben. Die Sicherheitsmaßnahmen werden zunehmend infrage gestellt – jedenfalls berichten die Medien prominent darüber. Ich bezweifle, dass es den Demonstranten um das Recht auf politische Demonstration geht. Sie wollen lieber provozieren und den Staat vorführen.

Millionen Menschen haben in der Corona-Krise gehandelt, ohne ihre Taten an die große Glocke zu hängen. Sie haben sich nicht auf Instagram oder Facebook als Opfer stilisiert, denen noch nie Dagewesenes abverlangt wird. Sie buhlten nicht um Aufmerksamkeit, schoben sich nicht aufgeregt in den Vordergrund, verlangten nicht vom Staat immer mehr Geld, stellten nicht pausenlos die Entscheidung von Politikern infrage. Sie haben nicht nach Lob und Anerkennung gefragt. Diese Menschen haben die Freiheitseinschränkungen akzeptiert, weil sie ihnen vernünftig und logisch erscheinen. Sie haben Abstand gewahrt und Gesichtsmasken getragen. Sie arbeiten von Zuhause aus und haben dort ihre Kinder betreut. Sie organisierten pragmatisch ihr Berufs- und Privatleben um. Nur ihnen, und nicht den Krakeelern auf den Marktplatz der Eitelkeiten, ist zu verdanken, dass die Infektion- und Todeszahlen in Deutschland niedrig geblieben und rückläufig sind. Ihnen ist es zu verdanken, dass das Gesundheitssystem nicht überlastet wurde. Auf stille und unspektakuläre Weise gelang es, eine Katastrophe abzuwenden. Millionen Menschen taten, was notwendig war. Sie jammert nicht über ihr Schicksal, zweifelten grundsätzlich nicht an den Entscheidungen der Politiker, sie kümmerten sich um ihre Familien, sie hielten Kontakt zu ihren Arbeitskollegen. In ihrer Freizeit gingen sie spazieren und hielten Distanz zu den anderen Menschen auf der Straße.

War das Folgsamkeit, Unmündigkeit, Unselbstständigkeit, Unterwürfigkeit, Gedankenlosigkeit, Obrigkeitshörigkeit, Autoritätshörigkeit? Es ist leicht, solche Anpassungsleistungen zu diskreditieren. Wer zettelt solche Debatten an? Zyniker, die sich wichtig machen müssen. Solche Debatten sind müßig. „Wenn Folgsamkeit bewirkt, dass Kranke geheilt werden, während Rebellentum das Risiko erhöht, dass sie sterben, dann wissen moralisch reife Menschen, wie sie sich entscheiden." (Malte Lehming am 10. März im Berliner „Tagesspiegel") Die Pandemie verlangt Flexibilität, Fantasie, Verzicht und Ausdauer. Millionen haben diese Tugenden aufgebracht.

13. 5. Der Historiker Niall Ferguson sagt in einem Interview mit der Neuen Zürcher Zeitung (9. Mai 2020): „Der bisherige Lebensstil, dass wir rund um den Globus fliegen und uns an grossen Events treffen, wird nicht zurückkehren. Auch die soziale Nähe wird nicht mehr die gleiche sein, so wie das Aids-Virus die sexuelle Freizügigkeit beendet hat. Es gibt historische Ereignisse, die unsere bisherige Normalität zerstören. Dazu zähle ich diese Pandemie." Dies hier zu Protokoll, um die Vorhersage später an der Realität zu überprüfen.

Roman Hagelstein gehört zur Gilde unberechtigt selbstsicherer Zukunftsvoraussager, die sich Superforecaster nennen. Er soll in Zukunftsprognosen außerordentlich gut sein, lag aber aktuell daneben. Vor drei Wochen hatte Hagelstein in der Frankfurter Allgemeinen Zeitung Aussagen über die Entwicklung der Corona-Krise in Deutschland gemacht. Er äußerte die Hoffnung auf schnelle und weitreichende Lockerungen. Doch so umfangreich, wie Hagelstein vorhersagte, sind sie nicht gekommen. „Ich war wohl zu optimistisch", versucht er sich zu rechtfertigen. Die Voraussage, dass das normale Leben langsam wieder anläuft, rechnet es sich als Verdienst an. Davon gehen die allermeisten Menschen aus, dazu muss man kein Superforecaster sein. Hagelstein ging von seinen persönlichen Präferenzen aus, ein typischer Anfängerfehler. Er war nicht zu optimistisch, er lag einfach daneben und ist dabei, seinen Ruf zu ruinieren. Bei so gut wie allen Voraussagen ist immer viel heiße Luft enthalten.

Die Geschichte kennt keine Ordnung, keine Logik, keinen Sinn und erst recht keine klare Richtung, die im Vorhinein intuitiv oder wissenschaftlich beschrieben werden könnte. Wer glaubt, die Zukunft vorhersehen und die

Geschichte voraussagen zu können, ist Opfer einer Selbsttäuschung. Niemandem wird es gelingen, korrekt das zu beschreiben, was vor uns liegt. Schon allein der Versuch ist größenwahnsinnig, und jenen, die es versuchen, sollten wir mit Skepsis und Misstrauen begegnen. Denn Zukunft ist eine vielfache und immerwährende Improvisation, die der Historiker erst im Nachhinein Ordnung geben kann. Zukunft geht immer von der konkreten Gegenwart aus, doch schon hinter der nächsten Straßenecke liegt die erste Weggabelung. Die Totalität des menschlichen Geschehens entzieht sich aller rationalen Gestaltung. Wenn, dann kann man nur in Wahrscheinlichkeiten über die nähere Zukunft reden. Trivialitäten werden mit hoher Sicherheit eintreffen, doch je komplexer die Entwicklung, desto unsicherer die Prognose.

Die Demonstrationen haben ihren Ursprung nicht in fehlenden Informationen, sondern in ausgedachten „Tatsachen“, wie beispielsweise die, dass Bill Gates mit seiner milliardenschweren Stiftung alle Menschen impfen will, um sie zu beherrschen. Die Ansicht, dass es kein Corona-Virus gibt und folglich alle staatlich verfügten Einschränkungen unsinnig seien, ist ein Nebenaspekt der generellen Ansicht, dass die Welt auf eine Diktatur von Gates Gnaden zusteuert. Auf den Demonstrationen, denen die Polizei recht hilflos gegenübersteht, versammeln sich Links- und Rechtsextremisten auf der einen und unbedachte Bürger auf der anderen Seite, dazwischen bauen Verschwörungshysteriker eine Brücke. Es wird keineswegs darüber diskutiert, welche Maßnahmen zur Bekämpfung der Pandemie gerechtfertigt sind, weil diese ja „nur ausgedacht“ ist. Zum Tragen kommt ein schon viel früher vorhandenes, krankhaftes Misstrauen. Es ist ein offenes Rätsel, wie diesem Misstrauen begegnet werden könnte. Sieht so aus, dass es sich um einen Misstrauenswahn handelt, dem mit keinen noch so guten Argumenten beizukommen ist. Dieser so willkommene Wahn heftet sich an das Thema Pandemie und mündet in der Forderung nach einem „Systemwechsel“, wobei völlig unklar ist, wie dieses neue System aussehen soll. Die eingeforderte „Freiheit“ ist ohne Maß, ohne Verantwortung, ohne Staatsbürgerlichkeit. Man kann nur hoffen, dass der gesunde Menschenverstand der großen Mehrheit funktionsfähig bleibt.

14. 5. Gestern regnete es wieder einmal ein wenig. Ein Nordwind brachte kühle Temperaturen. Ein erster Patient fragte mich, ob er nicht wieder persönlich in meine Praxis kommen könne. Wir verabredeten das für die nächste Woche. Das Nachdenken über Corona lässt mich die Beschreibung des Alltags

vernachlässigen. Es ist bemerkenswert, wie viele Gedanken einem tagsüber durch den Kopf gehen, wenn man erst einmal darauf aufmerksam wird. Es gibt ja nicht nur die Politik, sondern zunächst einmal das tägliche Leben. Beispielsweise gehen die Müllleute recht grob mit den Mülltonnen um. Gestern fiel einiges daneben und ich säuberte den Keller, wo die Tonnen stehen.

Mit der Werbung für das Athen-und-Rom-Buch bin ich etwas vorangekommen. Ich suchte sieben oder acht Adressen von Literaturredaktionen heraus. Die Medienhäuser bekommen offenbar nicht gerne Post. Die Postanschriften sind entweder gar nicht zu finden oder gut versteckt. Wer mit Redaktionen Kontakt aufnehmen will, wird immer auf E-Mails verwiesen. Dann kaufte ich feste Umschläge, um die Bücher zu verschicken. An unserer Ecke ist ein kleiner, verkramter Laden. Seine Besitzerin habe ich noch niemals freundlich erlebt. Jedes Mal höre ich eine spitze Bemerkung von ihr, die mir andeutet, dass ich keine Ahnung hätte. Zum Beispiel würden Bücher niemals in gepolsterten Umschlägen verschickt. Natürlich habe ich schon Dutzende von Büchern in gepolsterten Umschlägen erhalten und verschickt. Aber man kann sie natürlich auch in festen Karton-Umschlägen verschicken. Die habe ich also widerspruchslos gekauft, die Bücher samt Anschreiben eingetütet und zum Briefkasten gebracht. Dieser Briefkasten ist schwarz vor Dreck und Graffiti. Vor einiger Zeit rief ich bei irgendeiner Poststelle an und bat um Reinigung. Es geschah nichts.

Demnächst muss ich wieder zu meinem Neurologen. Auf Botox-Spritzen habe ich schon lange keine Lust mehr, sie wirken nicht. – Habe mir einige Vorlesungen des kanadischen Psychologen Jordan Peterson bei Youtube angesehen. Als Konservativer ist er ziemlich umstritten. Ich sympathisiere weitgehend mit seiner Meinung, finde seine Rede aber hart, unfreundlich und unsinnlich. Ihm fehlt es an Humor. – Die Berliner Kinos bleiben bis zum 5. Juni geschlossen. Filmschaffende fordern ergänzende finanzielle Hilfen. Bühnenverlage und ihre Autoren verlangen ergänzende finanzielle Hilfen. Die deutsche Bahn braucht rund zehn Milliarden Euro zusätzlich. Die „Aktion Mensch“, die sich um Arbeitsplätze für Behinderte in gemeinnützigen Unternehmen kümmert, fordert ergänzende finanzielle Staatshilfen. Berlin hat sein Covid-19-Notkrankenhaus mit 500 Betten fertiggestellt. Die Tourismusbranche in Berlin fordert zusätzliche Staatsknete. Selbstständige und Freiberufler in Berlin fordern ergänzende finanzielle Hilfen. Die sozialdemokratische Partei will nicht sparen, sondern noch mehr Schulden machen, die – wenn überhaupt – in 20 bis 30 Jahren zurückgezahlt werden. Es ist ja nicht ihr Geld. In den USA, dem Land mit überproportional vielen Übergewichtigen, sollen 37 Millionen vom Hunger *bedroht* sein. Das beruhigt mich. Sie hungern nicht, sie sind nur bedroht. Die Corona-Nachverfolgungs-App kommt nicht voran.

Mein anderer Cousin J.L., ein bekannter, in Wien lebender Schriftsteller, schreibt mir enttäuscht, „in Österreich ist Corona leider vorbei. Der schöne vorgezogene Sommer ist ausgeträumt. Die Zahl der Neuinfizierten ist in den meisten hiesigen Bundesländern Null. Man redet wieder über andere Dinge. Vorbei, vorbei." Auch ich spüre ein starkes Bedauern, dass die Normalität zurückkehrt. Selbst unsere monatliche Schreibgruppe ist mir nach wie vor zu viel. Ich war erleichtert, nicht zu irgendeinem Arzt gehen zu müssen. Noch mehr erleichtert bin ich darüber, dass ich Zeit hatte, die liegengebliebenen Arbeiten zu erledigen. Ich bin sehr befriedigt darüber, wie aufgeräumt mein Schreibtisch derzeit ist. Auch bin ich glücklich darüber, mich in den vergangenen Monaten von allen Lehrverpflichtungen, Seminare, Kursen, Lehrtherapien und Betreuungen befreit zu haben. Übrig geblieben sind einige Supervisionen (und die Therapien natürlich). Der Kurs kürzlich über „Einführung in die Tiefenpsychologie" war meine letzte derartige Verpflichtung. Ich muss jetzt nur noch den kleinen Aufsatz über Steven Pinker überarbeiten und wegschicken, Sehe allerdings gerade, dass noch drei längere Literaturkritiken aus der New York Review of Books, der Times Literary Supplement und der New York Times übersetzt und gelesen werden wollen. Thematisch geht es um Bücher über die Zukunft des Kapitalismus. Eine Rezension von Joseph E. Stiglitz beginnt mit dem Satz, „es ist jetzt klar, dass etwas fundamental falsch läuft mit dem modernen Kapitalismus". Dem muss ich unbedingt widersprechen.

Noch eine gute Nachricht: Meine liebe Frau hat über einen Fachanwalt beim Berliner Zulassungsausschuss für Ärzte und Psychotherapeuten eruieren lassen, ob ihr verbleibender halber Praxissitz weitergabefähig ist. Er ist es! Sie hat umgehend alle erforderlichen Unterlagen ausgefüllt und an den Fachanwalt geschickt, der alles an den Zulassungsausschuss weiterreicht. Der gesamte Prozess wird allerdings bis Ende 2021 dauern. Sobald der Zulassungsausschuss die Rückgabe ihres halben Praxissitzes und die Neuausschreibung in einem mit Psychotherapeuten unterversorgten Bezirk zugestimmt hat, kann sie locker lassen.

15. 5. Restaurants, Cafés und andere Gaststätten in Berlin und Brandenburg dürfen nach fast zwei Monaten Corona-Pause wieder Gäste empfangen. Bars und Kneipen bleiben weiter zu.

Habe ein wenig an meinem Essay „Wahrheit und Objektivität" weitergeschrieben. Darin übernehme ich und fasse ich zusammen eine Analyse des 1957 erschienen Films *12 Angry Men* (deutsch: *Die zwölf Geschworenen*), das Spielfilmdebüt des US-amerikanischen Regisseurs Sidney Lumet. Der Gerichtsfilm im Stil eines Kammerspiels zeigt die Diskussion der zwölf Geschworenen eines amerikanischen Gerichts, die darüber zu befinden haben, ob ein 18-Jähriger aus der Unterschicht seinen Vater erstochen hat oder nicht. Der Film gilt bei Soziologen und Psychologen bis heute als ein Musterbeispiel zur Anschauung von Rollenverhalten, Gruppenverhalten und gruppendynamischen Prozessen. Für meinen Zweck dient er als anschauliches Beispiel für die Dynamik des Argumentierens. Was dabei an Erkenntnissen herauskam, kann ich hier nicht darstellen. Jedenfalls ergänzte ich mein Manuskript über „gutes Argumentieren" um folgenden Absatz:

„*Versetze dich in die Lage deines Gegners* – Dieser Punkt wird in der Analyse des Kammerspiels *Die zwölf Geschworenen* nicht mehr behandelt, scheint mir aber von großer Bedeutung zu sein. In einer hitzigen Debatte wird es kaum möglich sein, sich wirklich in die Lage des anderen einzufühlen. Was in der Regel passiert, ist nämlich Folgendes: Wir hören nicht wirklich zu, sondern warten auf einen Stichwort oder einen Satz des Gegenübers, der uns in unserem Vorurteil über die Meinung des Anderen bestätigt. Wir sind meistens damit beschäftigt, unsere eigene Position zu formulieren, noch während der andere spricht. Das führt oftmals dazu, den anderen zu unterbrechen, weil man (fälschlicherweise) bereits zu wissen glaubt, wie der andere denkt. Einfach nur zuhören ist wenigen gegeben.

Sich auf eine Metaebene zu begeben und während des Zuhörens die eigene Position zu reflektieren, ist hohe Kunst. Diese wird wenig geübt, weil die meisten Angst haben, ihre Meinung und Haltung erschüttert zu sehen. Die traurige Wahrheit ist, dass wir nicht nur von außen, sondern auch von unseren eigenen Wünschen manipuliert werden. Der Feind des unabhängigen, vorurteilsfreien Denkens lebt in mir und zugleich meistens gleich um die Ecke und ist Teil meine Community. Die Kraft der Dehumanisierung ist nicht eine des Auslands oder die fremder Gruppen, sondern kann aus unserem engsten Umfeld stammen, einem Umfeld, welches uns eigentlich Schutz und Zuwendung geben sollte. Mit die schwerste Denkübung ist die, die

Schichten meiner eigenen Voreingenommenheit abzuschälen. Meine Gegner und Feinde sind meistens nicht ‚subhuman'. Wir müssen ernsthaft, offen und ehrlich zuhören. Das führt zu einem größeren Verständnis für andere und für uns selbst."[15]

16. 5. Eine Alternative zu „change.org" ist „Avaaz – die Welt in Aktion". Auch hier kann jeder Bürger Petitionen und Kampagnen starten. Mit Gegenargumenten muss sich niemand auseinandersetzen. Change.org- und Avaaz-Teilnehmer leben in ihrer eigenen Blase. Avaaz gibt an, weltweit über 61 Millionen Mitglieder zu haben. Derzeit steht ein „Offener Brief für den grünen Wiederaufbau" ganz oben. Dort heißt es, gerichtet an die EU-Kommissionspräsidentin: „Investieren Sie jährlich Hunderte von Milliarden, um grüne Arbeitsplätze zu schaffen und unsere Volkswirtschaften sauber und fair zu gestalten." Die Energiewende ist eben ein Fass ohne Boden. Das passiert, wenn man in Märkte eingreift: Man muss ständig neue Auflagen schaffen und viel Geld ausgeben, ob beim Kernkraft- oder Kohleausstieg oder nun in der Windkraftförderung. Der Widerstand der Bürger gegen Windenergie wächst. Immer mehr Klagen verzögern den Bau neuer Windräder. Tante I.L. las mir am Telefon ein Gedicht über den endlosen Horizont an der Nordsee-Küste vor. Dieser Horizont ist jetzt vor Sylt zugestellt mit 100 Offshore-Windrädern. Man kann sie von ihrer Wohnung aus sehen. Die Romantik des weiten Horizonts ist dahin. Auch bei Avaaz gibt es keine Möglichkeit, Sinn und Unsinn der Petitionen zu diskutieren. Sympathisch ist deren „Engagement für Fehlerfreiheit". Erstaunlich wenige Sachaussagen dort müssten korrigiert werden. Aber ob beispielsweise die oben genannte Petition an die EU sinnvoll und realistisch ist, kann nicht diskutiert werden.

17. 5. (Sonntag) Wunderbar klare Luft, ein überwältigend blauer Himmel mit Wattebausch-Wolken. Meine liebe Frau und ich fahren hinaus nach Sans Souci und machen ein langen Spaziergang durch den Park, wobei wir uns über unsere aktuelle Lektüre unterhalten: den Reisebericht des Russen Iwan Gontscharow nach England, Afrika, Japan und über Sibirien zurück nach Russland. Über seine Reise mit der Dreimast-Fregatte „Pallas" hat er einen

---

[15] Dieser Absatz ist inspiriert von der Dokumentarfilmerin Cassie Jaye, die 2017 den Film *The Red Pill* veröffentlichte, eine Auseinandersetzung mit der us-amerikanischen „Men's Right Movement" (Bewegung für die Rechte des Mannes). https://www.youtube.com/watch?v=3WMuzhQXJoY, angeklickt am 12. Mai 2020.

ausführlichen Bericht geschrieben, der sich wie ein Abenteuerroman liest. Bei Mittagessen unter der großen Kastanie im „Drachenhaus“ beobachten wir eine kleine Geburtstagsgesellschaft, die sich mit Handschlag und ohne Mund-Nasen-Bedeckung begrüßt! Wir sind befremdet. – Gestern erstmals wieder einen Cappuccino in der Sonne in meinem Lieblingscafé am Rüdesheimer Platz. Ein Nachbar kam vorbei, den wir früher oft beim Schwimmen im Hallenbad trafen. Er erzählte, dass er sich alle Lebensmittel nach Hause liefern lassen. Er und seine Frau sind ein paar Jahre älter als wir. Entweder würden Nachbarn für sie einkaufen, oder aber er lasse sich Lebensmittel vom Supermarkt an die Tür liefern, um Kontakte zu meiden.

Je länger die Pandemie dauert, desto attraktiver werden einfache Antworten und klare Schuldzuweisungen: Das Virus existiert gar nicht, es ist nicht mehr als ein Schnupfenvirus, alle Sicherheitsregeln sind überflüssig, geheime Mächte stecken dahinter, Bill Gates will mit seiner Stiftung alle Menschen impfen und sich untertan machen. Das wird im Netz auf Dutzenden Plattformen verkündet.

Der Umgang mit den Spinnern ist schwer. Ein ernsthaftes Gespräch mit ihnen wird von ihnen als mehr oder weniger direkte Bestätigung ihrer Thesen angesehen. Man setzt sich mit ihnen auseinander, also muss etwas dran sein. Sie direkt auszulachen geht nicht, da dies unhöflich wäre. Auch handelt es sich oftmals um Menschen aus der näheren Umgebung, mit denen man auch noch in Zukunft zu tun haben wird und zu tun haben will. Eine „zivilisierte Verachtung“, wie sie der Publizist Carlo Strenger vorschlägt, ist auch nicht praktikabel. Wenn ich möchte, dass man mir nicht mit Verachtung begegnet, kann ich ein solches Verhalten nicht anderen gegenüber an den Tag legen.

Andererseits geht es auch nicht an, sich den ganzen Quatsch anhören zu müssen. Ist die Erwartung gerechtfertigt, dass Vernünftige Toleranz gegenüber Unvernünftigen zeigen sollen? Soll man auf saudumme Wortmeldungen mit Geduld, Verständnis und Feingefühl reagieren? Es gibt keine moralische Verpflichtung, sich das anzuhören. Das Auslachen und Abkanzeln sollten nicht in direkter Konfrontation erfolgen, sondern auf den Umweg über Aufsätze und Wortmeldungen, die sich an ein allgemeines Publikum richten. Ob sich Verschwörungsschwurbler davon angesprochen fühlen, muss man dann dem Zufall überlassen. Bei Personen, an denen einem wenig liegt, darf man entgegnen: „Erzähl's der Parkuhr, Onkel!“ oder „Geh weg, du bist peinlich." Wenn Meinungsfreiheit bedeutet, dass man fast alles sagen darf, dann darf man auch in der Erwiderung ab und zu grob werden.

Aber es ist Zeitverschwendung, einem Verschwörungsirren von der Unsinnigkeit seiner Behauptungen überzeugen zu wollen. Es ist schlicht unmöglich, den überzeugenden Beweis zu erbringen, dass eine Verschwörung nicht existiert. Man kann ja auch nicht beweisen, dass es Gott nicht gibt. Er könnte sich ja, theoretisch, tatsächlich irgendwo auf der Welt oder im Kosmos verstecken. Es können allenfalls Indizien zusammengetragen werden, die zeigen, wie unwahrscheinlich die Existenz Gottes oder das Vorhandensein einer Verschwörung ist. Man kann versuchen, offensichtliche Logikfehler aufzuzeigen. Das ist ein mühsames Geschäft. Es erfordert viel Arbeit, Satz für Satz zu relativieren oder zu widerlegen. Aber davon lässt sich wie gesagt der von einer Wahnidee Befallene nicht beeindrucken.

Der Journalist Sebastian Leber hat sich mit dem veganen Koch Attila Hildmann[16] beschäftigt, einem besonders üblen Exemplar von Verschwörungshohlkopf („Wenn Auslachen gestattet ist", Tagesspiegel Berlin, 13. Mai 2020, S. 6). Leber schreibt: „Wenn es wirklich diese geheimen, bösen Mächte geben, die seit Jahren eine Weltdiktatur planen und eine Pandemie inszenieren, um durch Zwangsimpfen sehr viele Menschen zu töten – was für lausige Amateure müssen diese Mächte bitte schön sein, dass ausgerechnet Typen wie Attila Hildmann und Xavier Naidoo davon erfahren? Und wenn Angela Merkel im März, wie Verschwörungsgläubige behaupten, gar nicht in Quarantäne ging, sondern von den Mächten des Lichts festgenommen wurde, weil sie Satanistin ist: Warum ist sie inzwischen wieder im Politikbetrieb unterwegs und gibt Pressestatements? Und wenn es wirklich eine weltweite Verschwörung von Satanisten gibt, die alle Regierungen, die Universitäten, alle großen Medien kontrollieren: Warum können sie dann nicht Xavier Naidoos Video löschen?" Verschwörungstölpel sind sehr gut darin, über ihre eigenen Logikfehler hinwegzusehen. Bei ihnen kann Angela Merkel gleichzeitig Jüdin, Roboter, Satanistin und Außerirdische sein. Sie glauben, alle hätten gleichzeitig Recht.

Diskutieren ist Zeitverschwendung. Was dagegen hilft ist Druck. Einige Handelsketten sollen den Energiedrink und die Bücher des erfolgreichen Vegankochs Hildmann aus dem Sortiment genommen haben. In den sogenannten sozialen Medien kann man kundtun, dass man sich von dem Ver-

---

16 Ich las Spottnamen für Hildmann: Avocadolf und Reiskanzler. Das hat mich amüsiert.

schwörungsschmarren abwendet. Man kann zu verstehen geben, dass man damit nichts zu tun haben will.

18. 5. Das Covid-19-Thema gebiert ständig neue Aspekte. Der evangelische Theologe und ehemalige Militärbischof der Bundeswehr, Hartmut Löwe, fragt in der FAZ vom 16. Mai, ob die Bischöfe bei der Pandemie nicht doch von einer Strafe Gottes sprechen sollten. Martin Luther hatte, als die Pest 1525 und 1527 auch in Wittenberg wütete, ganz selbstverständlich von einer Strafe Gottes gesprochen. „Ist das inzwischen als theologisch überholt zu tadeln?" fragt Löwe. Oder sollte man lieber von Heimsuchung sprechen? Das Wort „Heimsuchung" gefällt mir. Das Virus sucht uns zu Hause auf, genauer gesagt, es droht damit, unser Heim aufzusuchen. Löwe jedenfalls ist geneigt, die Pandemie dem „Walten Gottes" zuzuschreiben und sie nicht „ausschließlich natürlich erklären" zu wollen.

Löwes Beitrag ist schwer wiederzugeben. Gott wolle gefunden werden, „auch wenn wir nur mühsam oder gar nicht verstehen, was er uns sagen will". Will uns denn Gott mit der Pandemie überhaupt etwas sagen? Und wenn ja, was? Die Liebe Gottes könne man nicht ohne den Zorn Gottes haben. Der offenbarte Gott sei nicht ohne den verborgenen Gott zu haben. Er fordert die Bischöfe auf, endlich „vom Innersten des Glaubens her" etwas zu sagen. Was das wäre, kann auch Löwe nicht angeben. Löwes Rede über Gott ist eine diffuse Gefühlsduselei, ohne konkreten Anhalt in der Lebenserfahrung.

Ja, es wäre zu tadeln, würde irgendjemand, ob Bischof oder sonstwer, von einer Strafe Gottes schwatzen. Strafe für was? Strafe für die gesamte Menschheit? Wer hat gesündigt? Sind die Alten, die besonders betroffen sind, die größeren Sünder? Oder erlaubt sich Gott wieder einmal nur einen Scherz? Handelt er aus einer Laune heraus, ohne konkreten Anlass? Wer ist dieser Gott überhaupt, der sich derlei anmaßt? Macht Gott hier nicht einen Riesenfehler? Gibt es diesen Gott überhaupt?

Gott mag sich mit der Pandemie einen Scherz oder eine Strafe erlaubt haben. Aber wir Menschen sind schlauer als er. Wir haben für viele seiner Launen und „Strafen" (Krankheiten, Hungersnöte) Mittel und Wege gefunden, sie zu überwinden oder zu minimieren. Gegen uns Menschen kommt Gott nicht mehr an. Jahrhundertelang hat er uns für dumm verkauft. Jetzt können wir über ihn spotten. Oder ihn einfach links liegen lassen. Mit an Sicherheit grenzender Wahrscheinlichkeit gibt es ihn ohnehin nicht. Wir Menschen müssen und werden ohne ihn auskommen.

Warum gibt es überhaupt noch Kirchen und Theologie, wo doch Alchemie und Astrologie überwunden wurden? Nach Peter Sloterdijk liegt es an dem „religiösen Sprechen", einem eindrücklichen, spezifischen Sprachstil, der seine Wirkung auch auf Atheisten selten verfehlt. Er nennt ihn „theopoetisch". Ein Bestandteil dessen ist der Blick Gottes. Der Gläubige fühlt sich ständig beobachtet, was wiederum eine Voraussetzung dafür ist, mit Gott in Kontakt zu treten. Verhalten sich beobachtete Leute anständiger als jene, die sich ungesehen wähnen? Für den klugen und aufgeklärten Zeitgenossen versteht sich von selbst, dass Gott aller Wahrscheinlichkeit nach nicht existiert und dass jede Offenbarung menschliche Schöpfung ist. Der Blick Gottes ist inhaltlich aufgeladen mit eben jenem Gesehenwerden, welches Trost spendet vor allem den Verdammten dieser Erde, aber auch allen, die, entlassen aus der elterlichen Liebe, diese nicht wiederzufinden vermögen. Gott der Barmherzige zieht die Mühseligen und Beladenen in seinem Bannkreis. Was der Gläubige in diese Welt nicht an Liebe und Gerechtigkeit erfährt, wird ihm für das Jenseits versprochen.

Sloterdijks Buch (*Den Himmel zum Sprechen bringen*. Suhrkamp-Verlag, Frankfurt 2020) endet nicht mit der Abschaffung, sondern mit dem Eingeständnis einer überraschenden „Nutzlosigkeit" von christlicher Religion in der säkularen Gesellschaft. Die monotheistischen Religionen sollten sich auf den Schatz ihrer Schriften, Gesten und Klangwelten besinnen, ihren poetischen, fiktionalen und mythischen Charakter sichtbar machen. Religion ist ein faszinierendes Relikt aus früheren Epochen.

Michel Houellebecq schwärmt in einem seiner jüngeren Essays über die Ergriffenheit, die ihn in katholischen Messen überfällt. Grundsätzlich aber versteht er sich als Agnostiker und sieht sich, zu seinem Bedauern, nicht in der Lage, wirklich zu glauben („Gott will mich nicht"). Die katholische Kirche wird von ihm in der Rolle eines Ordnungsstifter in einer chaotisch gewordenen Welt gesehen. Sein Interesse am Katholizismus entspringt vermutlich seiner Kritik des Individualismus, des Liberalismus und der Marktwirtschaft. Houellebecq ist kein moderner Mensch, sondern fällt unter den Typus des Zivilisationskritikers, der sich in der sozialen Marktwirtschaft gemütlich eingerichtet hat. (Michel Houellebecq: *Ein bisschen schlechter. Neue Interventionen*. Köln 2020)

19. 5. Alle vier Wochen treffen sich acht Menschen zum Schreibsalon, ich bin einer von ihnen. Unser Mai-Treffen fand wieder per Video statt. Wir wollten

uns einfach nur sehen und ein wenig plaudern. Ich kann hier nicht alles ausführen, nur so viel: R.G. hat einen Auftrag für ein Fernseh-Exposé über „Tod und Unsterblichkeit" erhalten. Er wolle uns demnächst mehr darüber erzählen. A.W. und seine Frau hielten sich mehrere Wochen in ihrem Gartenhaus vor den Toren Berlins auf, hätten viel mehr zusammen gekocht als früher und die Corona-Zeit an sich vorüberziehen lassen. Die Ärztin J.H. sieht in ihrer Praxis immer wieder Patienten, deren Halsabstrich positiv auf Corona getestet wird. Sie ist die einzige von uns, die direkt mit Infizierten zu tun hat. Wir anderen haben noch keinen einzigen zu Gesicht bekommen.

Alle freuen sich auf den Sommer und vor allem darauf, wieder reisen zu können. Sobald es nur geht, wollen die meisten wieder umherreisen. Wir leben mit der Aussicht auf das Reisen, den Restaurantbesuch und W.A. mit der Vorfreude auf künftige Fußballspiele. Mit anderen Worten, alles möge wieder wie vordem sein. Die Sehnsüchte zeigen mir, dass sich nach der Überwindung der Corona-Krise so gut wie nichts ändern wird. Sehr viele leben in Ungeduld, wieder das alte Leben aufnehmen zu können: Reisen, reisen, reisen, feiern, demonstrieren, Restaurantbesuche und gesellschaftliche und sportliche Erlebnisse. Die Nordsee-Inseln sind für jene wieder geöffnet, die dort Ferienwohnungen haben. Wie ich höre, dürfen Tagesreisende noch nicht nach Sylt fahren. Das finde ich eine gute Idee. Auch sollte Sylt nur noch Gäste mit Elektroautos auf die Insel lassen.

Ähnlich wie 2015 bei der Flüchtlingskrise fragt man sich, ob nicht eine laute Minderheit das Thema diktiert, während die Mehrheit eigentlich ganz zufrieden ist. Man fragt sich zudem, warum die Proteste gegen vermeintliche Grundrechtseinschränkungen gerade dann aufkommen, wenn die Maßnahmen bereits auf dem Weg der Lockerung sind. Medienwissenschaftler Bernhard Pörksen nennt es das „Unverhältnismäßigkeitsparadox": Weil die Maßnahmen gewirkt haben, erscheinen sie im Nachhinein als unverhältnismäßig übertrieben. Wenn wir uns nur sicher genug fühlen, erlauben sich einige ein bisschen Wahn. Die Demonstrationen sind von Populisten und Scharfmachern unterwandert, die die Ängste und den Unmut in der Bevölkerung auszunutzen wissen. Die Corona-Maßnahmen werden herangezogen, um Stimmung zu machen gegen die Regierenden und die sie beratenden Wissenschaftler. Es wird gegen Hygieneregeln demonstriert, denen Tausende Menschen ihr Leben verdanken.

20. 5. Ich habe relativ wenige Bücher, es dürften weniger als tausend sein. Meine liebe Frau hat mehr, etwa 1500. Sehr viele Bücher, mit denen ich gearbeitet habe, habe ich mir ausgeliehen und wieder zurückgegeben. Immer wieder habe ich mich von Büchern getrennt, deren Inhalt mich in Zukunft vermutlich nicht mehr beschäftigen werden. Einige habe ich über Gebrauchtbuch-Internetplattformen verscherbelt, andere in die Bücherbox-Telefonzelle bei uns an der Ecke abgelegt. Diese Bücher-Telefonzelle ist stark frequentiert. Die Nachbarn aus der Umgebung legen dort nicht nur ihre noch brauchbaren Bücher zum Mitnehmen aus, sondern benutzen sie auch als Altpapiercontainer. Brauchbare Sachbücher sind dort kaum je zu finden. Meine liebe Frau hebt Bücher gerne auf, darunter auch ihre Sammlung von Büchern über die Wechseljahre, ihr Dissertationsthema von 2001. Meine Habilitierung erfolgte übrigens heute vor genau neun Jahren an der schönen Universität Klagenfurt.

21. 5. In Deutschland nehmen die Proteste gegen die angeblich übertriebenen Maßnahmen gegen die Corona-Pandemie immer mehr zu. Das sind keine „besorgten Bürger". Es ist eine bunte Mischung aus Impfgegnern, notorischen Merkel-Kritikern, Antisemiten, Verschwörungsidioten, die dunkle Mächte hinter dem Virus vermuten, Esoteriker, Misstrauische aus allen Schichten, Rechtsextremisten und Reichsbürger, die die Stimmung für ihre Zwecke – die Abschaffung der Demokratie – zu instrumentalisieren suchen. Es wird gegen den angeblich bevorstehenden Impfzwang demonstriert, gegen den neuen, angeblich krebserregenden Mobilfunkstandard 5G, gegen den amerikanischen Philanthropen Bill Gates, der angeblich weitere Milliarden mit einer Impfung scheffeln will, gegen den österreichischen Bundeskanzler, dem es nur um den Ausbau seiner Macht gehe. Der Ruf nach Freiheit und die Kritik an staatlicher Tyrannei stehen im Mittelpunkt der Veranstaltungen unter offenem Himmel. Sie berufen sich auf die Allgemeine Erklärung der Menschenrechte und wähnen den „totalitären Staat" vor der Tür. Einige Medien warnen vor den starken „Strudeln absurder Theorien", die viele Menschen mitreißen könnten, und zitieren unter anderem die EU-Analyseeinheit „StratCom Task Force", die Fake News russischer Herkunft beobachtet und kommentiert.

US-Präsident Donald Trump gilt als der Vater alle Fake News. Die Fiktion erzählt Geschichten über eine erfundene Welt. Das Fake erfindet Geschichten über die reale Welt. Die Grenzen zwischen Realität und Fiktion verschwimmen immer mehr. Wir sehen uns täglich zugedröhnt mit fingierten Nachrichten, dupliziertem PR-Material, inszenierten Pressecommuniqués, halbwahrem Klatsch, Fake-Expertisen. Viele Menschen scheinen dem gegenüber hilflos.

Fake News wirken als Brandbeschleuniger für Radikalisierung und sind fest verankert im Weltbild zahlreicher politischer Gruppen. Auch in Deutschland gibt es eine politische Institution, die mit Falschnachrichten verwirrt: die Grünen. Und das nicht erst seit gestern, sondern seit 30 Jahren. Wissenschaft wird nur dann akzeptiert, wenn ihre Ergebnisse der eigenen Politik dienen, etwa auf dem Gebiet der Klima- und Genderforschung. Widersprechen die Resultate den eigenen politischen Forderungen – zum Beispiel beim Thema Glyphosat, den Vorzügen der grünen Gentechnik, der Landwirtschaft oder dem Goldenen Reis – sind die Forscher Störenfriede und Feinde.

Die Verrohung des Denkens zeigt sich an der Sprache. Konventionell arbeitende Landwirte werden in Verlautbarungen der grünen Partei als „Brunnenvergifter" bezeichnet, gentechnisch veränderte Pflanzen sind „Gendreck", ihre Saat bzw. ihre Pollen „kontaminieren" ganze Landstriche, Pflanzenschutzmittel werden „Chemiekeule" genannt, und das Herbizid Glyphosat wird „Merkelgift" genannt. Forscher und Behörden, die etwas anderes sagen, sind „gekauft". Wer als Wissenschaftler nicht die gewünschten Ergebnisse liefert, muss weg. Es ist genau die Art von Populismus, mit der Trump Präsident geworden ist. Die Saat des Zweifels, der Fake News, des gewollten Missverstehens und der böswilligen Unterstellungen geht erneut auf.

Das Ausmaß an Verschwörungsmagie rund um das Coronavirus sollte uns alarmieren. Menschen, von denen man nie gedacht hätte, dass sie für Fake News anfällig seien, glauben plötzlich an sie. Doch nicht unsere Demokratie ist bedroht, unsere Gesundheit ist es. Suchen die Verschwörungsidioten nach Orientierung in einer verunsichernden Situation? Ich kann am Verschwörungswahn nichts Stabilisierendes entdecken. Vielmehr begeben sich die Tölpel noch tiefer in einen bodenlosen Sumpf von sich widersprechenden Aussagen. Die Wirklichkeit und die aktuelle Lage sind, wenn man sich tiefer mit Epidemiologie und Statistik beschäftigt, hochkomplex. Die Ideen der Fanatiker sind es aber nicht weniger.

Nein, es geht vielmehr darum, den Regierenden und Entscheidern ans Bein zu pinkeln und sich über die sich ausbreitende Verwirrung zu amüsieren. Viele freuen sich, wenn sie einen Beitrag dazu leisten können, dass immer mehr wie kopflose Hühner herumtorkeln. Alle diese Menschen, so unterschiedlich sie auch sein mögen, vereint unmündiges Denken und Misstrauen gegen den Mainstream (Medien und Politik), oft kombiniert mit einem patriarchalischen Weltbild. Wer solche Mythen glaubt, gerät immer tiefer in eine Parallelwelt voller Feinde, Verschwörungen und geheimer Pläne – eine Abwärtsspirale.

Ich bezweifle, dass mehr Medienkompetenz, vermittelt in den Schulen, dagegen hilft. Vielleicht ein wenig, aber eine Impfung wie gegen die Corona-Pandemie wird es nicht geben können. Natürlich wäre es schön, wenn alle Menschen denjenigen Tatsachen und Quellen vertrauen, die auf seriösen Daten und Interpretationen beruhen. Den Tölpeln und Toren wird man das nicht beibringen können. Es geht ja nicht um „Theorien", sondern um Erzählungen, um unbewiesene Annahmen, die es schon früher gab und jetzt nur an die Pandemie andocken bzw. um Corona ergänzt werden.

Ihnen gemeinsam ist die Annahme einer verborgenen, allmächtigen Wissenschaftsverschwörung. Das wird auch für Wissenschaftler persönlich gefährlich. Zweite Gemeinsamkeit ist eine Medienverschwörung. Man braucht sich nicht zu informieren und zu lesen; es stimmt ja eh' nicht. „Dem öffentlich-rechtlichen Rundfunk traue ich nicht mehr." Das schafft ein starkes Gruppenzusammengehörigkeitsgefühl. Da man ja seine Meinung unter vernünftigen Leuten nicht bestätigt findet, steigt das Gefühl, dass man in der Demokratie nichts mehr ausrichten kann. Tatsächlich treten die Verschwörungstrottel sehr selbstbewusst auf. Anfällige für Verschwörungserzählungen glauben, dass sie etwas Besonderes sind, und das sind vornehmlich Männer. Der zwingend nächste Schritt ist eine politische Radikalisierung. Alle politischen Attentäter folgten in ihrer Selbstrechtfertigung derartigen Erzählungen.

Was dagegen tun? Gegenrede eher nicht persönlich, sondern in öffentlichen Medien. Immer sachlich und ruhig bleiben und nicht abwertend werden. Nicht auf alle 100 Argumente eingehen, sondern an einem Punkt bleiben. Fragen stellen: Handelt es sich um einen Experten, von dem man die Infos hat? Hat der sich schon einmal geirrt? Und Verbündete suchen! Was kann die Gesellschaft leisten? Vielleicht doch Aufklärung in der Schule? Und Solidarität mit den Angegriffenen!

22. 5. Am vergangenen Montag ging in Italien der längste und strengste „Lockdown" und „Shutdown" Europas zu Ende. Nicht nur Familienangehörige, auch Freunde dürfen wieder besucht werden. Reisen über die Grenzen

der zwanzig Regionen hinweg sind erst vom 3. Juni an wieder erlaubt. Seit der Verhängung der landesweiten Ausgangssperre am 9. März hat die Polizei mehr als 15 Millionen Personen kontrolliert. Nur bei gut zwei Prozent von ihnen wurde ein Verstoß gegen das Ausgehverbot festgestellt, schreibt der FAZ-Korrespondent für Italien. In Frankreich werden weiterhin keine Demonstrationsgenehmigungen erteilt. Die Wut der Bevölkerung über die repressive Politik steigt angeblich. Nach mehr als 27.000 Toten hält laut Umfragen eine deutliche Mehrheit der Spanier die strengen Ausgangsbeschränkungen weiterhin für nötig. Sie reichen viel weiter als jemals in Deutschland und sollen erst bis Ende Juni schrittweise gelockert werden.

Die Zahl der Covid-19-Infektionen pro 100.000 Einwohner ist in Spanien, den Vereinigten Staaten, Italien und Großbritannien ungefähr doppelt so hoch wie in Deutschland, Russland und der Türkei. Sehr niedrige Zahlen weist Südkorea und (noch) Indien auf (Quelle: Johns Hopkins Universität).

Nach 76 Tagen kompletter Ausgangssperre scheint Wuhan das Virus besiegt zu haben. Doch nun gibt es sechs (!) neue Fälle in der Stadt. Die Behörden setzen auf umfassendes Testen. Alle elf Millionen Einwohner sollen innerhalb der nächsten zehn Tage getestet werden. In China gab es bislang 3,3 Todesfälle pro 1 Million Einwohner (insgesamt 4600). Zum Vergleich die USA: 277 Fälle pro 1 Million Einwohner und 90.000 Todesfälle. Italien 530 pro 1 Million Einwohner und 32.000 Todesfälle. Deutschland: 96 pro 1 Million Einwohner und 8000 Todesfälle.

Das Thema Corona hat nach wie vor eine hohe Dynamik. Da die Menschen nicht mehr so gerne aus dem Haus gehen wollen und sollen, hat der Internethandel enorm zugelegt. Der Vorteil ist, dass man über die Suchmaschinen das Gewünschte zielgenau finden und bestellen kann. Die Lieferung über die Paketzustelldienste erfolgt innerhalb weniger Tage; wenn man bereit ist, mehr für den Transport zu zahlen, schon am nächsten Tag. Die Unternehmen haben flexibel ihre Kapazitäten hochgefahren. Das ist der Vorteil der viel geschmähten Marktwirtschaft. Ohne staatlichen Eingriff reagieren die Unternehmen auf die erhöhte Nachfrage.

23. 5. Die Fleischindustrie war schon immer ein Lieblingsfeind der Grünen und Linken. Einige Corona-Infektionen in zwei Betrieben werden zum Anlass genommen, auf die gesamte Fleischindustrie einzudreschen. Es gibt knapp 1500 Betriebe in der Schlachtung und Fleischverarbeitung Deutschland. Jetzt will der Arbeitsminister in der Branche tüchtig aufräumen. In ei-

nem der größten Schlachthöfe mit rund 7000 Beschäftigten wurden alle Beschäftigten getestet. Zur maßlosen Enttäuschung der Ankläger waren nur drei positiv. Dabei hatten doch alle gesagt, dass die Arbeit- und Hygienebedingungen „in der gesamten Fleischwirtschaft" katastrophal seien. Laut Gewerkschaft Nahrung, Genuss, Gaststätten (NGG) sei die Fleischindustrie „erwiesenermaßen reformunwillig und von Grund auf krank". Ein Sonderstaatsanwalt solle sich um den Arbeits- und Gesundheitsschutz der Branche kümmern. Die Fleischarbeiter kommen oftmals aus Rumänien, Bulgarien, Polen und Ungarn, weil Deutsche den Knochenjob nicht gerne machen.

Sammelunterkünfte gelten als Infektionsherde. Infizierte Flüchtlinge gibt es in Berlin trotzdem kaum. Ist das nun Zufall oder gute Vorsorge? Jedenfalls ärgern sich die Berufsbedenkenträger wieder einmal, weil ihre Annahme, dass alles ganz schlimm ist, erneut nicht bestätigt werden kann. Im vergangenen Winter wurde mit einer groß angelegten Aktion alle Obdachlosen (also nicht die Wohnungslosen) gezählt. Statt der erwarteten 10.000 waren es nur 2000. Auch das führte zu großer Enttäuschung bei den Permanentkritikern, weil ein Grund wegfiel, die Regierung anzuschwärzen, sie tue zu wenig. Stattdessen wurde behauptet, dass die Zählung nicht wirklich korrekt gewesen sei. Tatsächlich war die Zählung optimal, eine bessere wird niemand hinbekommen.

Die Partei Die Linken moniert, „der Staat" hätte schon viel früher Firmen anweisen müssen, Mundschutzmasken herzustellen. Die Bundesregierung hat das wohlweislich nicht getan. Einerseits, weil es den Prinzipien der freien Marktwirtschaft widerspricht, andererseits weil es wahrscheinlich in die Hose gegangen wäre. Die Versorgung mit Mundschutz und Desinfektionsmitteln war anfangs etwas holprig, es gab aber nie einen ernsthaften Engpass. Weil planbare Behandlungen und Operationen in den Krankenhäusern generell aufgeschoben sind, stehen derzeit Tausende von Betten für etwaige Corona-Kranke zu Verfügung.

Meine jüngste Produktion ist ein kurzer Überblick über den Liberalen August Friedrich von Hayek, ein weiterer Baustein für mein schon lange geplantes Buch über Liberalismus.

24. 5. (Sonntag) Sehr schöner Sonntagsspaziergang zum sorgfältig renovierten Schloss Babelsberg mit Blick auf die Glienicker Brücke, die „Brücke der deutschen Einheit". Endlich wieder ein wenig Regen, wenn auch nur einige kurze Schauer. – Eine isoliert lebende Patientin von mir versuche ich zu irgendwel-

chen Aktivitäten zu überreden. Sie lese John Grishams Roman *Das Urteil.* Um Gesprächsstoff zu haben, habe ich mir das Buch besorgt und lese es auch. Nach einem Drittel ist mir klar, die Geschichte ist in wesentlichen Teilen unwahrscheinlich. Kein amerikanischer Richter würde sich von einem jugendlichen Jury-Mitglied derart am Nasenring herumführen lassen.

Meinem Cousin und Schriftsteller J.L. in Wien antworte ich: „Auch ich bedaure es sehr, dass die relative Ruhe an ihr Ende kommt. Berlin war in den vergangenen Wochen deutlich angenehmer als sonst. Die Menschen in ihrer großen Mehrheit sehnen sich nach einer Rückkehr zur Normalität, und das heißt: Reisen, Reisen, Reisen, Restaurants, Cafés, kulturelle Ereignisse und Fußball. Ich wäre geneigt, bei Change.org eine Petition zu starten: ‚Für ein Leben ohne Fußball', das heißt für ein Leben ohne Geschrei, Kommerzialität, riesige Transfersummen, Gewalt der Fans usw., und die freiwerdende Sendezeit in den öffentlich-rechtlichen Anstalten könnten mit schönen Sendungen über Friedfertigkeit und Humanität gefüllt werden."

Nichts spricht dafür, dass die Corona-Krise als die große Beschleunigung in die Geschichte eingehen wird. Die Hilfsprogramme der Regierung sind darauf angelegt, die grundlegende Ausrichtung auf ständiges Wachstum wieder aufzunehmen. Das Modernisierungstempo wird sich nicht verlangsamen, im Gegenteil. Die Krise beschleunigt Prozesse, die schon auf dem Wege sind. Andererseits, da der Datenschutz bei uns eine heilige Kuh ist, wird man weiterhin auf die Nachverfolgungs-App warten. Die Heimarbeit wird wohl in einem gewissen Umfange Bestand haben. Aber wir werden nicht ins 19. Jahrhundert zurückkehren, als Heimarbeit noch weitgehend die Erwerbsarbeit bestimmte.

Anders als die gängige Kritik am Neoliberalismus behauptet („der Staat zieht sich immer mehr aus seiner Verantwortung heraus"), ist der staatliche Einfluss in den meisten Lebensbereichen in den letzten Jahrzehnten gewachsen. Mit der Finanzkrise von 2008/9 wurde der Finanzsektor zunächst weitgehend gerettet und dann stärker reguliert. Zugleich stieg der Anteil der Staatsausgaben für Sozialleistungen. Angesichts von Terrorismus, Digitalisierung, Naturschutz und Erderwärmung ist die staatliche Regelungsdichte weiter angeschwollen. Ich sehe keine Möglichkeit, diesen Trend zu stoppen oder gar umzukehren. Es gibt keinen Rückzug des Staates aus Gesellschaft, Wirtschaft und Kultur, im Gegenteil.

Die derzeitigen staatlichen Eingriffe sind zwar in Ausmaß und Tiefe noch nie dagewesen, doch in Demokratien ist klar, dass diese Maßnahmen einzig einem sachlichen Zweck dienen, der Eindämmung der Pandemie. Sie werden wieder aufgehoben, wenn die Gefahr vorbei ist. Die Eingriffe in die Grundrechte stellen keine Trendwende dar. Von einer Verabschiedung des Staates von der Sozialverantwortung zu sprechen, ist unpassend. Er übernimmt immer mehr Verantwortung bis hin zur Entmündigung. Selbst eingefleischten Liberalen dürfte klar sein, dass dieser Trend mit der Corona-Krise einen Schub erhielt und sich insgesamt fortsetzen wird. Das findet überwiegend Zustimmung und stößt auf wenig Protest. Der Eingriff des Staates zieht immer weitere Eingriffe nach sich, auch um vorhergehende Maßnahmen zu korrigieren.

In dieser Krise erweist sich der Nationalstaat als handlungsfähig. Die Kritik am „Flickenteppich“ trifft nicht. Die Staaten der Europäischen Union konnten auf die jeweils unterschiedlichen Ausgangsbedingungen flexibel reagieren. Oder hätte eine europäische Zentralregierung die Krise besser bewältigt? Es waren die Nationalstaaten, in deren Rahmen die Legitimation für die Maßnahmen liegt und die die immateriellen und mentalen Ressourcen zur Krisenbewältigung zur Verfügung stellen.

Zugleich zeigt die Krise, wie stark wir alle in intensiven globalisierten Verflechtungszusammenhängen leben. Der Globalisierungszusammenhang wird es zugleich ermöglichen, in internationaler Kooperation in noch nie dagewesene Geschwindigkeit neue Tests und eine Impfung zu entwickeln. Eine Abkehr von der Globalisierung wird es nicht geben, allenfalls als kurzsichtige nationalegoistische und innenpolitisch motivierte Volte. Im großen Ganzen werden sich die zwischennationalen Abstimmungsprozesse verbessern.

Die Corona-Krise ist auch kein Ergebnis der „inneren Widersprüche des Kapitalismus“. Abgesehen davon, dass „Kapitalismus“ und „Neoliberalismus“ undeutliche politische Kampfbegriffe sind, handelt es sich um ein biologisches Geschehen, welches zu unserer menschlichen Lebensgrundlage gehört. Teilweise wird gesagt, dass dieses Geschehen durch menschengemachte Veränderungen im Verhältnis von Natur und Zivilisation verstärkt wird. Was könnte das sein? Der Mensch hat seit der Domestizierung von Wildtieren immer eng mit Haustieren zusammengelebt, teilweise unter einem Dach. Der moderne Stadtmensch aber hat sich von der unmittelbaren Berührung mit der Natur entfernt. Das Covid-Virus soll von einem Fleischmarkt in Wuhan ausgegangen sein, und zwar von den dort feilgebotenen Fledermäusen. Bestimmte Lebensgewohnheiten (selbstverständlich gewordene Mobilitätswünsche) haben dann zur schnellen Ausbreitung mit beigetragen.

Bemerkenswerterweise ist die anschwellende Debatte um die staatlichen Corona-Maßnahmen nicht von Sorge um Natur und Klimaerwärmung getragen. Es sieht derzeit nicht daraus, dass die Pandemie den Klimaschutz befördert. Mit dem Herunterfahren der Industrieproduktion und der Dienstleistungsangebote ist der Ausstoß an Treibhausgasen zwar gesunken. Aber mit unendlich viel Staatsgeld wird versuchen, den ursprüngliche Zustand vor der Pandemie wiederherzustellen. Es lässt sich damit abschätzen, dass der Klimaschutz unglaublich viel Geld und sehr viele Arbeitsplätze kosten wird. Es sieht nicht danach aus, dass eine Mehrheit der Bevölkerung dies mittragen wird. Meiner Ansicht nach wird im Bewusstsein der meisten keine Verbindung zwischen Nachhaltigkeit und Virusbekämpfung gezogen.

25. 5. Hotels, Pensionen, Plätze und andere Unterkünfte dürfen wieder für Touristen öffnen. – Glücklicherweise ist in Deutschland und in Berlin die Zahl der Schwerkranken relativ niedrig. Die Beatmung von Lungenerkrankten ist kein Kinderspiel. Es reicht nicht, einfach nur eine Maske aufzusetzen und Sauerstoff zuzuführen. Im Berliner „Tagesspiegel" berichtet der Pfleger R.L. aus der Intensivmedizin jede Woche über seine anstrengende Arbeit. Um sich eine Vorstellung davon zu machen, zitiere ich ihn ausschnittsweise:

„Langsam bekommen wir Routine mit den Patienten. In meinen letzten Schichten habe ich jeweils zwei von ihnen betreut. Wenn die Lunge schwach wird und der Arzt es anweist, drehen wir den Patienten auf den Bauch, um seine Belüftung zu optimieren. Davor spülen wir seinen Mund mit einer antibakteriellen Lösung aus und saugen den Speichel ab, durch den Tubus könnten sonst Keime in die Lunge gelangen. Eventuelle Drainagen, also Sekretbeutel, polstern wir mit Watte ab. Wir entfernen die EKG-Kabel und alle nicht lebensnotwendigen Infusionsleitungen und stellen dann das Bett flach. Der Arzt geht zum Kopfende und sichert den Tubus mit seiner Hand - rutscht dieser bei der Umlagerung raus, kann der Patient ersticken. Auch der Zugang, der sich in einer großen Vene am Hals befindet, darf nicht durch eine Unachtsamkeit herausgezogen werden. Hierüber laufen die Narkosemittel ein, ohne die eine so invasive Beatmung nicht möglich wäre. Ein Patient bei Bewusstsein würde den Druck, mit dem Sauerstoff in seine Lunge gepustet wird, sehr unangenehm finden. Auf Kommando des Arztes heben wir den Patienten zu dritt erst vorsichtig um 90 Grad auf die rechte Seite, seinen Arm lagern wir nah am Körper. Wir kontrollieren Zugänge und Tubus und platzieren spezielle Lagerungskissen vor ihm, auf die wir ihn dann über den rechten Arm drehen: Brustkorb und Becken liegen auf den Kissen, der Kopf auf einer Schale, sodass Gesicht und Tubus frei sind und der Beatmungsschlauch nicht abknickt. ... Wir kleben die EKG-Kabel auf den Rücken, schließen die Infusionen wieder an, ziehen das Laken faltenfrei und lagern auch die Beine auf Kissen. ... Unser Gesundheitssystem hat bislang gut reagiert. Trotzdem ist mir eines ganz wichtig: Jeder dieser Patienten liegt für mindestens drei Wochen auf der Intensivstation. Darum bleibt unsere Sorge bestehen, dass es bei einer weiteren Welle doch noch eng werden könnte. Noch ist nicht alles ausgestanden.

Am Patientenbett denke ich manchmal an die Verschwörungstheoretiker, die glauben, alle Vorsichtsmaßnahmen seien Panikmache, weil unsere Kliniken noch vergleichsweise leer sind. ... Wir haben in Deutschland schnell reagiert, haben Verdächtige nicht in den Krankenhäusern, sondern in Zelten davor untersucht, haben per Telefon krankgeschrieben. Und bei aller Kritik ist unser Gesundheitssystem auf einem hohen Niveau. ... Wir haben zusätzliche 90 Beatmungsplätze im ganzen Haus geschaffen und die Station so umgebaut, dass die, die mit Corona-Patienten zu tun haben, den anderen nicht begegnen. ... Angehörige rufen verzweifelt an, weil sie nicht reindürfen - am Telefon kann ich ihnen aber wegen des Datenschutzes nicht sagen, wie es ihrem Vater, der einen Herzinfarkt hatte, gerade geht.“

Ergänzend aus einem weiteren Bericht: Der Mann hatte eine schwere Lungenentzündung auf beiden Lungenflügeln. Schnell kamen weitere Begleiterscheinungen von Covid-19 hinzu: Embolien in den Hals-, Arm- und Beinvenen sowie eine Lungenembolie. Es kam zu einem Herzversagen. Der Mann geriet in akute Lebensgefahr und musste an die Herz-Lungen-Maschine angeschlossen werden. Durch eine Dauerinfusion wurde er sediert. Das interdisziplinäre Behandlungsteam bestand aus Ärzten, Pflegern, Physio-, Ergo- und Atemtherapeuten. Die schonende Beatmung ist dabei ein wesentlicher Faktor. Dabei hilft das regelmäßige Umlagern vom Rücken auf dem Bauch. Man kann den Patienten nicht einfach umdrehen. Er war an die Herz-Lungen-Maschine angeschlossen, wurde über eine Kanüle beatmet und über eine Magensonde ernährt, in seinen Venen lagen mehrere Infusionskatheter. Alles muss beim Umlagern da bleiben, wo es hingehört. So braucht man jedes Mal fünf Fachkräfte, die in 45 Minuten ganz vorsichtig dem Patienten umdrehen. Ist der Körper physiologisch stabilisiert, erfolgt das langsame entwöhnen von der maschinellen Beatmung. Durch das lange Liegen hat sich die gesamte Muskulatur zurückgebildet. Jeder Schritt ist wahnsinnig anstrengend. Für ein selbstständiges Atmen müssen die Atemmuskulatur und das Zwerchfell trainiert werden. Fassungslos hätten die Bilder von Menschen gemacht, die in Massen und ohne Gesichtsmaske gegen die Corona-Einschränkungen demonstrieren.

26. 5. Freunde und Bekannte teilen uns ihre Gefühle, Sorgen und Überlegungen mit. Die Ärztin B.M. schreibt: „Wie gehe ich, gehen wir damit um, wenn Leben und innere Ordnung eines Donald Trump, eines Jair Bolsonaro, eines Björn Höcke, eines Andreas Kalbitz mit ihren jeweiligen Haltungen und Werturteilen alles in Frage stellen, alles bedrohen, was meiner/unserer inneren Ordnung entspricht? ... Wird uns und unseren Kindern die Zeit zum Lernen und Sich-Entwickeln bleiben? Jair Bolsonaro lässt wieder verstärkt den Regenwald im Amazonas abbrennen. Der aus meiner Sicht völlig unberechenbare Donald Trump hat Befehlsmacht über Atomwaffen. Björn Höcke benutzt öffentlich das Wort ‚ausschwitzen' für den Umgang mit (noch parteiinternen) Kritikern. Lernen und Entwicklung benötigen auch Lern- und Lehrstoff, Bücher. Wie weit sind wir von Zensur entfernt? Sind wieder Vernichtung von Büchern und Kulturgegenständen auch hier möglich?"

K.H. ist nicht leicht zu verstehen: „Der Mensch der Massengesellschaft ist eben von außen gelenkt und er verzweifelt daran, das ihm die Man-Selbst-Existenz nicht gelingt. Man kann die durch den Ausbruch des Virus erzwungenen Verhaltensänderungen auch als den tieferen Sinn interpretieren, eine Ich-Selbst-Existenz aufzubauen. Da man weiß, dass eine Änderung des Lebensstils undurchführbar ist, versucht die Menschheit das Virusproblem technisch zu lösen. Eine Präventionsmedizin ist noch am Anfang. Es ist aber bekannt, dass ein kompetentes Immunsystem mit einem Virus umgehen kann und nebenbei die Wahrscheinlichkeit anderweitig schwer zu erkranken auf ein Minimum senkt." Er verweist auf einen Vortrag von Prof. Jörg Spitz zu Vitamin D, zu sehen bei Youtube.

Schweden geht in der Corona-Krise weniger rigoros vor als Deutschland. Die einen sehen darin ein Beispiel für bürgerliche Freiheiten. Andere verweisen auf hohe Todeszahlen. Im Unterschied zu Deutschland wurden in Schweden keine Ausgangsbeschränkungen verhängt. Grundschulen, Vorschulen und Kindergärten blieben geöffnet, ebenso die meisten Geschäfte. Die Menschen konnten auch weiterhin in Restaurants, Cafés und Bars gehen, wenn auch mit Abstand. Schweden hat zehn Millionen Einwohner und eine Bevölkerungsdichte von 25 Einwohnern pro Quadratkilometer. In Deutschland leben 83 Millionen Menschen und die Bevölkerungsdichte liegt bei 237 Einwohnern pro Quadratkilometer – also mehr als neunmal so hoch wie in Schweden. Schweden hat verglichen mit Deutschland relativ viele Todesfälle in der Corona-Pandemie zu beklagen. Nach Angaben, die dem European Center for Disease Prevention and Control (ECDC) bis 15. Mai vorlagen, sind in Schweden pro 100.000 Einwohner 34,7 Menschen im Zusammenhang mit Covid-19 gestorben, in Deutschland hingegen 9,4. Der Weg Schwedens ist umstritten, auch im eigenen Land. Die einen stehen hinter dem freiheitlicheren Ansatz, andere beklagen das hohe Todes-Risiko, besonders in Altenheimen.

Wer bezahlt die Entwicklung und Herstellung eines Corona-Impfstoffes? Die französische Firma Sanofi bekam aus den USA 30 Millionen Dollar. Mit einem Betriebsgewinn von 2,2 Milliarden €, den Sanofi 2019 allein im Impfstoffgeschäft erzielt hat, sind das Kleinigkeiten. Mit seinem heftigen Drängen nach weiteren Subventionen riskiert der Konzern erheblichen Rufschaden. Andere Pharma-Unternehmen verzichten auf Subventionen. So geht es offenbar auch.

Die Pandemie ist ein weltweites Übel. Nun kündigt Sanofi die Erstbelieferung der Amerikaner an. Das wurde von vielen Europäern als Provokation aufgefasst. Sanofi verteilt die Ergebnisse, noch bevor der Impfstoff da ist. Es muss klar sein, dass alle einen Impfstoff bekommen, einschließlich zahlungsschwacher Entwicklungsländer.

27. 5. Der Protest von Spinnern und Verschwörungsidioten gegen die Vorsorgemaßnahmen der Regierung geht weiter. Da gibt es aber auch den Protest von Bürgern, die sich nicht zu den Wutbürgern rechnen. Der Berliner Büroleiter der NZZ berichtet am 22. Mai über einen Besuch bei solchen Leuten. Was haben sie vorzubringen? Es habe keinerlei vernünftige Risikoabwägung gegeben. Stattdessen hätten Spitzenpolitiker das Gebot aufgestellt, dass jedes Leben um jeden Preis zu schützen sei. Das sei doch „lebensfremd". Das Corona-Virus müsse man ernst nehmen, aber „im Zweifel immer für die Freiheit". Die Kanzlerin und Ministerpräsidenten hätten Grundrechte wie „eine Art Über-Exekutive" im Handstreich ausgehebelt, in informellen Telefonkonferenzen und ohne öffentliche Debatte. In den Medien hätten sie keinerlei kritische Kommentierung gefunden. Die Bevölkerung versteht die Strategie der Entscheider nicht. Die Kanzlerin betreibe eine „infantile Verein-

fachung". Den Grundgesetzartikel 2 „Jeder hat das Recht auf Leben und körperliche Unversehrtheit" ignorieren sie.

Die habituell kritischen Feuilletonisten wie der Feuilletonchef der NZZ, René Scheu, wunderten sich darüber, wie weitgehend einvernehmlich die Bürger den drastischen Anweisungen gehorchten. Diese Maßnahmen seien verordnet worden, ohne über das Virus wirklich Bescheid zu wissen. Scheu (15. Mai 2020) hält die staatlichen Institutionen für „fragil". Die Bewohner der westlichen Gesellschaften hätten sich in einem „Schlummer der Rundumabsicherung" eingerichtet. Sie würden nur noch in den Kategorien von Rechten und Ansprüchen denken.

All diese Überlegungen und Interpretationen sind nur auf den ersten Blick plausibel. In einem gebe ich Scheu recht: Wir saturierten Europäer scheinen allein am „komfortablen, abgesicherten Status quo" interessiert zu sein. Aber diese Haltung ist nicht einheitlich. Auf der einen Seite gibt es bei einer Minderheit eine Risikoaversion und ein tiefes Misstrauen gegenüber dem technischen und wirtschaftlichen Fortschritt. Von der Mehrheit aber wird dieser technische Fortschritt begeistert benutzt. Verdrängt wird, dass diese auf Elektrizität beruht. Diese Grundlage macht die Technik anfällig für Stromausfälle. Die Wahrscheinlichkeit von Stromausfällen steigt mit der Umstellung von kontinuierlich arbeitenden fossilen und atomaren Kraftwerken hin zu Solar- und Windkraftanlagen mit ihrer schwankenden Stromproduktion.

Die Menschheit wurde von der Pandemie nicht auf dem falschen Fuß erwischt. In allen wohlhabenden Staaten gibt es ein ausgebautes Gesundheitssystem und eine robuste Wirtschaft, die kurzzeitige Verluste wieder auffangen kann. Auch der deutsche Staat lebt nach dem Risikovermeidungsprinzip. Dank dem wissenschaftlichen und technischen Fortschritt konnten viele der großen tödlichen Infektionskrankheiten weitgehend ausgerottet werden, nicht nur in den wohlhabenden, sondern auch in den ärmeren Staaten. Damit hat sich allerdings das Naturverständnis schon seit längerem fundamental verschoben. War die Natur früher eine Bedrohung für die menschliche Existenz, wird sie heute von Menschen bedroht und muss geschützt werden. Auch der Naturschutz ist heute weitgehend auf Technik angewiesen. Aber wie die Pandemie uns vor Augen führt, bleibt die Natur unbändig und der Mensch in größerem Umfange ein Teil von ihr. Der Mensch ist aus der Natur entstanden und bleibt mit seinen Wurzeln in ihr verhaftet. Einzelne Potentaten mögen die Pandemie für ihre autokratischen Zwecke missbrauchen. Die Vernünftigen eint die Einsicht, dass die globale Pandemie nur mit spezialisierter Wissenschaft und ausgefeilter Technik gemeinsam bewältigt werden kann.

René Scheu erkennt die Saturiertheit an „Pseudodebatten“, überflüssigen Auseinandersetzungen, die zu nichts führen. Scheu schreibt: „Auf intellektuellem Gebiet hat sich eine Kultur des Verbalradikalismus und der Hyperkritik entwickelt, frei nach dem Motto: Wer in der Komfortzone sitzt, ergötzt sich besonders daran, ausgeklügelte Todes- und Untergangsphantasien zu pflegen. Geradezu inflationär hat man das Ende des Kapitalismus, das Ende der Demokratie, den Untergang des Westens beschworen. Diese fröhlichen Endzeitphantasmen rechnen mit allem, nur mit einem nicht: dass das Ende der Geschichte vertagt wurde.“

Wir sollten schätzen, was wir haben, denn wir können es leicht verlieren. Wir sollten uns darüber freuen, dass die menschliche Moral und der menschliche Verstand in Krisenzeiten *cum grano salis* funktioniert. Der Staat, wie es sich in einem unentwirrbaren Gemisch aus Zufall und Planung entwickelt hat, zeigte sich als funktional. Scheu fordert, der Staat möge sich auf seine Kernaufgaben besinnen, d. h. sich aus vielen Vorsorgebereichen zurückziehen. Das wird nicht geschehen – wegen des Anspruchs- und Rechte-Denkens. Rational ist, was Überleben ermöglicht. Insofern konnte man in den vergangenen Wochen überall Rationalität am Werke beobachten. Die Maßnahmen wurden ständig überprüft und notfalls modifiziert. Ob die Exekutive ihre gesetzlichen Spielräume dabei überdehnt hat, ist eine Frage für Fachjuristen. Die politische Urteilskraft berücksichtigt nicht nur die Faktenlage, sondern nimmt mögliche Folgen mit in den Blick. Es ging dabei nie um ein Entweder-Oder, um Gesundheit *oder* um Wirtschaft, um Menschenleben *oder* um Freiheitsrechte.

28. 5. Fitnessstudios dürfen wieder öffnen, allerdings nur mit begrenzter Besucherzahl. – Unser Institutsgründer und Mentor Prof. J.R. erfreut uns in jeder Corona-Woche mit einem Text aus seinem *Tagebuch im hohen Alter*. Diesmal ging es um einen Hinweis auf Carl Spitteler, dem Schweizer Literaturnobelpreisträger von 1919. Seine großen epischen Werke sind an Goethes *Faust* angelehnt, schwer verdaulich und heute weitgehend vergessen. Meine liebe Frau und ich erinnern uns aber mit Wärme an Spittelers kleine Autobiografie *Meine frühesten Erlebnisse* in der Umgebung von Basel. J.R. erwähnt Spittelers Einsatz für Völkerverständigung und für die Neutralität der Schweiz im Ersten Weltkrieg. Spitteler kritisierte die Sympathien vieler

Schweizer für den deutschen Nationalismus und wandte sich gegen die Kriegsrhetorik aller Parteien.

Ein zweiter Hinweis J.R.s betrifft den französischen Humanisten Michel de Montaigne (1533-1592), der durch seine Essays europaweit berühmt wurde. J.R. zitiert einige Sentenzen Montaignes, die altmodisch erscheinen und schwer verständlich sind.

Zuvor aber geht J.R. auf das Zeitgeschehen ein. Er schreibt: „Seit mehr als zwei bis drei Monaten beherrscht das Thema Corona die Spalten aller Zeitungen. Welche immer man zur Hand nimmt, wird man mit mehr als einem Drittel der Seiten über das Virus und seine Fortschritte informiert. Das ist langweilig und unergiebig. Wenn ich heute darüber rede, will ich den Bogen meiner Betrachtung weit spannen.

Ich bin enttäuscht darüber, dass unsere moderne Welt dem Virus so hilflos ausgeliefert ist. Ich sehe hierin einen Mangel an unserer Kultur. Wir haben doch seit mehr als 200 Jahren genug Erfahrung im Umgang mit solchen Epidemien. Eigentlich müsste man erwarten können, dass die Kulturwelt auf solche Attacken gerüstet ist.

Keine Rede davon. Die meisten Regierungen haben weitgehend hilflos auf Corona reagiert. ...

Offenbar sind die Armen in der Welt die hilflosesten Opfer. Sie wohnen meist eng beieinander und haben keine Hygiene und keinen Gesundheitsschutz. Auch trifft sie die ökonomische Verelendung am härtesten.

Meiner Meinung nach ist das eine Botschaft für uns alle. Der technische Überschwang muss reduziert werden. Während das Volk keine Sicherheit im Leben hat, entwirft man Pläne für Raumfahrt und für die Ergründung der Materiestruktur, was allemal kostspielig ist. Der Schutz von Leben und Gesundheit aller muss Priorität haben. ...

Man sieht: Ich habe Gründe zu schweigen und mich den hohen Bereichen der Weltkultur zuzuwenden und dort mein Gärtchen zu pflegen. Dies zur Erklärung, warum ich wieder zu kulturellen Themen ausweiche und der Politik den Rücken kehre."

Danach folgen die eben erwähnten Einlassungen zu Spitteler und Montaigne.

„Die Kultur" ist sicherlich nicht für die Bekämpfung einer Pandemie geeignet, kann deshalb auch nicht „vorbereitet" sein. Als relativ gut vorbereitet zeigt sich unsere Zivilisation mit dem erreichten Stand an Wissen und Technik. Wenn ich die Wahl habe, mich auf Zivilisation, Wissenschaft und Technik oder auf die Kultur des 20. Jahrhunderts bei der Bewältigung einer Pandemie zu verlassen, so wähle ich Erstere. Der falsche Anschein der Hilflosigkeit ergibt sich aus der Neuartigkeit des Virus; einiges wiederholt sich, anderes ist neu. Epidemien und Pandemie unterscheiden sich in der Gefährlichkeit, der Ausbreitungsgeschwindigkeit, den Todesraten und den Übertragungswegen.

Dass es immer noch Armut gibt, ist bedauerlich. Die Welt hat aber in den vergangenen 200 Jahren und speziell seit dem Zweiten Weltkrieg eine enorme positive Entwicklung hingelegt, von denen auch die Armen profitiert haben. Gewalt im Laufe der Geschichte und besonders seit dem Zweiten Weltkrieg hat sich global verringert (Steven Pinker). Das bedeutet nicht, dass sie völlig verschwunden wäre. Der Rückgang ist nicht homogen. Aber es gibt Grund zum Optimismus, denn die Menschheit hat in wesentlichen Punkten dazugelernt.

Häusliche Gewalt gilt heute als Gewaltverbrechen. Die Europäische Konvention der Menschenrechte (Convention for the Protection of Human Rights and Fundamental Freedoms), 1950 vom Europarat verabschiedet, verbietet grausame und entwürdigende Bestrafungen. Folter, Sklaverei und Zwangsarbeit werden von der Konvention ausdrücklich verboten. In der Regel lagen die Mordraten im Mittelalter bei 100 Toten pro 100.000 Menschen pro Jahr. Dieses Verhältnis sank bis auf weniger als einen Mord pro 100.000 Menschen pro Jahr in sieben oder acht heutigen europäischen Ländern. Seit 1945 gibt es in Europa und Amerika einen starken Rückgang von zwischenstaatlichen Kriegen, von tödlichen ethnischen Unruhen oder Pogromen und Militärputschen.

Der Anteil der Menschen, die in extremer Armut leben, ist stark zurückgegangen. 1820 lebten weltweit 94 Prozent der Menschen in extremer Armut. 2015 waren es zehn Prozent. Der Anteil junger Menschen, die eine Grundschulbildung erhalten, hat stark zugenommen. 1820 besuchten 83 Prozent keine Grundschule. 2015 waren es 14 Prozent. Immer mehr Menschen können lesen: 1820 konnten 88 Prozent der Menschen nicht lesen. 2014 waren 14 Prozent Analphabeten. Die Demokratie als Staatsform hat sich immer mehr durchgesetzt. 1820 lebten 99 Prozent der Menschen *nicht* in einer Demokratie. 2015 waren es noch 44 Prozent. Immer mehr Menschen sind gegen Krankheiten geimpft und leben länger. 1820 war niemand geimpft. 2015 sind 86 Prozent der Menschen geimpft. Die Kindersterblichkeit ist stark zurückgegangen.

1820 erreichten 57 Prozent der Kinder das fünfte Lebensjahr. 2015 waren es weltweit 96 Prozent. Das sind die Ergebnisse verschiedener Untersuchungen und Befragungen, die ich in einem kurzen Aufsatz mit dem Titel „It's getting better all the time: Steven Pinker über die generelle Abnahme von Gewalt in der Neuzeit" zusammengefasst habe.

Zur Enttäuschung besteht kein Anlass und die Menschen und ihre Regierungen sind keineswegs hilflos. Der „technische Überschwang" erlaubt es der Menschheit, in immer kürzerer Zeit Testmöglichkeiten, Medikamente und Impfungen gegen Epidemien und Pandemien samt ihrer Distribution und Applikation bei Millionen von Menschen zu entwickeln, und zwar dank eines technisch außerordentlich hohen Niveaus, zu dem auch die Raumfahrt und die Erforschung der Materie mit beigetragen haben. Davon profitieren auch die Armen. Auch wegen einer ausgefeilten Medizintechnik erfreut sich J.R. eines Alters von über 90 Jahren.

29. 5. Der Litauische Schriftsteller Marius Ivaskevicius schreibt in der FAZ vom 20. Mai: „Der Mensch ist der Lebendigste aller Viren dieses Planeten, und nachdem er mit seinem kleinen Vetter [dem Corona-Virus] fertig geworden ist, wird er wieder alle Motoren anwerfen, es aus allen Kaminen rauchen lassen, wird die Flugzeuge in den Himmel steigen lassen, wird die Erde weiter kreuz und quer durchstreifen, um seine Neugier und seinen unaufhörlichen Bewegungsdrang zu befriedigen, sogar dann, wenn diese ihn ins Verderben führt." Für introvertierte Schriftsteller sei die aktuelle Zeit ideal. Eine solche Konzentration auf das Schaffen habe er wahrscheinlich schon seit tausend Jahren nicht mehr gehabt. „Jedes Anhalten der Welt ist die Zeit der Schriftsteller. Das ist unsere Arbeit: zu Hause sitzen und Geschichten erzählen".

Nun, da die Maßnahmen allenthalben gelockert werden sollen, warnen viele Epidemiologen vor dem Albtraum einer zweiten Welle. Es wird jenes Maßhalten verordnet, das sich für den Menschen als die offenbar schwierigste Tugend erweist. „Reichtum und Schnelligkeit ist, was die Welt bewundert und wonach jeder strebt." Das schrieb Goethe 1825 an Zelter.

Weiterhin laufen die meisten meiner Psychotherapiegespräche über Video. Die zertifizierte Videoverbindung ist nicht besonders stabil, deswegen weiche ich oft auf FaceTime und WhatsApp aus. Mein neues Smartphone von Apple hat einen brillantes Bild und einen ausgezeichneten Ton, insbesondere wenn ich Kopfhörer benutze.

30. 5. Kleine Gartenparty bei H.M. und seinem Ehemann mit nur fünf Freunden und gutem Essen.

Ein bekannter Verfassungsrechtler Großbritanniens, Jonathan Sumption, ist zur Galionsfigur der Gegner wirtschaftlicher und gesellschaftlicher Einschränkungen im Zuge der Pandemie aufgestiegen. Seine Überlegungen halte ich für bedenkenswert. Er warnte vor unverhältnismäßigen Eingriffen in die Freiheit des Einzelnen. Die FAZ vom 20. Mai zitiert ihn mit den Worten: „Wenn Gesellschaften ihre Freiheit verlieren, passiert dies meistens nicht, weil Tyrannen sie wegnehmen, sondern weil sie ihre Freiheit bereitwillig aufgeben für den Schutz vor einer äußeren Gefahr." Das Herunterfahren des öffentlichen und wirtschaftlichen Lebens sei fraglos der größte Freiheitseingriff seit Jahrzehnten. Er wirft der Regierung vor, in blinder Panik gehandelt zu haben.

Sumption argumentiert vor allem mit dem Verhältnis von Bürger und Staat. Dabei unterstellt er der Regierung keine böse Absicht, sondern sieht sie als Opfer einer falschen (übertriebenen?) Anspruchshaltung der Gesellschaft. „Es ist unsere Entscheidung, nicht die des Staates, welche Gesundheitsrisiken wir auf uns nehmen. Freie Menschen machen Fehler und gehen bewusst Risiken ein. Wenn wir die Politiker für alles verantwortlich machen, was schief geht, werden sie uns unsere Freiheit wegnehmen, damit nichts mehr schief geht. Sie tun das nicht für unseren Schutz vor dem Risiko, sondern für ihren Schutz vor der Kritik." Ins Theater zu gehen oder nicht, sei eine Risikoabwägung. Sumption ist nicht der einzige Intellektuelle, der die Überreaktion eines Vorsorgestaates beklagt und die Schäden durch Schutzvorkehrungen für höher hält als die des Virus.

Es wäre ein interessantes Experiment, beim nächsten Mal die Bürger selbst entscheiden zu lassen, wie sie sich verhalten wollen. Wenn sie glauben, dass sie sich im Theater anstecken könnten, sollten sie zu Hause bleiben. Sumption bedenkt nicht das Doppelgesicht des Virus: anstecken und angesteckt werden. Er soll meinetwegen versuchen, ins Theater zu gehen, aber werden die Schauspieler mitmachen? Und was, wenn er sich dort ansteckt? Abgesehen davon, dass ein konkreter Viruswirt fast nie genau ausgemacht werden kann: wird Sumption seinen Sitznachbarn verklagen? Oder wird er die Ansteckung gemäß seiner Maxime der Selbstverantwortlichkeit schweigend hinnehmen?

Auch auf allen anderen Gebieten würden die Folgen einer Zurückhaltung à la Sumption beim privaten Individuum verbleiben, beispielsweise nicht zur

Arbeit zu erscheinen. Der Staat hätte keine Veranlassung, Hilfsgelder auszugeben. Das käme sicherlich dem Steuerzahler zugute. Alle wirtschaftlichen Einheiten, einschließlich Krankenhäuser, könnten nach eigenem Gutdünken Isolierstationen einrichten und Intensivbetten anschaffen, oder es auch sein lassen. Einige werden vorsichtig sein, andere nicht. Da man nicht weiß, ob man bereits infektiös ist, besteht die Gefahr der Ansteckung. Wer Angst davor hat, muss sich selbst schützen, d. h. sich selbst isolieren. Wer erkrankt, muss sich selbst helfen. Politiker können nicht in Haftung genommen werden.

Ist das ein gangbarer Weg? Sumption hat meines Erachtens recht daran, dass die Bevölkerung in der Regel von der Politik und den Politikern umfassenden Schutz und umfassende Vorsorge erwartet. Zu unterstellen, Politiker würden in der jetzigen Situation die Menschen vor dem Corona-Risiko schützen, um nicht in die Kritik zu geraten, ist unfair. Die Bürger erwarten Schutz, und mit Sumption bin ich der Meinung, dass an dieser hohen Erwartung heute keinen Politiker und keine Partei mehr vorbeikommt, dass zugleich diese hohen Erwartungen nicht mehr erfüllbar sind. Politiker können nur Fehler machen. Auch ist die Selbstverantwortung der Bürger keineswegs aufgehoben. Die Einschränkungsmaßnahmen des Staates funktionieren nur, wenn die Mehrheit verantwortlich und einsichtig mitmacht. Es wäre naiv zu erwarten, dass dies zu 100 Prozent geschieht. Es gibt immer Exzentriker, Querulanten, Verweigerer, Narzissten, Superschlaue, Idioten, Tumbe, Hirnlose, Hohlköpfige, Begriffsstutzige, Bösartige, Dumpfbacken, Narren und Törichte.

31. 5. (Sonntag) Der letzte Schrei sind einklappbare Außenspiegel, wenn man das Auto abschließt. Da die Pkw immer grösser und damit auch breiter werden, werden die Außenspiegel eingeklappt, damit vorbeifahrende Autos diese nicht abreißen. – Mein Bruder empfahl mir zu lesen Simon Sebag Montefioris *Jerusalem*, 850 Seiten stark, mit vielen Abbildungen, eine Geschichte dieser außergewöhnlichen und faszinierenden Stadt. Montefiori ist Engländer und hat schon mehrere preisgekrönte historische Bücher geschrieben. Auch ich liebe diese Stadt, die ich schon zweimal besuchen durfte. Ein Wunsch ist, nächstes Jahr im Frühjahr erneut nach Israel zu fliegen. – C.W. hat die Schreibgruppe zu ihrem Geburtstag im nächsten Monat eingeladen. Ich fragte nach einem Geschenkwunsch. Ihr Mann antwortete, ohne ein Diamant-Diadem sollte ich mich gar nicht erst blicken lassen. Also habe ich in einem Billigkaufhaus eine beeindruckend funkelnde Halskette besorgt. –

Sowohl einige öffentliche Freiluft-Bäder als auch die Sportstudios sollen in der nächsten Woche wieder öffnen. Ich war eigentlich ganz froh, meine Ruhe zu haben, freue mich aber nun doch, mich wieder mehr bewegen zu können. – Ich plane, aus gesundheitlichen Gründen (ich werde 70) meine Praxis im dritten Quartal, also Juli, August, September, vollständig zu schließen – mir einen ganz privaten Shutdown zu verordnen. Die Genehmigung der Kassenärztlichen Vereinigung liegt vor. Meine Tante I.L. hat sich erstaunlicherweise bereit erklärt, mich finanziell zu unterstützen! Im August mache ich ohnehin immer eine längere Pause. Die vergangenen Jahrzehnte machten meine liebe Frau und ich im Sommer jeweils vier Wochen Urlaub. Im vorvergangenen Jahr gönnte ich mir sogar fünf und im vergangenen Jahr sechs Wochen Pause. Mein Verdienstausfall ist also nicht beunruhigend hoch.

Sehr schöner Spaziergang bei herrlichem Wetter an der Havel.

Juni

1. 6. Bei herrlichem Wetter nach dem Frühstück auf dem nahegelegenen Spielplatz vier Runden Tischtennis. Die vier Abfalleimer quellen über, vieles liegt daneben, teils hingeworfen von den Menschen, teils von den Krähen herausgezogen. Nach dem Tischtennisspielen gehe ich mit einem großen Müllsack noch einmal hin und klaube den Müll zusammen. Eine junge Mutter bedankt sich bei mir. Mir ist das peinlich. In den 45 Jahren, die ich in Berlin lebe, habe ich es allenfalls zwei- oder dreimal gesehen, dass jemand sich bückte, Abfall aufhob und in die Mülltonne stopfte. Seit wenigen Jahren ist es üblich geworden, Glasflaschen einfach auf Parkbänken oder Gehwegen stehen zu lassen. Angeblich werden die Flaschen dann von ärmlichen Flaschensammlern eingesammelt, die sich eine kleine Einnahme durch Flaschenpfand ergattern.

Das einflussreiche Boulevardblatt „Bild“ hat eine perfide Kampagne gegen Christian Drosten, dem leitenden Virologen des Berliner Universitätsklinikums Charité, gestartet. Drosten und sein Team wollten unter anderem herausfinden, ob Kinder genauso infektiös sind wie Erwachsene. Die Datenlage ist insgesamt noch schlecht, doch verfügte das Team über eine große Anzahl (mehrere 10.000) von Patientendaten. Diese wurden nach bestimmten epidemiologischen und statistischen Methoden ausgewertet. Das Ergebnis lautete, dass Kinder „ebenso infektiös sein *könnten*“ wie Erwachsene. Dieses Ergebnis wurde auf eine sogenannte Vorveröffentlichungsplattform (preprint server) gestellt und zur Diskussion freigegeben. Die Vorgehensweise und das Ergebnis wurden insbesondere von Epidemiologen und Statistikern kritisch betrachtet. Das Revolverblatt stellte die kritischen Stellungnahmen zusammen, und zwar derart, dass suggeriert wurde, dass Drosten und sein Team miserable Arbeit geleistet hätten.

Wenig später betonten die zitierten Kritiker der Studie, dass sie von dem Blatt nicht befragt wurden. Auch handele es sich nicht um eine Kritik, sondern um Hinweise auf problematische Aspekte der Auswertung und der Schlussfolgerung. Ferner wurden Vorschläge zur Verbesserung gemacht.

Drosten machte das Vorgehen des Gossenblattes öffentlich. Er habe nur eine Stunde für eine Reaktion bekommen. Er warf dem Blatt tendenziöse Berichterstattung vor. Ein anderer bekannter Mediziner namens Alexander Kekulé bekam eine ganze Seite im Berliner „Tagesspiegel“, um die Drosten-Studie in Grund und Boden zu stampfen. Kekulé warf Drosten vor, dieser hätte die Studie „zurückziehen müssen“. Das ist allerdings bei einer Vorveröffentlichung nicht üblich. Drosten warf daraufhin Kekulé eine tendenziöse Darstellung vor. Kekulé kenne die Daten nicht und zitiere falsch. Außerdem gehöre Kekulé gar nicht zum engeren Kreis der Virologen. Er habe auf diesem Gebiet nichts publiziert.

Das Kampfblatt ließ nicht locker. Es kramten einen englischen Statistiker für eine weitere Breitseite gegen Drosten aus. Wie schon die anderen, früher Zitierten distanzierte sich auch der Engländer von der „Bild“-Berichterstattung. Dann behauptete das Blatt am 28. Mai auf der Titelseite, wegen der (angeblich falschen) Drosten-Studie blieben die Schulen und Kindertagesstätten geschlossen. Die Schließungen waren aber schon Mitte März beschlossen worden, während die Drosten-Studie Ende April veröffentlicht wurde.

Die Frankfurter Allgemeine Zeitung sprach von dem Versuch, Drostens Reputation zu vernichten. Die Bild-Zeitung hatte nicht einmal berichtet, was Drosten falsch gemacht haben soll. Die Zitate der vermeintlichen Kritiker wurden aus dem Zusammenhang gerissen.

Der jugendliche Bild-Chefredakteur betonte, dass er zu seiner Berichterstattung stehe. Natürlich konnte er nicht zugeben, dass ein Redakteur, der von der Materie nichts versteht, einen perfiden Artikel verfasste für ein Blatt, das vom eigenen Selbstverständnis her keinen Wert darauf legt, komplexe Zusammenhänge darzustellen.

Mit investigativer Recherche hat das nichts zu tun, man nennt es vielmehr Kesseltreiben. Eine der renommiertesten Virologen Deutschlands, vielleicht Europas, soll fertig gemacht werden, weil einige – auch Kekulé – meiner Vermutung nach die hohe fachliche Qualität und persönliche Integrität des Mannes nicht ertragen können. Dass Kekulé dem Virologen nahelegt, er, Drosten, habe seine Studie im Vorabdruck „einfach zurückziehen" müssen, weil die Daten zu unsicher und deren statistische Auswertung ungeeignet gewesen seien, zeigt, dass Kekulé nicht mit den grundlegenden Gepflogenheiten des Wissenschaftsdiskurses vertraut ist. Preprint-Artikel müssen keineswegs zurückgezogen werden, sondern können korrigiert und erweitert werden. Das ist der Sinn der Sache.

In seinen fast täglichen Kommentaren (als Podcast verbreitet) hatte Drosten deutlich gemacht, dass Kritik erwünscht sei, dass man diese in die Untersuchung aufnehmen werde und man einen renommierten Statistiker gewonnen habe, an der Überarbeitung der Studie teilzunehmen. An der medizinischen Einschätzung habe sich nichts ändert: Die Virusbelastung von mit dem Sars-CoV-2-Erreger infizierten Kindern sei in etwa genauso hoch wie bei Erwachsenen. Sie „könnten" genauso ansteckend sein. Das könnte relevant sein für die Wiederöffnung von Kindertagesstätten und Schulen.

„So nimmt die Debatte einen Verlauf, wie ihn sich die ‚Bild' mit ihrer zerstörerischen Macht wünscht. Sie steckt andere mit ihrem Antiaufklärungsvirus an." Das schrieb FAZ-Kommentator Michael Hanfeld. Nicht nur die Bild-Zeitung, viele Zeitgenossen, darunter auch ein veganer Koch und ein Rapper, verdrehen Fakten und Zusammenhänge, sodass die Menschen ganz wirr werden im Kopf. Dass das Boulevardblatt und die Verschwörungsspinner je von diesem „Virus" genesen werden, ist unwahrscheinlich.

Die niederträchtige Kampagne richtet sich nicht nur gegen eine hochspezialisierte Wissenschaft, sondern soll insgesamt die Bevölkerung samt ihren Politikern verunsichern. Deutschland und auch einige andere Staaten sind in der Corona-Pandemie relativ glimpflich davongekommen. Das ist auch der Virologie und überhaupt einem hohen Vertrauen in Wissenschaften und Rationalität zu verdanken.

Die Angriffe auf Drosten, die Virologie, das Robert-Koch-Institut, Landespolitiker und die Bundesregierung hat absurde Ausmaße angenommen. Sie zeigen unter anderem, wie unterentwickelt bei vielen das Verständnis für die Prozesse innerhalb der Wissenschaft und ihre Grenzen ist. Der bedeutende deutsche Wissenschaftstheoretiker Karl Popper formulierte es so: „Nicht der

Besitz von Wissen, von unumstößlichen Wahrheiten macht den Wissenschaftler, sondern das rücksichtslos kritische, das unablässige Suchen nach Wahrheit.“

Genau das war hier geschehen. Virologen veröffentlichten eine Studie, die aus anderer Perspektive von Statistikern geprüft wurde. Das ist ein sinnvoller und nützlicher Vorgang. Die Preprints sind ein Instrument, um bei der Wahrheitssuche schneller voranzukommen.

In seinem Podcast, welches inzwischen über 40 Ausgaben umfasst, hat sich Drosten immer vorsichtig geäußert und auch immer nur zu seinem Fachgebiet. Es ist richtig, dass er einige Einschätzungen im Laufe der Zeit korrigiert hat. Das wird ihm vom Boulevard vorgehalten: er habe ja seine Meinung revidieren müssen. Die Kritiker verstehen nicht, dass dies ein Vorteil und eine Ehrlichkeit ist. Im Gegensatz dazu ist die Presse insgesamt und die Bild-Zeitung im Besonderen im Prinzip selbstkritikunwillig und -unfähig. Aber nicht die begründete Revision einer Meinung ist kritikwürdig, sondern das sture Festhalten an einem Fehler.

Zu dem Unverständnis dessen, was Wissenschaft ist, kommen Niveaulosigkeit, Missgunst und Niedertracht hinzu. Der Bild-Zeitung und Kekulé geht es nicht darum, in dieser allgemein schwierigen Situation den Menschen zu helfen, sondern weitere Unruhe zu schüren und die derzeit einflussreiche Virologie zu schwächen. Dies ist allerdings kein „beispielloser“ Vorgang, wie es in einem Kommentar hieß. Es ist vielmehr die übliche Vorgehensweise vieler Medien. Sie haben sich keineswegs der Aufklärung verpflichtet, sondern des Geldmachens, der Sensation, der Demontage herausragender Persönlichkeiten und der Aufmerksamkeitsgenerierung. Sie treiben den Keil immer tiefer, bis Vernunft und Rationalität als Verbindendes verloren geht. Selbst brauchbare Ergebnisse werden infrage gestellt und in den Dreck getreten. Eine ruhige Debatte wird sabotiert. Einen weltweit bekannten und geachteten Forscher zur Zielscheibe von Hass und Drohungen zu machen, ist darüber hinaus menschlich unerträglich. Er und einige andere sind in den vermeintlich sozialen Medien einem Psychoterror ausgesetzt, den man niemandem wünscht. Das alles bringt der Bekämpfung der Corona-Pandemie keinen Schritt weiter.

2. 6. Kekulé war in seinem eigenen Podcast sehr sanft und einsichtig. Die Redaktion habe eigenmächtig die Überschrift formuliert und hineingeschrieben, dass er, Kekulé, Drosten aufgefordert habe, das Papier zurückzuziehen.

Fachlich ist nicht eindeutig entschieden, ob kleine Kinder infektiöser sind als Erwachsene. – Sportanlagen, Kneipen und Bars dürfen wieder öffnen.

Erschießungen und Arbeitslager stehen nicht im Programm der Partei Die Linke, zum realen Kommunismus gehörten sie aber wie die Sohle zum Schuh. Die Utopie der klassenlosen Gesellschaft war von ihrem Hausphilosophen Karl Marx als „Diktatur des Proletariats", als „revolutionärer Terror" angekündigt worden. Es war nicht erst Stalin, sondern bereits der linke Revolutionsführer Lenin, der Massenmorde, Hinrichtungen und Deportationen beauftragte. Immer wieder behauptet Die Linke, sie habe sich von solchen Verbrechen distanziert, das Wort „kommunistisches Verbrechen" kommt ihr aber nicht über die Lippen. Sie sträuben sich dagegen, die Deutsche Demokratische Republik als „Unrechtsstaat" zu bezeichnen. „Nicht alles war schlecht in der DDR", heißt es. Das mag aus der Sicht vieler ihrer ehemaligen Bewohner sogar stimmen. Doch es trifft nicht den Charakter dieses vor 30 Jahren untergegangenen Staates. Die Linke hat sich bis heute nicht von ihrem totalitären Erbe gelöst. Und sie anerkennt nicht, dass der marxistisch-leninistische Sozialismus von ihren Gründervätern als Tyrannei angelegt war. Das Programm der Linken-Partei sagt den „Reichen", „Superreichen", „Unternehmern", „Konzernen" und „Finanzinvestoren" „den Kampf an". Antikapitalismus ist ebenso Programm wie Antifaschismus. Die Linke setzt fast nahtlos fort, was die Vorgänger-Partei SED praktizierte. In Westdeutschland fiel der Antikapitalismus schon immer auf fruchtbaren Boden, wenngleich er begrenzt blieb auf die linke Intelligenzija. Im heutigen Deutschland scheint Antikapitalismus weiter verbreitet als noch vor 30 oder 40 Jahren zur Zeit der Studentenrevolten. Laut dem Edelman-Trust-Barometer von Januar 2020 glauben 56 Prozent der Befragten, dass der Kapitalismus mehr Schaden als Nutzen bringt. 92 % der Deutschen geben an, dass Stakeholder (Kunden, Mitarbeiter und lokales Umfeld) wichtiger für den langfristigen Unternehmenserfolg sind als Shareholder (Aktieninhaber). Nur 12 % der deutschen Befragten (global 18 %) geben an, dass das „aktuelle System" für sie arbeitet. Der Begriff „Faschismus" ist in der linken Terminologie ein Codewort für den Kapitalismus. Nach der marxistischen Lehre folgt der Faschismus „notwendigerweise" aus dem Kapitalismus.

Ist der Sozialismus die richtige Antwort? Natürlich nicht, aber Linksintellektuelle sind auch heute nicht gegen die Verführung dieser Ideologie gefeit. Beispielsweise der deutsche Sozialphilosoph Axel Honneth. Er veröffentlichte 2015 *Die Idee des Sozialismus. Versuch einer Aktualisierung* (Suhrkamp Verlag Berlin). Honneth prüft anhand der klassischen sozialistischen Autoren von

Proudhon bis Marx, was davon heute noch brauchbar ist. Die Realität des sozialistischen Experiments blendete aus, ebenso die aktuellen sozialen Tatsachen. Angeblich sind viele Menschen über die Ungerechtigkeiten im Kapitalismus empört. Aber ihnen mangelt es an einer Vorstellung, welches Gesellschaftsmodell stattdessen wünschenswert sei. Die Utopien sind aufgebraucht.

Der Sozialismus ist für Honneth eine soziale Idee, deren politische Implikationen er ignoriert. Es bedürfe massenhafte Empörung, um diese Sozialismus wieder zum Leben zu erwecken. Wer aber ist empört außer ein paar Jugendliche bei Fridays for Future oder Blockupy oder ein paar alte Rechte bei Pegida? Sie behaupten ein „Versagen des Kapitalismus", ohne deren Vorteile erkennen zu können oder zu wollen. Freiheit ist für Honneth die Anerkennung der wechselseitigen Bedürftigkeit. Auch er ist beseelt von der Idee, wenn nur alle wirklich wollen, dann werde sich das Reich der Freiheit und Gleichheit eröffnen. Er hofft auf die Zustimmung aller in einer allumfassenden friedlichen Kooperation. Diese Haltung ist sympathisch, aber naiv. Als ob es nicht unterschiedlichste Interessen bis hin zur Spaltungen von Gesellschaften gibt. Der Appell an die Vernunft des Menschen ist schön gesagt – wäre es nicht so vertrackt, diese Vernunft zu definieren und sie buchstäblich in alle Menschen zu implantieren. Jürgen Habermas sagte, vernünftig ist, was auf die Zustimmung aller trifft. Man darf mit endlosen Debatten in Vernunftsfeststellungsverfahren rechnen (Jürgen Kaube in einer Rezension des Buches in der FAZ vom 10. Oktober 2015).

Das zentrale Konzept in Honneths Argumentation ist der Begriff der „sozialen Freiheit". Es ist die Schnittmenge zwischen Individuum und Gemeinschaft, eine alte Idee. Freiheit kann nicht eine bloß private Angelegenheit sein, sondern müsse immer auch die Solidarität mitbedenken. Wer Zwecke verfolgt, müsse die zweckhafte Motivation der Anderen mit berücksichtigen. Die individuellen Absichten lassen sich nur im Bewusstsein der Abhängigkeit voneinander im wechselseitigen Vollzug realisieren. Ist das mehr als eine Utopie? Natürlich ist eine Welt, deren Mitglieder nicht gegeneinander, sondern vor allem füreinander tätig sind, ein besserer Ort. Dies kollidiert freilich mit allem, was der Mensch an Konkurrenz und Wettbewerb hervorbringt.

Wer den Sozialismus als utopischen Ort reaktivieren möchte, muss sich angesichts der historischen Erfahrung argumentativ besonders anstrengen. Der Mensch sucht Geborgenheit und Sicherheit ebenso wie Anerkennung und Auszeichnung. Dieses Mischungsverhältnis ist in den Individuen ungleich verteilt. In einer politischen Utopie müssten beide Seiten berücksichtigt werden. Die moderne Gesellschaft hat sich fast unvermeidlich in verschiedene, oftmals getrennte und ideologisch eigensinnige Subsysteme ausdifferenziert. Den gesamten Machtaspekt scheint Honneth ausgespart zu haben. Doch persönliche Macht und persönlicher Einfluss ist ein starkes menschliches Motiv, welches eher auf der Seite des Wettbewerbs und des Gegeneinanders zu finden ist. Wie Honneth diese anthropologische Konstante ausschalten will, bleibt unerfindlich. Und die irrationale, leidenschaftliche Seite des Menschen ist ihm keinerlei Überlegung wert.

Verblüffenderweise findet Honneth, das Marxens Voraussagen „haargenau" zutreffend waren: unbedingter Vorrang des Ökonomischen; das Proletariat als revolutionäre Kraft; geschichtsphilosophischer Determinismus. Es lohnt nicht, diese Debatte neu zu führen. In fast allen Dingen lag Marx falsch, was einerseits an seiner Selbstüberschätzung, andererseits am damaligen Stand der gesellschaftlichen Entwicklung lag. Wie diese sich bis heute weiterentwickelt hat, konnte er ja nicht ahnen: starke rechtsstaatliche und soziale Institutionen und die universellen Menschenrechte. Honneth meint, dass Zinsen und Profite keine Legitimation haben, auch Erbschaften nicht. Profit, auch Gewinn genannt, also Überschuss, also Wirtschaftlichkeit. Die Arbeit eines Bäckermeisters, der sich und seine Angestellten durch seine Berufstätigkeit ernährt, ist also nicht legitimiert? Und warum sollte es keine Zinsen auf geliehenes Geld geben? Warum sollten Währungen oder Firmenanteile nicht gehandelt werden? In der Einkommenshöhe liegt durchaus ein Leistungsanreiz. Aber all das interessiert Honneth nicht. Fürchtet er, dass sein schöner Sozialismus die Realitätsprobe nicht besteht?

Drei Wochen sind seit den letzten Botox-Spritzen vergangen; keinerlei Wirkung.

3. 6. Noch einmal zu den Verschwörungsschlaubergern: Man könnte versucht sein, eine solche Form der Naivität zu belächeln. Diese Geschichten erfüllen jedoch ein tief liegendes Bedürfnis nach Einfachheit – nicht bei allen, aber doch bei einigen. Der tiefere Hintergrund ist möglicherweise ein Bedürfnis, trotz widersprüchlicher Informationen diese in einer nur für das Individuum selbst konsistenten Geschichte zusammen zu denken, auch wenn sie im Resultat nur wenig mit der Wirklichkeit zu tun hat. Wirklichkeit ist komplex mit größeren Anteilen von Nichtwissen. Zur Komplexitätsreduktion wird auf Erklärungsprinzipien zurückgegriffen, die dem Individuum persönlich geläu-

fig sind. Wenn wissenschaftliches Denken, Statistik, Epidemiologie, mathematische Grundrechenarten, Denken in Wahrscheinlichkeiten nicht zum intellektuellen Werkzeugkasten gehören, liegt es nahe, der Wirklichkeit einfache Wirkmechanismen überzustülpen bzw. unterzujubeln. Dieses einfache Denken ist schon aus dem Animismus bekannt, eine Denkform der frühen Menschheit. Etwas wird für beseelt gehalten, was keine Seele hat. Ganz ähnlich die Verschwörungsidioten: Etwas für wahr gehalten, was sehr unwahrscheinlich ist.

Solche auf einem Defizit der geistigen Kapazitäten beruhende Erklärungen haben leicht zu erkennende Mängel. Zugleich sind sie „hochinfektiös". Sie breiten sich mit Lichtgeschwindigkeit im Internet aus und finden in weniger geschulten Köpfen einen fruchtbaren Nährboden. Zur mangelnden Deckschulung gesellt sich Hochmut. Man glaubt, Teil einer Wissenselite zu sein, die „das System" durchschauen. Tatsächlich gehört man zu der Gruppe einfältiger Hampelmänner – ein gefährlicher Cocktail aus Kompetenzillusion und Dünkel.

Meine liebe Frau und ich lesen uns derzeit Gontscharows *Reise für den Zaren um die halbe Welt* gegenseitig vor, ein Bericht über eine diplomatische Reise von Russen nach China und Japan um 1853 herum. Abenteuerlich! – Erneut Rassenunruhen in den USA nach dem Tod eines Schwarzen durch weiße Polizisten. Bisher versuchten alle Präsidenten bei derartigen Vorfällen die Gemüter zu beruhigen, nicht so Trump. Mit seiner Hetze gießt er Öl ins Feuer. – Meine liebe Frau litt unter den Nachbarn über und unter uns, vor allem in der Nacht, sodass sie mich um einen Bettenwechsel bat. Sie schläft jetzt im ruhigen Hinterzimmer, ich auf dem Bett im vorderen Wohnzimmer. – Wenn ich etwas in den vergangenen Wochen überhaupt nicht vermisst habe, dann die Sportberichterstattung im Rundfunk und in den Zeitungen. Jetzt beleidigen sie wieder Auge und Ohr.

4. 6. Droht eine zweite Corona-Welle? Die Wahrscheinlichkeit sinkt. Und wenn sie kommt, wird sie nicht genauso steil nach oben verlaufen wie die erste im März. Deutschland ist jetzt viel besser darauf vorbereitet. Viel hängt davon ab, wie die Menschen sich verhalten, also davon, wie ernst sie das alles nehmen. Eine zweite Welle ist vermeidbar bei Aufrechterhaltung hygienischer Standards. Wir leben schon seit drei Wochen mit immer mehr Lockerungen, und trotzdem sind die Infektionszahlen nicht angestiegen. Im Moment weiß man immer noch nicht viel, beispielsweise über Kontakte in den

Kindertagesstätten und Schulen. Bei weniger Infizierten ist natürlich die Ansteckungsgefahr geringer. Ein Hauptinstrument zur Virusbekämpfung ist die Kontakt-Nachverfolgung. Dem steht nach wie vor der deutsche Datenschutz entgegen. Nachverfolgung funktioniert nur bei Aufhebung der Anonymität. Andererseits ist Covid-19 einen meldepflichtigen Erkrankung. Auch darf niemand zum Test verpflichtet werden.

Meine liebe Frau beschäftigt sich seit Tagen intensiv mit Nicolai Hartmanns Buch *Das Problem des geistigen Seins* (1933). Hartmann (1882 - 1950) war ein heute weitgehend vergessener deutscher Philosoph und Professor für Philosophie. Er gilt als Fundamentalontologe, als bedeutender Vertreter des kritischen Realismus und als einer der wichtigen Erneuerer der Metaphysik im 20. Jahrhundert. Hartmann studierte Philosophie in Sankt Petersburg, im estländischen Dorpat und in Marburg. Er lehrte seit 1920 als Professor in Marburg, ab 1925 in Köln, ab 1931 in Berlin und ab 1946 in Göttingen, wo er 1950 starb. 1921 wandte er sich in seinem Werk *Grundzüge einer Metaphysik der Erkenntnis*, das ihn schlagartig berühmt machte, gegen den Idealismus mit dessen Lehre einer konstituierenden Setzung von Realität durch den Geist und vertrat nun entschieden die Auffassung, dass die Realität unabhängig von der subjektiven Wahrnehmung existiert. Nach Hartmann kann der Mensch jedoch das Wesen der Wirklichkeit, von dem er und seine Erkenntnisleistung selbst lediglich ein Teil ist, nie vollständig erfassen. In seiner *Ethik*, dem zentralen Werk des Philosophen, entwarf er im Anschluss an Max Scheler und in Abgrenzung zu Immanuel Kant eine „materiale Wertethik". Werte haben demnach, wie auch die Gegenstände der Mathematik oder Logik die Seinsweise eines „idealen Seins" und werden durch Wertfühlen erfasst.

Sah vor wenigen Tagen den Film *Tootsie* von 1982 mit Dustin Hoffman in der Hauptrolle. Es gibt einige böse Seitenhiebe auf das amerikanische Show Business. Damals konnte man das heute so brisante und im Vordergrund stehende Thema der sexuellen Ausbeutung der Frauen in eben diesem Show Business nicht erkennen. Hoffman setzt sich in Frauenkleidern für die Würde seiner Kolleginnen ein und weist die Männer in die Schranken – was die weiblichen Darsteller selbst offenbar nicht hinbekamen.

Habe mit für diese Woche erstmals wieder bei Kieser sehen lassen. Das geht derzeit nur mit einer Online-Anmeldung für bestimmte Zeitfenster.

Auch für das Potsdamer Museum Barberini müssten wir uns vorher anmelden. Freigeschaltet wird aber nur ein Zeitraum von jeweils zwei Wochen, welcher schnell ausgebucht ist. Uns gelingt es nicht, Eintrittskarten zu bestellen.

5. 6. Die Corona-Krise wird von den Menschen unterschiedlich wahrgenommen und erlebt. Psychologen haben acht Krisentypen ausgemacht. Ein Teil der Menschen würden die Krise als eine Art Vorhölle erleben. Sie haben materielle und existenzielle Sorgen oder waren mit Home-Office und Kinderbetreuung überfordert. Dann gibt es jene, die die Entschleunigung genießen. Berichtet wird von verliebten Paaren, die noch nie so viel Sex hatten wie jetzt. Oder Mütter mit Neugeborenen, die das Zusammensein als ungestörte Idylle erlebten. Oder auch Studenten, die wieder bei ihren Eltern einziehen und sich bei Spieleabenden näher kommen. Für diese Gruppen hätte die Entschleunigung wohl noch eine Weile so weitergehen können. Gut abgesichert in der Coronakrise sind Beamte, Rentner oder Arbeitnehmer, die in Kurzarbeit gingen, einen sicheren Job und finanziell keine Sorgen haben. Mehr Sorgen hätten die Selbstständigen, denen Aufträge wegbrechen. Dann gibt es jene, die in der Not erfinderisch werden, wie unser Cafébesitzer am Rüdesheimer Platz um die Ecke, der zusätzlich in seinem Laden einen „kleinen Weinmarkt“ eröffnete und zusätzlich Wein und Flammekuchen verkauft. Das jährliche Weinfest auf unserem schönen Platz ist nämlich abgesagt worden.

Es gibt jene, die in der Corona-Krise noch mehr arbeitet als vorher. Ein Videomeeting reiht sich an das nächste. Ihnen fehlen die Pausen und das Plaudern mit den Kollegen. In den Interviews sahen die Psychologen auch verzweifelte Menschen, weil sie ihren Job verloren oder andere Einnahmequellen versiegten. Einige waren auch schon vorher depressiv. Sie fühlen sich, als ob das Leben ihnen entgleitet. Dann gibt es die Aufbegehrer. Sie zweifeln am lautesten an den Vorsichtsmaßnahmen. Sie sehen den Staat als Aggressor, der die Pandemie als Vorwand nimmt, die Menschen zu gängeln und ihnen ihre Freiheitsrechte zu nehmen. Sie verbringen viel Zeit im Internet, um Beweise dafür zu finden, dass sie Recht haben und das Virus bei weitem nicht so gefährlich ist, wie die Politiker sagen. Diese Menschen sind auch anfällig für Verschwörungsgerede. Eine weitere Gruppe besteht aus jenen, die sich schon vorher stark abgeschottet hatten und mit der Welt fremdeln. Sie achten penibel auf Hygiene und reagieren aggressiv, wenn im Supermarkt jemand in ihre Bannmeile tritt. Dann gebe es noch den Typ von Menschen, der die Zeit nutzt, um aufzuräumen und Dinge zu erledigen, die schon lange liegen geblieben sind.

Wir befinden uns gerade in einer Phase, in der die Menschen wieder ins normale Leben zurückkehren. Damit kommen aber auch alle die Probleme zurück, die schon vorher da waren. Corona hat in der Zwischenzeit kein einziges davon gelöst, vielmehr noch einige dazu gepackt, beispielsweise die Wirtschaftskrise durch das Herunterfahren der Produktion. Welche allgemeine Probleme im Vordergrund stehen, darüber existieren unterschiedliche Vorstellungen. Die Stimmung rumort und keiner weiß, wohin sie sich entwickelt.

Unbeschreibliche Brutalität ist keine Erfindung der Moderne. Im Gegenteil, das moderne Leben seit etwa dem Ende des Zweiten Weltkriegs weist eine stete Abnahme von Gewalt, Destruktion, Aggression und Brutalität auf. Frühere Zeiten waren keineswegs friedlicher als heute, vielmehr von Gewaltexzessen beherrscht, die heutzutage mit Recht verabscheut werden. Die Tragödien der antiken Griechen sind besonders gewalttätig, beispielsweise die Orestie des Aischylos: Tochtermord, Gattenmord, Verwandtenmord, Muttermord, Mehrfachvergewaltigungen. Der Ire Colm Toibin hat diese Geschichte neu erzählt (*Haus der Namen*). Die Götter sind keine Freunde der Menschen. Der griechische Götterhimmel ist verdunkelt.

Simon Sebag Montefiore beginnt sein historisches Buch über die Stadt Jerusalem mit der Belagerung und Eroberung Jerusalems durch römische Truppen im Jahre 70 nach Christus. Die Stadt ist völlig überfüllt mit Pilgern und Kämpfern. Die Verteidiger sind untereinander zerstritten; Raubmord und Vergewaltigung sind an der Tagesordnung. Es gibt keine Lebensmittel, alle hungern. Die Toten werden über die Stadtmauer geworfen. Gefangene und Überläufer werden in so hoher Zahl gekreuzigt, dass in weitem Umkreise kein Baum mehr steht. Es geht das Gerücht, dass Fliehende ihre Goldmünzen herunterschlucken, um sie so auf der Flucht zu retten. Die Folge ist, dass Flüchtenden bei lebendigem Leibe der Bauch aufgeschlitzt wird. Nachdem die Stadt erobert ist, werden sämtliche Einwohner massakriert und die Stadt dem Erdboden gleichgemacht. Wer möchte da noch von der „guten alten Zeit" sprechen?

Habe ein paar Seiten über Karl Popper überarbeitet und an die Teilnehmer unseres Jour fixe verschickt, – Abends und nachts leichter Regen. Der Mai war weltweit der wärmste seit Beginn der Aufzeichnungen.

6. 6. In der FAZ (1. April) wird behauptet, Bill Gates und Nassim Nicholas Taleb hätten gewusst, was durch eine Pandemie droht, wie wir sie nun erleben. Sie hätten die Anfälligkeiten unserer Gesellschaft und Wirtschaft klar benannt. Warum habe keiner auf sie gehört? Es habe Warnungen zuhauf gegeben, meint Autor Winand von Petersdorff. Die prominenteste stammt von Bill Gates. Er gab im Jahr 2015 einen TED-Talk (zu sehen u.a. bei Youtube) mit geradezu beängstigender Prognosekraft. „Wenn etwas in den nächsten Jahrzehnten mehr als zehn Millionen Menschen tötet, dann wird es höchstwahrscheinlich ein hochansteckendes Virus sein und kein Krieg. Keine Raketen, sondern Mikroben." Der Microsoft-Gründer Gates hielt den Vortrag 2015 unter dem Eindruck der Ebola-Epidemie, die 10.000 Menschen in drei westafrikanischen Ländern dahingerafft hatte. Gates glaubt, dass sich Länder auf Pandemien genauso vorbereiten müssen wie auf feindliche Militärschläge: mit großangelegten Manövern.

Man hätte die Ausbreitung der Krankheit bremsen können, wenn man nur Ende Januar auf Nassim Nicholas Taleb gehört hätte, so Petersdorff weiter. Taleb meint, die Pandemie sei kein überraschendes Ereignis, sondern das unvermeidliche Resultat der Struktur der modernen Gesellschaft: Zunehmende globale Verflechtung und eine übertriebene Optimierung hätten zwangsläufig die Gefahr für Pandemien dramatisch erhöht und machen deshalb den Mangel an Vorsorge unentschuldbar, so Taleb. Er sprach sich für Kontaktsperre und drastische Reisebeschränkungen aus. In seinem unwirschen Humanismus verschont Taleb auch die Weltgesundheitsorganisation WHO nicht. Sie sei immer zu spät mit ihren Warnungen gekommen, aus Rücksicht auf Fluggesellschaften oder Länder-Befindlichkeiten.

Warum wird nicht auf Kassandra gehört? In der antiken Mythologie gilt sie als tragische Heldin, die das Unheil voraussagt, aber kein Gehör findet. Gegen Ende des Trojanischen Kriegs warnte sie (wie zuvor auch der Priester Laokoon) die Trojaner vergeblich vor dem Trojanischen Pferd und der Hinterlist der Griechen, sodass Troja unterging.

Um vor der Hinterlist des Feindes zu warnen, bedarf es keiner hellseherischen Fähigkeiten, sondern nur des gesunden Menschenverstandes. Kassandra hat übrigens vor dem trojanischen Krieg insgesamt gewarnt. Dieser Krieg sei nicht zu gewinnen. Aber die testosterongesteuerten Superhelden hatten keine Lust, sich eine Schlacht entgehen zu lassen. Der Untergang Trojas kann durch eine rationale politische Analyse auf dem Boden der Tatsachen erklärt werden. Dazu bedarf es keiner Prophezeiung.

Hellseher gab es zu allen Zeiten, die das Kommen Christi oder des Jüngsten Tages ankündigten – und überwiegend daneben lagen. Der gesunde Menschenverstand sagt, dass Voraussagen für die Zukunft immer prekär sind, weil eine Entwicklung niemals vollständig bekannt sein kann. Schon kleine Änderungen können das Ergebnis verfälschen und in eine andere Richtung lenken. Um als Seher sich Geltung zu verschaffen, bedarf es einer Reihe eingetretener Voraussagen. In der Regel dürfte die Trefferquote nicht über die eines Würfelspiels hinausreichen. Ein Treffer wird meist gerne vermarktet, alle anderen daneben liegenden Voraussagen umso mehr verschwiegen.

Die frühesten Evangelien, die vermutlich kurz nach der Zerstörung Jerusalems 70 nach Christus geschrieben wurden, erzählen, Jesus habe die Belagerung Jerusalems vorhergesehen, und auch die Zerstörung des Tempels. Beide Prophezeiungen trafen ein, waren aber in praktischer Hinsicht völlig nutzlos. Sie erhöhten nur die Reputation Jesu (Montefiori 2012, S. 43). Propheten sagten eigentlich nicht die Zukunft voraus, sondern analysierten die Gegenwart. Das griechische Wort *propheteia* bedeutet, den Willen der Götter auszulegen (Montefiori 2012, S. 55).

Ferner gibt es zu jeder Zukunftsdeutung eine Gegenmeinung, die genauso fundiert sein kann wie die Zukunftswarnung. Die Entscheider können meist aus mehreren Optionen wählen. Ob sie richtig gewählt haben, wird erst in der Zukunft entschieden. Voraussagen bedürfen der Deutung ebenso wie der Überzeugungskraft in Form politischen Einflusses und der Glaubwürdigkeit. Tritt ein vorausgesagtes Ereignis nicht ein, kann der Schlaumeier immer darauf verweisen, dass gerade diese Warnung zu einem veränderten Verhalten geführt habe. Der Warner hat immer recht: wenn das Prophezeite eintritt und wenn es nicht eintritt. Aber wenn egal ist, was gesagt wird, macht sich der futurologische Warner selbst überflüssig.

Die Warnung vor einer Pandemie eines neuartigen Virus war so unspezifisch, dass niemand mit einer derartigen Prophezeiung falsch liegen konnte. Gates und Taleb sagten ja nicht, wann sie kommen wird, wo sie beginnt, wie sie sich verbreitet, wie die nationalen Gesundheitssysteme vorbereitet sind, wie hoch die Chancen für sichere Tests und die Entwicklung eines Impfstoffes sind. Die Warnung der beiden war also hinreichend unspezifisch, um richtig zu liegen und zugleich so unspezifisch, dass kein Mensch und keine Regierung daraus konkrete Maßnahmen ableiten konnten. Bill Gates Warnung greift zurück auf Erkenntnisse früherer Pandemie, beispielsweise der Grippeepidemie der Jahre 1919 und 1920. Es ist kein exklusives Wissen Gates', dass diese Pandemie mehr Tote als die direkten Kriegshandlungen hervorrief. Falls sich die Corona-Pandemie weiter so entwickelt wie bisher, wird sie weit unter den Todeszahlen der Grippe-Epidemie von vor 100 Jahren liegen. Gates lag daneben.

Auch Taleb muss widersprochen werden. Die Corona-Pandemie ist kein Ergebnis des modernen Lebens, sondern des Zusammenlebens von Tier und Mensch, letztlich ein Bestandteil unserer biologischen Existenz. Märkte gibt es, seitdem es Menschen gibt. Auch die Verbreitung eines Virus oder eines anderen Krankheitserreger hat nichts mit der modernen Globalisierung zu tun, sondern beruht auf der Reisetätigkeit von Menschen. Die Globalisierung beschleunigt lediglich die Verbreitung, ebenso wie sie die Reaktionszeiten auf diese Pandemie verringert. Die Gefahr für Pandemien hat sich nicht erhöht, und aus den Erfahrungen früherer Epidemien wurde in Staaten, die sich das finanziell leisten können, Vorsorgemaßnahmen abgeleitet. Der Vorwurf mangelnder Vorsorge ist falsch. Talebs Appellen nach Kontaktsperren und drastischen Reisebeschränkungen wurde gefolgt. Die Kritik an der WHO ist wohlfeil.

Auf was soll sich der Katastrophenschutz einstellen, auf einen Mittelwert oder den Extremwert? Die Bereitstellung einer mittleren Anzahl von Betten wäre beim Eintreten des Extremwertes für viele ein Todesurteil. Die Vorbereitung auf den *worst case* kann zu einer Fehlallokation knapper Ressourcen führen. Führt der eine Fall zur Gefahr der Unterschätzung, führt der andere zur Gefahr der Überschätzung.

7. 6. (Sonntag) Nach dem Frühstück bei bedecktem Himmel und kühler Temperatur vier Runden Tischtennis gespielt. Wir trennen uns 2 : 2.

2005 wurde der Microsoft-Gründer Bill Gates zusammen mit dem Rockstar Bono für wohltätige Arbeit zur Bekämpfung von Armut ausgezeichnet. Gut fünf Jahre zuvor hatte Gates die Verantwortung für Microsoft abgegeben und zusammen mit seiner Frau die „Bill und Melinda Gates Foundation" gegründet. Seitdem hat die Stiftung im Rahmen der Weltgesundheitsorganisation WHO mehr als 50 Milliarden zur erfolgreichen Bekämpfung der Malaria ausgegeben. In der aktuellen Corona-Pandemie wird dennoch massiv an seinem Renommee des Wohltäters gesägt. Die Anschuldigungen sind abenteuerlich. Gerade weil er seit Jahren vor einer Pandemie eines unbekannten Virus warnt, wird er als Drahtzieher der Corona-Krise hingestellt. Er soll das neue Virus sogar erschaffen haben. Mit der Impfung dagegen sollen die

Menschen sterilisiert werden, um die Weltbevölkerung zu dezimieren. Wahlweise wolle er allen Menschen mit der Impfung ein Chip einpflanzen, um sie zu beherrschen. Außerdem wolle er mit der Impfung noch mehr Geld verdienen. Die Anschuldigungen kommen vom rechten politischen Rand und auch von Impfgegner. Gates wird vorgeworfen, die supranationale WHO mit seinen privaten Spenden zu dominieren. Überhaupt sei es kritikwürdig, dass die WHO zum größeren Teil durch private Zuwendungen existiert und nicht von der Staatengemeinschaft voll finanziert wird. Die WHO-Finanzierung und die Erforschung von Impfstoffen sei allein staatliche Aufgabe. Gates' Altruismus wird ihm nicht abgenommen. Auf der Internetseite des Weißen Hauses soll es eine Petition geben, die Ermittlungen gegen die Gates-Stiftung wegen „Verbrechen gegen die Menschheit" fordert. Auch in Deutschland kündigen Menschen an, sich auf keinen Fall impfen zu lassen. Sie behaupten, es würde eine Impfpflicht geben, während die Bundesregierung ständig wiederholt, dass es keine Impfpflicht geben werde. Impfstoffe bleiben ein Schwerpunkt der Förderung durch die Gates-Stiftung. Aber sie werben auch für verstärkten Zugang zu Verhütungsmitteln in Entwicklungsländern und für die Verwendung von Gentechnik in der Landwirtschaft. Die Schmähungen und Verdrehungen haben eine neue Dimension erreicht.

8. 6. Die Normalität kehrt Schritt für Schritt zurück – und mit ihr die bekannten politischen Probleme, Themen und Riten. In den USA halten gewalttätige politische Demonstrationen wegen des Todes eines Schwarzen an, der von weißen Polizisten festgenommen worden war. Trump droht mit dem Militär gegen Plünderer und Demonstranten. – Die große Koalition aus CDU/CSU und SPD streitet sich über die Ausgestaltung von finanziellen Hilfen für verschiedene Branchen. Die SPD möchte das Geld mit vollen Händen an Familien ausgeben, die Konservativen möchten wenigstens eine Bedürftigkeitsprüfung. Der Vorsitzende der Grünen ist aus der Versenkung aufgetaucht und sieht die Autorität der Kanzlerin „auf fast tragische Weise zerstört", weil ein paar Ministerpräsidenten ihren eigenen Weg bei der Lockerung der Pandemie-Maßnahmen gehen. – Wird nun endlich der Solidaritätszuschlag abgeschafft, der vor 30 Jahren zur Unterstützung Ostdeutschlands bei der Wiedervereinigung eingeführt wurde? Hier wiederum möchte die SPD nicht alle gleichmäßig über einen Kamm scheren, sondern sie für die reichsten zehn Prozent beibehalten, als „Reichensteuer".

9. 6. Polizeigewalt und Protest in Amerika: In mehr als 350 Städte im ganzen Land brachen Unruhen aus, nachdem George Floyd, ein unbewaffneter Afroamerikaner, von einem weißen Polizisten getötet wurde. Fast neun qualvolle Minuten lang, taub für die Bitten von Floyd und die wachsende Beunruhigung der Menge, würgte der Polizist ihn, indem er mit dem Knie auf seinen Hals drückte. Als die Ambulanz kam, war Floyd bewusstlos. Der Funke entzündete die immer schon bereitliegende Mischung aus Ungleichheit und Rassismus. Viele Afroamerikaner leben an Orten mit schlechten Schulen, schlechter Gesundheitsversorgung und schlecht bezahlten Arbeitsplätzen. In den Medien dominieren aber die Unruhen und Plünderungen. Die Polizei antwortete mit Tränengasgranaten und Gummigeschossen. Es gibt viel mehr friedliche Demonstrationen mit wesentlich mehr Teilnehmern. An ihnen nahmen Zehntausende Menschen aus vielen Klassen und Schichten teil. Die Medien ignorieren sie weitgehend.

Von Floyd, einem (früheren?) Türsteher eines Nachtclubs, ging keine Bedrohung für die vier an der Festnahme beteiligten Polizisten aus. Floyd stöhnte mehrmals, dass er keine Luft bekomme. Absurde Situation: Der Polizist, der mit dem Knie seinen Hals abdrückte, während zwei andere ihn ebenfalls festhielten, forderte ihn auf, endlich in den Polizeiwagen einzusteigen. Floyd ächzte: „Ich kann nicht!" Das geht aus einer sorgfältigen Rekonstruktion der New York Times anhand von Filmmaterial hervor. Auch dies ein Phänomene der Neuzeit: Das Geschehen wurde von mehreren Überwachungskameras und Passanten mit Smartphones aufgenommen. Mindestens einer von drei weiteren Polizisten, die an Floyds Festnahme beteiligten waren, sowie mehrere Passanten hatten den Polizisten auf die mögliche Folge seines gewalttätigen Vorgehens hingewiesen.

Wie geht es weiter? Spitzt sich die Lage noch zu oder ist sie schon mit in den gewalttätigen Unruhen in den sechziger Jahren vergleichbar? Und wie werden sich die jüngsten Ereignisse auf die anstehenden Wahlen im November niederschlagen? Einige hoffen, so auch ich, dass der unfähige Präsident Trump abgewählt wird. Heute verurteilt eine deutliche Mehrheit der amerikanischen Bürger Taten wie diejenige des weißen Polizisten, drängt auf harte Bestrafungen der Täter und ruft nach Maßnahmen des Staats zu ihrer Unterbindung. Amerika könnte einen Landesvater gebrauchen, der Trost spendet und Zuversicht verbreitet. Doch im Weißen Haus sitzt ein Narziss, der nur eine relevante Person kennt: sich selbst.

Damit wir Deutsche ja nicht denken, Amerika ist weit, wird eilfertig darauf hingewiesen, dass es Rassismus „auch hier" gibt. Mangels aktueller Fälle werden die vor 20 oder 30 Jahren hervorgekramt. Die Schuld darf nie vergehen, das schlechte Gewissen muss am Köcheln gehalten werden.

Der rot-grün-rote Berliner Senat hat eine weitere Verschärfung des Antidiskriminierungsgesetzes auf den Weg gebracht. Die Opposition sagt, dass damit die Polizei und andere Behörden unter den Generalsverdacht der Diskriminierung gestellt werden. Jeder könne jetzt behaupten, „diskriminiert" zu werden; die Behörden müssten nachweisen, dass dies nicht der Fall sei.

Grüne, Linke und in Teilen die SPD pflegen schon immer ein grundsätzliches Misstrauen gegen die Polizei und den Verfassungsschutz. Der Vorwurf der Diskriminierung und des „racial profiling" wird regelmäßig erhoben, beispielsweise wenn schwarze Drogendealer am Görlitzer Park in Berlin durchsucht werden. Wenn es Razzien bei arabischen Clans gibt, wird nicht so geredet. Arabische Großfamilien sind selbst bei den Grünen unbeliebt. Ja, die Polizei „diskriminiert", sie unterscheidet zwischen Drogendealern und Nicht-Drogendealern, zwischen organisierter Kriminalität und unbescholtenen Bürgern.

Ein Hotel irgendwo in Deutschland hat viel Kritik auf sich gezogen mit der Warnung, „unsere Möblierung ist nicht geeignet für Personen über 130 Kilogramm Gewicht". Das sei eine Diskriminierung von Dicken. Ein Bett war unter dem Gewicht eines Adipösen zusammengebrochen. Der hatte das Hotel auf Schmerzensgeld verklagt. Ob er damit erfolgreich war, wurde nicht mitgeteilt.

Nachdem im Garten eines einzigen Elitesoldaten ein Waffenlager und NS-Devotionalien entdeckt wurden, wird von vielen das gesamte Kommando Spezialkräfte unter Rechtsextremismus-Verdacht gestellt. Linke und Grüne wollen das KSK gleich ganz auflösen.

10. 6. Eine übertrieben pessimistische Sicht der Weltlage bedeutet nicht nur unnötigen Stress, sondern kann auch zu radikalen Antworten auf vermeintliche Probleme führen. Wie das funktioniert, konnte man sich 2016 beim Wahlkampf von Donald Trump ansehen, der so lange ein katastrophales Endzeitbild vom Zustand der Vereinigten Staaten zeichnete, bis er eine knappe Minderheit der amerikanischen Wähler davon überzeugt hatte. Wegen des besonderen Wahlsystems der USA wurde er dennoch Präsident.

Was die Zukunft auch immer an Herausforderungen bringt – die besten Aussichten, ihnen erfolgreich zu begegnen, sind die Tugenden der Aufklärung: Vernunft, Wissenschaft, Humanismus. Doch diese Tugenden sind heute bedroht von medialem Pessimismus, politischem Populismus und weitverbreitetem Misstrauen bis unverhohlener Verachtung gegenüber Politikern, Eliten und Experten, von religiösem Fundamentalismus und von Radikalismus von rechts wie links.

Hätte Peking Anfang 2020 schneller und entschiedener reagiert und sich an die eigenen Pläne für den Epidemie-Notfall gehalten, hätte der Corona-Brand, der die ganze Welt erfasst hat, im Keim erstickt werden können? Hätte, hätte, Fahrradkette. Schuldzuweisungen dienen dazu, das Unbehagen mit einem unsichtbaren und potentiell tödlichen Virus abzulenken. Einige Medien behaupten, dass in Wuhan kompromittierende Spuren beseitigt wurden. Beweise gibt es nicht. Wie tapfer sich in Wuhan Spitalärzte gegen Vertuschung und Zensur wehrten, als sie die Anomalie der Erkrankungen erkannten und das Ausmaß der Gefahr begriffen, ist dagegen gut dokumentiert.

Wie traumatisch für die Bevölkerung der Ausbruch der Epidemie, die Absperrung der 11-Millionen-Metropole (für 76 Tage), das Siechtum und der Tod unzähliger Erkrankter und das quälend lange Ausharren waren, ist bleibend festgehalten in einem Tagebuch, geschrieben von einer 1955 geborenen Frau namens Fang Fang. Ihre Blogeinträge wurden gelöscht, zuvor aber weitergereicht. Ihr Tagebuch kann heute nur im Westen erscheinen. Das Virus verbreitet sich rasend schnell, das Krankenhauspersonal arbeitet weitgehend ungeschützt und am Rande des Zusammenbruchs. Nach einigen Tagen des Verschleierns reagiert die Regierung mit drastischen Maßnahmen und massiven Hilfen, die auch bei uns Bewunderung hervorriefen. In China gibt es den Zynismus der Herrschenden und eine aufrichtig mitfühlende und tatkräftige Nachbarschaft.

Mit Freund H.M. in der Hannah-Arendt-Ausstellung im Deutschen Historischen Museum. Der Pei-Anbau ist imposant, hell und großzügig, bei näherer Betrachtung aber doch auch kahl und abweisend. Der Buchladen und die Garderobe sind in dunkle Ecken verbannt. – Die Ausstellung selbst interessant und anregend, aufgelockert durch Ausschnitte eines Arendt-Interviews. Ich selbst bin gegenüber ihren politischen Theorien eher skeptisch eingestellt. Aber Arendt ist ungeheuer souverän, interessant und eindringlich. – Gingen hinterher zum Italiener an der Spree mit Blick auf den Dom. War schon lange nicht mehr in dieser Gegend, die derzeit recht still ist; es fehlen die Touristen. Das Schloss, das jetzt den Namen Humboldt-Forum trägt, ist fast fertig. Unter den Linden wird immer noch gebaut, ich weiß nicht seit wie viel Jahren schon. Neben dem Schloss ist auch die Staatsoper unter den Linden wegen Bauarbeiten weiträumig abgesperrt. Die Straße unter den Linden ist bis hin zum Brandenburger Tor eine unattraktive Leere, nichts von Flair oder Boulevard. – H.M. und ich sprachen natürlich auch über Corona. Er sei sehr unzufrieden mit der Kommunikation der Bundesregierung. Gegenstimmen seien nicht gehört und in den Medien dargestellt worden. Er habe ein Interview mit dem österreichischen Bundeskanzler Kurz gehört, der auf kritische und provokative Fragen ruhig und einleuchtend geantwortet habe. Das vermisse er hier in Deutschland. Ich wende ein, dass der „Tagesspiegel", den auch er liest, seit Monaten voll von allen möglichen Artikeln zu allen denkbaren Aspekten der Pandemie ist. Was hätte die Bundesregierung und hätten die Länderregierungen anders machen sollen?

11. 6. Gibt es einen höheren Wert als den des Lebens? Gibt es eine Verpflichtung zum absoluten Schutz des Lebens? In welchem Verhältnis steht der Schutz des Lebens und der körperlichen Unversehrtheit der Person zu anderen Grundrechten wie der Wirtschaftsfreiheit oder der Demonstrationsfreiheit? Der bekannte CDU-Politiker und Bundestagspräsident Wolfgang Schäuble trat Ende April eine Diskussion los mit dem Satz: „Aber wenn ich höre, alles andere habe vor dem Schutz von Leben zurückzutreten, dann muss ich sagen: Das ist in dieser Absolutheit nicht richtig. Grundrechte beschränken sich gegenseitig. Wenn es überhaupt einen absoluten Wert in unserem Grundgesetz gibt, dann ist das die Würde des Menschen. Die ist unantastbar. Aber sie schließt nicht aus, dass wir sterben müssen."

Dieser allgemein gehaltene Satz hat zu lebhaften und kontroversen Interpretationen geführt. Eines kann man sofort ausschließen: Schäuble hat, wie ihm teilweise unterstellt wurde, nicht einer Euthanasie das Wort geredet. Ich bin extrem genervt und müde von hysterisch aufgeblasenen Problemen, die der normale, mit gesundem Menschenverstand ausgestattete Bürger überhaupt nicht hat. Wenn ich Schäuble richtig verstehe (ich bin mir keineswegs sicher), meinte er in einer beginnenden Diskussion über anstehende Lockerungen der gesellschaftlichen und wirtschaftlichen Einschränkungen, dass es noch weitere hohe Rechtsgüter gibt, die es zu beachten gilt. Die Einschränkung der Grundrechte wurde gerechtfertigt mit dem Schutz der Bürger vor Krankheit und Tod. Der Zweifel an der Verhältnismäßigkeit einiger Corona-Regeln war verhalten, brach aber nie ab. Um Leben zu schützen, darf in Grundrechte eingegriffen werden. Nicht wenige sind derzeit verärgert über kirchliche Sekten, partyselige Jugendliche und feiernde Großfamilien, die in einer größeren Zahl von Infizierten endeten.

Der Eingriff in Grundrechte steht im Konfliktfall in Konkurrenz zu anderen Grundrechten. Es musste darum der Lebensschutz mit der Freiheit auf persönliche Entfaltung, auf Versammlung, auf Religionsausübung, auf wirtschaftliche Betätigung und auf Mobilität abgewogen werden. Schäuble wandte sich gegen die Ansicht, dass all dies vor dem Schutz von Leben zurückzutreten habe. Das Leben beinhaltet nun einmal ein nicht auszuschließendes Risiko. Man kann nicht über längere Zeit ganze Gesellschaften und Volkswirtschaften lahmlegen, um auch den letzten Vertreter einer Risikogruppe – den Älteren, zu denen auch Schäuble gehört – zu schützen.

Schäuble hatte meines Erachtens diese Abwägung nicht grundsätzlich vorgenommen, sondern in einer konkreten Situation gesprochen. Er leugnete nicht, dass die Versammlungs- und andere Freiheiten zeitweilig eingeschränkt oder außer Kraft gesetzt werden dürfen. Ich verstehe ihn so, dass bei den anstehenden Lockerungen nicht gewartet werden dürfe, bis auch der allerletzte Bewohner eines Seniorenheimes vor dem Corona-Virus geschützt sei. Wenn das Vermeiden von Todesfällen das Maß des Handels ist, bleibt nur die Quarantäne für alle auf unbestimmte Zeit. Dass dies nicht nur wegen des Virus bedenkliche Folgen hat, liegt auf der Hand.

Schäuble sagte, die Würde des Menschen stehe höher als der Schutz des Lebens. Ein interessanter Satz. Offenbar ist die wochenlange Abkapselung von alten Menschen in den Senioren- und Pflegeheimen aus seiner Sicht nicht mit der Würde des Menschen vereinbar. Ein gewisses Risiko auch für diese Bevölkerungsgruppe sollte in Kauf genommen werden, oder anders gesagt, diese Gruppe sollte selbst entscheiden, welches Risiko sie eingehen möchte. Die Meinung der Pflegekräfte wurde allerdings nicht eingeholt. Corona-Infizierungen in solchen Einrichtungen sind verheerend, sowohl für die dort Beschäftigten als auch für die zu Betreuenden, vom öffentlichen Imageschaden ganz zu schweigen.

Die Würde des Menschen ist schwer zu bestimmen. Der Begriff hat vor allem einen appellativen Charakter. Artikel 1 des deutschen Grundgesetzes legt fest, die Würde des Menschen sei unantastbar. Ein wunderbarer Satz, der nachhallt, auch wenn er mehr Fragen aufwirft, als er klärt. Er formuliert ein Bekenntnis. Würde umfasst mehr als den ganzen Katalog der Grundrechte bis hin zur Meinungsfreiheit. Zugleich ist Würde materiell überhaupt nicht fassbar. Ebenso wenig fassbar sind die konkreten Folgen des Schäuble-Einwurfs. Die Bundesregierung und die Länderregierungen haben in der Zwischenzeit viele Restriktionen zurückgenommen und einige Menschen (über die unverhältnismäßig breit berichtet wird) nehmen sich die alten Freiheiten zurück. Die Würde scheint wiederhergestellt. Die Einlassung Schäubles hat keine weitere Folgen.

12. 6. Der sogenannte Futurologe Matthias Horx verkündet in seinem Schnellschuss *Die Zukunft nach Corona*, dass nach der Pandemie „nichts mehr so ist wie früher". Er prophezeit mehr zwischenmenschliche Aufmerksamkeit, mehr regionale, sprich lokale Nachhaltigkeit, mehr mitmenschlichen Humor, mehr Medikamente. Was soll daran neu oder anders sein? Vermögen und Einkommen sollen auf einmal eine geringere Rolle spielen, dafür gewinnen gute Nachbarn und ein blühender Gemüsegarten an Wert? Über solch einen Flachsinn kann man nur lächeln. Tja, wo gehen wir denn hin nach der Krise? Wahrscheinlich wie immer nach Hause oder ins Restaurant.

Die Menschen werden durch Schaden klug? Schön wär's. Pessimist Karl Kraus schrieb: Es gibt Menschen, die werden durch Schaden auch dumm. Sie machen so schnell wie möglich weiter wie bisher. Oder, weil die Krise mit ihrem Krankheitsgeschehen sie an die eigene Todesmöglichkeit erinnert, drehen beim Reisen und beim Partymachen noch einmal so richtig auf. Hat ein relevanter Anteil der Menschheit seine biologische und zivilisatorische Verletzlichkeit gespürt? Es gab reale Angst, aber wenn die verschwunden ist, geht der Tanz auf dem Vulkan weiter. Gab es eine Einkehr nach Tschernobyl und Fukushima? Der Verzicht auf die sichere und saubere Atomenergie beschert steigende Strompreise durch volatile regenerative Stromerzeugung, die massiv bezuschusst werden muss, um am Markt zu bestehen. Von der übrigen Primärenergie ist nicht die Rede. „Mehr Lebensfreude durch Verzicht", wie es der Neurowissenschaftler Joachim Bauer kommen sieht, dürften nicht viele empfinden.

Was den Laien irritiert, ist die Tatsache, dass die Todesfälle im Zusammenhang mit Covid-19 im Vergleich zu anderen Todesursachen gering sind. Die allermeisten Menschen sterben immer noch in hohem Alter an Herz-Kreislauf-Krankheiten und – etwas jünger – an Krebs. Es gibt keine verlässlichen Daten dazu, ob durch den Lock down mehr Menschen Alkohol trinken, ob es mehr häusliche Gewalt gibt und ob sich eine relevante Anzahl Menschen nicht ins Krankenhaus traut, weil sie eine Ansteckung fürchten.

Außergewöhnlich warmes und schwüles Wetter.

13. 6. Endlich wieder einmal ein „Jour"-Treffen in Potsdam. Wir sind nur sieben Teilnehmer, mit Prof. G.D. acht. K.K. arbeitet weiter an ihrem Bildungsthema „Psychotherapie und Personwerdung" und fokussiert auf die Persönlichkeit des Therapeuten am Beispiel von Sigmund Freud. Aktuell liest sie den *Rattenmann* von Freud – ein Fall von Zwangsneurose – und parallel dazu die Memoiren dieses Patienten. Bildung im Sinne J.R.s besteht wie eine Zwiebel aus verschiedenen Schichten. In der Mitte das intellektuelle Wissen, die emotionale Bildung als zweite Schicht, als dritte Schicht die soziale Bildung und das Mitmenschliche, die vierte Schicht ist die ethische und moralische Wertbildung und als letzte, umfassendste Schicht die existenziell relevante Bildung, die wir durch tätige Anteilnahme am Leben erringen. Angesichts dieser Aufgaben kann man ein Minderwertigkeitsgefühl kaum unterdrücken. Bildung heißt auch, sich diesem Minderwertigkeitsgefühl auszusetzen und sich dennoch nicht entmutigen zu lassen. – U.K. arbeitet weiter an Robert Musils Schriften aus dem Nachlass. Wir überlegen, welchen Titel diese Zusammenstellung haben könnte und kommen auf „Musil verstehen – Versuche eines Dilettanten". – M.F. bietet ein Seminar in unserem Institut über Albert Camus' *Die Pest* an und hat sich mit den sechs wichtigsten Personen dieses Romans auseinandergesetzt. Die metaphysische Ebene des Romans ist der Faschismus und dessen Absurdität. Das, was den Faschismus ausmacht, wird uns immer wieder ereilen und immer wieder müssen die Menschen Stellung dazu beziehen. Die Empörung gegen das Absurde führt in dem Roman in die tätige Hilfsbereitschaft, zu dem, was anständige Menschen zu tun haben. – A.K. überarbeitet ihre Magisterarbeit in Hinblick auf eine baldige Publikation. Sie hat einige Seiten zur Begriffsklärung von Beziehung und Relation vorgelegt. Zentrale Figur ist Martin Buber und sein Werk. Bedauerlicherweise ist für ihn die höchste Beziehung die zu Gott, also eine senkrechte Beziehungsaufnahme, wodurch die horizontale zu den Mitmenschen eine (vielleicht von ihm ungewollte) Abwertung erfährt. Wir sind der Meinung, dass A.K. auf dem richtigen Weg ist. – J.Ri. beschäftigt sich weiter mit dem österreichischen Schriftsteller Hermann Broch, heute kaum noch bekannt, aber von Experten geschätzt wegen seiner Romantrilogie *Die Schlafwandler*. – M.E.s Thema ist Eugenie Schwarzwald, eine Pädagogin für

Mädchenbildung, tätig in Wien zwischen 1900 und 1914, befreundet mit Karen Michaelis. – Ich selbst hatte vorab Texte zu Karl Popper, Friedrich August von Hayek, Steven Pinker und Hannah Arendt herumgeschickt. Dies sind Vorarbeiten zu meinem Liberalismus-Buch. Als nächstes werde ich mich jedoch dem Thema „Neurobiologie und Psychotherapie" widmen und hoffe, dieses Büchlein bis Oktober fertiggestellt zu haben. Und nebenbei schreibe ich dieses Corona-Tagebuch.

Schwüles und warmes Wetter, am Nachmittag und in der Nacht viel Regen.

14. 6. (Sonntag) Haben keine Lust zum Spazierengehen. Stattdessen Tischtennis-Match. Ich rette mich mit knapper Not in ein 2:2.

Mit Katastrophen haben monotheistische Religionen schon immer ihre Probleme. Angesichts des Leids müssen sie erklären, wie sich die angebliche Güte Gottes mit dessen angeblicher Allmacht zusammen denken lässt. Angesichts des Übels erscheint Gott entweder als schwach oder als missgünstig oder als sadistisch oder alles zugleich. Hinzu kommt, dass Immanuel Kant philosophischen Spekulationen 1791 in seiner Schrift *Über das Misslingen aller philosophischen Versuche in der Theodizee* den Boden entzog. Eine Notlösung besteht darin, das Übel aus dem Verantwortungsbereich des Schöpfergottes hinauszuschieben. Der Nachteil liegt darin, dass Theologen angesichts von Katastrophen nicht viel mehr machen können als zu beten. Aber warum zu Gott beten, wenn er nicht verantwortlich ist? Luther wiederum warnte davor, in den Übeln überhaupt einen Sinn erkennen zu wollen. Gott soll für den Menschen unfassbar bleiben. Dann kann man ihn auch nicht verantwortlich machen. Dann wiederum kann man sich aber auch alle Versuche eines Gottesbeweises, der Sinnsuche im Leid und der Verantwortlichkeit Gottes sparen.

Wenn eine Debatte nicht vorankommt, liegt es oft daran, dass ihre Fragen die falschen oder die Voraussetzungen der Fragen nicht geklärt sind. Die falsche Voraussetzung der Frage, ob das Übel in der Welt göttlichen Ursprung ist, ist die nicht bewiesene Annahme der Existenz eines Gottes. Verzichtet man auf diese unbewiesene Annahme, erübrigt sich die ganze Debatte.

15. 6. Zehntausende demonstrierten in mehreren Städten Deutschlands gegen Rassismus und Polizeigewalt. Der Anlass dazu liegt allerdings in den USA, doch es wird so getan, als ob sich Deutschland in dieser Hinsicht nicht von den USA unterscheidet. Wenn Bundestagsvizepräsidentin Claudia Roth (Grüne) „rassistische Strukturen und Netzwerke gerade auch innerhalb der

Staatsgewalt" und die SPD-Vorsitzende Saskia Esken „latenten Rassismus in den Reihen der Sicherheitskräfte" beklagen, dann fragt man sich, wo die beiden leben. Geht es angesichts dieser Breitseite gegen die deutsche Staatsgewalt, der beide ja angehören, nicht etwas genauer? Jeder Fall muss zudem ins Verhältnis gesetzt werden zur Gesamtzahl der in Rede stehenden Gruppe. Der ungeheuerliche Generalverdacht gegen Zigtausende Beamte untergräbt das Vertrauen in die Grundordnung. Das neue Berliner Antidiskriminierungsgesetz liegt genau auf dieser Linie. Polizisten und Beamten wird mit grundsätzlichem Misstrauen begegnet. Leben wir in einem rassistischen Polizeistaat? Vor allem aber: Die meisten Demonstranten traten ohne Mund- und Nasenschutz auf. Was bedeutet das für die Corona-Pandemie?

Tut Deutschland nicht genug gegen Rassismus? Die Beratungsanfragen zu rassistischer Diskriminierung hätten sich seit 2015 mehr als verdoppelt, sagte der kommissarische Leiter der Bundes-Antidiskriminierungsstelle. Ist das ein Zeichen für erhöhte Aufmerksamkeit oder für eine erhöhte tatsächliche Fallzahl? Zum Thema Rassismus hätten sich im vergangenen Jahr insgesamt 1176 Betroffene bei der Beratungsstelle gemeldet. Verifizierte die Beratungsstelle die Angaben? Nein. Und wieder teilen die Journalisten nur die absolute Zahl mit, nicht die Relation der Anfragenden zu der Zahl der potentiell Betroffenen. Die „Initiative Schwarzer Menschen in Deutschland" schätzt die Zahl der Afrodeutschen im Jahr 2008 auf etwa 500.000 Personen.

Was ist rassistisch? Die Frage „Wo kommst du her?" wird von Grada Kilomba als „fortgesetzte Übung aufgefasst, um weiße Fantasien bezüglich Rasse und Territorialität zu bestätigen". Das Wort „Negerkuss" für schokoladenummantelt Zuckerschaum wird von der Bundeszentrale für politische Bildung als „alltägliche" Beschimpfung aufgefasst, die „psychologische Narben" verursacht. Die Verwendung des Wortes Negerkuss (und vermutlich auch das Essen dieser klebrigen Süßigkeit) ist für die Bundeszentrale gleichbedeutend mit rassistischer Unterdrückung, Sklaverei und Kolonialismus. Geht's nicht eine Nummer kleiner? Nein, geht es eben nicht. Das ist ja gerade der Witz bei derartigen Debatten: die maximale Beschuldigungshöhe einnehmen, um den Gegner zu vernichten.

16. 6. Am frühen Morgen beim Kieser-Training, dann Haare gewaschen, anschließend beim Optiker K. für drei Brillen neue Gläser bestellt. Sodann zum Tischler gefahren und einige kleine und große Bretter abgeholt, die ich dort vor einigen Tagen bestellt hatten. Unter anderem möchte ich in der Praxis-

Küche ein Brett für eine Mikrowelle anbringen. Die Teile, darunter eine hellgraue Spritzwand für den rückwärtigen Teil der Küchen, in der Praxis abgeladen. Auf dem Nachhauseweg alte Klamotten im Altkleider-Container entsorgt. Vor dem Mittagessen die neue, viel diskutierte Corona-Warn-App auf meine iPhone geladen. Mittagessen bei herrlichem Wetter auf dem Balkon. Nachmittags Patienten.

Die Anwendung der Warn-App ist freiwillig. Mithilfe von Funkwellen (Bluetooth) sollen über kurze Entfernungen Hinweise von Handy zu Handy übertragen werden, ob einer der Beteiligten positiv auf Covid-19 getestet wurde. Zuvor muss natürlich das positive Testergebnis in das eigene Smartphone eingegeben werden. Auch das erfolgt nur freiwillig. Die App wirkt natürlich nur dann, wenn möglichst viele Menschen mitmachen. Noch besser wäre eine europaeinheitliche App. Nicht gespeichert wird, wo und wann und mit wem man zusammen war. Das würde den Gesundheitsämtern viel Arbeit abnehmen, aber in Deutschland entschied man sich für Datenschutz als höchsten Wert. Der Datenschutz hat die App zu einem weitgehend unbrauchbaren Instrument werden lassen. Der Entwicklung eines Impfstoffs gegen das Corona-Virus ist mehr Glück zu wünschen.

Die SPD dümpelt weiter in den Umfragen bei 15 Prozent. Seit Jahren versuche die Sozialdemokraten, verlorene Zuneigung ihrer Wähler durch soziale Wohltaten zurückzukaufen. Immer neue Gruppen und Grüppchen hat sie mit Fördergeldern bedacht, ohne Erfolg, Reicht es vielleicht nicht? Was immer die SPD an Geldgeschenken mobilisiert, für Sozialverbände ist es nie genug. Auch zum neuen Konjunkturpaket von 130 Milliarden € Umfang heißt es, „für Millionen Arme wird überhaupt nichts getan“. Mit immer neuen fiskalischen Wohltaten ist offenbar keine Wahl zu gewinnen. Sämtliche SPD-Vorsitzende der vergangenen Jahre hat die linke Parteibasis regelmäßig abgesägt. Die neuen Parteivorsitzenden wollten die Große Koalition eigentlich verlassen. Kaum waren sie gewählt, war davon nicht mehr die Rede. So verspielt man Vertrauen.

Eine Mehrheit der Bevölkerung scheint zu ahnen oder zu wissen, dass dieses Geld nicht nach Verdienst ausgeschüttet wird, sondern um dem utopischen Projekt der finanziellen Gleichheit aller näherzukommen, und sie fragen sich vielleicht bange, wer das alles bezahlen soll.

17. 6. Frühmorgens gleich nach dem Frühstück vier Runden Tischtennis. Meine Liebe Frau spielt mich mit 0 : 4 in Grund und Boden.

Bemühte mich am Vormittag bei der Verlags- und Autorenplattform BoD um Unterstützung bei der Vermarktung meines Buches *Politisches Denken – Athen und Rom*. Wie sich herausstellt, ist dieser Service ausschließlich für Autoren gedacht, die bei BoD publizieren, und zwar unter einer BoD-ISBN und nicht unter der ISBN meines eigenen kleinen Verlages. Ich begann ferner mit dem Layout des neuen Buches unserer Zürcher Freunde G. und F.A. mit dem Titel *Gemeinsam das Leben gestalten*.

Ein paar Tage vor Weihnachten 2019 saßen sieben Freunde und ich bei Eierpunsch zusammen. Es entstand die Idee, auf der Stelle eine Weihnachtsgeschichte zu schreiben. Herausgekommen sind neun Kurzgeschichten und ein Gedicht ganz unterschiedlicher Art: besinnlich und anrührend, verrückt und garstig, grausam und liebevoll, autobiographisch und frei erfunden. Einige kann man Kindern vorlesen, andere sind nicht jugendfrei. In jedem Fall sind sie überraschend und einmalig. Ich habe die Texte zusammengestellt und für ein schmales Büchlein gelayouted.

Schon seit längerem sammle ich Material zum Thema „Hat Freud noch recht? Neurobiologie für Psychologen". Heute Vormittag habe ich das Dokument-Layout erstellt und das noch einzuarbeitende Material zusammengestellt.

Die computergestützte Spracherkennung wird immer besser. Apple arbeitet mit einem System namens Siri. Einfache Befehle versteht Siri sehr gut. Der Goldstandard ist aber nach wie vor Dragon NaturallySpeaking von Nuance. Ich benutze dieses System seit Jahren. Wegen meines verdrehten Halses kann ich nicht mit zwei Händen auf der Tastatur tippen. Da hilft mir Dragon: Ich diktiere in ein Sprachaufnahmegerät von Philips und Dragon transkribiert die Audiodatei in Text. Oder ich diktiere Text direkt in den Computer.

Maja Göpel ist Politökonomin, Nachhaltigkeitsforscherin und Sekretärin des wissenschaftlichen Beirats der Bundesregierung „Globale Umweltveränderungen". Auch sie schwingt in ihrem neuen Buch *Unserer Welt neu denken* den ganz großen Hammer und plädiert – wie Hunderte von Autoren vor ihr – für eine Generalüberholung „unseres" Wirtschaftssystems. Gibt es irgendeinen neuen Gedanken? Nein. Die Autorin lädt den Leser ein, noch einmal und erneut über die Grundlagen seines Lebens nachzudenken. Was brauchen wir? Nahrung, Trinkwasser, Behausung, Energie, Gesundheitsversorgung und Bildung. Trinkwasser, Nahrung, Behausung und Energie stellen in der Corona-Krise keine Probleme dar. Anders die Gesundheitsversorgung, die zumindest in Deutschland innerhalb kurzer Zeit umgebaut wurde zur Vorbereitung hoher Zahlen von Schwerkranken. Die Bildung gehört derzeit nicht zur „systemrelevanten Infrastruktur", Schulen und Hochschulen wurden einfach geschlossen. So gesehen kann man auf Bildung offenbar am ehesten verzichten, zumindest für einen überschaubaren Zeitraum. Göpel meint, dass man gerade in Krisenzeiten nicht auf das starren sollte, was man individuell verlieren könnte. Aber genau das passiert. Die meisten wollen wieder ungestört im Biergarten sitzen, ins Restaurant gehen, reisen und einkaufen.

Der Staat hat Entscheidungen getroffen, die sonst niemand, vor allen Dingen nicht Privatpersonen, treffen konnten. Ließe sich die Entschleunigung verstetigen? In diesem Jahr wird Deutschland seine Klimaziele erreichen. Auch Göpel hat keine Idee, wie es nach Ende der Pandemie weitergehen könnte. Es ist dies eine dieser unendlich vielen „Wir müssen endlich ..."-Bücher, die in der Summe in den vergangenen Jahrzehnten einige Menschen zum Nachdenken, aber wenige Menschen zum Konsumverzicht bewegt haben.

18. 6. Heute Morgen brachte ich den Müll runter in den Keller und bemerkte, dass unser Kellerverschlag aufgebrochen ist. Mein weißes Elektro-Faltrad ist weg! Sonst war nichts gestohlen. Da ich heute den ganzen Tag Patienten habe, konnte ich zunächst nichts weiter unternehmen.

Heute traf mich der Wahnsinn persönlich. Eine Patientin war nicht mehr zu halten und regte sich über die Corona-Maßnahmen auf. Der Virologe Drosten habe im März von Millionen Toten gesprochen und heute seien es ja nur ganz wenige. Die Regierung habe Panik gemacht. Das Bild aus dem italienischen Bergamo mit Militärlastwagen, die Hunderte von Särgen auf einem Friedhof abluden, habe dazu beigetragen. Alle seien angespannt. Sie fühle sich von den Medien manipuliert. „Ich ertrage das nicht mehr mit Drosten und Wieler." (Lothar Wieler ist der Leiter des Robert-Koch-Instituts für Infektionskrankheiten). Die Debatte um eine mögliche Impfpflicht gegen Corona erinnere sie an die DDR. Zwangsimpfung sei eine Bevormundung. Das Herunterfahren der Wirtschaft sei übertrieben. Die Güterabwägung stimme nicht. Die Bundesregierung habe abweichende Meinungen nicht gehört. Eine sachliche Auseinandersetzung von Pro und Contra habe nicht stattgefunden.

Ich fragte sie, aus welchen Quellen sie sich informiere. Sie nannte die Internetseite Rubicon, Professor Suchard Bacty, die Arte-Dokumentation „Profiteure der Angst" von 2019, wo es um das Geschäft mit der Schweinegrippe ging, Bodo Schiffmann und dessen Parteineugründung „Widerstand 2020“, den Biologen Hendrik Streeck und den Lungenfacharzt Wolfgang Wodarg, viele Jahre lang Mitglied des Deutschen Bundestages für die SPD, und nicht zuletzt Ken Jepsen. Bis auf Streeck halten alle die Sicherheitsmaßnahmen der Pandemie für übertrieben und greifen die Bundesregierung heftig an. Bill Gates habe die WHO gekauft und bestimme die Maßnahmen in der Corona-Krise. Bald würde es eine Impfpflicht geben. Das politische System der Bundesrepublik sei eine „Demokratie-Simulation“. Corona würde instrumentalisiert, um den Staat noch mächtiger und den Bürger noch unwichtiger zu machen. Die Maßnahmen werden mit dem Rassegesetz der Nationalsozialisten gleichgesetzt. In Deutschland entstehe eine Diktatur.

Es ist unmöglich, auf alles einzugehen, weder hier noch an anderer Stelle. Der öffentlich-rechtliche Rundfunk SWR3 (Südwestrundfunk) hat einige Aussagen der Genannten einem eingehenden Faktencheck unterzogen. In diesem Faktencheck werden nicht Meinungen, sondern Sachaussagen untersucht. Natürlich stimmt das Meiste nicht, was die Genannten von sich geben.

Während des Gesprächs mit dieser Patientin, Referatsleiterin in einer Bundesbehörde und ausgebildete Juristen, erregte sich diese immer mehr. Sie ist insgesamt leicht erregbar und reagiert sensibel auf Menschen. Sie kam zu mir, weil sie erhebliche Probleme mit Mitarbeitern hatte, wahrscheinlich auch aufgrund ihrer durchaus sympathischen und offenen Art. Sie „kommuniziert“ gerne, was ihre Gefühle und ihren Gemütszustand angeht. Seit kurzem hat sie einen neuen Job in der gleichen Bundesbehörde angetreten, weil sie es mit den früheren Kolleginnen nicht mehr ausgehalten hat.

Interessant war es, mich selbst zu beobachten. Bei mir wuchs eine innere Beklemmung, ein Druck auf der Brust. Ich fühlte mich sehr unwohl. Es war unmöglich, in ihre Suada hineinzukommen, aber ich hielt mich auch bewusst zurück, weil ich als Psychotherapeut gelehrt hatte, den Patienten und überhaupt meinen Mitmenschen erst einmal zuzuhören und meine eigene Meinung zurückzustellen. Doch ich fühlte, wie mir diese Patientin schlagartig unsympathisch wurde. Wie kann man mit einem Menschen, der ein derartiges Geschwurbel von sich gibt, sinnvoll zusammenarbeiten, fragte ich mich. Am nächsten Tag hatte ich mich bereits wieder beruhigt. Ich werde mit ihr weiter psychotherapeutisch zusammenarbeiten und mit ihr ihre aktuellen Probleme besprechen und ihr bei Lösungen helfen.

Die Corona-Beschränkungen dienen ja nicht nur dem Schutz vor den Folgen des eigenen Verhaltens. Sie dienen auch dem Schutz Anderer vor den Folgen meines Verhaltens. Diesen Unterschied begreifen die Protestierer gegen die Einschränkungen nicht. Die Regierungen überall auf der Welt aber haben den Doppelaspekt immer im Auge zu behalten. Ist das Prinzip der Eigenverantwortung als Regulativ in der Pandemie überhaupt geeignet? Einerseits: Viele Ansteckungen erfolgen, bevor die Infizierten wissen, dass sie das Virus in sich tragen. Andererseits: Die Zahl der Infizierten ist in Deutschland relativ gering. Dass Covid-19 in Deutschland bisher relativ wenig Menschen das Leben gekostet hat, liegt unter anderem offenbar daran, dass die staatlichen Eingriffe früh erfolgten und gut wirkten. Die Schäden für die Wirtschaft sind gigantisch, aber die Personenschäden durch eine mehr oder minder ungebremste Pandemie wären es nicht weniger. Der glückliche Verlauf in einigen Ländern belegt nicht die Harmlosigkeit des Virus, sondern die Wirksamkeit staatlicher Eingrenzungsmaßnahmen. Was passiert, wenn der Staat zögerlich reagiert, kann man derzeit in den USA und einigen anderen Ländern beobachten.

Auch das Argument der „natürlichen Durchseuchung“ der Bevölkerung, also der Pandemie ihren Lauf zu lassen, hält nicht. Einer Hochrechnung zufolge, die wie alle Rechnungen auf wackeligen Füssen steht, muss eine Durchseuchung von 50 Millionen Deutschen vorliegen, bis die Pandemie von selbst zusammenbricht. Bei einer Sterberate von einem Prozent der Infizierten (auch das eine Schätzung auf unsicherer Grundlage) käme man auf 500.000 Tote, zwanzigmal mehr als eine normale jährliche Grippeepidemie. Auch handelt es sich keineswegs nur um alte Menschen, die ohnehin bald gestorben wären. Anderen Hochrechnungen zufolge (immer eingedenk ihrer Unsicherheit) beträgt der Verlust an Lebenszeit bei einem Corona-Tod zehn Lebensjahre. Staatseingriffe verhindern, dass noch deutlich mehr Menschen sterben, ganz abgesehen von einer Überlastung der Krankenhäuser. Die Verzögerungen von Infektionen und Erkranktenzahlen ist wertvoll, betonte Martin Hellwig, ehemaliger Direktor am Max-Planck-Institut zur Erforschung von Gemeinschaftsgütern in Bonn, am 15. Mai in der FAZ. So erhalte man Zeit für Gegenmaßnahmen.

Die Infektionsverläufe sind im Ländervergleich sehr unterschiedlich. In Südkorea waren es nie mehr als 25 bestätigte Covid-19 Infektionen pro 100.000 Einwohner. In Deutschland, wo sich wie in Frankreich und Italien die Kurve seit ungefähr vier Wochen abflacht, liegen die Zahlen bei ungefähr 225 pro 100.000 (Deutschland), 275 (Frankreich) und 375 (Italien). Wesentlich höher liegen die Infektionsraten in der Schweden: knapp 500 (noch ohne Abflachung) und Vereinigte Staaten: 600 (ebenfalls noch ohne Abflachung der Kurve).

19. 6. Vormittags Patienten. Nachmittags kaufe ich neue Türriegel und -scharniere, mit der ich unsere alte Bretter-Kellerraum-Tür verstärke. Anschließend melde ich über die „Online-Polizeiwache“ den Diebstahl. Dadurch komme ich zu einem weiteren Treffen unserer Schreibgruppe ein wenig zu spät. Erstmals seit der Pandemie treffen wir uns wieder persönlich. Zugleich hat C.W. heute Geburtstag. Die jährliche Reise nach Paestum in Italien haben jetzt die meisten abgesagt. Nur noch drei aus unserer Achter-Gruppe werden Ende August fliegen bzw. mit der Bahn fahren. Da viele meiner guten Freunde sich zumindest für dieses Jahr gegen das Treffen im Paestum ausgesprochen haben, entscheide auch ich mich heute dagegen. Es fällt mir schwer.

Es war an mir, das Thema des heutigen Abends zu bestimmen. Es lautete: „Ein letztes Wort zur Corona-Pandemie “. Ich schrieb:

„Die Pandemie wird uns noch weiter beschäftigen, aber auf andere Weise als bisher. Auf den ersten Schreck wurde weltweit fast übereinstimmend die Mobilität drastisch eingeschränkt. Jetzt geht es um die Beherrschung lokaler Ausbrüche. Waren zunächst die nationalen Regierungen gefragt, sind jetzt lokale Behörden gefordert, begrenzte und überschaubare Infektionsherde einzudämmen. Die Corona-Warn-App wird dabei helfen. Zumindest in Deutschland scheint das Schlimmste überstanden. Die öffentliche Debatte folgt den altbekannten Spielregeln von Zuspitzung, Sensationalismus, Schuldzuweisung und Personalisierung. Die Gesetze der Medien wie die der Politik wirken unvermindert weiter. Doch zugleich haben wir eine sachgerechte Kooperation von Wissenschaft, Politik und vielen Medien erlebt, die unterm Strich eine erstaunlich verständige öffentliche Debatte hervorbrachte. Der zeitweise hochkochende Streit um die richtige Strategie verlief weitgehend abgekoppelt von einer breiten Akzeptanz der politischen seuchenhygienischen Maßnahmen. Die Bevölkerung scheint manchmal klüger als das Feuilleton.

Noch ist die Unsicherheit nicht aus der Welt. Der nächste Markstein wird die Impfung sein. Die übrigen Probleme der Welt traten nur in den Hintergrund, weg waren sie nicht. Jetzt drängen sie wieder nach vorn und wecken alte Sorgen: Klimawandel, Artenschwund, Bevölkerungswachstum, Ressourcenverbrauch. Nicht wenige haben das Gefühl, dass die Summe der Probleme steigt, und vielen Zeitgenossen stellt sich die Frage, ob das alles noch zu schaffen ist. Eine Pandemie mehr oder weniger spielt da schon keine große Rolle mehr. Die Menschen werden ohnehin bleiben wie bisher: ein bisschen vernünftig und solidarisch, ein bisschen übellaunig und überempfindlich. Nach alledem und grundsätzlich: Es ist am Menschen mehr zu bewundern als zu verachten.“ [Der letzte Satz stammt von Albert Camus.]

Das „letzte Wort“ ist natürlich ironisch gemeint. Das hat auch D.S. so verstanden: „Die Pandemie ist noch nicht zu Ende. Menschen warten auf einen Impfstoff. Die Angstkurve in der Bevölkerung ist gesunken. ... Wie wird sich die Krise langfristig auswirken?“

Zur Erklärung für die weite Verbreitung von Falschmeldungen und abstrusen Behauptungen wird eine Mischung aus Macht- und Kontrollverlust bei den Menschen angenommen. Dieser Verlust mache sie anfällig für Verschwörungskram und abwegigen Falschmeldungen. Ich kann dieser Theorie nicht ganz folgen. Wenn diese Unsicherheit dazu führt, eine böse weltweite Verschwörung anzunehmen, die die Welt zerstören oder machtpolitisch manipulieren will, ist diese Vision eher noch furchterregender als die staatlich verfügten Sicherheitsmaßnahmen gegen eine Pandemie. Andererseits fühlen die Menschen, die sich im Besitz der Wahrheit gegen den Rest der Welt wähnen, als „Gute“, die die Wahrheit sehen und die wissen, wie es wirklich läuft. Diese narzisstische Bestätigung kann psychologisch durchaus stabilisieren. Dass einzelne Gerichte in einigen Eilentscheidungen einzelne Anordnungen gekippt haben, sehen Verschwörungsidioten als Beleg für ihre Thesen, dass Bill Gates in Deutschland eine Diktatur errichten möchte. Sie erkennen nicht, dass gerade diese Entscheidungen unabhängiger Gerichte gegen eine Verschwörung und ein Diktatur sprechen.

20. 6. Das Deutsche Ärzteblatt hat in einer Online-Umfrage gefragt, „Wie viel Vertrauen haben Sie aktuell in die Bundesregierung, dass sie Chancen und Risiken bei Lockerungen der Corona-Maßnahmen verantwortungsvoll abwägen?“ Unter den 5000 repräsentativ Antwortenden bekundeten 20 Prozent sehr viel Vertrauen, 34 Prozent viel Vertrauen, 13 Prozent wenig Vertrauen und 17 Prozent kein Vertrauen. Auf die Frage „Wen würden Sie wählen, wenn am kommenden Sonntag Bundestagswahl wäre?“ antworteten von 12.200 Beteiligten 37 Prozent CDU/CSU, 15 Prozent SPD, ebenfalls 15 Prozent Grüne und elf Prozent AfD. Und noch eine dritte Frage mit 11.000 Antworten: „Was bereitet Ihnen während der Corona-Pandemie die größten Probleme?“

Die meisten antworteten: soziale Isolation, fehlende Bewegungsfreiheit und Sorge vor Ansteckung. Elf Prozent sagten, die Pandemie bereitete ihnen keine Probleme.

Von Opponenten der Regierung wird die Krankheit kleingeredet und das Heilmittel zur eigentlichen Bedrohung erklärt. Den staatlichen Organen wird ihre gute Absicht keineswegs abgenommen. Das ist nicht neu, sondern seit über 40 Jahren gängige Praxis der Partei Bündnis 90/Die Grünen. Es gab in der Vergangenheit praktisch kein Sicherheitsgesetz, dass sie nicht vorher abgelehnt hätten. Was die Strafverfolgung im Internet angeht, läuft die Verweigerungshaltung auf einen Täterschutz hinaus, einschließlich illegalen Waffenhandel und Kinder-Pornographie. Die Grünen sind eine antiwissenschaftliche, ideologische und populistische Partei, mit zugegebenermaßen recht großem Erfolg. Derzeit nimmt sie lieber mehr Kranke in Kauf, als ihre Zustimmung zur Nachverfolgungs-App zu erteilen. Die Werteabwägung ist legitim. Doch das grundsätzliche Misstrauen stößt mich ab. Wenn es heißt, man wolle mehr auf die Eigenverantwortung der Menschen setzen, ist ein Widerstand gegen die elektronische Verbesserung der Pandemie-Bekämpfung überflüssig. Aber die Grünen wollen nicht die beste Lösung, sondern die Bevölkerung beglücken.

Wir erfahren von unserem 92-jährigen Mentor Prof. J.R., dass eine Sonografie seines Herzens keine Krankheitszeichen ergab. Wir sind dankbar und beruhigt. – Ich selbst war seit 13 Jahren mal wieder beim Augenarzt. Meine Augen sind „soweit in Ordnung", auch das eine beruhigende Nachricht.

21. 6. (Sonntag) Was lässt sich aus dem konkreten Corona-Verlauf auf die Wirksamkeit eingesetzter Vorbeugungsmaßnahmen schließen? Waren die Präventionsmaßnahmen ausschlaggebend oder hätte sich die Gefährlichkeit des Virus ohnehin nie durchgesetzt? Waren die Maßnahmen der Regierung im Kampf gegen die Ausbreitung des Sars-CoV-2-Virus übertrieben? Hätten weniger strikte Einschränkungen ausgereicht, und die Überlastung des Gesundheitssystems wäre gleichwohl nicht eingetreten? Hätte die Wirtschaft geschont werden können oder gar müssen?

Das ist selbst rückblickend schwer zu entscheiden. Die Interpretation der jetzt vorliegenden, umfangreichen Daten ist nicht einfach, jedes Land ist anders, viele Faktoren spielen eine Rolle für die erstaunlich unterschiedlichen nationalen Verläufe der Epidemie. Umfangreiche statistische Analysen verschiedener Forschungsgruppen zeigen aber übereinstimmend: Länder, die früh mit Maßnahmen reagiert haben, wurden weniger schwer getroffen, Verbote von Großveranstaltungen, Kontaktbeschränkungen und Schulschließungen bremsten die Ausbreitung der Krankheit ab. Die renommierte Wissenschaftszeitung *Nature* veröffentlichte am 8. Juni eine Berechnung eines Wissenschaftler-Teams zu den Effekten der Covid-19-Politik. Diese Maßnahmen weltweit waren gedacht, die Zuwachsraten der Infektion abzubremsen. Viele Anordnungen wie beispielsweise Schulschließungen und Ausgangssperre verursachen große unsichtbare Kosten in den Gesellschaften. Der Nutzen kann nicht direkt beobachtet werden, sondern wurde von der Forschergruppe anhand von ökonometrischen Modellrechnungen beschrieben.

Sie zogen 1.717 lokale, regionale und nationale nicht-pharmazeutische Interventionen heran, die im Rahmen der laufenden Pandemie an verschiedenen Orten in China, Südkorea, Italien, Iran, Frankreich und den Vereinigten Staaten (USA) eingesetzt wurden. Für den Fall, dass keine Maßnahmen ergriffen wurden, wurde eine exponentielle Wachstumsrate von etwa 38% pro Tag angenommen. „Wir stellen fest, dass die Anti-Pandemiepolitik dieses Wachstum erheblich und substanziell verlangsamt hat", heißt es. Sie schätzen, dass in den sechs genannten Ländern bis Anfang April 62 Millionen bestätigte (d.h. positiv getestete) Fälle gegeben hätte, die verhindert oder verzögert wurden. Das bedeute die Abwendung von mehreren Millionen Infektionen. Das bewegt sich in der gleichen Größenordnung wie die Ergebnisse einer weiteren Studie, die am selben Tag ebenfalls in *Nature* veröffentlicht wurde und sich mit der Wirkung der Eingriffe in Europa befasst. Laut dieser zweiten Studie haben allein die europäischen Maßnahmen mehr als drei Millionen Todesfälle verhindert. Die durchaus unsichere Annahme dazu lautet, dass jede hundertste Infektion tödlich verläuft. „In allen beobachteten Ländern sehen wir, dass die Interventionen die Reproduktionszahl auf einen Wert unter eins drücken konnten", heißt es in der Studie. Das Szenarios einer ungebremsten Ausbreitung der Pandemie ergab allein für Deutschland 560.000 zusätzliche Todesfälle bis zum 4. Mai. Durch das entschlossene Handeln der Bundesregierung wurde das verhindert. Bis 9. Juni wurden in Deutschland 8.700 Todesfälle gezählt, weltweit über 411.000.

Da die täglichen Infektionsraten insgesamt sinken, werden die Beschränkungen schrittweise gelockert. (Das spricht nebenbei gesagt gegen die Unterstellung der Corona-Leugner, dass die staatlich verfügten Kontaktreduzierungen der Errichtung einer globalen Diktatur dienen.) Viele europäische Länder haben ihre Grenzen für innereuropäische Reisende seit dem 15. Juni wieder geöffnet oder Öffnungen für Anfang Juli angekündigt. Die Zahl der Corona-Infektionen weltweit steigt (trotz Entspannung in Westeuropa) weiterhin deutlich.

Dank schneller Rückverfolgung und vielen Tests gelang es Südkorea zu Beginn der Corona-Pandemie, die Infektionen größtenteils in Schach zu halten. Und das, obwohl es damals das nach China am zweitstärksten betroffene Land war. Südkoreas Umgang mit dem Virus wurde daher vielerorts als vorbildhaft gelobt.

Der schärfste Konjunktureinbruch seit Ende des Zweiten Weltkriegs hat die Luftverschmutzung offenbar nicht entscheidend reduziert. Schon Ende Mai habe China, so heißt es in Zeitungsberichten, die Vor-Corona-Luftverschmutzung wieder erreicht – und mittlerweile sogar überschritten. Tatsächlich müssten, um die Pariser Klimaziele einer Maximalerwärmung von deutlich unter zwei Grad zu schaffen, von 2020 an global gesehen zwischen 4 und 7 Prozent jährlich weniger Kohlendioxid emittiert werden – Jahr für Jahr.

22. 6. Der „Tagesspiegel" berichtet auf Seite 1 über „massiven Missbrauch der Corona-Soforthilfe". Im weiteren Text erfährt man, dass die Zahl der Verdachtsmeldungen 0,2 Prozent der Anträge ausmacht. Unter massiv verstehe ich etwas anderes.

Rassismus – was ist das? Die FAZ befragte den Konfliktforscher Andreas Zick. Ich habe mir das mal genau angeschaut. Was ist seines Erachtens rassistisch? Zick verweist darauf, dass allein schon die Zuordnung von Menschen zu Gruppen Rassismus ist. Diese Zuordnung geht mit Zuschreibung von Merkmalen einher. Diese Merkmale seien in der Regel abwertend und stellen die Gruppen als minderwertig, abweichend oder auch nicht menschlich dar. Dies könne auch in Gesetze und Verfahren münden. Dann spreche man von strukturellem Rassismus. Rassismus ist also ein Vorgang der Einordnung und der Abwertung. Der moderne Rassismus betone Unterschiede in ethnisch-kultureller Hinsicht. Er behauptet stabile Persönlichkeitseigenschaften und Verhaltensmuster. Rassistisch sind bereits verallgemeinernde Behauptungen wie die, dass beispielsweise Türken nicht die traditionellen deutschen Werte verinnerlicht hätten und „nicht zu uns" passen. Es gehe um Andersartigkeit, die Ähnlichkeit und Gemeinsamkeit verhindern. Latenter Rassismus liege vor, wenn hinter einer scheinbar nicht-rassistischen Äußerung letztendlich doch Rassismus stecke.

Zick zitiert aus einer Studie. In einer repräsentativen Umfrage vom Jahreswechsel 2018/19 bejahten 9,7 Prozent die Aussage: „Die Weißen sind zurecht führend in der Welt". Ist das schon Rassismus oder nur eine begründbare These? Und stimmt es überhaupt, dass die Weißen führend in der Welt sind? Holen die Chinesen nicht massiv auf? Gibt es nicht doppelt so viele Inder wie Europäer? Rassismus sei, wenn sich jemand in der Öffentlichkeit abfällig verhält. Wird derartiges Verhalten nur gegenüber Menschen anderer Hautfarbe angewandt? Oder ist dies ein allgemeines Verhalten des als ruppig bekannten Berliners? In welchem Verhältnis stehen abfällige zu zugewandten oder beifälligen Äußerungen? Darf Andersartigkeit noch ausgesprochen werden? Wie soll Andersartigkeit verhindert werden?

Ich las in der jüngeren Vergangenheit zwei Beispiele, dass sich Farbige schon bei der Frage, wo man herkomme und ob man Deutsch spreche, rassistisch bedrängt fühlen. Wie aber soll ich mit jemandem vernünftig Kontakt aufnehmen, wenn ich nicht weiß, welche Sprache er spricht? Das ist doch eine grundlegende Information. Die Frage nach der Herkunft, zeugt sie nicht von Interesse und Zugewandtheit?

Zick sagt: „Es ist nicht rassistisch, sich für die Kultur von anderen zu interessieren. Es ist nicht rassistisch, Unterschiede festzustellen." Dürfte man also nur von Rassismus sprechen, wenn eine eindeutige Abwertung der Anderen und eine ungerechtfertigte Höherbewertung der Eigengruppe vorliegt? Ist ein Stereotyp bereits rassistisch? Ist Misstrauen bereits rassistisch? Ein positives Selbstbild reicht offenbar allein nicht aus, um den schwerwiegenden Vorwurf des Rassismus auszusprechen. Und gibt es einen umgekehrten Rassismus, die ideologische Höherbewertung anderer und die masochistische Abwertung der eigenen Gruppe? Sind Blondinenwitze „rassistisch"? Stellen Blondhaarige eine eigene Rasse dar?

Diese Frage „Woher kommst du?" oder „Woher kommen Sie" wird seit einiger Zeit von gesellschaftlichen Gruppen mit dem Verdickt des Rassismus belegt. Die Frage soll tabuisiert werden. Immer wieder wird sie angeführt als tückischer Ausdruck einer Ausgrenzung, einer Fremdenfeindlichkeit, eben eines Rassismus, weil sie den Adressaten angeblich mit dem Anschein einer fremden Herkunft auf sein Fremdsein, seine Nichtzugehörigkeit festlege, weil sie ihn ausstoße.

Tabuisiert werden soll mit einer solchen Antwort nicht nur die Frage selbst, sondern schon die schiere Wahrnehmung von Unterschieden. Die Unterscheidung ist ein Wesensmerkmal des menschlichen Denkens. In der Psychologie ist die Vergleichende Psychologie ein zentrales Unterrichtsfach. Es wird bewusst nach Unterschieden gesucht, zunächst nur, um Erkenntnisse zu gewinnen, später vielleicht auch, um nach Mitteln zu suchen, diese Unterschiede zu minimieren. Die Unterschiede erwachsen aus der Herkunft und der Biografie eines jeden Menschen. Jeder Mensch hat eine Geschichte, und diese unterscheidet sich von der anderer Menschen. Die Literatur ist voll davon.

Die Ausführungen von Zick sind unbefriedigend. Die Unterschiede zwischen den Menschen und Ethnien sind nun einmal gegeben. Die Frage „Woher kommst du?" ist naheliegend beim Anschein einer fremdartigen Herkunft. Es sieht so aus, als ob der Konfliktforscher diese ausradieren möchte. Eine dezidierte Abwertung ohne sachlichen Grund muss natürlich kritisiert werden. Da es keinen offenen Rassismus mehr in Deutschland gibt, suchen interessierte Kreise schon länger nach verstecktem und latentem Rassismus, um die Gruppe der Rassisten zu diskreditieren und sich selber als moralisch einwandfrei hinzustellen. Die Abwertung einer anderen Gruppe und die Überhöhung der eigenen Position wurden aber von Zick soeben als rassistisch tituliert. Also sind die Anti-Rassisten die eigentlichen Rassisten? Ist, wer den diffusen und biologisch fragwürdigen Begriff der menschlichen Rasse verwendet, nicht selbst ein rassisch Denkender?

Die Frage „Woher kommst du?" dürfte in den meisten Fällen aus Neugier und Menschenfreundlichkeit gestellt werden. Damit kann ein Gespräch eröffnet werden. Es kommt auf die Intention des Fragenden an. Tabuisierer wie Frick möchten aber die Frage an sich und als solche eliminieren. Was geschieht, wenn es auf die Intention des Sprechers nicht ankommt und nur darauf, wie der Adressat das Gesagte versteht? Diese Frage stellt Gerhard Kurz in einem Kommentar für die Frankfurter Allgemeine Zeitung („Sind Fragen nach der Herkunft ausgrenzend?" vom 2. Dezember 2020). Seine Antwort: „Man zerstört die Grundlage der Kommunikation und man macht sich zugleich zum Ankläger und Richter, zum Opfer und Herrn der Sprache. Man klagt sprachliche Anerkennung ein, verweigert aber dieselbe dem Sprecher. Da jede Äußerung Gesagtes und Gemeintes, Ausdruck und Intention untrennbar umfasst, läuft die Tilgung der Intention des Sprechers auf eine Enteignung seiner Sprache hinaus. Mehr noch: Getilgt wird mit seiner Intention auch die Personalität des Gegenübers."

Mit der Tabuisierung der Frage nach der Herkunft wird die prinzipielle Gleichheit der Sprechenden aufgelöst. Ohne die Unterstellung einer lauteren, gutwilligen Absicht der Beteiligten werden Kommunikation und Dialog unmöglich. Kommunikation bricht zusammen ohne ein Minimum an gutwilligem Verstehenwollen der Intention des Sprechenden, ohne wechselseitige Empathie und Anerkennung.

23. 6. Die Rassismus-Debatte kocht weiter hoch. Der Versuch der Klassifikation von Menschen nach äußeren Merkmalen ist einige Jahrhunderte alt. Herangezogen wurden übereinstimmende typische, vererbbare Merkmale des äußeren Erscheinungsbildes. Die Bildung von Untergruppen der Menschheit waren manchmal neutral gemeinte Versuche einer Klassifizierung (im Zeitalter der Aufklärung), oftmals wurden sie aber bewusst oder unbewusst mit wertenden Qualitäten verbunden und beispielsweise zur Rechtfertigung der Sklaverei missbraucht. Bei Kant war der Begriff – wie bei vielen seiner Zeitgenossen – mit der Unterscheidung von Rassen eine Über- bzw. Unterordnung verbunden: Seiner Ansicht nach unterschieden die Rassen sich in ihrer Bildungsfähigkeit. An der Spitze der Vernunftbegabten standen die weißen Europäer. Im Zeitalter des Kolonialismus stand die Überlegenheit der „weißen" oder „kaukasischen" Rasse außer Frage, wobei die Angehörigen der eigenen (deutschen oder britischen) Nation die Spitzenstellung einnahmen. Großen Einfluss erlangte der französische Schriftsteller Arthur de Gobineau mit seinem 1852 bis 1854 in vier Bänden erschienenen *Essai sur l'inégalité des races humaines* (Versuch über die Ungleichheit der Menschenrassen), in dem er das etablierte Motiv des Rassenkampfes durch das Thema Rassenvermischung ergänzte. Die Eugenik sollte die Höherentwicklung von Rassen künstlich steuern. In Deutschland führte dies letztlich zum Postulat einer „arischen Herrenrasse" der Nationalsozialisten.

1965 wurde das Internationale Übereinkommen zur Beseitigung jeder Form von Rassendiskriminierung formuliert. In der Praxis blieb allerdings in den Südstaaten der USA noch bis in die späten 1960er Jahre die Rassentrennung erhalten, und in Südafrika wurde die Apartheid erst 1990 überwunden. Im Zuge der menschlichen Genomanalyse setzte sich zunehmend oder erneut die Erkenntnis durch, dass es nur eine menschliche Art gibt und der Begriff Rasse ein gesellschaftliche Konstruktion ist. Die genetische Vielfalt der Menschheit sei nur gradueller Natur und lasse keine größeren Diskontinuitäten erkennen. Daher sei jeder typologische Ansatz zur Unterteilung der Menschheit ungeeignet. Klassifikationen anhand phänotypischer oder somatischer Merkmale und darauf basierende Bewertungen werden als pseudowissenschaftlich abgelehnt. Der Terminus „Rasse“ sollte aus dem wissenschaftlichen Vokabular gestrichen und anstelle von Menschenrassen von „ethnischen Gruppen“ gesprochen werden, da diese keinen biologischen Bezug besitzen, sondern soziologisch definiert sind. Aktuell wird gefordert, den Begriff der Rasse in Art. 3 des Grundgesetzes zu streichen und durch eine Formulierung zu ersetzen, wonach niemand durch seine „ethnische Herkunft“ diskriminiert werden dürfe.

*

Der Polizei in Deutschland wird von linker politischer Seite generell „racial profiling“ unterstellt, was durch eine bundesweite Studie untersucht werden soll, offenbar mit dem Ziel, diese These zu untermauern. Über die konkrete Ausgestaltung der Untersuchung wird es sicherlich noch politischen Streit geben, ebenso über die Interpretation. Die Grünen fordern eine unabhängigen Polizeibeauftragten des Bundes. Ein CDU-Innenminister warnte davor, die Polizei pauschal unter Rassismus-Verdacht zu stellen. Eine Kurzumfrage der FAZ mit über 6000 Beteiligten erbrachte, dass Dreiviertel von ihnen der Ansicht sind, dass die Polizei insgesamt „kein Problem mit Rassismus“ hat. 15 Prozent sind der Meinung, dass die Polizei insgesamt durchaus rassistisch ist, und 11 Prozent sind unentschieden.

Ein gängiger Slogan lautet, es reiche nicht aus, nicht rassistisch zu sein, man müsse anti-rassistisch sein. Hiermit spreche ich mich dezidiert gegen die Verwendung des Begriffes „Rasse“ und „rassistisch“ aus.

24. 6. Viel wurde darüber spekuliert, ob die Corona-Pandemie die Welt verändert, so wie davor die Klimaaktivisten die Welt oder zumindest die Wirtschaft der Welt umkrempeln wollten. Stattdessen schiebt sich eine ganz andere Diskursfront nach vorne, die des Rassismus. Der Tod des Schwarzen Floyd hat die USA in eine angestrengte Debatte über Polizeigewalt und angeblich rassistische weiße Polizisten gebracht. Ein zweiter, ergänzender Schritt ist bereits getan, die Kritik des Kolonialismus, welcher von der Minderwertigkeit der schwarzen Rasse und der Überlegenheit der weißen Rasse lebte. Die ersten Denkmäler von Männern, die auch Sklavenhändler waren, werden unabhängig von ihren übrigen Verdiensten gestürzt und ins Wasser geworfen. Es ist ein Bild zu sehen, wie Demonstranten in Bristol auf der gestürzten Statue des Philanthropen und Sklavenhändlers Colston knien, so wie ein weißer Polizist auf dem schwarzen Hals von Floyd kniete. Ein US-Streaminganbieter hat das Südstaaten-Epos *Vom Winde verweht* aus dem

Jahre 1939 aus seinem Angebot verbannt. Er wolle „ein Zeichen gegen den Rassismus setzen", weil dieser achtzig Jahre alte Film verblüffenderweise nicht die Welt von heute repräsentiert.

In Deutschland wird die schon ältere Idee ausgegraben, Bismarck- und Hindenburg-Denkmäler zu demontieren. Die Vergangenheit soll so ausgetrieben werden, wie es ein Exorzist mit dem Teufel praktiziert. Bei den Antirassismus-Demonstrationen der vergangenen Tage wurden die Abstands- und Hygieneregeln missachtet bzw. können bei solchen Massenveranstaltungen gar nicht eingehalten werden. Der Staat kann damit nicht mehr das Infektionsrisiko kontrollieren, sondern lediglich die Folgen weiterer Infektionen. Gibt der Staat mit diesem Kurswechsel die Verantwortung an den Bürger zurück? Kann jetzt jeder eine Risikoabschätzung vornehmen, welches Infektionsrisiko er in Zukunft zu tragen bereit ist? Wer so denkt, hat das Wesen der Abstandsregelung nicht verstanden. Wenn es tatsächlich nur um das eigene Risiko geht, könnte man es den Menschen tatsächlich selbst überlassen. Aber als Infizierter kann man der Anfang einer neuen Infektionskette sein. Jeder hat Verantwortung für den Mitmenschen.

Wer amerikanische Debatten über Rassismus und Gewalt gedankenlos auf Deutschland überträgt, macht es sich zu leicht. In Deutschland herrscht diesbezüglich ein Mangel an Dramatik, weshalb die Einzelfälle zu einem „strukturellen" und „institutionellen" Problem hochgejubelt werden müssen. Viele der Demonstranten gegen Rassismus und Gewalt scheinen sich nach einem heroischen, dem Kampf für das Gute gewidmete Leben zu sehnen. Da sich hierzulande wenig Gelegenheit bietet, müssen die Vorkommnisse grösser gemacht werden, als sie sind. Deutschland sei in dieser Hinsicht nur eine „Franchisenehmer" amerikanischer Debatten, wie der Deutschland-Korrespondent der Neuen Zürcher Zeitung, Hansjörg Friedrich Müller, am 12. Juni schrieb. Die Slogans sind großenteils direkt aus den USA übernommen. Es ist politisches Fast Food, was die Demonstranten auftischen. „Black Lives Matter" ist so richtig wie banal. Damit geht hierzulande kein Demonstrant ein Risiko ein. Und man braucht nichts über die Verhältnisse in den USA zu wissen. Rassismus oder ethnische Diskriminierung gibt es kaum bei uns, das auslösende Ereignis fand eben in den USA statt und nicht hier.

In Halle versuchte ein Antisemit in ein jüdisches Gotteshaus einzudringen und die Anwesenden zu erschießen. Die Tür hielt stand. Verzweifelt über sein Versagen tötete er zwei zufällig anwesende Passanten. Diese Morde riefen nicht einem Bruchteil jener Demonstranten auf dem Plan, die jetzt für den schwarzen Amerikaner Floyd auf die Straße gingen. Warum nicht? Weil die Todesopfer „nur" weiß waren? Weil sich diese Morde nicht zu einem weltumspannenden Aufschrei aufpäppeln ließen? Müssten solche Taten die Deutschen nicht viel mehr bewegen als ein Ereignis in 6000 Kilometer Entfernung, im mittleren Westen der USA? Es gab nach den deutschen Attentaten öffentliche Kundgebungen, aber kein globales Happening.

Ist die deutsche Polizei „strukturell rassistisch"? In Deutschland (Bund und Länder) arbeiten mehr als 380.000 Sicherheitskräfte. Es ist wahrscheinlich, dass sich unter ihnen der eine oder andere Rechtsextreme befindet. Die SPD-Vorsitzende Esken meinte, auch in Deutschland gebe es „latenten Rassismus". Das ist wohl wahr, aber reichlich unpräzise. Unter den 49.000 Mitarbeitern der Bundespolizei gab es in den vergangenen acht Jahren 25 „rassistische Verdachtsfälle", das betrifft 0,05 Prozent. Das Bundesamt für Verfassungsschutz erhielt den Auftrag, die Anzahl der rechtsextremen Vorfälle seit 2017 aufzulisten. Gezählt wurden bei den Bundesländern rund 302 Verfahren. Davon wurden 67 eingestellt, 52 führten zu Disziplinarmaßnahmen, 48 zu Entlassungen. Der Rest ist noch anhängig. Bei den Bundesbehörden sind es 62 abgeschlossene Verfahren. Wer angesichts dieser Zahlen wie der öffentlich-rechtliche Sender Deutsche Welle behauptet, ein „Rechtsextremismus-Skandal erschüttert die deutsche Polizei", übertreibt maßlos. Weniger als 200 geahndete Fälle aus vier Jahren genügen also, um sämtliche Polizisten des Landes in die rechtsradikale Ecke zu stellen.

Selbst wenn man von einer Dunkelziffer ausgeht, gibt es hier mit Sicherheit keinen strukturellen oder institutionellen Rassismus. Immer mehr Polizisten haben selbst einen Migrationshintergrund. Sollte man auch sie unter den Rassismus-Verdacht stellen? Jugendliche Demonstranten haben das Akronym ACAB, eine Abkürzung für „Alle Bullen sind Schweine", aus amerikanischen Gettos in die deutschen Demonstrationszüge importiert. Die SPD-Vorsitzende macht sich dieses Vorurteil zu eigen.

Dahinter steht eine politische Agenda. Es geht nicht darum, Delikte aufzuklären, sondern allein darum, die Sicherheitsbehörden in die rechtsradikale Ecke zu stellen. Was ist das Ziel? Die Arbeit gegen Rechtsradikalismus zu stärken und gegen Linksradikalismus einzustellen. Die Arbeit der Sicherheitsbehörden wird von Linken, Grünen und der SPD grundsätzlich in Zweifel gezogen – und das seit Jahrzehnten. Gibt es eine vermeintliche oder reale Panne beim Verfassungsschutz, wird dessen Auflösung gefordert. Davon ist dann nicht mehr die Rede, wenn er Rechtsradikale kritisch beäugt. Der

Linksradikalismus soll verharmlost und zu einem Teil der eigenen politischen Agenda werden.

Einflussreiche Gruppen in Politik, Medien und gesellschaftlichen Organisationen berufen sich explizit und implizit auf die Erfahrungen mit dem Dritten Reich, als Justiz, Politik und Polizei „auf dem rechten Auge blind" waren. Angesichts von Gestapo und Stasi ist Skepsis tatsächlich angebracht. Es ist aber unverhältnismäßig und hinterhältig, aufgrund von wenigen Einzelfällen ein Problem der gesamten Polizei oder des Verfassungsschutzes zu konstruieren. Die Begleitmusik ist eine gewollte, permanente Behinderung der Sicherheitsorgane einschließlich des Bundesnachrichtendienstes. Nicht nur die Arbeit im Inland wird erschwert, auch die Auslandsaufklärung gegenüber Taliban und islamischen Terrorismus. Wenn es dann mal wieder im Inland kracht, wird den Behörden von denselben politischen Kräften, die ihnen die Arbeit erschweren, „Versagen" vorgeworfen. Das soll die Sicherheitsorgane langsam aber sicher mürbe machen – bis hin zur Forderung, diese aufzulösen. Dabei ist die Überwachung der internationalen Kommunikation ein Puzzleteil, das Leben retten kann. Im Inland werden die Sicherheitsorgane durch ein politisches Klima delegitimiert, das diese zunehmend zur Gefahr für die Sicherheit stempelt. Diejenigen, die schon immer gegen den „Bullenstaat" waren, freuen sich klammheimlich.

*

Ist jener, der einen anderen rassistisch nennt, nicht selbst ein Rassist, ein in rassischen Kategorien Denkender? Es gibt viele ethnische Vorurteile. Sind diese immer gleich rassistisch? In der Zeitung wird der Fall einer in Berlin geborenen Frau mit schwarzer Hautfarbe geschildert. Im Drogeriemarkt will sie mit Cash-Karte bezahlen. Die Cash-Karte trägt einen deutschen Namen. Die Kassiererin ist misstrauisch und bittet um eine Unterschrift auf dem Kassenbon, um diese mit der Unterschrift auf der Karte zu vergleichen. Die schwarze Berlinerin weigert sich und spricht von Rassismus. Die Geschäftsführerin wird geholt, die anderen Kunden warten in der Schlange. Die Kundin weigert sich weiterhin, eine Unterschrift zu leisten. Die Polizei wird geholt. Das ist natürlich auch rassistisch. Die ganze Aufregung wäre mit einer einfachen, identifizierenden Unterschrift aus der Welt geschafft worden. War die Verkäuferin nicht sogar befugt, die Korrektheit der Geldtransaktion zu verifizieren? Beansprucht die schwarze Frau für sich ein Sonderrecht?

Ein schwarzer Bundestagsabgeordneter erzählt, wie er vor sieben (!) Jahren einmal (!) auf einem Bahnhof von der Polizei kontrolliert wurde. Ich wurde kürzlich bei einer Verkehrskontrolle kontrolliert: Führerschein, Kraftfahrzeugbrief und Warndreieck. Alles rassistisch? Warum ist die Kontrolle eines Weißen durch weiße Polizisten nicht rassistisch, während die Kontrolle eines Schwarzen durch weiße Polizisten rassistisch ist? Dürfen Schwarze nur von schwarzen Polizisten kontrolliert werden, Russen nur von russischen, Türken nur von türkischen?

Die Überlegungen dazu werden immer bizarrer. Eine Journalistin fragt sich im „Tagesspiegel“, ob es rassistisch ist, dass sie sich bislang nur in Männer mit weißer Hautfarbe verliebt hat. Warum sei das bei den meisten ihrer Freunde und Bekannten genauso? Vielleicht, weil man persönliche Präferenzen hat, angefangen bei den Essgewohnheiten? Ernährung ist lebensnotwendig. Ernährung ist Geschichte und Sozialisation. Völker grenzen sich auch dadurch voneinander ab, was sie essen oder nicht essen. Ist man, wenn man bestimmte Ess-Präferenzen hat, rassistisch? Muss ich meine Freunde, Liebhaber, Mieter und Kunden proportional nach ihrem Bevölkerungsanteil aussuchen? Könnte ich laut Antidiskriminierungsgesetz eventuell dazu gezwungen werden? Muss ich mich einem Stalker zuwenden, weil eine Ablehnung diskriminierend wäre? Muss ich als Psychotherapeut einen mir unsympathischen AfD-ler behandeln, weil ich niemanden wegen seiner Weltanschauung diskriminieren darf? Kann ein älterer Mann eine jüngere Frau wegen Diskriminierung anzeigen, wenn diese ihn abweist? Müssen sich umgekehrt Männer mit schwarzer Hautfarbe dezidiert um weiße Frauen kümmern, um einem Rassismusvorwurf zu entgehen?

Es leuchtet mir nicht ein, weshalb sich jemand schuldig fühlen sollte, weil er einen weißen Liebespartner begehrt und nicht den schwarze Busfahrer. Rassistisch ist die Partnerwahl erst, wenn ein weißer Mensch schwarze mögliche Partner kategorisch von seinem Interesse ausschließt, da er Weiße *für überlegen* hält. Für manche Schwarze käme die schwarz-weiße Paarung aber genauso wenig infrage. Man schließt sich mit Menschen zusammen, mit denen man vieles teilt. Man kann selten genau sagen, was da eine Rolle spielt. Besondere Vorlieben sind kein Verdachtsmoment für Rassismus oder „weiße Vorherrschaft“. Mit der Hashtag-Aktion #KritischesWeisssein fordert der deutsche Journalist Malcolm Ohanwe weiße Leute dazu auf, sich kritisch mit ihrem Weißwein auseinanderzusetzen. „Man könnte sich ja bezichtigen, noch nie mit einem Mongolen oder einer Kreolin Tisch und Bett geteilt zu haben – als begegnete man denen täglich“, so die Journalistin Birgit Schmid in einem Kommentar für die NZZ („Ist Liebe rassistisch?“, 12. Juni 2020).

Aber selbst, wenn ich mich jetzt in schwarze Männer oder Frauen verliebe, bin ich angeblich nicht frei von Rassismus. Das hat die Journalistin Alice Hasters klargemacht. Sie hat gezeigt, dass schwarze Frauen auf der Dating-App OkCupid die schlechtesten Chancen auf positive Rückmeldungen von Männern haben. Gilt das auch in Schwarzafrika? Zu sagen, „ich kann kaum beeinflussen, in wen ich mich verliebe", reiche nicht. Man muss sich bemühen – nein – zwingen, auch schwarze oder andersfarbige Menschen zu lieben, und zwar zusätzlich zu allen 33 oder 66 verschiedenen sexuellen Richtungen, denn sonst bist Du Rassist und hast eine Phobie. Und wenn Du das schaffst, brauchst Du Dir nichts darauf einbilden. Denn, das macht Hasters ebenfalls klar, ein schwarzer Partner ist kein Anti-Rassismus-Ausweis. Denn, Weißer, das hast du nur getan, um deinen Rassimus zu kaschieren! Du bist und bleibst ein Rassist, da kannst du nichts machen! Du bist ein geborener Rassist! Aber ist das nicht auch schon wieder ein rassistisches Vorurteil, eine Diskriminierung, eine Herabsetzung, eine Entwertung?

Ja, natürlich. Man könnte den ganzen Irrsinn auch mit Fleischesser und Vegetarier durchspielen. Bin ich fleischessender Rassist, wenn ich mich nicht mit einem weiblichen Vegetarierer zusammentun möchte? Oder Raucher und Nichtraucher? Ist Rauchen ein Rassemerkmal? OkCupid bietet übrigens eine extra Dating-Ecke für Vegetarierer an.

*

Den silbernen Polo musste ich ja wegen Motorschadens abstoßen. Unser 15 Jahre alter schwarzer Polo war jetzt in der Inspektion und hat unter anderem neue Reifen bekommen (insgesamt 900 €). Ferner war ich beim Optiker und habe anhand neu ermittelter Augenwerte Brillengläser für drei Brillen bestellt, die übermorgen fertig sein sollen (insgesamt 1600 €).

25. 6. Kontakteinschränkungen werden aufgehoben, nicht jedoch die Maskenpflicht. Bund und Länder verständigen sich auf einheitliche Reisebeschränkungen für Touristen aus Landkreisen mit hohem Infektionsgeschehen.

Vor einiger Zeit fragte ich mich: Für was lohnt es sich, auf die Straße zu gehen? Deutschlands Sozialstaat und Wirtschaftswachstum hat all jene Konflikte, mit denen die USA, Großbritannien oder Frankreich zu kämpfen haben, prinzipiell befriedet. Die angeblich immer weiter aufgehende Schere zwischen Arm und Reich ist ein statistisches Artefakt. Das Zusammenleben verläuft weitgehend harmonisch. Es gibt bei uns kaum Gettos, und das, obwohl heute jeder vierte Einwohner einen Migrationshintergrund hat. Fast eine Million Personen stammen aus Schwarzafrika. Die Integration hat grundsätzlich funktioniert, das Gemeinwesen ist nicht in seinen Grundfesten erschüttert. So gesehen ist Deutschland weitgehend langweilig. Da kommt vielen vielleicht eine Aufgeregtheit aus den USA gelegen, um einem latenten Misstrauen gegen den Staat und seine Institutionen Ausdruck zu geben.

*

Ein Artikel der FAZ vom 14. Juni macht den ganzen Irrsinn der Rassismus-Debatte deutlich (Justus Bender: „Rassismus steckt in uns allen"). Xenophobie sollte reflektiert werden, wohl war. Gibt es auch eine berechtigte Xenophobie? Beispielsweise bei jenen Frauen, die nach dem Zweiten Weltkrieg von russischen Soldaten vergewaltigt wurden? Oder angesichts des Holocaust bei Juden gegenüber Deutschen? Bei Bender ist die Ausweiskontrolle keine Lappalie. Ausweiskontrolle – so versetzt sich Bender in die Psyche des schwarzen Menschen – bedeutet, „von diesem Staat nicht für voll genommen zu werden". Als ich als junger Mann in den USA nachts mit dem Auto unterwegs war, wurde ich von einem (weißen) Polizisten angehalten: Ob ich mich in dem Städtchen, dass ich eben verlassen hatte, an einem Autorennen beteiligt hätte? Bedeutet das, dass ich von den USA „nicht für voll genommen" wurde? Natürlich nicht. Diese Verknüpfung ist einfach absurd. Bender schreibt, „alle Menschen sind in solchen Fragen empfindlich". Ich glaube das nicht. Ich bin nicht sonderlich empfindlich. Ich habe dem Polizisten nichts vorzuwerfen. Aber Überempfindlichkeit ist ein Merkmal der Rassismusdebatte. Die einfachsten Handlungen können als Rassismus gebrandmarkt werden. Dabei könnte es so vieles anderes sein. Und wenn man das anerkennt, könnte so vieles einfacher sein, auch das Zusammenleben.

Rassismus ist, wie weiter oben festgestellt, definitionsgemäß verbunden mit einer bewussten, ungerechtfertigten Höherbewertung der eigenen Person oder der eigenen Gruppe bei gleichzeitiger bewusster Abwertung des Anderen oder der anderen Gruppe. Wenn also der Rassismus-Vorwurf erhoben wird, muss die Höherbewertung und die Abwertung und ihre Ungerechtfertigtheit nachgewiesen werden. Beweispflichtig ist jener, der den Rassismusvorwurf erhebt.

Bender weist darauf hin, dass sich in Deutschland Menschen wegen Kleinigkeiten streiten und vor Gericht ziehen. Er meinte damit: Sind wir nicht alle empfindlich? Sollten wir nicht verständnisvoll sein, wenn Schwarze über Ungerechtigkeiten klagen, und seien sie noch so klein? Nein, ich bin nicht verständnisvoll. Ich bin der Meinung, dass kleinere Ungerechtigkeiten zwischen Menschen unvermeidlich sind, und dass – wenn sie nicht im gütlichem Einvernehmen aus der Welt geschafft werden können – man sie hinnehmen sollte. Gerechtigkeit ist absolut, schreibt Bender. Nein. Wer einen Wert absolut setzt, blendet konkurrierende Werte aus. Das führt tendenziell in den Irrsinn oder in den Terror.

Stimmt, ich spreche über Rassismus wie über einen seltenen Dämon. Menschen, die in Deutschland leben, leben vergleichsweise paradiesisch. Richtig ist auch, dass Xenophobie, die Angst vor Fremden, ein Urinstinkt ist. Dann sollte man aber nicht so erstaunt tun, wenn Xenophobie zu Tage tritt. Menschen können allerdings lernen, diesen Urinstinkt zu kontrollieren. Aber wenn Xenophobie und Rassismus ubiquitär sind, dann ja wohl auch bei Menschen anderer Hautfarbe, anderen Geschlechts und anderer Herkunft. Diese Gefühle sollten wir, so Bender, „auch anderen zugestehen". Also Xenophobie und Rassismus für alle? Diese Debatte läuft völlig aus dem Ruder.

Eine Bekleidungsfirma mit sehr niedrigen Preisen schaltete einst eine Anzeige, welche einen kleinen schwarzen Jungen in einem T-Shirt zeigte. Auf dem T-Shirt stand: „The coolest monkey in the jungle". Das wurde als rassistisch gebrandmarkt. Aber vielleicht war es doch eher nur eine Gedankenlosigkeit. Es bedurfte Rassismus, um Rassismus darin zu erkennen. Denn wer es rassistisch findet, wenn ein dunkelhäutige Junge einen Pulli mit der Aufschrift „Affe" trägt, verfügt selbst über die klischeehafte Vorstellung, dass die Verknüpfung von Dunkelhäutigkeit und Affe herabsetzend sein könnte. Er selbst sieht den Affen im Jungen. Ob die Werbemacher die gleiche Vorstellung hegten, muss erst bewiesen werden. Vielleicht fanden sie die Aufschrift nur lustig, vielleicht war ihr Kopf frei von derartigen Verknüpfungen. Ich halte es für unwahrscheinlich, dass sie provozieren wollten. So etwas kann schnell teuer werden.

Ein Slogan der Demonstranten lautet, alle müssten „Rassismus verlernen". Indem jedoch der Begriff „Rasse" weiterverwendet wird, wird rassisches Denken weiter verbreitet. Auch die Alternativformulierung „rassistische Zuschreibung" arbeitet noch mit dem Rassismus-Begriff. Das Substantiv wird zum Adjektiv, doch der Begriff und die Vorstellung von Rasse bestehen fort.

Heute den ganzen Tag Psychotherapien. In einer Freistunde bastele ich weiter an einem Brett für die zukünftige Mikrowelle in meiner Praxis-Küche.

26. 6. Die Corona-Krise ist eine Herausforderung. Aber ist sie auch eine Chance? Auf Anhieb fällt mir kein einziges Thema in Gesellschaft, Ökonomie und Politik ein, in welchem die Chance ergriffen wird, auf irgendeine Weise auf irgendeinem Feld umzusteuern. Die ungeheuren Konjunkturprogramme und Zuschüsse sind darauf angelegt, auch Branchen am Leben zu erhalten, die wirtschaftlich kaum überlebensfähig sind.

Ein Großteil der Bevölkerung hat mittels einer ausgedehnten Berichterstattung einiges über die Arbeitsweise von Wissenschaft erfahren. Wer sich dafür interessiert, konnte Grundlegendes über Falsifizierung und Verifizierung von Hypothesen lernen. Das wird in wenigen Wochen alles vergessen sein.

Es wäre schön, wenn insbesondere Journalisten lernen würden, dass unterschiedliche Befunde aus der Wissenschaft nicht in sich widersprüchlich sind und deshalb irrelevant wären, sondern dass sie immer auf die neuesten wissenschaftlichen Erkenntnisse schauen müssen. Deshalb ist der Satz von Greta Thunberg falsch, man solle auf „die Wissenschaft" hören. Diese gibt es nicht. Es gibt immer nur neue Ergebnisse und Erkenntnisse, die die alten überholen. Die Ergebnisse der Klimaforschung sind keineswegs einheitlich. Die Behauptung, überall auf der Erde werde es wärmer, darf als widerlegt gelten. Die vorsichtigere Variante lautet, es gibt einen Klimawandel, aber nicht eine gleichförmige Erwärmung, und es gibt in unterschiedlichen Regionen der Erde unterschiedliche Folgen, in einigen sogar positive.

Die Medienschaffenden sollten ferner lernen, dass nicht jede Studie erwähnenswert ist. Eine einzelne Studie zu zitieren bringt erkenntnismäßig überhaupt nichts, solange diese Studie nicht in das große Ganze einer wissenschaftlichen Debatte eingeordnet wird. Journalisten sollten die methodischen Fehler von Studien erkennen können. Wer sie nicht beurteilen kann, sollte keine Artikel über wissenschaftliche Ergebnisse schreiben. Es führt sonst selbst wieder zu Irritationen bei den Menschen einschließlich der Politiker.

Medien haben mindestens so viel Verantwortung für die Politik wie die Politiker, aber Medien entziehen sich systematisch dieser Verantwortung. Politiker stehen ständig unter Beobachtung, während die Selbstkritik der Medien nur schwach ausgeprägt ist. Und die Verantwortung der Wissenschaftler liegt darin, nicht jede Studie gleich an die Öffentlichkeit bringen zu wollen. Besonders die Epidemiologie ist zu einer Junk Science verkommen, wenn es heißt, dass der tägliche Verzehr von 1,3 Keksen die Häufigkeit von Lungenkrebs um 23 Prozent erhöht. Christian Drosten ist einer der wenigen, der Wissenschaftskommunikation beherrscht. Es ist ein Graus zu sehen, wie er absichtlich missverstanden wird, schrieb der Präsident der Freien Universität Berlin, Dieter Lenzen, am 8. Juni 2020 im Berliner *Tagesspiegel.*

Ein Beispiel für die potentielle Selbstreinigungskraft von Medien ist die Aufarbeitung des Wochenmagazins *Spiegel* über den Antiterroreinsatz gegen die Rote Armee Fraktion in dem kleinen Ort Bad Kleinen im Juni 1993. Im Zentrum steht der frühere Rechercheur und Journalist Hans Leyendecker, der damals Redakteur beim *Spiegel* war. Der Einsatz verlief zum Teil fatal. Die Terroristin Birgit Hogefeld konnte festgenommen werden, bei einem Schusswechsel aber starben der Polizeibeamte Michael Newrzella und der Terrorist Wolfgang Grams. Er beging, wie vor Gericht mehrfach festgestellt wurde, in auswegloser Lage Suizid.

Leyendeckers Story und eine gleichartige des WDR-Magazins „Monitor", die ebenfalls die These vertrat, der RAF-Mann Grams sei von der Polizei „ermordet" worden, hatten Folgen. Der damalige Innenminister Rudolf Seiters trat zurück, der Generalbundesanwalt Alexander von Stahl wurde in den Ruhestand geschickt. Die offengelegten Fakten illustrieren die Wirkmacht journalistischer Manipulationsmöglichkeiten.

Das Fazit der Aufklärungskommission beim *Spiegel* lautet: „Der ‚Spiegel' hat mit der Berichterstattung auf Basis einer mangelhaft geprüften und falschen Aussage einen journalistischen Fehler begangen."

Zweifel an der Story aber gab es von Beginn an. Aber offenbar nicht beim *Spiegel.* Und warum hat es ein Vierteljahrhundert gedauert, bis der *Spiegel* „auf vorbildliche Weise aufgeräumt" hat? Was zur Frage führt, ob sich auch der WDR im eigenen Hause der vorbildlichen Aufräumaktion angeschlossen hat, denn immerhin wollte der *Monitor* von Zweifeln, die es bereits von Beginn an gab, nichts wissen.

Eine noble Geste des *Spiegel,* die Geschichte nun klarzustellen. Andererseits kommt die Klarstellung 27 Jahre zu spät, den Beteiligten von damals hilft das nicht mehr. Wie viele solcher Stories, die haufenweise Politiker-Rücktritte und Rauswürfe kompetenter leitender Beamte zur Folge hatten, sind (und bleiben) unentdeckt und ungeahndet?

27. 6. Wie gehen Gesellschaften, Individuen, Gesundheitssysteme und Medien mit Pandemien um? Der kanadische Psychologe Steven Taylor, Professor an der University of British Columbia in Vancouver, hat dazu Ende 2019 ein umfangreiches Buch an der Schnittstelle zwischen Virologie, Epidemiologie,

Immunologie, Soziologie, Medizingeschichte, Verhaltensforschung und Psychologie vorgelegt (*The Psychology of Pandemics. Preparing for the Next Global Outbreak of Infectious Disease.* Cambridge Scholars Publishing). Dieses Werk passt wie eingegossen auf die Corona- Pandemie, konnte diese aber natürlich noch nicht ahnen. Taylor bedauert, dass es zwar viel Wissen über die medizinische Seite von Pandemie gibt, aber die sozialpsychologische Seite bislang vernachlässigt wurde. In seinem Buch ist viel von Kommunikation, Fürsorge, Ängste, soziale Distanzierung, Quarantäne, Isolation, Jobverlust und Herdenimmunität die Rede. Wie begegnen Medizin, Politik und Medien diesen Phänomenen optimal? Was muss sich ändern an Gesundheitssystemen, damit sie besser auf Pandemien vorbereitet sind?

Ein Ursprung von Pandemien liegt offenbar in der Zeit um 1000 vor unserer Zeitrechnung, als Tiere domestiziert und in unmittelbarer Nähe von Menschen gehalten wurden. Schon damals müssen Viren von Tieren auf Menschen übergegangen sein. Zu allen Zeiten wurden Sündenböcke gesucht, und Quacksalberei und Aberglauben einschliesslich Hass auf vermeintliche Verursacher blühten. Gerüchte und Verschwörungsirrsinn begleiteten immer Pandemien. Seitdem hat es enormen medizinischen Fortschritt gegeben, aber Verunsicherung, Verwirrung und ein Gefühl von Überforderung sind geblieben.

Sollen Pandemien eingedämmt und besiegt werden, geht es um die Psyche, um Emotionen, Affekte und vor allem um Kommunikation. Medizin und Politik müssen kooperieren und eine Weile lang informativ zusammenspielen. Die regelmäßige Einbindung des Berliner Virologen Christian Drosten in einen Rundfunk-Podcast war ein hoffentlich nicht nur einmaliger Glücksfall. Eine zentrale Herausforderung liegt darin, Bedrohungen und Risiken weder zu überschätzen noch zu unterschätzen. Die moderne Medienlandschaft bietet dafür rasche und vielfältige Kanäle. Diese Kanäle werden aber auch für esoterische und absichtlich fehlleitende Botschaften benutzt. Ein Teil der Bevölkerung wird sich immer den behördlichen Maßnahmen entziehen. Beachtet werden muss ferner, wie unterschiedlich verschiedene Milieus und Gruppen von staatlich verfügten Einschränkungen betroffen sind. Pandemie-Politik wird immer ein ganzes Bündel aus Maßnahmen, Ratschlägen, Handlungsanweisungen und Präventionsideen umfassen müssen.

28. 6. (Sonntag) Sehr schöne Spaziergang in der gestalteten Natur der Pfaueninsel. Die Insel ist nach der Corona-Schließung heute zum ersten Mal wie-

der geöffnet. Heute gab es hier endlich sehr ausgiebigen Regen, der uns und die Natur beglückte.

Gustave Le Bon, ein französischer Mediziner und Sozialpsychologe, hat bereits 1895 in seiner *Psychologie der Massen* herausgestellt, dass sich bei größeren Ansammlungen von Menschen gern eine Eigendynamik entwickelt, durch die es zur urplötzlichen Entladung von Aggression und exzessiven Übergriffen kommt. Die vor Ort Beteiligten werden in gegenseitiger Aufwiegelung mitgerissen. Sie sind wie von Sinnen in einem rauschartigen Zustand. Grölen, Schreien oder Jubeln erinnern an einen geradezu animalischen Aufstand. Derartige Eskalationen sind freilich nur dann zu erwarten, wenn genügend Potenzial zur Emotionalisierung vorhanden ist. Sie kommen im Schutz der Masse zur Entfaltung. Die Aufwiegler fühlen sich absolut im Recht, auch wenn sie Straftaten begehen. Unter solche aufgeheizten Massen mischen sich gern Kriminelle und Radaubrüder, die das Chaos und die Unübersichtlichkeit nutzen, um bewusst Schaden anzurichten. Das finden sie erhebend. Sie weiden sich an der Angst und der Verwirrung der anderen. Die Gruppe der Friedlichen wird unterwandert und die Gewalt schiebt sich in den Vordergrund. Diese Bilder werden wiederum von den Medien aufgegriffen, wodurch sie ein falsches und verzerrtes Bild liefern.

Im Unterschied zu den USA rekrutiert sich die Polizei in europäischen Staaten nicht aus dem Militär und aus „Polizeifamilien". Polizei ist bei uns keine militante oder militärische Einrichtung. Polizeien sind auf Ermittlung- und Ordnungsdienste spezialisiert, nicht auf den direkten Angriff. In den USA scheint eine Übergriffigkeit der Polizei in Verbindung mit einem gewissen Schutz vor juristischer Ahndung üblich zu sein.

29. 6. Noch einmal: Epidemien verwandeln keine Gesellschaften. Sie helfen auch nicht, die „Wahrheit" über unsere Gesellschaft zu sehen. Covid-19 legt auch nicht die dunklen Seiten der Globalisierung offen. Schon vor Jahrhunderten wurden Viren und andere Krankheitserreger über Handelswege eingeschleppt. Das dauerte damals nur länger als heute.

Gegen Ende des Ersten Weltkriegs ging eine tödliche Grippe um den Globus. Die Influenza-Pandemie wurde zur schwersten Pandemie der jüngeren Geschichte. Zwischen 1918 und 1920 infizierte sie etwa ein Drittel der Weltbevölkerung und tötete zwischen 50 und 100 Millionen Menschen. Sie wurde durch ein H1N1-Virus verursacht, das von Vögeln ausging und mutierte, um Menschen zu infizieren. Um 1900 lebten 1,6 Milliarden Menschen auf der

Erde, heute sind es rund 7 Milliarden. Wir können optimistisch zu sein. Wenn dieser Kampf kompetent geführt wird, könnte er anders als vor 100 Jahren verlaufen, was zu niedrigeren Infektions- und Sterblichkeitsraten und vermutlich zu weniger Todesfällen führen wird.

Die Globalisierung beschleunigt die Ausbreitung, beschleunigt aber auch die Geschwindigkeit der Reaktion darauf. Zum eigentlichen Pandemiegeschehen trägt die Globalisierung nichts bei. Die Bevölkerungsvermehrung ist kein direktes Ergebnis der Globalisierung. Oder anders gesagt: Beides ging Hand in Hand. Die Bevölkerungsentwicklung hat vielfältige Ursachen, vor allem die im Westen entwickelte Hygiene und Medizin.

Alle Prozesse in den Gesellschaften haben sich kontinuierlich in ihrem Tempo gesteigert. Auch frühere Epidemien wüteten in den dicht bevölkerten Städten am meisten. Dazu bedurfte es nicht der Flugverbindungen. Die Corona-Krise beschleunigt auch nicht die Deglobalisierung. Wenn überhaupt davon gesprochen werden kann, dann begannen national orientierte Abschottungspolitiken wie beispielsweise in den USA und Großbritannien schon weit vor Covid-19. Zu beklagen, dass einige medizinische Produkte im Ausland hergestellt werden, klingt nach Nationalismus. Wären die einzelnen Nationalstaaten besser gefahren, wenn sie alles Notwendige selbst eingelagert hätten – vorausgesetzt, sie hätten gewusst, was später benötigt wird? Auch kann ich keinen Bewusstseinsschub in Richtung auf mehr Wissenschaftlichkeit, Mitmenschlichkeit und Rationalität sehen. Ich kann vor allem nicht erkennen, dass „die politischen Führer der Welt kollektiv versagt“ hätten. Das fast synchrone Vorgehen der allermeisten Staaten beruht auf einer allseits geteilten Einsicht. Diktatoren und Autokraten werden nach meiner Einschätzung keinen Gewinn aus der Krise ziehen. Die Einschränkung der Freiheiten wird die Ablehnung des Autoritarismus eher verstärken. Das stimmt mich optimistisch. Und je mehr die Spuren von Covid-19 schwinden, desto weniger werden wir uns daran erinnern, dass die Bedrohung je real war.

30. 6. Einige Gewichtsverschiebungen sind auf europäischer Ebene durchaus zu beobachten. Grenzschließungen waren kein Tabu mehr, sondern wurden – beginnend in Österreich und dann von praktisch allen Staaten – beherzt umgesetzt. Das fast vollkommene Versiegen der Flüchtlingsströme hat den damit befassten Behörden und Institutionen eine Verschnaufpause gegönnt. Es könnte sich die Einsicht durchsetzen, dass die hohen Flüchtlingszahlen zu

einer permanenten Belastung geworden sind und man nicht mehr zu diesen Zuständen zurückkehren möchte. Dieser Zustand sollte genutzt werden, um die Betreuung der Flüchtlinge zu verbessern. Am einschneidendsten aber ist für mich die Abkehr von der Weigerung, Schulden der europäischen Nationalstaaten zu vergemeinschaften. Insbesondere die Bundesregierung hat in dieser Hinsicht einen Schwenk vollzogen. Deutschland wird mehr in die EU einzahlen. Insofern könnte die Europäische Union geschlossener und damit stärker werden. Die Produktion des einen oder anderen Gutes wird aus dem Ausland nach Europa zurückgeholt werden. Überhaupt wird sich Europa mehr auf sich selbst besinnen müssen.

Heute den ganzen Tag Psychotherapie-Patienten. Alle wollen noch einmal kommen, bevor ich Pause mache. Außerdem Vorbereitung meiner Quartalsabrechnung für die Kassenärztliche Vereinigung.

Juli

1. 7. Beginn meiner dreimonatigen Erholungszeit!

Nach dem Frühstück Haare gewaschen, dann meiner lieben Frau bei der Quartalsabrechnung geholfen und die Abrechnung online an die Kassenärztliche Vereinigung abgeschickt. Bei der Autowerkstatt vorbeigefahren und Radmuttern nachziehen lassen. Anschließend, was wir uns schon lange vorgenommen hatten, ins ökologische Bettengeschäft „Oasis“ in der Westberliner Innenstadt. Meine liebe Frau ist entschlossen, sich nicht nur eine bessere Matratze, sondern gleich ein neues Bett zu kaufen. Ich arbeiten nachmittags am Marketing für *Athen und Rom*, ein mühsames Geschäft, das mir nicht liegt. Lese weiter in Montefioris *Jerusalem*. Was für eine prachtvolle, was für eine grausame Zeit!

*

Leugnet das linksliberale Milieu die Konflikte im Zusammenhang mit Migranten? Jene, die Migration insbesondere aus muslimischen Staaten als problematisch ansehen, werden schnell als Rassisten tituliert. Zugleich wird das Problem von Frauen mit dem patriarchalischen Gehabe muslimischer Männer verdrängt. Darauf machte die Journalistin Pauline Voss am 17. Juni in der NZZ aufmerksam („Warum ich mich als Frau nicht ernsthaft unterstützt fühle“). Zwei potenziell benachteiligte Gruppen stehen in Konkurrenz –

Frauen und Muslime. Wer verdient mehr den Opferstatus? Treten Muslime auf den Plan, werden die Opfer frauengeringschätzender Diskriminierung auf den zweiten Rang verwiesen. Aber soll man tolerieren, wenn eine muslimische Mutter ihrer sechsjährigen Tochter das Singen verbietet? Wenn Jungen ihren Lehrerinnen den Handschlag verweigern? Wenn achtjährige Mädchen Kopftuch tragen müssen? Rechtspopulisten würden „die Schwächsten unserer Gesellschaft" diskriminieren, heißt es von linksliberaler Seite. Aber wer sind diese Schwächsten? Die Muslime, die Frauen, Kinder, muslimische Frauen, die Kinder muslimischer Frauen, die homosexuellen Jungens muslimischer Familien? Zum Schluss bleibt bei dieser Aufzählung nur noch eine Gruppe übrig, die nicht zu „den Schwächsten" gehört: der weiße deutsche Mann. Hat sich das Leben von weißen Frauen in Deutschland zum Schlechteren entwickelt? Und liegt das an den männlichen Muslimen? Das reaktionäre Frauenbild von Neonazis wird kritisiert, aber gibt es in der hegemonialen liberalen Mitte eine Kritik des muslimischen Frauenbildes? Eine Kritik des konservativen Frauenbildes der CSU oder der katholischen Kirche gibt es sehr wohl. Die 1993 geborene Autorin Voss meint, die muslimischen Migranten hätten soziale feministische Standards zum Schlechteren hin verschoben.

2. 7 . Morgens beim Kieser-Training. – Ich recherchiere nach Adressenanbietern. Ich möchte Emailadressen kaufen, um Werbung für mein Buch *Politisches Denken* zu machen. – Meinen Flug im August nach Neapel mit EasyJet kann ich nicht stornieren. EasyJet teilt mit, dass ihre Preise derart niedrig sind, dass man als Kunde nicht noch erwarten sollte, die paar Kröten zurückzubekommen (in meine Worten). Aber die Unterkunft in Neapel konnte ich ohne weiteres rückgängig machen. Habe das Geld zurückbekommen. – Mit Freund A.W. telefoniert, um eine Alternative für den Italienurlaub zu erkunden. Wir fassen die Ostsee für Ende August ins Auge. – Brief an K.S. in Wien. Ich habe den Eindruck, dass sie mit meinen eher allgemeinen Ausführungen nicht so viel anfangen kann.

Einen ersten Nachtragshaushalt über 156 Milliarden Euro zur Finanzierung mehrerer Hilfspakete hatte der Bundestag schon Ende März beschlossen und dafür die Schuldenbremse im Grundgesetz ausgesetzt. Für das Konjunkturpaket von Union und SPD, das Konsum und Wirtschaft in den kommenden Monaten wieder ankurbeln soll, sind allerdings weitere Kredite nötig. Teil dieses Pakets ist unter anderem eine vorübergehende Senkung der Mehrwertsteuer und ein Bonus für Familien mit Kindern. Zusammen mit dem

Kindergeld bekommen sie bis Jahresende pro Kind 300 Euro ausgezahlt. Außerdem können kleine und mittelständische Unternehmen, die von der Corona-Krise besonders hart getroffen sind, Überbrückungshilfen von insgesamt 25 Milliarden Euro erhalten. Die Dimension der Neuverschuldung wird deutlich, wenn man sie mit der Finanzkrise vergleicht, in der der Staat vor allem heimische Banken stark unterstützte. Zu jener Zeit, im Jahr 2010, nahm der Bund 44 Milliarden Euro neue Schulden auf, damals war das ein Rekord. Der Finanzminister plant nun, den größten Teil der Corona-Schulden innerhalb von 20 Jahren ab 2023 wieder zu tilgen.

Das Geld wird im Inland mit der Gießkanne ausgeschüttet. Weitere Hilfspakete auf europäischer Ebene sollen insbesondere den besonders gebeutelten südeuropäischen Ländern zugutekommen. Deutschland zahlt entsprechend seiner Wirtschaftskraft am meisten, was sicherlich von einigen wieder als unangenehmes Dominanzverhalten interpretiert werden wird. Der Wirtschaftsminister erklärte zu den Inlandsmaßnahmen, der Kinderbonus von dreihundert Euro pro Kind sei ein „Dankeschön an Millionen Familien". Für was? Dass die deutschen Familien auch in der Krise zusammengehalten haben und nicht weggelaufen sind? Glaubt die CDU/CSU-SPD-Koalition, sie kann die Wähler mit gelegentlichen Geldgeschenken bei Laune halten?

„Auch die vorübergehende Senkung der Mehrwertsteuer wirkt wie ein Bonus dafür, dass alle Deutschen tapfer durchgehalten haben", schreibt süffisant der Chefredakteur der Neuen Zürcher Zeitung. Was sie während der Abstandsmaßnahmen nicht ausgeben konnten, sollen sie jetzt mit staatlicher Hilfe nachholen. Wenn die Deutschen nur genügend Geld ausgeben, scheint die Regierung zu glauben, könne man die wirtschaftlichen Folgen der Pandemie schneller hinter sich lassen.

*

Noch einmal „Rasse": Jede Person, die bei einer Abstimmung im Bundestag dagegen stimmt, den Begriff „Rasse" aus dem Grundgesetz zu streichen, handelt rassistisch. Wirklich? Einst galt jener als rassistisch, der sich in seiner ethnischen Zugehörigkeit anderen Ethnien überlegen fühlt, und der es für richtig hält oder jedenfalls nichts dagegen hat, wenn bestimmte Menschengruppen benachteiligt, diskriminiert, klein gehalten oder sogar getötet werden. Jetzt darf auch jener „rassistisch" genannt werden, der das Wort „Rasse" in den Mund nimmt, und sei es, echte Rassisten als solche zu benennen. Die rhetorische Falle schnappt gnadenlos zu. Da Konservative im Bundestag das Grundgesetz an diesem Punkt so stehen lassen wollen, wie bisher, könnte es also sein, dass der Bundestag zu gut einem Drittel oder noch mehr aus „Rassisten“ besteht. Klar dürfte sein, dass mit der Streichung des Wortes „Rasse“ der Missstand Rassismus nicht beseitigt ist. Das Verhältnis zwischen Sprache und gesellschaftlicher Wirklichkeit ist kompliziert. Der Streit um den Begriff zeigt magische und kindliche Aspekte: wenn man bestimmte Worte, bestimmte Filme (*Vom Winde verweht*) oder bestimmte Denkmäler aus dem öffentlichen Raum eliminiert, sei das Problem gelöst. Dieser Trugschluss wirkte schon, als man auf Wunsch der Schwarzen das Wort „Neger“ zum Tabu erklärte.

Heute Abend ist etwas Schlimmes passiert: Ich fuhr mit dem Wagen in die Praxis, um die Quartalsabrechnung 2/2020 abzuschließen. An einer Kreuzung bog ich links ab und übersah einen Radfahrer, der grün hatte. Ich bemerkte es erst, als der schon recht alte Mann von der Kühlerhaube rutschte und aus meinem Blickfeld verschwand, weil er auf die Straße fiel. Ich stieg sogleich aus, und es waren auch sofort andere Passanten dabei. Wir setzen den Mann mit seinem leicht verbeulten Fahrrad auf eine Bank am Straßenrand. Er meinte, es gehe ihm gut. Wir tauschten Adressen aus. Er bestand sogar darauf, mit dem Fahrrad nach Hause zu fahren. Es sei nur eine U-Bahn-Station entfernt. Ich überzeugte mich, dass er außer Schrammen am Ellenbogen keine weiteren Verletzungen (soweit ersichtlich) hat.

Ich rief ihn am Abend an und erkundigte mich nach seinem Befinden. Es gehe ihm gut. Er habe nur einige Kratzer am Ellenbogen. Seine Frau habe ihm Pflaster aufgelegt. Ich beteuerte, wie leid es mir täte. Alle Rechnungen für Fahrrad und Kleidungsreinigung solle er bitte mir geben. Meine liebe Frau sprach beim Abendessen unser Alter an und fragte sich nicht zum ersten Mal, wann wir aufhören sollten, selbst Auto zu fahren. Ich erinnerte mich daran, dass man Autos nur bis zum 75. Lebensjahr mieten kann.

3. 7. Was ist eigentlich aus der französischen Gelbwestenbewegung geworden? Zwischen November 2018 und Frühjahr 2019 protestierten Zehntausende Franzosen gegen den amtierenden Präsidenten Macron und dessen Politik. Die Protestierer trugen gelbe Warnwesten, was ihnen die Bezeichnung Gelbwestenbewegung eintrug. Unmittelbarer Anlass der ersten Proteste war die vom Präsidenten zur Finanzierung und Durchsetzung der Energiewende in Frankreich geplante höhere Besteuerung fossiler Kraftstoffe, insbesondere des preiswerten Diesels. Später kamen weitere Forderungen hinzu: Senkung aller Steuern, Anhebung des Mindestlohns und der Renten sowie basisde-

mokratische Elemente in der politischen Entscheidungsfindung. Es sind die alten Träume: mehr Geld bekommen und weniger bezahlen. Die politische Ausrichtung ihrer Anhänger war uneinheitlich und reichte von Nationalisten bis zu Anarchisten, darunter auch einige Antisemiten. Ein Charakteristikum dieser Bewegung war, dass sie dezidiert auf Ansprechpartner, offizielle Sprecher und Repräsentanten verzichtete. Die teilweise von gewalttätigen Krawallen und Vandalismus begleiteten Proteste versandeten vermutlich gerade wegen der gewollten Führungslosigkeit rasch in die Bedeutungslosigkeit.

Dem Präsidenten wurde anfangs ein Mangel an Kommunikation vorgeworfen. Er kündigte daraufhin eine „große nationale Debatte" an. Der Präsident zog mit weiteren Regierungsmitgliedern wochenlang durch das ganze Land und hörte sich die Sorgen und die Unzufriedenheit vieler Bürger an. Daraus ergab sich unter anderem die Forderung nach einer stärkeren Dezentralisierung des Landes, Aufwertung der Regionen, mehr lokale Bürgerbeteiligung, keine weitere Schließung von Schulen und Krankenhäusern auf dem Lande, aber die Schließung der Eliteverwaltungsschule ENA.

Ein sogenannter Bürgerkonvent stellte Ende Juni 2020 Vorschläge für landesweite Reformen vor. Zu den insgesamt 150 Empfehlungen zählen ein allgemeines Tempolimit von 110 Stundenkilometern auf allen Autobahnen, ein Verbot für Einwegplastik, eine Pflicht zur energetischen Sanierung für Hausbesitzer sowie ein Verkaufsverbot für Autos, die einen besonders hohen Verbrauch haben. Ferner schlägt der Konvent vor, genetisch verändertes Saatgut zu verbieten und schwere Schädigungen der Umwelt ins Strafrecht aufzunehmen. Eine unversehrte Umwelt soll Verfassungsrang erhalten. Zum Tempolimit könnte es eine Volksbefragung geben. Die französische Verfassung sieht das vor. Doch seit dem gescheiterten Referendum über den von allen Fachleuten befürworteten europäischen Verfassungsvertrag 2005 haben es die Präsidenten vermieden, auf dieses Instrument zurückzugreifen.

Mit der Einberufung eines Bürgerkonvents will der Präsident den Vorwurf widerlegen, dass die Maßnahmen zum Klimaschutz (Erhöhung der Spritpreise) nicht demokratisch legitimiert seien. Die 150 Konventsmitglieder waren nach dem Zufallsprinzip in einem ausgeklügelten Losverfahren anhand vorhandener Telefonlisten bestimmt worden. Es wurden insgesamt 300.000 Nummern (85 Prozent Mobilfunk- und 15 Prozent Festnetzanschlüsse) kontaktiert. Die 150 ermittelten Bürger sollen die französische Bevölkerung im Kleinformat widerspiegeln: 52 Prozent Frauen, sechs Altersgruppen, aus verschiedenen sozio-professionellen Kategorien, unterschiedlicher geographischer Herkunft, aus Städten, Vororten und aus dem ländlichen Raum. Ihre 150 Vorschläge wurden durch Mehrheitsabstimmungen gebilligt. Über alle Punkte sei hitzig gestritten worden.[17] Der Konvent tagte insgesamt sechsmal an Wochenenden. Die Reise-, Unterkunfts- und Betreuungskosten wurden vom Staat übernommen, insgesamt 4 Millionen €. Ein solches Beispiel für eine direkte Beteiligung von Bürgerinnen und Bürgern ist für die französische Demokratie bislang beispiellos.

Die Idee zur Bildung dieses Rates für Wirtschaft, Soziales und Umwelt (CESE) kam nicht von der Regierung, sondern von einer Initiative namens *Gilets citoyens (Bürger-Westen)*, die in einem offenen Brief die Einrichtung einer per Los gezogenen Bürgerversammlung als eine Folge der Gelbwesten-Bewegung gefordert haben. Der Bürgerkonvent wurde auch als „Dritte Kammer" bezeichnet und soll eine Schlüsselrolle bei der Festlegung konkreter Maßnahmen spielen, die sowohl sozial gerecht als auch klimawirksam sein sollen. Die französische Regierung verspricht sich eine erhöhte Legitimität ihrer Entscheidungen, wenn sie sich auf den Bürgerkonvent beziehen kann.

Die Initiative ist in ihrer Form nicht ganz neu, da mehrere Länder und Regionen bereits Bürgerversammlungen veranstaltet haben. Der französische Konvent orientiert sich in hohem Maße an den irischen Erfahrungen. Im Jahr 2012 diskutierten 66 repräsentativ (entsprechend der irischen Bevölkerung) durch Los ausgewählte Bürger und 33 gewählte Vertreter aller Parteien über zehn Verfassungsfragen im Rahmen des sogenannten Verfassungskonvents. Die Regierung war verpflichtet, auf alle Vorschläge des Konvents zu reagieren. Die Ergebnisse führten zu einem Referendum über die gleichgeschlecht-

---

[17] Zu den Vorschlägen im Baubereich gehört,

- dass bis 2040 alle Gebäude mit Energievorgaben renoviert werden, dafür gibt es Subventionen.
- Terrassen dürfen demnach nicht mehr beheizt werden, wie es derzeit in Pariser Cafés üblich ist.
- Geschäfte sollen nachts nicht mehr beleuchtet werden.
- Klimaanlagen dürfen nicht mehr kühler als 30 Grad gestellt sein, abgesehen von Krankenhäusern.
- Bis 2040 soll auf 50 Prozent der landwirtschaftlichen Flächen nach dem Prinzip der Agrarökologie angebaut werden.
- Werbung in Form von Papierprospekten in Briefkästen soll untersagt werden.
- Im Transportbereich wird massiv in die Bahn investiert, die Mehrwertsteuer wird auf Bahntickets reduziert.
- Inlandsflüge sollen verboten werden, wenn es eine Alternative für den Transport in weniger als vier Stunden gibt.

liche Ehe, die zwei Jahre später von der irischen Bevölkerung angenommen wurde. Im Jahr 2016 wurde eine neue Bürgerversammlung eingerichtet, die diesmal ausschließlich aus per Los ermittelten Bürgerinnen und Bürgern bestand. 66% der Versammlung sprachen sich für die Legalisierung von Abtreibungen aus, und die Versammlung schlug der Regierung ein Referendum zu dieser Frage vor. Im Jahr 2018 wurden Abtreibungen in Irland durch dieses Referendum mit 66% Ja-Stimmen legalisiert.

Entscheidend für den Erfolg solcher Konvente sind nach Angaben der Heinrich-Böll-Stiftung vier Voraussetzungen: Unparteilichkeit und Unabhängigkeit, das bedeutet, dass sich die Regierung nicht an den Debatten beteiligt und die Ergebnisse respektiert. Es gibt einen Begleitausschuss, der gemeinsam von Laurence Tubiana, der treibenden Kraft hinter dem Pariser Klimaabkommen, und Thierry Pech, dem Generaldirektor des Think-Tanks Terra Nova, geleitet wird. Sie haben dem Konvent u.a. eine Bibliothek von Ressourcen und eine Liste von Experten zur Verfügung gestellt, die konsultiert werden können. Der Begleitausschuss soll auch garantieren, dass die Debatten reibungslos und ohne Störungen von außen verlaufen.

Zweitens wurde der Konvent in der ersten Sitzung von Klimafachleuten (wissenschaftlichen Experten) über die Bedeutung der Entscheidung, den CO2-Ausstoß zu reduzieren, informiert. Auf dieser Grundlage sollten die Mitglieder des Konvents dann diskutieren.

Drittens ist darauf zu achten, dass so ein Konvent sich nicht in technischen Kleinigkeiten verzettelt, sondern er soll politische Vorschläge unterbreiten, die das Klimaziel berücksichtigen und zugleich die soziale Gerechtigkeit im Auge hat.

Viertens ist die Bekanntmachung und Verbreitung der Ergebnisse über Medien und soziale Netzwerke eine wesentliche Voraussetzung für den Erfolg.

Die Gelbwestenbewegung folgt einer wiederkehrenden politischen Inszenierungsdramaturgie. Im Dezember 2018 verkündete der Premierminister die Aussetzung der Steuererhöhung. Davon ließ sich die Bewegung demonstrativ nicht beeindrucken. Hatten sie erst einmal Maximalforderungen aufgestellt, kamen sie von diesem Niveau nicht mehr herrunter, da Verhandlungen – zu denen man Repräsentanten hätte haben müssen – fehlten. Der Höhepunkt der Bewegung war gleich am Anfang und die Zahl der Teilnehmer sank dann kontinuierlich auf nur noch wenige tausend landesweit. Damit verschwanden auch die Plünderungen und Sachbeschädigungen, unvermeidliche Begleiterscheinungen von aufgeheizten Massendemonstrationen.

Die Regierung versuchte von Anfang an, die Demonstranten von den Randalierern zu unterscheiden.

Der französische Präsident reagierte auf die typische Weise, wie man Konflikte entschärft: weitere Wohltaten zur Ruhigstellung der Bevölkerung. Er kündigte an, den Mindestlohn um bis zu 100 Euro im Monat durch Steuergeld zu erhöhen, Überstunden von Steuern zu befreien, Rentner mit Monatseinnahmen unter 2000 Euro zu entlasten und Prämien von Arbeitgebern für Arbeitnehmer zum Jahresende steuerfrei zu stellen. Die Steuererhöhung auf Kraftstoff wurde gekippt. Die Europäische Union sah die neuen Maßnahmen kritisch, da Frankreich schon vorher hoch verschuldet war. Die zunehmende Radikalisierung der Demonstranten wird für die rückläufige Unterstützung für die Bewegung ursächlich gemacht.

*

Meine alte Freundin aus Wien, K.S., deren Ehemann H. kürzlich starb, schrieb mir: „Als Teil der definierten Risikogruppe (65+, Herzinsuffizienz) hat auch für mich erstmal das volle Programm des social distancing gegolten. Zuerst fand ich, dass es sich wenig von meinem sonstigen Leben unterscheidet. Zuerst ...

Ich muss aber gestehen, dass ich mit zunehmender Dauer dann einen ziemlichen Hänger bekommen habe. Es war mehr als Distanz: es war Isolation! Und alles, womit ich mir das Leben ohne H. angefüllt hatte, ging plötzlich nicht mehr: Konzerte, Museen, Theater, Kino, Vorträge, Vorlesungen auf der Uni, Gottesdienstbesuche, Training im Fitnesscenter, Reisen etc.

Die Tage waren leer, keinerlei Impulse von außen, alle Kontakte auf Telefongespräche eingeschmolzen. ...

Ich weiß schon, das ist alles Jammern auf hohem Niveau: Ich bin nicht von Arbeitslosigkeit oder Insolvenzängsten bedroht, muss mich nicht zwischen Homeoffice und Homeschooling zerfransen, lebe in einer geräumigen Wohnung, habe sogar einen Balkon für´s Draussensitzen. Und trotzdem ....“

4. 7. Morgens bei Kieser. – Über die Mittagszeit zwei (!) Stunden bei dem ökologischen Betten- und Matratzenhändler Oasis, der ein wenig betulich ist. Meine liebe Frau kauft sich ein sehr schönes Holzbett mit teurer Kautschuk-Matratze und dem besten Lattenrost, das es gibt (zusammen 4000 €). Nachmittags langes Telefonat mit meiner Tante I.L. Ich will sie Anfang August in Hamburg besuchen.

*

Im angeblich größten Schlachthof Europas im Kreis Gütersloh wurden von 7000 Mitarbeitern über 1500 Corona-positiv getestet. Das Land wird von der CDU regiert. Die oppositionelle SPD bezeichnete den regionalen Ausbruch des Virus als Mega-Gau für den Ministerpräsidenten. Die Sozialdemokraten wollen viel schärfere Gegenmaßnahmen, nachdem bereits Schulen und Kindergärten des Landkreises geschlossen sind. Die Zahl der Erkrankten soll bei lediglich 21 liegen, davon sechs intensiv medizinisch. Jedenfalls stehen diese 1500 Menschen jetzt unter Quarantäne.

Neben der SPD kochen vor allem die Grünen ihr Süppchen auf dieser Episode. Die öffentliche Debatte rutscht auf ein elendes Niveau. Die Bekämpfung der Pandemie ist in die Hände von Ideologen geraten. Diese interessieren sich nicht für die Gesundheit der Bürger, sondern für die Durchsetzung ihrer jeweiligen politischen Agenda. Bei den Grünen ist es deren Hass auf die Fleischindustrie; die SPD wittert eine Chance, dem möglichen CDU-Kanzlerkandidaten und jetzigen Ministerpräsidenten des betroffenen Bundeslandes eine Schlappe beizubringen.

Niemand kann erklären, warum es neben diesem nur noch zwei weitere Hotspots in Deutschland gibt, obwohl die Kontaktbeschränkungen seit fast sechs Wochen sukzessive gelockert werden. Es scheint, dass diese lokalen Ausbrüche eher Zufallserscheinungen sind, die auf noch unbekannten Faktoren des Virus beruhen. SPD und Grüne wissen aber bereits, dass sowohl der Schlachterei-Besitzer als auch der Ministerpräsident schuld sind. Die Grünen machen die Arbeitsbedingungen und Versäumnisse der Landesregierung für den lokalen Ausbruch verantwortlich. Seltsamerweise gibt es unter den Hunderten von Schlachthöfen In Deutschland nur zwei mit einer ungewöhnlich hohen Infektionsrate. Lassen sich auch im internationalen Vergleich die Arbeit- und Lebensbedingungen der oftmals aus Osteuropa stammenden Arbeiter in der Fleischindustrie als spezifisches Infektionsrisiko belegen? Offensichtlich nicht, was die Grünen und die SPD nicht anficht. Oder sind die zeitlich befristeten Werkverträge in der Branche schuld? Wären reguläre Arbeitsverträge ein Beitrag zum Kampf gegen die Pandemie? Ein erweiterter Lockdown, wie er in Gütersloh bereits praktiziert wird, wäre sinnvoll, wenn es nicht gelingen sollte, die infizierten Schlachthof-Mitarbeiter zu isolieren. Die kleine Erkranktenzahl spricht gegen weitere Maßnahmen. Ein katholischer Pfarrer verglich die Freizügigkeit für europäische Arbeitnehmer mit

„Sklaverei". Derartiger Sprachgebrauch dient lediglich zur Verschleierung von Sachverhalten.

5. 7. (Sonntag) Vormittags Spaziergang im Park Cecilienhof bei frischem Wind und bewölktem Himmel. Die Alte Meierei öffnet erst um 12:00 Uhr. Stattdessen Kaffee im Cecilienhof, der mit cremefarbenen Malven umstellt ist.

In den USA wurde ein Schwarzer von einem weißen Polizisten getötet. Auch in Deutschland wird demonstriert. Die Sensibilität gegenüber Rassismus und was dafür gehalten wird, ist extrem hoch. Überall wird jetzt nach Anzeichen von Rassismus gesucht. Fündig wurde man auch bei Immanuel Kant. Soll man sein Denkmal schleifen? Sollen seine Schriften auf den Index?

Seit es Geschichtsschreibung gibt, gibt es Bilderstürmer und Denkmalstürzer. Was immer nicht in die Weltvorstellung der neuen Herrscher passte, wurde allzu oft eliminiert. Der Denkmalsturz ist eine symbolische Bestrafung der früheren Machthaber, und sei es, dass eine Statue geköpft wird. Nach den Rassisten trifft es jetzt auch die kolonialen Unterdrücker und Ausbeuter, die Sklavenhändler und -halter. Bilderstürmer begleiteten die jüdische, christliche und islamische Geschichte, die Reformation und die französische Revolution. Nach dem Fall des eisernen Vorhangs wurde in den baltischen Staaten die Denkmallandschaft entrussifiziert. Die Zerstörungswut hat oftmals auch eine stabilisierende politische Funktion. Die Unumkehrbarkeit des Herrschaftswechsels war oftmals trügerisch. Städte und Landschaften wechselten mehrfach die Herrscher. Die Geschichte Polens beispielsweise erzählt davon. Nach 1989 wurden in Ost-Deutschland die Denkmäler des Kommunismus und der Sowjetherrschaft geschleift, die Grenzmauer bis auf wenige museale Meter demontiert.

Diese Zeugnisse der Geschichte sollten lieber kommentiert als zerstört werden. Denkmalstürze haben etwas Totalitäres an sich. Liberale Gesellschaften sollten unbequeme Denkmäler im öffentlichen Raum ertragen. Deutschland lebt mit einigen Denkmälern von Marx, Engels oder Ernst Thälmann. Bauliche Zeugen der NS-Zeit sind bis auf wenige Reste verschwunden. Demontagewünsche kommen jetzt aus der links-alternativ-grünen Bevölkerung, aus dem von der Linken beherrschten pädagogischen Establishment. Der Wunsch nach Tilgung richtet sich im Namen der Dekolonisierung auch gegen Christoph Kolumbus. Verdienst zählt wenig, einzig die richtige Gesinnung (die sich nur am heutigen Standard misst) ist ausschlaggebend. Der heutige moralische Maßstab wird auf frühere Epochen angewandt. Dass die Gesinnung der damaligen Akteure nicht die heutige sein kann, liegt auf der Hand. Wird in Berlin die Kant- oder die Martin-Luther-Straße umbenannt? Der Hitler-Attentäter Stauffenberg war kein lupenreiner Demokrat. Luther ist durch seinen Antisemitismus und Autoritarismus diskreditiert. Würden Goethe und Schiller die Unbedenklichkeitsprüfung unbeschadet überstehen? Bei der Säuberung des Öffentlichen Raumes steht ein großer Teil des Denkmalbestandes auf dem Spiel. Bilderstürmerei ist Teil eines Kulturkampfes.

Warum ist die Stimmung generell so aufgeladen? Die Zeitungen sind voll von Beschwerden, Angriffen, Warnungen, Forderungen (vor allem nach immer mehr Geld) und pessimistischen Zukunftserwartungen. Es gibt keinen genauen Zeitpunkt, an dem dies begann. Katalysator war sicherlich die Einwanderung 2015 von knapp eine Million Menschen nach Deutschland innerhalb weniger Wochen. Bei den Bundestagswahlen zwei Jahre später wurde die Alternative für Deutschland (AfD) stärkste Oppositionspartei. Hegemoniale links-alternativ-grüne Bürger und Konservative bis Rechtsgerichtete befinden sich in einem Kulturkampf. Regierung und Politiker werden nicht mehr wie seit Jahrzehnten nur von links kritisiert. Die Rechten holen auf. Die Polarisierung drückt auf die Stimmung. Gesellschaftliche Spannungen werden nicht immer zivilisiert verarbeitet. Warum wurde die Pandemiebekämpfung innerhalb von Wochen zum Kampfplatz für Ideologen?

6. 7. Größerer Kaufhaus-Einkauf: Bügeleisen und Dentalcenter (elektrische Zahnbürste und Mundddusche). – Nachmittags nach langer Zeit wieder bei der Thai-Massage.

Fast jeden Tag erscheint in der Zeitung ein jammervoller Artikel darüber, wer unter der Pandemie „am meisten zu leiden hat“: die Frauen, die Kinder, die kleinen Kinder, die alleinerziehende Frauen, die Armen, die mit wenig Wohnraum, die Leute im Home Office, die Leute auf den Krankenstation, das Pflegepersonal, Künstler, Hoteliers, Gaststättenbesitzer, Prostituierte, Glücksspielhallenbetreiber. Es gibt ein Überbietungswettbewerb des Elends.

Stimmt es, dass die „Armen mehr unter Corona zu leiden haben als die Reichen“? Die Frage lässt sich zum Teil beantworten durch einen Vergleich von Ost- mit West-Deutschland. Die Corona-Fallzahlen sind im Osten deutlich niedriger als im Westen. Die Durchschnittseinkommen in den ostdeutschen Bundesländern liegen etwas unter denen im Westen. Leidet der Osten stärker? Nein, das ist nicht der Fall. Die Ost-Länder stellen 15 % aller Einwohner Deutschlands. Sie weisen aber nur 7,5 Prozent aller getesteten Infizierten auf. Ein identisches Bild ergibt sich, wenn man die an Covid-19 Verstorbenen betrachtet.

Es gibt mehrere Gründe dafür. Einer ist die geringere Besiedlung des Ostens. Seine Bevölkerungsdichte ist dünner. Hinzu kommt das höhere Durchschnittsalter in den ostdeutschen Bundesländern. Ältere sind in der Regel weniger mobil und das mindert die Gefahr, sich zu infizieren. Die Pandemie begann im Süden und Westen Deutschlands und griff erst auf den Osten über, als man dort schon mit Vorsichtsmaßnahmen begann. Die ländliche ostdeutsche Bevölkerung ist mehr lokal und regional orientiert. Zwar reisen Ost- und Westdeutschen gleich häufig, aber ihre Reiseziele unterscheiden sich. Gehobene Ziele wie Ischgl, wo sich im März viele Ski-Urlauber infizierten, kommen für Ostdeutsche seltener in Frage. Auch ist der Osten kaum industrialisiert. Es gibt weniger Ballung von Industriearbeitern. Die süddeutschen Länder haben einen regen Handelsaustausch mit Österreich und Italien. Norditalien war besonders schwer von Corona betroffen. Ostdeutsche Firmen kooperieren eher mit Polen und der Tschechischen Republik, doch der rege Berufs-Pendlerverkehr hat bislang keine negativen Auswirkungen.

In den ostdeutschen Bundesländern lagen die Infiziertenzahlen Ende Juni zwischen 45 und 125 pro 100.000 Einwohner, in den westdeutschen Bundesländern zwischen 104 und 347. – In einer Blitzumfrage des „Tagesspiegel" vom Ende Juni mit fast 400.000 Abstimmung-Klicks antworteten auf die Frage „Sollen die Einschränkungen aufgrund des Virus ein festes Ablaufdatum haben?" zwei Drittel mit „Nein, die Dauer muss flexibel bleiben", 26 Prozent antworteten „Ja, es muss ein Ende in Sicht geben". Sieben Prozent waren unentschieden.

7. 7. An einem Bild-Kalender gearbeitet (Chinesische Mauer von 1983, damals eine Reise zusammen mit meiner Mutter). Nachmittags Probetraining meiner lieben Frau bei Kieser. Sie kann sich vorstellen, damit anzufangen. Ich schreibe meinem alten Freund B.H. eine neutrale Geburtstagskarte. Zwischen uns besteht schon länger Funkstille. – Mit K.R. Treffen für nächsten Freitag ausgemacht.

Der Medizinische Dienst der Krankenkassen hat die im vergangenen Jahr eingegangenen Patientenbeschwerden über tatsächliche oder vermeintliche Ärztefehler in Krankenhäusern ausgewertet. 4274 mal wurden Arztfehler bestätigt, dass sind ungefähr 200 mehr als 2018. Bei 3688 Patienten blieb ein gesundheitlicher Schaden zurück, 333 Patienten seien an nachgewiesenen Behandlungsfehlern gestorben. Die Zahl der tatsächlichen Beschwerden und Behandlungsfehler liegt tatsächlich höher, da auch die Ärztekammern über eigene Beschwerdestellen verfügen. Einige Patienten wenden sich mithilfe von Anwälten direkt an Gerichte. Es gibt eine Dunkelziffer, aber diese kann nicht beziffert werden, was ja in der Natur einer Dunkelziffer liegt. Deshalb, hieß es auf einer Pressekonferenz, könnten aus der Statistik keine Rückschlüsse auf die allgemeine Fehlerhäufigkeit gezogen werden.

Einem glücklichen Zufall zufolge vergaß der Medizinischen Dienst, diese Zahlen mit den absoluten Zahlen von Krankenhausbehandelten und von Todesfällen in Deutschland zu vergleichen. Im vergangenen Jahr gab es in den 1927 deutschen Krankenhäusern 19,4 Millionen Patienten-Kontakte. Bei 4274 bestätigen Behandlungsfehlern ist das ein Prozentsatz von 0,02 Prozent. Selbst wenn die Dunkelziffer zehnmal höher ist, bleibt der Prozentsatz von Behandlungsfehlern immer noch im Promillebereich. Und was die Sterbefälle angeht – in Deutschland starben 2019: 939.536 (laut Statistischem Bundesamt). Die 333 Sterbefälle machen 0,04 Prozent aller Sterbefälle aus. 99,96 Prozent starben aus anderen Gründen.

8. 7. Am Vorwort zu *Neurobiologie und Psychotherapie* gearbeitet.

Alle Weißen sind Rassisten. Wer hat sich das ausgedacht? Ein Journalist namens Steffen Koch stellte in der Frankfurter Allgemeinen Zeitung (24. Juni) genau diese These auf. Die Rassismus-Debatte dürfe sich nicht nur auf Straftaten beziehen, die an einem Schwarzen (warum eigentlich immer nur Schwarze, warum nicht Türken oder Japaner?) verübt wurden und die durch explizit rassistisches Gedankengut motiviert sind. Das ist Koch und einigen anderen in Deutschland einfach zu wenig. Da kommen ja viel zu wenige Fallzahlen bei heraus! Also muss die „systematische Diskriminierung" und der „strukturelle Rassismus" auch ohne explizit rassistisches Gedankengut behauptet werden. Aus diesem strukturellen Rassismusbegriff kann abgeleitet werden, „dass alle Menschen Rassisten sind, die eine solche Struktur mittragen bzw. durch sie privilegiert werden". Es bedarf also keiner Straftat und keines explizit rassistischen Gedankengutes mehr. Schon allein wer „priviligiert" ist, ist ein Rassist. Ist die iranische Akademikerin eine Rassistin, weil sie gegenüber dem türkischen Bauarbeiter „priviligiert" ist?

Wie wird Rassismus „mitgetragen" in einer prinzipiell nicht rassistischen Gesellschaft? Und inwiefern bewirkt mein angebliches oder tatsächliches Privileg einen strukturellen Rassismus? Solche Fragen bleiben unbeantwortet. Ich kenne Türken, die ein größeres Auto fahren als ich. Viele Ostdeutsche reisten in den zehn Jahren nach der Wiedervereinigung öfter und weiter als ich in meinem ganzen Leben zuvor. Ist so gesehen nicht jeder irgendwie unterprivilegiert? Und wenn er es nicht ist, kann er es nicht einfach behaupten? Verhalten sich der Türke und der Ostdeutsche mir gegenüber „strukturell rassistisch"? Und was ist mit den Japanern, die Deutschland besuchen, während ich das Privileg eines Japanbesuches noch nicht kosten durfte? Sind Japaner Deutschen gegenüber latent rassistisch, auch ohne Straftatbestand und ohne rassistisches Gedankengut? Werden Deutsche nicht systematisch benachteiligt, die nicht nach Japan reisen können? Im Bundestag sitzt ein schwarzer Abgeordneter. Ist er mir gegenüber nicht privilegiert? Ergibt sich nicht daraus mit zwingender Logik, dass alle Schwarzen praktisch Rassisten sind?

Hintergrund dieser irren Strategie ist es, die Weißen in den westlichen Ländern Schuldgefühle einzuimpfen, um an (zunächst einmal) den Schwarzen eine weiße Schuld zu tilgen, die seit 60 Jahren Bestandteil der Geschichte ist. Natürlich muss die Behauptung, alle Weißen seien Rassisten, auf Unverständnis und Empörung stoßen. Das eigentlich intendierte Nachdenken über möglichen Rassismus wird so erschwert. Wenn alle Rassisten sind, es also keine positiven, von Rassismus freien Vorbilder und Rollenbilder gibt, fragt man sich, an wen oder was sich die Weißen in den westlichen Ländern halten sollen?

Angenommen, es gibt strukturellen Rassismus (für unser Land verneine ich es) – inwieweit profitiere ich davon und inwieweit trage ich eventuell dazu bei? Ich bin mir keinerlei Handlung und keinerlei Konstellation bewusst. Wo und wie könnte ich einen Schwarzen diskriminieren? Ich kenne doch keinen. Der Kolonialismus ist Geschichte. Die Länder Schwarzafrika haben spätestens vor 60 Jahren ihr Geschick in die eigene Hand genommen. Würde es ihnen besser gehen, wenn es keinen weißen Kolonialismus gegeben hätte? Wahrscheinlich nicht. Wo ist das System, und wie heißt es, in welchem durch mich Schwarze diskriminiert werden? Wenn alle Weißen Rassisten sind, dann erlaubt der Ausdruck „Rassist" nicht mehr, solche Menschen herauszugreifen und zur Verantwortung zu ziehen, die eine konkrete Straftat begingen. Unser Strafrecht verlangt aus gutem Grunde eine konkrete Tat und ein benennbares Motiv. Ein Gedanke oder ein Gefühl allein ist kein Verbrechen.

„Struktureller Rassismus“ ist Rassismus ohne Rassisten. Immer mehr verfallen dieser skurrilen Idee.

Der schon erwähnte Steffen Koch, der hier nur als Beispiel dient, verknüpft den Rassismusvorwurf mit dem Vorwurf der Ungleichheit. Weiter oben hatte ich schon gefragt, wie die natürliche Ungleichheit unter den Menschen überhaupt geleugnet werden könne? Ungleichheit ist eine Tatsache für sich; sie ist nicht gleichbedeutend mit Unterdrückung und Rassismus. Diese kategoreale Vermischung halte ich für einen massiven Denkfehler. Der Begriff Rassismus ist zum Verständnis von Ungleichheit unbrauchbar.

Sandra Kostner, Historikerin und Migrationsforscherin an der Pädagogischen Hochschule Schwäbisch Gmünd, sieht in Wissenschaft und Gesellschaft „Aktivisten“ am Werk, die mit hohem Einsatz der Gesellschaft eine antirassistische Agenda aufdrücken will[18]. Unhinterfragte Voraussetzung der Debatte ist die Annahme eines „strukturellen Rassismus“. Wer sich der Rassismusdiagnose nicht anschließt, bei dem kann es sich nur um einen Rassisten oder einen Rassismusleugner handeln.

Hatte der Polizist, der sein Knie auf den Hals von George Floyd drückte, rassistische Motive? Das Video zeigt dies nicht. Für die gesamte Presse hierzulande und die antirassistischen Aktivisten steht dies aber eindeutig fest. Nirgends stand geschrieben, dass Floyd fünf Jahre Gefängnis wegen Raubüberfall einer Schwangeren, davor mehrere andere Gefängnisstrafen wegen Raub und Körperverletzung hinter sich hatte. Er war ein gefährlicher Bursche. War die Todesursache Herzstillstand aufgrund übermäßigen Drogenkonsums und nicht, wie unisono behauptet wird, Erstickungstod? Oder war das auch wieder nur eine Lüge der weißen Polizei?

Und warum die Fokussierung auf die Schwarzen? Andere Einwanderergruppen wie Lateinamerikaner, Kubaner und Asiaten stehen selten auf der Opferliste. Sie ziehen in Sachen sozialer und wirtschaftlicher Integration an den Schwarzen vorbei.

Die Argumentationslinie der Aktivisten lautet: Unsere Institutionen sind rassistisch, weil ihre Strukturen rassistisch sind. Und warum sind die Strukturen rassistisch? Weil sie von Weißen geschaffen wurden. Belege dazu bedarf es nicht. „Strukturell“ wird verwendet, um vermeintlichen Rassismus auf eine abstrakte und damit nicht greif- und belegbare Ebne zu verlagern. Es

18 Sandra Kostner: „Wer den strukturellen Rassismus leugnet, muss selbst ein Rassist sein – Analyse eines äusserst gefährlichen Denkfehlers“. NZZ, 1. Dezember 2020

geht auch nicht um eine Verbesserung der Lebenssituation, was ohnehin schwierig ist, wenn es keinen „strukturellen Rassismus" gibt. Wie sollte man etwas verbessern oder abschaffen, das nicht existiert? Es geht vielmehr darum, ein Klima selbstüberhebender Schuldzuweisung und besänftigender Schuldbekenntnisse zu schaffen.

Damit ist überhaupt nichts gewonnen. Schuldeingeständnisse machen die ganze Sache einerseits nur noch schlimmer, andererseits ist es egal, ob man sich entschuldigt oder nicht. Es folgt nichts daraus, schon gar nicht eine Besänftigung und Beruhigung. „Strukturellen Rassismus" kann man eigentlich nur ausmerzen, wenn man die gesamte Struktur zerstört und auflöst. In den USA und teilweise auch bei uns wären das die Polizei und die Universitäten. Würden sich die Zustände bessern, wenn Polizei und Universitäten von ausschließlich Schwarzen von Grund auf neu aufgebaut werden? Sicherlich nicht.

Wenn eine Gesellschaft von einer weißen Mehrheit geprägt wird, privilegiert diese Gesellschaft automatisch diese Mehrheit? Auch hier ist der Beweis schwer zu führen, und doch wird genau dies unterstellt. Der Aufstieg von Schwarzen, Indigenen und „People of Color" zählt ebenso wenig wie ihr friedliches Zusammenleben. Es gibt inzwischen viele erfolgreiche Afroamerikaner. Auch asiatische oder afrikanische Migranten der Nachkommen profitieren offensichtlich von der weißen Mehrheitsgesellschaft. Da die Empirie für strukturellen Rassismus fehlt, greifen die Aktivisten zu einem Trick. Jeder statistische Unterschied zwischen Weißen und People of Color wird als Beleg für strukturellen Rassismus gewertet. Andere Erklärungsfaktoren werden nicht geduldet bzw. als rassistisch motiviert abgebügelt.

Wer als Schwarzer oder Farbiger innerhalb der „weißen Strukturen" aufsteigt, kann kein Beleg dafür sein, dass mit dem „strukturellen Rassismus" etwas nicht stimmt. Ihm wird „Acting White" vorgeworfen. Sie würden denken und handeln wie Weiße, also nicht authentisch sein. Außerdem unterstützen sie damit die rassistischen Strukturen. Das reicht schon nahe ran an Verschwörungsgedanken. So jedenfalls sieht es in den USA aus.

9. 7. Morgens bei Kieser, mittags zum Frisör. – An dem Layout des neuen Buches von F. und G.A. gearbeitet, fertiggestellt und Datei nach Zürich geschickt. Habe im Text reichlich Fehler gefunden. Bitte beide, ein Dritter möge den gesamten Inhalt noch einmal gegenlesen.

Ich habe mir in den vergangenen Jahren angewöhnt, auf Heiterkeit und Freude zu achten. Es bedeutet, dass ich den Zustand unserer Welt nicht für trostlos erachte. Vieles von dem, was publizistisch als „Versagen der Politik" angesehen wird, sind für mich die üblichen, unvermeidlichen Fehler und Resultanten der Politik. Ich sehe kein „Unheil, das sich über unseren Häuptern zusammenzieht". Ich schaue hoffnungsvoll in die Zukunft.

Ich führe mein optimistisches Interesse an der Welt auf meine Selbsterziehung zurück. Ich meine mich zu erinnern, dass ich früher verbiestert und überkritisch war. Ausdruck dessen war meine wöchentliche *Spiegel*-Lektüre. Ich habe viele Illusionen über die Menschen verloren und sehe die Schwierigkeit und Unmöglichkeit größerer oder rascher Veränderungen. Das betrifft auch die Wirksamkeit meiner Therapie und die von Psychotherapie insgesamt. Ich meine, wir sind unseren Mitmenschen Humor und ein freundliches Lächeln schuldig. Wir alle haben es im Leben nicht leicht. Da will ich ihnen durch Wohlwollen und tätige Hilfe zeigen, dass ich mit ihnen solidarisch bin.

10. 7. Mit Cousine M.L. telefoniert wegen Schlüssel für die Sylter Wohnung meiner Tante I.L. – Neues Bügelbrett gekauft. – Mit Patientin F.D. telefoniert. Ich rate ihr ab, sich mit dem türkischstämmigen Mann einzulassen, weil ich fürchte, dass sie sich dann auch noch um seine drei Kinder (von zwei Frauen) kümmern muss. – Schöner Spaziergang mit K.R. im Park.

*

Teile der Gesellschaft haben den Respekt vor dem Gewaltmonopol des Staates verloren. Diese Personengruppen können politisch motiviert sein wie Rechts- und Linksextreme oder völlig apolitisch wie der Party-Mob in Stuttgart und Zürich, die Eltern, die sich angesichts polizeilicher Absperrmaßnahmen in einer Diktatur wähnen, oder wie mein Freund H.M., der die Corona-Anordnung zur Registrierung in einem Restaurant mit der Angabe eines falschen Namens und einer fiktiven Telefonnummer unterläuft. Vor Jahren wunderte ich mich über den verbissenen Widerstand gegen die bauliche Erneuerung des Stuttgarter Hauptbahnhofs. Die Bahn will doch nur ihr Angebot verbessern. Eine liebe Freundin hatte für diese Zukunftsinvestition nur Hohn übrig. Sie glaubte dem Motiv der Bahn einfach nicht.

Was in Stuttgart passierte, war ein gewalttätiger Karneval, ein Ausbruch anarchische Freiheit ohne emanzipatorisches Potenzial. Wie zu erwarten, lasen einige Linke einen Protest gegen Konsumdenken und Polizeikontrolle hinein. Tatsächlich war es ein Ausdruck des ungehindert Hedonismus. Im Schutz der randalierenden Gruppe konnte man sich endlich einmal gehenlassen. Welch' eine Befreiung! Sind diese Menschen ihres Lebens im zivilisatorischen Korsett überdrüssig? Das Plündern war Zweck an sich, eine Riesenspaß für ein oder zwei Stunden, als die Polizei nicht so schnell für Ordnung sorgen konnte.

Dem Staat und seinen Organen wird von einigen nur noch Böses zugetraut. Der Verfassungsschutz in Sachsen sei „auf dem rechten Auge total blind", sagt mein Bruder. Die Bemühungen der Berliner Polizei, in einem großen Stadtpark den Drogenhandel zu unterbinden (auch auf Bitten von Müttern mit kleinen Kindern und von joggenden Frauen), wird von grünen und linken Politikern regelmäßig hintertrieben. Der freie Drogenhandel ist ihnen wichtiger als die Sicherheit von Frauen im dunklen Park. Stattdessen wirft man der Polizei „racial profiling" vor, als müsste erst eine bestimmte Anzahl von Großmüttern in Rollstühlen auf Drogen hin untersucht werden, bis wieder ein Farbiger angehalten werden darf. Die Polizei und zunehmend Feuerwehr und Rettungssanitäter stehen stellvertretend für den Staat, den man ungestraft hassen darf. Der schütze, so heißt es, doch nur das Kapital. Es wird eine „Umverteilung von unten nach oben" behauptet. Im Kampf gegen diesen Dämon wird dann jede Respektlosigkeit und jede Gewalt legitimiert.

Der Staat besteht auf einem Mindestmaß an zivilisiertem Umgang und der Achtung der Mitmenschen und ihrer Rechte. Ohne die Tugenden der Mäßigung ist ein Gemeinwesen nicht überlebensfähig, weshalb selbst apolitische Ausschreitungen einen Angriff auf die Gesellschaft und ihren Frieden bedeuten. Wenn die Vorsitzende der deutschen Sozialdemokraten den Sicherheitskräften pauschal „latenten Rassismus" unterstellt, ohne dafür konkrete Anhaltspunkte zu geben, dann unterminiert sie gezielt deren Ansehen. Auch die Grünen können bei Ausschreitungen immer nur eine provokante Polizeitaktik gegen völlig friedlich demonstrierende Bürger erkennen. Wenn es zu Krawall kommt, trägt immer die Polizei die Schuld. In dieselbe Richtung zielte die linke Berliner Tageszeitung „TAZ", die in einem Kommentar einer Journalistin mit Migrationshintergrund Polizisten zu „Müll" erklärte und sich damit eines Jargons bediente, wie ihn Hitlers Propagandaministerium pflegte. Wenige Tage später wurde mitgeteilt, dass die Kommentatorin wegen verbaler Drohungen um den Schutz des „Mülls" bittet.

Schon seit Jahrzehnten versuchen Kräfte in linken Parteien und den Medien, ein bestimmtes Bild durchzusetzen. Ein Polizist ist nicht Schutzmacht und

Träger des staatlichen Gewaltmonopols, sondern stets verdächtig, Rassist und Gewalttäter zu sein. Polizeiarbeit, die natürlich unter dem Blickwinkel des rationalen Ressourceneinsatzes im Blick haben muss, ob Delikte in bestimmten Bevölkerungsgruppen gehäuft auftreten, wird unter den Generalverdacht des Racial Profiling gestellt. Die Ersatz-Empörung über die amerikanische Polizeibrutalität soll von dem Faktum ablenken, dass Polizisten hierzulande anders ausgebildet und bewaffnet sind. Auch in Europa sind in Polizeigewahrsam Personen, auch solche schwarzer Hautfarbe, zu Tode gekommen. Aber es handelt sich um Einzelfälle, die gründlich untersucht werden, und nicht um ein Massenphänomen. Was bei uns gezeichnet wird, ist ein Schreckensbild der Staatsgewalt. Linke, Grüne, SPD und Liberale betrachten den Staat als ein Instrument der Umverteilung und im Übrigen als einen verachtenswerten Störfaktor. Über Kriminalität im Internet, Kleinkriminelle und Krawallmacher sehen sie gerne hinweg.

Es geht um einen Kulturkampf. Öffentliche Debatten werden nicht geführt, um Argumente auszutauschen und Erkenntnisse zu gewinnen (wann taten sie das je?). Sie sind ein moralistisches Manöver, um gesellschaftliche Partikularinteressen hegemonial aufzubauschen und diese jeder Kritik zu entzieht. Der zunehmend moralisierte Diskurs verträgt immer weniger Ambiguität. Mehr als 35.000 Fälle von Angriffen gegen Vollstreckungsbeamte zählte das Bundeskriminalamt 2019. Unter den 49.000 Bundespolizisten sind seit 2012 nur fünfundzwanzig Verdachtsfälle mit rassistischem Hintergrund aufgefallen. Jede noch so kleine Kontrolle kann durch ausrastende Bürger (immer wieder auch solche mit Migrationshintergrund) außer Kontrolle geraten. Polizisten sind zunehmende Aggression und menschlichen Zumutungen ausgesetzt, was von der Öffentlichkeit gerne bagatellisiert wird. Immer größere Teile der Gesellschaft (vor allem auch arabische und muslimische Ausländer) sehen die Polizei als gegnerische Macht. Schon bei kleinsten Unannehmlichkeiten wird das Gewalt- und Ordnungsmonopol des Staates in Frage gestellt. Die Gesellschaft selbst gerät so in Gefahr.

11. 7. Zweites Probetraining für meine liebe Frau bei Kieser. – Bei Radsport-Sonntag neue Schläuche für mein (nicht geklautes) schwarzes Faltrad.

Jeden Monat verschicken hochrangige Statistiker deutsche Universitäten Kommentare zur „Unstatistik des Monats“. Darin werden journalistische Fehler bei der Interpretation von Statistiken aufgespießt und korrigiert. Bezüglich der Corona-Daten sind die Statistiker dazu übergegangen, diese zu interpretieren. Vor wenigen Tagen haben sie eine statistische Zahl kommentiert, die zu vielen Diskussionen geführt hat: Um die Corona-Warn-App wirksam zu machen, müssten sich 60 Prozent der erwachsenen Deutschen daran beteiligen. Diese Zahl stammt aus einer Simulations-Studie von Forschern der Universität Oxford, die mögliche Entwicklungen der Pandemie mit einem komplexen mathematischen Modell zur Verbreitung von Corona abschätzt. Inzwischen wurde sie rund 15 Millionen heruntergeladen. Das entspricht etwa einem Viertel der erwachsenen deutschen Bevölkerung.

Die Statistiker betonten nun am 30. Juni, „dass wir viel weniger wissen, als es den Anschein erweckt. Wir befinden uns in einem Szenario der ‚radikalen Unsicherheit'", schreiben John Kay und Mervyn King im britischen Prospect-Magazin. Radikale Unsicherheit trete dann auf, wenn wir etwas wüssten, aber nicht genug, um darauf vertrauend handeln zu können. Die Daten-Grundlage für die Aussage über 60 Prozent Nutzer sei viel zu unsicher. Die Oxford-Studie habe sehr wenige Datensätze verarbeitet, was die Aussagekraft stark reduziere. Die durchaus vorhandenen Datenmodelle haben viele Stellschrauben, an denen gedreht werden kann: die Reproduktionszahl, die Verdopplungszeit der Infiziertenzahl, die Inkubationszeit, der Prozentsatz der symptomfreien Infizierten, der Prozentsatz der Infizierten mit Symptomen, die Infektiosität der Infizierten („super spreader"), der Anteil der über Aerosole oder über Wischkontakte Infizierten, die Dauer der Infektiosität von auf Oberflächen oder auf Aerosolen haftenden Viren, die Zahl der zuverlässig Isolierten (Quarantäne) nach positiver Testung, der Anteil der Bevölkerung, der sich an die Hygiene hält usw. Das sind ganz schön viele Annahmen. Wie hoch ist die Wahrscheinlichkeit, dass gewählte Annahmen die Realität abbilden?

Nicht nur Politiker und Virologen, auch der Bürger muss mitentscheiden, was er glauben kann und wie er sich verhält. Je nach gewähltem Parameter bräuchte es 30 oder 75 Prozent App-Nutzer. Hinzu kommen Unsicherheiten bei der Zuverlässigkeit der Warn-App: wie nahe war man für wie lange Zeit einer ansteckenden Person? Diese Faktoren lassen sich nur mit einer gewissen Unschärfe messen, etwa weil der Austausch über Bluetooth die Abstände zwischen zwei Menschen nicht präzise genug erfassen kann. Wie hoch ist der Anteil falsch-positiver Warnungen (Fehlalarme)? Dies alles kann nur geschätzt werden. Im Kampf gegen Corona ist die App hilfreich, aber man kann von ihr keine Wunder erwarten. Sie ist nur ein weiteres Hilfsmittel. Abstand halten, Mund-Nasen-Schutz und umfangreiche Tests sind weiterhin notwendig. Eine komplexe Situation wie die Corona-Pandemie lässt sich nicht mit einfachen Mitteln bekämpfen. Dabei sollten allerdings alle verfügbaren Instrumente eingesetzt werden. Gesundheitliche Sicherheit ist eine Illusion. Mehr Zahlen bedeuten nicht automatisch mehr Wissen.

12.7. (Sonntag) Schöner Spaziergang im Park von Sans Souci.

Die Vereinigten Staaten verzeichneten die meisten Neuinfektionen seit Beginn der Pandemie an einem Tag. Nach Angaben der Johns-Hopkins-Universität (JHU) vom Samstag lag die Zahl der am Vortag registrierten Neuansteckungen bei 66.627. Die Gesundheitsämter in Deutschland haben 248 neue Corona-Infektionen innerhalb eines Tages gemeldet.

Wer ist amoralisch? Der Messerhersteller oder der Messerstecher? Die Fluggesellschaft oder der Vielflieger? Der Fleischfabrikant oder der Fleischkonsument? Die über 1500 Corona-Infektionen in und um *einen* großen Schlachthof herum bilden nicht die Realität aller Schlachthöfe in Deutschland oder der Welt ab. Die Corona-Häufungen an einigen örtlichen Punkten können mit einzelnen besonders infektiösen Personen zusammenhängen, den „Super Spreader“. Dennoch ist die Empörung groß. Grünen-Politiker nutzten die Chance, den Coronaausbruch im Schlachthof als Ergebnis der dortigen Arbeitsbedingungen herzustellen. Die Arbeit wird zum erheblichen Teil von Wanderarbeitern aus Bulgarien und Rumänien geleistet. Von den sechs bis neun Monaten Lohn können sie in der Heimat ein ganzes Jahr lang leben. Über die Empörung über die 1500 Covid-19-Infektionen wird vergessen, dass der Bio-Anteil für Fleisch nach wie vor sehr gering ist: für Schweinefleisch liegt der Bio-Anteil in Deutschland bei 1,4, für Geflügel bei 1,8 und für Rindfleisch bei 4,4 Prozent. Die Menschen fordern hygienische Schlachtung, faire Arbeitsbedingungen und Tierschutz, aber sie verhalten sich nicht entsprechend. An der Ladentheke zählen für sie drei andere Kriterien: billig, billig, billig.

Die Größe der Schlachthöfe und die Beschäftigung billiger Arbeitskräfte aus Ostdeutschland bringen Marktvorteile. Der Fleischunternehmer hat laut Medienberichten ein Vermögen von knapp zwei Milliarden Euro aufgehäuft. Das klingt so, als lagere das Geld auf seinem Tagesgeldkonto. Gemeint ist aber vermutlich Betriebsvermögen, welches nicht wie bei Onkel Dagobert Taler für Taler zusammengetragen, sondern erarbeitet und investiert wurde. Zum System der betriebswirtschaftlich optimierten Fleischverarbeitung gehören die großen Lebensmittelketten, wo sehr viele sehr gerne einkaufen. Doch egal ob Massen- oder Bio-Fleisch, die Qualität ist immer gut. Die Produkte sind hygienisch verarbeitet und gesundheitlich unbedenklich. Außerdem lief die Versorgung weiter, worüber wir in der Corona-Krise froh sein können. Und die Fleischindustrie sorgt dafür, dass auch Ärmere sich hochwertige Proteine leisten können.

Optimierung und Rationalisierung gelten prinzipiell in allen Branchen. Sollen bei der Verarbeitung von Tieren andere Maßstäbe gelten? Nun braucht aber ein angeblicher Skandal auch einen Sündenbock. Dem Schlachthofbesitzer, der zugleich Vorsitzender eines bekannten Fußballvereins ist, wird die Verantwortung gegeben – natürlich für die Arbeitsbedingungen in seinem Schlachthof, aber auch für die Corona-Infektionen. Hätten die Infektionen in dem Betrieb verhindert werden können, würden die Verbraucher weniger, aber sorgfältiger produziertes Fleisch essen?

Indem die Konsumenten billiges Fleisch kaufen, können sie einen größeren Teil ihres Einkommens für andere Dinge einsetzen. Das alles zusammengenommen bedeutet, dass alles so bleiben wird wie es ist, vielleicht mit etwas besseren Arbeitsbedingungen in den Schlachthöfen und leicht erhöhten Preisen.

Erinnert sich noch jemand an den „Rinderwahnsinn"? Die Gefährdung der Bevölkerung war damals geringer, aber die Aufregung grösser. Zwei Minister wurden entlassen und der Bundeskanzler versprach eine „Agrarwende". Das war vor zwanzig Jahren. Die industrielle Landwirtschaft blieb von solchen Ankündigungen nicht unbehelligt. Der Düngemitteleinsatz geht tendenziell zurück, der Anteil der nachhaltigen Landwirtschaft steigt. Gerne wird vergessen, dass in den Bundesländern schon Politiker von SPD, Grünen, CDU und CSU die Ämter der Agrarminister bekleidet haben. Keine dieser Parteien war besonders erfolgreich, was die Agrarwende angeht. Politik muss entscheiden, aber sie kann nicht gegen die Mehrheit der Bevölkerung agieren. Eine „Tierwohlabgabe", wie sie derzeit zur Unterstützung von Biobauern diskutiert wird, werden tierische Agrarprodukte (auch aus dem Ausland) ein paar Cent pro Kilogramm verteuern. Die Steuerungswirkung wird minimal sein.

Die Köchin, Restaurantbesitzerin und Bio-Bäuerin Sarah Wiener fordert, zum Umfang des Fleischkonsums der fünfziger Jahre zurückzukehren, als viel weniger Fleisch konsumiert wurde. Fleisch sei kein Grundnahrungsmittel. Künstlich erzeugtes Fleisch sei wieder nur ein normiertes Nahrungsmittel, hergestellt von den bisherigen Akteuren. Auch Insekten als Fleischersatz sein in unseren Breitengraden problematisch. Es bleibe nur der reduzierte Fleischkonsum von Tieren aus „wesensgemäßer Tierhaltung". Wiener wurde auch dadurch berühmt, dass sie Kinder in einer TV-Sendung dabei zusehen ließ, wie ein Kaninchen geschlachtet wurde. Viele Eltern hielten das für grausam. Wiener meint, wenn man Kindern etwas über Ernährung beibringen will, könne man nicht die Frage aussparen, woher das Fleisch kommt.

13. 7. An *Neurobiologie* weitergearbeitet (Rolle der Gene und Epigenetik).

Kehrtwende um 180 Grad: Der republikanische Gouverneur von Texas reagiert auf die rasant steigenden Infektionszahlen. Nun will er doch eine Maskenpflicht in seinem Bundesstaat einführen. Neben Texas gehören auch Florida, Arizona, South Carolina und Kalifornien zu den besonders betroffenen Bundesstaaten. In Texas gab es an einem Tag 8000 Neuinfektionen, in den gesamten USA über 50.000 täglich (vor vier Wochen waren es unter 25.000). Über 128.000 Menschen starben dort bislang nach amtlichen Statistiken an oder mit Covid-19.

Die Berliner Verkehrsgesellschaft (BVG) will mit der Umbenennung der U-Bahn-Station „Mohrenstrasse" in „Glinkastrasse" ein „Zeichen gegen Rassismus setzen". Tatsächlich setzt sie damit nach meinem Dafürhalten ein Zeichen für bodenlosen Opportunismus und bedenkliche Geschichtsvergessenheit. Die Mohrenstraße erinnert an den mehr oder weniger freiwilligen Besuch einiger Schwarzafrikaner vor rund 300 Jahren in Berlin. Soll mit der Umbenennung der Station auch die Erinnerung an den Besuch einiger Mohren, wie sie damals eben genannt wurden, gelöscht werden? Und ist mit Geschichtsvergessenheit einem Antirassismus gedient? Wohl kaum. Eher werden mit der Namenslöschung die damaligen Besucher schwarzer Hautfarbe jetzt erst recht durch Ignoranz herabgesetzt.

Vom russischen Komponisten Michail I. Glinka sind ganz schnell einige judenfeindliche Äußerungen bekannt geworden. Es wird schwer sein, Intellektuelle aus dem 18. und 19. Jahrhundert zu finden, die nicht antisemitisch waren. Der Schuss mit Glinka ging nach hinten los.

Rassismus verschwindet nicht, wenn das Wort Mohr aus dem Wortschatz verbannt wird. Die Sprachsäuberer irren sich nicht nur, sie exorzieren bestimmte Ethnien aus dem öffentlichen Bewusstsein. War Shakespeare Rassist mit seinem unsterblichen Stück über den Mohren von Venedig? Es ist eine absurde Vorstellung, die Welt verbessern zu können, indem man derartige Texte – oder auch Denkmäler und Monumente – eliminiert. Die neue Sprachpolitik ist genauso wenig oder genauso viel „rassistisch" wie die Phänomene, gegen die sie angeht. Sprachpolitik hat aber eine unselige Tradition.

Es ist die Tradition der Diktatoren und Potentaten. Sie ist ein Bestandteil der inquisitorischen Bewegung der Einforderung von Korrektheit. Die Aussonderung unziemlicher Wörter verwendet genau die Ideologie der Ausgrenzung, die bekämpft werden soll. Die absurde Vorstellung dieser Sprachreiniger ist, dass damit auch die entsprechende Gesinnung verschwindet. Sprachsäuberung ist wohlfeil und sinnlos. Aber darum geht es nicht wirklich.

Im Kern geht es um die richtige Gesinnung, um die Demonstration von Tugendhaftigkeit, um den Beweis, auf der richtigen Seite der Geschichte zu stehen, um die Bekämpfung eines nicht wirklich vorhandenen Übels (bzw. eines Übels, dass in der behaupteten Dimension nicht existent ist), um den fanatischen Wunsch, „den Anfängen zu wehren". Sie benutzen dabei in Ansätzen jene Methoden, die sie verhindern wollen. Die Moralisierer gehen keinerlei Risiko ein. Mit einer Unterschrift oder einen Klick bei change.org beruhigen sie ihr erregtes Gewissen. Wenn kleine Kinder sich verstecken wollen, halten sie sich die Augen zu, in der Annahme, wenn sie nichts mehr sehen, könnten es die anderen auch nicht. So funktioniert die Sprachpolizei auch.

Einige afroamerikanische Intellektuelle stellen sich gegen diesen modischen Antirassismus. Ganz Amerika (und Deutschland) scheint sich einig in der Antirassismusbewegung „Black Lives Matter". Einige Afroamerikaner hinterfragen den Begriff der Rasse und relativieren eine rassistisch motivierte Polizeigewalt gegen schwarze US-Bürger. Es stimme einfach nicht, dass alle amerikanischen Polizisten darauf aus seien, schwarzes Leben zu zerstören. Das sei eine extreme Vereinfachung. Auch Weiße wurden Opfer polizeilicher Einsätze. Bei einer Bevölkerung von 328 Millionen wurden 2019 landesweit 1003 Menschen von der Polizei erschossen. 405 davon waren Weisse, 250 Schwarze, 163 Hispanics und 185 als andere oder unbekannt klassifiziert. Das liefert in der Tat keinen Beleg für systemischen Rassismus der Polizei gegen Schwarze. Andererseits: Die Afroamerikaner sind in dieser Statistik mit fast einem Viertel gemessen an ihrem Gesamtbevölkerungsanteil (13 Prozent) überproportional vertreten, derweil es die Weißen zu 40 Prozent trifft, obwohl sie 62 Prozent der US-Bevölkerung stellen. Ebenso leben zweieinhalbmal mehr Afroamerikaner (rund 20 Prozent) als Weiße (rund 9 Prozent) in Armut. Armut erhöht die Kriminalitätsrate (Details von Marc Neumann: „Denkt genauer nach! Warum sich auch afroamerikanische Intellektuelle gegen den modischen Antirassismus stellen", NZZ, 30. Juni 2020).

John McWhorter, Professor für Komparatistik an der Columbia University und einer dieser Afroamerikaner, löst „Black Lives Matter" aus dem Würgegriff einer nutzlosen Rasse-Debatte und stellt sie in den Zusammenhang eines Klassenkampfes. Der Ökonom Thomas Sowell kritisierte schon früher die Sozial- und Wohlfahrtsleistungen, Schwarzen-Bevorzugung („affirmative action“) und Reparationszahlungen für Afroamerikaner. Er entwickelte früh eine kulturkritische Haltung gegenüber sogenannten antirassistischen Programmen. Beiden missfällt, dass eine traurige Begebenheit wie George Floyds schreckliches Ende von wohlsituierten antirassistischen Aktivisten in Medien und Universitäten zum existenziellen Trauma und zur eingebildeten Bedrohungssituation einer ganzen Bevölkerungsgruppe hochstilisiert werde. Das melodramatische Black-Lives-Matter- und Antirassismustheater biege eine objektive sozioökonomische Schwäche zu einer Form der Stärke um. Glenn Loury, Ökonom an der Brown University und erster schwarzer Professor an der Harvard University, meint: „Wir sind im Griff eine Hysterie.“ Konkret die Polizeiausbildung müsse reformiert werden. Die „leeren These vom Rassismus“ lenke den Blick von den wirklichen Problemen der schwarzen Amerikaner ab (ebd.).

Abends Treffen mit A.W. und W.A.; gemeinsamen Schreib-Urlaub an der Ostsee besprochen.

14. 7. Frühmorgens Kieser-Training (der Laden ist nur zehn Radminuten entfernt). – Meine liebe Frau zum ersten Mal seit Mitte März bei R.N. – Die Küche in meiner Praxis ist endlich fertiggeworden. – Ein Termin bei einem Hautarzt ist erst ab Anfang August möglich.

Die Debatte um angebliches „racial profiling“ der Polizei geht weiter. Der Bundesinnenminister ist gegen eine Studie zum „Rassismus innerhalb der Sicherheitsorgane“, weil mit der Fragestellung der Polizei von vorn herein ein an Rassen orientiertes Vorgehen unterstellt wird. Es gebe keinen „strukturellen Rassismus“ in der deutschen Polizei. Satou Sabally, eine in New York geborene Tochter eines gambischen Vaters und einer deutschen Mutter, ging daraufhin den Minister in der heute üblichen hysterischen Art an: „Weil du ein weißer, älterer Mann bist und Profiling nie erfahren musstest. Bist bestimmt noch nie im Supermarkt verfolgt worden oder im eigenen Haus nach einem Ausweis gefragt, weil es mehrere Einbrüche in der Nachbarschaft gab etc!!! Wie blind und ignorant kann man sein.“

Sabally gehört möglicherweise zu jener wachsenden Gruppe der Bevölkerung, die in Distanz und Ablehnung zur Polizei und anderen staatlichen Organen steht. Bei ihr schwingt die Idee mit, dass die Polizei bei farbigen Menschen wegsehen soll, weil *jede* polizeiliche Maßnahme, auch die gerechtfertigte, als Schikane interpretiert wird. Ausweiskontrollen gehören nun mal zum polizeilichen Alltag. Sabally ist stolz darauf, sich „sehr aktiv gegen Rassismus" einzusetzen, verfehlt aber ihren Gegenstand.

Die links-grün-liberale Szene war schon immer gegen die Polizei eingenommen. Das begann vielleicht mit dem tödlichen Schuss eines Westberliner Polizisten 1967 bei einer Demonstration gegen den Besuch des Schahs von Persien in West-Berlin. Die Tatumstände konnten nie befriedigend geklärt werden. Offenbar handelte es sich um eine Kurzschlussreaktion eines Polizisten. Daraufhin entwickelten sich Feindbilder auf beiden Seiten. Bei Anti-Atomkraft-Prozessen kam es immer wieder zu massiven Auseinandersetzungen. Die Demonstranten behaupten seitdem regelmäßig, dass die Polizei provoziere und völlig grundlos angreife. Tatsächlich ist die deutsche Polizei lieb und auf Deeskalation eingeschworen. Sofern die Polizei Demonstrationen auflöste, lag immer ein richterlicher Beschluss vor, den die linksgrünen Demonstranten in der Regel ignorieren. Weggetragen wird, wer der Aufforderung, den Platz zu räumen, nicht nachkommt. Am 8. Juli zeigte der „Tagesspiegel" ein Bild mit brüllenden Demonstranten, darunter viele Frauen. Die Polizisten müssen sich das Geschrei anhören.

15. 7. Meine liebe Frau erstmals wieder bei J.R. zum Tippen. – Abends Kollegen-Intervision bei A.L. Deren Wohnung ist endlich fertig renoviert, aber der Rest des Hauses eine Baustelle.

2010 veröffentlichte der Philosoph Byung-Chul Han den Essay *Müdigkeitsgesellschaft*. Dort bezeichnete er Depression und Burnout als typische Phänomene der überlasteten Leistungsgesellschaft. „Die Gesellschaft" verwandele sich unter der Hand (was keiner bemerkt, außer Han) von einer der Negativität zu einer der Positivität. Diese Positivität – gemeint ist offenbar ein unrealistisches Selbstoptimierungsbestreben – überfordere die Menschen und sie reagieren mit Depression, Aufmerksamkeitsdefizitsyndrom, Borderline-Syndrom und Burnout. Diese Symptome bezeichnet er als „neuronale Erkrankungen". Neuronale Erkrankungen? Die Neuronen des Gehirns oder des Zentralnervensystems sind bei diesen Symptomen nicht „krank". Die genannten Symptome sind funktionale Änderungen in der Arbeitsweise des Gehirns.

Man kommt der Wahrheit vermutlich näher, wenn man Depressionen als ständigen Begleiter des Menschen ansieht (mit Burnout als spezifische berufliche Depression). Aber man ahnt schon, dass es Han und vielen anderen Intellektuellen um eine Kapitalismuskritik geht. So auch in seinem neuesten Buch *Palliativgesellschaft. Schmerz heute.* Der Autor beobachtet eine Verdrängung der Negativität, nicht zuletzt durch den angeblichen Aufstieg einer „Positiven Psychologie“. Das Subjekt werde auf Optimismus verpflichtet. Ich stimme Han zu, wenn er die klischeehafte Rede, in jeder Krise stecke eine Chance, für wenig hilfreich hält. Das Individuum solle, so Han, den Fehler nicht bei sich, sondern „bei den Verhältnissen“ suchen und Revolution machen. Kann eine Revolution mit Depressiven gelingen?

Han schreibt aus der USA-Perspektive. Deutschland und Europa haben jedoch eine andere Kultur. Der Schmerzmittelkonsum unterscheidet sich ebenso wie der konkrete Gebrauch sozialer Medien. Han beklagt, dass Schmerzen medikamentös zum Verschwinden gebracht werden. Ich halte Aspirin für eine großartige Erfindung und wäre interessiert zu erfahren, was der Autor bei Kopf- und Zahnschmerzen unternimmt. Chronische Schmerzen können eine Ursache auch in beruflichen und familiären Überlastungen haben. Daneben muss immer nach weiteren möglichen Ursachen geforscht werden. Nicht nur hier ist Han's Wortwahl schwammig: Man muss zwischen akuten und chronischen Schmerzen unterscheiden und ihre unterschiedliche Behandlung kennen. Jedenfalls ist für Han das „Auslöschen des Schmerzes“ kritikwürdig. In früheren Jahrhunderten wurden in der Folter bewusst schmerzhafte Prozeduren zum Gaudium der Bevölkerung angewendet. Dorthin möchte er nun freilich nicht zurück. In westlichen, modernen Staaten hat sich die repräsentative Demokratie mit ihren individuellen Rechten und dem Verbot schmerzhafter und herabwürdigender Strafen mehr oder weniger erfolgreich durchgesetzt. Im gleichen Zuge wurde durch medizinische Medikamente der Schmerz in erheblichem Umfange zurückgedrängt. Damit wurde auch das Leid zurückgedrängt, was dazu führt, dass Leiden – egal ob psychisch oder physisch, real oder eingebildet – immer weniger tolerabel erscheint.

Stimmt es denn, dass der leidende Mensch aus der öffentlichen Wahrnehmung herausfällt? Die Buchhandlungen sind voll mit Berichten von und über Leidende, ebenso die Zeitungen. Viele fühlen sich aufgerufen, detailliert über ihr Leid und ihren Schmerz Auskunft zu geben – „um aufzuklären und für Verständnis zu werben“, wie die Standardmotivation lautet. Das Leid ist keineswegs eliminiert und wird es wohl auch niemals sein. Aber offensichtliche Verkrüppelungen und Behinderungen sind selten geworden. Die Impfung gegen viele weit verbreitete Krankheiten hat Millionen von Leben gerettet.

Die große Aufgabe der Menschheit bleibt es, Leid und Schmerz soweit als möglich zu verringern und die Betroffenen zu trösten und ihnen zu helfen. Han vermischt diese anthropologische Dimension mit der sozialen Distanz während der Corona-Pandemie. Dabei gehen einige Nuancen flöten. Man schützt sich ja nicht nur selbst, sondern auch die Anderen – im Paradox, geliebte Andere durch Distanz zu schützen. Han fürchtet, dass sich im Wunsch nach Gesundheit und Leidvermeidung ein „Überwachungsregime" durchsetzt. Die von vielen freiwillig benutzte App für Smartphones gehört seines Erachtens schon dazu. Han sieht einen staatlichen „Zugriff auf den Körper". Die Gefahr sei gegeben, zumal gerade jetzt von vielen Seiten gefordert wird, in der Digitalisierung voranzukommen.

Deutschland ist in der Digitalisierung des Gesundheitswesens noch nicht weit vorangeschritten. Datenschutzbedenken stehen dem entgegen. Datenschutz ist hierzulande ein wirksamer Schutz gegen Digitalisierung. Was bis jetzt implantiert wurde, ist eine Infrastruktur noch ohne Inhalte. Theoretisch ist es denkbar, dass der Wunsch nach Schmerzfreiheit zusammengeht mit einem „Überwachungskapitalismus". Auch auf anderen Gebieten ist eine solche Verknüpfung bereits deutlich zu sehen: Der Wunsch, staufrei durch den Verkehr zu rollen und die Zahl der Unfälle zu reduzieren, kann erfüllt werden durch eine metergenaue Nachverfolgung möglichst vieler Verkehrsteilnehmer und die zentrale Zusammenführung und Auswertung dieser Daten. Die Entwicklung ist aber keineswegs eindeutig, wie das Gezerre um die Corona-Warn-App und ihre dezentrale Ausführung zeigt. Außerdem missachten die Kritiker der (Gesundheits-) Überwachung die Vorteile. Sie liegen nicht nur in einer möglichen Steigerung des persönlichen Wohlbefindens, sondern beispielsweise auch in niedrigeren Beiträgen für Kranken- und Kraftfahrzeug-Versicherung.

16. 7. Vormittag bei unserem Hausarzt wegen meiner zur Neige gehenden Salbe. Sie macht mich darauf aufmerksam, dass ich eine Cortison-Salbe für eine mutmaßliche Pilzerkrankung erhalte. Seltsam. Anschließend bei Kieser. Dann Mikrowelle für Praxis-Küche gekauft.

Diese Woche hat das Deutsche Institut für Wirtschaftsforschung neue Schätzungen zum Vermögen der einkommensstärksten Deutschen vorgelegt. Mit mindestens 3529 Euro *Netto*einkommen gehören Singles schon zu den zehn Prozent der Deutschen mit dem höchsten Nettoeinkommen. 90 Prozent verfügen über weniger. Jedes Mal, wenn solche Zahlen irgendwo auftauchen, ist die Überraschung groß. Der Grund liegt darin, dass alle Journalisten und viele Bürger das Einkommen fast immer an den Menschen mit den höchsten Einkommen der Welt vergleichen. Dazu wird von den überforderten Journalisten meist der Fehler gemacht, nicht zwischen Einkommen und Vermögen zu unterscheiden – reich ist eben reich. Und es werden fast immer nur die reichsten Amerikaner zum Vergleich herangezogen, keine Asiaten oder Saudis – und Europäer schon gar nicht. So kann nur ein schiefes und schlechtes Bild entstehen, welches den schönsten Anlass für Sozialneid bietet.

Was „reich" heißt, ist eine Definitionsfrage und eine Frage des Gefühls. Das Gefühl täuscht leicht und ist von (unbewussten) Interessen gefärbt. Die wenigsten bezeichnen sich selbst als „reich". Das oberste Einkommenszehntel als „reich" zu definieren, kann man in Frage stellen. Trifft „reich" nicht besser nur auf das einkommenshöchste ein Prozent zu? Zwischen dem durchschnittlichen Deutschen und den paar wenigen Milliardären kommen nicht mehr so viele Leute. Und unangenehmen Fragen nach noch mehr Umverteilung entgeht man elegant, wenn man sich als Durchschnittsverdiener sieht. Die wichtige Zahl für den „gefühlten Reichtum" ist also nicht das Realeinkommen in Euro, sondern die Relation zu den obersten Einkommen der angestellten Top-Manger und Firmeninhaber.

Besonders gern teilen die Leute ihr Geld nicht. Das hat der Heidelberger Ungleichheitsforscher Dietmar Fehr herausgefunden: Mehr als 4000 Haushalte hat er im sogenannten „sozio-ökonomischen Panel" gefragt, wo sie sich im Einkommensspektrum einsortieren. Das Ergebnis war wie erwartet: Alle sortierten sich zur Mitte hin, Ärmere eher nach oben (sie wollen nicht gerne als arm erscheinen), Reichere eher nach unten (sie wollen nicht gerne als reich erscheinen). Wenn aber die Reicheren erfuhren, wo sie tatsächlich stehen, ließ ihre Freude an hohen Steuern und Umverteilung von Reichen zu Armen plötzlich nach. Das geschah vor allem bei denen, die sich selbst als links einordnen. Bei den Konservativen tat sich wenig.

In dem Artikel in der FAZ vom 16. Juli, den ich hier zitiere („Sie sind reicher, als Sie denken"), wird wieder gedankenlos vom Einkommen zum Vermögen umgeschaltet. Schauen wir uns die Selbsteinschätzung in der *Vermögen*verteilung an (nach Fehr): knapp 15 Prozent sieht sich im untersten Zehntel, etwa über 20 Prozent im dritten Zehntel und jeweils zwei Prozent im reichsten neunten und zehnten Zehntel. Wie die Vermögen tatsächlich verteilt sind: praktisch null Prozent des Vermögens befindet sich im ärmsten, im zweiten und im dritten Zehntel, aber das neunte und zehnte Zehntel weisen 350.000

bzw. 550.000 Euro Netto*vermögen* auf, also unter Berücksichtigung von Schulden (Quelle: Bundesbank 2017). Das ist Lichtjahre entfernt von dem 190-Milliarden-Dollar-Vermögen von Jeff Bezos. Das sozio-ökonomische Panel am Deutschen Institut für Wirtschaftsforschung sieht die Grenze zu den obersten zehn Prozent in seiner neuesten Schätzung bei 280.000 Euro Nettovermögen pro Person. Ein abgezahltes Haus mittlerer Größe in der Vorstadt, dazu vielleicht noch eine Lebensversicherung – und schon gehört man zu den zehn Prozent vermögendsten Deutschen. Das will niemand glauben.

Dann geht es im erwähnten Artikel wieder zurück zum Netto*einkommen*. Gerechnet wird immer das Nettoeinkommen inklusive aller staatlicher Transfers: Kindergeld, Renten, Sozialhilfe, Krankengeld und ähnliche Leistungen. Eine Familie mit zwei kleinen Kindern zählt als das 2,1-fach; sie gehört also mit monatlich 7400 Euro netto zu den obersten zehn Prozent (zu Beginn war das Nettoeinkommen eines Alleinlebenden ohne Kinder erwähnt).

*

Sollen und dürfen die Deutschen wieder so viel konsumieren wie vor der Pandemie? Die Maskenpflicht scheint die Kauflaune zu bremsen. Mit der Stoffmaske vor Mund und Nase macht Schoppen wenig Spaß. Besonders der Modehandel leidet. Mit der Ernsthaftigkeit der Pandemie ist der Spaßfaktor verloren gegangen. Außerdem ist die Zahl der Kunden pro Geschäft begrenzt. Und schon gibt es die ersten Umfragen. Jeder zweite will beim Einkaufen nun nachhaltigere Entscheidungen treffen. Das hören wir nun schon seit Jahren auch beim Klima- und Umweltschutz. Viele wollen entsprechend handeln, nur wenige tun es. In der Pandemie wird es genauso laufen. Während der „Rinderwahnsinn"-Krise wollten viele Verbraucher in Zukunft weitgehend auf Fleisch verzichten. Wenige Wochen später war das alte Niveau wieder erreicht.

Viele sagen, sie wollen ihr Geld für fair gehandelte Produkte ausgeben, nur wenige tun es. Viele legen Wert auf ihre eigene moralische Identität, doch wenn es konkret wird, machen sie sich keine Gedanken mehr. Um ihr Gewissen zu beruhigen, reicht es ihnen, auf eine Handvoll ökologisch wertvolle Produkte zu achten. Alles darüber Hinausgehende ist zu mühsam. Immerhin soll der Radverkehr stark zugenommen haben. Doch die Menschen sind immer noch die gleichen wie vor Corona. Und sie sind ausgesprochen träge und unflexibel. Konsumkritiker wünschen sich eine Trendwende hin zu weniger; Wachstumsbefürworter sagen, jetzt müsse die Konjunktur angekurbelt werden hin zu mehr. Von einem nachhaltigen Konsum ist Deutschland noch weit entfernt. Der Flugverkehr wird möglicherweise nicht so schnell wieder auf ein früheres Niveau kommen. Das liegt aber weniger an der Einsicht der Mobilitätsvernarrten, als vielmehr an den Hygieneproblemen im eng besetzten Flugzeug. Gleiches gilt für die Kreuzfahrtschiffe. Wenn das Ansteckungsproblem gelöst ist, wird es auch hier so weitergehen wie bisher.

17. 7. Regenschauer und schwül. Corona-Tagebuch fortgeschrieben. Mittags bricht mir ein Stück Zahn aus dem Unterkiefer. Bin gleich zum Zahnarzt, der aber schon alle Maschinen runtergefahren und desinfiziert hatte. Erhielt dennoch provisorische Füllung. Nachmittags Koffer gepackt.

„Der Antikapitalismus ist die Religion der Intellektuellen". Das schreibt Kaspar Villinger, 1989 bis 2003 Bundesrat und von 2009 bis 2012 Präsident der Schweizer Bank UBS, am 2. Juli in der NZZ. Der Kapitalismus bringt Wohlstand für alle, wenn auch nicht für alle gleichzeitig und in gleichem Umfang, aber für immer mehr. Die Erfolge weltweit in den vergangenen siebzig Jahren können sich sehen lassen. Trotzdem bleibt er in der Kritik.

Verstehen Intellektuelle überhaupt, was Kapitalismus ist? Der italienische Philosoph Giorgio Agamben hält den Kapitalismus für eine „Religion, in welcher der Glaube – der Kredit – an die Stelle Gottes getreten ist". Das Geld sei von Werten entleert, und damit selbstbezüglich geworden. Als Religionsersatz ziele der Kapitalismus „nicht auf die Veränderung der Welt, sondern auf ihre Zerstörung". („Der Kapitalismus ist eine leere Religion, die vollständig auf Glauben – also Kredit – beruht", NZZ, 21. Juni 2020)

Das wirft einige Fragen auf: Ist Geld gleichbedeutend mit Kapitalismus? Ist Geld wertmäßig entleert? Verwechselt Agamben nicht „Glauben" mit „Erwartung"? Angenommen, der Kapitalismus zerstört die Welt, ist das keine Veränderung? Und was genau zerstört er? Oder sind es eher die Menschen, die zerstören, weil sie konsumieren? Und ist Kredit unethisch? Die möglicherweise desaströsen langfristigen Folgen der gegenwärtigen gigantischen Geldflutungen vermag noch niemand wirklich abzuschätzen. Agambens Skepsis ist also nicht unbegründet.

Eigentlich ist es ganz einfach. Die Definition von Kapitalismus lautet bei Wikipedia: Kapitalismus ist eine Wirtschafts- und Gesellschaftsordnung, die auf Privateigentum an Produktionsmitteln und Steuerung von Produktion und Konsum durch den Markt beruht. Das kann man schlecht religiös nennen. Kapitalismus ist eine Ordnung, die sich seit gut 200 Jahren bewährt hat. Kapitalismus ist krisenanfällig wie alles Menschenwerk. Die Garantie des Eigentums und der Mechanismus des Marktes sind starke Instrumente, um diesen Krisen zu begegnen. Sozialismus, Staatskapitalismus und Anarchismus funktionieren nicht. Das hat die Geschichte hinlänglich bewiesen. Es kann deshalb keine „richtige Umsetzung" des Sozialismus geben. Ein Beleg für die Überlegenheit des Kapitalismus ist das chinesische Modell. Marktwirtschaftliche Wirtschaftsfreiheit ist leider nicht untrennbar mit politischer Freiheit verbunden. Der chinesische Staatskapitalismus in Verbindung mit einer Einparteienherrschaft lässt privates Kapital zu, und weil er eine recht effiziente Bürokratie einsetzt und den Markt spielen lässt, hat er Wohlstand in nie gekanntem Umfange geschaffen. Wer Wohlstand für alle oder doch für ganz viele will, kommt um den Kapitalismus, wie ihn Wikipedia definiert, nicht herum.

Die sauertöpfischen Kapitalismuskritiker (sie sind unter Intellektuellen in der Mehrheit) verweisen dann gerne auf die Entfremdung der Arbeitenden, auf den Konsumterror und darauf, dass Wohlstand nicht glücklich mache. Das mag so sein, doch nur wenige stört es. Armut und Askese jedenfalls machen auch nicht glücklich. Die Fortschritte der letzten 200 Jahre und insbesondere nach dem Zweiten Weltkrieg sind eine spektakuläre Zunahme der Lebenserwartung und des Lebensstandards, der Beherrschung vieler tödlicher Krankheiten, eine dramatische Reduktion der Kindersterblichkeit, eine enorme Erweiterung der Bildung auch für Mädchen, eine signifikante Abnahme von Gewalt, eine nie dagewesene Absicherung bei Arbeitslosigkeit, Alter und Krankheit und eine verbesserte Ernährung bei gleichzeitig wachsender Weltbevölkerung. Eine sozialistische Planwirtschaft hätte dies niemals hinbekommen. Ohne Geld und Kredit, ohne Eigentum und Markt wäre diese Entwicklung nicht denkbar gewesen.

Natürlich trägt Geld einen Wert in sich. Es handelt sich um einen allgemeinen, universalen Wert, keinen spezifischen. Geld ist ein Vernunftindikator. Der Preis ergibt sich aus einem Spiel zwischen Angebot und Nachfrage. Geld ist ein geniales Tauschmittel, dass die Schwerfälligkeit des reinen Tauschhandels überwindet. Auf Finanzmärkten können Werte und Risiken mittels Verträge (Kontrakte) ausgehandelt werden. Mit einer Hypothek beispielsweise kann ein Eigenheim gebaut werden. Ein Werktätiger kann sparen oder in eine Rentenversicherung einzahlen. Die Umverteilung bewirkt, dass auch weniger Begüterte im Lebensabend ein hinreichendes Einkommen erhalten. Banken vergeben Kredite für wirtschaftliche Ideen und Risiken. Börsen lassen Unternehmen Gelder von Anlegern zufließen. Damit können Innovationen finanziert werden. Steuergelder werden für große Projekte verwendet, die ein Einzelne niemals alleine stemmen könnte.

In der modernen Anschauung gehört zum Kapitalismus ein Wohlfahrtsstaat. Wenn der Kapitalismus kritisiert wird, wird von Intellektuellen und Akademikern meist auch gleich der Wohlfahrtsstaat als unzureichend hingestellt. Der Wohlfahrtsstaat reduziert aber eines der großen Probleme der Menschheit: die Angst vor der Zukunft. Das wäre ohne Geld, ohne Schulden, ohne Einkommen, ohne Besitz nicht denkbar. Und natürlich gibt es Gier, Verantwortungslosigkeit und obszöne Reichtumsanhäufung, wie es sie schon immer in der Geschichte der Menschheit gegeben hat. Die Kritik blendet aus, dass die positiven Seiten dieser gewachsenen Natur wie Empathie, Kooperation, Neugier, Erfindungsgeist und Interesse am Neuen und Fremden dank des freien Marktes auch am besten zum Tragen kommen. Der Markt verbindet die Selbstbestimmung des Individuums mit der menschlichen Neigung zu Kooperation. Der Handel über Grenzen hinweg verbindet mit den Menschen in fernen Regionen.

Freie Gesellschaften waren in der Neuzeit Ausgangspunkt aller großen monetären Bewegungen mit dem Ziel der aktiven Hilfe für die Schwachen, Kranken und Unterdrückten. Liberale Gesellschaften mit ihren relativ freien Märkten schufen die ideellen und materiellen Grundlagen dafür, dass es immer mehr Menschen auf der Welt immer besser geht. In Anstrengungen, die immer mehr in alle Winkel der Welt dringen, verbessern sich Bildung und Ausbildung junger Menschen und ermöglichen einen wachsenden Wohlstand. Der Freimarkt scheint das wirksamste Instrument für einen rationalen Einsatz der Ressourcen und für die beste Befriedigung der Bedürfnisse zu sein.

18. 7. Autofahrt bei schönem Wetter von Berlin nach Wustrow/Wingst mit vielen Autobahn-Staus wegen Baustellen. Quartier enttäuscht uns zunächst; liegt im Souterrain, ist aber geräumig. Nachmittags Bad in der Ostsee. Ich lese weiter in Montefiore über Jerusalem. Phantastisch. Abends gemeinsam weitergelesen in Wadepuhl über Heinrich Heine. Sehr gute Biographie.

*

Es gibt mehrere globale Krisen, die gleichzeitig auf eine Lösung warten: die wachsende Zahl der Menschen, ein beschleunigtes Artensterben, die globale Klimaerwärmung, Auseinandersetzungen mit der Türkei und China und die derzeitige Corona-Pandemie. Es ist schwer, alle Herausforderungen gleichzeitig zu denken. Bei genauerer Betrachtung wird man finden, dass sich die Ziele und die Maßnahmen, um diese Ziele zu erreichen, teilweise widersprechen. Wenn nur ein Teil der Staaten sich dem Klimaschutz verschreiben, dann wird es für einen anderen Teil ökonomisch vorteilhaft, dies nicht zu tun. Insgesamt wäre dann wenig gewonnen. Er braucht eine CO2-Steuer und ebenso eine Änderung des Verhaltens von Millionen von Menschen in vielen Staaten. Die Notwendigkeit der Verhaltensänderung wird zwar betont, nur ein Bruchteil setzt die Erkenntnis in Taten um. Es liegt nicht in der Natur des Menschen, auf Annehmlichkeiten zu verzichten, an die man sich gewöhnt hat. Und keine Regierung wird ihren Wählern Einschränkungen und Askese verordnen, wenn das bedeuten würde, Wählerstimmen zu verlieren. Das ist eine Dynamik innerhalb demokratischer Systeme. Kein Mensch, der bei Verstand ist, würde die Demokratie abschaffen und durch eine Öko-Diktatur ersetzen wollen.

Eine weitere Herausforderung ist die massive Veränderung von Öffentlichkeit durch die digitale Revolution und die sogenannten Sozialen Medien. Die Videos „Die Zerstörung der CDU“ und „Die Zerstörung der Presse“ des smarten Youtubers Renzo, eine aufgedrehte, krude Mixtur aus Entstellungen und Halbwahrheiten, wurde völlig zu Unrecht mit dem Henri-Nannen-Preis und dem Grimme-Preis geehrt. Die Juroren sahen in den Machwerken die Zukunft des Infotaiments. Diese Faktenmanipulation soll vorbildhaft sein? Renzo bedient sich derselben Manipulations- und Desinformationsinstrumente, die er kritisiert.

Netz-Politiker aus vielen Staaten waren im Europäischen Parlament gegen eine Datenschutzreform, weil sie darin eine Einschränkung der Freiheit des Netzes sah. Sie waren insbesondere gegen sogenannte Uploadfilter, die automatisch den ins Netz hochgeladenen Inhalt prüfen sollte, ob ein Urheberrechtsverstoß vorliegt. Die Aktivisten sahen darin einen Verlust von Freiheit. Es ist ihre Freiheit, Inhalte beliebig für eigene Zwecke zu verwenden und weiter zu verbreiten. Die Urheber, die oftmals vom Verkauf dieser Inhalte leben, gingen bislang oftmals leer aus.

19. 7. (Sonntag) Perfekter Tag: warm, wenige Wolken; Radausflug am Bodden entlang. Mittagessen im Garten des schönen Cafés „Reise, Reise“. Mittagsschlaf, dann Bad in der Ostsee. Montefiore weitergelesen. Abends gemeinsame Lektüre Wadepuhl.

Erstmals scheint die Abwahl des bösartigsten US-Präsidenten, den es je gab, in den Bereich des Möglichen zu geraten. Aus der Schwäche des Amtsinhabers Trump zieht sein Gegenkandidat von den Demokraten, Joe Biden, ein Teil seiner Stärke. Die Demokratie ist das beste Instrument, um einen legitimen Machtwechsel zu bewerkstelligen. Sie ist aber kein Bollwerk gegen die Tyrannei einer Mehrheit, sie ist kein Garant für eherne Rechtsstaatlichkeit oder gute Regierungsführung. Die Demokratie kann nicht einmal ihre eigene Abschaffung zuverlässig verhindern, wenn sich eine Mehrheit findet. Wachsamkeit auch in der Demokratie ist geboten.

Die Kritik an tatsächlichen oder vermeintlichen Missständen ist oftmals maßlos. Ein Grund liegt in einer falschen Vorstellung, was Demokratie ist und was sie leisten kann. Enttäuschte Liebhaber können zu Stalkern werden.

Trump ist nicht Stalin. Die ständige Zuspitzung ist eine Grundmelodie demokratischer Staaten, auch in Deutschland. So entsteht der falsche Eindruck einer verrotteten US-Demokratie, die kurz vor dem Umschlag in die Diktatur steht. Tatsächlich existieren weiterhin Gewaltenteilung, unabhängige Justiz, eine freie Presse und ein selbstbewusstes Parlament. Wenn ein Schwarzer von weißen Polizisten in den USA getötet wird, ist das Entsetzen groß und löst Demonstrationen auch in Europa aus. Die Ausschaltung der Demokratiebewegung in Hongkong oder die Farce einer Volksbefragung in Russland, wesentlich gravierendere Einschränkungen der Demokratie, werden in der westlichen Nabelschau mehr oder weniger ignoriert. Der Grund ist einfach: Die USA gelten hierzulande (und auch sonst in der Welt) als Maßstab, nicht Russland oder China. Die Ansprüche an die USA als Demokratie sind unrealistisch hoch. Viele verfallen einem Antiamerikanismus, wenn sich die USA als ein normaler Staat mit Stärken und Schwächen und sogar mit einem Trump entpuppen. Mit Trumps Verschwinden würden Rassismus, Polarisierung, das rudimentäre Gesundheitssystem und Ungleichheit nicht verschwinden. Trump ist das Symptom, nicht das Problem.

20. 7. Deutlich kühler und bewölkt. Kräftiger Westwind. Sehr lange geschlafen. Corona-Tagebuch weitergeführt. Meine liebe Frau arbeitet an Nikolai Hartmann und J.R. Weil es so schön war, mittags gleich noch einmal ins „Reise Reise". Lange Radtour am Bodden entlang. Montefiores *Jerusalem* weitergelesen. Abends gemeinsam Wadepuhl über Heine. Telefonate mit Tante I.L. und Cousine M.L. Tante ist zur Untersuchung im Krankenhaus. Kein Tumor im Gehirn. Will von dort direkt in die Reha und wartet auf einen Platz.

Nachmittags bei prächtigem Sonnenschein in die 19 Grad warme bzw. kalte Nordsee.

Unser Ausbildungsinstitut sucht nach Wegen, wie die Ausbildung im zweiten Halbjahr organisiert werden könnte. Die Personale Psychotherapie legt großen Wert auf die Ich-Du-Beziehung und die Feinheiten des Ausdrucks, die im direkten Kontakt beobachtet werden können. Mit anderen Worten, die Institutsleitung und viele Ausbilder stehen Online-Kursen und Video-Therapiestunden skeptisch bis ablehnend gegenüber. Kollege M.V. hat seine Ablehnung ohne Anrede und ohne Grußformel in einem zweiseitigen Schreiben dargelegt. Etwas bemüht hat er philosophisch weit ausgeholt und sich insbesondere dem Blick und der Macht des Blickes gewidmet. Der Blick des anderen sei eine Begrenzung der eigenen Macht. Spricht nicht gerade das für Online-Kurse und für telefonische Therapiestunden? Im großen Ganzen verstehe ich nicht, was er uns sagen will, außer dass er eben keine Video-Seminaren anbieten werde. – Ein Vorschlag lautet, dass wir unsere berühmte Großgruppe aufteilen in regionale Kleingruppen von acht bis maximal zehn Teilnehmern, die sich privat treffen und die vorgeschlagenen Themen behandeln.

Unser Nachbarbundesland Brandenburg hatte Anfang 2019 das bundesweit erste Paritätsgesetz auf den Weg gebracht, nun ist es in Kraft getreten. Es verpflichtet alle Parteien zur Aufstellung von Kandidatenlisten, die fünfzig Prozent Frauenanteil aufweisen, also abwechselnd Frau und Mann. Der Jubel ist verhalten. Die linke Piratenpartei, die Jungdemokraten und die rechte NPD und AfD haben dagegen geklagt. Das Gesetz schränke die Freiheit der Parteien bei der Kandidatenaufstellung ein. Frauen haben das verfassungsmäßige Recht, nominiert zu werden. Haben sie das Recht, in gleichem Masse wie Männer nominiert zu werden? Vor der Nominierung steht die Chancengleichheit. Haben Frauen institutionell oder strukturell geringere Chancen, nominiert zu werden? Nein. Statistisch gesehen werden Frauen seltener von den Parteien nominiert als Männer. Was ist daran undemokratisch? Müssen Frauen proportional ihrem Bevölkerungsanteil auf Wahllisten und in Parlamenten vertreten sein? Müssen Frauen mehr oder weniger gezwungen werden zu kandidieren, um die Quote zu erreichen? Wenn sich Frauen nicht zwingen lassen, wird dann die Zahl der Männer auf die Zahl der nominierten Frauen reduziert? Können Parteien mit eher geringem Frauenanteil genügend Kandidaten finden? Stehen dann noch genügend Bewerber für die Landeslisten zur Verfügung? Drückt sich eine gleichberechtigte demokratische Teilhabe in einem 50-Prozent-Anteil bei den Nominierungen aus? Und wenn diese Frauen nicht zu 50 Prozent gewählt werden? Ist dann der Wähler schuld? Muss dann das Wahlergebnis korrigiert werden? Die gleichberechtigte demokratische Teilhabe ist gewährleistet. Alle können prinzipiell am Prozess politischer Willensbildung teilnehmen. Wollen sie auch? Müssen sie wollen?

Die paritätische Quotierung ist verfassungsrechtlich und politisch hoch problematisch. Sie hebelt das Leistungsprinzip aus, wonach der gewählt werden soll, der sich als am geeignetsten für ein Amt erweist. Wenn Wahllisten von Parteien zu 50 % mit Frauen besetzt werden müssen, obwohl nur etwa mehr als ein Viertel der Mitglieder beispielsweise der CDU weiblich ist, haben Männer erheblich schlechtere und Frauen erheblich bessere Chancen, auf die Wahlliste zu kommen und gewählt zu werden. Insbesondere das passive Wahlrecht (also gewählt zu werden) wird für Männer erheblich beeinträchtigt.

21. 7. Immer noch frischer Westwind und bewölkt. Mit dem Rad entlang der Steilküste nach Ahrenshoop; der Ort ist unangenehm voll. Wohlschmeckendes Mittagessen auf der Terrasse des Café Namenlos. Eine dunkle Wolkenwand zieht an uns vorbei. Rückfahrt an der Boddenseite über Hafen Althagen mit hübschen Keramik-Verkaufsständen. Abends *Jerusalem* und *Heinrich Heine*.

*

Ist der Mensch „von Natur aus“ gut oder böse? Nach meinem Dafürhalten ist „der Mensch“ potenziell beides. Man kann ihn verachten und man kann ihn bewundern. Seine Biologie und seine Gehirnstruktur lassen beides zu: Altruismus und Egoismus, Gewalt und Friede, Kooperation und Individualismus.

Der niederländische Historiker Rutger Bregman hält den Menschen für „im Grunde gut“, so der Titel seines neuen Buches (2020). In *Utopie für Realisten*, 2017 erschienen, plädierte er für offene Grenzen, bedingungsloses Grundeinkommen und die 15-Stunden-Arbeitswoche. Was heute noch als Utopie erscheint, könne morgen schon normal sein. Viele historische Errungenschaften seien inzwischen selbstverständlich geworden, von der Abschaffung der Sklaverei über die allgemeinen Menschenrechte bis zur Gleichstellung von Mann und Frau. Trug dazu eine 15-Stunden-Woche bei? Das Bild vom Egoismus des Menschen jedenfalls müsse revidiert werden.

Bregman spricht „vom Menschen“, er differenziert nicht. Folglich kann er auch nicht die Differenzen in Charaktereigenschaften und Wertbevorzugungen sehen. Damit fällt auch die Möglichkeit einer grundlegenden Differenz unter den Tisch, wenn Werte und Bedürfnisse gegeneinander stehen. Bis vor wenigen Jahrzehnten wurden solche Differenzen mit Macht und Gewalt ausgetragen. Mit dem Ende des Zweiten Weltkrieges hat sich die Gewalt global deutlich reduziert. Spricht das für das Gute im Menschen? Schon Alfred Adler meinte, dass die Evolution jene Individuen und Gruppen bevorzugt habe, die einander halfen und Kooperationsfähigkeit bewiesen. Der Mensch ist ein „Homo cooperans“ wie das der belgische Historiker Tine de Moor nannte.

Die Aufklärung ließ hoffen, die Menschheit lasse sich durch Vernunft und Geist im positiven Sinne formieren. Zuvor hatte Thomas Hobbes betont, die grundsätzlich egoistische Natur des Menschen müsse durch den Staat und sein Gewaltmonopol gezähmt werden. Jean-Jacques Rousseau wiederum hielt den Menschen von Natur aus für gutwillig; er werde erst durch die Zivilisation heuchlerisch und bösartig.

Bregman kann viele Beispiele für Altruismus und gegenseitige Hilfe beibringen. Was ist damit bewiesen, wenn es ebenso viele Beispiele für Egoismus und Gemeinheit gibt? Unumstritten ist, dass Erziehung und die herrschende Stimmung in einem Land die Weichen zu Kooperation oder Hinterhältigkeit der Bürger stellt. Freundschaft, Liebe, Vertrauen und Loyalität werden nur Realität, wenn daran geglaubt wird und wenn sich möglichst viele dafür einsetzen. Wie lässt sich dann die verbreitete Skepsis gegen den Staat erklären – bei gleichzeitig immer höheren Ansprüchen an eben diesen Staat?

Prinzipiell ist der Mensch fähig zur Empathie, Mitleid und Mitgefühl. Der Mensch kann nachdenken, kann über sich selbst nachdenken und er kann über seine Gedanken nachdenken. Jeder Mensch lernt eine Sprache, was bedeutet, dass die Früchte der Erkenntnis und ebenso die der Dummheit weitergegeben und gelehrt werden können. Es gibt ausgefeilte und lang erprobte Werkzeuge, um der Wahrheit nahe zu kommen und um Hypothesen zu überprüfen: intellektuelle Redlichkeit, offene Debatten und Skepsis gegenüber uns selbst wie gegenüber Autoritäten und Dogmatikern.

Wir werden niemals eine perfekte Welt haben, betont der Harvard-Professor Steven Pinker in seinen Büchern und Vorträgen. Und es ist sogar gefährlich, sich eine zu imaginären und zu versuchen, diese Ideen umzusetzen. Dies führt in aller Regel zu Tyrannei oder Totalitarismus. Aber es gibt keine Grenze für Verbesserungen, wenn wir Wissen anwenden, um menschliches Wohlergehen auszuweiten. Es bedarf nur der Einsicht, das Leben besser ist als der Tod, dass Gesundheit besser ist als Krankheit, das Überfluss besser ist als Mangel, Freiheit besser ist als Zwang, Fröhlichkeit besser ist als Leiden und dass Wissen besser ist als Ignoranz und Aberglaube. Wir müssen mit den dunklen Seiten der menschlichen Natur rechnen, aber ebenso mit der Vernunft und der Wirkung von Aufklärung.

Bregman will eine „neue Geschichte der Menschheit" (so der Untertitel) geschrieben haben. Tatsächlich hat er aus der breiten philosophischen Debatte der vergangenen Jahrhunderte um die Natur des Menschen nur einen Aspekt herausgegriffen und verfehlt damit eine differenzierte Argumentation. Wie verhält sich die These von der Grundgüte des Menschen mit den vielen menschengemachten Krisen, mit denen die Weltgesellschaft zur Zeit zu kämpfen hat?

22. 7. Kühl, aber sonnig. Zahnarzttermin für 3. August ausgemacht. Die provisorische Plombe hält. – Sind mit dem Quartier ausgesöhnt. Kein Blick in die Ferne, aber ins Grüne; großzügiges Wohnzimmer (40 qm) mit bequemer Sitzgruppe und Lesesesseln. – Heute Mittagessen in der Räucherkate am kleinen Hafen Althagen. Sehr voll. Anschließend weite Fahrradfahrt über die Deiche. Kaffee und Kuchen mal wieder in „Reise, Reise". Sehr nettes Personal. Tiefer Nachmittagsschlaf. Nicht schwimmen gewesen, aber Abendspaziergang am Wasser.

Noch einmal zu den sogenannten antirassistischen Demonstrationen: Dieser Antirassismus ist politisch korrekter Rassismus. Ich habe den Eindruck, dass viele, die mitmarschieren, vor allem ihre moralische Überlegenheit zur Schau stellen wollen. Wieder sind es, wie so oft, die Weißen. Auf perverse Weise genießen sie die Schuldzuweisung an andere Weiße. Der jüngste Drang, unsere Kultur und Bildung von allen Spuren des Rassismus und Sexismus zu säubern, läuft Gefahr, in dieselbe Falle zu stolpern wie der Index der katholischen Kirche, schreibt der Philosoph Slavoj Zizek in einem Kommentar für die NZZ („Die neue Frivolität der Krawallmacher", 7. Juli 2020). Was bleibt übrig, wenn wir alle Autoren, Maler und Komponisten verwerfen, bei denen wir irgendwelche Spuren von Amoralismus, Rassismus und Antifeminismus finden? All die großen Philosophen, Schriftsteller und Künstler würden buchstäblich verschwinden. Beim katholischen „Verzeichnis der verbotenen Bücher" (Index Librorum Prohibitorum) handelte es sich um eine

Liste von Veröffentlichungen, die von der römischen Inquisition als ketzerisch oder gegen die Moral gerichtet angesehen wurden, weshalb es Katholiken verboten war, sie ohne Erlaubnis zu lesen. Diese Liste war – so höre ich – bis 1962 gültig. Jeder, der in der europäischen Kultur etwas gilt, wird darin aufgeführt – in der Philosophie von Descartes und Kant bis hin zu Sartre und Beauvoir. Man stelle sich die europäische Kultur ohne all diese Bücher und Autoren vor – es bliebe nichts als Wüste.

Schon gibt es einen Namen dafür, der natürlich aus Amerika kommt: Cancel Culture – die Bereitschaft zum Behindern, Beschneiden, Hinausdrängen, Löschen und Ausradieren. Sie ist Teil des Kulturkampfes. Es ist eine Bewegung von unten, keine von oben gelenkte staatliche Zensur.

Ist Cancel Culture ein Papiertiger hysterischer Akademiker oder bedroht sie tatsächlich die Meinungsfreiheit? In einzelnen Fällen verloren Universitätsdozenten ihren Job. Das wurde heftig diskutiert. Das spricht nicht für eine generelle Einschränkung der Meinungsfreiheit. Andererseits ist es richtig, dass einiges heute einfach nicht mehr gesagt werden kann: Diskriminierendes, Frauenverächtliches, Blondinenwitze und Leugnung des Holocaust. Das hat den westlichen Gesellschaften nicht geschadet, vielmehr zu einem respektvolleren Umgang miteinander und zur Beruhigung der gesellschaftlichen Stimmung beigetragen. Ich erinnere mich noch mit Schaudern an die aggressiven Seminarbesetzungen und das Niederbrüllen von Professoren durch Linksextremisten in den geisteswissenschaftlichen Instituten der Freien Universität Berlin und anderen westdeutschen Hochschulen. Das war ab 1968 und ging bis in die 1980er Jahre hinein. Das wurde überwunden. Seit einigen Jahren gehört die einst heruntergekommene Freie Universität zu den besten und begehrtesten Hochschulen Deutschlands.

Damals wie heute neigt die extremistische Linke dazu, sich in Binnendifferenzen aufzureiben, statt sich gegen den gemeinsamen Gegner, die extreme Rechte, zu wehren. Das war schon der grausame Kardinalfehler der Kommunistischen Partei in der Weimarer Republik.

23. 7. Die ersten drei Kapital von *Neurobiologie und Psychotherapie* sind abgeschlossen: 1. Die große Verunsicherung: Gibt es einen freien Willen? 2. Der Einfluss der Gene auf unser Leben; 3. Erworbenes vererben: Epigenetik.

*

Die Deutschen sind zufrieden mit den staatlich verordneten Corona-Maßnahmen. 65 % nennen das Vorgehen „gerade richtig". 15 % reichen die bisherigen Lockerungen nicht aus. 17 Prozent hätten sich eine strengere Vorgehensweise gewünscht. Die Befragung ist repräsentativ. Die Zustimmungsraten wachsen mit dem Alter. Insbesondere die über 80-jährigen zeigen sich einverstanden. Unter den Anhängern der Parteien liegt die Zustimmungsrate ebenfalls sehr hoch und beträgt zwischen 60 und 72 Prozent. Nur von den rechtskonservativen AfD-Anhängern stimmten lediglich 30 % zu, während 48 Prozent die Maßnahmen als zu streng bezeichnen. Lediglich 15 Prozent kritisierten die inzwischen eingeleiteten Lockerungen als nicht weitgehend genug.

Die Verbreitung des Corona-Virus durch Kinder und an Schulen ist offenbar nicht gravierend. Eine Untersuchung von 2045 Schülern und Lehrern im Bundesland Sachsen fand keinen Beleg dafür, dass sich das Virus in Schulen schnell verbreitet. Es scheint eher das Gegenteil der Fall zu sein. Nur in zwölf Blutproben hätten sich zweifelsfrei Antikörper gegen das SARS-Virus nachweisen lassen. Der Immunisierungsgrad diese Bevölkerungsgruppe liegt damit deutlich unter einem Prozent. Auch Antikörper seien nicht überdurchschnittlich nachweisbar gewesen. Sachsen hatte Mitte April als erstes Bundesland wieder mit einem eingeschränkten Regelbetrieb an Schulen begonnen.

Die Hoffnungen richten sich weltweit auf die Entwicklung eines Impfstoffes. Damit ist es aber nicht getan. Dieser Impfstoff muss getestet und auf seine Wirksamkeit hin untersucht werden. Er darf Gesunde nicht krank machen. Und dann muss er an vielen Orten in der Welt in großem Maßstab produziert und weltweit verteilt werden. Es dürfte sich um das erste Produkt handeln, welches gleichmäßig über die gesamte Welt an ihre 7 Milliarden Be wohner ausgeliefert wird. Das Datum, es könnte schon Ende des Jahres einen Wirkstoff geben, besagt also nicht viel.

Hinzu gesellen sich verschiedene Besorgnisse. Dazu gehört die sich verdichtende Gewissheit, dass Menschen mit Antikörper schon nach wenigen Monaten ihren Immunschutz gegen SARS-Covid-19 verlieren. Theoretisch kann eine abermalige Infektion möglich sein, wenn die Wirkung der spezifischen Antikörper verloren geht. Belegt ist das noch nicht bei Personen, die nur milde erkrankten oder trotz Infektion ohne Symptome bleiben. Bei ihnen ist die Antikörper-Antwort ohnehin flach. Das kommt nicht unerwartet. Es könnte sein, dass der Personenkreis mit milden Symptomen von früheren Erkältungs-Viren profitiert. Früher gebildete Erkältungs-Antikörper können zumindest ein Teil der CoV-2-Viren neutralisieren. Ausreichend wissenschaftliche Befunde gibt es dazu noch nicht. Weltweit wurden bislang 13 Millionen Menschen positiv getestet, mit mehr als einer halben Million Todesopfer. Gemessen an der Gesamtheit der Gestorbenen ist das nicht viel.

Dass die Wirkung von Impfungen über die Zeit nachlässt, ist keine neue Erkenntnis. Für einige Krankheitserreger müssen Impfungen wiederholt werden. Schon werden weiter Schwierigkeiten diskutiert. Möglicherweise macht die Impfung die Geimpften sogar anfälliger für eine spätere Infektion und die Verläufe könnten schwerer sein. Eine solche Erfahrung existiert für die respiratorischen Synzytal-Viren der 1960-er Jahre. Noch immer gibt es kein Impfstoff gegen RSV, genauso wenig wie gegen HIV. Theoretisch wie praktisch kann ein Impfstoff ein Krankheitsverstärker sein. Ob er das ist, zeigt sich an der Epidemiologie der Wirkung und der Nebenwirkung. Die unerwünschten Nebenwirkungen müssen immer weitaus geringer sein als die gewünschte Wirkung. Allerdings gibt es derzeit keinen Hinweis darauf, dass eine Sars-CoV-2-Impfung die falsche Immunantwort in geimpften Labortieren hervorruft, teilte das Robert-Koch-Institut mit. Nach einer Impfstoffzulassung wird es ein umfangreiches Überwachungsprogramm (Monitoring) geben müssen. Sicherheit braucht Zeit. Man wird mehr wissen, je mehr Menschen geimpft sind.

24. 7. Habe das grandiose Buch von Montefiore über *Jerusalem* zu Ende gelesen. Auf Seite 721 schreibt er: Im Laufe des 20. Jahrhundert gab es im Rahmen von Vorschlägen zur Lösung des Israel-Palästina-Problems mehr als 40 Pläne für Jerusalem, die allesamt scheiterten, und gegenwärtig bestehen mindestens 13 verschiedene Modelle allein für die gemeinsame Nutzung des Tempelbergs. Die gegenwärtige Situation Jerusalems kann noch Jahrzehnte lang so weitergehen. Kein Abkommen wird zu Stande kommen oder Bestand haben, wenn nicht aufrichtiges gegenseitiges Vertrauen und Respekt hinzukommen. Auf beiden Seiten gibt es immer noch manche, die die Geschichte der anderen Seite leugnen. Wenn dieses Buch überhaupt eine Mission verfolgt, dann die, jede Seite zu ermutigen, das uralte Erbe des anderen anzuerkennen und zu respektieren. Über 1000 Jahre hinweg war Jerusalem ausschließlich jüdisch, 400 Jahre lang war es christlich und 1300 Jahre lang islamisch. Aber zu allen Zeiten lebten alle Religionen – und nicht nur diese drei

genannten, sondern ihre vielfältigen Abspaltungen und Sekten – in der Stadt, meistens ignorant voneinander getrennt.

*

Die Partei Die Grünen hat ihr Wirtschaftsprogramm vorgelegt. Der Bundesverband der Deutschen Industrie hat das Papier kritisiert. Abgelehnt werden vor allem die Forderungen der Grünen nach der „Null-Emissionen-Stadt", der „Dekarbonisierung des Verkehrs" und dem „Ende der Verschmutzung der Erde mit Plastik". Das seien Forderungen ohne konkrete Wege der Umsetzung, geschweige denn deren Finanzierung. Viele der grünen Positionen hält der Industrieverband schlicht für realitätsfremd. Kunststoff beispielsweise habe erheblichen Nutzen. Diesen Werkstoff zu stigmatisieren, ohne Alternativen anzubieten, führe zu nichts. Ähnlich kritische Worte finden sich auch zum Thema Verkehr. Auch im Jahre 2030 werde die Auto-Flotte in Deutschland überwiegend aus Fahrzeugen mit Verbrennungsmotor bestehen, prophezeit der Verband.

Das Grundsatzprogramm der Grünen ist eher vage gehalten. Die Partei will sich mit Blick auf die nächste Regierungsbildung im September 2021 als bündnisfähig präsentieren und sich nicht zu früh und zu stark festlegen.

In Textilbetrieben in einer mittelenglischen Stadt, die Hungerlöhne zahlen, wurde offenbar von den Behörden nur lasch kontrolliert. Die Behörden hätten Kontrollen aus „kulturellen Sensitivitäten" gescheut. Sie fürchteten Rassismus-Vorwürfe bei Ermittlungen in den Betrieben, die „Asiaten" gehören und viele Immigranten, insbesondere indische und pakistanische Näherinnen und Arbeiterinnen, beschäftigen. Das erinnert an den Skandal um den massenhaften sexuellen Missbrauch von Mädchen und jungen Frauen durch überwiegend pakistanische Gangs in einigen englischen Städten. Dieser wurde jahrelang nicht gestoppt, weil auch hier Sozialbehörden und die Polizei den Vorwurf des Rassismus fürchteten, wenn sie die Herkunft der Täter preisgeben. In den Textilunternehmen sollen der Recherche einer Zeitung zufolge nur 3,50 bis 4 Pfund Stundenlohn gezahlt worden sein. Der gesetzlich vorgeschriebene Mindestlohn liegt bei 8,72 Pfund.

*

Die Presse, 25. September 2017: „CDU/CSU: Der Anfang vom Ende der Ära Merkel". Augsburger Allgemeine, 10. Januar 2018: „Der Anfang vom Ende der Ära Angela Merkel". Stuttgarter Zeitung, 29. Oktober 2018: „Der Anfang vom Ende der Ära Merkel". MainPost 3. Juli 2019: „Der Anfang vom Ende der Ära Merkel". Handelsblatt, 15. November 2019: „Ende der Ära Merkel". Und heute? Die Union steht in Umfragen glänzend da. Die Kanzlerin, im Spätherbst ihrer Amtszeit, ist populärer denn je. Die Unionsparteien haben die besten Aussichten, die nächste Bundestagswahl zu gewinnen. Als Koalitionspartner laufen sich zwei Parteien warm, Grüne wie Liberale.

25. 7. Schon früh um 9 Uhr aufgebrochen. Vier Stunden Fahrt (mit Pause) nach Berlin. Nur wenige und kurze Staus. In Berlin schwüles Sommerwetter. Langer Mittagsschlaf. Vom Radfahren unter weitem Himmel geträumt. Eingekauft fürs Wochenende. Abendessen auf dem Balkon.

*

Bis 2038 sollen alle Kohlekraftwerke stillgelegt werden. Parallel dazu werden alle Atomkraftwerke stillgelegt. Das bedeutet, dass man sich von zwei verlässlichen Energieträgern verabschiedet. Gleichzeitig ist ungewiss, ob regenerative Energien die entstehenden Lücken zu füllen vermögen, und zwar Tag und Nacht, bei Flaute und bei bedecktem Himmel – und das zu Preisen, die Verbraucher und Wirtschaft stemmen können. Im Hintergrund schwingt noch die Hoffnung auf eine vermeintlich klimaneutrale Wasserstoffgewinnung mit, die in Afrika stattfinden könnte. Sie erfordert Unmengen an zusätzlichem Ökostrom, den Deutschland selbst dann nicht erzeugen könnte, wenn in jedem Vorgarten ein Windrad stünde. Gegen die Windenergie stemmen sich immer mehr Bürgerinitiativen, ebenso gegen den überirdischen Leitungsausbau. Allenfalls die deutlich teureren unterirdischen Leitungen werden noch akzeptiert, um den Windstrom vom windreichen Norden in den industriereichen Süden zu transportieren. Wahrscheinlich wird Deutschland mehr Strom importieren müssen.

26. 7. (Sonntag) Textblock des neuen Buches von G.A. und F.A. layoutmässig fertiggestellt und an die beiden zur Endabnahme nach Zürich geschickt – Die ersten drei Kapitel der „Neurobiologie" an die Teilnehmer des Jour fixe verschickt mit der Bitte um sachdienliche Korrekturen. – Aufsatz zur Unsitte der Gender-Sprache ergänzt.

*

In zwei Schlachtbetrieben (von hunderten in Deutschland) gab es einen heftigen Corona-Infektionsausbruch. Die Grünen witterten ihre Chance und behaupteten, die Ansteckung liege an den Wohn- und Arbeitsbedingungen der oftmals aus Osteuropa stammenden Leih- und Saisonarbeiter. Es war natürlich sofort klar, dass kein Zusammenhang bestehen kann, da es hunderte von anderen Möglichkeiten gibt, mit Menschen auf engem Raum zusammenzukommen. Arbeitsminister Hubertus Heil von der SPD will trotzdem Leiharbeit und Werkverträge in Schlachtfabriken verbieten. Das könnte Fleisch für Verbraucher stark verteuern. „Stark verteuern" heisst: 10 bis 20 Prozent mehr. Wenn dies den Arbeitern zugute kommt, soll es mir recht sein. Die fleischverarbeitende Industrie hält es aber für ungerecht, dass nur ihre Branche unter verschärften und verbesserten Bedingungen arbeiten soll. Was ist mit der Käseherstellung, fragt sie. Es sei nicht erklärbar, warum beim Portionieren und beim Verpacken von Käse ein anderes Arbeitsrecht gelten solle als bei der Wurst.

*

Die Weltgesundheitsorganisation meldet mehr als 280.000 Neuinfektionen weltweit – so viele wie nie zuvor innerhalb eines Tages. Das Robert-Koch-Institut ist beunruhigt und appelliert, die Abstandsregeln weiter einzuhalten. Weltweit waren der WHO seit dem Ausbruch des neuen Virus Ende vergangenen Jahres bis Freitag 15,3 Millionen Infektionen gemeldet worden. Knapp 630.000 Menschen starben nachweislich an oder mit einer Coronavirus-Infektion. Die Zahl der Neuinfektionen steigt in den Vereinigten Staaten, Brasilien und Südafrika weiterhin rasant an. Sie liegen dort zwischen 750 und 1300 Infizierten pro 100.000 Einwohner und pro Tag. In Deutschland, Frankreich, Italien, Großbritannien und auch Schweden hat sich die Lage beruhigt, die Kurve flacht ab. In diesen Ländern liegen die Neuinfektionsraten zwischen 210 (Deutschland) und knapp 800 (Schweden) pro 100.000 Einwohner und Tag. Deutschland kann durch sein föderales System viel präziser vorgehen als zentralistisch regierte Länder.

Auf die hohen Infektionszahlen in den USA wird hierzulande teils mit Häme, teils mit Sorgen geschaut. Natürlich war der Corona-Shutdown auch in den USA gerechtfertigt. Seine vorschnelle Lockerung treibt die Infektionsrate wieder steil nach oben. Amerikaner sind in der Regel weit höher verschuldet als Europäer – ihre Angst vor dem privaten Bankrott und der auf sie lastende Druck zu arbeiten und Geld zu verdienen ist nachvollziehbar. Nicht nur dort zeigt sich der grundlegende Wertekonflikt der Pandemie: Steht der Schutz des einzelnen Bürgers einer Nation so hoch, dass er auch einen schlimmen Sturz der Wirtschaft rechtfertigt? Steht die Sicherheit durch die Kontakteinschränkungen höher als die Freiheit des Einzelnen? Wie lassen sich die

Folgen des Shutdown (Rezession, Arbeitslosigkeit, soziale Konflikte) aufrechnen gegen den kollektiven Gesamtnutzen niedriger Infektionszahlen?

Der Utilitarismus vertritt das Prinzip, dass Unschuldige geopfert werden dürfen, wenn das kollektive Wohlergehen summarisch grösser ist. Dies widerspricht dem liberalen, demokratischen Grundrecht auf Leben. Es wird als unethisch empfunden, den Preis für ein einzelnes Leben zu beziffern. Als sich vor vielen Jahren einmal ein Kind an seiner Anorak-Kordel auf dem Spielplatz selbst strangulierte, hieß es von Seiten der Eltern, es dürften „keine Mittel und Kosten gescheut" werden, um ein solches Ereignis künftig auszuschließen. Der gesunde Menschenverstand sagt, dass irgendwann einmal die Kosten nicht mehr im Verhältnis zum Nutzen stehen.

Amerikaner und andere, die gegen die verordneten einschränkenden Maßnahmen demonstrieren, berufen sich auf ihre Freiheitsrechte. Der bedeutende Rechtswissenschaftler Hans Kelsen schrieb in seiner scharfsinnigen Abhandlung *Vom Wesen und Wert der Demokratie* (1920), dem demokratischen Freiheitsgedanken liege ein staatsfeindlicher, geradezu anarchischer Instinkt zugrunde, „der das Individuum gegen die Gesellschaft stellt". Wie auf diesem Instinkt des „Frei-Seins von Herrschaft" eine soziale Ordnung beruhen kann, bleibt nach Kelsen ein Wagnis und ein Widerspruch der liberalen Demokratie. Der Oxforder Philosoph Isaiah Berlin schrieb 1988, „manche der großen Werte sind nicht miteinander kompatibel".

27. 7. Cousine M.L. ruft an: Tante I.L. geht übermorgen zur Reha nach Bad Segeberg. Wie komme ich an den Schlüssel für ihre Sylter Wohnung? M.L. will sich kümmern. Wenn alles klappt, könnte ich in acht Tagen fahren. Ob ich die Tante auf dem Hinweg oder auf dem Rückweg besuche, kann noch nicht festgelegt werden. Mittagessen im „Frommen Löffel". Nachmittags Thai-Massage. Abends Weiterlesen in Wadepuhls *Heinrich Heine*. Es gab eine Zeit, da galt Heine als bekanntester Publizist Europas. Er ließ sich diese Berühmtheit von den Bankhäusern Rothschild und Salomon Heine bezahlen, d. h. er war bestechlich. Er hat seine Macht eingesetzt, um andere zu erpressen. Seine Persönlichkeit ist zwiespältig, was sein literarisches Werk nicht schmälern kann.

Der frühere SPD-Vorsitzende Hans-Jochen Vogel starb im Alter von 94 Jahren. Ich erinnere mich noch, wie sich mein Vater darüber freute, dass Vogel 1960 Bürgermeister von München wurde.

*

Die Wohnbedingungen für Saisonmitarbeiter bei dem Fleischverarbeitungsbetrieb Tönnies spielten bei der Verbreitung des Corona-Virus keine entscheidende oder wesentliche Rolle. Das Virus wurde nach dem Forschungsergebnis von Wissenschaftlern des Helmholtz-Zentrums für Infektionsforschung (HZI), der Uniklinik Hamburg-Eppendorf und des Leibnitz-Instituts für Experimentelle Virologie (HPI) von einem Hochinfizierten auf mehrere Personen im Umkreis von mehr als acht Metern übertragen. Die Bedingungen des Zerlegebetriebs – also die niedrige Temperatur, eine geringe Frischluftzufuhr und eine konstante Luftumwälzung durch die Klimaanlage in der Halle, zusammen mit anstrengender körperlicher Arbeit – hätten die Aerosolübertragung von SARS-CoV-2-Partikeln über größere Entfernungen hinweg unterstützt. Mitte Juni wurde von der politischen Opposition unterstellt, dass die Wohnsituation der Arbeiter ursächlich sei. Daraufhin wurde beschlossen, künftig Werkverträge für Saisonarbeiter zu verbiete, was mit der Corona-Verbreitung nichts zu tun hat, sondern politischem Aktivismus zum Schikanieren der ungeliebten Fleischproduktion dient. Die Forscher aus Hamburg und Braunschweig betonten nun, dass die Wohnsituation der Werksarbeiter während der untersuchten Phase keine wesentliche Rolle gespielt habe.

Die aktuellen Corona-Infektionszahlen klettern in Deutschland auf etwa 800 neue Fälle pro Tag. Naht die „zweite Welle"? Der Bundesgesundheitsminister und die Gesundheitsexperten der Länder können sich nicht auf eine Testpflicht für Urlaubsheimkehrer aus belasteten Gebieten einigen. Das ist schwer zu verstehen. Sie verspielen wertvolle Zeit. Der Nasen- und Rachenabstrich ist harmlos im Vergleich zur Gefährlichkeit der Krankheit gerade für Ältere und Vorerkrankte.

28. 7. Zwanzigste Botox-Behandlung. Die vorherige wirkte nicht. – Chino-Sommerhose und Sommer-Polohemd gekauft. – Beginne mit Hans Kelsens *Vom Wesen und Wert der Demokratie* aus dem Jahre 1920, eine der großen Demokratie-Begründungsschriften überhaupt. Kelsen ist ein Demokrat und ein Liberaler. Angesichts heutiger Demokratiemüdigkeit ist dieser kluge Klassiker erfrischend aufbauend.

*

Freund I.Z. schreibt: „Angst und Ärger sind oft die täglichen Begleiter, wenn Menschen heute nach draußen gehen. In den öffentlichen Verkehrsmitteln oder in den Warteschlangen wagen wir es kaum, zu husten oder uns zu räuspern, weil wir sofort ängstliche Blicke auf uns ziehen. Auch ich selbst kann mich nicht zurückhalten, jedes Husten zu bemerken und einzuschätzen, inwieweit die Sicherheitsverhaltensweisen eingehalten werden. Ich erwarte einfach ein bestimmtes Maß an Selbstkontrolle. Ich habe Angst, auch wenn ich mir nicht eingestehen will. Ich will leben und dafür gut durch diese Corona-Krise kommen."

Ich blicke mit ein wenig Unverständnis auf jene, die emotional nicht mit der Corona-Pandemie und ihren Einschränkungen zurechtkommen. Von erwachsenen Menschen erwarte ich, dass sie sich emotional regulieren können, ohne zu verzweifeln. I.Z. sinniert in einem Text darüber, welche Voraussetzungen gegeben sein müssten, damit jemand in diesen Zeiten stabil bleibt. Dazu gehöre beispielsweise die Erfahrung aus früherer Zeit, sich getragen zu fühlen von den Mitmenschen. Der emotional stabile Mensch weiß, dass es keine hundertprozentige Sicherheit im Leben gibt. Wer sich auch sonst im Leben unsicher fühlt, wird es auch in der Pandemie-Krise tun. Die Aufrechterhaltung gewohnter Strukturen kann uns Halt geben. Wir benötigen Wertschätzung von unserer Umgebung, angefangen (hoffentlich) bei den eigenen Eltern. Ferner wird es uns helfen, wenn wir respektiert werden und selbst andere achten.

I.Z. kommt auf den von ihm geschätzten Viktor Frankl zu sprechen, den Begründer der Logotherapie. Der Mensch, sagt Frankl, halte viel aus, wenn er um ein „Wozu des Ganzen" weiß, mit anderen Worten, wenn man einen Sinn im Leben gefunden hat. Dieser Sinne kann auch darin bestehen, sich um andere zu sorgen und sich zu kümmern. Aber natürlich können auch Spiritualität und Religion helfen, die aktuellen Schwierigkeiten einzuordnen und zu ertragen. „Das Annehmen und das Aushalten schwieriger Bedingungen stellen aus existenzanalytischer Sicht ein Können dar, dass eine menschliche Leistung ist, deren sich aber nur wenige Menschen bewusst sind. ... Sie bejahen damit letztlich, dass die Situation so ist, wie sie ist – auch wenn sie sie nicht gut finden müssen. In diesem Können liegt ein Akt der Freiheit".

29. 7. Warum Deutschland im Vergleich mit anderen europäischen Ländern eine geringe Zahl von Corona-Toten aufwies, haben sich auch Forscher immer wieder gefragt. Die Antwort findet sich nun in einer neuen Studie: Zu keiner Zeit der Pandemie fehlten Intensivbetten in Krankenhäusern. Jeder, der schwer erkrankt war, konnte auch entsprechend behandelt werden. Etwa ein Fünftel der stationär behandelten Covid-19-Patienten, die von Ende Feb-

ruar bis Mitte April in deutschen Krankenhäusern aufgenommen wurden, sind dennoch gestorben. Ausgewertet wurden die Daten von 10.000 Patienten mit bestätigter Covid-19-Infektion, die vom 26. Februar bis zum 19. April in 920 deutschen Krankenhäusern behandelt worden sind. 17 % der Patienten wurden beatmet. Bei ihnen lag die Sterblichkeit bei 53 %, bei denen ohne Beatmung bei 16 %. 27 Prozent gehörten der Altersgruppe 70 bis 79 Jahre an, 38 Prozent waren älter als 80. Auch wenn die Infektionszahlen in Deutschland im Moment niedrig sind, sollten weiterhin alle nötigen Vorsichtsmaßnahmen ergriffen werden, um das Infektionsrisiko in der Bevölkerung so gering wie möglich zu halten, hieß es.

*

In der Frage der Verteilung von Mitteln der Europäischen Union auf die Mitgliedstaaten zur Bekämpfung der Folgen der Corona-Pandemie hat sich ein „Rechtsstaatsprinzip" durchgesetzt, ein Novum in der europäischen Gemeinschaft, auf das viele gewartet haben. Erstmals haben sich die Staats- und Regierungschefs darauf geeinigt, dass die Auszahlung von Mitteln künftig an die Achtung rechtsstaatlicher Prinzipien geknüpft ist. Diese Regelung richtet sich primär gegen Ungarn und die dortige rechtskonservative Regierung, der vorgeworfen wird, liberale Grundsätze in der Justiz und in der Wissenschaft auszuhebeln. Zum ersten Mal ist ins Auge gefasst, dass es finanzielle Konsequenzen hat, wenn EU-Mitgliedstaaten Verletzungen der Rechtsstaatlichkeit begehen. Ein solcher Tatbestand wäre gegeben beispielsweise bei der Gefährdung der Unabhängigkeit der Gerichte.

Wenn die EU wirklich glaubt, dass Polen und Ungarn unveräußerliche Prinzipien der Rechtsstaatlichkeit verletzen, müsste die Union sie eigentlich ausschließen. Wie will man die EU mit Gegnern der europäischen Werte weiterentwickeln? Da ein Ausschluss in den Verträgen nicht vorgesehen und somit illusorisch ist, soll die Vergabe von Fördermitteln an die Einhaltung der Grundrechte geknüpft werden.

Das notorisch hoch verschuldete Italien müsste zur Stabilisierung seiner Wirtschaft eigentlich aus der Euro-Zone ausgeschlossen werden. Auch das ist illusorisch. Viele fürchten den Zerfall der EU, die Rechte sehnt ihn herbei.

*

Sind die USA noch zu retten? Die Frage ist übertrieben. Die Medien dort wie hier fokussieren auf die extremen Begebenheiten. Was in Portland (Oregon) passiert, ist nicht typisch für die gesamten USA. In dieser relativ kleinen Stadt von kaum 700.000 Einwohnern findet seit Wochen nächtliche Randale statt.

Das Muster ist fast immer das gleiche: Zunächst greifen Demonstranten mit Steinen und Feuer eine Polizeiwache an, dann rückt die Polizei aus und vertreibt die Randalierer, die sich nach dem Rückzug der schwer bewaffneten Polizisten wieder versammelt. Der mieseste US-Präsident aller Zeiten, Trump, gießt Öl ins Feuer, in dem er paramilitärische Polizei des Heimatschutzministeriums zur Aufstandsbekämpfung in die Stadt schickt. Wir blicken von außen auf Amerika mit Fassungslosigkeit und Angst. Denn die Bilder zeigen auch schwer bewaffnete Männer von Privat-Milizen, die sich auf irgendeine Auseinandersetzung, man weiß nicht genau welche, vorbereitet haben. Auf wen werden sie demnächst schießen? Politisch und gesellschaftlich ist das ein Irrsinn. Es gibt offensichtlich Kräfte, die das herrschende Durcheinander – Corona, Massenarbeitslosigkeit, von Gewalt begleitete Proteste gegen Rassismus und Polizeigewalt, der Konflikt mit China, Nordkorea, Iran und Russland – noch weiter anheizen wollen.

30. 7. Befindet sich Deutschland nun schon in der „zweiten Welle" der Pandemie? Es fehlen die Daten und Definitionen für „Welle". Die jetzt wieder steigenden Zahlen könnten auch eine durch die Kontakteinschränkungen aufgeschobene erste Welle sein. Oder eben als zweite Welle, wobei man das Ende der ersten Welle nicht so recht diagnostizieren kann. Jedenfalls steigen die Infektionszahlen pro Tag wieder, liegen aber noch unter dem Höhepunkt der „ersten Welle". Wie soll die Politik reagieren? Im Bundesland Thüringen mit 2,1 Millionen Einwohnern hat es in den vergangenen sieben Tagen nur 49 Neuinfektionen gegeben. Das Virus ist ein unvermeidliches Lebensrisiko geworden, vergleichbar mit dem Autofahren. Der thüringische Ministerpräsident plädiert für eine Testpflicht für Urlauber aus Risikogebieten. An den Schulen in Thüringen habe es bisher erst elf Infektionen gegeben, die ohne weitere Ansteckungen geblieben sind. Das Risiko, an einer Schule einem Infizierten zu begegnen, ist minimal. Steigende Infektionszahlen sind nicht zwangsläufig eine Katastrophe. Es kommt darauf an, wie viele der Infizierten wirklich krank werden. Die Krankenhäuser in Deutschland sind nicht überlastet.

Die Zahl der Geflüchteten über das Mittelmeer nach Südeuropa ist von 5100 (2016) auf 1900 im vergangenen Jahr gesunken. Hauptursache dürfte die Corona-Pandemie sein. Die Aufnahmeländer sind im Augenblick damit beschäftigt, nicht mit der Rettung von Flüchtlingen auf dem Mittelmeer. Oder liegt es gar am effizienten Grenzregime der EU an ihren Außengrenzen? Die

Bundesregierung denkt natürlich nicht daran, die früheren Fluchtwege zu Lande oder übers Wasser wieder zu öffnen. Die untragbaren Zustände im Flüchtlingslager Moria auf der griechischen Insel Lesbos mag zwar eine „Schande für Europa" sein, signalisiert aber zugleich ziemlich klar, dass dieser Fluchtweg keine Perspektive bietet, um in die EU einzuwandern. Das will allerdings niemand zugeben. Die christlichen Kirchen in Deutschland sind bereit, Flüchtlinge aufzunehmen. Sie sollten der Bundesregierung anbieten, für den Lebensunterhalt und die Ausbildung dieser Flüchtlinge zu bürgen. Beide große christliche Kirchen leiden allerdings unter Mitgliederschwund und haben praktisch kein Geld übrig.

31. 7. Im Rahmen der Ermittlungen zu den Krawallen in Stuttgart Ende Juni fragt die Polizei den Migrationshintergrund einiger Verdächtiger ab. Das ist zwar kein alltäglicher Vorgang, aber er ist von der Strafprozessordnung gedeckt. Obwohl der Stuttgarter Polizeipräsident nie von „Stammbaumrecherche" gesprochen hat, wurde der Begriff ungeprüft durch die Medien gereicht und sorgte für große Empörung. Eine klassische Zeitungsente. Warum lassen vielgelesene Medien im Umgang mit Fakten nicht jene Sorgfalt walten, die sie selbst gerne so oft von Politikern einfordern? Und was ist an Untersuchungen zur Herkunft von Straftätern so unerhört? Es gibt starke linke Gruppen, die die Nennung der Herkunft für rassistisch halten. Das wurde auch in Berlin jahrzehntelang vermieden. Man wolle Ausländer nicht diskriminieren, hieß es zur Begründung. Das hat den Rechten Auftrieb gegeben. Sobald es um Migration geht, ist die Herkunftsauskunft angeblich ein Ausweis von Fremdenfeindlichkeit. Und die wird der Polizei gerne pauschal und prophylaktisch unterstellt (Stichwort „racial profiling").

Deutschland ist ein Einwanderungsland, aber es ist weit davon entfernt, sich mit der Migration nüchtern zu beschäftigen, schreibt NZZ-Chefredakteur Eric Gujer. Viele Jugendliche aus muslimisch geprägten Ländern hätten nur Verachtung für den deutschen Rechtsstaat. Eine gut gemeinte Tabuisierung verschärfe die Probleme. Erst kamen die Italiener, Griechen und Jugoslawen, später die Türken, heute sind es Armutsmigranten und Kriegsflüchtlinge aus Afrika und dem Nahen Osten. Ein Ende ist nicht absehbar, weil sich die See- und Landgrenzen Europas nicht abschotten lassen. Deutschland hat die Migration in der Vergangenheit in der Regel passiv erduldet, statt aktiv zu gestalten. Nach wie vor fordern starke gesellschaftliche Kräfte, vor allem Linke und Grüne, eine ungehinderte Zuwanderung. Sie akzeptieren keine zahlenmäßige Begrenzung. Rechtlich zulässige Abschiebungen finden meist nicht statt, weil die Herkunftsländer nicht mitspielen.

*

In Berlin gibt es in einem Park eine japanische Friedensglocke, die an die Atombombenabwürfe auf Nagasaki und Hiroshima erinnert. Es wird dort nicht erklärt, warum die Atombombe abgeworfen wurde. Auch bei den jährlichen Gedenkfeiern in Japan werden – soweit ich es mitbekomme – nicht die Ursache und die Vorgeschichte der Bombenangriffe erwähnt. Japan verbreitet nach wie vor das Bild, einseitig Opfer gewesen zu sein. Zur Vorgeschichte gehören aber die japanischen Gräuel in besetzten Gebieten, die denen der Nazi-Untaten nahekommen. Es waren militärische Ziele, die die USA ausgesucht hatten. Was ebenfalls in der Berichterstattung meistens fehlt, sind die US-Überlegungen für eine Invasion Japans, was eine Alternative zum Atombombenabwurf gewesen wäre. In Deutschland, auch unter meinen Freunden, wird immer noch nicht geglaubt, dass die beiden japanischen Städte heute blühende Touristen-Attraktionen sind. Sie glauben, dass nach einem Atombombenabwurf (oder nach einer Havarie in einem Atomkraftwerk) die Gegend auf 100.000 Jahren verseucht ist. Eine Freundin weigerte sich meinem Vorschlag zu folgen und sich die offiziellen Tourist-Informationen von Nagasaki und Hiroshima anzuschauen. Ich solle endlich damit aufhören, sagte sie kategorisch und wandte sich dem Mittagessen zu.

1. 8. Gleichzeitigkeit des Ungleichen: Es soll alles so bleiben, wie es ist. Viele fürchten sich vor zu vielen und zu schnellen Veränderungen. Aber alles muss und soll sich zugleich auch radikal ändern. Vielen ist vieles furchtbar unerträglich und kritikwürdig. *Ich* bin davon überzeugt, dass es uns noch nie so gut ging wie jetzt. In den Medien aber lese ich: alle Schulen sind marode, alle Brücken Deutschlands sind marode, es wird nichts in die Infrastruktur investiert, die Krankenhäuser wurden kaputtgespart, Politiker sind korrupt oder unfähig, sie denken nur an sich und nicht weiter als bis zur nächsten Wahl, überall Staats-und Elitenversagen.

Tatsächlich funktioniert bei uns alles ziemlich reibungslos. Busse und Bahnen fahren auch unter Corona-Bedingungen, die Rente wird pünktlich ausbezahlt, es gibt keine Stromunterbrechungen, unsere Demokratie ist letztlich auf Konsens ausgerichtet, die Polizei auf Deeskalation. Die gelebte Lebensrealität hat mit der von den Medien vermittelten Realität wenig gemein. Die allermeisten gehen morgens aus dem Haus und kommen abends gesund wieder. Wenn man krank ist, geht man zum Arzt. Das sind Dinge, die gibt es vielerorts nicht auf der Welt. Der Kabarettist Dieter Nuhr, einer der wenigen klugen Köpfe im Fernsehen, sagt, „Die Selbstverständlichkeit des gesunden Überlebens wird völlig unterschätzt." Meine alte Tante I.L. erinnert sich an Nazi-Herrschaft, Deportationen, Konzentrationslager, die Angst und das Misstrauen in einem totalitären Überwachungsstaat mit seinen Foltergefängnissen. „Verglichen damit ist Corona ein Fliegenschiss."

Aber es wird immer schwieriger, Distanz zu den Katastrophen- und Negativnachrichten zu halten. Jedes Unglück am anderen Ende der Welt wird sofort als „breaking news" und bebildert in den Medien verbreitet. Es entsteht der Eindruck, dass die Realität, wie sie Facebook und selbst der öffentlich-rechtliche Rundfunk verbreiten, die wahre Realität ist. Viele handeln und reagieren jedenfalls so, als ob. Aber ist Facebook nicht schon wieder auf dem absteigenden Ast? Andererseits, selbst seriöse Menschen und Institutionen können nicht die Finger davon lassen – und verbrennen sie sich daran. Wie jetzt die Deutsche Forschungsgemeinschaft, die einen wohlwollenden, erklärenden Kommentar von Dieter Nuhr zur Rolle der Wissenschaft veröffentlichte (neben vielen Stellungnahmen weiterer dazu aufgeforderter Personen) und nach einem Shitstorm diesen wieder strich. Hat die DFG es nötig, sich über das flimmernde Medium Facebook mitzuteilen?

Die Normalität wird in unserem Land – und vermutlich auch sonst – nicht gewürdigt. Normale Menschen gelten als langweilig und uninteressant, und doch sind das die „Heroen des Alltags“, die alles tragen. Bei der ganzen Aufgeregtheit arbeiten Politiker bei uns immer noch erstaunlich effektiv und geräuschlos. Diese Lebenswelt ist das Kontrastprogramm zur Radikalität und Unduldsamkeit in den Medien.

Die Diskrepanz zwischen Medienrealität und Lebenswirklichkeit beschäftigt mich immer wieder. Wie kommt es, dass bei allem Katastrophengerede, das ich mir jetzt schon fast 50 Jahre lang anhören muss, unser Staat noch nicht zusammengebrochen ist? Und warum ist, im Kontrast dazu, der Libanon auf dem Weg zum „gescheiterten Staat“?

2. 8. Beschäftige mich im Rahmen meines Neurobiologiethemas mit dem Leib-Seele-Problem, das mir nicht geringe Kopfschmerzen bereitet. Mehr durch meine rationalistische Neigung als durch tiefgreifende Überlegungen lehne ich einen Idealismus ab, welcher den Geist über die Materie stellt und zeitweise sogar behauptet, dass der Geist die Materie forme. Umgekehrt zweifelte ich nie daran, dass die körperliche Materie, der Bios, die materielle Grundlage des Geistes ist. Der Geist verschwindet ohne Rückstände, wenn der Körper tot ist, man könnte genauer sagen, wenn der Hirntod eingetreten ist. Das führte übrigens zu einer gewissen Vorsicht meinem Körper gegenüber, vielleicht sogar zu einer gelinden Hypochondrie, indem ich im Rahmen dessen, was als vernünftig galt, keine allzu großen Risiken in meinem Lebenswandel einging und mir sagte, es wäre jammerschade, die Früchte des mühsamen Studiums (und ich meine nicht nur die Jahre an Universitäten) durch eine fahrlässigen Unfall zu vernichten. Ich bin davon überzeugt, dass meine nicht eben guten Erfahrungen mit meinen Eltern mich in die Richtung gedrängt haben, meinen Intellekt auszubilden, ohne dass ich behaupten möchte, auf diesem Gebiet exzellente Leistungen vorweisen zu können. Unsicherheiten im Bereich der Gefühle hätten mich dazu bringen können, kompensatorisch ein Romantiker zu werden. Doch das Schwärmerische, ja sogar die Liebe, war mir unheimlich, zumindest fand ich keinen spontanen Zugang dazu. Stattdessen wurde ich Rationalist und Empirist, oftmals zum Kummer meiner Freundinnen und Freunde. Ich kann mit Esoterik, Obskurantismus, Verschwörungstheorien, Übergeneralisierungen, Homöopathie, Religiosität, Plappereien und lügnerischen Wahrheitsverdrehungen nichts anfangen. Mehr noch, sie erregen in mir nicht nur Kopfschütteln, sondern oft

Abscheu, Widerwillen und einen kämpferischen Angriffsgeist, ein weiterer Umstand, der es mir oftmals versagte, Freundschaften zu halten. Immer wieder versuchte ich, völlig klar liegende Irrtümer aufzuklären, was mir als Besserwisserei und Arroganz ausgelegt wurde, bis ich langsam verstummte, ohne meine denkerische Angewohnheit vollständig aufgeben zu können.

3. 8. Die Corona-Leugner haben den Großteil der Gesellschaft gegen sich. Ihre Slogans würden ungehört verhallen, würden sich die Medien nicht immer wieder „in einer Art Waschzwang" (Eric Gujer) an ihnen abarbeiten. Weil die wichtigste Waffe der neuen Unruhestifter die Manipulation der öffentlichen Meinung ist, bildet die Öffentlichkeit auch das beste Gegenmittel. Die Jakobiner haben nur so lange die Macht über die Debatten, bis man ihnen entgegentritt – oder sie ignoriert.

Es gibt eine Mehrheit der hinreichend Vernünftigen und hinreichend Aufgeklärten, eine Mehrheit der Mitte, die den Extremen misstraut. Diese Mehrheit ist viel langweiliger als die Empörung der Selbstgerechten. Diese Mitte ist zugleich stark in ihrem vernünftigen Beharren.

Was soll man von den Corona-Protesten halten? Die unterschiedlichsten Gruppen und Sekten finden sich bei den Demonstrationen ein. Die erste Reaktion ist: Passen die überhaupt zusammen? Ist deren Besorgnis um die Demokratie ernst zu nehmen?

Eine Studie zur „Politischen Soziologie der Corona-Proteste" der Soziologen Nachtwey, Frei und Schäfer gibt erste, nicht repräsentative Auskünfte. Die Demonstranten sind mit durchschnittlich 47 Jahren relativ alt und mit 34 Prozent Studienabschlüssen relativ gebildet. Der Anteil Selbständiger ist deutlich höher als in der Bevölkerung. Bei der vergangenen Bundestagswahl hatten 14 Prozent der Befragten der AfD ihre Stimme gegeben, bei den nächsten Wahlen würden 30 Prozent für diese aggressive Rechtspartei stimmen. Charakteristisch für diese neue „Querdenker"-Bewegung sei die Entfremdung von den politischen Institutionen, den etablierten Medien und den alten Volksparteien.

Die Bewegung ist enorm widersprüchlich. Zum Beispiel ihr Antiautoritarismus: Zwei Drittel sind liberalen Autoritäten gegenüber extrem misstrauisch und kämpferisch eingestellt. Weitere Versatzstücke sind eine Tendenz zum Gegenteil, zum Autoritarismus eines Putin, Bolsonaro oder Trump. Es gibt in ihrer Sicht offenbar gute und schlechte, starke und schwache Autoritäten. Zwei Drittel stimmen rechtsautoritären, rechtspopulistischen und antisemitischen Positionen zu. Islamfeindlichkeit hingegen ist schwach ausgeprägt. Vielleicht, weil der orthodoxe Islam eine rigide autoritäre Religions- und Gesellschaftsauffassung besitzt? Andererseits spielen Religion und Kirche nur bei einer kleinen Minderheit der Demonstranten eine Rolle. Aber sie fühlen sich „erweckt“ und paradoxerweise aufgeklärt, während diejenigen, die die staatlich verordneten sozialen Einschränkungen mittragen, als Schlafschafe, Ferngelenkte, Marionetten und Unselbständige bezeichnet werden.

Politische Kommentatoren sind sich einig, dass die Zeit der Volksparteien an ihr Ende gekommen ist. SPD und CDU/CSU, die klassischen deutschen Volksparteien, verlieren ihr Stammklientel, die SPD nach den Hartz-IV-Reformen und mit der Vereinzelung der elektronisch Beschäftigten auf dem globalen Arbeitsmarkt, die CDU/CSU nach der Flüchtlingswelle Mitte 2015. Die Schwäche der Volksparteien ist ein gesamteuropäisches Phänomen. Die deutschen Grünen stehen jetzt offenbar vor demselben Phänomen. Ihre Beteiligung an der Regierungsmacht in Bund, Ländern und Gemeinden repräsentiert nicht mehr die einstige Fundamentalopposition. Der anthroposophisch-esoterische Teil des grünen Milieus steht der modernen Industriegesellschaft und ihrer Wissenschaftsbasiertheit ablehnend gegenüber. Das umfasst die gesamte Chemie- und Pharmaindustrie und mündet konkret in eine Ablehnung der Corona-Impfung. Bei den Sars-Cov-2-Leugnern gibt es einen starken Hang zur Naturromantik, einst ein zentraler Bestandteil der frühen grünen Bewegung. Sie bevorzugen Homöopathie und „Alternativmedizin“ (im Gegensatz zur „Schulmedizin“), glauben an die Selbstheilungskräfte des Körpers (spontan sich einstellende „Herdenimmunität“) und bevorzugen spirituelles, nichtwissenschaftliches Denken. Sie glauben, subversives Gegenwissen zu haben. Letzteres richtet sich gegen die derzeit gefragte Virologie und Epidemiologie. Die „normative Unordnung“ (Nachtwey) war freilich schon immer ein Kennzeichen der grünen, antiautoritären Bewegung. Sie bediente sich der Wissenschaften „okkasionell“, je nachdem, wie es ihnen gerade in den Kram passte: gegen Kernkraft und grüne Gentechnik, für Expertisen zum Klimawandel. Alles, was nicht in ihr Weltbild passt, wurde und wird als manipuliert und gekauft verdächtigt. Die Grünen säten über Jahrzehnte, was die Corona-Leugner jetzt auftischen.

4. 8. Der amerikanische Autor Joel Kotkin sieht einen „neuen Feudalismus“ heraufziehen, eine Gesellschaft, die von Oligopolisten wie Amazon, Google, Apple, Facebook und Twitter am Gängelband geführt wird (*The Coming of*

Neo-Feudalism, 2020). Die Kluft zwischen der technisch-digitalen Elite und den Dienstleistungsarbeitern in minderwertigen Jobs werde immer größer. Die Tech-Firmen würden sich als Ausweis ihrer sozialen Gesinnung für ein bedingungsloses Grundeinkommen einsetzen, aber das läuft für Kotkin nur hinaus auf die Verfestigung der sozialen Unterschiede zwischen einer digital-produktiven und einer unproduktiven Bevölkerung. Aus meiner Sicht: Hintergrund dieser progressiven Moral ist das Ziel, die unruhigen Gewerkschaften und ein diffuses Protestpotenzial mit einer bedingungslosen staatlichen Alimentation ein für alle Mal ruhigzustellen, um sich ungestört den lukrativen Geschäften widmen zu können. Diese Geschäfte müssten allerdings die anstrengungslose staatliche Alimentation finanzieren. Das wird teuer.

Schon jetzt haben sich die gesellschaftlichen Kämpfe auf die kulturelle Sphäre verlagert. Die herkömmlichen Arbeitskämpfe beschränken sich auf den öffentlichen Dienst und die letzten Reste einer Wirtschaftsindustrie. Aufmerksamkeit wird aufgefressen von den neuen Medien, die jede Debatte in endlosen Meinungskämpfen zerreiben. Die Gemeinsamkeit der digitalen Elite und des Dienstleistungsproletariats ist der Hass auf den Staat, auf „die da oben". Der Digitalkapitalismus ist allerdings indifferent gegenüber der Staatsform. Er kann auch einer autoritären Staatspartei wie der chinesischen KP dienen. Aber gibt es nicht die Mittel, die Macht der Hightech-Firmen zu begrenzen, beispielsweise durch das Kartellrecht? Und man sollte Unterschiede zwischen Europa, den Vereinigten Staaten und China nicht aus den Augen verlieren.

5. 8. Noch einmal zur Definition von Vermögen und Eigentum. Regelmäßig werden in der Bundesrepublik repräsentative Stichproben erhoben zu dem, was die Bundesbürger an Vermögen bzw. Eigentum besitzen. In der Regel werden dabei wichtige Posten außer acht gelassen, beispielsweise Renten und Pensionen. Wie viel angespartes Kapital muss ein Bürger besitzen, um sich daraus eine Rente von 1000 Euro zu finanzieren? Ein Betrag von einer Million Euro kommt da leicht zustande. Indem diese Quasi-Vermögenswerte in der Regel nicht berücksichtigt werden, entstehen grob irreführende Ansichten über die Wohlstandsverteilung, die Ungleichheit und die Schere zwischen Arm und Reich. Natürlich sind Rentenansprüche ein angesparter Reichtum, ein Wohlstandsposten, ein Vermögen, schlicht Kapital. Kein Rentner und kein Beitragszahler ist vermögenslos. (Ich bin allerdings nicht der Meinung, dass bei Auseinandersetzungen über Vermögens- und Vertei-

lungsfragen Ansprüche an die Grundsicherung als „Vermögen“ klassifiziert werden.)

Die Vermögensbilanz eines Haushaltes müsste mindestens folgende Posten umfassen:

Aktiva	Passiva
Selbst genutztes Haus- und Wohnungseigentum anderer Haus- und Grundbesitz Gewerbebetrieb (Grundstückswert, Gebäudewert, Maschinenpark) Fahrzeuge (auch Wohnmobile und Boote) Sammlungen und Schmuck usw. Spar- und Girokonten, Bauspargutaben Fondsanteile, verwaltetes Vermögen, Schuldverschreibungen, Aktien, Derivate und Zertifikate zu erwartende Einnahmen aus privaten Renten- und Lebensversicherungen zu erwartende Einnahmen aus der staatlichen Rentenversicherung zu erwartende Einnahmen aus Betriebsrenten Vermögens- und Betriebsbeteiligungen	Hypotheken Konsumentenkredite einschließlich Kreditkartenschulden und unbezahlte Rechnungen Schulden gegenüber dem Staat, Banken oder Privatperson Kredite für Geschäftstätigkeit

Unter dem Strich erhält man eine Bilanzsumme. Alle diese Posten müssen in der Vermögensdebatte Berücksichtigung finden. Viele Deutsche dürften überrascht sein, dass sie gar nicht zu den Armen gehören, sondern besser dastehen als gedacht.

Diese Überlegungen und Hinweise verhindern nicht, dass ständig weiter über Armut geklagt wird. „Armut ist kein Schicksal, kein Gendefekt, keine höhere Gewalt“, schreibt eine Tagesspiegel-Redakteurin (13. Juli 2020), und drückt damit eine um sich greifende Anschauung aus. Die Aussage ist inhaltlich problematisch. Vor allem ist sie polemisch. Selbstverständlich kann Armut Schicksal sein, natürlich spielt die individuelle Gen-Ausstattung für den Lebensweg eine nicht gerade kleine Rolle, und jeder nachdenkliche Mensch wird sein individuelles Leben auch von höherer Gewalt abhängig sehen. Kinderarmut ist deswegen kein „geduldeter Skandal", wie die Autorin schreibt, sondern ein schwer zu steuernder gesellschaftlicher Umstand. „Geduldeter Skandal" suggeriert, dass „die Gesellschaft" die Armut beenden könnte, wenn sie nur wollte. Wie die angeblich drei Millionen Kinder, die in Deutschland in Armut leben, daraus befreit werden sollen, wird in den regelmäßigen Studien der Bertelsmann-Stiftung nicht angesprochen. Es wird von der falschen Vorstellung ausgegangen, dass ein Fünftel der jüngeren Kinder „im Mangel aufwachsen". Woher wissen sie das? Ist es Schicksal, Gendefekt, höherer Gewalt, dass Lehrkräfte während der Schulschließung angeblich rund 20 Prozent der Kinder nicht erreichen konnten? Ist es Schicksal, Gendefekt oder höhere Gewalt, dass bei der bundesweiten Schulschließung Familien im Vorteil sind, die Haus, Garten, Balkone, Kinderzimmer und gute Computer haben? Wen wollen die Autoren und die Bertelsmann-Stiftung anklagen? Die Gesellschaft als Ganzes?

Arme Kinder? „Einfach mehr Taschengeld!" möchte man ihnen zurufen. Im Grunde gibt es keine armen Kinder, sondern nur Kinder von angeblich armen Eltern. Armut ist auch nicht allein materiell. Es gehört viel dazu, sein Leben im Einklang mit seinem Einkommen zu führen. Nicht alle Familien sind dazu in der Lage. Ist das Schicksal, Gendefekt oder höhere Gewalt? Diese Frage ist schlicht nicht zu beantworten.

6. 8. Als das Berliner Antidiskriminierungsgesetz verabschiedet wurde, fürchtete die Opposition eine Flut von Bürgerbeschwerden und einen hohen administrativen Aufwand. Einen Monat nach Inkrafttreten der kontrovers diskutierten Regelung zählt die Polizei fünf Eingaben von Menschen, die sich aufgrund von Geschlecht, Hautfarbe oder Herkunft diskriminiert fühlen. Ein Polizeisprecher sagte, die Beschwerden beträfen eine Kontrolle wegen des Verdachts einer Straftat, eine körperliche Durchsuchung, eine vermeintlich verzögerte Auskunft durch die Polizei und in zwei Fällen die polizeiliche Ahndung von Verkehrsordnungswidrigkeiten. Alle Beschwerden wurden geprüft und zurückgewiesen. Die Gegner dieser Beschwerdestelle unterstellten einen Pauschalverdacht gegen die Polizei und fürchteten, dass deren Ar-

beit erschwert werde. Schon vorher gab es Beschwerden, vor allem von Angehörigen arabischer Clans oder mutmaßlicher Drogenhändler. Aus der Sicht der Polizei hätte man das Antidiskriminierungsgesetz nicht gebraucht. 2018 habe es 21 Beschwerden gegen Polizisten gegeben, 2019 waren es 14 – und das bei 750.000 Funkwageneinsätzen im Jahr (Berlin).

13. 8. An bayerischen Autobahnen gab es Massentests für Heimreisende. Offenbar wurden 88 000 getestet, eine respektable Leistung. Weil aber die Ergebnisse per Hand ausgewertet wurden, verzögerte sich die Weiterleitung der Information auch an die 900 positiv Getesteten. Diese kleine Panne wird nun zum Skandal aufgeblasen. Über den bayerischen Ministerpräsidenten Markus Söder schütten Medien und Opposition Häme aus. Erst wurde er zum bewunderten Corona-Bekämpfer hochgejubelt, jetzt steht er als Versager da. So schnell geht das. Macht aber nichts, hat ja mit der Realität wenig zu tun. Medien und Opposition geht es nur darum, dem erfolgreichen und beliebten Politiker ans Bein zu pinkeln. Denn: Wer hätte die Auswertung der Corona-Tests besser, digitaler und schneller hinbekommen? Die anderen Bundesländer haben nämlich nicht einmal Massentests für Urlaubsheimkehrer *versucht.* Menschen, die regieren, können nicht jedes Missgeschick verhindern. Es ist unfair, sie für Probleme an den Pranger zu stellen, die nichts mit ihrem bemühten Handeln zu tun haben. Außerdem ist kein Schaden entstanden. Die Betroffenen warten eben ein paar Tage länger. Auch wenn sie nicht schnell und optimal informiert wurden, sind sie bekannt und größtenteils ermittelbar.

Die Corona-Panne macht wieder einmal sichtbar, wie Politikkritik sich in Ideologie verwandelt. Auch die Pandemie, bei der viele im März einen echten Schrecken bekamen, unterliegt dem üblichen Zuspitzungsentertainment. Da ist vieles apodiktisch formulierter Unsinn. Aber das Virus ist kein Fake, die Pandemie real. Das Coronavirus sei nicht schlimmer als eine Grippe, die Berichterstattung Panikmache, die Politik verfolge eine Agenda der Unterjochung? Man denke nur an die Debatte um den italienischen Philosophen Giorgio Agamben, die dieser mit seinen Pandemie-Thesen ausgelöst hat, wonach die Epidemie „erfunden“ ist und die Politik von „hektischen, irrationalen und völlig grundlosen Notfallmaßnahmen“ getrieben wird. Oder der Philosoph Byung-Chul Han in seinem gerade erschienenen Büchlein *Palliativgesellschaft.* Die Wirklichkeit aber bleibt angesichts dieser Verschwörungshysterien geduldig und still. Die meisten Menschen auch. Sie halten sich überwiegend an die Hygieneregeln. Sie wollen nicht wie Agamben oder Byung-Chul Han mit der Möglichkeit einer schweren Krankheit oder gar des Todes spielen. Fast alle erkennen, dass es abwegig ist, auf Demonstrationen vor einer „Gehirnwäsche“ und einer „Gesundheitsdiktatur“ zu warnen. Die Empirie ist stärker. Im Ländervergleich lassen sich Regierungseffizienz und Regierungsversagen unmittelbar nachvollziehen, jedenfalls für ein aufgeklärtes Publikum.

Waren die Maßnahmen in Deutschland durchdachter als anderswo? Oder jene in Baden-Württemberg im Vergleich zu jenen in Mecklenburg-Vorpommern? Die Unterschiede sind gering und im Effekt zudem oftmals abhängig von Faktoren, welche die Politik nicht beeinflussen kann, wie schieres Glück, die geografische Lage oder die soziale Zusammensetzung der Bevölkerung. Dennoch glaubten nicht wenige Kommentatoren, regionale Hitlisten heranziehen zu können, um zu beurteilen, wer der bessere Kanzlerkandidat von CDU/CSU ist. Je komplizierter die Lage, umso grösser ist das Bedürfnis nach Simplifizierung. Es wird über die Populisten von der AfD geschimpft, aber in den Medien arbeiten viele Populisten, oder sollte man besser sagen: Popularisierer, die gerne unzulässig vereinfachen und Feindbilder bemühen, wenn es politisch in den Kram passt. Weil alles so verwirrend ist, sucht man Entlastung in einfachen Wahrheiten. Oder weil man eine öffentlichkeitswirksame Stellung ergattert hat (auch in den Medien), posaunt man seine subjektive Wahrheit sanktionslos heraus.

Die linke Kulturkritik leidet an Autoren wie Agamben und Han. Ihre Kritik ist freidrehende Gehirnakrobatik, ein dionysischer Versuch, mit Überspitzungen Aufmerksamkeit zu erregen, auch gegen jede Empirie. Die linke Gesellschaftsdiagnose hat noch selten mit der Lebenswirklichkeit gerechnet. Die ausgestanzten Dogmen werden von linker Kulturkritik selbst in der Sondersituation der Pandemie nicht überprüft. Aktuell träumen Linke, Grüne und SPD wieder einmal von einer „linken Mehrheit“ in Deutschland. Die Denkroutinen drehen sich im immer gleichen Kreis.

Aber was ist das überhaupt, die Realität? Der Medienwissenschaftler Bernhard Pörksen erinnert in einem Essay für die NZZ („Meinen und Behaupten in unserer Zeit – Über den Wirklichkeitsverlust polemisierender Grosstheoretiker“, 12. August 2020) an folgende Anekdote: „Gefragt hat dies einst eine Philosophiestudentin den Science-Fiction-Autor Philip K. Dick, einen Meister im Entwerfen imaginärer Welten. Allerdings bestand die Studentin auf einer Ultrakurzdefinition. Nur ein Satz, mehr dürfe es nicht sein, so verlangte sie. Schliesslich lieferte Philip K. Dick die Summe seines Nachdenkens: ‚Realität ist das, was nicht weggeht, auch wenn man nicht daran glaubt.'"

14. 8. Angeblich ist der Liberalismus im Niedergang begriffen, vielleicht sogar schon tot. Das kann ich nicht so sehen. Wenn eine politische Bewegung im Niedergang begriffen ist, dann die deutsche Sozialdemokratie. Sie steht in den Umfragen bei 15 bis 20 Prozent. Woran liegt das? Die Sozialdemokratie ist 154 Jahre alt. Sie hat mitgeholfen, ein Sozialsystem aufzubauen, das weltweit seinesgleichen sucht, wir lernen gerade, dass unser Gesundheitssystem weltweit führend ist, gemessen daran, wie gut Deutschland durch die Corona-Krise kommt im Vergleich mit anderen Ländern. Deutschland hat ein reiches Kulturleben und eine relativ niedrige Arbeitslosenquote. Mit einem Wort: Wir Deutschen haben unglaublich viel geschaffen in 150 Jahren, und die Sozialdemokratie hat maßgeblich daran mitgearbeitet. Sozialdemokraten waren in den vergangenen 20 Jahren an der Regierung beteiligt. Das, was man von Sozialdemokraten aber hauptsächlich hört ist, wie schlimm alles ist, was sich alles ändern muss, und dass man am liebsten sofort die Große Koalition verlassen müsse. Da sollte man sich als Sozialdemokrat nicht wundern, wenn nur noch wenige diese Partei wählen. Wenn man im Ausland war und ein bisschen rumkommt, wird einem im Vergleich schnell deutlich, wie gut es uns geht und ist zugleich verwundert darüber, wie wenig davon in den Köpfen verankert ist. Dass heißt nicht, dass es nicht Verbesserungen geben könnte und dass es auch Ungerechtigkeit gibt. Aber im Vergleich mit der übrigen Welt geht es uns phantastisch, dass ich gar nicht begreifen kann, dass Sozialdemokraten es nicht schaffen, dies auch als ihre Leistung darzustellen, stattdessen in jeden Wahlkampf mit der Parole reingehen, alles ist schlecht und am schlechtesten die Große Koalition.

Diese Worte stammen von dem Kabarettisten Dieter Nuhr, gesprochen in einer Talkshow. Anwesend war auch Heide Simonis (SPD), Ministerpräsidentin des Landes Schleswig-Holstein. Sie sagte: Natürlich läuft schon vieles gut, aber wir müssen uns weiter um Verbesserungen bemühen. Das Eingeständnis des guten Lebens in Deutschland war nur ein Präludium, um zum großen Feld der politischen Verbesserungen für das Leben der Deutschen überzuleiten. Ob nun aber ein paar Rentner 70 € mehr im Monat erhalten oder das Kindergeld um zehn Euro pro Monat erhöht wird, ist meines Erachtens kein Grund, die SPD zu wählen. So was nimmt man unbesehen einfach so mit. Die Frauen sind emanzipiert, die Arbeiterschaft im engeren Sinne gibt es nicht mehr, die jungen Leute mit dem Laptop in der linken und den Kaffeebecher in der rechten Hand interessieren sich nicht für Gewerkschaften und die Idee der Sozialdemokratie. Für soziale Gerechtigkeit sorgen schon die CDU/CSU alleine. Und von ihrer sozialen Großtat, die Reform der Sozialhilfe unter Kanzler Schröder, wollen sich große Teile der SPD wieder trennen. Sie sei angeblich ungerecht. Steht die SPD mehr als CDU/CSU für soziale Gerechtigkeit? Sie fordert mehr, aber der Großteil der mitdenkenden Menschheit fragt sich, wie das alles bezahlt werden soll.

Ebenfalls Probleme mit einem Mitgliederschwund haben die beiden christlichen Parteien. Diese Krise ist seit langem schwelend. Schon in meiner Jugend versuchten die Kirchen, mit Gitarren- und Popmusik junge Leute in den Gottesdienst zu bugsieren. In der Corona-Krise betonten viele Kirchen-Sprecher, dass das Virus nie und nimmer als Strafe Gottes interpretiert werden könne. Aber was will uns Gott stattdessen sagen? Der Glaube an das Paradies und an das ewige Leben ist wirksam ersetzt worden durch die Hoffnung auf das irdische Leben als erste und letzte Gelegenheit.

Anfang Juni hat eine hoch besetzte Expertenkommission für die Evangelische Kirche in Deutschland Vorschläge für die weitere Entwicklung vorgelegt, „Leitsätze für eine aufgeschlossene Kirche". Schon hier stutze ich: warum aufgeschlossen? Warum zieht man sich nicht in kleine Gemeinden zurück, die ihren Glauben leben, egal was die Umwelt und die Mehrheit sagen und tun? Eine Offenheit gegenüber der Gesellschaft kann nicht den Verlust des Glaubens an Gott ersetzen. Die Evangelische Kirche spricht selbst von einer „Glaubenskrise" mit dem Kern einer „Gotteskrise". Letzteres ist gut gewählt: Gott ist in der Krise, nicht die Menschen. Die Gotteskrise begann spätestens mit Feuerbach, Nietzsche und Freud. Gott existiert allenfalls im Bewusstsein der Menschen. Wenn sich dieses Bewusstsein wandelt, stirbt Gott. Dabei ist es egal, wie das Bild dieses Gottes aussieht, ob er ein liebender und verzeihender oder ein eifersüchtiger und strafender Gott ist. Tot ist tot.

Viele Christen engagieren sich in der Umweltschutzbewegung, was der Professor für evangelische Theologie an der Universität Wien, Ulrich Körtner, spöttisch vom „Gott der Klimaschützer" sprechen lässt (FAZ, 11. August 2020, S. 11). Aber selbst die Bewahrung der Schöpfung lässt sich nicht wirklich heranziehen, um das große Loch in der Gotteskrise zu füllen. Diese Schöpfung verändert sich ständig, wie man seit Charles Darwin wissen könnte. Wenn man an Gott glauben möchte, dann nur in dem Sinne, dass er möglicherweise einen Anstoß gab, sich die Natur aber dann in ihrer Entwicklung selbst überließ. Die Veränderung der Ursprungsschöpfung ist übrigens kein Werk der Menschen, sondern ein Naturgesetz, allerdings durch die Bevölkerungsexplosion erschreckend befeuert. Welche Schöpfung also ist es, die bewahrt werden soll? Gott zur Begründung für den menschlichen Einsatz zum Schutz der Natur heranzuziehen, ist unlogisch.

Um Konsequenzen aus der Corona-Krise zu ziehen – Entschleunigung, weniger Urlaube, eine sanftere Globalisierung, nachhaltiges Wirtschaften, achtsamer Umgang mit Tieren – bedarf es keiner göttlichen Begründung. Das Klima zu schützen, die Welt zu retten, der Wissenschaft zu vertrauen und die Entwicklung von Impfstoffen zu forcieren ist ein durch und durch irdisches und menschliches Programm. Die menschliche Vernunft und die moderne Medizin sind keine Gabe Gottes, da muss ich Körtner heftig widersprechen. Diese Errungenschaften sind einzig Werk der Menschen. Vor 150 Jahren schrieb Ludwig Feuerbach, „der Geist der Zeit oder Zukunft ist der des Realismus". Bis auf einige Verschwörungsnarren ist diese Botschaft bei den meisten angekommen. Die Menschen suchen Hilfe beim Mitmenschen oder in der Politik, nicht vom Segen Gottes. Hatte nicht schon Dietrich Bonhoeffer gesagt, der nicht anwesende Gott zwinge zu der Erkenntnis, dass die Menschen in der Welt ohne ihn zurechtkommen müssen? Bonhoeffer glaubte freilich, dass Gott antwortet. Viele aber vernehmen keinen Ton. Einige glauben, Gottes Wirken und Führung in der Welt zu erkennen. Die Resultate sind nicht durchgehend ermutigend.

Im Ernst: Gott, Christus und der Heilige Geist haben keine Hände. Was geschieht, geschieht durch das Wirken der Menschen. Es sind die Menschen, die die Verantwortung tragen. Man kann sie nicht abwälzen an einen nicht Anwesenden oder Nichtexistenten. In diesem Geist setzen sich die Kirchen für die Schwachen, Ausgegrenzten, Verletzten und Bedrohten ein – sowie für Frieden und Bewahrung der Schöpfung. Sofern diese segensreiche Tätigkeit eine Missionierungswirkung haben sollte, fällt sie gering aus.

Die Allmacht Gottes ist immer wieder infrage gestellt worden. Es ist verwunderlich, dass immer noch nicht auf dieses Attribut verzichtet wird. Welchen Sinn sollte es haben, dass der Allmächtige uns in die Coronakrise, die Flüchtlingsströme, die Globalisierung, den Artenschwund und die Klimakrise geführt hat? Entweder spielt Gott mit uns ein zynisches Spiel, oder er ist eben nicht existent. Oder gehört Zynismus zu seiner Allmacht? Wie immer man es dreht und wendet, die Annahme einer Existenz Gottes kann nur in fundamentale Widersprüche führen.

Mit der Annahme, es gibt keinen Gott, wird plötzlich alles klar: Der Mensch ist verantwortlich, und er kann sie beispielsweise um den Schutz der Natur (nicht der „Schöpfung“) kümmern – um der Menschen willen. Es gibt immer mehr Menschen, die eine religiöse Erklärung unserer Welt für lächerlich und die die religiösen Sprüche und Worte zum Sonntag für banal und trivial halten.

Körtner will an der Idee von der Allmacht Gottes festhalten, ihn als „Allmacht der Liebe begreifen“. Auf diesen Gott solle man seine Zuversicht setzen, an ihn glauben, obwohl alle Realität dagegen spricht? Ich glaube, gerade weil es widersinnig ist? Wenn der christliche Glaube widersinnig ist, sollte man sich umso schneller von ihm verabschieden. Wird mit einem widersinnigen Glauben irgendein menschliches Problem gelöst? Vielleicht ein bisschen, indem den Gläubigen eine spezielle Zuversicht zuteil wird, die den Atheisten versagt bleiben muss. Aber konkret ist damit nichts gewonnen, was bedeutet, dass dieser Gottesglaube eine Sache kleiner, esoterischer Zirkel bleiben wird. Die kirchliche Verkündigungssprache muss alltagsfremd bleiben, sonst verliert sie ihre Wirkung.

15. 8. In Russland soll ein Corona-Impfstoff zugelassen worden sein. Genauer gesagt, der russische Präsident hat den Impfstoff als effektiv bezeichnet. Das Vorpreschen des Präsidenten ist ein gewagtes Spiel mit der Gesundheit seiner Untertanen. Ob eine Impfung wirkt und ob der Grad ihrer Nebenwirkungen im Verhältnis zur Wirkung akzeptabel ist, lässt sich erst nach Zehntausenden von Impfungen und nach monate- bzw. jahrelange Beobachtungen seriös beantworten. – Der US-Wahlkampf zwischen Trump und Biden wird ein Zusammenprall schicksalhaften Ausmaßes. Ich nehme mir vor, mein Tagebuch bis zur Wahl Mitte November fortzusetzen und dann zu Weihnachten 2020 herauszugeben.

Politik wird viel zu sehr als rationale Angelegenheit angesehen. Auf die Frage „Wie schaffe ich es, Menschen davon zu überzeugen, politischen Veränderungen zuzustimmen, die ich für richtig halte?“ werden die meisten Antworten: „Formuliere deine Argumente klar und begründe sie gut, und niemand wird sich diesen Argumenten entgegenstellen können!“ Wer ehrlich ist, wird sich eingestehen, dass diese Strategie selten erfolgreich ist. Also greifen Politiker und ihre Anhängerschaft dazu, Vorteile zu versprechen und Drohungen auszustoßen. Die Versprechungen auf Vorteile sind oftmals unrealistisch, allein schon, weil sie nicht zu bezahlen sein werden. Drohungen und Einschüchterungen waren in der westlichen Welt einige Jahrzehnte lang verpönt, werden jetzt aber wieder häufiger ausprobiert. Diese Alternativen sind genauso selten von Erfolg gekrönt wie der Appell an die Einsicht. Die Wünsche der Menschen lassen sich nur begrenzt manipulieren. Sie tun meist das, was sie wollen. Dieses Wollen kann sogar gegen die eigene Einsicht und die eigenen Interessen gerichtet sein. Es ist schwer, andere zu überzeugen, noch schwerer ist es, sich selbst zu ändern. Einige Politiker verbreiten die Illusion, man könne, wenn man nur wolle. Aber meist wollen die meisten nicht.

16. 8. Das neue Paritätsgesetz ist ein weiterer Schritt in Richtung nicht nur der Gleichbehandlung der Frauen vor dem Gesetz und der staatlich garantierten Gleichbehandlung, sondern darüber hinaus eine gesellschaftliche Gleichstellung und noch einmal darüber hinaus eine Anteilsgleichheit im Verhältnis zu den Männern. Das numerische Ungleichgewicht in der Politik springt ins Auge. Ein weiteres Ungleichgewicht oder eine Unwucht liegt darin, dass nur von Spitzenjobs die Rede ist, die den Frauen ebenso zur Verfügung stehen sollen wie den Männern. Das betrifft Aufsichtsratsposten in Unternehmen und politische Spitzenpositionen. Alles was darunter liegt, wird ignoriert. Die Unterrepräsentanz in den Spitzenposten wird als Benachteiligung angesehen, eine Unterrepräsentanz beispielsweise bei der Müllabfuhr nicht. Inwiefern werden Frauen benachteiligt, wenn sie sich nicht für Spitzenpositionen bewerben? Diese Frage wird ebenfalls nicht gestellt, stattdessen per Gesetz eine Quotierung erzwungen, die sich nicht aus den natürlichen Wünschen der Frauen ergibt, sondern aus einem ideologischen Gleichheitspostulat. Dem fehlenden Ehrgeiz der Frauen soll mit Gesetzen nachgeholfen werden. Die ideologische Denkweise dahinter besteht in der Aussage, dass die fehlende numerische Gleichstellung nicht an der Lebensplanung von Frauen hängt, sondern an gesellschaftlichen Zuständen einerseits und den Männern andererseits.

Der demokratische Rechtsstaat hat schon vor Jahrzehnten alle Menschen formalrechtlich gleichgestellt. Jetzt wird ihm von Feministen und Ideologen die zusätzliche Aufgabe aufgebürdet, ihren Anteil an Spitzenpositionen auf 50 Prozent anzuheben. Ich bin ziemlich überzeugt, dass eine Übererfüllung der Quote von niemandem moniert werden wird. Ein Grund liegt daran, dass in Deutschland rund 2000 weibliche Gleichstellungsbeauftragte wirken und kein einziger männlicher. Die Gleichheit soll jetzt daran bestehen, dass Frauen und Männer auf einigen wenigen Gebieten im Berufsleben Parität erreichen: bei der Höhe der Bezahlung, bei dem Anteil von Teilzeitarbeit, bei der unbezahlten Betreuungsarbeit. Feministen betonen zwar, dass Frauen selbst entscheiden sollen, wie sie ihr Leben gestalten wollen. Doch das ist nur ein Lippenbekenntnis. Tatsächlich schwingt in der Forderung nach Gleichstellung die Mahnung mit: An die Front mit dir, du musst wollen!

Niemand leugnet, dass es nach wie vor Unterschiede gibt. Die Krankenschwester heiratet den Chefarzt, aber die Chefärztin heiratet nicht den Krankenpfleger. In Ehen mit Kindern ist es eher der Mann, der Vollzeit arbeitet, nicht die Frau. Frauen in Spitzenpositionen sollen es schwer haben, einen Partner zu finden, der statusmäßig noch über ihr steht. Kein Wunder, in diesen Regionen tummeln sich nicht mehr viele Heiratsfähige. Haben die Frauen einen zu hohen Anspruch? Oder drückt sich in diesen Konstellationen nur aus, was seit Jahrtausenden üblich ist und vielleicht sogar eine schwer verrückbare, geradezu genetische Komponente hat? Männer suchen häufig jüngere Frauen, keine älteren, und die sind in der Karriere oft noch nicht so weit wie der Mann. Viele Frauen halten es offenbar nach wie vor für in Ordnung, sich um Kinder und Haushalt zu kümmern. Es gibt keinerlei gesetzliche Bestrebung, an diesem Punkt das Geschlechterverhältnis umzukehren. Aber offenbar gibt es eine starke emotionale, vom Einzelnen vielleicht niemals eigens bedachte Vorstellung vom Frau-Mann-Verhältnis. Frauen haben beispielsweise weniger Lust, in Parteien einzutreten. Haben sie nicht allen Grund, dem unangenehmen Parteienkampf auszuweichen? Ihnen erscheint es als wenig attraktiv, sich durch die Parteimühle nach oben zu arbeiten. Politiker in Spitzenposition haben wenig Familienleben, ihre Kinder sehen sie selten. Warum sollte eine Frau sich das antun? Sie engagieren sich lieber in der Kirche oder in der Schule.

20. 8. Frontal wie noch nie attackiert der frühere demokratische US-Präsident Barack Obama in einer Rede den amtierenden Alptraum-Präsidenten von den Republikanern, Donald Trump. „Seit dem Bürgerkrieg hat kein ehemaliger Präsident mehr so über seinen Nachfolger gesprochen“, schreibt die FAZ. Tatsächlich tat Obama mehr als das. Er sagte: Die Demokratie in Amerika stehe auf dem Spiel. Obama habe gehofft, Trump werde seine Aufgabe ernst nehmen und Ehrfurcht für die Demokratie haben, deren Schutz ihm zugewiesen worden sei. „Das hat er aber nicht“, befand Obama. Vielmehr habe er nur Interesse daran gehabt, sich und seinen Freunde zu bevorteilen. Er habe das Präsidentenamt missbraucht, um die Aufmerksamkeit zu erhalten, nach

der er giere. „Donald Trump ist nicht in sein Amt gewachsen – weil er es nicht kann.“. Obama sagte in seiner emotionalen und argumentativen Rede, mit der Wahl Joe Bidens (von der demokratischen Partei) sei es nicht getan. Kein einzelner Amerikaner könne das Land alleine reparieren. Noch nicht einmal der Präsident. Die Demokratie benötige eine aktive und informierte Bürgerschaft. Trump zähle auf den Zynismus. Er wisse, dass er mit seinen politischen Ergebnissen nicht überzeugen könne. Deshalb wolle er das Wählen so schwer wie möglich machen und die Leute überzeugen, dass es auf sie nicht ankomme. Schließlich: „Diese Regierung hat gezeigt: Sie wird unsere Demokratie niederreißen, wenn sie nur *so* gewinnen kann.“

Sechs Millionen Infizierte, 182.000 Todesfälle, die Arbeitslosenquote liegt bei mehr als 10 Prozent – das ist die bisherige Corona-Bilanz der Vereinigten Staaten. Die Seuche trifft die Amerikaner besonders hart. Das alles wäre schon schlimm genug, befände sich das Land nicht auch noch im Würgegriff einer zweiten Krankheit, die seit den 1990er Jahren grassiert und seither Hunderttausende Todesopfer gefordert hat. Immer mehr Menschen in den Vereinigten Staaten sterben an Alkoholmissbrauch, an einer Überdosis Drogen und Schmerzmedikamenten oder durch Suizid. Während die Lebenserwartung in fast allen Industriestaaten seit vielen Jahren stieg, ging sie in den Vereinigten Staaten seit den 1990er Jahren zurück. Die höhere Sterblichkeit trifft vor allem weiße Amerikaner mittleren Alters ohne Hochschulabschluss.

21. 8. Der Roman *Fahrenheit 451* von Ray Bradbury ist eine finstere Dystopie über die Vernichtung geistiger Freiheiten. Im Zentrum des Romans steht Guy Montag, ein Feuerwehrmann ganz besonderer Art: Er legt Feuer, anstatt es zu löschen. Montag ist ein Karrieremann in einer utopischen Gesellschaft, in der Denken und Lesen als Verbrechen gelten. Stattdessen werden die Menschen systematisch verblödet, rund um die Uhr mit Belanglosigkeiten und Fernsehshows gefüttert. 1966 kam eine Adaption des dystopischen Stoffes des Regisseurs François Truffaut als englische Produktion in die Kinos. Wenn Guy Montag seinen Flammenwerfer auf die Weltliteratur richtet und das geistige Erbe der Menschheit zu Asche zerfällt, denkt man unweigerlich an die Bücherverbrennungen aus der Nazizeit – und an alle Untaten von Fanatikern und Diktatoren. Bradbury aber erklärte, es sei ihm um den schwachsinnigen Einfluss der Populärkultur durch Fernsehnachrichten und belanglose Informationen gegangen, die er „Faktoide“ nannte. In den *Mars-Chroniken* (1946-1950) ging Bradbury dem alten Traum von der Besiedlung des

Mars nach. Doch auf der Suche nach einer schönen, neuen Welt verpflanzt der Mensch lediglich Gier, Hass und Zerstörung auf den neuen Planeten. Was der Mensch auf dem Mars vorfindet, ist er selbst, seine alten Verhaltensmuster. – Bradbury wäre heute 100 Jahre alt geworden.

Heute ist mein 70. Geburtstag, zugleich ist es der heißeste Tag des Jahres: 36 Grad im Schatten. Wegen der Abstandsregelungen angesichts der Corona-Pandemie kann nicht gefeiert werden. Ich ging mit meiner lieben Frau Eisessen. Mein Bruder hat sich zum Besuch angekündigt. Wir wollen gemeinsam die neue Dauerausstellung im Jüdischen Museum besuchen.

22. 8. Die Apokalypse werde nicht stattfinden, betont Michael Shellenberger. Die Medien schlügen Fehlalarm, so Björn Lomborg. Ihre Bücher *Apocalypse Never* und *False Alarm* kamen beide im letzten Monat heraus. Und sie legen beide dieselbe These dar: Ja, der Klimawandel ist ein Problem. Doch er ist bei weitem nicht das größte Problem der Menschheit. Ihre These: Es sind die vereinten Alarmisten, die die Köpfe der Menschen verwirren. Das sei die eigentliche Bedrohung. Alarmismus verspricht Status und Profit.

Der dänische Politologe und Statistiker Björn Lomborg machte sich um die Jahrtausendwende einen Namen mit einer Studie, die untersuchte, wie sich die menschlichen Lebensgrundlagen wirklich entwickeln, nämlich global gesehen ziemlich positiv. Und er sucht seither mit dem Copenhagen Consensus, einem Rat von renommierten Ökonomen, nach den besten Lösungen für die drängenden Probleme der Menschheit. Lomborg stützt sich vor allem auf William Nordhaus, der 2018 als Erfinder der Klimaökonomie den Nobelpreis bekam. Der amerikanische Publizist Michael Shellenberger ist ein Umweltaktivist. Mit dem Umweltexperten Ted Nordhaus gründete er 2003 das Breakthrough Institute und gab 2007 das Buch *Break Through* heraus, um für Umweltschutz dank technischer Innovation zu werben.

Die Welt, das suggerieren vor allem Journalisten, Akademiker, Feuilletonisten und die Umweltbewegung samt ihrer politischen Helfer, ist dem Untergang geweiht. Dagegen komme kaum jemand an, schreibt Markus Schär in einer Rezension der beiden Bücher in der NZZ („Die Klima-Apokalypse wird wohl nicht ganz so düster", 22. August 2020). Die Zahl der Opfer von Naturkatastrophen ging im 20. Jahrhundert stark zurück. Waldbrände führen tatsächlich zu großen Schäden, auch weil immer mehr Menschen in gefährdete Gebiete drängen. Droht ein Artensterben, gar das Aussterben der Menschheit? Das glauben die Aktivisten von „Extinction Rebellion" oder die Fridays for Future-Bewegung, denen Medien gerne eine Plattform bieten. Überall heißt es, ein sechstes Massensterben von Spezies stehe kurz bevor. Spezialisten werden falsch zitiert oder bestimmte ihrer Aussagen unterschlagen. Studien des Potsdam-Instituts für Klimafolgenforschung und der UN-Ernährungsintervention FAO zeigen, dass sich in einer wärmeren Welt mehr Nahrungsmittel produzieren ließen.

Gestützt auf William Nordhaus, warnt Björn Lomborg davor, Billionen auszugeben, um die Ziele des Pariser Abkommens von 2015 mit der Begrenzung der Klimaerwärmung auf 2 oder 1,5 Grad zu erreichen – womit sich die Erderwärmung bis Ende des Jahrhunderts bestenfalls um den Bruchteil eines Grads senken ließe. Beide Autoren schlagen stattdessen vor, die knappen Ressourcen in bewährte Schutzmaßnahmen wie Deiche oder Bauvorschriften und in effektive saubere Energie zu stecken. Für Michael Shellenberger, die Technik-Historikerin Veronika Wendland und der Kerntechniker Rainer Moormann gehört auch die Nukleartechnologie zum Klimaschutz. Der amerikanische Ökonom und Nobelpreisträger Joseph Stiglitz schrieb einen Verriss des Lomborg-Buches. Stiglitz selbst gehört zu den Apokalyptikern.

23. 8. (Sonntag) Fahrt zum „Klützer Winkel" zwischen Boltenhagen und Travemünde, mitten auf dem Lande. Dort werde ich morgen drei weitere Freunde aus der Berliner Schreibgruppe treffen. Die anderen vier hatten schon anderes vor. Unser Treffen ist Ersatz für die ausgefallene Reise nach Paestum/Italien. Ich beziehe Quartier im „Kultur Gut Dönkendorf", einem romantisch-verfallenen Gutshaus, gebaut 1850.

Der schon erwähnte deutsche Philosoph Byung-Chul Han, in Südkorea geboren, nahm unlängst die Corona-Krise zum Anlass, seine alten Warnungen vor einem „digitalen Feudalismus" zu erneuern. Er warnte insbesondere vor dem, was er als „ostasiatisches Modell" bezeichnete. Dabei warf er so unterschiedliche Staaten und Territorien wie China, Hongkong, Südkorea, Singapur, Taiwan und Japan in einen Topf. Ihm ist zweifellos bekannt, dass nicht alle diese sozialen Gebilde autoritär geführt werden und dass die entsprechende Praxis dort, wo es doch der Fall ist, recht unterschiedlich ausfällt. Gemeinsam ist allen diesen – teilweise sehr dicht bevölkerten – Ländern, dass sie die Infektionen erfolgreich eindämmen konnten. Die Art und Weise, wie dies funktionierte, unterscheidet sich teilweise von den europäischen oder US-amerikanischen Vorgehensweisen. Japan beispielsweise kann auf ein sehr gutes Gesundheitswesen und eine stark verinnerlichte soziale Kontrolle und Angepasstheit zurückgreifen. Das funktionierte schon beim Fukushima-Unglück 2011 sehr gut. Aber Japan ist keine Diktatur. Man unterwirft sich hier freiwillig, indem man eine Unzahl detaillierter Regeln im Umgang miteinander befolgt. Man hält Abstand, ist vorsichtig, spricht nicht zu laut. In der Corona-Zeit ist das alles ein Vorteil. Sozialer Abstand ist notwendig, wenigstens solange wir keine zureichenden Medikamente und Impfstoffe entwickelt haben. Aber selbst das bietet noch keine Garantie. Das Corona-Virus hat die Fachleute bisher immer wieder überrascht.

Beschneiden die Covid-19-Maßnahmen die individuelle Freiheit? Nimmt man Freiheit als absolute Freiheit, zu tun und zu lassen was man will, dann ist Corona freiheitseinschränkend. Nimmt man aber moralisches und verantwortliches Verhalten mit hinzu, sind die staatlich verordneten Abstandsregeln mit der allgemeinen Freiheit vereinbar. Die Maßnahmen sollen uns gesund halten, so dass wir die übrigen Freiheiten leben können. Es ist die alte Debatte, die ich schon bei der Einführung der Gurtpflicht in Automobilen miterlebte. Inzwischen haben sich alle daran gewöhnt und schätzen dessen gesundheitserhaltenden Effekt.

24. 8. Es treffen die Schreibfreunde ein. Abendessen in der alten Klützer Mühle. W.A. schenkt mir zu meinem Geburtstag eines seiner freundlichen Gedichte.

„Wir schaffen das!" Das ist der meistzitierte Satz von Kanzlerin Merkel zur europäischen Flüchtlingskrise 2015. Die Folgen der Aufnahme von fast einer Million Flüchtlingen (je nach Zählung auch 1,2 Millionen) vor allem aus Syrien wirken bis heute nach. Positiv: Gut die Hälfte der Geflüchteten hat Arbeit gefunden. Negativ: Die andere Hälfte nicht. Alle Neuankömmlinge fanden eine angemessene Unterkunft und alle erhielten eine angemessene Betreuung. Die „Willkommenskultur" war ein bewundernswertes Beispiel für freundliches Entgegenkommen, dem ehrlichen Wunsch zu helfen und deutscher organisatorischer Effizienz. Laut einem Bericht der Bundesregierung beliefen sich die Ausgaben des Bundes im Jahre 2018 dafür auf 15 Milliarden Euro. Hinzukommen die Ausgaben der Länder und der Gemeinden.

Wenn so viele Menschen in so kurzer Zeit aus so unterschiedlichen Ländern in Deutschland aufeinandertreffen, entstehen unvermeidlich Konflikte – in den Heimen, aber auch außerhalb. Die Zuwanderung schlägt sich in der Kriminalstatistik, in der „Armutsstatistik" und dem schulischen Leistungsdurchschnitt der Kinder negativ nieder, was von vielen Linken ungern angesprochen wird. Statt der Fachkräfte kamen Hilfsarbeiter. Mangelnde Sprachkenntnisse und fehlende Ausbildung drücken den Erfolg. Ein Großteil der Neuankömmlinge bleibt langfristig auf Sozialleistungen angewiesen. Alle Parteien bis auf die AfD weigern sich, einen Plan zu entwickeln, wie Arbeitskräfte aus dem Ausland gezielt ausgewählt werden können. Die Migration nach Deutschland und Europa ist seit 2015 massiv zurückgegangen, aber sie ist nach wie vor ungeregelt. Linke und Grüne propagieren immer noch, dass kommen darf, wer will. Migranten aus muslimischen Ländern sind in der Kriminalitätsstatistik bei einigen Gewaltdelikten überproportional vertreten. Die Zahl der „Armutsgefährdeten" ist unter Migranten aus Syrien oder der Türkei doppelt so hoch wie unter Deutschen.

Bis heute gibt es keinen Konsens darüber, dass selbst tolerante und offene Gesellschaften wie die deutsche eine limitierte Aufnahmebereitschaft haben. Wird diese überstrapaziert, führt dies unweigerlich zu Gegenreaktionen. In Deutschland war dies das Erstarken der rechten „Alternative für Deutschland". Kein einziges anderes europäische Land war und ist bereit, dem liberalen deutschen Weg der Willkommenskultur mitzugehen. Die deutsche Regierung beharrt auf festgelegte, fixe Aufnahmequoten für alle EU-Länder. Polen etwa kann darauf verweisen, dass es selbst zwei Millionen Ukrainern und Weißrussen Zuflucht gewährt hatte und jetzt nicht auch noch Syrer und Kurden aufnehmen will. Aber Deutschland stilisiert die Migration zu einer moralischen, gar christlichen Frage. Der Rest Europas hingegen stellt die nationalen Interessen in den Vordergrund.

Der Schriftsteller Maxim Biller charakterisiert den medialen Mainstream durch ihren Einsatz „für die unendliche Aufnahme von Flüchtlingen, für die Befreiung Griechenlands aus der Todesumarmung der Banken, für Vegetarier-Kantinen, die Frauenquote und Transgender-Toiletten". Er sagt auch: „Ich glaube nicht an das protestantisch Gute, nicht an das heuchlerisch Gute und auch nicht an das dogmatisch Gute, in dessen Namen Menschen unterdrückt werden. Ich glaube an das Respekt- und Anstands-Gute." Bin ganz seiner Meinung.

25. 8. Science-Fiction-Literatur ist dystopische Literatur. Zukunftsvisionen sind immer nur zerstörte Umwelten mit viel Müll. Im Krimi-Genre haben sich regionale Plots durchgesetzt, die in immer kleinteiligeren Landschaften spielen. Nun erschien der erste italienische Klima-Roman. Weitere landsmannschaftliche Klima-Dystopien werden sicherlich folgen. Mit surrealen

Elementen lässt sich der Realpolitik aus dem Weg gehen. In kaum eine Ecke der Welt ist die Krise sinnlich erfahrbar. Ein extremes Wetterereignis macht noch keinen Klimawandel. Zwei Milliarden Menschen könnte das Klima bis zum Jahre 2100 aus ihrer Heimat vertreiben – was heißt das? Wir werden es nicht mehr leben. Und wer jetzt geboren wird, wird die Migrationswellen als Tatsache akzeptieren. Beweglichkeit und Mobilität gehört zum Menschsein. Seit jeher werden Menschen aus ihrer Heimat vertrieben. Das war oftmals gefahrvoll, häufig schmerzlich, nicht selten aufregend, und hoffnungsvolle Erwartungen gehörten auch dazu.

Hören wir nicht auf die Apokalyptiker. Welt und Wohlstand sind nicht verloren. Wohlstand wird nicht durch die Klimaerwärmung zerstört, sondern durch Chauvinisten, Despoten, Aufwiegler, Kriegstreiber und verrückte Narzissten. Die Menschheit muss nur weiterhin etwas zur Klimaschonung tun. Immer haushaltender wird mit unserem Planeten umgegangen, was allerdings durch die Bevölkerungsvermehrung mehr oder weniger sogleich aufgefressen wird. Doch im Prinzip wurde in den vergangenen Jahrzehnten ein anderes Muster etabliert: mehr aus weniger. In den Vereinigten Staaten von Amerika – einem großen, reichen Land, auf das etwa 25 Prozent der globalen Wirtschaftsleistung entfallen – werden von Jahr zu Jahr immer weniger Ressourcen verbraucht, obwohl Wirtschaft und Bevölkerung immer weiter wachsen. Luft und Gewässer werden immer weniger verschmutzt, es werden weniger Treibhausgase freigesetzt und die Bestände zahlreicher Tierarten wachsen wieder. Kurzum, Amerika ist über dem Berg in seiner Ausbeutung der Erde, hat den Höhepunkt des Raubbaus hinter sich gelassen. In zahlreichen anderen wohlhabenden Ländern ist es ähnlich, und selbst in Schwellenländern wie China wird heute rücksichtsvoller mit der Umwelt umgegangen.

26. 8. Trotz steigender Corona-Neuinfektionen in Deutschland (zuletzt 7950 pro Woche) bleibt die Zahl der Todesfälle mit 26 pro Woche konstant niedrig. Von den 30.000 Intensivbetten werden aktuell gerade einmal 246 genutzt. Sind die gesetzlichen Einschränkungen übertrieben?

*

In der Schreibgruppe – wir tagen im Esssalon des Gutes Dönkendorf – haben wir uns mehrere Themen überlegt, eines lautet „Ankommen“. Ich münze das auf mein Ankommen im Gut und schreibe:

„Das Neue ist mir selten fremd, weil ich nicht die Fremdheit sehe, sondern dass Interessante. Das Interessante ist das Andere, nicht das Fremde. Das Andere ist verstehbar, weil es zum Mitmenschlichen gehört. Das Andere kann befremdlich sein, bleibt aber verstehbar. Selbst das Abstoßende ist verstehbar. Verstehen heißt nicht, Verständnis zu haben. Verständnis zu haben heißt nicht, gutzuheißen. Was ich nicht gutheißen kann, vermeide ich. Mich mit dem zu umgeben, was ich gutheißen kann, wird mir immer wichtiger.

Im Alter darf ich mehr selektieren, vieles muss ich nicht mehr mitmachen. Es ist angenehm, das Schöne wählen zu können. Das Vertraute kann schön sein. Das Schöne wird durch Wiederholung vertrauter. Wiederholung bedeutet Aneignung. Das Angeeignete möchte ich nicht missen. Die Wiederholung frischt die Erinnerung auf. Die Auffrischung macht Vorfreude auf die nächste Wiederholung. Das Herz schlägt dem entgegen.

Das Neue darf nicht zu fremd sein. Der Mensch liebt das Neue nur dosiert. Bei wiedergefundenen vertrauten Elementen lässt sich zusätzlich Neues als Interessantes gut annehmen. Ein bisschen Fremdeln darf dabei sein. Ein freundliches Willkommen ist sehr hilfreich. Besser noch ein liebevolles Willkommen. Dann geht das Entdecken des Neuen umso leichter. Das Fremdeln wird schneller überwunden, das Interessante tritt in den Vordergrund. Ich kann mich ihm hingeben.

Das Neue ist oft interessant. Wir tauchen ein in ein fremdes Leben und seine rätselhafte Geschichte. Auch ein altes Haus hat seine Geschichten. Es ist geprägt von seinen Bewohnern. Aus Eindrücken und Informationen formt sich ein erstes Bild. Das Haus, die Menschen, das Land, der Himmel, der Wind, die Wiese, der Wald, der kleine Berg, die im Hintergrund lagernde Ostsee, die noch geheimen Schätze der Ortschaften und Städte ergeben eine interessante Stimmung. Es ist die Stimmung der Erwartung und des guten Aufgehobenseins. Ich bin angekommen."

27. 8. In der Schreibgruppe wird das Thema „Kontemplation" vereinbart. Ich schreibe:

„Kontemplation bedeutet umgangssprachlich Nachdenklichkeit, Insichgekehrtsein, Muße, Ruhe und Beschaulichkeit. Die Kontemplation hat als Lebensform eine lange philosophische Tradition, die bis zu Aristoteles zurückreicht. Platon, Aristoteles und andere Philosophen waren fasziniert von der Frage nach dem guten bzw. richtigen Leben. Sie differenzierten dabei unterschiedliche Lebensformen und wägten ihre Vor- und Nachteile gegeneinander ab. Aristoteles beispielsweise unterschied drei Lebensformen, in denen der Mensch nach Glück streben kann: das Leben der Lust, Hedonismus genannt, das Leben der Ehre und Anerkennung im politischen Leben und das Leben der Erkenntnis und des Wissens, das – wie es damals verstanden wurde – philosophische Leben.

Platon und Aristoteles hatten klare Meinungen, welches Leben vorzuziehen sei. Als Philosophen sei ihnen einzig die Vita contemplativa gemäß. Nach politischer Ehre sollten die Bürger streben. Und das gemeine Volk könne sich ja der Lust hingeben. Eine Vermischung war nicht vorgesehen.

Die griechischen Philosophen hatten von sich eine sehr hohe Meinung. Sie bildeten sich ein, eine Kaste oberhalb aller anderen Stände zu sein. Mit der Philosophie kämen sie den Göttern am nächsten, näher als alle anderen Menschen. Philosophieren war schon fast etwas Göttliches. Das politische und tätige Leben, die Vita activa, war ihnen zu irdisch, weil in der Sphäre des Menschlichen verbleibend.

Bei Platon und Aristoteles verbleiben Vita contemplativa und Vita activa in einem Entweder-Oder. Aber ist das sinnvoll? Und entspricht es der Realität? Kann man die Lebensformen nicht nach eigenem Bedürfnis und Können mixen? Andererseits: Wie viele Menschen sind fähig und bereit, den schweren Weg des Wissens und der Erkenntnis zu gehen? Nur wenige wollen Philosophen werden. Kann das philosophische Leben überhaupt ein Dauerzustand sein? Bevorzugt der Mensch nicht natürlicherweise das praktische Leben? Die Vita contemplativa muss sich immer rechtfertigen. Das zurückgezogene kontemplative Leben steht prinzipiell der Gemeinschaftlichkeit entgegen. Doch unter dem Aspekt der Suche nach dem richtigen und guten Leben, also dem Glück, gewinnt das kontemplative Leben wieder an Wert. Geld und Gewinn erhalten einen untergeordneten Rang. Die Erkenntnis steht höher. Die bloße Anhäufung von Geld und Kapital kann kein Lebenszweck sein.

Aber kann die Vita contemplativa ein Lebenszweck sein? Vita contemplativa ist eine Eigentümlichkeit der Philosophie. Und tut nicht der Weise gut daran, sein Wissen dem Gemeinwesen zur Verfügung zu stellen? Den Menschen gehen nicht nur seine vier Wände an.

Seneca scheint die nicht entscheidbare Dichotomie von Vita activa und Vita contemplativa überwunden zu haben. Der Weise müsse sich nicht auf Wissen und Erkenntnis beschränken; es gebe viele Möglichkeiten der tätigen Zuwendung zu den Mitmenschen, ohne gleich Politiker werden zu müssen.

Es gebe viele Stufen zwischen den Lebensweisen des Politikers und des Philosophen. Die tätige Nächstenliebe sei beiden möglich."

28. 8. Auf dem Grundstück von Gut Dönkendorf trifft man auf eine kleine Skulptur, die der Kundige aus Weimar kennt: der Stein des guten Glücks. Das schwankende Schicksal in Form einer Kugel ruht auf einem Kubus, der Beständigkeit symbolisiert. Goethe nannte die Skulptur *Agathé Tyché*, das gute Glück. Das Eigenschaftswort „gut" scheint beim Substantiv „Glück" überflüssig. Aber bei den Griechen wies die Göttin Tyche sowohl auf Glück als auch auf die böse Fügung hin. Die Siegesgöttin Nike balanciert mit den Zehenspitzen auf einer Kugel!

Gutes Glück und schlechtes Schicksal liegen oft dicht beieinander. Die Kugel rollt mal hierhin, mal dahin. Der Kubus hingegen erscheint in klassischen Kunstdarstellungen selten, allenfalls als architektonisches Element. Hier aber stehen Dauerndes und Beharrendes mit Zufälligem und Veränderlichem in Beziehung. Das lässt sich auf das Seelenleben aller Menschen anwenden.

29. 8. Nur 506 Infektionsfälle und 7 Tote verzeichnet Taiwan seit dem Ausbruch der Corona-Epidemie. Dabei leben auf der Inselnation 24 Millionen Menschen auf einer Fläche, die kleiner ist als die Schweiz. Taiwan hat weder wochenlangen Lockdown verordnet noch Maskenpflicht. Taiwan schloss aber bereits Ende Dezember die Grenze bzw. die Flugverbindung zur chinesischen Provinz Hubei. Mitte Januar hatte Taiwan Ärzte in die chinesische Stadt Wuhan geschickt, einen Krisenstab eingerichtet und die heimische Produktion von Masken von zwei Millionen auf zwanzig Millionen pro Tag hochgefahren. Als die Masken dennoch knapp wurden, wurden sie rationiert. Der Lagerbestand war digitalisiert und wurde in Echtzeit angezeigt. Bei uns undenkbar: Von der Krankenversicherungskarte, die jeder Taiwaner besitzt, können Ärzte nicht nur Symptome, Diagnosen und Behandlungen abrufen, die Karte wird auch mit Daten von Immigration und Zoll verknüpft. Ärzte erhielten so Auskunft über die Reisen und mögliche Infektionsrisiken. Die Quarantäne wird strikt kontrolliert anhand von Überwachung des Mobiltelefons über Daten von Sendemasten. Verlässt eine Person den „elektronischen Zaun" ihres Zuhauses oder eines Hotels, wird ein Alarm ausgelöst. Stellt jemand das Smartphone ab oder läuft die Batterie leer, wird die Polizei vorbeigeschickt. Wer die Quarantäne einhält, bekommt 33 Dollar pro Tag. Auch das alles ist bei uns unmöglich.

30. 8. (Sonntag) Warum gibt es eigentlich nur das Gender-Sternchen und das große Binnen-I? Warum erfolgt die Diskriminierung in Mann und Frau nur auf geschlechtliche Ebene? Warum nicht auch Katholiken, Protestanten, Juden, Muslime und Atheisten kennzeichnen? Das fragt die Schriftstellerin Nele Pollatschek in einem Essay für den *Tagesspiegel*. Wenn sie als Schriftstellerin eingeladen wird, um einen Vortrag zu halten, werde sie dann als Expertin für Literatur oder als Frau eingeladen? Was ist wichtiger: ihre Expertise oder ihre Vagina? Wenn nun das Geschlecht immer angezeigt werden muss, dann machen wir es zur wichtigsten Identitätskategorien. Ist es wirklich so, dass beim Wort Lehrerzimmer oder Schriftstellerverband immer nur weiße Männer gemeint sind? Was ist mit den jüdischen Lehrern und den schwulen Schriftstellern? Müssen diese nicht auch extra genannt werden? Mit dem Gendern wird eine Frau das Frausein niemals los. Es wird sogar ausdrücklich hervorgehoben. Es wird mit Vorsatz diskriminiert, also unterschieden. Wenn von Bundeskanzlerin die Rede ist, wird auch immer auf die regierenden Genitalien hingewiesen.

Die sogenannte Identitätspolitik ist mit ein sicherer Weg, die Gesellschaft zu spalten, auch in Europa. Sie hat eine Art neuen Klassenkampf in Gang gesetzt. Es wird grundsätzlich zwischen „Diskriminierten“ und „Privilegierten“ unterschieden. Diskriminiert waren und sind immer schon alle Frauen, seit längerer Zeit auch alle Migranten, immer noch die Homosexuellen, alle Nichtweißen. Privilegiert sind alle Männer, alle Weißen und alle Wohlhabenden. Dieses Privileg ist natürlich unrechtmäßig erworben. Die Diskriminierten wollen „gesehen“ werden.

Je mehr die Linke (Sozialdemokratie, Linkspartei, Grüne, Wohlfahrtsverbände, Bertelsmann-Stiftung) auf Diskriminierung und Identitätspolitik setzt, je mehr sie den bescheidenen Wohlstand der Mittelschichten mit immer neuen Forderungen aufs Spiel setzt, desto schwerer wird es für sie, Wahlen zu gewinnen. Antirassismus- und Gerechtigkeitskampagnen sind ein Steckenpferd der jungen akademischen Großstädter. Alle sollen am Wohlstand teilhaben, unabhängig davon, was sie dafür leisten. Der amerikanische Philosoph Michael Sandel stellt die „Meritokratie“ an den Pranger[19]. Meriten (Pluralform von Meritum) sind Verdienste und gute Werke, die der einzelne für die Gemeinschaft leistet. Wer sich Meriten erworben hat, verdient Anerkennung.

---

[19] Michael. J. Sandel, *Vom Ende des Gemeinsinns: Wie die Leistungsgesellschaft unsere Demokratien zerreißt*, 2020

Meriten beruhen auf Einsatz, Können und Leistung. Nicht selten wir dies durch einen höheren Verdienst vergolten. Das hält Sandel für problematisch.

Denn wer mehr Einsatz zeigt, mehr kann und mehr Leistung bringt, folglich mehr verdient und sich mehr leisten kann, trägt zur Ungleichheit in einer Gesellschaft bei. Ungleichheit aber ist ungerecht. Ungleichheit und Ungerechtigkeit ist praktisch identisch geworden. Wer heute Ungerechtigkeit bekämpft, kämpft zugleich für mehr Gleichheit. Das unterminiert die „Meritokratie", d. h. die Herrschaft der Tüchtigen. Die Tüchtigen schwächen die Erfolglosen und halten sie angeblich in der Unterschicht gefangen.

Die moderne Gesellschaft leide darunter, so Sandel, dass die Eliten die bekannten Annehmlichkeiten ihrer Lebensführung als gerechten Lohn für eigene Bildungsanstrengung und eigenes Talent beanspruchen. Der Unterschicht liege es fern, dagegen zu protestieren, weil sie an die Gerechtigkeit des Bildungssystems glaubt und daher auch bei krasser Ungleichheit weder an der sozialen Stellung der anderen noch an der eigenen ernsthaft Kritik üben können. Auch hier wieder die ungute Verquickung von Gerechtigkeit und Gleichheit.

Sandel schlägt überraschend vor, dem Zufall an der Verteilung der sozialen Chancen ein Schnippchen zu schlagen. Der Hochschulzugang beispielsweise solle nicht von Leistungen, sondern vom Losglück abhängen. Das würde den Eliten ihren ungerechtfertigten Stolz austreiben, und den Unterschichten ihr Minderwertigkeitsgefühl.

Das ist einerseits ziemlich verrückt, trifft aber andererseits einen Kern. Populisten treten auf als Kämpfer gegen Eliten, die sich vermeintlich vom hart arbeitenden Volk abgekoppelt haben. Eliten-Bashing ist Kampf gegen die Meritokratie, gegen die Experten, gegen die Könnerschaft. Es ist nicht schwer, sich als Opfer der Umstände, der Eliten, der Politiker oder der Privilegierten darzustellen. Der Anteil von Arbeiterkindern an den Studenten ist immer noch niedrig. Aber man sollte nicht glauben, dass sich Kinder aus Arbeiterhaushalten sich so ohne weiteres den Eintritt in die Welt des Geistes vorstellen können, obwohl die links-grün-alternativen Medien nichts unversucht lassen, den Eliten deswegen ein schlechtes Gewissen zu machen. In allen Parteien dieses Spektrums wird die erfolgreiche Mittelschicht als Melkkuh angesehen, der das Geld aus den Taschen gezogen werden kann, zum Wohle der Unterschicht. Die Meritokratie wird allenfalls in konservativen Parteien als Ideal angesehen. Damit anerkennen sie die Verteilung der sozialen Güter als Realität. Ist diese Verteilung ungerecht? Sandel bejaht. Aber warum? Sollte nicht jeder nach seiner Leistung bezahlt werden, und sollte die anstrengungslose Alimentierung der Kranken und Gebrechlichen nicht die Ausnahme bleiben? Tatsächlich versteht sich der Wohlfahrtsstaat als Schutzmacht für jene, die sich nicht selbst zu helfen wissen. Bei Sandel ist neu, dass dieser Wohlfahrtsstaat die Existenz einer Unterschicht als unverdienten Nachteil ansieht.

Für Sandel sind die westlichen Gesellschaften Systeme ungerechter Verteilungen. Oder meint er *ungleicher* Verteilungen? Was ist an ungleicher Verteilung ungerecht? Diese Frage kann der Autor nicht beantworten. Er gibt den Bewohnern der Unterschicht das Gefühl, dass es nicht an ihnen lag, wenn sie auf dem Weg nach oben nicht sehr weit vorankamen. Der Begriff der persönlichen Verantwortung und die Anerkennung individueller Leistung wird mit Sandels Argumentationshilfe zunehmend gegenstandslos.

September

1. 9. Am vergangenen Wochenende versammelte sich rund 10.000 Menschen, um gegen die staatlichen Maßnahmen zur Bekämpfung der Corona-Pandemie zu demonstrieren. Sie halten die Maßnahmen für übertrieben, wähnen sich auf dem Weg in die Diktatur, vergleichen die Bundeskanzlerin mit Adolf Hitler, tragen Kaiserreichs-Flaggen mit sich, halten das Virus für eine Erfindung, und wenn es keine Erfindung ist, dann sei er nicht schlimmer als ein Grippevirus. Befeuert wird dieser Irrsinn von einer aus den USA importierten Bewegung namens QAnon. Sie halten Putin und Trump für ihre potentiellen Befreier. Grimm und Hohn in vielen Gesichtern. Die Botschaften zielen auf die Vernichtung des Gegners. Die Gegner sind die Bundeskanzlerin, der Bundesgesundheitsminister, die international angesehenen Virologen, Bill Gates (hat angeblich die Weltgesundheitsorganisation gekauft) und die Länderpräsidenten. Gefordert wird die sofortige Absetzung der Merkel-Regierung. Diese führe „Krieg gegen die Bevölkerung". Vereint werden diese unterschiedlichen Gruppen nur von der Mund-Nase-Maske, die sie ablehnen und allesamt nicht tragen. Abstoßend ist die Aggression, das Beharren auf die abgedrehte Anschauung von Wirklichkeit. Das hat absurde Züge.

Die Absurdität wird befeuert von Abermillionen falschen Gesundheitsnachrichten in den sogenannten sozialen Netzwerken. Diese werden mit unseriösen Informationen zur Gesundheit geradezu geflutet. Im Auftrage der Frankfurter Allgemeinen Zeitung wurden Internet-Seiten mit Informationen zu Corona untersucht. Die Quellen mit dubiosen Inhalten wurden ungefähr sechsmal häufiger angeklickt als die Seiten mit staatlichen und wissenschaftlichen Informationen. Zur Einschätzung, ob eine Seite falsche Nachrichten verbreitet, griffen die Autoren auf die Einschätzung von Newsguard zurück, einem unabhängigen Projekt von etablierten Journalisten, das falsche Nachrichten und ihre Verbreiter im Internet aufspürt. Die großen Internetplattformen haben im Zuge der Coronakrise bereits starke Maßnahmen gegen die Verbreitung von Falschinformationen ergriffen. Insgesamt waren sie mit ihren Maßnahmen noch nicht wirklich erfolgreich.

Bei Demonstrationen in Berlin mit mehr als 100 Teilnehmern gilt eine Maskenpflicht.

2. 9. Volker Reinhardt, Professor für Allgemeine und Schweizer Geschichte der Neuzeit an der Universität Freiburg, hat heute in der NZZ noch einmal das Gerede von „nach Corona ist alles anders“ aufgegriffen („Hat Corona alles verändert? Nein, die Welt wird nicht plötzlich völlig anders“). Wer neue Epochen verkündet, führe meistens etwas im Schilde. Diese Leute gerieren sich als Aufgeklärte, die den Rest der Menschheit aus dem Dunkel der Unwissenheit führen möchten. Alle Versuche, neue Epochen und „Generationen“ zu erfinden, hätten eins gemeinsam: „Sie zerschellen kläglich an der Andersartigkeit der Geschichte und ihres Verlaufs. Dieser vollzieht sich nun einmal nicht in Umbrüchen, die die Lebensverhältnisse und Bewusstseinshorizonte der Menschen tiefgreifend verändern, sondern gleitend, in langen, oft unmerklichen Übergängen, also in Form einer allmählichen Verwandlung, die den sich Wandelnden selbst häufig am wenigsten bewusst ist.“ Alle Epochen-Erfinder seien deshalb von unfreiwilliger Komik.

Die selbst erfundenen Epochen und „Generationen“ sind der Geschichte übergestülpt. Das gelte für das „Mittelalter“ und den unterschiedlichen Datierungen ihres Endes, ebenso für den Beginn der Neuzeit. Es gibt keine wissenschaftlich seriöse Definitionen von Antike, Mittelalter, Neuzeit, Moderne, Postmoderne, Spätkapitalismus usw. Entwicklungsphasen fallen von Land zu Land durchaus zeitverschoben aus und verändern immer nur einzelne Aspekte menschlicher Lebenswelten. Das Epochendenken ist bloße Konvention, hilft aber Studierenden als Wegweiser im unübersehbaren Meer der Erkenntnisse und der Literatur. Es bleibt ein emotionales Bedürfnis nach Zeittaktung und Epochenbegrenzungen. Das Reden in Epochen dient als Orientierungspunkt. Eine neue Epoche auszurufen beglückt mit dem Stolz, früher als andere die neue Zeit erspürt zu haben, und dem Gefühl des Aufbruchs.

Ich rufe hiermit das „Post-Corona-Zeitalter" aus. Im Ernst: Jede Zeit ist eine Zeit des Umbruchs – wenn man sie so wahrnehmen will. Irgendetwas ändert sich immer. Die Unterteilung der Zeit in Epochen bleibt eine rein praktische, akademische Sache zwecks Einordnung des Geschehens im Laufe der Zeit. Andererseits: drastische Ereignisse beschleunigen Entwicklungen, die schon länger im Gange sind. Corona verändert vieles, aber bei weitem nicht alles. Die Welt wird weiter ihre Kreise ziehen. Das Corona-Virus war nicht das erste, und wird nicht das letzte sein, mit welcher sich die Menschheit auseinanderzusetzen hat.

3. 9. Alles ist verhandelbar. Nur die Demokratie selbst und der Rechtsstaat sind nicht verhandelbar – die Werkstatt der offenen Gesellschaft. Etwas Besseres als Föderalismus und repräsentative Demokratie haben wir nicht, und von utopischen Träumereien halte ich nichts. Ein antizivilisatorischer Reflex zeigt sich heute im Gewande des Antikapitalismus, nach Adornos Diktum: Es gibt kein richtiges Leben im falschen. Die Quintessenz dieser religiös angelegten Ideologie bedeutet, solange wir die Revolution nicht gemacht haben, können wir nicht richtig leben. Das ist ebenso das Mantra der linken Revolutionsromantiker wie der grünen Öko-Dogmatiker. Sie wollen uns moralisch vorschreiben, wie wir zu leben haben. Ihre Politisierung des privaten Lebens ist eine neue Form indirekter und nicht legitimierter Herrschaft. Sie träumen von der Revolution und dem bedingungslosen Grundeinkommen. Diese Minderheit hat ziemlich viel Meinungsmacht. Wenn sie sich nicht durchsetzen können, reden sie von der „Spaltung der Gesellschaft" und bedauern die Polarisierung. Dabei tragen sie selbst erheblich dazu bei. Aber Streit gehört zur Demokratie. Vernünftig ausgetragenen Differenzen halten die Gesellschaft zusammen – im Kompromiss.

Jene, die den Ton angeben, tummeln sich nicht nur in den sozialen Netzwerken, sondern auch in klassischen Medien. Sie bewegen sich – und ich verwende hier Worte des Publizisten Frank A. Meyer – in der großen Mehrzahl im linksliberal-ökologistisch-feministisch-genderistischen Mainstream. Ich zitiere Meyer (NZZ, „Ich bin doch nicht im falschen Leben, nur weil ich schnelle Autos mag", 2. September 2020): „Wir erleben ganz eindeutig die politisch-kulturelle Macht der Meinungsmacher links der Mitte, zurzeit vor allem der Grünen und Linksaussen. ... Diese Entwicklung hat ihre Ursprünge im Revoltejahr 1968, mit dem der Marsch der politisch revoltierenden Generation durch die Institutionen begann. Inzwischen hat diese Schicht hegemonialen Einfluss erobert: an den Universitäten, in den Medien, in der Kulturbranche, in der Politik, in den Verwaltungen, in den NGO."

Was wäre das „richtige Leben"? Die Antwort ergibt sich aus dem, was kritisiert wird: Nation wird identisch gedacht mit Chauvinismus, Militarismus und Imperialismus. Der Kapitalismus und die Kapitalisten sind ausbeuterisch und obszön reich. Die weiße, westliche Zivilisation ist historisch verantwortlich für alles Böse, was je gewesen war und was es noch heute an Bösem gibt. Der Staat ist für alles verantwortlich, das Individuum für nichts, außer es handelt sich um Politiker, Kapitalisten und weiße männliche Eliten.

Meyer: „Es geht dabei nicht um intellektuelle Kohärenz, es geht vielmehr um ein Gefühl – um das moralische Leiden an einer unvollendeten Welt. Die Leute, die das richtige Leben verwirklichen wollen, zählen zu einer verwöhnten Generation, sind in der Regel verwöhnte Söhne und Töchter wohlbestallter Eltern, wie übrigens einst auch die antibürgerlichen Frankfurter Klosterschüler um Theodor W. Adorno. Heute haben die Rebellen des einzig Guten und Wahren allerdings keine gemeinsame ideologische Prägung, sondern lediglich eine gemeinsame Sozialisation an den Universitäten. Sie sind von einem Erziehungsfuror getrieben, sie möchten ihre Befindlichkeit und ihre Nöte zur Richtschnur der ganzen Gesellschaft machen. Was sie tatsächlich verbindet, ist die Sorge um den eigenen Machterhalt. Denn Meinungsmacht bedeutet Positionsmacht – und umgekehrt. Je mehr ihre Macht infrage steht, desto dünnhäutiger und aggressiver reagieren sie – Sensibelchen, die sich damit als Spiesser entlarven."

Diese Ideologie schwappt, wie früher schon, von den USA nach Europa. Der neueste „Schwachsinn" (Meyer) ist die Diskussion um „kulturelle Aneignung". Weiße Schauspieler dürfen keine Schwarzen spielen, denn das sei Rassismus. Schwarze dürfen im Theater nicht weiß geschminkt werden, denn das sei Rassismus. Weiße dürfen anders pigmentierte Menschen nicht fragen, woher sie kommen, denn das sei Rassismus. Nach dieser Logik dürfte ein Schwarzer oder ein Asiate auch nicht mehr Bach spielen und Anzug mit Krawatte tragen, denn das wäre doch rassistische Aneignung weißer Kultur? Damit kommt der ganze Dumpfsinn zutage und entpuppt sich als neuer Puritanismus und Isolationismus, eine neue Version von Segregation. Diese setzen sich zunehmend in der Gesellschaft fest. Was wir gegen Genderismus und Revolutionsromantik bräuchten, ist mehr Humor und Lebensfreude. Stattdessen geht es immer mehr um Betroffenheit und Ideologie.

Dieser linksliberal-ökologistisch-feministisch-genderistische Mainstream glaubt immer noch, subversiv zu sein, statt sich die eigene Diskursmacht einzugestehen. Jede entdeckte Abweichung macht sie ritualisiert zu unerbittlichen, moralisierenden Meinungswächtern. Neu ist, dass sich an diese Diskursmacht verschiedenste Sekten anschließen, so dass an Klima-, 1.-Mai- und Anti-was-auch-immer-Demos Gruppen mitmarschieren, die Verschwörungsnarreteien über Handystrahlen verbreiten. Aber selbst wenn eine Gruppe Ansichten vertritt, die von einer Mehrheit der Bevölkerung abgelehnt wird, hat sie das Recht, sich Gehör zu verschaffen. Und wenn diese Gruppe bedroht wird, hat der Staat die Interessen der Bedrohten zu schützen. Aber „Meinungsfreiheit für Rechte und Verschwörungshansel" gilt als Provokation. In Deutschland sind einige Auftritte von Politikern, Wirtschaftsführern, Ökonomen, Islamkritikern oder Künstlern abgesagt worden, weil Proteste von Linksextremen drohten oder Drohungen ausgesprochen worden waren. Legitimiert werden diese Aufrufe zur Selbstjustiz mit der Behauptung, die Betroffenen hätten keine Meinung, sondern würden Sexismus oder Rassismus verbreiten. Die Gefühle der Aktivisten bestimmen, was rassistisch, sexistisch, hetzerisch und verbrecherisch ist.

4. 9. Über 26,3 Millionen Menschen sind laut der Johns-Hopkins-Universität weltweit positiv auf das Virus getestet worden. Rund 869 300 Infizierte sind verstorben, über 17,5 Millionen genesen. Rund 249 600 Menschen sind laut der Johns-Hopkins-Universität in Deutschland positiv auf das Virus getestet worden. 9327 Infizierte sind verstorben, mehr als 219 900 wieder genesen.

Da die USA tief gespalten sind und sich mitten in einer Epidemie befinden, befürchten viele Amerikaner, dass bei der Präsidentenwahl im November eine Verfassungskrise entstehen könnte. Wenn Präsident Donald Trump mit großem Abstand verliert, wie es die Umfragen derzeit nahe legen, wird es keine Möglichkeit geben, das Ergebnis plausibel anzufechten. Aber wenn die Wahl knapp ausgeht, und vor allem, wenn sich das Ergebnis nach der Wahlnacht aufgrund spät ausgezählter Briefwahlen zu ändern scheint, könnten beide Kandidaten den Sieg erklären und ihre Anhänger auf die Straße gehen. Die Dinge könnten sich hässlich entwickeln.

5. 9. Thilo Sarrazins Bestseller *Deutschland schafft sich ab* (2010) fand fast zwei Millionen Käufer. Danach erschien aus seiner Feder jedes zweite Jahr ein dickes Buch, das die Spitze der Bestsellerlisten erklomm: *Europa braucht den Euro nicht* (2012), *Der neue Tugendterror* (2014), *Wunschdenken* (2016) und *Feindliche Übernahme* (2018). Die SPD hat Sarrazin gerade (im dritten Anlauf) aus der Partei hinausgeworfen. Die Vorwürfe: Missachten der Menschenwürde, der Religionsfreiheit und der Gleichwertigkeit des Menschen.

In seinem neuen Buch *Der Staat an seinen Grenzen*[20] geht es erneut um die negativen Seiten von Einwanderung ebenso wie um die begrenzte soziale Leistungsfähigkeit von Staaten. Eckhard Jesse hat Sarrazins Buch für die NZZ rezensiert („Thilo Sarrazin ist auch mit seinem neuen Buch kein Freund von grenzenloser Offenheit", 1. September 2020). Überrascht stelle ich größere Übereinstimmung zu meiner eigenen Auffassung fest. Aber gilt Sarrazin nicht als Rassist?

Seine These lautet, Migration nütze fast ausschließlich den Einwanderern, nicht der einheimischen Bevölkerung. Migration und Flucht habe es schon immer gegeben; neu sei die weitgehende Gewaltlosigkeit. Immerhin. Sarrazin erklärt den Erfolg rechtspolitischer Parteien in verschiedenen Ländern damit, dass diese sich trotz des Migrationsdrucks nicht mit größeren Gruppen an Einwanderern vermischen wollen. Seit knapp zwei Generationen wächst die Zahl außereuropäischer Migranten unaufhörlich. Für die Zielländer stelle dies angesichts grassierender Parallelgesellschaften ein massives Problem dar. Wer den Sozialstaat in der bisherigen Form zu erhalten gedenke, müsse die europäischen Außengrenzen effektiv schützen, d.h. für ungesteuerte Migration schließen.

Sarrazins scharfe Kritik am 2018 verabschiedeten Uno-Migrationspakt ist gut begründet. Dieser bringe die Bevölkerungsexplosion in den Herkunftsländern nicht einmal zur Sprache, und eine kritische Diskussion über Migration unterbleibe in der Absichtserklärung, die die Bundesrepublik niemals hätte unterzeichnen dürfen. Auch Staaten, die den rechtlich nicht bindenden Pakt mit seinen 23 Zielen unterschrieben hätten, nähmen ihn wohl wenig ernst. Das Bevölkerungswachstum „als Ursache des Klimawandels" tauche in der öffentlichen Debatte kaum auf. Kaum? Ich denke: überhaupt nicht.

Der Verantwortungsethiker kann mit der Parole „Refugees welcome" sowohl unter moralischen als auch unter ökonomischen Gesichtspunkten nichts

---

[20] Thilo Sarrazin: *Der Staat an seinen Grenzen. Über Wirkung von Migration in Geschichte und Gegenwart.* München 2020

anfangen. Ein souveräner Staat müsse die eigenen Werte schützen. Diese Werte werden auch an seinen Grenzen verteidigt. Wer kulturfremde Massenimmigration ablehne, könne nicht für offene Grenzen plädieren. Diese gefährdeten den Sozialstaat. Sarrazin stellt nicht das Asylrecht infrage, wohl aber dessen Missbrauch und das Vollzugsdefizit. Und Sarrazin zieht abermals Statistiken heran. Im Sommer 2020 gelten in Deutschland 272.000 Personen als geduldete oder nicht geduldete Ausreisepflichtige. Der Zuzug gut ausgebildeter Fachkräfte helfe der hiesigen Wirtschaft, doch die Mehrheit der Einwanderer gehöre nicht zu dieser Gruppe. Die Folge: hohe Sozialtransfers. Unterschätzt der Autor die Integrationsbereitschaft wie die Leistungskraft von Einwanderern?

Der folgenlose Hinweis der politischen Klasse, Fluchtursachen seien zu bekämpfen, laufe auf eine Leerformel hinaus. Sarrazin: „Die Afrikaner haben grundsätzlich alle Mittel in der Hand, um sich selbst zu helfen und auf afrikanischem Boden europäischen Wohlstand für alle zu entwickeln. Europa muss bereitstehen, um Hilfe zur Selbsthilfe zu leisten".

Die Zahlen, die der Autor auflistet, lassen einen eindeutigen Trend erkennen, was den Migrationsdruck betrifft. Lebten 1950 dreimal so viele Menschen in Europa wie in Subsahara-Afrika, so ist es nach den Prognosen für 2050 gerade umgekehrt. Die Ursachen für das Verlassen der Heimat wurzeln weniger in materieller Not, sondern mehr in dem Bedürfnis, ein besseres Leben führen zu wollen. Die Theorie des „demografischen Übergangs", dass mit sinkender Sterblichkeit und wachsendem Wohlstand die Geburtenziffern stark zurückgehen, trifft gegenwärtig auf Afrika sowie den Nahen und den Mittleren Osten kaum zu.

Sarrazins Therapie: Immigration selektiv steuern und die porösen europäischen Außengrenzen wirksam sichern. Die Welt könne nur funktionieren, wenn Verantwortlichkeiten definiert und Zuständigkeiten respektiert werden. Die Machbarkeit müsse beachtet werden. Nationalstaaten und deren Regierungen müssen und dürfen primär das Wohl der eigenen Bevölkerung im Auge haben. Was in Südafrika oder in Somalia schief laufe, könne nicht in Deutschland oder Europa geheilt werden. Auch er will die „Fluchtursachen" bekämpfen, d. h. die Verhältnisse in den Herkunftsländern verbessern, so dass Massenauswanderung unterbleibt. „Der Westen" dürfte damit überfordert sein, abgesehen davon, dass jedes Land anders behandelt werden müsste und eigene Pläne bräuchte. Jesse: „Das wider den Zeitgeist gerichtete Werk des Provokateurs ist trotz manch polemischem Schlenker insgesamt sachlich geschrieben, hilfreich, frei von Wunschdenken und benennt einige konstruktive Vorschläge."

Die ersten Flüchtenden waren, wenn man so will, Adam und Eva. Seitdem sind Menschen auf der Flucht, nicht immer alle gleichzeitig und nicht überall. Was kann man aus diesen Menschheitsdramen lernen? Andreas Kossert gilt als Spezialist auf diesem Feld. Der Flüchtling als Typus war und ist Subjekt wie Objekt, aktiv wie passiv. Der Autor sucht das Gemeinsame, Grundsätzliche und Allgemeingültige. Eine dieser übergreifenden Ableitungen ist seine These, dass der Grad der Ablehnung, den Flüchtlinge erfahren, Rückschlüsse auf die Angst der Aufnehmenden zulasse, selbst einmal entwurzelt zu werden. Flüchtlinge und das, was sie erlebten und erlitten, führten einem vor Augen, wie zerbrechlich die eigene, scheinbar so sichere Existenz sei. (Andreas Kossert: *Flucht. Eine Menschheitsgeschichte.* München 2020)

6. 9. (Sonntag) Was macht den Populismus stark? Die Globalisierung, die Flüchtlingskrise, der Zerfall der Volksparteien, das vermeintliche Scheitern der staatlichen Institutionen? Nichts oder doch nur wenig von dem, meint der Autor und Soziologe Walter Hollstein in seinem Buch *Das Gären im Volksbauch. Warum die Rechte immer stärker wird* (NZZ Libro, Basel 2020). Die tatsächlichen Gründe sind schwer greifbar, aber Hollstein versucht sie nach Auswertung von 1.700 Gesprächen konkreter zu benennen. Es sei die Erosion von Kohärenz, Zusammengehörigkeit, traditionellen Wertvorstellungen und vertrauten Gewohnheiten. Daraus würden Unsicherheit, Orientierungsprobleme und steigende Gewaltbereitschaft resultieren, was wiederum bei einigen die Sehnsucht nach Führung und Sicherheit verstärke.

Was sind die Motive der Neurechten? Allenthalben wird gefordert, man müsse ihnen zuhören. Kann man böswilligen Rabauken zuhören? Zuhören ist keine Einbahnstraße. Und was genau wollen sie? Klar ist, dass es nicht weiterführt, sie als Faschisten zu etikettieren. Ist die „verbreitete Armut" ein tragendes Motiv? Viele Menschen kommen nicht ohne staatliche Unterstützung über die Runden. Aber ist der Staat nicht dazu da, die (auch finanziell) Schwächsten zu stützen? Sind die immer höheren Sozialausgaben Grund zur Klage oder zur Beruhigung? Ist die Europäische Union selbst daran schuld, wenn „das Vertrauen der Bürger" in die politischen Institutionen schwindet, oder haben „die Bürger" nur ein falsches Bild von Funktionsweise und Zweck der Europäischen Union? Oder ist das die meisten Bürger nicht interessierende oder gar abstoßende Gerede über Sexualidentitäten ein Grund, sich vom demokratischen Konsens abzuwenden?

Die Freiheit der Akteure habe zugenommen, konstatiert Hollstein, was zugleich eine Abkehr von einer (früher stärker vorhandenen?) Gemeinschaftsorientierung bedeute. Damit werde ignoriert, was Gesellschaft ausmacht. In der Tat ist die narzisstische Orientierung in den Opfer- und Gender-Debatten mit Händen zu greifen. Viele moderne Gesellschaften scheinen sich in einem Kulturkampf zwischen links und rechts zu befinden. Oder ist das nur eine Halluzination des Feuilletons? Die Bevölkerung sei von identitätspolitischen Luxusfragen wie Gendersternchen, der political correctness oder der überdrehten Rassismusdebatte abgestoßen, meint Hollstein. Die wirklich wichtigen Probleme wie Artensterben, die wachsende Weltbevölkerung oder die Auflösung gültiger Maßstäbe werden ignoriert. Ich frage mich: Sind das tatsächlich die Bezugspunkte der Populisten und Neurechten?

Geht es den Leuten wirklich schlecht? Wie viel Prozent von der Gesamtheit sind diese Leute? Nachkriegsdeutschland kennt keinen wirklichen Mangel. Der Wirtschaftsboom nach Kriegsende brachte vielen Menschen ein Wirtschaftswunder und zuvor nie gekannte Freiheit. Die außerparlamentarische Opposition in den Jahren nach 1968 versuchte den ausgebliebenen Widerstand gegen den Faschismus nachzuholen durch einen Kampf gegen den Kapitalismus, von dem angenommen wurde, dass er den Faschismus hervorgebracht hatte. Die antikapitalistische Gegengesellschaft verband sich mit einem antibürgerlichen und nichtkonformen Lebensstil. Beide misstrauen der Polizei und allen staatlichen Institutionen bis hin zum Hass. Ihnen fehlt es an nichts. Sie sahen und sehen jedoch überall Mangel und Niedergang, ein endloses Reservoir an Themen zur Weltverbesserung, und sei es, den sogenannten neoliberalen Kapitalismus jetzt aber wirklich ein für alle Mal abzu schaffen.

7. 9. Ich wollte eigentlich schon vergangenen Samstag an die Ostsee fahren, blieb dann aber noch zwei Tage in Berlin, zum einen, weil meine liebe Frau am Samstag Geburtstag hatte, zum anderen, um am Sonntag mit ihr einen sehr schönen Spaziergang im Park von Sans Souci zu machen. Wir tranken Kaffee im Drachenhaus, kochten aber mittags Zuhause.

Am Montag Abfahrt nach dem Mittagessen. Zuvor exzerpierte ich noch Hans Kelsens kleines Grundlagenwerk *Vom Wesen und Wert der Demokratie* von 1920/1929.

Abends noch in Wustrow Lebensmittel eingekauft für die nächsten Tage.

8. 9. Der Tag begann mit schlechten Wetter und Sturm. Schon früh morgens um 7:00 Uhr an den Strand für einige Gymnastik-Übungen. Ein Mann badete sogar. Bis zum frühen Nachmittag die Zusammenfassung des Kelsen-Werkes abgeschlossen und an die Mitglieder unseres wissenschaftlichen „Jour fix" geschickt. Befriedigendes Gefühl. Nachmittags klarte es auf und ich saß tatsächlich vor der Ferienwohnung in der Sonne und las Aufsätze über Hannah Arendt. Die Ferienwohnung ist doppelstöckig: unten die Küche, Esstisch und Sitzecke, oben Schlafzimmer und Badezimmer. Abends höre ich im Radio eine philosophische Debatte über die Fürsorgepflicht des Staates und die Freiheit des Bürgers in der Corona-Krise. Die Bürger sind grundsätzlich bereit, mehr oder weniger Risiken einzugehen, beispielsweise bestimmte Sportarten, beim Rauchen, Alkohol oder Autoverkehr. Warum nicht auch in der Corona-Pandemie? Die Debatte ist brisant wegen der Frage, ob der Schulunterricht wieder in vollem Umfange aufgenommen werden kann und soll.

Beginnender Lippenherpes. Fahre zur Apotheke und kaufe eine Salbe.

9. 9. Trüber Vormittag. Ich arbeite an einer Ergänzung zu meinem Hannah-Arendt-Kapitel im Rahmen des Liberalismus-Projekts. Unter anderem geht es um Diskriminierung und Segregation. Mittagessen zu Hause, weil ich von vorgestern noch Lebensmittel habe, die aufgegessen werden müssen. Wetter immerhin so freundlich, dass ich draußen im Garten sitzen kann. Nach dem Mittagsschlaf Ergänzung des Arendt-Kapitels abgeschlossen. Bedeckter Himmel. Ich habe Lust auf eine Belgische Waffel von einem der Buden an der Strandstraße. Sie schmeckt aber nicht so gut wie in meinem Lieblingscafé „Lotte am Platz" in Berlin. Es nieselt.

Ich setze mich auf eine Bank und rufe C.S. an. Wir plaudern eine halbe Stunde und verabreden, dass ich ihm meine 20 Seiten über Hannah Arendt schicke und er mir den Text *Der Existentialismus ist ein Humanismus* von Jean-Paul Sartre, unter der Maßgabe, dass ich ihn auch wirklich lese.

Nachmittags klingelt überraschend das Telefon. Am anderen Ende eine Japanerin mit schwerem Akzent. Ich verstehe so viel, dass sie das Jugendwerk von Karl Löwith *Fiala* ins Japanische übersetzen will. Ich habe nichts dagegen und verweise sie auf den Herausgeber Klaus Hölzer.

Aus einem der Buden an der Strandstraße nehme ich einen Backfisch mit Kartoffelsalat mit. Es ist mein Abendessen. Abends wieder Skype mit meiner lieben Ehefrau. Sie liest mir aus dem soeben erschienenen fünften Band des *Tagebuchs im hohen Alter* von J.R. vor. Höre zum Zubettgehen den Philosophen Harald Welzer in einem Podcast. Er schwadroniert über die Möglichkeit der Verbesserung der Welt. Das ist keine Philosophie und nicht einmal Wissenschaft, sondern nur Wunschdenken und Meinung. Nichts von dem, was Welzer sich erträumt, wird eintreten.

Hier das Arendt-Ergänzungskapitel:

Vor über 60 Jahren, 1957, erstritt die 15-jährige Elizabeth Eckford, eine Schwarze, den Zugang zur Little Rock Central High School in Little Rock, Arkansas (USA). Ermöglicht wurde dies durch neue US-Bundesurteile, die die „Segregation", die „Entmischung" von Schwarzen und Weißen im öffentlichen Leben, aufhob. Ein Bild zeigt die aufrechte junge Frau, wie ihr eine Gruppe schimpfender und feixender weißer Männer und Frauen folgt.

Die aus Deutschland 1933 geflohene, in den USA lebende politische Publizistin Hannah Arendt veröffentlichte im September 1957 in der *New York Times* einen Kommentar zu dem Ereignis. Darin warf sie den Eltern des schwarzen Kindes und der National Association for the Advancement of Colored People (NAACP) vor, „fahrlässig und opportunistisch" gehandelt zu haben. Sie forderte, schwarze Eltern sollten ihre politischen Kämpfe selbst austragen und nicht ihre Kinder vorschicken. Ihre Argumente stießen bei schwarzen Kommentatoren auf scharfe Kritik und Ablehnung. Wenig später korrigierte sie sich in einem Brief an einen ihrer Kritiker, sie habe die Motive der Eltern und der NAACP falsch verstanden bzw. gar nicht gekannt. Sie revidierte ihr Urteil, aber nicht öffentlich.

Arendt hatte trotz des Eingeständnisses ihres Irrtums ein wichtiges Problem erkannt: Wie verhält sich das Recht auf freie Vereinigung mit dem Zwang zur gemeinsamen Beschulung? Soll man die Aufhebung der Segregation im weißen Süden der USA gegen den Willen der Bevölkerung auch zwangsweise durchsetzen? Aktuell gefragt: Soll und darf die Europäische Union ihre Mitgliedsstaaten dazu zwingen, bestimmte Kontingente von außereuropäischen Flüchtlingen aufzunehmen, auch wenn die jeweilige Regierung (eventuell auch eine Mehrheit der nationalen Bevölkerung) dagegen ist?

Arendt versuchte das Problem mit der Unterscheidung zwischen rechtlicher, sozialer und privater Segregation zu lösen. Rechtlich festgelegte Rassentrennung sei Unrecht, da dies die grundlegende Gleichheit aller in der politischen

Sphäre antastet. Hintergrund ist die Annahme, dass Gleichheit keine natürliche Eigenschaft der Menschen ist, sondern eine politische Errungenschaft, eine Konsequenz aus Einsicht. Politische Gleichheit bedeutet, dass die Menschen bei aller realer Differenz als Staatsbürger gleichberechtigt sind. Sie sind es vor dem Gesetz. So eindeutig Arendts Bekenntnis zur *politischen* Gleichberechtigung ist, so nachdrücklich lehnt sie das Prinzip der Gleichheit in der sozialen und der privaten Sphäre ab. Im Sozialleben müsse der Mensch die Freiheit haben, sich den geselligen Umgang mit seinen Mitmenschen frei zu wählen. Hier dürfe „diskriminiert", also unterschieden werden, mit wem ich mich abgebe und mit wem nicht. Man schließt sich eher an an Menschen mit gleicher Herkunft, gleichem Beruf oder gleichen Vorlieben oder Abneigungen. Andere Gruppierungen werden eher gemieden oder ignoriert.

Arendt sieht in der Diskriminierung eine grundlegende soziale Praxis: „Diskriminierung ist ein ebenso unabdingbares gesellschaftliches Recht wie Gleichheit ein politisches ist."[21] Es sei falsch, Segregation in den Schulen durchzusetzen, es sei aber ebenso falsch, Segregation bei der Eheschließung anzuwenden. Arendt war mit einem Nichtjuden verheiratet und betrachtete das Recht der freien Eheschließung als „elementares Menschenrecht". Das Recht, die Person zu heiraten, die man liebe, sei etwas anderes, als allen Menschen gemischte Ehen zu verordnen. „Der entscheidende Punkt ist nicht, dass die Rassentrennung als tradierte gesellschaftliche Haltung verfassungswidrig wäre, sondern allein deren *gesetzliche Erzwingung*." (s. Anm.) Im Privaten und im sozialen Umgang darf man, das darf daraus geschlossen werden, bestimmte Menschen und Bevölkerungsgruppen aus welchen Gründen auch immer links liegen lassen. Diese Art der Diskriminierung könne und solle nicht abgeschafft werden. Arendt will darauf aufmerksam machen, dass Forderungen nach sozialer Gleichheit die Freiheit bedrohen. Es komme darauf an, wo und wie man Diskriminierung auf jene Bereiche der Gesellschaft beschränken kann, wo sie *legitim* sei.

Arendts Hauptargument richtet sich gegen eine *erzwungene* Integration. Der Staat solle nicht vorschreiben, mit wem man Umgang hat und wie man seine Kinder aufwachsen lassen will. Ihre Ansicht, Schule und Bildung seien eher private Orte, wo Segregation und Diskriminierung erlaubt sein müssten,

---

[21] zit. von Roger Berkowitz, „Zur Kritik an Hannah Arendts ‚Reflections on Little Rock'" in: Blume/Boll/Gross, *Hannah Arendt und das 20. Jahrhundert*, München 2020. Es handelt sich um den Begleitband zur Hannah-Arendt-Ausstellung des Deutschen Historischen Museums Berlin 2020.

wurde heftig kritisiert. Man warf ihr vor, sie ignoriere die politische Relevanz des Themas für die Schwarzen Amerikas und verfestige eine rassische Hierarchie im Bildungswesen.

Dahinter steht eine weitere Annahme Arendts, dass nämlich die Privatsphäre der Ort ist, wo Kinder frei aufwachsen können, unbelastet von gesellschaftlichem oder rechtlichem Druck. Dagegen wurde eingewandt, dass in Familien oft nur die dort üblichen Vorurteile weitergegeben werden und sich hinter der familiären Fassade oftmals Abgründe verbergen. Aber Arendt hält das Vorhandensein von Vorurteilen für unvermeidlich. Mit ihnen müsse man rechnen. Und es ist kein gutes Argument, mit Hinweis auf Vorurteile und zerbrechenden Familien die Vermischung verschiedener Milieus und Hautfarben zu erzwingen, in der (fragwürdigen) Annahme, dann würden Vorurteile verschwinden und die Familien geheilt werden.

Hat Arendt Recht, wenn sie sagt, es sei Privatsache, mit welchen Kindern mein eigenes Kind in die Schule geht? Die zunehmende Bevorzugung von Privatschulen aktuell in Deutschland ist ein mehr oder weniger offen eingestandener Versuch weißer, deutscher Eltern, den Klassen mit überwiegend türkischen oder arabischen Schülern auszuweichen. Arendt hätte dafür Verständnis gehabt. Die zwangsweise Integration verfolgt das politische Ziel der Gleichheit und verletzt das Recht auf persönliche Einzigartigkeit. Mit dem von Arendt benannten Spannungsverhältnis sehen wir uns bis heute konfrontiert. Es zeugt von politischer Blindheit so zu tun, als gebe es diesen Wertekonflikt nicht.

10. 9. Bei Sonnenaufgang Frühgymnastik am Meer. Kräftiger Wind. – Am Vormittag intensiv an Neurobiologie gearbeitet. Wohin mit der Psychoneuroendokrinologie? Ein eigenes Kapitel oder doch, wie ich es jetzt getan habe, in ein Hauptkapitel mit der vagen Überschrift „Psyche, Persönlichkeit und Gehirn"? Ferner das Hauptkapitel „Determinanten psychischer Störungen" ergänzt. Ich habe anhand von Deneke und Roth 18 Determinanten bzw. „Auslöser" für psychologische Störungen formuliert und hänge die von Eric Kandel gefundenen fünf Determinanten (eine leicht anders strukturierte Liste) an. Draußen scheint die Sonne, ich will raus.

*

„Deutschland ist ein beneidenswertes Land. Es hat eine Reife entwickelt, mit der nur wenige andere Länder mithalten können." Welche andere Nation hätte einen armen Cousin wie die DDR mit so wenig nachhaltigem Trauma aufnehmen können? Welche andere Nation hätte über einer Million der ärmsten Menschen der Welt in der Flüchtlingskrise eine Heimat geben können? Solche und noch viele mehr die Deutschen lobenden Sätze finden sich in einem Buch des englischen Publizisten John Kampfner, das gerade erschienen ist und den provozierenden Titel trägt: *Warum die Deutschen es besser machen* (Why the Germans Do it Better: Notes from a Grown-Up Country"). „Corona war der ultimative Test für die Führungsqualität Angela Merkels", schreibt Kampfner. Deutschland hat in der Pandemie bislang knapp 10.000 Tote zu betrauern, in Großbritannien sind es mehr als 40.000.

Der Autor schätzt die unaufgeregten Tugenden der Deutschen, vor allem die Zuverlässigkeit, Ehrlichkeit und Bescheidenheit, in denen er die Grundlage für den Erfolg erkennt. Und es ist die anti-charismatische Kanzlerin, eine Gegenfigur zum derzeitigen britischen Premierminister Johnson, einem Lügner und Aufschneider. Deutschland hingegen sei langweilig und erfolgreich. Die soziale Marktwirtschaft mit ihren vielen Einspruchs- und Mitwirkungsrechten entschleunige. Kampfner lobt nicht nur. Er erwähnt den VW-Abgasskandal (aber was daran ist deutsch?), den Rückstand in der Digitalisierung, die starke Exportabhängigkeit (die man auch als Stärke ansehen kann) und die angeblich marode Infrastruktur. Doch unterm Strich: Deutschland sei erfolgreich mit seinem Mix aus wirtschaftlichem Wachstum und sozialer Inklusion – die höchste Beschäftigungsquote jemals, Schuldenabbau, ausgeglichene Haushalte und ständig üppigere öffentliche Budgets.

11. 9. Frühmorgens bei frischem Wind und freundlichem Himmel wieder Gymnastik am Strand. Vormittags die letzten Reste an gesammeltem Material für Neurobiologie gesichtet und größtenteils verworfen. Mittags packe ich das Faltrad in den Kofferraum und fahren nach Ahrenshoop und von dort mit dem Fahrrad nach Born, ein hübsches, gepflegtes Dorf. Köstliches Mittagessen am dortigen, kleinen Hafen (Kartoffelpuffer mit Lachsstreifen). Auf einem schlechten, endlos langem Landwirtschaftsweg zurück nach Ahrenshoop, diesmal gegen den Wind. Zur Belohnung Kaffee und Kuchen auf der Terrasse des Cafés Namenlos. Am späten Nachmittag Korrektur von Kapitel 7 „Psyche, Persönlichkeit und Gehirn".

*

Unerklärt ist bislang, warum die Infektions- und Todesraten von Land zu Land so stark schwanken. Derzeit infizieren sich im Vereinigten Königreich täglich im Schnitt 44 Menschen, bezogen auf eine Million Einwohner. Das wiederum bedeutet, dass die Wahrscheinlichkeit zu erkranken dort derzeit 44 zu einer Million pro Tag ist. In den Vereinigten Staaten ist dieses Risiko zehnmal höher als in Großbritannien, während es in Deutschland mit 18 zu einer Million deutlich geringer ist.

Seit das griechische Flüchtlingslager Moria vergangene Woche niederbrannte, dominiert eine Frage die deutsche Politik, die seit Jahren ständig wiederkehrt: Wie viele Flüchtlinge soll Deutschland aufnehmen? Der Innenminister sagt, Deutschland dürfe innerhalb der Europäischen Union keinen „Alleingang" wagen und Asylbewerber aufnehmen. Es gibt aber keinen Kompromiss innerhalb der EU. Also dreht sich die Debatte im Kreis. Nun hat sich Deutschland bereiterklärt, neben 150 Jugendliche weitere 1500 Moria-Flüchtlinge aufzunehmen. Eine einheitliche EU-Flüchtlingspolitik gibt es auch fünf Jahre nach dem Ansturm 2015 nicht.

„Das Jahr 2015 darf sich nicht wiederholen." In den vergangenen Tagen fiel dieser Satz in der deutschen Debatte um die Aufnahme von Flüchtlingen aus dem niedergebrannten Lager Moria oft. Gemünzt war er auf den unkontrollierten Zustrom von Flüchtlingen über deutsche Grenzen und den zeitweiligen Kontrollverlust des deutschen Staates vor fünf Jahren. Die Aufnahme von 1500 Menschen mit Asylberechtigung ändert an dem anhaltenden Migrationsdrucks an den europäischen Außengrenzen nichts. Die deutschen moralischen Erwägungen sind keine Grundlage für EU-Lösungen.

12. 9. Bei trübem Wetter und wenig Wind frühmorgens am Strand. Hörte gestern Abend noch im Podcast eine Diskussion über Wirtschaftsfragen mit Ulrike Herrmann. Sie ist Redakteuren der linksgerichteten Tageszeitung *taz* und schrieb mehrere populäre Bücher. Im Rundfunk wie in den Büchern verbreitet sie eine unendliche Reihe von unbelegten Meinungen, Vorurteilen und unrealistischen Wünschen. Immerhin ist sie nicht für die Abschaffung des Kapitalismus und des Kapitals. Sie gehört zu jenen Halbgebildeten, die nichts durchdacht haben, aber glauben, überall mitreden zu können.

Vormittags das 7. Kapitel der „Neurobiologie" zu Ende korrigiert. Frage mich, ob ich das alles richtig verstanden habe. – Ich stehe vor der Aufgabe, das Hauptkapitel „Implikationen neurobiologische Erkenntnisse für die dynamische Psychotherapie" zu formulieren. Dazu habe ich viel Material gesammelt – aber wo anfangen? Ich habe noch keine gute Idee.

Ich fahre mit dem Auto nach Born auf dem Darß und von dort mit dem Fahrrad nach Wieck, eine sehr schöne Strecke. Mittagessen auf der Sonnenterrasse des Hotels Haferland. Auch Wieck ist ein schön hergerichtetes Dorf. Viele Radfahrer sind unterwegs. Nach dem Mittagsschlaf weiteres Nachdenken über das Hauptkapitel. Abends wieder Skypen mit meine lieben Frau. Sie liest mir unter anderem aus Bd. 5 des *Tagebuchs im hohen Alter* von J.R. vor.

*

Die Zahl der Neuinfektionen mit dem Coronavirus steigt in Deutschland seit Wochen an, zugleich ist die Zahl der Menschen, die sich wegen einer schweren Covid-19-Erkrankung in intensivmedizinischer Behandlung befinden, auf gleichbleibend niedrigem Niveau. Tausende Intensivbetten stehen leer. Ein für Laien schwer zu erklärender Widerspruch.

Als Hannah Arendt ab 1943 von der Ungeheuerlichkeit der industriellen Vernichtung jüdischer Menschen erfuhr, formulierte sie in ihrer Erschütterung, dass dies ein Verbrechen sei, dass man niemals verzeihen könne. Es sei jenseits dessen, was wiedergutzumachen wäre. Ich glaube – 70 Jahre später, – das Arendt nach wie vor Recht hat. Adorno formulierte, nach Auschwitz ein Gedicht zu schreiben sei „barbarisch". Verbietet sich nach der Erfahrung von Auschwitz jede weitere Kultur? Adorno bejahte: alle Kultur nach Auschwitz sei Müll. Daraus ließe sich folgern, dass Künstler und Kritiker zu schweigen hätten, Adorno eingeschlossen. Aber es wurde weitergedichtet und es wird weiterhin Kulturkritik praktiziert. Als Günther Anders von den Atombombenabwürfen über Japan erfuhr, war er erschüttert. Aber wie Adorno übertrieb er: Die Atombombenabwürfe seien das Ende von Geschichte, etwas, was in die Geschichte nicht mehr eingehen könne. Nun, die Atombomben gingen in die Geschichtsschreibung ein.

Warum tun sich Philosophen oft so schwer, eine realistische Sicht der Dinge einzunehmen? Mir kommt es wie ein Großtun vor, wie Zehenspitzengängerei, ein verzweifelter Versuch, eine Formulierung zu finden, mit der man im Tagesgeplärr Gehör finden kann.

Natürlich hatten die Erfindung und der Einsatz der Atombombe tiefgreifende Folgen. Allen Menschen guten Willens war klar, jetzt, wo es diese Bombe gibt, dürfe sie niemals eingesetzt werden. Die Technik- und Zivilisationskritiker hatten einen neuen Beweis für ihre Ablehnung und Skepsis. Sie lokalisieren ihren Feind in den USA, seltener in der Sowjetunion. Übersehen wurde, dass es deutsche Wissenschaftler waren, die die Entwicklung der Atombombe maßgeblich vorangebracht hatten. Die Gleichsetzung von Auschwitz und Atombombe liegt nahe – als monströs. Letztlich ist Arendt genauso politisch spitzfindig wie Adorno und andere. Aber weder bedeuten Konzentrationslager den Untergang „des Menschen", wie im Falle der Wasserstoffbombe der Untergang des Menschengeschlechts. Es gibt weiterhin Menschen jüdischen Glaubens. Die Städte Nagasaki und Hiroshima sind heute blühende Touristenanziehungspunkte. Die Evakuierten aus der Provinz Fukushima kehren in ihre Heimat zurück.

13. 9. (Sonntag) Frühmorgens wieder Gymnastik am Strand. Bei der Arbeit am neunten Hauptkapitel. Noch fehlt mir die zündende Idee. Das Wetter ist kühl und leicht diesig, kaum Wind. Beginne mit einem Unterkapitel über das Verhältnis von Psychoanalyse und Neurobiologie. Mittags mit dem Auto nach Prerow. Auch das ein hübsches Dorf zwischen Ostsee und einem großen Waldgebiet. Mit vielen anderen Radlern auf langen Waldwegen zum Leuchtturm. Der Wind hat auf Stärke 5 aufgefrischt. Mittagessen in einem hübschen Lokal. Ich probiere in zwei verschiedenen Kaffees Waffeln aus, beide grauenhaft. Ich warf sie weg. J.Ri. fragt an, ob sie ihr neues Buch wieder im meinem Verlag veröffentlichen könne. Wegen schlechter Erfahrung mit ihr bei ihrem früheren Buchprojekt möchte ich nicht. Aber wie ihr das schonend beibringen? In der Nacht brach meine Hälfte des Doppelbettes zusammen. Ich schlief auf der anderen Hälfte weiter.

14. 9. Der Tag beginnt windig und trübe. Nach dem Frühstück richte ich das Bettgestell wieder her. Das Trägerbrett für die Lattenroste war umgekippt. Arbeite vormittags an einer Kritik der Freud'schen Triebtheorie. Komme mit dem Kapitel „Neurobiologie und Psychoanalyse" nicht recht voran. Es gibt zu viel Material.

Heute geht es in den Ort Zingst. Er ist der größte und erinnert mit seinen großen, weißen Hotels an Westerland/Sylt. Auch hier ist alles renoviert und gepflegt. Bei schönem Wetter sind viele Menschen unterwegs. Mittagessen in der Fußgängerzone. Mit dem Fahrrad weiter zum Bodden-Hafen. Dort beim Italiener hervorragendes Tiramisu. Zum Abendessen nur noch ein Joghurt. Überlege, was ich J.Ri. antworten könnte.

15. 9. Schon früh am Strand. Gut vier Stunden an „Neurobiologie und Psychoanalyse" gesessen, ohne recht weiterzukommen. Mittagessen im schönen Garten des Cafés „Reise Reise". Strahlend blauer Himmel und Windstille.

Fahrradausflug nach Dierhagen Dorf zum kleinen Hafen, dort Mittag gegessen, dort weiter auf sehr schönem Weg in das völlig ruhige Dorf Dändorf. Nachmittags weiter gearbeitet an Neurobiologie.

16. 9. Bin ziemlich resigniert, was die Neurobiologie angeht. Es sind zu viele Punkte zu berücksichtigen. Jetzt zum Beispiel Träume und analytische Traumdeutung. Ich werde einfach nicht fertig, obwohl ich täglich viele Stunden darauf verwenden. Einige weitere Kapitel stehen ebenfalls noch an. Dann das große Kapitel „Was bedeutet die Neurobiologie für die Therapie?" Und dann muss ich noch alles korrigieren und dann alles noch verschlagworten. Mittags mit dem Auto nach Gral-Müritz, ein uninteressanter Ort, ohne Öffnung zum Meer, eingebaut in einen Wald. Obwohl der kalte Nordwind erst für morgen angesagt war, war es bereits sehr kühl. Zu kühl für mich. Ich fuhr wieder zurück; Mittagsschlaf; Weiterarbeit an Neurobiologie.

17. 9. Patientin F.D. rief an: Was sie nur mit ihrem neuen Ehemann anfangen soll? Sie bekomme von ihm keine Unterstützung und können nicht mit ihm reden. Sie zahle alles und er lasse sich bedienen. Dann sollte sie an eine Trennung denken, sage ich schließlich leicht ungeduldig. Die beiden sind erst seit drei Monaten zusammen.

Vormittag schließe ich tatsächlich das Kapitel „Neurobiologie und Psychoanalyse" ab und schicke den Text an den Jour fixe. Fahrradfahren zum Hafen Althagen, aber vor dem Restaurant Fischerhaus steht eine lange Schlange. Weiterfahrt zu Café Namenlos. Große Fischplatte gegessen. Strahlende Sonne, aber eiskalter Wind. In Ahrenshoop herumgeschlendert; schöner Ort, viele Touristen.

18. 9. Da ich unter Anspannung das Kapitel (nicht das ganze Buch) „Neurobiologie und Psychoanalyse" abschließen konnte, hatte ich am heutigen Vormittag (meinem letzten Tag an der Ostsee) Ruhe und Muße, das nächste Kapitel zu beginnen: „Implikationen der Neurobiologie für die dynamische Psychotherapie". Davon die ersten zwei oder drei Unterkapitel korrigieren. Bin sehr zufrieden. Mittags Autofahrt nach Warnemünde, mit der Fähre übergesetzt in die Altstadt mit dem alten Hafen. Gönne mir, weil es meine liebe Ehefrau ja nicht sieht, Currywurst mit Süßkartoffel-Pommes. Einstündige, interessante Hafenrundfahrt. Wir sehen den Superkran „Orion 1" der Firma

Liebherr, der vor wenigen Monaten bei einem Belastungstest havarierte. Der Schaden soll 50 bis 100 Millionen Euro betragen. Abends meine Sachen für die morgige Rückfahrt zusammengepackt.

19. 9. Problemlose Rückfahrt nach Berlin, Mietauto gesäubert und abgegeben. Wiedersehen mit meiner lieben Frau.

20. 9. (Sonntag) Die Regierungspartei in den Niederlanden denkt über den Bau von drei bis zehn Kernreaktoren nach. Anders seien die Klimaziele von Paris nicht erreichbar. Eine Analyse der Beratungsgesellschaft Enco empfiehlt einen zügigen Aufbau neuer Kernkraftwerke. Die Kernenergie ist für die Zeit nach 2030 eine der kosteneffizientesten Optionen für eine deutliche CO_2-Reduktion. Ob diese Atom-Renaissance den Rechtfertigungsdruck für die deutsche Energiepolitik erhöht? Wohl kaum. Zwischen 2020 und 2030 sollen in China 44 Kernreaktoren in Betrieb gehen, in Russland 22, in Indien 14, in Ägypten vier. Die Bundesregierung hatte unter dem Eindruck der Tsunami-Folgen im 8000 Kilometer entfernten (!) japanischen Fukushima den Ausstieg aus der deutschen (!) Atomkraft beschlossen. Zur Kompensation wäre eine Vervielfachung des Ausbautempos alternativer Erzeugungstechniken wie etwa der Windkraft nötig. Die jedoch stößt wegen ihres großen Platzbedarfs im dicht besiedelten Deutschland immer öfter auf Widerstand betroffener Anwohner und Naturschützer. Die CO_2-freie Atomkraft gilt in Deutschland trotz stark verbreiteter Klimaängste gleichwohl als Tabuthema. Die günstigste Methode, den CO2-Ausstoß zu senken, besteht in der Verlängerung der Lebensdauer der vorhandenen Kernkraftwerke. Der Klimarat der Vereinten Nationen (IPCC) hatte vor zwei Jahren die Meinung vertreten, ein Ausbau der Kernkraft sei zur Erreichung der Klimaziele erforderlich.

Klimaneutralität dank Kernkraftwerke? Diese Idee kann inzwischen in Deutschland geäußert werden, ohne dass gleich eine hysterische Gegenreaktion erfolgt. Noch verleugnet die grüne Umweltlobby den möglichen Beitrag der Kernenergie für eine CO2-Reduktion. Industrielle Produktion, Chemie, Stahlerzeugung, Baustoffe, Zement, Verkehr und Gebäude kommen nicht ohne Strom aus. Ihn allein mit regenerativen Energieträgern zu erzeugen, wird kaum gelingen, von den enormen Kosten ganz abgesehen. 20 Jahre nach dem Energie-Einspeisung-Gesetz, den weltweit höchsten Stromkosten und einer Ökostrom-Umlage von 30 Milliarden Euro im Jahr liegt der Anteil regenerativer Quellen am Primärenergieverbrauch bei gerade einmal 13 Prozent (davon Wind 2,8 % und Solar 1,3%, der Rest vor allem Biomasse). Allein die deutsche chemische Industrie würde für eine klimaneutrale Produktion 100.000 Windräder benötigen. Die Stahlerzeugung auf Wasserstoff umzustellen, benötigt nach Angaben von Fachleuten (was ich nicht überprüft habe) 58 Gigawatt Strom. Das entspreche zwei Dritteln der Kraftwerksgrundlast. Allein dafür wären weitere 12.000 Windräder erforderlich. Zum Vergleich: In Deutschland stehen derzeit 31.5000 Windräder (on-shore und offshore). Nach einer Berechnung des Forschungszentrums Jülich sei eine 95-prozentige CO2-Reduktion bis 2050 machbar, aber mit dem bisherigen Konzept zu Kosten von 128 Milliarden € pro Jahr.

Der kerntechnische Dual-Fluid-Reaktor erzeugt CO2-freien Strom oder Prozesswärme und ist noch einmal sicherer als die bisherigen Kernkraftanlagen. Ein wesentlicher Nutzen dieser neuen Technik liegt darin, dass als Brennstoff Atommüll verwendet wird. Die Suche nach einem Endlager erübrigt sich daher. Übrig bleiben nur Restmengen an Spaltprodukten, deren Radioaktivität nach 300 Jahren geringer ist als Natururan aus dem Schwarzwald. Das Ziel der Klimaneutralität wird inzwischen nicht mehr infrage gestellt. Kleine und moderne Kernkraftwerke können dazu einen Hauptbeitrag leisten. Auch im Nahen Osten bricht das Zeitalter der Atomenergie an. Präsidentschaftskandidat Joe Biden setzt im Bemühen um Klimaneutralität auch auf eine neue Generation von Small Modular Reactors (SMR), kleine Atomreaktoren, so groß wie ein Einfamilienhaus, die schnell und kostengünstig gebaut werden können und vor allem noch sicherer sein sollen als die bisherigen großindustriellen Reaktoren.[22]

21. 9. Strahlend blauer Himmel, 26 Grad. – Meine liebe Frau bei ihrem Hautarzt, ich bei meinem. Bei mir Biopsie, bei ihr Entfernung von Hautkrebszellen.

22. 9. Wie kann man sich den Rechtspopulismus erklären? Das Buch *Ingenieure des Chaos* (München 2020) von Giuliano da Empoli versucht eine Erklärung. Der 5-Sterne-Bewegung in Italien, der Brexit-Bewegung, Pegida, AfD und den französischen Gelbwesten ist eine Mechanik der Meinungsmanipulation zu eigen. Sie nehmen ihre Themen aus dem errechneten Erregungspo-

---

[22] Thomas Schulenberg: *Die vierte Generation der Kernreaktoren* (Juni 2020). Sie auch Gerald Mackenthun: *Fukushima: Kernenergie ist beherrschbar* (2016).

tenzial der sozialen Medien. Die Algorithmen der sozialen Netzwerke belohnen Negativschlagzeilen. Gerade in der Absurdität von Behauptungen besteht die Chance, viele Followers und Klicks zu bekommen. Die Absurdität generiert eine Form der Verbundenheit in Abgrenzung gegen die politische Realität „da draußen". Alternative Fakten sind einfach origineller als die echten. Fake News gehören zu einer Spaßkultur gegen die politische Korrektheit, gegen den dominanten Kodex der Linken und Liberalen. Es bereitet Freude, den Gegner vor Wut kochen zu sehen. Wirkliche politische Inhalte sind damit nicht verbunden. Man springt auf die vorbeifahrenden Züge auf oder auf den Rücken jener Säue, die gerade durchs Dorf getrieben werden. In Deutschland und anderswo sind es die einschränkenden Corona-Maßnahmen. Erstaunlich ist, wie die im Rampenlicht stehende Figuren unverfroren Fake News, Verschwörungstheorien und anderes Erregungsmaterial unter die Anhänger bringen, ohne dass ihre argumentative Lächerlichkeit unmittelbar als Schwäche ausgelegt wird. Trump ist ihre Idealbesetzung. Auf die beim Wähler früher oder später unvermeidbare Erwartungsenttäuschung folge eine zunehmende Enthemmung der Populisten, welche die repräsentative Demokratie auszuhöhlen drohe.

23. 9. Was die Wirksamkeit von Psychotherapie angeht, gehen die Meinungen und Daten weit auseinander. In den Fachzeitschriften wird die Wirksamkeit von Psychotherapie – egal welche Richtung und welches Störungsbild – durch Studien belegt. Nach den persönlichen Erfahrungen der Behandler sieht die Bilanz nicht so positiv aus.

Die naturwissenschaftliche Forschung der belebten und unbelebten Welt hat in den vergangenen 100 Jahren unvorstellbare Fortschritte gemacht. Blieb die Psychologie hinter dem naturwissenschaftlichen Erkenntnisfortschritt zurück? Ist die Sorge berechtigt, dass der naturwissenschaftlich-technische Fortschritt von großen Teilen der Bevölkerung nicht mehr nachvollzogen werden kann?

Die Antworten darauf müssen differenziert ausfallen und sind deswegen nicht leicht zu belegen. Von der Psychotherapie die Weltrettung zu erhoffen, wie es der Psychoanalytiker James Hillman und der Journalist Michael Ventura in ihrem Buch mit dem provokanten Titel *Hundert Jahre Psychotherapie - und der Welt geht's immer schlechter* (1993) taten, geht an der Realität vorbei. Mit der Welt geht es eben nicht weiter bergab, vielmehr gibt es seit Ende des Zweiten Weltkrieges erstaunliche positive Entwicklungen der Menschheit.

Andererseits bleiben viele Verhaltensweisen des Menschen, insbesondere seine psychischen Störungen, weiterhin rätselhaft. Menschliche Verhaltensweisen einschließlich ihrer Mängel beruhen auf der genetischen Ausstattung, die weitestgehend undurchschaubar bleibt, der Epigenetik, die ebenfalls weithin undurchsichtig ist, den weitgehend unbekannten und nur bruchstückhaft rekonstruierbaren vorgeburtlichen und frühkindlichen Einflüssen, den unüberschaubaren Wechselwirkungen zwischen diesen genannten Faktoren und den alltäglichen Erfahrungen eines jeden Einzelnen und ihrer persönlichen Einordnung und einer geradezu unendlichen Wechselwirkung zwischen menschlicher Natur, menschlicher Umwelt und individueller Verarbeitung dieser Interaktion, und das jeweils über Jahrzehnte hinweg. Psychotherapie hat in die allermeisten diese Determinanten keinerlei Einblick und nur auf einen winzigen Teil Einflussmöglichkeiten. Wie kann man da guten Gewissens von Wirkung und Erfolg sprechen?

Die Psychologie hat eine große Zahl von Beeinflussungstechniken entwickelt, von denen keine einzelne zuverlässig funktioniert. Ihre Anwendungen unterliegen dem Prinzip von Versuch und Irrtum. Ob Patienten auf Psychotherapie und Interventionen von Psychotherapeuten anspringen, kann fast nicht vorausgesagt werden. In den leichteren Fällen profitieren Patienten von der interessierten und liebevollen Zuwendung des Therapeuten. In den schwereren Fällen ist Psychotherapie ein mühsamer Dialog über Monate und gar Jahre mit ungewissem Ausgang und oftmals nur geringem langfristigen Erfolg.

Ich bin der Meinung, dass neurobiologische Erkenntnisse zum Wissensschatz von Psychotherapeuten gehören sollten. Die Psychologie könnte damit ihr Wissen über den Menschen erweitern. D. h. aber nicht, dass die Psychotherapie seelische Störungen besser behandeln könnte. Zwischen Wissen und Problemlösen klafft eine Lücke. Das Rätsel von Geist und Seele ist kaum ansatzweise gelöst. Rolf Degen weist in seinem Buch *Lexikon der Psycho-Irrtümer. Warum der Mensch sich nicht therapieren, erziehen und beeinflussen lässt* (2000; Vorwort) darauf hin, das nach Widerlegung der wichtigsten Grundannahmen der Psychoanalyse von Sigmund Freud der Hydra ständig neue Köpfe nachwachsen. Methoden wie das Eye Movement Desensitization and Reprozessing (EMDR), die Psychodynamisch Imaginative Traumatherapie (PITT) oder das Neuro-Linguistische Programmieren (NLP) sind aus dem Boden geschossen. Es gibt keine seriösen Belege für ihre Wirksamkeit, allenfalls für Einzelfälle.

Aber selbst die freudsche Psychoanalyse, die Urmutter aller Psychotherapien, hat ihre Demontage überlebt. Viele Autoren haben nachgewiesen, dass die Psychoanalyse eine Pseudowissenschaft ist, eine „horrende Bauernfängerei“, wie der britische Nobelpreisträger Peter Medawar es nannte. Die freudsche Psychoanalyse hat den Vorteil, dass sie oberflächlich betrachtet intuitiv einleuchtet. Bei genauerer Betrachtung verirrt sich der Leser in ihren Widersprüchen. Doch der Nimbus Freuds ist ungebrochen. Der tragische Pessimismus Freuds wird in der Regel ausgeblendet. Er lautet, dass das Leben tragisch ist, dass es reale (innere, von den äußeren sprach Freud noch nicht einmal) Schranken gibt, das alles seinen Preis hat, dass niemand etwas umsonst bekommt, dass wir alle hier nicht lebend rauskommen.

Psychotherapeuten, Psychologiewissenschaftler wie auch Krankenkassen arbeiten an der Illusion, dass es für jede definierte seelische Notlage eine fachmännische Heilmethode gibt. Wenn man unter allen Studien einen Strich zieht, weisen die psychotherapeutischen Schulen eine Heilwirkung auf, die nur wenig größer ist als ein Placeboeffekt. Zur Wahrheit gehört allerdings auch, dass die Menschheit bisher nichts besseres hat – und vermutlich auch in den kommenden Jahrzehnten nichts Besseres finden wird. Der Grund liegt in der unübersichtlichen Komplexität von Biologie und Psychologie des Menschen, eine Komplexheit, die noch einmal gesteigert wird in den menschlichen geistigen Fähigkeiten.

Der Mensch kann nicht wirklich in sich hineinschauen. Was er sieht, kratzt nur an der Oberfläche seines Unbewussten. Es ist möglich, sich selbst von außen wie einen Fremden zu betrachten und sich im Nachhinein eine einigermaßen plausible Theorie über sein eigenes Handeln zurechtzuzimmern. Es sind im Großen und Ganzen Scheinerklärungen mit einem kleinen Kern von Wahrheit. Aber auch hier gilt: wir haben nichts Besseres. Die psychologischen Behandler bieten Pseudoerklärungen an wie die „orale Fixierung“, „Ödipuskomplex“ oder „mangelndes Gemeinschaftsgefühl“. Einige Patienten können damit etwas anfangen, andere nicht. Einige, die sagen, das treffe auf sie zu, werden sich dennoch nicht ändern.

Und doch entfaltete die Psychologiewissenschaft zusammen mit vielen anderen politischen und sozialen Bewegungen als Kinder der Aufklärung nach und nach eine heilsame Wirkung. Die sozialen und politischen Parameter der Weltgesellschaft verbessern sich seit 75 Jahren kontinuierlich, wenn auch nicht gleichmäßig und nicht überall: Die Gesundheitsversorgung wurde verbessert, die Schulbildung auch für Mädchen ausgeweitet, die Zahl der Konflikte sinkt, ebenso die Zahl der Opfer von Naturkatastrophen. Zumindest in der westlichen Welt gibt es ein manchmal hysterisch anmutendes Bemühen um Würde, Diversität, Abbau von Vorurteilen, Gleichberechtigung, Gleichbehandlung und Ausgleich von Benachteiligungen.

24. 9. Heute wurde das neue Bett für meine liebe Frau geliefert; das bisherige samt Matratze ist über 35 Jahre alt. Das neue ist aus Vollholz, mit sündhaft teurem Lattenrost und ebensolcher Kautschuk-Matratze.

*

Nochmals Diversität: Sind Geschlecht, Rasse und Klasse von der Natur oder von der Kultur bestimmt? Sind sie ein biologisches Produkt oder ein soziales Konstrukt?

In der aktuellen Debatte werden einerseits die Unterschiede hervorgehoben, um zugleich die Gleichwertigkeit der unterschiedlichen Gruppen zu betonen. Der Mensch ist kein unbeschriebenes Blatt, wenn er auf die Welt kommt. Genetik und Epigenetik und dann sofort das umgebende Milieu prägen den kleinen Menschen. Biologen weisen auf die Diversität im Genom des Menschen hin, also auf eine wirkmächtige Natur. Auf der anderen Seite stehende Sozialwissenschaftler, die alle Ungleichheit auf patriarchale Machtstrukturen zurückführen, also auf eine gestaltbare und darum veränderbare Kultur.

Die Gender-Studies setzen aber nicht nur die Unterscheidung zwischen Sex und Gender durch, also zwischen dem biologischen und dem sozialen Geschlecht. Sie glauben auch an fließende Übergänge zwischen Mann und Frau, also letztlich an die freie Wählbarkeit des Geschlechts. Wir würden nicht als Männer oder Frauen geboren, lehren sie, sondern dazu gemacht.

Doch so einfach ist es nicht. Genderisten ignorieren die zahllosen psychologischen Studien, die zwischen den Geschlechtern markante Unterschiede bei den Persönlichkeitsmerkmalen feststellen, sei es bei der Aggression oder bei der Empathie, bei der Kooperation und der Kompetitivität oder beim Interesse an Menschen und an Dingen. Dabei muss unterschieden werden zwischen dem Individuum und der Statistik. Frauen können starke männliche Anteile haben und umgekehrt, aber die Mittelwerte der beiden Glockenkurven der durchschnittlichen Frau und des durchschnittlichen Mannes liegen oft deutlich auseinander. Die Genderforscherinnen sagen, das liege an der unterschiedlichen Sozialisation. Alle Studien belegen aber eine stärkere Neigung der Männer zu technischen und der Frauen zu sozialen Berufen, unabhängig von den jeweiligen Sozialisierungsbedingungen. Grundlegende persönliche Merkmale wie intellektuelle Fähigkeiten, Kreativität oder Ambition scheinen großteils erblich und lassen sich also kaum durch die Umwelt positiv beeinflussen. Da diese Faktoren in Gesellschaft und Wissenschaft zum Erfolg führen und die Erfolgreichen sich mit ihresgleichen zusammentun, verfestigen sich Milieus. Auch das ist wieder ein statistisches Ergebnis. Das Individuum wird nicht vollständig durch seine Gene vorbestimmt, doch wäre es zugleich naiv anzunehmen, dass seine Gene keinerlei Einfluss hätten. Es gibt unterschiedliche Begabungen, jeder Mensch hat seine Stärken und Schwächen. Und in seiner Würde ist jeder Mensch gleich.[23]

25. 9. Die NZZ hat sich heute eines alten Themas angenommen: Disziplin im Unterricht und die Autorität des Lehrers. Interviewt wird eine Schulleiterin und Buchautorin aus Zürich, Regina Haller. Im Jahr vor dem Lockdown veröffentlichte sie *Raus aus der Ohnmacht* (September 2019). Geschrieben hat sie es mit dem israelischen Psychologen Haim Omer, 71, dem Begründer der sogenannten Neuen Autorität, eines Konzepts, das er als Familientherapeut ersonnen hat und das die beiden jetzt gemeinsam für die Schule weiterentwickelt haben (schon im August 2016 war ein ähnliches Buch von den beiden erschienen). Was hat Haller anzubieten? Nichts Neues, jedenfalls nicht für jene Pädagogen, die die linksalternative Laissez-faire-Erziehung mit ihrer Scheu vor klaren Regeln schon immer abgelehnt haben. Sie wissen: Wenn in der Erziehung Chaos statt Ordnung herrscht, kommt es zu gravierenden Problemen im Elternhaus und in der Schule. Aber wie diese Regeln durchsetzen?

Omer empfiehlt den ohnmächtigen Eltern, auf die Provokationen ihrer Kinder mit einem historisch erprobten Verhalten zu reagieren, nämlich mit gewaltlosem Widerstand, wie ihn einst Mahatma Gandhi oder Martin Luther King praktiziert haben. „Sit-in" heißt eines der Instrumente, und wie der Name sagt, setzen sich dabei die Eltern vor das Zimmer ihres Kindes und erklären ihm in aller Ruhe, warum sie sein Verhalten nicht mehr hinnehmen. Dann warten sie auf einen Vorschlag, wie es dieses Verhalten zu ändern gedenkt. Nehmen die Eltern auch nach einer Stunde womöglich nur Schweigen oder Brüllen wahr, aber keine konstruktive Antwort, dann wiederholen sie das Sit-in am nächsten Tag. Mit anderen Worten: Die Eltern bleiben hartnäckig präsent.

---

[23] Charles Murray: *Human Diversity. The Biology of Gender, Race, and Class*, Boston 2020

Übertragen auf die Schule heißt das: „Frau Haller, Sie nerven!“, sagt ein Achtklässler, den sie täglich bei ihrem Rundgang durch die Schule aufsucht und nach seinen Aufgaben fragt. „Ich verstehe, dass dich das nervt“, gibt sie zur Antwort, „aber du kannst dich darauf verlassen, dass ich auch weiterhin nerve, bis es mit deinen Hausaufgaben klappt.“ Haben Eltern und Lehrer dazu die Zeit im hektischen Alltag? Man sollte sie sich nehmen.

Ganz besonders ist Präsenz bei Mobbing gefragt. Nach einem ersten Vorgespräch mit dem betroffenen Kind und seinen Eltern organisiert die Schulleiterin einen bewusst imposanten Aufmarsch von Erwachsenen vor der versammelten Klasse. Mit dabei sind: die Klassenlehrerin, weitere Fachlehrer, je nachdem die Schulsozialarbeiterin, die Hortleiterin, der Hauswart, eine Elternvertretung – insgesamt gut und gerne zehn Personen. Vor der Klasse erklärt nun die Schulleiterin, dass es einen Mobbingfall gegeben habe. Sie breitet weder Namen noch Details aus und weist auch keine Schuld zu, sondern erklärt klipp und klar, dass man Gewalt nicht dulde. «Keine lange Predigt, sondern eine klare Durchsage. Es geht um die rasche Veränderung eines inakzeptablen Verhaltens», erklärt Regina Haller. Nach dem Statement der Erwachsenen soll jedes Kind in der Klasse auf einen Zettel schreiben, was es selber zur Verbesserung der Situation beitragen will, und zwar ganz konkret. Am Schluss verkündet die Schulleiterin, dass man sich in zwei Wochen erneut in der Klasse treffe, um die Umsetzung der Vorschläge und die Situation des Mobbingopfers zu überprüfen.

Ein zweiter zentraler Punkt: Öffentlichkeit. Alle sollen mitbekommen, was schief läuft. In der Familientherapie rät Omer dazu, durchaus einmal Onkel, Tanten oder die Großeltern mit an den Tisch zu bitten, um mit dem Sohn zu besprechen, warum er nie pünktlich zu Hause ist und am Morgen dauernd die Schule verpennt. Deshalb werden die Eltern (oder ein Onkel oder die Großmutter) in die Klasse eingeladen, um sich selber ein Bild zu machen.

In Deutschland, wo man hochempfindlich ist gegen (vermeintliche) Autoritäten, kommt diese Methode nicht gut an. Vertreter des linksliberal-ökologistisch-feministisch-genderistischen Mainstreams nannten das „Psycho-Rohrstock“ und „kalkulierte Beschämung“, um Schüler zu einer Änderung ihres Verhaltens zu drängen. Um was sonst sollte es denn sonst gehen? Doch unter progressiven Pädagogen ist rasch von „struktureller Gewalt“ die Rede, wenn ein Erwachsener von einem Kind das Einhalten von gemeinschaftlichen Regeln verlangt. (Martin Berlinger: „Jedes fünfte Kind stört den Unterricht“, NZZ, 19. September 2020)

26. 9. Zum ersten Mal seit Beginn der Pandemie haben weltweit wieder junge Aktivisten für mehr Klimaschutz demonstriert. Doch selbst in Städten wie Berlin fiel der Protest deutlich kleiner aus als früher. Erneut forderten sie, dass „sofort etwas" passieren müsse. Es sei „fünf vor zwölf". Sie fordern neben einem Ausstieg aus der Kohle bis zum Jahr 2030 eine sozial-ökologische Wende in allen Lebensbereichen. Nur, wie soll der aussehen? Angeblich habe die deutsche Regierung „kein Interesse an einer sicheren Zukunft für die junge Generation". Das Wochenmagazin *Stern* stellte seine Ausgabe in dieser Woche ganz in das Zeichen des Klimawandels und der Erderwärmung. Das Wochenmagazin ist damit zum politischen Tendenzblatt geworden. Aufklärung des Lesers war gestern. Auch im *Stern* heißt es, es müsse sofort etwas geschehen, so kann es nicht weitergehen usw. Nur, was soll geschehen? Auch hier keine Antwort. Die bekannteste Deutsche der Klimabewegung, Luisa Neubauer, kommt über den Punkt, der Regierung Ignoranz vorzuwerfen, nicht hinaus. Die Bundesregierung stehe in der Klimafrage still. „Wir brauchen eine Transformation in der Energiepolitik und in der Landwirtschaft, eigentlich in der ganzen Gesellschaft." Schön und gut, aber was bedeutet das?

27. 9. (Sonntag) Mit Verweis auf einen „gesundheitlichen Krieg" rechtfertigen die Regierungen in Frankreich und Deutschland eine ganze Reihe außerordentlicher staatlicher Maßnahmen: die Schließung von Grenzen, Schulen und Universitäten, Besuchsverbot in Altenheimen, keine großen öffentlichen Veranstaltungen sowie Einschränkungen der Wirtschaftsfreiheit. In den meisten Ländern wurden Expertenausschüsse eingerichtet, um Regierungen zu informieren und zu beraten. Sofort kam Kritik auf, dass solche Experten den demokratischen Prozess untergraben. Aber demokratische Regierungen haben immer schon mit Experten zusammengearbeitet. Die Vorstellung, die Parlamentarier könnten alleine das Expertenwissen aufbringen, ist abwegig. Von Seiten der Mediziner selber wurde zumindest in Deutschland oftmals auf die Grenzen ihrer Expertisen verwiesen. Entscheiden müssten die Politiker, betonten sie. Letzten Endes waren es immer Parlamente und Regierungen, die Entscheidungen getroffen haben.

Insgesamt ist die Akzeptanz für die staatlichen Eingriffe groß. Diese Legitimität beruht nicht zuletzt auch darauf, dass der Staat in den meisten Ländern reguliert, überwacht und bestraft, gleichzeitig aber auch begleitet, ausgleicht und schützt. Die europäischen Regierungen haben rasch wirtschaftliche und soziale Maßnahmen ergriffen, um eine Massenarbeitslosigkeit wie in der Weimarer Republik zu verhindern. Lohnausgleich bei Kurzarbeit und Ausgleichszahlungen für Selbständige zeigen die zentrale Bedeutung des Sozialstaats. Milliardenschwere Programme sollen Unternehmen helfen, Arbeitsplätze zu erhalten. Die Europäische Kommission beschloss, die Impfstoff-Forschung kollektiv zu finanzieren. Von einer „Rückkehr des Staates“ kann schlecht gesprochen werden. „Der Staat“ war nie abwesend, interveniert jetzt aber in einem nie gekannten Umfang. Neben wirtschaftlich und sozial begründeten Programmen werden nun auch ökologische Anliegen aufgegriffen. Der ökologische Umbau wird vorangetrieben. Die Kritik der Klimaschutzbewegung an der Bundesregierung geht fehl. Die Bewegung wird von vielen als überheblich und lebensfremd empfunden. Die Teilnehmer stammen aus der bürgerlichen, akademischen Mittelschicht der Städte. Aufgrund ihres Elternhauses und ihrer Bildung gehören sie zu den Privilegierten der sozialen Marktwirtschaft. Sie, die in einer abgepolsterten Komfortzone leben, malen die Apokalypse und den Weltuntergang an die Wand. Sie fürchten um ihren privilegierten Lebensstil, wenn die Klimaflüchtlinge in Massen an den Grenzen stehen. Sie lehnen pragmatische Lösungen ab, weil diese zu lange dauern. Parteien werden allgemein als Übel betrachtet, weil sie Kompromisse eingehen. Die meisten Deutschen haben im Augenblick andere Sorgen als die Waldbrände in Kalifornien.

28. 9. In diesen Monaten müssen die Virologen ihre Worte auf die Goldwaage legen, und werden dennoch missverstanden, während die Philosophen quasseln können, was sie wollen. In der Öffentlichkeit wird unendlich viel Unsinn über die Pandemie erzählt, und es entsteht der Eindruck einer Kakophonie auch der Virologen. Das erste, starke Herunterfahren des öffentlichen und wirtschaftlichen Lebens erfolgte aufgrund der mangelnden Information über das Virus und das Epidemiegeschehen. Es wurde befürchtet, dass die Sterberate zehn Prozent beträgt. Inzwischen hat man sehr viel gelernt über die Übertragungswege (Aerosole), über die Gefährdung einzelne Bevölkerungsgruppen (ältere Vorerkrankte), über die Behandlung schwer Erkrankter, über die Organisation des Meldewesens usw. Das Risiko wurde abschätzbarer. Das bedeutet, dass es sinnvoll ist, das Risiko durch Hygienemaßnahmen zu verdünnen, aber auch, dass ein Herunterfahren des öffentlichen und wirtschaftlichen Lebens wie im März nicht nötig ist und wegen der unerwünschten Begleiterscheinungen vermieden werden muss. Das Risiko für den ein-

zelnen bleibt gering, doch wen es erwischt, kann schwer und tödlich erkranken.

Die Situation ist unter einem speziellen Aspekt außergewöhnlich. Die Menschheit unterliegt ja nicht nur einer Corona-Pandemie, sondern permanenten Pandemien verschiedener Viren und Bakterien, beispielsweise HIV, Grippe, Rotaviren, Herpes usw. Es bedarf einer Erklärung, sagt der Philosoph Markus Gabriel, dass täglich in der Tagesschau die Infektionszahlen für das Corona-Virus verkündet werden, für alle anderen Viren und Bakterien aber nicht. Es gibt eine Maskenpflicht für bestimmte öffentliche Bereiche, aber keine Kondompflicht für sexuell Aktive, obwohl sexuell übertragbare Krankheiten drohen. Wie ist das zu rechtfertigen?

Eine Erklärung ist, dass gegen viele Viren und Bakterien in der Gesellschaft bereits eine Art Immunität aufgebaut wurde und man gelernt hat, damit umzugehen. Es gibt eine selektive Wahrnehmung. *Eine* Gefahr, das Coronavirus, wird jetzt verstärkt in der Öffentlichkeit wahrgenommen. Die Risikoverdünnung hat es offenbar vermocht, dass bei jetzt ansteigenden Infektionszahlen die Todeszahlen nicht steigen. Die Höhe der Virus-Dosis macht offenbar die Schwere der Krankheit: je mehr Viren man abbekommt, desto schwerer der Verlauf. Doch nur vier Prozent der Infizierten in Deutschland müssen medizinisch behandelt werden.

Der Virologe Hendrik Streeck schlug dieser Tage vor, vier Zahlen zu berücksichtigen:

- wie viele Menschen wurden getestet,
- wie viele wurden positiv getestet,
- wie viele müssen medizinisch behandelt werden
- wie viele werden im Krankenhaus intensivmedizinisch behandelt im Verhältnis zur Zahl der für intensivmedizinische Behandlung zur Verfügung stehenden Betten.

Ich denke, dass noch eine fünfte Zahl dazugehört:

- Die Reproduktionszahl – sie gibt an, wie viele weitere Menschen ein Infizierter im Schnitt ansteckt. Nur wenn diese Zahl unter 1 liege, also jeder Infizierte im Schnitt weniger als einen weiteren Menschen ansteckt, wird die Pandemie abflauen.

Nur diese fünf Ziffern zusammengenommen ergeben ein realistisches Bild, nicht allein die Zahl der Neuinfektionen pro Tag. Die schweren Nachwirkungen, von denen derzeit die Rede ist, sind sehr selten, und natürlich kann man von jeder viralen oder bakteriellen Erkrankung Nachwirkungen haben. Im Sommer sind wir durch ein sehr mildes Infektionsgeschehen gegangen, aber im Herbst und Winter wird mit einer neuen Welle gerechnet.

29. 9. Heute Mittag klicke ich müßig meine Corona-Warn-App an und sehe dort den Schriftzug: „1 Risiko-Begegnung mit niedrigem Risiko". Erstmals also eine Risikobegegnung. Die Warn-App habe ich schon vor Wochen aufgespielt; bisher hieß es immer nur „niedriges Risiko" d. h. es gab keinerlei Kontakt mit einem Infizierten. Eigentlich müsste mir die App nun sagen, wann diese Begegnung stattgefunden hat, dann könnte ich rekonstruieren, wo das war. Sofern dies an einem Ort mit mir bekannten Leuten gewesen wäre, könnte ich diese kontaktieren oder kontaktieren lassen. Die Meldung „eine Risiko-Begegnung" ist äußerst vage.

Die App funktioniert so, dass Smartphones, die diese App aktiv geladen haben, untereinander Zufallscodes austauschen. Werden Personen, die die App nutzen, positiv auf das Coronavirus getestet, können sie *freiwillig* andere Nutzer darüber informieren, indem sie die Positivtestung in ihr eigenes Smartphone eingeben. Die anonymen Codes werden dann informiert. Dieser Zufallscode prüft im Hintergrund automatisch ab, ob man die positiv getestete Person getroffen hat. Es ist ausdrücklich nicht vorgesehen, dass dieses Verfahren Rückschlüsse auf Ort und Zeit zulässt.

Es gibt drei Status-Informationen: „niedriges Risiko" d. h. keine Aufzeichnung einer Begegnung mit einem positiv getesteten Menschen; „erhöhtes Risiko" bei einer Begegnung mit einem positiv Getesteten innerhalb der vergangenen 14 Tage. Taucht dieser Hinweis auf, soll man zu Hause bleiben und mit seinem Hausarzt, dem ärztlichen Bereitschaftsdienst oder den Gesundheitsamt in Kontakt treten und dort das weitere Vorgehen abstimmen.

Dritter Fall: „unbekanntes Risiko": hier heißt es unverständlich: „war die Risiko-Ermittlung durch die Person nicht lange genug aktiv, konnte zu diesem Zeitpunkt kein Infektionsrisiko berechnet werden". Die Person erhält die Statusanzeige und „unbekanntes Risiko. Spätestens 24 Stunden nach Installation [Neuinstallation?] ist eine Risiko-Ermittlung möglich, sodass die Statusanzeige von ‚unbekannt' auf ‚niedrig' oder ‚erhöht' umschalten wird." Mir bleibt das Verfahren im Detail unverständlich.

Ich rufe den ärztlichen Notdienst 116117 an. Dort gibt es längliche Informationen vom Band über das Corona-Virus. Es wird mir empfohlen, sich an Arztpraxen zu wenden, die Corona-Tests vornehmen. Die Arztpraxen werden angezeigt im Internet unter www. 116117.de. Unter 116117.de gibt es ausführliche Informationen zum Corona Virus, unter anderem auch ein Infoport. Wenn ich nur wüsste was ein Infoport ist. Die Eingabemaske ist nur eine Zeile lang, sodass ich meine Frage nicht loswerden kann. Benötige ich jetzt überhaupt einen Coronatest? Ich gebe die Postleitzahl meines Wohnortes und meine E-Mail an und drücke auf „Code anfordern" für einen Arzt- oder Testtermin. Eine Mail kommt bei mir allerdings nicht an. Der Infoport meldet sich nicht.

Auf den Internetseiten heißt es zur Frage, ob ein Test für mich nötig ist: „Wenn Ihnen die Corona-Waren-App einen Hinweis auf ein erhöhtes Risiko gemeldet hat". Bei mir wird aber ein „niedriges Risiko" angezeigt, zugleich aber eine „Risikobegegnung". Was soll das jetzt heißen?

Ich probiere es erneut über die Tel.-Nr. 116117. Es gibt dort keine Möglichkeit, sich die Vorabinformationen auf Türkisch oder Englisch abspielen zu lassen, was ich für unsere vielen ausländischen Mitbürger für nicht günstig halte. Nachdem ich mich durch die vielen Ansagen hindurchgeklickt habe, hieß es, es seien derzeit alle Plätze belegt und man möge bitte zu einem späteren Zeitpunkt anrufen. Wie kann ich herausfinden, was der kryptische Hinweis in meiner Warn-App bedeutet? Unterliege ich nun einem erhöhten Risiko oder nicht?

Nochmals 116117: Offensichtlich wird nicht zu einem kompetenten Gesprächspartner durchgestellt. Es handelt sich ausschließlich um Angaben vom Band. Ich versuche erneut, über meine zweite E-Mail-Adresse, einen Vermittlungscode zu erhalten. Ich versuche, beim Robert-Koch-Institut anzurufen. Dort komme ich nicht durch. Zurück zur Internet-Präsenz des Robert-Koch-Instituts. Dort finde ich unter Corona-Warn-App tatsächlich einen Hinweis, die meine Frage beantwortet. Dort heißt es: „Niedriges Risiko trotz Risiko-Begegnung. Die Risikoüberprüfung hat eine Begegnung mit einer Corona-positiv getesteten Person ergeben, aber die Person war zu weit entfernt oder die Begegnung war zu kurz oder beides. Die Begegnung lag somit nicht über dem definierten Schwellenwert. Es besteht kein akuter Handlungsbedarf. Es wird empfohlen, sich an die allgemein geltenden Abstands- und Hygieneregeln zu halten, um das Ansteckungsrisiko generell zu minimieren." Damit scheint mir die Sache geklärt.

Einige Minuten später kam dann doch eine Mail von der Terminservicestelle der Kassenärztlichen Vereinigung Berlin. Ich solle meine E-Mail-Adresse bestätigen, um einen Vermittlungscode für eine Online-Terminbuchung zu erhalten. Ich verzichtete aber darauf, meine E-Mail-Adresse zu bestätigen, da ich ja nun Antwort auf meine Frage gefunden hatte.

*

Die Bühne ist vorbereitet für das Drama um die US-Präsidentschaftswahlen, das sich schon jetzt, vor der Wahl am 3. November, entfaltet. Trump desavouiert systematisch die Briefwahl, die in diesem Jahr wegen Corona besonders stark in Anspruch genommen werden dürfte. Briefstimmen begünstigen erfahrungsgemäß die Demokraten. Die Hürden zur Briefwahl wurden in einigen Bundesstaaten erhöht, beispielsweise indem man ein ärztliches Attest vorweisen muss, dass man nicht selbst das Wahllokal besuchen kann. Einen Höhepunkt in dieser systematischen Destabilisierung der Briefwahl stellte Trumps Appell an seine Anhänger dar, nach Möglichkeit zweimal zu wählen, einmal an der Urne, ein zweites Mal postalisch. Ein zweiter Höhepunkt ist der, dass er sich nicht klar dazu bekennt, bei einer Wahlniederlage das Amt friedlich und kooperativ an seinen Herausforderer zu übergeben. Das alles eröffnet Spekulationen Tür und Tor. Trumps Prognose, die Ergebnisse der Briefwahl dürften „Monate oder Jahre" auf sich warten lassen, ist aus seiner Sicht eine gute Botschaft und nicht etwa eine Kritik an einem inadäquaten Wahlsystem, für das er mitverantwortlich wäre.

Ein Szenario ist, dass Trump die Wahl verliert und doch Präsident bleibt. Den Gliedstaaten ist eine Frist bis am 8. Dezember eingeräumt, um allfällige Streitigkeiten über das Wahlergebnis beizulegen. Danach müssen die Wahlmänner bestimmt werden. Diese müssen am 14. Dezember in den jeweiligen Hauptstädten der Gliedstaaten zusammenkommen, um das ihnen bestimmte Votum entgegenzunehmen. Die versiegelten Wahlurnen werden am 6. Januar vom Kongress ausgezählt. Erst dann ist der Präsident gewählt. Es könnte sein, dass es den Staaten mit unklarem Ergebnis nicht gelingt, bis 8. Dezember ein offizielles Wahlergebnis festzustellen. Der Kongress, also das Repräsentantenhaus und der Senat, könnten sich am 6. Januar als nicht in der Lage sehen, eine Wahl vorzunehmen.

Was dann geschieht, ist schwer vorherzusehen. Wie schon im Jahr 2000 könnte sich das Oberste Gericht (Supreme Court) einschalten und einen Wahlsieger feststellen. Das Gericht entschied, die noch laufenden Nachzählungen der Präsidentschaftswahl 2000 im Bundesstaat Florida seien verfassungswidrig. Der Entscheid bestätigte damit das vorläufige Wahlergebnis, wonach George W. Bush dank der Elektorenstimmen Floridas zum Präsidenten der Vereinigten Staaten gewählt wurde, obwohl Al Gore USA-weit insgesamt mehr Stimmen erhielt. Das Urteil stieß auf breite Kritik, unter anderem wegen der Mehrheitsverhältnisse: die fünf konservativen Richter stimmten für, die vier liberalen gegen das Urteil. Übertragen auf diesmal: Trump erhielte eine zweite Amtszeit. Bleibt die Sache im Kongress stecken und lässt sich bis zur vorgeschriebenen Amtseinsetzung des neuen Präsidenten am 20. Januar keine Lösung finden, sieht das Gesetz einen *acting president*, einen Übergangspräsidenten vor. Dies ist der „Sprecher", also der Vorsitzende des Repräsentantenhauses, derzeit Nancy Pelosi von der Demokratischen Partei. Trump soll Pelosi noch mehr hassen als Biden.

538 Wahlmänner gibt es zu verteilen. Wer die absolute Mehrheit von 270 Wahlmännern erreicht, steht als Präsident fest. Die Kandidaten konzentrieren sich daher auf die bevölkerungsreichen Staaten, weil dort auf einen Schlag viele Elektorenstimmen zu holen sind.

*

War heute in der Praxis, um meinen Praxiscomputer zu überprüfen für die Wiederaufnahme meiner psychotherapeutischen Praxis am 1. Oktober. Das Einlesen der Versicherungskarte der Patienten funktionierte nicht! In Panik rief ich den Computerspezialisten an. Er rief am Abend zurück, wir könnten uns morgen Nachmittag per Fernwartung des Computers am Telefon treffen.

30. 9. Hotspots des Corona-Geschehens in Deutschland sind die Stadt Hamm (knapp 100 neue Fälle in den letzten sieben Tagen pro 100.000 Einwohner) und der Landkreis Dingolfing-Landau mit 61 pro 100.000. Alle anderen Städte und Landkreise liegen darunter. Von einigen Landstrichen wie beispielsweise der mecklenburgischen Ostseeküste werden gar keine Neuinfektionen gemeldet. – Die höchste Zahl von bestätigten Covid-19-Infektionen pro 100.000 Einwohner haben weiterhin Brasilien und die Vereinigten Staaten (um 2200), gefolgt von Spanien (1500) und Südafrika (1200). Schweden, Frankreich, Russland, Großbritannien, Italien, Indien und Deutschland liegen absteigend zwischen 900 und 300 pro 100.000 Einwohner. Am besten sieht es diesbezüglich nach wie vor in Südkorea aus.

*

Für die Finanzkrise zwischen Frühjahr 2007 und September 2008 (vom US-Staat bewusst nicht verhinderte Insolvenz der Investmentbank Lehman Brothers) machen Ökonomen zwei verschiedene Entwicklungen verantwortlich: die einen geben den Zentralbanken die Schuld, sie hätten in den zwei

Jahrzehnten vor der Krise zu viel Liquidität geschaffen (in Form von großzügig vergebenen Krediten), die dann zu einer Preisblase auf dem amerikanischen Immobilienmarkt führte. Andere machten eine zu schlaffe Regulierung und die Liberalisierung der Finanzmärkte für die Entwicklung verantwortlich. Vermutlich trifft beides zu. Die mangelhafte Regulierung betraf auch die zu leichtfertige Vergabe von Krediten.

Der Volkswirt Stefan Balling hat 2012 in einer Dissertation an der Universität Bayreuth die Vorstellungen von wichtigen Wirtschaftswissenschaftlern zur Geldpolitik mit ihren sozialphilosophischen Vorstellungen verglichen. Die vorliegende Arbeit analysiert die Werke von fünf großen Wirtschafts- und Sozialphilosophen, von Friedrich August von Hayek als Repräsentant der Österreichischen Schule der Nationalökonomie, Walter Eucken als Vertreter der Freiburger Schule der Ordnungsökonomik, Joseph A. Schumpeter als Vertreter einer Unternehmertheorie, Milton Friedman als Begründer des Monetarismus und John Maynard Keynes als Vertreter einer expansiven Geld- und Fiskalpolitik. Sie alle können im Großen und Ganzen als liberal gelten. Balling fasst zusammen:

„Dabei zeigt sich: Individualistische Vorstellungen über die Gesellschaft gehen mit Präferenzen für eine geringe Tätigkeit des Staates in der Wirtschaft sowie einer weitgehenden, teils sogar völligen Entkopplung der Geldpolitik von politischer Einflussnahme einher. Umgekehrt gehen Vorstellungen, die weniger einem negativen als einem positiven Freiheitsbegriff folgen und dem wirtschaftlichen Erfolg des Kollektivs den Vorzug vor der Freiheit des Einzelnen geben, mit einer stärkeren Rolle des Staates im wirtschaftlichen Koordinations- und Allokationsprozess einher und fordern zugleich eine aktive Rolle der Geldpolitik bei der Steuerung des wirtschaftlichen Prozesses. Daraus ist wiederum zu schließen: Die Forderung nach einer expansiv ausgerichteten Geldpolitik zur Stimulierung von Konjunktur und Wachstum beruht ideengeschichtlich nicht nur auf technischen Überlegungen zur Effizienz, sondern stammt von einer grundsätzlich kollektivistischer – teils sozialistischer – ausgerichteten Grundüberzeugung. Die Argumentation zum Beispiel für oder gegen eine konjunkturstützende Geldpolitik leitet sich nicht nur aus theoretischen ökonomischen Modellen ab, deren Richtigkeit etwa durch empirische Methoden überprüft werden kann. Sie leitet sich auch aus grundsätzlichen Überzeugungen zum Beispiel über den Wert der individuellen Freiheit oder des Schutzes von Eigentumsrechten ab. In der politischen wie in der wissenschaftlich-ökonomischen Diskussion kommt dieser Aspekt allerdings zu kurz.“[24]

Mit anderen Worten: Die persönliche Weltanschauung ist für die Entwicklung von wissenschaftlichen Theorien eine starke Einflussgröße. Keynes forderte ein höheres Maß an Umverteilung von Vermögen und Einkommen, während Schumpeter dem keine große Rolle beimaß. Für Keynes war die Vollbeschäftigung ein Ziel der staatlichen Wirtschaftspolitik, nicht eine Garantie der Freiheit. Er betonte die Misserfolge des Kapitalismus, während Schumpeter die Erfolge hervorhob. Balling weiter: „Hayek, Eucken, Friedman und in einer gewissen Abstufung auch Schumpeter sannen darüber, wie die Rolle des Staates in der Geldpolitik wie in der gesamten Wirtschaftspolitik beschränkt werden sollte. Keynes dagegen stellte eine grundsätzliche Theorie darüber auf, wie die Rolle des Staates erweitert werden solle. Dabei zeigt sich auch unter den drei neoliberalen Protagonisten Hayek, Eucken und Friedman eine Abstufung. Während Hayek bedingungslos auf den Schutz der individuellen Freiheit im klassischen Sinn pochte und am Ende sogar die Privatisierung der Währungspolitik forderte um deren alleinige Ausrichtung an der Geldwertstabilität sicherzustellen, war Eucken zum Beispiel durchaus bereit, dem Staat eine gewisse Rolle in der Wirtschaftspolitik zuzubilligen, etwa beim Kampf gegen Monopole. Zugleich sah Eucken die Währungspolitik als staatliche Aufgabe an. Ganz ähnlich ist dies bei Friedman.“ (S. 187)

Persönliche Präferenzen prägen die Theorie. Die Theorie wird formuliert nicht unter dem utilitaristischen Aspekt eines größtmöglichen Nutzens für ein vorher definiertes Ziel, sondern nach dem, was sich der Autor auf der Grundlage seiner eigenen Lebensgeschichte und -erfahrung als persönlich wünschenswert vorstellt. Welchen Wert haben dann derartige Theorien, und Theorien überhaupt, wenn das Interesse die Erkenntnis steuert?

*

Die Fernwartung durch den Computerspezialisten, der mir vor einigen Monaten auch schon die Telematik-Infrastruktur eingerichtet hat, klappte erfreulicherweise reibungslos. Ich selbst hätte das allein nie zustande gebracht. Die Technik ist inzwischen selbst für mich zu kompliziert geworden.

[24] https://core.ac.uk/reader/143363450; angeklickt am 28. September 2020

Oktober

1. 10. Der Warnhinweis in meiner Corona-Warn-App verschwindet wieder. – Jetzt haben sich auch US-Präsident Trump, seine Frau, sein Wahlkampfleiter, die Parteichefin der Republikaner und zwei Senatoren infiziert. Trump hatte die Pandemie immer kleingeredet, sie mit einer leichten Grippe verglichen, sich über seinen Herausforderer Biden lustig gemacht, der Corona ernst nimmt. Jetzt hat es ihn selbst erwischt. Viele mutmaßen, dass die Meldung von seiner Infektion selbst wieder nur Fake News ist. Aber er wurde mit Fieber in ein Krankenhaus eingeliefert. Er war noch durchs Land geflogen, als schon Quarantäne angesagt gewesen wäre. Die erste positive Testung soll er verschwiegen haben. Anonyme Quellen aus dem Weißen Haus berichten von Panikstimmung und Wut. Manche können sich des Eindrucks nicht erwehren, dass der Präsident die eigenen Leute in Gefahr brachte. Trump habe Fieber, Husten und eine verstopfte Nase gehabt.

Corona hat weite Teile unseres Landes lahmgelegt, darunter Kindertagesstätten. Jetzt, wo diese wieder öffnen, kommt die Dienstleistungsgewerkschaft Verdi an und bestreikt Kitas und Krankenhäuser, als ob es die Belastungen für die Eltern in den vergangenen Monaten durch geschlossene Kitas nicht gegeben hätte. Warnstreiks gibt es ebenso im öffentlichen Nahverkehr, einer Branche, die unter den Sozialeinschränkungen besonders gelitten hat und unter fehlenden Einnahmen stöhnt. Warum Verdi die größten Verlierer der Corona-Krise bestreikt, ist ein Rätsel. Fehlt nur noch, dass Verdi demnächst die Gesundheitsämter bestreikt.

2. 10. Die Möglichkeit des Rechtsstaats, zur Bekämpfung schwerer Straftaten auf elektronische Verbindungsdaten zuzugreifen, die von den Telekommunikationsunternehmen ohnehin gespeichert wurden, ist ganz schnell auch durch die Wahl des Begriffs „Vorratsdatenspeicherung“ zu einem Orwell’schen Horrorszenario aufgepumpt worden. Natürlich bedarf jede Speicherung von Informationen der Rechtfertigung. Aber der staatliche Zugriff auf die Verbindungsdaten erfolgt erst aufgrund eines konkreten Anlasses. Insbesondere Politiker der Grünen Partei aber taten wahrheitswidrig so, als werde mit der Vorratsdatenspeicherung „alle Bürger unter Generalverdacht“ gestellt, so beispielsweise Markus Beckedahl, Internet-Aktivist und Blogger. Ironie der Geschichte: Einige der einstigen Gegner dieses technischen Instruments zur Verbrechensbekämpfung stehen nun selbst in der politischen

Verantwortung und müssen das Instrument verteidigen. Die Gegner der Vorratsdatenspeicherung waren meist auch jene, die gegen Internetblockaden zur Eindämmung der Kinderpornographie und gegen die Weitergabe von Fluggastdaten an die USA sind. Allein das Sammeln von Daten, was jede Firma aus Dokumentation- und Servicezwecken ohnehin macht, wird beargwöhnt.

Vorratsdatenspeicherung, das bedeutet: Gespeichert werden keine Gesprächsinhalte, keine Texte von E-Mails oder SMS. Wohl aber wer wen angerufen hat, per Festnetz- oder Mobiltelefon, wer wem eine E-Mail oder SMS geschrieben hat; wer welche Internet-Seiten besucht hat, und vor allem: von wo aus er all das getan hat. Damit lassen sich mit etwas Ermittlerglück auch im Nachhinein Bewegungsprofile erstellen. Das soll der Aufklärung von Straftaten dienen oder der Gefahrenabwehr.

Viele Linke, Grüne, Freie Demokraten und Sozialdemokraten sehen aber die letzten Reste der verbliebenen Grund- und Freiheitsrechte in der Bundesrepublik in rasantem Tempo abgebaut. Den Tag, als die Vorratsdatenspeicherung in Deutschland in Kraft trat, bezeichneten die Freien Demokraten als „schwarzen Tag für die Bürgerrechte". Und wieder: „Das Gesetz stellt unbescholtene Bürger unter Generalverdacht". Dass dieses Instrument der Aufklärung von Verbrechen dient, war dem stellvertretenden Vorsitzenden dieser Partei kein Wort wert, auch nicht, dass es eines richterlichen Beschlusses bedarf, um diese Daten auszuwerten. Die Kritiker nehmen eine Benachteiligung der Sicherheitsbehörden gegenüber Schwerkriminellen und Extremisten bewusst in Kauf. Wer dem Rechtsstaat nur Steinzeitmethoden zugestehen will, mag die Freiheit schützen – vor allem die der Schwerkriminellen und Staatsfeinde.

3. 10. Die amerikanische Arzneimittelaufsichtsbehörde FDA hat die Hoffnung auf eine schnelle Zulassung eines Corona-Impfstoffes gedämpft. Die Behörde veröffentlichte am Dienstag ihre Richtlinien für die beschleunigte Zulassung eines Corona-Impfstoffs: Demnach müssen die Hersteller, die einen Impfstoff in der dritten und letzten Testphase an tausenden Menschen erproben, eine Nachbeobachtungszeit von mindestens zwei Monaten nach der zweiten Impfdosis einplanen, um ausreichend Daten „zur Bewertung des Risiko-Nutzen-Profils eines Impfstoffs" zu erheben. Die amerikanische Regierung hatte versucht, diese Beobachtungszeit zu streichen. US-Präsident Trump

hatte versprochen, dass der Impfstoff noch vor der Präsidentenwahl am 3. November zur Verfügung steht.

4. 10. Erneut der Warnhinweis „eine Begegnung mit niedrigem Risiko". Zufällig kommt mein Finger auf die grün unterlegte Fläche. Und genau dort wird „Begegnung mit niedrigem Risiko" erläutert. Unter anderem heißt es dort, „Sie müssen sich keine Sorgen machen und es besteht kein besonderer Handlungsbedarf."

*

Der französische Präsident Emmanuel Macron sagt dem „islamistischen Separatismus" endlich den Kampf an. Die Bedrohung der Juden in Frankreich habe einen neuen Höhepunkt erreicht. Im Umfeld der „Gelbwesten"-Proteste war es zu antisemitischen Ausschreitungen mit Friedhofsschändungen gekommen. Stets aber war Macron bemüht, den Islam nicht als Religion anzuklagen. Aber jetzt sprach er von einer Ideologie, die ihre Werte über jene der Republik stellt. Bei den jugendlichen Muslimen gelte das für deren Mehrheit.

Frankreich ist nicht verhasst, weil es die Muslime unterdrückt. Sondern weil es sie befreit. Die französische Laizität bietet jedem Menschen die Möglichkeit, mit oder ohne Religion zu leben. Dieses Modell ist auch für viele Muslime attraktiv – genau das bringt die Fundamentalisten einschließlich den türkischen Staatspräsidenten in Rage.

Der Franzose Pascal Bruckner schreibt in der NZZ: „Der radikale Islam spricht immerzu in zwei gegensätzlichen Sprachen: Einerseits pflegt er das Bild des Opfers – den zugehörigen Diskurs verbreiten angesehene Theologen und die nützlichen Idioten der islamfreundlichen Linken bereitwillig weiter. Und andererseits benutzt er offen die Sprache des Henkers, er gebärdet sich als Instanz, die uns terrorisieren will, die eine furchtbare Rache und die Vernichtung aller Ungläubigen prophezeit." (3. November 2020) Die Fundamentalisten sind keine Aufschneider, sie meinen es wirklich so. Bruckner zitiert den ehemaligen Premierministers von Malaysia: „Die Muslime haben ein Recht, wütend zu sein und wegen der Massaker der Vergangenheit Millionen von Franzosen zu töten."

Laizität ermöglicht die friedliche Koexistenz der verschiedenen Kulte – aber sie erlaubt es auch, auf jeden Kult zu verzichten. Die Laizität schützt die Religionen, und zugleich schützt sie uns vor den Religionen. Dazu gehört auch das Recht, eine Religionsgemeinschaft zu verlassen oder zu einer anderen überzutreten. In Frankreich verstehen islamische Organisationen die Apostasie weiterhin als Verbrechen. In Frankreich und in allen Demokratien haben alle Menschen das Recht, der Religion mit Gleichgültigkeit zu begegnen und sich ohne Schaden von ihr abzuwenden – eine Horrorvorstellung für die Orthodoxen. Die meisten Muslime sind in Frankreich nicht unglücklich. Sie wollen dort bleiben und nicht zurück nach Nordafrika, in den Gazastreifen oder auf die arabische Halbinsel. Das westliche und besonders das französische Lebensmodell ist weiterhin höchst attraktiv – reden wir diese Anziehungskraft nicht klein.

5. 10. Die Collaborative Outcomes-Studie zu Gesundheit und Funktionsfähigkeit während Infektionszeiten (COH-FIT) ist ein großes internationales Umfrageprojekt für die gesamte Bevölkerung der von COVID-19 betroffenen Länder. Anfang Oktober veröffentlichte sie vorläufige Zwischenergebnisse: Ein Viertel der Befragten gab an, dass sich der Stress verstärkt habe, während 15 Prozent eine Abnahme von Stress (das betrifft mich) im Vergleich zu den Wochen vor der Corona-Krise angaben. Besonders ältere Erwachsene berichteten über ein erhöhtes Stressniveau. Etwa ein Fünftel fühlten sich einsamer als zuvor, vor allem Frauen und junge Erwachsene, weniger ältere Menschen. Ein Viertel gab an, wütender zu sein als vor der Corona-Krise. Junge Erwachsene sind überproportional betroffen (etwa ein Drittel). Etwa 20 Prozent berichteten von einem gewachsenen Gefühl des Altruismus, während 70 Prozent keine Veränderung feststellen konnten. 70 Prozent der in Deutschland befragten waren mit der Regierungspolitik bezüglich der Pandemie zufrieden. Fast die Hälfte der Befragten gab an, verschiedene Medien verstärkt zu benutzen, insbesondere die Frauen. Die effektivsten Bewältigungsstrategien bei ca. 70 Prozent der Befragten waren Internetnutzung und Sport oder Spazierengehen. Sexuelle Aktivität als Bewältigungsstrategie sei gering ausgeprägt.

6. 10. Vielleicht ist Trump irre geworden im Amt, hält sich für unsterblich, zelebriert den Größenwahn. Er pöbelt in einer Fernsehdebatte wie ein vorlautes Kind. Er fährt, mit Covid-19 infiziert und hoch ansteckend, in einem gepanzerten Wagen herum, um einer Handvoll Fans zuzuwinken. Er lässt sich zurück ins Weiße Haus bringen, wo er seine Landsleute auffordert, keine Angst vor einer Krankheit zu haben, an der oder mit der bereits 211.000 Amerikaner gestorben sind. Und man will es nicht glauben, kann es nicht glau-

ben: Auf die Frage, ob er bei einer Wahlniederlage Anfang November friedlich sein Amt räumen wird, bleibt er die Antwort schuldig. Seine Sichtweise: wenn er verliert, kann das nur Wahlbetrug der Demokratischen Partei sein. Er glaubt, über dem Gesetz zu stehen. Sein Egozentrismus suggeriert ihm, er könne machen, was er will. Trump sucht die Provokation, den Schock, die Schlagzeilen. Er will unbedingt Recht behalten. Hoffentlich wird er bei der Wahl zum Opfer seines eigenen zerstörerischen, narzisstischen Charakters.

7. 10. Der Bundesinnenminister hat gut daran getan, sich nicht die Forderung nach einer Studie über angeblich „strukturellen Rechtsradikalismus" bei der Polizei zu eigen zu machen. Die Forderung der Grünen, Linken und SPD nach einer Untersuchung beruhen auf der unausgesprochenen Unterstellung, dass es „strukturellen Rechtsradikalismus" bei den Sicherheitsbehörden gibt. Diese soll durch eine Studie belegt werden. Es geht in keinem Fall um eine unvoreingenommene Untersuchung. Die Studie soll bestätigen, was als Urteil bereits feststeht.

Die Fälle von Rechtsextremismus in Polizeibehörden sind tatsächlich überschaubar. Es gibt etwas mehr als 1400 „Verdachtsfälle". Der Verfassungsschutz hat gestern Zahlen präsentiert. Die Zahl von mehr als 1400 Verdachtsfällen bezieht sich auf die Zeit zwischen Anfang 2017 und dem ersten Quartal 2020. Die meisten Verdachtsfälle, 1064 bei Soldaten und Offizieren, meldete das für die Bundeswehr zuständige Bundesamt für den Militärischen Abschirmdienst. Das Bundesamt für Verfassungsschutz hat im vergangenen Jahr eine Zentralstelle „Rechtsextremisten im Öffentlichen Dienst" eingerichtet. Wie üblich berichteten die Zeitungen nicht, wie groß der Personenkreis ist, zu dem ermittelt wurde. Der Minister wird lediglich mit dem Satz zitiert, über 99 Prozent der im Öffentlichen Dienst Beschäftigten stünden „fest auf dem Boden des Grundgesetzes". Es gebe „kein strukturelles Problem mit Rechtsextremismus in den Sicherheitsbehörden von Bund und Ländern".

Mit anderen Worten, das Problem ist ziemlich klein. Die Zahl der Fälle von Rechtsextremismus in Polizeibehörden ist überschaubar. Wer dennoch von einem „strukturellen Problem" spricht, verrät mehr über seine Denkungsart als über die Lage in den Sicherheitsbehörden. Es ist die übliche Doppelmoral, den Bundesinnenminister zu kritisieren, wo doch die von SPD, Linken und Grünen geführten Landesregierungen längst selbst hätten nachschauen können. Mit der Unterstellung rechtsextremistischer „Strukturen" wird mit der großen Keule auf die Polizei und andere staatliche Behörden eingeschlagen. Es folgt dem rot-rot-grünen Bestreben, ganze Bevölkerungsgruppen zu diskreditieren, die nicht zu ihrem Weltbild passen, unter Generalsverdacht zu stellen und die Gesellschaften in gut und böse, wir und die, zu spalten.

Der Bundesinnenminister kündigte an, der Lagebericht werde erweitert auf den gesamten öffentlichen Dienst. Er will zudem eine wissenschaftlich begleitete Untersuchung zu Rassismus „in der ganzen Gesellschaft".

In den Kommentarspalten dann die üblichen Vorurteile: es wurde gar nicht richtig gesucht, der Minister sei auf dem rechten Auge blind, weit über 50 Prozent der Bevölkerung seien bekanntlich rassistisch, es brauche mehr Rassismus-Beauftragte, um das Problem am Kochen zu halten, der Minister solle nachweisen, dass seine Mitarbeiter nicht rechtsradikal sind, der Minister selbst stehe so weit rechts, dass er Rechtsextremismus als normal ansieht usw.

8. 10. Hannah Arendt verband die Freiheit mit dem *Anfangenkönnen*. Der Anfang setze ein Zeichen der Souveränität. Diese Freiheit müsse jeder haben. Alle dürfen anfangen können, wenn sie wollen. Rationale Argumente hätten in diesem Akt der Freiheit kein Gewicht. Die Politik müsse offen bleiben für Vielfalt und Diskussion. Sie müsse es ertragen, dass es andere Meinungen gibt, für die sich ebenfalls Gründe nennen lassen.

Was würde Arendt zu Donald Trump sagen? Er hat den USA seinen Stempel aufgedrückt. Er ist einer, der die Regeln des Spiels verändert hat. Er zeigt, was Disruption in der Politik bedeuten kann. Seine Politik ist nicht vollständig umstritten. seine Maßnahmen gegen die neue globale Macht China werden auch von US-Demokraten unterstützt. Sollte Joe Biden gewählt werden, wird er auf diesem Feld fortsetzen, was Trump begann: die partielle Abkopplung von Chinas Wirtschaftsmacht.

Trump ist ein Volkstribun antiken Zuschnitts. Er ist absolut authentisch, während die Washingtoner Elite als abgehoben gilt. Nach einer Analyse von 2015 besteht die Wählerschaft der USA zu 40 Prozent aus „Populisten", die Migration und Globalisierung ablehnen und soziale Sicherheit einschließlich Arbeitsplätze fordern. Die „Progressiven" stehen auch für mehr soziale Sicherheit, haben aber nichts gegen Migration einzuwenden. Sie sollen 33 Prozent der Wählerschaft umfassen. Eine Gruppe von 20 Prozent wird die „Moderaten" genannt, die mit dem status quo zufrieden sind und keine großen Änderungen wünschen.

Trump mobilisierte die Industriearbeiter, Handwerker und Ungelernten in unqualifizierten Dienstleistungsberufen, die mehr Schutz verlangten vor der Verlagerung ihrer Arbeitsplätze nach China und der Konkurrenz durch (vor allem mexikanische) Migranten. Das Verhältnis der Wählerschaft von Republikanern und Demokraten hat sich völlig umgedreht. Waren die Republikaner früher die kaltherzigen Kapitalisten, denen die soziale Sicherheit der Arbeitnehmer egal waren, und kümmerten sich die Demokraten um die vielen sozial Benachteiligten, so stehen die Demokraten heute für ein arrogantes Ostküsten-Establishment, während die Republikaner sich um den kleinen Mann besorgen. Die amerikanische Akademiker-Elite verachtet die tumben Arbeiter Amerikas. Die Demokraten verloren das Interesse an Themen wie soziale Sicherheit und konzentrierten sich auf Identitätspolitik, also auf die Rechte, die man qua Geschlecht, sexuelle Präferenz, Hautfarbe oder Herkunft für sich reklamieren kann. Parallel dazu entstanden an den Universitäten *Political Correctness* und die Verrenkungen einer gendergerechten Sprache (LBGTQ, BIPOC), für die die einfachen Leute kein Verständnis aufbringen können. Die Unterschicht und Teile der Mittelschicht empfinden die mexikanischen Migranten, die Auslagerung der Produktion nach China und den kulturellen Kampf um „Gendergerechtigkeit“ als Angriff auf ihre Lebensweise. Die gebildete Elite und ein Teil der Demokraten verachten sie dafür und nennen sie rückständig, homophob, rassistisch, ausländerfeindlich, rechts und reaktionär – vermutlich zu Recht.

Trump machte sich diese Spaltung zu Nutze und stellte sich vermeintlich auf die Seite der kleinen Leute. Dabei schätzen sie, schreibt der NZZ-Chefredakteur Eric Gujer, Trump gerade wegen seiner vulgären Sprache. Er spricht wie sie. Er verkörpert den kulturellen Gegenangriff. Hillary Clinton und Barack Obama gelten als Repräsentanten der großen Banken und elitären Universitäten. Auch Biden versucht, die Sorgen der nichtakademischen Schichten zu artikulieren. Er muss sich dabei der akademischen Parteilinken erwehren. „In seiner Partei geben Linke und Hohepriester der Identitätspolitik den Ton an“, betont Gujer. Biden aber will keine Budgetkürzung bei der Polizei, keinen Sturz von Denkmälern und keine Erleichterung bei der Einwanderung. Nach einem Wahlsieg Bidens wird es, so Gujers Prognose, keine umfassende Rückkehr zur Normalität, Anstand und Konsens geben. Die gesellschaftlichen Gräben werden nicht verschwinden.

9. 10. Die Zahl der Neuinfektionen steigt bundesweit sprunghaft an. Offiziell wird von Reisen abgeraten. Die Zahl der Neuinfektionen stieg auf 4000 pro Tag. Derzeit gibt es fast 8500 freie Intensivbetten, in Berlin 193. Man sei noch weit entfernt von einer Überlastung. Als Risikogebiet gilt, wenn die Zahl von 50 Neuinfektionen pro 100.000 Einwohner in sieben Tagen überschritten wird. In Berlin stieg der Wert auf 52,8. Bei schätzungsweise 3,2 Million Einwohnern sind das pro Woche insgesamt knapp 1700 Neuinfektionen; im Schnitt täglich 240. In Mecklenburg-Vorpommern, wo ich zuletzt im September Ferien verbrachte, gilt eine mindestens fünftägige Quarantäne für Reisende aus deutschen Risikogebieten, die erst durch einen negativen Corona-Test beendet werden kann. Es ist weder Reise- noch Partyzeit. Besonders das Geschehen in den Großstädten bereitet Sorgen. Die Zahl von 50 Fällen pro 100.000 Menschen innerhalb von sieben Tagen gilt für die Verfolgung von Kontakten der Infizierten als leistbar. Aktuell gibt es rund 1,1 Millionen Tests bundesweit pro Woche. Viel mehr könnten die Labore nicht verarbeiten. Die Quote positiver Testergebnisse liegt bei 1,64 Prozent. In der Hochphase der ersten Welle lag sie bei bis zu neun Prozent. Bald soll es Schnelltests geben, bei denen es in wenigen Minuten ein Ergebnis gibt. Die Todesrate im Zusammenhang mit Covid-19 liegt derzeit bei 3,1 Prozent der Infizierten. Aktuell müssen 470 Covid-19-Patienten intensivmedizinisch behandelt werden.

Noch 23 Tage bis zur Eröffnung des internationalen Flughafens Berlin-Brandenburg in Schönefeld südlich von Berlin. Der Flugbetrieb sollte ursprünglich am 3. Juni 2012 starten, vor 3050 Tagen. Jetzt soll der Flughafen am 31. Oktober in Betrieb gehen.

Gründe für die Verzögerung (und für eine gigantische Kostenexplosion) gibt es einige. Da ist zunächst mal der Brandschutz, genauer gesagt die Entrauchungsanlagen. Im Falle eines Brandes sollte der Rauch nicht nur durch die Decke, sondern auch durch unterirdische Luftschächte abgeleitet werden. Offenbar ging man davon aus, dass das ganze riesige Gebäude an allen Ecken gleichzeitig brennt. Dafür war die Entrauchungsanlage nicht groß genug. Also wurden zusätzliche Kanäle und Klappen gebaut. Dann die Türen. Sie sollten im Brandfall automatisch gesteuert werden. Aber bei 1400 von ihnen waren die Kabel falsch gelegt. Die Menschen wären im brennenden Terminal eingeschlossen. Jede Tür musste einzeln neu programmiert werden. Dann reichten die Passagier-Kapazitäten nicht. 24 Check-in-Schalter wurden zusätzlich gebaut. Weil mit immer mehr Passagieren gerechnet werden musste, wurde ein zusätzliches Zwischengeschoss eingezogen, um mehr Fläche zu schaffen. Dann stellte sich heraus: Ein Drittel der mittlerweile 4000 Räume waren falsch nummeriert. Mehr Fläche bedeutet mehr Strom, mehr Steckdosen und mehr Anschlüssen. Also mussten mehr Kabel verlegt werden. Die Kabeltrassen waren zuletzt überbelegt. Tausende von Kilometern Kabel wurden neu verlegt. Von den 30.000 Brandmeldern an der Decke funktionierten zahlreiche nicht. 25.000 Sprinkleranlagen mussten hinzugebaut werden. Jetzt, wo das Monster fertig ist, folgt das nächste Drama: Wegen der Corona-Krise ist der Flugverkehr weltweit eingebrochen.

Am heutigen Freitag soll eine der letzten besetzten Häuser in Berlin auf Antrag des Besitzers geräumt werden. Die Polizei hat die Straßen und das Haus abgesperrt. Angrenzende Einrichtungen wie Kindergärten bleiben geschlossen. Autos dürfen dort nicht parken, Demonstrationen sind untersagt. Linke und Grüne fordern erneut, die Räumung auszusetzen – mit Hinweis auf die Corona-Pandemie. Andere fordern weitere Verhandlungen – nachdem zehn Jahren verhandelt wurde. Der Fall ist durch sämtliche Gerichtsinstanzen gegangen. Hauptperson ist heute der Gerichtsvollzieher, der den Beschluss zur Freigabe des Hauses umsetzen soll. Die Polizei besetzte die Dächer der umliegenden Häuser. Die Bewohner des Hauses haben es verbarrikadiert. Die Polizei rückt mit über 2000 Kräften an. Die Taktik ist, mit großer Übermacht und weiträumigen Absperrungen die linksautonome Szene auf Abstand zu halten. Die linksautonome Szene hat Anschläge im gesamten Stadtgebiet angekündigt und in dieser Woche schon verübt: ein Brandanschlag auf Kabel der S-Bahn mit Folgen für den Zugverkehr, ein (folgenloser) Brandanschlag auf eine Polizeistation, auf Büros von Gerichtsvollziehern und Immobilienfirmen. In der Vergangenheit reisten Gewaltbereite aus dem gesamten Bundesgebiet zur angekündigten Randale an. Damit wird auch diesmal gerechnet.

10. 10. Die Räumung eines der letzten besetzten Häuser in Berlin lief nach Zeitungsberichten erstaunlich reibungslos. Die Polizei war mit einem Großaufgebot angerückt. Linkspartei und Grüne trauern den Hausbesetzer nach. Es handele sich um einen „einzigartigen Schutzraum". Gemeint ist wohl eher: einen einzigartigen rechtsfreien Raum. Die Anwohner der Straße, wo sich das Haus befindet, klagten seit Jahren über Krawall, Schmutz, Lärm und aggressives Verhalten der Hausbesetzer. Diese diktierten ihre Vorstellungen vom Zusammenleben der Umwelt auf. Das Wohnprojekt habe Nähe zum gewaltbereiten Linksextremismus, sagte ein SPD-Kommunalpolitiker. – In

der Nacht gab es dann doch noch die übliche Randale: Schaufensterscheiben einschmeißen, Autos abfackeln, Polizisten angreifen, Verhaftungen und Verletzte.

Die vom Berliner Senat eingeführte Sperrstunde um 23:00 Uhr für die Gastronomie tritt in Kraft. Im öffentlichen Raum dürfen nicht mehr als fünf Personen gleichzeitig zusammenstehen. Private Veranstaltungen und private Zusammenkünfte in geschlossenen Räumen mit mehr als zehn Personen sind verboten. Ich biete meine Therapien wie gewohnt an, mit Hände-Desinfektion, aber ohne Mundschutz.

11. 10. (Sonntag) Sehr schöner Spätsommer-Spaziergang auf der Pfaueninsel.

Der autoritäre Charakter vergangener Zeiten scheint Vergangenheit geworden zu sein. Niemand lässt sich mehr etwas sagen, jeder macht was er will. Der Soziologe Helmut Schelsky sprach Anfang der 1950er Jahre von der nivellierten Mittelstandsgesellschaft, von einem langweiligen Konformismus. Der Konformismus besteht heute darin, „divers“ zu sein, jeder will sich abheben, zugleich laufen alle in Unisex-Kleidung herum: ausgewaschene Jeans, ein ausgeleiertes T-Shirt in schmutzig-bräunlicher Farbe, Piercings und Tattoos die Arme rauf bis zum Hals. Institutionen wir Kanzler, Minister, Bundesbehörden, Polizei, Kirchen, Parlamente und Universitäten, die vor einem halben Jahrhundert Respekt oder gar Ehrfurcht einflößten, werden heute verachtet oder wütend bekämpft. Überall wird „strukturelle Gewalt“ empfunden und beklagt. Was einmal gute Manieren waren, empfinden viele Zeitgenossen heute als Einschränkung ihrer persönlichen Freiheitsrechte.

Ob Gender-Mainstreaming, political correctness, Gelbwesten-Protest oder Anti-Corona-Militanz – die „Generation Wutmensch“ ist der politische und soziale Phänotyp der Neuzeit. Blickt man in seine Seele, so stößt man auf nichts Gutes: auf kein Anliegen, keine Idee; nur Ressentiments. Manfred Schneider, emeritierter Professor für deutsche Literaturwissenschaft an der Ruhr-Universität Bochum, nennt ihn „Polit-Hooligan“.

Auf der anderen Seite sind Rauchen, Trinken und Ernährung seit vielen Jahren wegen ihrer schädlichen Wirkung weitgehend begrenzt und reguliert. Rote und grüne Regierungen wollen die Bevölkerung vor allen Gefahren schützen und ihnen beibringen, wie sie gesund zu leben haben. Alle sollen divers leben können, aber bitte nicht am rechten Rand. Statt Journalismus und Aufklärung gibt es Moral und Belehrung. Elitenkritik kommt heute mehrheitlich von rechts. Früher waren es Linke, die gegen Eliten demonstrierten. Zunehmend steht die freie Rede unter strenger Beobachtung eines politischen Gouvernantentums. Die Wucht von Shitstorms lässt viele die Köpfe einziehen. Wurden sie bei einem vermeintlichen Vergehen gegen die politische Korrektheit erwischt, entschuldigen sie sich wortreich, was die Sache nur noch schlimmer macht. Die egalitäre und zugleich diverse Gesellschaft bildet neue Autoritäten aus. Das sind die Frauenbeauftragten, die links-alternativen Feuilletonisten, die Gender-Polizisten in den angesagten Szenevierteln der Großstädte. Ihre Macht liegt nicht in einer Qualifikation, sondern in ihrer Ideologie, die dem Mainstream folgt. Der antiautoritäre Impuls kippt um in ein Tugendwächtertum. Die Autoritären sind die Kinder der antiautoritären 1968er Bewegung.

Erich Fromm und Theodor W. Adorno verstanden – unter dem Eindruck des Nationalsozialismus – die autoritäre Persönlichkeit als kleinbürgerlich, konservativ, prüde, Minderheiten verachtend und faschistoid. Doch selbst unter freiheitlichen und demokratischen Bedingungen gedeiht der autoritäre Charakter. Er empört sich über vermeintlich wachsende Ungerechtigkeit und Ungleichheit, Plastikmüll in den Weltmeeren, Kohle- und Atomkraftwerke, grüne Gentechnik, den Kapitalismus, frauenfeindliche alte Männer, Leistungsbereitschaft, „strukturellen Rassismus" und SUVs. Sie heucheln nicht einmal Toleranz, sie sind stolz auf ihre Kompromisslosigkeit im Umweltschutz und beim Tierwohl. Sie haben begriffen: Wer an der Macht bleiben will, muss ausgrenzen und niederhalten. Demokratie wird mit undemokratischen Mitteln verteidigt, Toleranz mit Intoleranz.[25]

Sich in der Pandemie nicht mehr frei bewegen zu können, erfahren viele als Kontrollverlust und Einschränkung ihrer Freiheitsrechte. Die Suche nach neuen Sicherheiten zeigt sich unter anderem in utopisch tönenden Gesellschaftsentwürfen, die nicht selten die gesamte Menschheit und die ganze Welt umfassen sollen. Ein größeres Ausmaß an Hybris ist kaum vorstellbar. Der neue Nationalismus und vor allem der Brexit sind Versuche, die Kontrolle zurückzubekommen. Die Brexit-Befürworter warben zentral mit dem Slogan „Let's take back control", beispielsweise über die Einwanderung.

Die Illusion einer kontrollierbaren Welt ist für den Soziologieprofessor an der Ludwig-Maximilians-Universität in München, Armin Nassehl, „die größte Lebenslüge unserer Kultur". Man will sogar das Klima beherrschen. Diesem Beherrschungswahn steht gegenüber die unfassbare Komplexität so-

---

[25] siehe Alexander Grau: *Hypermoral. Die neue Lust an der Empörung* (2020) und *Politischer Kitsch. Eine deutsche Spezialität* (2019).

wohl der Welt als Ganzes als auch des menschlichen Geistes. Die Welt ist unüberschaubar geworden – aber war sie je kalkulierbar? Die Krisen scheinen sich zu häufen. Ich bin nicht sicher, ob es mehr sind als früher. Die früheren Krisen werden nur zu schnell vergessen.

Die Corona- und andere Krisen zeigen, dass komplexe Probleme keine eindimensionalen Lösungen kennen. Gerade die Vielfalt unterschiedlicher Meinungen verunsichert viele. Da sich selbst Wissenschaftler widersprechen und in Deutschland weder die Globalisierung noch der Klimawandel deutlich sichtbar sind, wächst zwar die Einsicht in die unvermeidliche Kontroversität zentraler Debatten, aber zugleich die Unzufriedenheit mit dem Zustand und mit den politischen Akteuren.

12. 10. Die Stimmung im Lande ist schlecht. Große Besorgnis über stark ansteigende Infektionszahlen. Die Zahl der Neuinfektionen pro Tag ist auf über 4500 gestiegen. Alle fürchten ein erneutes Herunterfahren des öffentlichen und wirtschaftlichen Lebens wie im Frühjahr. Alle Politiker wollen das unbedingt vermeiden. Ebenso besteht Konsens, dass die Schulen offenbleiben müssen. Ein Wert von 50 Neuinfizierten pro 100.000 Einwohner gilt als Alarmsignal. Einige Städte liegen bereits über diesen Wert, darunter Frankfurt/Main und Berlin. Was soll jetzt, was muss jetzt geschehen? Weitere Kontaktbeschränkungen im öffentlichen Raum treten in Kraft, darunter Sperrstunden (Schließung aller Lokale um 22:00 Uhr). Die Maskenpflicht wird ausgeweitet. Ebenso sollen Zuwiderhandlungen höher bestraft werden. Die Polizei ist überfordert. In Pflege-, Senioren- und Behindertenheime sollen vermehrt Schnelltests eingesetzt werden. Bei einigen Politikern und vor allem im Gaststättengewerbe regt sich erheblicher Widerstand gegen die restriktiven Maßnahmen. Einige Bundesländer haben Beherbergungsverbote für Urlauber aus Risikostädten verhängt. Die Maßnahmen sind uneinheitlich, was viele stört.

Politiker stehen jeden Tag vor einer schwierigen Abwägung, um die sie nicht zu beneiden sind. Allerdings war es schon immer so, dass selbstbewusste Bürger prinzipiell besser wissen, was gut ist für Deutschland und was Politiker zu tun hätten. Einige (nicht alle) plustern sich auf gegen Bürgerrechtseinschränkungen. Handhabt man die Pandemiebekämpfung zu lasch, weil man die Freiheitsrechte und die Wirtschaft schützen will, und entsteht deshalb eine zweite Welle mit Tausenden von Toten, ist die Empörung sicherlich groß. Sind die Einschränkungen zu hart und leiden Wirtschaft und Bevölkerung, werden Politiker kritisiert für übertriebenen Aktionismus.

Weltweit hat die Corona-Pandemie bislang rund 1 Million Tote gefordert. Das ist relativ wenig. Pandemien in den vergangenen 2000 Jahren haben prozentual wesentlich mehr Opfer gefordert im Verhältnis zur jeweiligen Bevölkerungszahl. Genaue Zahlen liegen natürlich nicht vor, aber in den schlimmsten Fällen starb rund ein Drittel der Bevölkerung in der damals bekannten Welt.

Mein Freund I.Z. ist freiwillig in Quarantäne gegangen. Er liegt auf dem Bett und liest ein Buch. Vor wenigen Tagen war er in Österreich auf einer kleinen Tagung. Eine der Teilnehmerinnen wurde positiv getestet und informierte darüber die anderen Teilnehmer. I.Z. hat sich testen lassen; morgen soll das Ergebnis vorliegen.

Das Ergebnis der zweiten Biopsie an meiner roten Hautstelle liegt vor. Das Labor kann nichts finden. D. h., kein Krebs und keine Entzündung. Immerhin eine erfreuliche Nachricht. – Nächstes Wochenende soll eine kleine Gedenkfeier für meinen verstorbenen Cousin E.L. stattfinden. Mein Bruder sagt ab; Berlin sei jetzt Risikogebiet. E.L.s Witwe will kurzzeitig bekannt geben, ob das Treffen nicht vielleicht doch abgesagt werden muss.

13. 10. Die Fridays for Future-Bewegung hat nun doch ihre Forderungen präzisiert. Deutschland soll bis 2035 „klimaneutral“ werden. Die Bundesregierung strebt dieses Ziel bis 2050 an. Mithilfe von Wissenschaftlern aus dem ökologie- und grünennahen Wuppertal Institut für Klimaforschung formuliert die FFF-Bewegung jetzt, welche Veränderungen sie für notwendig hält, damit die Klimaerwärmung – verglichen zum vorindustriellen Zeitalter – auf 1,5 Grad Celsius begrenzt werden kann. Die Forderung bezieht sich offenbar nicht nur auf Deutschland – oder doch? Deutschland allein kann nie und nimmer das Klimaziel alleine erreichen.

Die mit finanzieller Hilfe einer Bank (!) erstellte Studie umfasst die Bereiche Energie, Industrie, Gebäude und Verkehr. Im Verkehr müsse sich der Pkw-Verkehr bis 2035 um die Hälfte reduzieren, der Fuß-, Rad- und öffentliche Verkehr hingegen verdoppeln. Der Autoverkehr solle unattraktiv gestaltet, der Bus- und Bahnverkehr ausgeweitet werden. In Großstädten solle generell Tempo 30 gelten, Fahrzeuge mit Verbrennungsmotor bis 2035 aus dem Verkehr gezogen werden. Parkplätze sollten erheblich teurer gemacht werden. Damit die Emissionen sinken, sollen Autos zudem kleiner und leichter und von Elektromotoren angetrieben werden. Hier hätte ich gerne noch weitere Details erfahren. Höhere Steuern für SUVs?

Die Wohnfläche der Wohnungen pro Person müsse reduziert werden. 1990 hätte jeder Deutsche im Durchschnitt 35 Quadratmeter Wohnfläche zur Verfügung gehabt. Zuletzt waren es 47 Quadratmeter. Der Komfort steigt. Wie aber soll eine Reduzierung der Quadratmeterzahl pro Person durchgesetzt werden? Per Verordnung? Per freiwilligem Verzicht? Öl- und Gasheizungen sollten möglichst bald verboten werden. Schafft man es in 15 Jahren, Abermillionen von Wohnungen auf Strom und Erdwärme umzustellen? Mit der Stilllegung von fossilen Kraftwerken fällt auch die Fernwärme weg. Wie viel kostet das, wer bezahlt es und wie lange dauert das?

In ersten Reaktionen wird dann auch bemängelt, dass Aussagen zur Machbarkeit fehlen. Neue Windmühlen und Solarpaneele müssten jährlich im Umfange von 25-30 Gigawatt zusätzlich installiert werden, um von Kohle, Öl und Gas bis 2035 unabhängig zu werden. Derzeit beträgt der Ausbau knapp sechs Gigawatt pro Jahr. Die Menschheit ist sehr nahe am Perpetuum Mobile in Form von Kernkraftwerken, deren Brennstäbe wieder aufbereitet werden. Doch davon will hierzulande eine Mehrheit nichts wissen.

Der Direktor des Potsdam-Instituts für Klimafolgenforschung hält die Konsumeinschränkungen für verfehlt. Er machte sich erneut für einen europäischen Emissionshandel stark, der Deutschland und die EU bis 2050 treibhausgasneutral machen würde. Im Corona-Jahr 2020 ist der CO2-Ausstoß global gesunken – minus 7 Prozent gegenüber 2019. Die wirtschaftlichen Einschnitte sind gravierend. Eine weitere Reduktion auf diesem Weg würde weltweit Millionen von Arbeitsplätze zerstören.

Der Bundestag hat für einen nationalen Emissionshandel ab 1. Januar 2021 gestimmt. Autofahrer müssen sich auf leicht höhere Kraftstoffpreise einstellen, Haushalte auf steigende Heizkosten, Unternehmen auf wachsende Aufwendungen für Prozesswärme. Der Benzinpreis könnte um sieben Cent je Liter steigen. Das Gesetz sieht vor, dass vom 1. Januar an Lieferanten von Diesel, Benzin, Heizöl oder Erdgas je Tonne Kohlendioxid 25 € bezahlen müssen. Die Kosten werden sicherlich wie gewohnt an die Kunden weitergegeben. Das System soll Anreize setzen, auf vielen Sektoren weniger Treibhausgase ausgestoßen. Die Regierungskoalition hatte zunächst einen Preis von zehn Euro vorgesehen. Bis 2025 soll der Preis in Stufen auf 55 € steigen. Die Bundesregierung rechnet mit Mehreinnahmen von 7,4 Milliarden €. Was soll mit dem Geld geschehen? Bäume pflanzen? Gibt es genügend freie Flächen? Man weiß nichts und nichts ist gewiss.

Die Energieumlage auf den Strompreis soll gesenkt werden. Die Subventionierung nicht fossilen Stroms kostet Milliarden. Der Verbraucher zahlt derzeit 6,8 Cent je Kilowattstunde Strom für die Förderung von Ökostrom. Auch sollen kleinere Unternehmer entlastet werden. Die Reform wird als wichtiger Meilenstein zur CO_2-Reduzierung in Deutschland angesehen. Global gesehen sind diese Maßnahmen weniger als ein laues Lüftchen.

Mit diesem Forderungskatalog ist das Problem der aktuellen Umwelt-Protestbewegungen nicht gelöst. Es handelt sich um eine elitäre Bewegung aus der Großstadt. Sie begegnen nicht Menschen aus anderen Milieus. Auf ihren Demos treffen sie Journalisten, die gleich oder ähnlich denken wie sie. Ist es nicht befremdlich, dass Studenten in ostdeutsche Braunkohlegebiete fahren, um dort den Menschen zu demonstrieren, dass sie eine falsche Politik betreiben? Der Mainzer Student Clemens Traub hat aus diesen Erfahrungen ein kritisches Buch mit dem Titel *Future for Fridays?* geschrieben (Februar 2020).

Drei ökologienahe Institute, die Prognos AG, das Öko-Institut und das Wuppertal Institut wollen aus Kohle, Öl und Gas sofort aussteigen und den Ausbau der erneuerbaren Energien „entschlossen vorantreiben". Der Ausbau von Solarenergie und Windkraft soll die umfassende Elektrifizierung von Verkehr, Wärme und Industrie sowie die energetische Sanierung fast aller Gebäude ermöglichen und den Aufbau einer Wasserstoffinfrastruktur einleiten. Nicht vermeidbare Restemissionen müssten am Ende durch die Abscheidung und Lagerung von Kohlendioxid ausgeglichen werden. Keiner müsse verzichten.

Eine explizite Kostenschätzung und Machbarkeitsanalyse fehlt natürlich auch in dieser Studie. Nach Einschätzung des Industrieverbandes BDI würde die Reduzierung von weiteren 95 Prozent der Emissionen allein in Deutschland rund 70 Milliarden Euro pro Jahr kosten. Die ökologischen Institute halten das für kein Problem. Ein Großteil der Mittel müsse in Solar- und Windenergie fließen, um die Kapazitäten bis 2030 in etwa zu verdreifachen. Tatsächlich stockt der Ausbau wegen massiven Widerstands der Anwohner. Eine Verdreifachung in den nächsten zehn Jahren ist völlig utopisch. Aus der Kohle solle Deutschland in den nächsten zehn Jahren aussteigen, nicht erst 2038. Der Verlust an Arbeitsplätzen ist den grünen Ökologen kaum ein Gedanke wert. Unklar ist auch, wie die Elektrifizierung von Flugverkehr, Lkw,

Schifffahrt sowie Chemie-, Stahl- und Zement-Industrie umgesetzt werden soll.

Die politische Debatte hat sich auch bei uns in den vergangenen Jahren deutlich ideologisch polarisiert. Über kaum ein Thema kann man noch unbefangen diskutieren. Sofort geht es ums Grundsätzliche. Alles wird persönlich genommen: Feminismus und Gender, Rassismus und Polizei, Ökologie und Nachhaltigkeit, Plastikmüll und Fahrradverkehr, Kapitalismus und Profit. Ist das ein Ausdruck individueller Überforderung? Werden die Menschen ungeduldig, weil ihre Maximalforderungen nicht sofort umgesetzt werden und sie Jahr um Jahr warten müssen? Und sind diese Debatten nicht in Wahrheit nur ein verkrampftes Hobby junger, akademisch gebildeter Großstadtmenschen, die auf keinen Fall auf ihre jährlich drei oder vier Auslandsreisen verzichten wollen, sich aber mit vegetarischer Ernährung schon auf dem richtigen Pfad wähnen? Diejenigen, die den Anspruch auf die Wahrheit vertreten, sind in der Regel die wirtschaftlich besser Situierten. Sie sind sozial so gut gestellt, dass es ihnen relativ egal ist, was die wirtschaftlichen und sozialen Folgen einer radikalen Klimapolitik sind.

14. 10. Seit gut 50 Jahren, seit dem Bericht des Club of Rome *Die Grenzen des Wachstums* (1972) wird uns eingehämmert, die Menschen können nicht so weitermachen wie bisher. 1970 lebten rund 3,7 Milliarden Menschen auf der Erde. 2020 sind es ungefähr 7,6 Milliarden, mehr als doppelt so viel. Sehr viel hat sich seitdem zum Besseren gewendet. Damals lebte etwa ein Drittel der Menschheit in großer Armut (ungefähr 1,2 Milliarden), heute sind es schätzungsweise zehn Prozent (750 Million). Die Globalisierung, der sozial verantwortliche Kapitalismus, das risikofreudige Unternehmertum, der Forschergeist sind keine Verirrungen des menschlichen Gehirns. In der Summe haben sie der Welt einen unglaublichen Wohlstand vermacht. Vieles ist sehr gut geworden, aber viele Menschen, insbesondere Intellektuelle und selbst der Papst Franziskus, wünschen den Kapitalismus und den Profit zur Hölle.

Die Pandemie ist ein schlagendes Beispiel für eine erfolgversprechende, globale Kooperation zwischen staatlichen Institutionen und profitorientierten, global agierenden Pharma-Unternehmen. Technik, Globalisierung und freie Märkte werden die Menschen in absehbarer Zeit von einem ihrer drängendsten Probleme befreien. Der Papst sieht das ganz anders. Technik, Globalisierung und freie Märkte sind für ihn die tieferen Ursachen für die Krankheit der Menschheit. Kern des Übels sei der „radikale Individualismus“ des Liberalismus. An anderer Stelle kritisiert er den Brauch, den Gegner schnell zu diskreditieren, anstatt sich einem respektvollen Dialog zu stellen. Sobald es um Liberalismus oder Marktwirtschaft geht, hat der Papst dieses Credo vergessen. Und er wiederholt die falsche These, wenn jemand darbt, dann habe ein anderer im etwas weggenommen.

In seiner jüngst veröffentlichten Enzyklika *Fratelli Tutti* zeigt er sich als Gegner der Marktwirtschaft. Dabei hat diese doch so viel Wohlstand und Gesundheit geschaffen. In den 287 Kapiteln seiner Enzyklika wettert er nicht nur gegen skrupellose Finanzspekulanten, sondern entwirft eine neue Weltordnung, in welcher die Menschenwürde im Mittelpunkt steht. Franziskus, der sich zeitlebens für die Allerärmsten eingesetzt hat, lehnt ausgerechnet jene Wirtschaft- und Sozialform ab, die so viele Menschen aus der Armut geführt hat. Es geht darum, dass die Nationalstaaten die richtigen Rahmenbedingungen schaffen müssen, damit freie Märkte wünschenswerte Ergebnisse liefern. Es scheint kein besseres Modell zu geben, um Wohlstand zu schaffen und Menschenwürde zu schützen.

Aber Franziskus kämpft für einen Systemumsturz. In seiner Enzyklika *Diese Wirtschaft tötet* von 2013 setzte er bereits den schrillen Grundton. Kann eine allein auf Nächstenliebe beruhende Gesellschaft funktionieren? Franziskus macht auch keine Vorschläge, wie der marktwirtschaftliche Reichtum an die verbleibenden Armen verteilt werden soll. Umweltschutz ist teuer, aber gerade wohlhabende Staaten können ihn sich leisten. Technisch fortgeschrittene Staaten sind wegweisend im Recycling, bei der Ressourcenschonung und beim Senken des Energieverbrauchs. Natürlich gibt es im Handel, beim Flüchtlingsproblem und in der Regulierung der Weltmärkten noch viel zu tun. Es gibt erste Versuche, die ökonomischen und sozialen Standards der Industriestaaten auf die Schwellen- und Entwicklungsländer zu übertragen. Diese werden sich – selbst arrogant – gegen die paternalistische Arroganz der Industriestaaten wehren. Aber mir scheint es erstrebenswert, wenn auch in ärmeren Ländern zunehmend jene Bedingungen herrschen, die in modernen Staaten zum Sozialstandard gehören. Das ist ein pragmatischer Ansatz, der „den Kapitalismus" verbessert, statt ihn abschafft.

Auch Franziskus mahnt in seiner jüngsten Enzyklika, der Mensch solle auch weit entfernt lebenden Mitmenschen so lieben und achten, als ob er mit ihnen zusammenlebe. Grundsätzlich will er aber etwas anderes, und zwar Armut für alle. In einigen (reichen) Teilen der Welt könne eine gewisse Rezession akzeptiert werden, damit in anderen (armen) Teilen ein Aufschwung stattfinden kann. Der Handel mit CO2-Emissionszertifikaten sei unmoralisch, weil es nur ein weiteres Betätigungsfeld für ethisch verwerflichen Finanzkapitalismus sei. Der Papst will die Menschen zu individuellen und die Menschheit zu kollektiven Verhaltensänderungen bewegen. Er vertritt eine Denkweise, wie sie vor 50 Jahren mit dem Bericht des Club of Rome begann, wonach es fünf vor zwölf ist und die Menschheit sofort umsteuern muss, soll nicht die Welt zugrunde gehen. Die apokalyptische Vision ist gewürzt mit Hinweisen auf Prozesse sozialer Entfremdung und moralischer Verwahrlosung. Die mit Zahlen belegbaren Fortschritte werden ignoriert, ebenso die Erfahrungen mit staatskapitalistischen und sozialistischen Regimes. Er befeuert das Ressentiment derer, die der Fähigkeit demokratischer Institutionen misstrauen, für sozialen Ausgleich zu sorgen. Er macht sich gemein mit der populistischen Protestkultur, der methodische Klarheit und Faktentreue fremd ist.

Der Journalist Daniel Deckers nennt die neueste Papst-Enzyklika in einem Kommentar für die Frankfurter Allgemeine Zeitung (17. Oktober 2020, S. 1) einen „intellektuellen Offenbarungseid". Dieses harsche Urteil möchte ich am liebsten auf die Äußerungen aller Kapitalismus- und Profitkritiker anwenden, beispielsweise die Berliner Philosophieprofessorin Eva von Redecker mit ihrem neuen Buch *Revolution für das Leben: Philosophie der neuen Protestformen* (September 2020)[26]. Wieder so ein zum Gähnen langweiliges Wohlfühl-Buch für den links-egalitär-feministisch-grünen Mainstream. Die Autorin scheint kaum eine Vorstellung zu haben, was Kapitalismus und Profit sind. An ihrem Schreibtisch an der Universität und in ihrem Bauernhaus in Brandenburg denkt sie sich eine Gesellschaftsveränderung aus, von der ich mich frage, wie sie in Kairo, Kalkutta und Shanghai umgesetzt werden soll. Sie hat ja nichts Geringeres im Blick als die gesamte Menschheit und den ganzen Planeten. Ich könnte mich damit beruhigen, dass ich mir sage, dass sich schon in drei Monaten niemand mehr an dieses Buch erinnern wird.

Dennoch rechne ich damit, dass es in den nächsten Jahren in Deutschland eine starke soziale Veränderung geben wird, hin zu einer anstrengungslosen staatlichen Alimentation (ASA), bedingungsloses Grundeinkommen genannt. Damit hofft die akademische Elite die Mäuler des Präkariats ein für alle Mal zu stopfen. Wer das bezahlen soll, steht noch in den Sternen. Es muss nämlich erwirtschaftet werden, und zwar im Rahmen der sozialen

[26] oder *Machtwirtschaft - nein danke!: Für eine Wirtschaft, die uns allen dient* von Gerhard Schick, und viele andere Autoren.

Marktwirtschaft. Diese erwirtschaftet Überschüsse, als Profit geschmäht, die für solche umfangreichen Experimente abgeschöpft werden müssen.

Die soziale Marktwirtschaft ist jene Wirtschaftsform, die die Pole, zwischen denen die menschlichen Fähigkeiten aufgespannt sind, am besten miteinander vereinigen kann. Der Mensch braucht Verbundenheit und Geborgenheit, aber auch Freiheit und Autonomie. Einige haben von dem einen etwas mehr, andere von dem anderen. Es ist unsinnig, sich gegenseitig Vorwürfe zu machen, aber wenn die eine Seite die andere zu sehr bedrängt, ist Widerstand erlaubt. Menschen ohne Grundvertrauen suchen schnell eine Lösung und neigen zu Obrigkeitshörigkeit. Andere zweifeln an den Obrigkeiten, suchen nach einem Feindbild und landen im Verschwörungswahn. Sie werden die Zukunft dieser Welt nicht gestalten können, und wenn, dann nur im negativen Sinne.

Die wenigsten Kapitalismus-Kritiker haben eine Idee, was „Profit" und Gewinn bedeuten. Ein Grund ist die hierzulande erschreckend schlechte Bildung auf dem Gebiet der Wirtschaft bei einem Großteil der Bevölkerung und besonders unter den Intellektuellen. Kein Mensch wird auf Dauer arbeiten wollen, wenn er nicht einen Gewinn erwirtschaftet, den er für sich privat ausgeben kann. Das vom versteuerten Gewinn die Tilgungsraten von Firmenkrediten bedient werden müssen und eventuell Rücklagen für schlechtere Zeiten gebildet werden müssen, ist den meisten Sittenrichtern keine Erwähnung wert. Völlig illusorisch ist es, von einer profitfreien Wirtschaft zu träumen. Auch der Bäcker an der Ecke und die Autowerkstatt müssen Gewinne machen, nicht nur, um ihren Laden am Leben zu erhalten, sondern um ihre Angestellten zu bezahlen und sich selbst privat ein auskömmliches Leben zu gestatten. Ich kenne keinen einzigen Menschen, auch nicht unter den Intellektuellen, die in ihren Job mehr hineinbuttern, als sie herausbekommen.

15. 10. Seit gestern Abend leichtes Halskratzen und Schluckbeschwerden. – Freund I.Z. wurde negativ getestet. – Die Zahl der Neuinfektionen pro Tag steigt in Deutschland auf über 6600, in Frankreich auf 30.000. – Die Bundes- und Länderregierungen trafen sich, um über weitere Corona-Abwehrmaßnahmen zu beratschlagen. Für Gebiete mit einem hohen Infektionsgeschehen ist eine Sperrstunde für Gaststätten ab 23.00 Uhr vorgesehen. Frankreich hat seit Ende August eine rigide Maskenpflicht, nur noch in der eigenen Wohnung darf auf den Mund-Nasen-Schutz verzichtet werden.

Trotzdem erlebt Frankreich in den vergangenen sechs Wochen einen steilen Anstieg der Infektionszahlen, der aber zum Glück nicht zu den hohen Sterbefällen des Frühjahrs führte. In Schweden gibt es dagegen diesen Mund-Nasen-Schutz nicht, aber trotzdem keine mit Frankreich vergleichbare Infektionsdynamik. Das alles ist schwer zu begreifen.

16. 10. Halskratzen ist wieder weg. – Wir beenden die gemeinsame Lektüre von Walter Bauer *Ein Jahr. Tagebuch eines Aussteigers* bzw. *Tagebuchblätter aus Kanada*. Bauer migrierte in den 50er Jahren aus Westdeutschland nach Kanada, weil er in der Bundesrepublik zu viele Neonazis am Werk sah. In Kanada studierte er und wurde Dozent für deutsche Literatur. Das hat er wohl ganz gut gemacht, aber er blieb arm und einsam.

„Make America Great Again" hiess Trumps Wahlslogan von 2016, was zweierlei meinte: Machen wir aus den USA wieder das Land des traditionellen weißen, protestantischen Amerika, in dem das Wertesystem der Gründerväter verbindlich bleiben. Und holen wir die nach China abgewanderten Arbeitsplätze zurück. Auch in drei Wochen geht es letztlich nur darum.

1790 beschloss der US-Kongress ein Gesetz, wonach nur „freie weiße Personen" US-Bürger werden durften. Im Lauf des 20. Jahrhunderts wurden die Italiener (und die Polen und die Griechen und andere mehr) zu vollwertigen Weißen. Ihr Anteil betrug bis Mitte des 20. Jahrhunderts rund 90 Prozent. Danach begann er stetig abzunehmen, heute beträgt er 60 Prozent, und irgendwann zwischen 2040 und 2050 wird ihr Anteil auf unter 50 Prozent fallen. Der Grund dafür liegt in der ethnischen Zusammensetzung der Einwanderer. Trumps Flirten mit rassistischen Botschaften, die Weigerung, sich von den weißen Suprematisten abzugrenzen, sind Signale an seine Anhänger, dass es bei den kommenden Wahlen auch um die künftige Stellung der Weißen in Amerika geht, und um ihre Arbeitsplätze.

17. 10. Die Pandemie hat – entgegen meiner ersten Annahme – doch einiges bewusstseinsmäßig in Gang gebracht. Unternehmen arbeiten an flacheren Hierarchien, einige Arbeitnehmer haben das Arbeiten von Zuhause aus schätzen gelernt, das Kurzarbeitergeld hält Millionen von Beschäftigten über Wasser, ein Erfolg unseres Sozialsystems. Nicht alle, aber doch viele rückbesinnen sich auf das Wesentliche: Konsum, Sport, Arbeit, Urlaub – was ist wirklich wichtig? Der Kauf regionaler Produkte nimmt langsam aber stetig zu. Die Reiselust allerdings ist ungebrochen. Urlaub zu Hause oder im Inland

zu machen, scheint doch nur eine Notlösung zu sein, bis man wieder mit dem Jumbojet auf die andere Seite des Erdballs fliegen kann. Der Umgangston der meisten ist freundlich. Doch das Geschrei in den sogenannten sozialen Medien hat während der Pandemie noch an Lautstärke zugenommen.

Der Mensch im Internet kann von staatlicher Seite praktisch nicht geschützt werden. Die Forderung nach Schulung jedes Nutzers in Internetkompetenz wendet sich an die Falschen. Jene, die ihren Hass auskübeln, werden sich nicht freiwillig zu anständigen Umgangsformen bequemen. Langsam kommen die großen Plattformen dahin, die übelsten Auswüchse zu begrenzen. Es ist ein Kampf gegen Windmühlen. Die inzwischen eingestellten Tausende von Mediatoren und Beobachtern kommen gegen täglich Abermillionen Texteinträge und Bilder nicht an. Was im Netz an Unflat verbreitet wird, ist nicht die Haltung und Meinung der Mehrheit. Aber wie kann sich die Mehrheit gegen eine Minderheit von üblen Fanatikern nicht nur schützen, sondern diese auch zurückdrängen?

Wir sehen eine paradoxe Entwicklung. Überall ist von Achtsamkeit und Wertschätzung die Rede, von der Würde des Menschen, doch genau das wird in der öffentlichen Debatte schamlos mit Füßen getreten. Wie soll man da eine menschenfreundliche Zukunft schaffen? Allerorten sind Angstmacher am Werk. Es gibt einige verunsicherte Menschen, die sich einen Anführer wie Putin, Trump oder Erdogan wünschen. Aber es gibt doch viele Menschen, die sich gegen eine solche quasidiktatorische Zumutung zur Wehr ersetzen. Autoren wie der rührige und erfolgreiche Forscher Gerald Hüther wünschen sich mehr Beteiligung von unten bei der Organisation von Gesellschaft. Aber wie viele wollen sich engagieren? Jeder Vorschlag wird sofort zerredet. Menschen, die keine Idee vom argumentativen Austausch haben, lenken ab, beleidigen und sabotieren, bis man nicht mehr weiß, wo einem der Kopf steht. Die Neurobiologie weiß – und auch Hüther sollte es wissen –, dass die Plastizität des Gehirns mit dem Alter abnimmt. Der Altersstarrsinn ist sprichwörtlich. Müssen und können es also die Jungen richten? Sie müssen sich etwas einfallen lassen. Was bisher von den Protestbewegungen kam, ist zu wenig, zu schwammig, zu unpräzise, zu unrealistisch.

18. 10. (Sonntag) Erneut Herbstspaziergang auf der Pfaueninsel mit Kaffeetrinken auf der Liegewiese. – Unser wissenschaftlicher Jour fixe am kommenden Samstag wird abgesagt, ebenso eine Einladung unseres Freundes G.J. zu einer Diskussion über Hannah Arendt. Gestern sollte eine Gedenkfei-

er für meinen Cousin E.L. stattfinden. Auch die wurde verworfen. Der Grund ist in allen Fällen der Appell der Bundeskanzlerin, auf alle Außer-Haus-Termine zu verzichten, die nicht unbedingt nötig erscheinen. In meinen Kreisen wären viele aufgrund ihrer persönlichen Risiko-Situation (höheres Alter) ohnehin zu Hause geblieben. – Die Corona-Warn-App wird anhaltend kritisiert. Sie sei ein „zahnloser Tiger". Politiker mehrerer Parteien fordern eine Aufrüstung der App mit zusätzlichen Funktionen. Bisher würden nur 60 Prozent der positiv getesteten Nutzer ihren Befund für Warnungen durch die App weitergeben. Es gibt keine Verpflichtung dazu. Auch fehlen die Angaben über Ort und Datum des Risikokontakts. Wenn diese Daten erfasst und ausgewertet werden, dann aber nur auf freiwilliger Basis, fordern Gesundheitspolitiker – bis auch diese Zusatzfunktion wieder nur als „zahnloser Tiger" bezeichnet wird.

19. 10. Amartya Sen, Professor für Wirtschaftswissenschaften an der Harvard-Universität, erhält den Friedenspreis des Deutschen Buchhandels. Er ist, im Gegensatz zum Papst Franziskus, kein Kritiker der Marktwirtschaft. Im Gegenteil, er favorisiert die weltweite wirtschaftliche Zusammenarbeit. Doch nur wenige Menschen könnten die Globalisierung als Segen für alle anerkennen. Warum können so viele Menschen das nicht einsehen, fragt er in einem Essay *Die Welt teilen. Sechs Lektionen über Gerechtigkeit* (Oktober 2020, C.H. Beck)?

Vor zwei Jahrhunderten waren Armut und eine garstiges, brutales und kurzes Leben weltweit die Regel. Zur Überwindung dieses Elends hätten umfangreiche wirtschaftliche Verflechtungen und der Einsatz moderner Technik in hohem Maße beigetragen. Damit ist die wirtschaftliche Not der Armen auf der ganzen Welt zurückgedrängt, aber noch nicht beseitigt. Der Grund liege darin, so Sen, dass man ihnen die Vorteile der modernen Technik, die Effizienz des internationalen Handels und die sozialen und wirtschaftlichen Vorzüge eines Lebens in offenen Gesellschaften vorenthält. Die Menschen in armen Ländern würden sich nach den Früchten moderner Technik, nach besserem Zugang zu den Märkten und nach demokratischen Regierungen sehnen. Es entspreche auch nicht den Tatsachen, dass die Armen ärmer würden. Das mag in einigen Fällen so sein, sei aber keineswegs der Normalfall. Die Verantwortung dafür liege nicht in der Natur der globalen Beziehungen, sondern oft genug in der nationalen und lokalen Wirtschaft- und Sozialpolitik und in den kargen Umweltbedingungen.

Was wäre ein fairer Anteil am Nutzen wirtschaftlicher Beziehungen? Die internationale wirtschaftliche Ungleichheit beruht nicht auf der freien Marktwirtschaft mit ihren Sozialsystemen, sondern auf dem ungleichen Zugang zu diesem System, betont Sen. Ist die Verteilung der Gewinne fair und akzeptabel? Nach welchen Kriterien wird Fairness und Akzeptanz definiert? Geht es nur um eine Umverteilung von den Reichen zu den Armen ohne Gegenleistung? Wie könnten all die despotischen Regimes demokratisiert werden, die ihrer Bevölkerung Beschränkungen und Unterdrückung auferlegen? Und ist es primär Aufgabe der westlichen Staaten, in der Dritten Welt für Ordnung und Wohlstand zu sorgen, oder hat jede Nation die Aufgabe, zunächst im eigenen Land dafür zu sorgen?

Sen hält die Frage, ob auch die Armen von der globalen Wirtschaftsordnung profitieren, für eine falsche. Vielmehr gehe es darum, den armen Ländern gerechte Verträge mit den wohlhabenderen Ländern zu ermöglichen. Dazu bedürfe es internationaler Regelungen. Die Globalisierungskritiker hätten auch deswegen bislang so wenig Erfolg, weil sie die Vorteile des internationalen Handels ignorieren oder negieren. Sie sollten sich eher auf gerechte internationale Vereinbarungen und Handelsbeziehungen konzentrieren. Das deutsche „Lieferkettengesetz" könnte ein Schritt in die richtige Richtung sein. Bleibt damit die Verantwortung für die Entwicklung in der Welt erneut bei den industrialisierten Staaten hängen? Ist es der richtige Weg, den ärmeren Staaten ein westliches Wirtschaft- und Sozialsystem aufzuerlegen?

Marktwirtschaft sei mit vielen verschiedenen Eigentumsverhältnissen, Ressourcenverfügbarkeiten, sozialen Möglichkeiten und nationalen Vorschriften vereinbar. Schon allein aus diesen Unterschieden heraus ergäben sich unterschiedliche Preise, Handelsbedingungen und Einkommensverteilungen. Noch mangelt es in vielen Ländern an sozialer Sicherheit, öffentlichen Investitionen und demokratischen Institutionen.

Jedenfalls setze eine Verringerung des Maßes an Ungleichheit und Armut nicht die Abschaffung der Marktwirtschaft und des internationalen Handels voraus. Es sind vielmehr die Lösungen im Rahmen des Marktes, die wirtschaftliche und soziale Bedingungen zum Positiven verändern können. Es komme eben, so Sen, auf die Ausgestaltung der Verträge an. Diese wiederum hängen stark ab von der Politik, von den Bildungschancen, vom Gesundheitssystem, von einer gerechten Landverteilung, vom Zugang zu Krediten, vom Rechtsschutz und so fort. In jedem dieser Bereiche gibt es von der Politik zu regelnde Dinge.

Wenn es Ungerechtigkeiten gibt, dann hängen sie laut Sen eng zusammen mit Versäumnissen auf diesen Gebieten. Wer von der Weltwirtschaft wie stark profitiert, hängt von einer Vielzahl von Variablen ab. Sen endet seinen Essay mit den Worten: „Die Aufgabe, globale Gerechtigkeit herzustellen, haben wir alle gemeinsam. Sie ist eine Aufgabe, die politische und soziale Reformen wie auch wirtschaftliches Engagement verlangt. Jeder Markt funktioniert so gut wie seine Umgebung."

20. 10. Nun will der Bundesinnenminister doch eine Studie zum Rechtsextremismus in der Polizei von Bund und Ländern in Auftrag geben. Wenn man nach Rechtsextremismus sucht, wird man fündig werden. Die Studie lautet nicht „Demokratiefestigkeit der Sicherheitsbehörden des Bundes". Dann würde man nämlich zu einem beruhigenden Ergebnis kommen. Grüne und Linkspartei wollen aber mithilfe der SPD aus Polizisten generell Rechtsextremisten machen. Für sie ist die Polizei schon immer ein Hassobjekt gewesen, den sie mit vorauseilendem Misstrauen begegnen. Die Studie soll die Krönung des bis heute gepflegten Argwohnes gegen die „Bullen" werden und den Generalverdacht des Rassismus „wissenschaftlich" untermauern. Wie dabei ein objektiver Befund herauskommen soll, ist unerfindlich. Es gibt bereits jetzt „wissenschaftliche" Untersuchungen über Extremismus, aus denen die Hälfte der Bevölkerung als potentielle Faschisten hervorgeht. Der Bundesinnenminister konnte jetzt aber immerhin durchsetzen, dass die Untersuchung darauf Rücksicht nimmt, dass Polizisten weit öfter Diskriminierung und Anfeindungen ausgesetzt sind, als dass sie von ihnen ausgeht. Während man nach rechtsextremistischen Netzwerken in der Polizei mit der Lupe suchen muss (es gibt sie vereinzelt), sind Angriffe auf die und die Missachtung der Polizei tägliche Praxis. Für links-alternativ-grüne Politiker ist das kein Anlass für eine Kommission und einen Bericht. Für sie ist die Polizei (und die Bundeswehr) seit Jahrzehnten ein Feind, Repräsentant eines vermeintlich unterdrückerischen „Systems", welchem man die Würde und das Menschsein absprechen darf. Mit dem neuen, erweiterten Studiendesign des Innenministers wird diese Schieflage hoffentlich vermieden.

Der britische Premierminister schwört sein Land auf einen sogenannten harten Brexit ein. Großbritannien würde dann die Europäische Union ohne Nachfolgevertrag mit der EU verlassen. Was das wirtschaftlich und gesellschaftlich bedeutet, ist schwer abzuschätzen, aber man darf davon ausgehen, dass der Warenaustausch stark behindert wird und auch der Personenverkehr Nachteile erleidet. Zeit zum Verhandeln gab's genug. Beide Seiten geben sich gegenseitig die Schuld. Eine knappe Mehrheit der Briten hatte auf Grund falscher Angaben für eine Abkopplung Großbritanniens aus der Europäischen Union gestimmt. Ein konkreter Vertrag war ihnen nicht vorgelegt worden; und es reichte in dieser wichtigen Frage die einfache Mehrheit.

22. 10. Bei der Zahl der neuen Covid-19-Fälle gibt es einen weiteren Höchststand. Das Robert-Koch-Institut meldet für gestern 11.287 Infektionen binnen eines Tages. – Die Corona-App sollte vor allem den überlasteten Gesundheitsämtern bei der Ermittlung gefährdeter Personen helfen. Sie gibt aber nicht einmal acht Prozent des nachgewiesenen Infektionsgeschehens wieder. Nach Angaben des Robert-Koch-Instituts haben die Nutzer bis Mitte Oktober insgesamt 10.504 positive Corona-Testergebnisse in die App eingespeist, um damit im Idealfall andere vor einer Ansteckungsgefahr zu warnen. Allerdings stieg die Zahl der bundesweit bestätigten Infektionen im selben Zeitraum um mehr als 136.000 Fälle an. Im Idealfall bekommt jeder, der sich auf das Virus testen lässt, beim Abstrich einen QR-Code, mit dessen Hilfe er den Test in der App registrieren kann. Das Labor soll zuvor das Ergebnis digital übermitteln. Doch bei den Anwendern der App geht der größte Teil der möglichen Meldungen verloren. Der Nutzer muss selbst aktiv werden, das positive Testergebnis in seiner App einzutragen. Das Verfahren ist aus datenschutzrechtlichen Bedenken so kompliziert. Alles muss freiwillig sein. Aber auch dann wüsste man nicht, wo und wann man dem positiv Getesteten begegnet ist.

Für die Gesundheitsämter wären solche Informationen ausgesprochen wertvoll. Es ist politischer Wille, diese ihnen vorzuenthalten. Den Gesundheitsämtern ist es nicht möglich, mit den Daten der App zu arbeiten. Datenschutz geht vor Gesundheitsschutz, jedenfalls bei uns. Viele stellen sich die Frage, ob der Datenschutz bei der Konstruktion der App nicht etwas übertrieben war. Es bleibt also unklar, welchen Nutzen die App für die Eindämmung der Corona-Pandemie hat. Andererseits, die zentrale Datenverarbeitung wie in Frankreich ist kein Garant für den Erfolg. Mit 2,3 Millionen Downloads ist dort die Akzeptanz gering. Ähnlich sieht es in Italien und Frankreich aus.

Karl Lauterbach ist die medizinische Stimme der Sozialdemokratie (übrigens auch jetzt in der Corona-Krise). Vor fünf Jahren schrieb er das Buch *Die Krebsindustrie. Wie eine Krankheit Deutschland erobert* (Berlin 2015). Er sieht Deutschland an zwei Fronten in einen Krieg: der Krieg der Bevölkerung gegen den Krebs und der Krieg des deutschen Volkes gegen die monströse Krake Krebsindustrie. Lauterbach sah damals schwarz für die Gesundheitspolitik und das deutsche Gesundheitswesen.

Unbestritten ist, dass mit zunehmendem Durchschnittsalter der deutschen Bevölkerung die Gesamtzahl der Krebserkrankungen steigt. Ein hoher Anteil von Krebserkrankungen bei den Todesfällen deutet auf eine gutes Gesundheitssystem und eine hohe Lebensqualität hin. Ungefähr ein Viertel stirbt an einer Krebserkrankung. Dieser Teil bleibt seit Jahren im Wesentlichen konstant. Der Befund einer „Eroberung" trifft nicht zu. Der zweite Strang sind die Fortschritte in der medizinischen Behandlung. Immer mehr wird möglich, und auch immer Ältere werden heutzutage noch operiert und therapiert. Das treibt die Kosten für das Gesundheitssystem unweigerlich nach oben. Lauterbach glaubt, dass Medikamente in wenigen Jahrzehnten die vielen verschiedenen Krebsarten heilen können.

Was der Autor heftig kritisiert, sind die Erwartungen an eine „individualisierte Medizin". Für ihn ist das eine obszöne Marketingstrategie oligopolischer Pharmakonzerne. Neue Medikamente, die für spezielle Krebsarten auf den Markt kommen, sind extrem teuer und führen derzeit zu kaum mehr als ein paar Wochen zusätzlicher Lebenserwartung. Die Lebensqualitätsgewinne seien fraglich.

Lauterbach sieht Deutschlands Zukunft „im Würgegriff" der Pharmaindustrie. Wenige große Konzerne haben mehr als 300 Krebsmedikamente in der Entwicklung. Sie setzen die Preise für zugelassene neue Medikamente so hoch fest, wie sie sie in den Verhandlungen mit den Krankenkassen durchsetzen können. Im Schnitt erreicht ein von zehn beforschten Medikamenten die Zulassung. Hier wird die Argumentation Lauterbachs undurchsichtig. Offensichtlich gibt es mit dem Spitzenverband der Krankenkassenverbände eine starke Lobbymacht, die auf Augenhöhe mit der Pharmaindustrie verhandeln kann. Neue Medikamente sind teuer, weil die Entwicklung und Zulassung außerordentlich kostenintensiv ist. Kaum eine Krankenkasse möchte diese ihren schwer kranken und todgeweihten Patienten vorenthalten. Der Mensch fürchtet den Krebs, er greift auch nach dem letzten Strohhalm. So wirken also drei Akteure mit: die Pharmahersteller, die verzweifelten Patienten und die auf Kosten achtenden Krankenkassen. Einen „Würgegriff" kann man sich da nicht mehr so recht vorstellen.

Hier hätte Lauterbach in die Tiefe gehen können: Warum verweigern die Krankenkassenverbände nicht die Kostenübernahme? Was sind die Argumente der Industrie? Wie läuft der Prozess des Aushandelns eigentlich ab?

Und weil das alles fehlt: Geht es dem Autor nur um das Klischee von der bösen Pharmaindustrie? Nach meiner Kenntnis hat sich seit Erscheinen des Buches wenig verändert. Die Nachfrage nach wirksameren Medikamenten ist da, nur große Konzerne können die enorm hohen Entwicklungskosten vorschießen. Ich erwähne all das, um zu zeigen, wie wenig hilfreich das Genre der Apokalypse-Literatur ist, wie oft es daneben liegt und wie schnell man das alles wieder vergisst.

23. 10. Soll das Wahlalter auch bei Bundestagswahlen auf 16 Jahre reduziert werden? Die linken und grünen Parteien sind dafür. Junge Leute wählen eher links und grün statt liberal und konservativ. Die Befürworter versprechen sich einen speziellen Vorteil für sich, weniger einen allgemeinen Vorteil für die Jugendlichen. Allerdings wird auch gesagt, dass die Jugendlichen stärker von der Zukunft profitieren oder unter ihr leiden werden, als die ältere Generation. Also soll sie mehr mitbestimmen. Durch diverse Jugendbewegungen erhält die Forderung nach einer Senkung des Mindestwahlalters weiter Auftrieb. Doch wenn sich die Politik vom Zeitgeist treiben lässt, gilt es, besonders genau hinzuschauen.

Zu den Argumenten der Befürworter gehört es zu sagen, dass man mit dem Absenken des Stimmrechtsalters „das demokratische Ungleichgewicht zwischen den Generationen vermindern" möchte. Dahinter steht die urdemokratische Idee von „ein Mann, eine Stimme". Erfahrung und geistiges Vermögen spielen dabei keine Rolle. Und wer freut sich nicht über eine engagierte Jugend, so abwegig ihre Forderungen auch sein mögen? Und haben „die Alten" nicht sowieso zu viel Macht im Lande?

Verkannt wird, dass die Vollendung des 18. Lebensjahres nicht nur mit Rechten, sondern auch mit Pflichten verbunden ist. Mit 18 erweitert sich die auch juristische Handlungsfähigkeit. Man darf Auto fahren (Mofafahren schon früher), heiraten, man kann gewählt werden (passives Wahlrecht), selbstständig Verträge unterschreiben, harten Alkohol trinken. Man muss auf Einkommen und Vermögen Steuern zahlen. Man ist im juristischen Sinne voll straffähig.

Es ist die Parallelität von Rechten und Pflichten, die das Stimmrechtsalter von 18 weiterhin rechtfertigt. Vielleicht stimmt es sogar, dass die 16-Jährigen im Schnitt politisch nicht besser oder schlechter informiert sind als ältere Mitbürger, dies also kein Hinderungsgrund wäre. Wenn die Alten schon keine Ahnung von Politik haben, dann sollte man das auch den Jungen zugestehen. Fragwürdig ist die mitschwingende Unterstellung, dass ältere Wähler und Politiker „die Jugend" zu wenig im Blick haben. Eine insgesamt älter werdende Gesellschaft hat das Recht darauf, dass auch die Stimmen Älterer gehört werden. Jüngere Menschen (etwa ein Fünftel von ihnen) geht gerne demonstrieren, aber nur ein Zehntel kann sich vorstellen, in eine Partei einzutreten. Es ist leicht, auf der Straße „Sofortmaßnahmen" zu fordern, es ist aber schwer, konkrete Maßnahmen zu entwickeln und diese den Wählern nahezubringen.

Warum sollen so junge Menschen, die noch keine Steuern zahlen, über steuerfinanzierte Projekte mitentscheiden? Andererseits: Die Ausweitung des Kreises von Wählern wird die Qualität politischer Entscheidungsprozesse nicht wesentlich verbessern oder verschlechtern. Ihr Wissen über den Aufbau des politischen Systems der Bundesrepublik (Institutionen, Staatslehre, Verfassungsrecht) dürfte kaum besser sein als im Durchschnitt der erwachsenen Bevölkerung, also ziemlich schlecht.

24. 10. Der Brandenburger Landtag hatte vergangenes Jahr ein Paritätsgesetz erlassen, um den Anteil von Frauen auf Wahllisten der Parteien auf 50 Prozent zu erhöhen. Aktuell beträgt er dort 32 Prozent. Die neue Regelung, die von der rot-roten Koalition mit Unterstützung der Grünen erlassen worden war, verpflichtete die Parteien, bei der Aufstellung ihrer Landeslisten abwechselnd Frauen und Männer zu berücksichtigen, die Landeslisten (und nicht die Zusammensetzung des Landesparlaments) mit je zur Hälfte Frauen und Männern bestückt sein müssen. Seit dem 30. Juni war das Gesetz in Kraft. Jetzt hat das Landesverfassungsgericht das Paritätsgesetz als verfassungswidrig zurückgewiesen. Kläger waren die beiden rechtsgerichteten Parteien NPD und AfD. Eine gesetzliche Verpflichtung, Landeslisten paritätisch zu besetzen, verstoße nicht nur gegen die Freiheit der Parteien, so das Gericht, sondern auch gegen die Gleichheit und Freiheit der Wahl als Ausdruck des Demokratieprinzips. Freiheit der Wahl müsse schon im Vorfeld herrschen. Die Aufstellung der Wahllisten sei ureigene Aufgabe der Parteien. Dies müsse frei von staatlichem Einfluss sein. Im Urteil heißt es: „Den Staatsorganen ist es grundsätzlich verwehrt, sich in Bezug auf den Prozess der Meinungs- und Willensbildung des Volkes zu betätigen – er hat ‚staatsfrei' zu bleiben." Für Parteien mit besonders unausgewogenem Geschlechterverhältnis bedeute das eine Verletzung der Chancengleichheit gegenüber anderen Parteien. Das Paritätsgesetz verletzt laut Gericht auch die passive Wahl-

rechtsgleichheit. Die passive Wahlrechtsgleichheit (also gewählt werden zu können) sei verletzt, wenn der Zugang zu bestimmten Listenplätzen für bestimmte Kandidaten von vorneherein ausgeschlossen sei. Die Abgeordneten seien laut Grundgesetz dem gesamten Volke verpflichtet, nicht primär ihrer Partei. Es widerspricht diesem „Prinzip der Gesamtrepräsentation", wenn bestimmte Bevölkerungsgruppen, hier also die Frauen, bei der Wahl zum Brandenburger Landtag bevorzugt werden. Keine Bevölkerungsgruppe könne den Anspruch ableiten, entsprechend ihrem Bevölkerungsanteil proportional im Parlament präsentiert zu werden. Die Verfassungsrichter deuteten an, dass über eine Änderung der Verfassung des Landes Brandenburg die Parität bei der Aufstellung von Kandidatenlisten eingeführt werden könnte.

„In Brandenburg ist die Rückkehr zum Ständestaat verhindert worden", kommentiert ein Autor der Frankfurter Allgemeinen Zeitung den Beschluss des Verfassungsgerichts, welcher übrigens einstimmig erfolgte, d. h. auch mit der Stimme der einzigen Frau in dem achtköpfigen Gremium. „Ständestaat" ist etwas übertrieben. Frauen sind kein „Stand", so wie früher der Bauern-, Kaufmanns- oder Militärstand. Aber es wäre ein Schritt in die Bevorzugung einer bestimmten Bevölkerungsgruppe, mithin eine Ungleichbehandlung und eine Ungerechtigkeit. Was die Gleichheit der Geschlechter angeht, so befinden wir uns nicht mehr im 19. Jahrhundert. Wenn Parteien sich selbst Quoten verordnen, so ist das in Ordnung. Sie stellen sich dem politischen Wettbewerb. Wenn aber die Frauen eine Bevorzugung erfahren, warum dann nicht eine Migrantenquote, eine Quote für bestimmte Regionen, für Berufe, Haarfarben, Religionen oder Altersgruppen?

Der Denkfehler besteht darin, die grundsätzliche Gleichberechtigung von Mann und Frau als numerische Gleichstellung anzusehen. Warum dann aber die Gleichstellung nur in den attraktiven Vorstandsposten oder bei den Abgeordneten? Entsprechend energisch vorgetragene Wünsche für beispielsweise die Müllabfuhr werden nicht artikuliert. Alle Menschen sind vor dem Gesetz gleich. Ihre Wünsche und individuellen Lebensplanungen sind zu respektieren, darunter auch der Wunsch, *nicht* Vorstandsmitglied oder Parlamentarierin werden zu wollen. Niemand soll wegen seines Geschlechts, seiner Hautfarbe oder Religion benachteiligt werden, aber auch nicht bevorzugt. Gleichberechtigte sind nicht Gleichgestellte. Die Gleichberechtigung stellt die faktische Ungleichheit zwischen Menschen nicht infrage. Wenn unter Gleichberechtigung auch Gleichheit – in welchen Belangen auch immer – verstanden wird, dann ist es politisch folgerichtig, den Staat immer mehr eingreifen zu lassen zugunsten von Personengruppen, die als minder privilegiert angesehen werden. Den staatlichen Eingriffen in die politische und gesellschaftliche Freiheit ist damit Tür und Tor geöffnet. Genau diesen Pfad haben die Sozialdemokraten, die Grünen und die Linkspartei eingeschlagen. Mit dem Paritätsgesetz wurde in Verfassungsprinzipien eingegriffen, um politische Ziele durchzudrücken. Das ist anmaßend und gefährlich. Bemerkenswerterweise haben gerade die rechtsgerichteten Parteien NPD und AfD mit ihrer Verfassungsklage den Rechtsstaat gestärkt, während Rot-Rot-Grün als Gefährder von Verfassung und Grundgesetz dastehen.

Die Partei Die Grünen kündigten umgehend an, die brandenburgische Verfassung in ihrem Sinne umzubauen, also dem weiblichen Geschlecht Vorrang einzuräumen, es positiv zu diskriminieren. Aber das Geschlecht darf beim Abgeordneten keine Rolle spielen. Jeder Abgeordnete ist Vertreter des ganzen Volkes. So steht es im Grundgesetz und in der Verfassung von Brandenburg. Das können sich Linkspartei und Grüne nicht vorstellen. Ihre Politik ist oft Klientelpolitik. Sie gehen davon aus, dass Männer nur männlich denken können und Frauen nur weiblich denken dürfen. Die dümmste Kritik, vorgetragen von einem Linken-Politiker, lautet, das Verfassungsgericht habe das Paritätsgesetz ablehnen müssen, weil das Gericht aus Männern bestehe. Unterschlagen wird, dass auch die einzige Richterin für die Ablehnung des Gesetzes stimmte. Wenn fälschlicherweise angenommen wird, dass Männer grundsätzlich nicht über ihren männlichen Horizont hinaus denken können, dann spricht in der Tat einiges für eine Parität. Der Mensch ist aber grundsätzlich allen Menschen (sogar jeglicher lebendigen Kreaturen) gegenüber empathiefähig. Die Unterstellung, das Richtergremium habe nur aufgrund des Geschlechts seiner Mitglieder geurteilt, geht in seiner Dümmlichkeit und Perfidie stark in Richtung Donald Trump. Die Unabhängigkeit des Richtergremiums und ihre strikte Gebundenheit an das Recht werden in Zweifel gezogen. Es ist eine Denkweise, die geeignet ist, die Demokratie zu zerstören.

Die Verfechter von Parität und Frauenbevorzugung werden nicht nachgeben. Die Fraktionsvorsitzende der Berliner Grünen schlägt eine Ergänzung der Berliner Verfassung vor: „Es ist der gleiche Zugang von Männern und Frauen zu Wahlmandaten und Wahlämtern zu gewährleisten“. Sie versteht nicht, dass dies bereits der Fall ist. Jeder, der über 18 Jahre alt ist und nicht vorbestraft, kann sich zur Wahl stellen. Auch die Brandenburger Landesgleichstellungsbeauftragte und die Frauen der Linkspartei verwechseln Gleichheit und Gleichstellung in der Politik. Ihre Unkenntnis und ihre Missachtung der Verfassung sind erschreckend. Um ihre Ideologie durchzusetzen, sind sie zum Rechtsbruch bereit.

25. 10. (Sonntag) Die Zahl von Neuinfektionen bleibt bei ungefähr 11.000 Fälle täglich. Ein Höchststand war gestern mit 14.700 Neuinfektionen. Ein neuer Lockdown, das Herunterfahren des wirtschaftlichen und gesellschaftlichen Lebens, wird in Erwägung gezogen. – Ich beschäftige mich mit weiteren Marketing-Methoden für meinen VTA-Verlag, darunter das Versenden von Massenmails, das Herstellen ansprechender Werbe-Mails und das Zusammenstellen von E-Mail-Adressen von Verlagen, Redaktionen, Buchhändlern, psychologischen Ausbildungsinstituten und Autoren. Das ist mühsam und zeitaufwendig. Ferner habe ich spaßeshalber ein T-Shirt mit Werbung für mein Buch *Politisches Denken* anfertigen lassen. Meine liebe Frau findet, dass ich mich damit prostituiere. Und ich habe, ebenfalls zur Probe, Lesezeichen mit Werbung für mein Buch drucken lassen. – Für die eigenständige Herstellung einer sogenannten Buchdecke, also eines Gesamtcovers für neue Bücher (Vorderseite, Rückseite, Buchrücken), habe ich eine neue Idee: in Microsoft Word entweder mit Textfeldern oder mit Tabellen arbeiten. Das ergibt Arbeitsfelder, in die Inhalte platziert werden können. Die Rahmen der Textfelder oder Tabellenzellen werden zum Schluss weggenommen. Werde es in Kürze ausprobieren.

Spaziergang bei wunderbarem Herbstwetter im Park von Sans Souci. Dort treffen wir auf unsere Kollegin M.S., mit der wir zusammen im „Drachenhaus“ zu Mittag essen. Wir plaudern fröhlich und ungezwungen.

26. 10. Die Ermordung eines beliebten Lehrers in einem Vorort von Paris hat in Frankreich und Europa Entsetzen hervorgerufen. Die Zeitungen schreiben, dass Frankreich viel zu lange die Bildung islamischer Gesellschaften in den Vororten seiner großen Städte hingenommen hat. Maßnahmen, diese Parallelgesellschaften an europäische Normen und französische Traditionen zu binden, wurden von starken Kräften bislang immer als Rassismus und Islamophobie gebrandmarkt. Nun will der französische Staatspräsident dem Laizismus Geltung verschaffen. Der Täter ist ein junger islamischer Einwanderer aus Tschetschenien, der von einem Freund über den Lehrer informiert und aufgehetzt worden war. Der Lehrer hatte in seinem Unterricht auch über Mohammed-Karikaturen und andere, inzwischen heikel gewordene Themen

wie Meinungsfreiheit und Säkularität gesprochen. Er wurde auf der Straße erstochen.

Der Terror begann nicht erst am 11. September 2001 in New York. Dieser gigantische Massenmord veränderte aber das Verhältnis des Westens zum Islam. Es gab endlose Debatten darüber, ob der Islam eine aggressive, intolerante und frauenverachtende Religion sei. Einiges spricht dafür, vieles andere nicht. Die meisten Muslime auf der Welt sind friedlich und leiden selbst am meisten unter ihren fanatischen Glaubensbrüdern. Nach 2001 setzte sich langsam, aber nicht bei allen, die Gewissheit durch, dass es den Mördern im Namen Allahs nicht um den westlichen „Imperialismus" geht, sondern sich ihre Wut und ihre Abscheu gegen die individualistische westliche Lebensweise insgesamt richtet. Darunter fallen auch alle säkularisierten Muslime, alle, die nicht dem orthodoxen Islam folgen wollen.

In Frankreich haben islamische Fanatiker eine Blutspur hinterlassen. 2012 mit der Ermordung jüdischer Kinder und muslimischer Soldaten der französischen Armee in Toulouse, 2015 die Morde an den Journalisten des Satiremagazins *Charlie Hebdo*, die Anschläge vom November 2015 mit 130 Toten und 683 Verletzen in Paris und im Juli 2016 in Nizza mit 86 getöteten und mindestens 400 Verletzten. Wenige Tage später schnitten zwei Islamisten einem Priester während der Messe die Kehle durch. Im Januar 2019 hatte eine junge Schülerin namens Mila mit primitiven Worten den Islam kritisiert. Die Antwort waren Mord- und Vergewaltigungsdrohungen. Sie erhält seitdem Polizeischutz, während die Schüler, die sie bedrohten, angeblich weiterhin das Gymnasium besuchen. 2019 erstach ein Polizist vier Kollegen. Die Opfer sind Juden, Journalisten, Franzosen, Priester, Polizisten und jetzt ein Lehrer. In der seriösen Presse steht, dass der Lehrer sich vor der Schulleitung für seine Unterrichtsinhalte rechtfertigen musste. Dann wurde er ermordet.

Der französische Innenminister hat nun erstmals einigen linken Medien eine implizite Mitschuld gegeben. Er warf ihnen intellektuelle Feigheit und Komplizenschaft vor. Bislang herrschte die Ansicht, die Kritik einer Religion sei eine Beeinträchtigung der Gewissensfreiheit. Die Rücksichtnahme auf religiöse Gefühle stand bisher im Vordergrund und diente als Grund, die Radikalisierung und Abschottung von der französischen Zivilgesellschaft zu beschweigen. Jetzt scheinen die Schulen in die Offensive zu gehen. Die Frage ist, ob es dafür nicht zu spät ist. Jetzt werden die blasphemischen Mohammed-Cartoons von *Charlie Hebdo* bewusst öffentlich gezeigt. Aber die Einwanderer muslimischen Glaubens vor allem aus den früheren französischen Kolonien sind zu Millionen bereits im Land.

Der frühere ebenso wie der jetzige französische Präsident nannten die muslimischen Anschläge einen „Kriegsakt". Man befinde sich in einem Krieg gegen den Fanatismus. Das ist ihnen von einigen linken Intellektuellen als Übertreibung ausgelegt worden. Sie übersehen die Terminologie des Islamischen Staates, der Paris als „Hauptstadt der Abscheu und der Perversion" bezeichnet haben soll. Kann es da noch um ein Miteinander gehen? Der Islamismus ist der Krieg gegen eine vermeintliche Dekadenz in Namen der Tugend. Die Attentäter haben folgerichtig nicht Menschen getötet, sondern den sittlichen Niedergang Europas angegriffen. Und sie erzählen die Legende von den Kreuzfahrern, die sich unter dem Banner des Christentums aufgemacht hatten, das Heilige Land zu erobern. Spätestens seit New York 2001 sollte allen klar geworden sein, dass hier so etwas wie ein Krieg erklärt wurde. Dieser Krieg kann nur durch Unterwerfung beendet werden, aber selbst das ist nicht sicher. Intendiert ist der Tod aller, die nicht dem fanatischen Islamismus folgen wollen. Die diabolische Logik dieser Mörder bedroht jeden, der ihren Hass nicht teilt.

Über die Radikalisierung, die Arbeitslosigkeit, die Ausgrenzung und das Versagen der Integration sind schon viele Bücher geschrieben worden. Wurden sie beachtet? Was macht man mit all diesen Erkenntnissen? Was macht man mit den islamischen Sozialpartnern? Die Schriftstellerin Gila Lustiger, die mit dem Roman *Die Schuld der anderen* eine Gesellschaftsportrait des heutigen Frankreichs geschrieben hat (2015), plädiert für „Erziehung – wenn Erziehung noch möglich ist". Kommt Erziehung zur gegenseitigen Toleranz und Gewaltfreiheit nicht schon zu spät?

Der mit dem Islamismus verwobene Antisemitismus ist ein Teil des Problems. Gegen Antisemitismus wird seit Jahrzehnten vorgegangen. Er ist unausrottbar. Man kann ihn nur einhegen. Und damit nicht genug, denn es ist noch das frauenfeindliche, patriarchalische Weltbild des Islamismus zu berücksichtigen. In den Berichten aus den vom Islamischen Staat eroberten Gebieten ist von brutaler Unterdrückung der Frauen, von Vergewaltigungen, Frauenhandel, Steinigungen, Zwangshochzeiten und grausamen Strafen die Rede. Der dogmatische Islamismus ist ein Angriff auf die Werte der Menschlichkeit.

Cafés, Konzerte, Sportveranstaltungen oder andere Religionen gelten ihnen als Götzendienerei. Es ist nicht nötig, Opfer auszuwählen. Wir alle sind gemeint. Navid Kermani sagte in seiner Rede zum Deutschen Friedenspreis: „Es gibt keine islamische Kultur mehr, jedenfalls keine von Rang. Was uns jetzt um die Ohren und auf die Köpfe fliegt, sind die Trümmer einer gewaltigen geistigen Implosion." In der arabischen Presse zirkulierte 2005 eine „Strategieplan" von Alkaida, dem zufolge bis 2020 eine weltweite, apokalyptische Konfrontation zwischen einer islamischen Armee des Kalifats und dem Westen herbeizuführen sei; dieser „Endkampf" würde zwei Jahre dauern, dann würden die Vereinigten Staaten und mit ihnen der ganze Westen kollabieren. Die Führer des Islamischen Staates warten darauf, dass der Westen ihnen den Krieg erklärt, und sie hoffen, dass diese Vorstellung gerade unter Jugendlichen in Europa Wurzeln schlagen wird. Die muslimischen Gemeinden müssen anerkennen, dass unter ihnen ein massives Sektenproblem herangereift ist.[27]

27. 10. Meine liebe Frau und ich beenden die gemeinsame Lektüre von Stefan Zweigs *Sternstunden der Menschheit*. Wir sind noch unschlüssig, was jetzt folgen soll. –

Das angeblich stetig steigende „Armutsrisiko" wird von der Linkspartei und sozialen Lobbygruppen akribisch und mit lebhafter Medienbegleitung immer wieder gerne veröffentlicht. „In Deutschland lag die Armutsgefährdungsquote laut den Eurostat-Daten im Jahr 2018 über 16 Prozent, 2006 waren es noch 12,5 Prozent." Das verbreitete etwa das „Redaktionsnetzwerk Deutschland" Ende Juli mithilfe der Linken. Diese bezeichnete die Diagnose als „sozialpolitisches Scheitern". Entsprechend dem EU-weit harmonisierten Standard ist die Armutsgefährdungsquote definiert als der Anteil der Personen, deren tatsächlich erzieltes Einkommen weniger als 60 % des Median des Einkommens der Bevölkerung beträgt.

Jetzt liegt der Eurostat-Bericht für 2019 vor. Die Datentabelle zeigt eine Veränderung hin zum Guten, die Zeitungsmeldungen darüber bleiben jedoch aus. Die Armutgefährdungsquote ist im vergangenen Jahr gesunken. Eurostat weist einen Rückgang von 16 Prozent im Jahr 2018 auf 14,8 Prozent im Jahr 2019 aus. Das ist der niedrigste Wert seit 2007. Auch der Anteil armutsgefährdeter Kinder und Jugendliche in Deutschland ist von 14,5 Prozent im Jahr 2018 auf nun 12,1 Prozent gesunken. 2010 hatte sie einen Höchststand von 17,5 Prozent erreicht. Das ist natürlich kein Sieg über die Armutsproblematik. Es

---

[27] Reinhard Schulze: „Der IS wartet nur auf eine Kriegserklärung", FAZ, 16. November 2015

handelt sich um statistische Schwankungen, die keinen wirklichen Trend anzeigen.

Der Anteil der Bevölkerung, der sozialstaatliche Mindestsicherung bezieht, ist auf den tiefsten Wert seit 2006 gefallen, und zwar von 8,7 Prozent im Jahr 2018 auf nun 8,3 Prozent. Im sogenannten Hartz-4-System sank die Gesamtzahl der Bezieher um knapp 300.000 auf 5,3 Millionen.

28. 10. Die Bundeskanzlerin und die Ministerpräsidenten der Länder haben wegen rasant steigender Infektionszahlen neue Maßnahmen beschlossen, um die Pandemie einzudämmen. Sie ähneln weitgehend denen vom April und Mai diesen Jahres. Die Zahl der neu Infizierten pro 100.000 Einwohner in den vergangenen sieben Tagen lag in Berlin bei 150, deutschlandweit bei 106. Es sei damit zu rechnen, dass die Zahl der Intensiv-Patienten weiter ansteigen und das Gesundheitssystem überlastet werde. In Berlin sind nur noch 153 Intensivbetten mit Beatmungsgeräten verfügbar, das entspricht zwölf Prozent aller verfügbaren derartigen Betten. Die Kliniken sind wieder dazu übergegangen, planbare Operationen zu verschieben. Damit soll Bettenkapazität für Corona-Fälle frei werden. Die Frage ist, ob genügend Personal für die medizinische Intensivbetreuung vorhanden ist. Es geht ja nicht nur um die Bettenzahl, sondern auch um die Fachkräfte. Im Fernsehen sehe ich Statements von Politikern der rechtsgerichteten Partei AfD, die die Existenz des Virus und der Pandemie schlichtweg leugnen. Ich bin erschüttert. Als Politiker der Regierungskoalition ihre Politik im Bundestag erläutern, wird die Kanzlerin von AfD-Abgeordneten angebrüllt und niedergeschrien. Ein Vorgeschmack auf das, was noch kommt?

In ihrer Regierungserklärung verteidigt die Kanzlerin die einstimmig getroffenen Beschlüsse. Sie beschwört die dramatische Lage und die enorme Dynamik beim Anstieg der Infektionszahlen und der Intensiv-Patienten. Ab kommenden Montag sollen wieder alle Kulturveranstaltungen verboten sein, ebenso Fußballspiele mit Publikum. Restaurants dürfen Essen nur zum Mitnehmen ausgeben. Besonders dieser Punkt stößt auf viel Unverständnis. Restaurants haben in den vergangenen Wochen ihre Sitzkapazitäten in Zelte außerhalb der eigentlichen Räumlichkeiten ausgelagert, um einerseits Gäste bewirten, aber anderseits die Abstände wahren zu können. Schulen und Kindertagesstätten sollen im Gegensatz zum Frühjahr diesmal offenbleiben. Auch die Wirtschaft soll nicht heruntergefahren werden. Es wurde angeordnet, dass sich nicht mehr als zehn Menschen aus zwei Familien privat treffen dürfen. Unklar ist, wie diese und auch andere Regeln überwacht und durchgesetzt werden sollen. Dazu gehört auch die Maskenpflicht nicht nur in Zügen, Bussen und Flugzeugen, sondern auch auf öffentlichen Plätzen.

Die AfD hält das alles für überflüssig. Man müsse wie im Straßenverkehr auch bei dieser „Grippe"-Epidemie Tote in Kauf nehmen. Aber dazu ist ein erheblicher Teil der Bevölkerung und der Journalisten nicht bereit. In Berlin starben in diesem Jahr ungefähr 20 Radfahrer im Straßenverkehr. In der Hauptstadt sind insgesamt rund 1,2 Millionen Personenkraftwagen zugelassen, und jedes Jahr werden es mehr. Meines Erachtens müsste es heißen, dass bei dieser enormen Anzahl an Pkws in diesem Jahr bislang „nur" 20 Radfahrer ums Leben gekommen sind. Diese starben auch nicht alle durch einen Zusammenstoß mit Pkw oder Lkw. Ein paar von ihnen kippten einfach nur so um und schlugen mit dem Kopf auf. Aber die Kritik ist laut, dass der Berliner Senat „zu wenig" für Fußgänger und Radfahrer tue. Vergessen wird, dass sich auch einmal deren Wege mit denen der Automobile kreuzen müssen. Eine strikte Trennung der Verkehrswege ist unmöglich. Die Empörung über 20 tote Radfahrer ist groß. Indirekt gefordert wird eine Null-Bilanz. Niemand darf mehr sterben, kein einziger, alles andere ist „Staatsversagen".

Die Umsetzung der Corona-Beschlüsse beginnt erst kommenden Montag, um den Länderparlamenten ein paar Tage Zeit zu geben, sie auf Länderebene rechtssicher umzusetzen. Ein besonders klägliches Bild macht der FDP-Bundesvorsitzende. Im Bundestag kritisiert er die Beschlüsse, die auf Landesebene auch von einigen FDP-Politikern befürwortet wurden. Verhindert werden soll eine „akute nationale Gesundheitsnotlage". Der FDP-Vizevorsitzende rief dazu auf, gegen die Beschlüsse zu klagen.

Die Maßnahmen gelten zunächst für vier Wochen, also den ganzen November über. In dieser Zeit, so hofft man, gehen die Infektionszahlen wieder runter, sodass die Menschen in ihren Familien gemeinsam Weihnachten feiern können. Wird es danach eine dritte Pandemie-Welle geben?

Ein neues Phänomen tritt auf, das einige für gefährlich halten. Im Zuge der Corona-Krise bricht sie Irrationalismus Bahn. Es gab einen Brandanschlag auf das Robert-Koch-Institut (mit geringem Sachschaden), Demonstranten tragen Fotos mit Kanzlerin Merkel und Virologen Drosten in KZ-Kleidung. Demonstranten sind gegen die Pandemie-Vorsichtsmaßnahmen und wähnen Deutschland auf dem Weg in die Diktatur. Demonstrativ tragen sie keine Mund-Nase-Masken. Einer der Covid-19-Hauptleugner behauptet, Kanzlerin Merkel schlachtet auf den Stufen des Pergamon-Altars Kinder, um ihr Blut zu trinken. Andere behaupten, der Milliardär Bill Gates wolle eine Zwangsimpfung und uns dabei gleich ein Chip einzupflanzen, um uns manipulieren zu können. Journalisten werden angegriffen und geschlagen. Ist ein Teil unserer Gesellschaft auf dem Weg in den Irrsinn?

Konrad Paul Liessmann ist Professor für Methoden der Vermittlung von Philosophie und Ethik an der Universität Wien. Am 31. Dezember 2020 kommentierte er in der NZZ („Die gekränkte Gesellschaft – in Sachen Corona kommt es nicht darauf an, was die Dinge mit uns, sondern was wir mit den Dingen machen"):

„Die Krise offenbarte, dass viele ihre individuelle Freiheit ohne jenen politischen und sozialen Rahmen denken wollen, der diese überhaupt erst ermöglicht. Die demonstrative Anstrengung, mit der manchen Gesetzen und Verordnungen ihre Verfassungswidrigkeit nachgewiesen werden konnte, verdankte sich kaum der Sorge um den Rechtsstaat, sondern speiste sich aus der störrischen Überzeugung, dass dieser ausschließlich die eigene Befindlichkeit zu schützen habe.

Dass eine empirische Wissenschaft wie die Virologie konkurrierende Theorien, Hypothesen und Vermutungswissen, Modelle und ihre Revisionen kennt, musste offenbar erst gelernt werden. Dass sich aus solchen, mitunter widersprüchlichen Konzepten keine eindeutigen Regularien ableiten lassen, zumal die rein medizinischen Überlegungen immer mit ökonomischen und sozialpolitischen Erwägungen abgestimmt werden müssen, führt ein Dilemma vor Augen: Politisches Handeln bedeutet immer, Komplexität zu reduzieren – auch in einer Demokratie. Das Wesen der Reduktion besteht darin, Aspekte zu vernachlässigen, die dann locker als Gegenargument stark gemacht werden können. Vorübergehende Einschränkungen werden deshalb nicht als Unannehmlichkeiten wahrgenommen, sondern als dramatische Einschnitte. Es gehört zu den Pointen dieser Pandemie, dass sich neben liberalen vor allem rechte und populistische Parteien, denen laut konventioneller Zuschreibung die Gesundheit des Volkskörpers heilig sein sollte, zu den Fürsprechern dieser rebellischen Position gemacht haben."

29. 10. Vor wenigen Tagen hatte ich mein Buch *Politisches Denken in Athen und Rom* der Wissenschaftlichen Buchgesellschaft Darmstadt angeboten. Schon heute kam ein Brief zurück: Die Gemeinschaft habe Anfang 2019 ein Buch ins Programm genommen, das dem meinen zu stark ähnelt. Es handelt sich um *Das Volk regiert sich selbst. Eine Geschichte der Demokratie* des Althistorikers

Klaus Bringmann. Ein weiteres Buch in diese Richtung könnten sie leider nicht in ihr Verlagsprogramm aufnehmen. Schade. Bringmanns Buch habe ich mir gleich bestellt.

30. 10. Das Freiheitsstreben des Einzelnen führt zu sozialer Kälte. Der Andere wird nicht als Bedingung, sondern als Hindernis der eigenen Freiheit betrachtet. Es kommt zu Konkurrenzkämpfen und unsolidarischem Verhalten. Freiheit kann es nur in einem geglückten Miteinander, in einem „solidarischen Füreinander-tätig-Sein" geben (Axel Honneth in *Die Armut unserer Freiheit. Aufsätze 2012–2019*). Wie er es sieht, leben wir in einer Gesellschaft, in der jeder nur nach Verwirklichung der eigenen, individuellen Freiheit strebt. Die soziale Dimension des Zusammenlebens komme zu kurz. Sollen bei Honneth die individuellen Freiheitsrechte sozial zurechtgestutzt werden? Sein Denken steht in der Tradition der Kritischen Theorie. Diese will die gesellschaftliche Emanzipation befördern. Was heißt das? Es ist die Rede von Anerkennung, nicht zweckgebundenen Potenzialen, Kooperationsgemeinschaft, Aufhebung der Isolation, Ausgleichung der Ungleichheiten und Hintersichlassens des Leistungsgedankens. Das ist alles sehr vage. Kann man nicht beides gleichzeitig haben: Gemeinschaftlichkeit und Individualismus?

31. 10. Die Zahl der täglichen Neuinfektionen in Deutschland steigt auf knapp 20.000. Das Robert-Koch-Institut meldet mehr als 100 Tote „an und mit Corona" binnen 24 Stunden. Bund und Länder verabreden, Intensivpatienten deutschlandweit zu verteilen. Die jetzigen Werte sind nur bedingt mit denen aus dem Frühjahr vergleichbar, da mittlerweile wesentlich mehr getestet wird und dadurch auch mehr Infektionen entdeckt werden. Seit Mitte Oktober konnte man beobachten, wie die Landkreise und Städte mit hohen Corona-Testzahlen immer mehr zunahmen. Die gemeldeten positiven Tests in den vergangenen sieben Tagen je 100.000 Einwohner stiegen in Deutschland in den vergangenen zwei Wochen von durchschnittlich 37 auf 104.

Die Summe der bestätigten Neuinfektionen in den vergangenen 14 Tagen je 100.000 Einwohner ist in Belgien mit 1600 europaweit am höchsten, gefolgt von der Tschechischen Republik mit 1500. In den Niederlanden liegt die Zahl bei 730, in Frankreich bei 700, in Spanien bei 500, in Großbritannien bei 440, in Österreich bei 400, in Italien bei 390, in den Vereinigten Staaten bei rund 300 und in Deutschland bei 180. China hat die Pandemie offenbar fast vollständig im Griff: 0,03 Neuinfektionen in den vergangenen 14 Tagen je 100.000

Einwohner. Die Labore in Deutschland werten immer mehr Corona-Tests aus. Ihre Kapazitätsgrenze sei jetzt erreicht, mehr Untersuchungen seien nicht möglich.

Der neue Hauptstadtflughafen Berlin nimmt den Betrieb auf, 14 Jahre nach dem ersten Spatenstich und acht Jahre nach Plan.

November

1. 11. (Sonntag) Meine Hamburger Tante schockiert mich mit der Nachricht, dass sie ihre Wohnung in Westerland/Sylt am liebsten sofort verkaufen möchte. Es würden derzeit Mondpreise dafür bezahlt. Seit 1963, dem Erwerbungsjahr, sei dort nichts mehr erneuert und renoviert worden. Ich spüre Trauer, denn diese Wohnung im sechsten Stock mit Blick über die Dünen auf die Nordsee ist mir im Laufe der Jahre ans Herz gewachsen. Sie gehört sozusagen mit zur Familie. Und noch im vergangenen Sommer habe ich dort eine sehr schöne Woche verbracht. Meine Tante würde am liebsten auch das Haus an der Elbchaussee in Hamburg verkaufen, aber das gehört inzwischen ihrer Tochter, die dort alleine auf 600 Quadratmetern wohnt. Meine Tante ist überzeugt, dass Amtsinhaber Trump gewinnt. Joe Biden bezeichnet sie als kränklichen Wachlappen, von dem nichts zu erwarten sei.

Wir richten uns darauf ein, dass am 3. November, dem Tag der US-Wahlen, der Kampf nicht endet, sondern eine neue Stufe erreicht. Trump hat bereits deutlich gemacht, dass er eine Wahl nicht anerkennen wird, die ihn als Verlierer sieht. Er prophezeite Chaos im Land bei einer Verzögerung des Wahlergebnisses, an welcher er selbst mitarbeiten werde. Es ist mit Sicherheit anzunehmen, dass die Auszählung der Briefwahlstimmen mehrere Tage in Anspruch nehmen wird. Beide Seiten rüsten sich mit einem Heer von Rechtsanwälten für eine juristische Schlacht. Viele fürchten, dass die aggressive Spaltung des Landes in Straßenkämpfe zwischen den Anhängern beider Seiten ausarten könnte. Viele Menschen rechnen damit, dass ein unterlegener Trump das Weiße Haus nicht räumen wird, sondern im Amt zu bleiben versucht.

Ist in der wichtigsten Demokratie der Welt die demokratische Wahl kein funktionierendes Mittel mehr, einen unfähigen Regenten abzuwählen und einen politischen Konflikt zu regulieren? Überall in den Vereinigten Staaten bereiten sich Behörden auf gewaltsame Ausschreitungen vor. Geschäftsinhaber verbarrikadieren ihre Schaufenster mit Holzplatten. Sorgen bereiten militante, bewaffnete, rechte, weiße Gruppen und Milizen, die wie inländische Terroristen Gewalttaten verüben könnten. Trump gießt weiter Öl ins Feuer. Er lobte einen gefährlichen Eingriff in den Straßenverkehr, als ein Pick-up mit Trump-Anhängern einen Bus mit Biden-Wahlhelfern bedrängte.

Trump lügt ohne Ende. Er zahlt kaum Steuern. Er beleidigt Frauen, Hispanics, Schwarze und Kriegsveteranen. Er kungelt mit Diktatoren. Er flirtet mit Rechtsextremen. Er ignoriert den Klimawandel. Er verharmlost die Corona-Pandemie. Er droht, er werde keinen Wahlausgang akzeptieren, der ihn nicht zum Sieger erklärt. Seit vier Jahren liefert Donald Trump jeden Tag einen neuen Grund, warum er als Präsident abgewählt werden muss. Gleichzeitig fasziniert er uns wie eine tägliche Seifenoper. Was wird er sich als nächstes ausdenken?

2. 11. Die Zahlen der täglichen Neuinfektionen müssen vom Ende her, von der Zahl der vorhandenen und benötigten Intensivbetten und der Zahl der Spezialpflegekräfte her betrachtet werden. Das verfügbare Personal ist immer häufiger selbst infiziert oder in Quarantäne. Bei einem exponentiellen Wachstum der Infiziertenzahl – derzeit täglich knapp 20.000 in Deutschland – könnten bald die intensivmedizinischen Betten knapp werden. Noch gibt es genug freie Kapazitäten in den Krankenhäusern. Dennoch droht es eng für Corona-Patienten zu werden. Die meisten Corona-Infizierten mit einem schweren Verlauf kommen erst zehn Tage nach der Ansteckung auf die Intensivstation. Nur mit einer drastisch gesenkten Reproduktionszahl während des derzeitigen Teil-Lockdowns lässt sich noch eine Überlastung der Intensivstationen abwenden. Die Reproduktionszahl – derzeit über 1,4 – musste auf 0,6 gesenkt werden. Derzeit stehen bundesweit 7500 Intensivbetten zur Verfügung, für grob gerechnet 6500 gibt es ausgebildetes Personal. Bund und Länder haben sich darauf geeinigt, dass Covid-19-Patienten, die intensivmedizinisch versorgt werden müssen, unter den Ländern verteilt werden. Bundeskanzlerin Merkel hat anlässlich des Inkrafttretens der neuen Corona-Schutzmaßnahmen dazu aufgerufen, diese einzuhalten und einen Monat lang durchzuhalten. Die Kanzlerin verwies zur Begründung auf die Verdreifachung der Zahl der Neuinfektionen innerhalb von 14 Tagen. „Wir laufen auf eine akute Notlage zu“, warnte sie.

3. 11. Ein schöner Sonnentag, Tag der Entscheidung in den USA: Trump gegen Biden, Boshaftigkeit gegen Freundlichkeit, Hass gegen Versöhnung, Schadenfreude gegen Mitleid, Niedertracht gegen Humanität, Drohung gegen Versöhnung, Beleidigung gegen Verständnis, Skurrilität gegen Seriosität, Blockade gegen Öffnung. Der lange „Kampf um Amerikas Seele" (Biden) geht mit scharfen Worten zu Ende. Der demokratische Präsidentschaftskandidat Biden hat die Amerikaner am letzten Tag des Wahlkampfs zur Einheit aufgerufen. „Morgen können wir eine Präsidentschaft beenden, die unsere Nation gespalten und die Flamme des Hasses angefacht hat." Trump erneuert mit einer düsteren Warnung seine Angriffe auf die Abstimmung per Briefwahl. „Es wird zu Gewalt in den Straßen führen." Umfragen sehen in den entscheidenden „Swing States" ein Kopf-an-Kopf-Rennen voraus. Während die Gespaltenen Staaten von Amerika ihrem Schicksal entgegenwanken, gehen wir zu Bett.

4. 11. Frustration, ja Entsetzen am nächsten Morgen. Während es vor den Wahlen hieß, die Auszählung der Stimmen könne eine ganze Woche in Anspruch nehmen, sind plötzlich 80 Prozent der Wahlmännerstimmen bereits fest zugeordnet. Während es vor den Wahlen hieß, Biden könne mit einem deutlichen Vorsprung rechnen, liegen beide Kandidaten jetzt nur noch sieben Wahlmännerstimmen auseinander, mit knappem Vorsprung für Biden. Während vor den Wahlen der wichtige Staat Florida als „Swing State" bezeichnet wurde, der an Biden fallen könnte, ging er an Trump. Ich hatte gedacht, die Wahlforscher hätten aus ihren Vorhersage-Debakel vor vier und vor acht Jahren gelernt. Offenbar lagen sie wieder gravierend daneben. Trump gewann Florida mit stattlichem Vorsprung, während die Demoskopen Biden mit knappem Vorsprung sahen.

Um 10:30 Uhr unserer Zeit tritt genau das ein, was befürchtet wurde: Trump erklärt sich zum Wahlsieger und will vor den Obersten Gerichtshof ziehen, um die weitere Auszählung der Stimmen zu stoppen. Er bezichtigt die Demokraten des Betrugs. Belege liefert er nicht. Weder Trump noch Biden verfügen zu dieser Stunde über die notwendige Mehrheit von 270 Wahlleute-Stimmen. Biden liegt mit 224 zu 213 Stimmen vorn (Quelle: CNN), bzw. mit 238 zu 213 (Quelle: AP). Die Demokraten bleiben offenbar stärkste Kraft im amerikanischen Repräsentantenhaus. Die Demokraten hatten vor der Wahl vom Dienstag in der Kongresskammer eine Mehrheit von 232 der 435 Abgeordneten. Sie dürften nun vier oder fünf zusätzliche Sitze gewinnen.

Ein „großer Betrug“ finde statt, sagt Trump – es ist ein Angriff auf den Wahlprozess, der sich abgezeichnet hatte. Trumps Auftritte machen eine unberechenbare Wahl noch chaotischer. Auf Fox News, dem Sender, der häufig als Lautsprecher Trumps fungiert, sagte der Moderator Chris Wallace: „Das ist eine extrem explosive Situation, und der Präsident hat gerade ein Streichholz entzündet.“ Der Versuch des Präsidenten, die Wahl noch in der Wahlnacht zu diskreditieren, ist beispiellos – wie vieles in den vergangenen vier Jahren beispiellos gewesen war. Die Wahlprognosen hatten Biden einen deutlichen Sieg vorausgesagt. Stattdessen wird es eine Zitterpartie.

Am Abend: CNN meldet einen Vorsprung von Biden zu Trump von 227 (+3) zu 213 (0). AP unverändert bei 238 zu 213. Freund C.S. ist deprimiert: „Die Welt um mich herum wird immer verrückter.“

5. 11. Zu diesem Zeitpunkt geschieht Ungeheuerliches. Die Stimmen werden noch ausgezählt, da verkündet Trump seinen Sieg. Wenn er nicht gewinnt, dann weil die Demokraten ihm „Stimmen gestohlen“ haben. Beweise? Keine. Das Auszählen müsse jetzt aufhören. Er kündigt juristische Schritte gegen die (noch nicht vorliegenden) Wahlergebnisse in jenen Staaten an, in denen er im Rückstand liegt. Briefwahl sei Wahlbetrug. Er glaubt, dass ihm der Sieg zusteht. Er eröffnet ein neues Schlachtfeld und versucht, Fakten zu schaffen, in dem er die Legitimität der Wahl schon vorab infrage stellt. Glaubt er, auch damit durchzukommen? Die republikanischen Politiker stehen wie erstarrt hinter ihm, obwohl sonnenklar ist, dass er als Präsident in einer Wahnwelt lebt. Keiner muckt auf. Bei einem Sieg Trumps hätte nicht nur ein Republikaner über einen Demokraten gesiegt, sondern die Charakterlosigkeit über den Anstand, das Spalten über das Versöhnen und die Lüge über die Wahrheit. Erneut blickt die Welt verblüfft auf diesen Mann. Sein Verhalten ist beispiellos. Das kann doch alles wohl nicht wahr sein?

Trump bleibt sich treu. Schon vor Wochen hatte er angekündigt, dass er kein Ergebnis akzeptieren werde, dass ihn zum Verlierer macht. Er stempelte noch vor Ende der Stimmauszählung den Gegenkandidaten Biden und die Demokratische Partei ohne Beleg zu Betrügern. Findet dieses Drama antiken Zuschnitts wirklich in Amerika statt, dem Mutterland der modernen Demokratie? Oder doch in Weißrussland? Journalisten fragen ihre Gesprächspartner, ob sich Trump in seiner zweiten Amtszeit mäßigen werde? Aber doch nicht Trump! Er kann gar nicht anders, als so zu denken und zu sprechen, wie er immer schon gedacht und gesprochen hat. Es gibt kein Indiz dafür, dass er es anders will und kann. Er regiert wie der Präsident eines afrikanischen Bananenstaates. Mit seinem Amoklauf untergräbt er die Fundamente der demokratischen Prozesse und Institutionen in seinem Land. Er denunzierte alle Medien, die nicht auf seiner Linie liegen, als Lügenpresse. Zu keinem Zeitpunkt hatte versucht, das schon vor seinem Amtsantritt von tiefen Gegensätzen durchzogene Amerika zu befriedigen und zu einen. Amerikas Verbündete behandelte er wie kleine Kinder. Besonders verhasst ist ihm Deutschland, vielleicht weil unsere Kanzlerin vom Charakter her sein genaues Gegenteil ist: ruhig, unaufgeregt, mütterlich, stringent, konziliant, durchdacht.

Noch beunruhigender ist, dass immer noch die Hälfte der Amerikaner glaubt (über 68 Millionen Wähler), ein Mann wie Trump sollte ihr Präsident sein. Nach vier Jahren müssten sie wissen, was sie tun. Aus einer konservativen Partei, die früher auch moderate Positionen unter ihrem Dach versammelte, ist die republikanische Partei ein aggressiver Kampfverband geworden, der sich dem Mann im Weißen Haus, bis auf wenige Ausnahmen, unterworfen hat.

Der Donnerstagabend (amerikanische Zeit) brachte ein weiteres Novum: zum ersten Mal seit Menschengedenken verabschiedeten sich drei oder vier große amerikanische Fernsehsender aus einer wirren Trump-Rede, noch bevor dieser geendet hatte. Man ist seiner Lügen leid. Es war Ausdruck der Einsicht, dass dieser Präsident seinen Bogen überspannt hatte. Er wurde, zumindest in diesem Augenblick, als er erneut Wahlbetrug unterstellte und sich zum Sieger erklärte, nicht mehr ernst genommen. Der demokratische Gouverneur von Pennsylvania sagte ungerührt, jede Stimme werde gezählt. Er widersetzte sich dem Versuch des Präsidenten, die Auszählung stoppen zu lassen: „Pennsylvanianer lassen sich nicht einschüchtern."

„Count my vote", rufen Trump-Anhänger in Phoenix, wo der Präsident Boden gutmacht. In Detroit dagegen, wo das Resultat zugunsten von Joe Biden kippte, riefen sie: „Stop the count." An einem Ort auszählen bis zuletzt, am anderen Ort abbrechen, bevor das Resultat kippt – wie es gerade in den Kram passt. Aber das ist nur Beiwerk. Trump stellt den ganzen Wahlprozess infrage. Das ist denn auch der Tenor von Trumps Team seit der Wahlnacht: Hier geht etwas nicht mit rechten Dingen zu, die Wahl ist gefälscht, wenn nicht ich gewinne.

Politifact ist eine Initiative des Poynter Institute for Media Studies, eine gemeinnützige Journalistenschule und Forschungsorganisation in St. Petersburg, Florida. Die Schule ist Eigentümer der Zeitung Tampa Bay Times und des International Fact-Checking Network und betreibt PolitiFact. Dutzendweise stellt PolitiFact Behauptungen aus dem Trump-Lager als falsch oder für die Demokratie gefährlich heraus. Trump und seine Leute behaupten beispielsweise: „Detroit has 2,503 dead people registered including one voter born in 1823." Die Detroit-Behauptung ist falsch. Trump sagt: "If you count the legal votes, I easily win. If you count the illegal votes, they can try to steal the election from us." Das wertet Politifact als „Pants on Fire", was wohl bedeuten soll, es handelt sich um eine Falschbehauptung und ist lächerlich. Die Auswertung von vielen Aussagen Trumps erbrachte laut Politifacts: 3 % richtig, 9 % überwiegend richtig, 13 % halbwahr, 20 % überwiegend falsch, 36 % falsch und 16 % falsch und lächerlich. (Das Attribut „lächerlich" halte ich für etwas missglückt. Ich würde eher sagen: demokratiegefährdend.)

6. 11. Früher Nachmittag deutscher Zeit: Biden zieht in Pennsylvania an Trump vorbei! Noch gibt es kein Endergebnis, aber mit diesem US-Bundesstaat hätte Biden 273 Wahlmännerstimmen und damit die Mehrheit! Die vier Jahre fortgesetzten Irrsinns sind fast vorbei. Aus Kalkül verwischte Trump die Grenzen zwischen Fiktion und Wahrheit, bis sich jede Meldung aus dem Oval Office wie die neueste Episode einer schwindelerregenden Show im Reality-TV ausnahm. Seine Präsidentschaft war von Absurdität durchtränkt. Trump erzielte dennoch mehr Stimmen als Barak Obama vor acht Jahren – bei diesmal historisch hoher Wahlbeteiligung. Viele Amerikaner sind mit ihrem Land massiv unzufrieden, so dass sie zum zweiten Mal Trump wählten. Für sie hat Trump wenig getan, aber sie sehen ihn als Symbol eines einstmals weißen, mächtigen Amerikas. Biden als Präsident im Weißen Haus wird einen neuen Ton anschlagen. Das gewohnheitsmäßige Lügen, die Selbstbeschäftigung und die Nutzung von Regierungsabteilungen zur Verfolgung persönlicher Rachefeldzüge werden verschwinden. Biden ist ein anständiger Mann. Er gelobte, nach Abschluss der Wahlen die unversöhnlichen Lager zusammenbringen zu wollen. Er alleine wird es nicht schaffen. Die Kluft ist zu tief. Der gestohlene Sieg von Trump 2016 war keine Entgleisung, sondern Ausdruck eines tiefgreifenden ökonomischen und ideologischen Wandels der Vereinigten Staaten.

Es war in jeder Hinsicht ein ungewöhnliches Duell. Auf der einen Seite ein irrlichternder Narzisst, auf der anderen Seite ein einfühlsamer, ehrlicher Demokrat. Beim ersten TV-Duell prallten die Gegensätze aufeinander: der pöbelnde, erfundene Geschichten verbreitende Trump, der seinen Herausforderer schlicht überbrüllen wollte. Auf der anderen Seite der konziliante Versöhner. Zwietracht mit Trump, Gemeinsinn mit Biden.

Noch immer fragen sich die europäischen Demokratien, wie ein verantwortungsloser, zügelloser, inkompetenter und egoistischer Politiker derart hohe Zustimmungswerte erhalten kann. Er beschädigte den freien Handel, suchte die Zuwanderung zu begrenzen und ließ zu, dass die Staatsschulden in die Höhe schießen, schon bevor die Corona-Pandemie Eingriffe nötig machte. Die weiße Arbeiterschaft konnte kurz in der Hoffnung leben, die alten Fabrikarbeitsplätze kommen wieder zurück, wenn man nur chinesische Importe mit Zöllen verteuert. Sie kamen aber nicht zurück, sondern wanderten in andere aufstrebende Schwellenländer ab. Republikanische Politiker nahmen die wirtschaftspolitischen Eskapaden ihres Präsidenten regungslos hin.

Tatsächlich sank die Zahl der Arbeitslosen in den ersten drei Jahren der Trump-Präsidentschaft weiter. Hinzu kamen eine Steuersenkung und höhere Staatsausgaben. Niedrigverdiener konnten Lohnerhöhungen verzeichnen. Das alles ist nicht wenig. Doch das Außenhandelsdefizit wuchs sogar noch. Wir sahen einen Operetten-Autokrat, der Militärparaden großartig findet, seine Kinder in wichtige Posten hievt, mit Diktatoren flirtet und Staatsbesuche in eigenen Anwesen stattfinden lässt, vom Steuerzahler bezahlt. Er ignorierte die Macht des Virus. Er interessiert sich nicht für die großen Herausforderungen. Er will den Klimawandel nicht wichtig nehmen und verweigerte sich der nötigen Sozialversicherungsreform. Der öffentliche Schuldenberg sprengt alle vorstellbare Maße. Er ließ offen, was er in seiner zweiten Amtszeit machen will. Trump hat kein Konzept, außer dass er die Wahlen gewinnen will. Einige sagen, er sei darauf angewiesen, weil er Immunität genieße, denn außerhalb des Weißen Hauses warten zahlreiche Prozesse auf ihn. Nicht wenige wünschen ihm viele Prozesse an den Hals oder ihn in die Klapsmühle.

Die amerikanische Nachrichtenagentur AP, die traditionell eigene Wahlhochrechnungen durchführt, sieht am Abend (deutscher Zeit) Biden mit 264 zu 214 Elektorenstimmen vorne liegen. Der demokratische Kandidat Biden erklärte sich erneut nicht zum Sieger, sondern rief zu Geduld auf. Die Wahlergebnisse müssten abgewartet werden.

Bei den knappen Abständen in einigen Bundesstaaten ist es nicht verwunderlich, dass Trumps Unterstützer mit jedem tatsächlichen Fehler ihre haltlose Unterstellung über das „Stehlen“ der Wahl durch die Demokraten untermauern wollen. In den 3141 Landkreisen mit ihren fast 240 Millionen Wahlberechtigten können Fehler passieren, beispielsweise Computerpannen. Bislang konnten die Republikaner in keinem einzigen Fall beweisen, dass vorsätzlich Fehler gemacht wurden oder Stimmen für die Republikaner unter den Tisch gefallen sind. Mehrere rechtliche Beschwerden wurden zurückgewiesen, darunter auch Forderungen, die Auszählung zu stoppen. Aber auch am Freitag sah sich Trump als Wahlsieger und beschimpfte wüst die Demokraten. Sein Vorsprung sei auf geheimnisvolle Weise „verschwunden".

7. 11. Noch immer kein endgültiges Ergebnis, auch nicht aus Pennsylvania. Donald Trump dreht durch. Er spricht von „massenhaften Beweisen" für Manipulationen und Vertuschungsversuchen in Wahllokalen, legt aber wieder keine Belege vor. Einige Republikaner distanzieren sich von ihm. „Hören Sie auf, entlarvte Falschinformationen zu verbreiten, das wird langsam verrückt." Die Äußerungen des Präsidenten würden den demokratischen Prozess untergraben. Meinungen spielen eine große Rolle. Die Trump-Präsidentschaft hat nur so lange Bestand, wie andere glauben, dass sie Bestand hat. Dann aber reicht es, wenn eine als wesentlich erachtete Stütze wegbricht. Die demokratische Verfassung hat dann Bestand, wenn man sich an sie gebunden fühlt. Selbst lange etablierte Demokratien sind nicht grundsätzlich gefeit gegen Rückschläge. Politische Aufwallungen, die keinen Weg in eine freiheitliche Zukunft weisen, können ins Chaos münden. Die Regeln des Rechtsstaates dürfen nicht verblassen.

Am späten Nachmittag (deutsche Ortszeit) dann die erlösende Meldung: Die Auszählung in Pennsylvania bringt für Biden einen nicht mehr in Frage zu stellenden Vorsprung. Biden hat zweifelsfrei mehr als 270 Stimmen, derzeit genau 273 Stimmen für sich (Quelle: AP). Auch in Arizona, wo weiterhin ausgezählt wird, ist der Vorsprung von Biden so groß, dass Trump ihn nicht mehr einholen kann. Das würde die Zahl der Wahlmänner auf 284 erhöhen. Sehr gute Chancen hat er auch in Nevada sowie in Georgia. In Georgia beträgt der Vorsprung nur 7000 Wählerstimmen. Wegen des knappen Ergebnisses wird eine Nachzählung wahrscheinlich. Die zuständigen Behörden sind dort republikanisch. Bis zu einem rechtlich eindeutigen Resultat wird es noch dauern. Die von Trump angezettelten Wahlanfechtungen werden mit dazu beitragen. Seine wiederholten Betrugsvorwürfe überschatten die Wahl. Wird er den Weg für Biden ins Weiße Haus friedlich freimachen?

Was in Deutschland kaum beachtet wurde: Gleichzeitig mit den Neuwahlen fanden vielerorts auch Volksabstimmungen über Sachfragen statt. Rund die Hälfte der amerikanischen Teilstaaten kennen Formen der direkten Demokratie. Mit 124 Initiativen und Referenden kamen in diesem Jahr allerdings deutlich weniger Vorlagen zur Abstimmung als üblich. 2016 waren es noch 154 gewesen. Vier weitere Teilstaaten – Arizona, Montana, New Jersey und South Dakota – stimmten der Liberalisierung des Cannabis-Konsums zu. In Florida wurde die Erhöhung des Mindestlohns auf 15 Dollar pro Stunde beschlossen. In Kalifornien wurde eine Initiative der Fahrdienstvermittler Uber und Lyft angenommen, womit ein normales Arbeitsrecht für die als Fahrer und Hauslieferanten Beschäftigten verhindert wird. In Puerto Rico stimmten 52 Prozent für die Aufwertung der Karibikinsel zum 51. Staat der USA. Die Abstimmung ist allerdings nicht bindend. Die Entscheidungshoheit darüber liegt beim US-Kongress.

Die Wahlen haben so viel gekostet wie noch nie. Besonders die Demokraten verstanden es, ihre Kassen zu füllen: Biden gab als erster Kandidat der Geschichte mehr als eine Milliarde Dollar aus. Dazu kamen noch gut 600 Millionen, die außenstehende Organisationen zu seinen Gunsten einsetzten. Trump sammelte rund ein Drittel weniger Geld als sein Herausforderer. Ironie der Geschichte: Im April 2014 hob das oberste US-Gericht auf Betreiben der Republikaner die Begrenzung für Wahlkampfspenden auf. Die Begründung: es gehöre zur Meinungsfreiheit, uneingeschränkt spenden zu dürfen. Das Urteil fiel mit fünf zu vier Richterstimmen knapp aus. Die fünf Richter, die für eine Aufhebung der Obergrenze stimmten, waren alle von republikanischen Präsidenten ernannt worden, die vier Gegner alle von Demokraten. Präsident Obama hatte vor einer Abschaffung der Obergrenze gewarnt, da dies den Einfluss von Reichen auf die Politik verstärken würde. Dieses Urteil erging in einer Zeit, als die republikanische Partei und ihre Präsidentschaftsbewerber regelmäßig mehr Spenden einsammeln als die Demokraten. Jetzt hat sich das Blatt gewendet.

*

In Deutschland sind erstmals mehr als 20.000 Neuinfektionen an einem Tag mit dem Coronavirus verzeichnet worden. Zudem vermeldet das Robert-Koch-Institut 166 neue Todesfälle im Zusammenhang mit dem Virus. Die Zahl der aktiven Fälle steigt auf über 205.000. Die Reproduktionszahl, kurz R-Wert, lag in Deutschland laut RKI bei 0,8. Liegt der Wert für längere Zeit unter 1, flaut das Infektionsgeschehen ab.

In Leipzig protestieren gut 20.000 „Querdenker“ gegen die Corona-Maßnahmen. Wegen zahlreicher Verstöße gegen die Versammlungsauflagen (Mund-Nasen-Schutz, Abstand) wird die Demo von der städtischen Polizei aufgelöst.

8. 11. (Sonntag) Kalter, sonniger Tag. Erneut Sonntagsspaziergang auf der Pfaueninsel. Viele Leute unterwegs, die offenbar raus wollen aus ihren Wohnungen.

*

Biden wird seine Corona-Politik an der Wissenschaft ausrichten und nicht an seinen Umfragewerten. Er wird politische Gegner nicht mit fiesen Spitznamen verunglimpfen und kritische Journalisten nicht als Vaterlandsfeinde. Er wird nicht Rechtsradikale ermuntern und Gewalt gegen Andersdenkende gutheißen. Er wird autoritäre Herrscher nicht anhimmeln und Verbündete nicht verächtlich vor den Kopf stoßen. Man darf auf eine Abkühlung der Gemüter hoffen. Biden erklärte in einer Ansprache am heutigen Tag: „Nun da der Wahlkampf vorbei ist, ist es Zeit, die Wut und die harsche Rhetorik hinter uns zu lassen, und als Nation zusammenzukommen.“

Anna Sauerbrey hat im Tagesspiegel Berlin einige kluge Gedanken zu Trumps Politikstil und seinem politischen Ziel beigesteuert. Zuletzt hat sich Trump zum Wahlsieger erklärt und gefordert, auf die Auszählung der restlichen Stimmen zu verzichten. Alle, die außerhalb des republikanischen Lagers leben, haben über diesen irrwitzigen Versuch der Wahlmanipulation den Kopf geschüttelt. Er tat das, was er den Demokraten in unzähligen Tweets vorgeworfen hat, diese versuchten, die Wahl „zu stehlen“.

Trump hat nicht obsiegt. Die Wahlhelfer machten stoisch weiter. Die Zeit zwischen dem Wahltag und heute war eine Verdichtung dessen, was Trump als Präsidenten ausgemacht hat: Lügen, Verdrehungen, Realitätsverleugnung, Herrscherkult, populistische Aufwiegelung und Proto-Autoritarismus. Die Demokraten Amerikas haben sich davon nicht einschüchtern lassen. Die republikanischen Parteileute schweigen betreten. Trump hat eine rote Linie überschritten, indem er das Kernstück der Demokratie, die Wahlen und ihr Ergebnis, direkt angriff. Versuchte Trump den Staatsstreich? Die amerikanische Demokratie zeigte sich widerstandsfähiger als gedacht.

Sauerbrey nennt Trump einen „Populisten mit autoritären Zügen“. Er glaubt an die Herrschaft der stummen Masse durch seine Person. Demokratische

Regeln und Institutionen hält er für überflüssig. Er fühlt sich europäischen Populisten wie dem ungarischen Premierminister Viktor Orbán und dem Chef der polnischen PiS-Partei Jaroslaw Kaczynski verbunden. Trump habe durch vier Jahre Lügen die Kategorien von wahr und falsch so weit aufgelöst, dass seine Anhänger glaubten, es gebe einen Unterschied zwischen den am Wahltag abgegebenen Stimmen und den Briefwahlstimmen, die er als „nicht legitim" bezeichnet. Ebenso wie in Ungarn und Polen versucht Trump das Recht mit den Mitteln des Rechts und einer manipulierten öffentlichen Meinung zu unterminieren. Diesen Angriff auf die amerikanische Verfassung hätte sich niemand vorstellen können.

Dennoch ist seine Strategie nicht aufgegangen. Sauerbrey nennt die Gründe. Der erste ist sein Leben im Moment, sein Agieren in der Gegenwart. Er entscheidet stets ad hoc. Er baute nicht die Institutionen von Recht und Gesetz um, wie in Ungarn und Polen. Er ernannte konservative Richter, veränderte aber nicht das Richter-Wahlverfahren. Er hofft, die neuen Richter vom rechten Rand des Spektrums würden ihn unterstützen. Doch das Oberste Gericht folgte ihm nicht, sondern hielt sich an das Recht. Auch die Medienlandschaft baute er nicht um. Das Medien-Universum von Rupert Murdoch mit seinem Sender Fox schlug sich zwar ganz auf seine Seite, aber freiwillig, weil die Gesetze des Marktes es hergaben. Die Medien sind nicht in der Hand einer konservativen regierenden Partei.

Der zweite Grund für das Scheitern des Trump-Coups sei sein Narzissmus. Er verfolgte keine langfristige ideologische Strategie. Sein einziges Ziel war, an der Macht zu bleiben und bewundert zu werden. Er liebt es, Menschen anzugreifen, zu beleidigen und aus seinem Team zu feuern. Er baute eine Art Herrscherkult auf mit einer eigenen, „faschistoid-trashigen Ästhetik". An Putin und Xi Jinping schätzt er deren Auftritte. Das war die Klasse, in der er mitspielen wollte. Sein autoritärer Stil blieb oberflächlich, was Schlimmeres verhinderte. Trump ist zum Glück nicht durchtrieben genug.

Drittens sei Trump an der demokratischen Gesinnung und der doch vorhandenen Vernunft vieler Amerikaner gescheitert, die ihn nicht gewählt haben oder die sich an die Gesetze ihres Staates und ihrer Institutionen gebunden fühlen. Es ist gescheitert an der Ruhe und Professionalität der Wahlbehörden in den Bundesstaaten. Und letztlich wollte ihm seine eigene Partei nicht mehr folgen. Sie ist zwar voller Opportunisten, für die Trump Garant ihres Machterhalts war, aber Putschisten seien sie nicht.

9. 11. In Leipzig hat die Polizei am gestrigen Sonntag eine Demonstration der „Querdenker" gegen die Corona-Politik vorzeitig aufgelöst. Die Demonstranten trugen keine Masken und hielten nicht Abstand. Für die Partei Die Grünen sind nicht die Demonstranten schuld, sondern die Polizei. Sie warfen der Polizei ein „offensichtliches Planungsdesaster" vor. Die CDU immerhin kritisierte das Verhalten der Demonstranten als unverantwortlich. Sie vermied es, die Demonstration als „von Faschisten" (SPD) bzw. „Verfassungsfeinden" (Grüne) durchsetzt zu bezeichnen. Während der Demo kam es zu tumultuarischen Szenen, Schlägereien und Angriffen auf Gegendemonstranten, Polizisten und Journalisten. Unter die Teilnehmer hatten sich zudem Rechtsextremisten und Gegner der Demokratie gemischt. Ausgerechnet an dem Tag, an dem Deutschland mit mehr als 23.000 Neuinfektionen einen Rekordwert im Verlauf der Pandemie verzeichnete, versammelten sich in Leipzig mehr als 20.000 Menschen, um gegen den „Lockdown light" zu protestieren.

Wissenschaftler der Welt sind auf dem besten Wege, einen wirksamen Impfstoff gegen das Covid-19-Virus herzustellen. Die ersten Daten aus einer Studie der letzten Phase, die diese Woche von Pfizer und BioNTech vorgestellt wurden, deuten darauf hin, dass eine Impfung die Wahrscheinlichkeit, an Symptomen zu leiden, um mehr als 90 Prozent verringert.

Der Berliner Psychologe Gerd Gigerenzer, der Bochumer Ökonom Thomas Bauer und der Dortmunder Statistiker Walter Krämer haben im Jahr 2012 die Aktion „Unstatistik des Monats" ins Leben gerufen. Sie hinterfragen jeden Monat sowohl jüngst publizierte Zahlen als auch deren Interpretationen. Die Aktion will so dazu beitragen, mit Daten und Fakten vernünftig umzugehen. Am 2. Dezember 2020 (ich ziehe dies zeitlich vor, weil es zum Thema passt) ging es um die Aussage, der Impfstoff sei „zu 90 Prozent wirksam". Was bedeutet das?

Die 90 Prozent beziehen sich nicht auf die Gruppe der Geimpften, sondern auf jene der Infizierten. BioNTech berichtet, an ihrer Wirksamkeitsstudie hätten insgesamt 43.000 Menschen teilgenommen. Etwa die Hälfte davon wurde geimpft und die andere erhielt ein Placebo. In der Impfgruppe gab es 8 Fälle von Infektionen und in der Placebogruppe etwa 86 Fälle, was einer Reduktion von rund 90 Prozent entspricht. Die Reduktionsangabe bezieht sich auf den Anteil an Infizierten, nicht auf den Anteil an Geimpften. In einer Saison mit geringer Verbreitung des *Grippe*virus liegt die Wirksamkeit der Grippeschutzimpfung etwa bei 50 Prozent. Diese Zahl bedeutet aber nicht, dass 5 von 10 Geimpften vor der Grippe geschützt sind. Sie bedeutet, dass von je 100 Personen ohne Impfung zwei eine bestätigte Influenzainfektion bekamen, und von je 100 Personen mit Impfung nur eine.

Es ist ein Triumph der modernen globalisierten Wissenschaft, so schnell so viel erreicht zu haben, und dennoch bleiben Fragen offen. Die eine konzentriert sich auf die Eigenschaften des Impfstoffs. Hält er schwere Fälle auf oder schützt er ältere Menschen? Können geimpfte Menschen immer noch potenziell tödliche Infektionen bei denjenigen verursachen, die noch keine Impfungen erhalten haben? Der andere Fragenkomplex betrifft die Verteilung eines Medikaments, das im Jahr 2021 knapp bleiben wird und dessen Wirksamkeit nur durch ultra-kalte Lagerung gewährleistet werden kann. In vielen Ecken der Welt wird das schwer zu realisieren sein. Wissenschaftlern ist es gelungen, einen Impfstoff zu entwickeln. Es bleibt schwierig, genügend Menschen zu impfen.

*

Während Donald Trump weiter hartnäckig an der Behauptung festhält, er habe die Wahl gewonnen, drängen seine Verbündeten in den Medien den Präsidenten, seine Niederlage einzuräumen und in Würde abzutreten. Die Appelle zeigen ihre wachsende Sorge, dass Trump mit haltlosen Vorwürfen und unbegründeten Klagen der republikanischen Partei und ihren Politikern schadet. Etliche Politiker fordern, erst sämtliche Auszählungen sowie die Urteile der Gerichte abzuwarten, bevor ein definitiver Sieger ausgerufen werde. Allerdings dürfte sich damit an Bidens Sieg kaum noch etwas ändern. Möglich ist eine Verschärfung der jetzigen Lage bis hin zu einer Staatskrise trotzdem. Allein schon die Tatsache, dass dies in Betracht gezogen werden muss, ist ein Krankheitssymptom der amerikanischen Demokratie. Aber gerade vor dem Hintergrund der beschränkten Möglichkeiten des Präsidenten bleibt die Hoffnung, dass Trump selber unter dem Einfluss seiner Berater die Niederlage akzeptiert, bevor es zum Äußersten kommt.

10.11. In der hoffnungsfrohen Erwartung, dass Joe Biden am 20. Januar 2021 als 46. Präsident der USA vereidigt wird und dass zu Beginn des nächsten Jahres viele Menschen geimpft werden können, beende ich mein Tagebuch des Corona-Jahres 2020. Noch ist dieses Jahr nicht zu Ende, doch ich bin erschöpft. Das Führen dieses Tagebuchs war anstrengend.

Postskriptum

Die wohlfahrtsstaatliche, repräsentative Demokratie ist gerade aus unterschiedlichen Gründen von außen und innen ziemlich unter Druck; aber sie wird nicht so schnell vor die Hunde gehen, wie dies Berufsapokalyptiker und Modepropheten so gerne verkünden. Solange wir über den Sinn und Unsinn unserer liberalen Demokratie streiten, lebt sie. Denn sie ist nicht in erster Linie ein juristisches oder politisches Phänomen, sondern eine gesellschaftliche Errungenschaft. Sie wurde von niemandem befohlen, sie ist nie alternativlos, sie ist stets fragil – und sie ist genauso stark wie die demokratische Überzeugung ihrer Bürger[28].

Die Träger der Demokratie sind die engagierten Bürger, die Familien, die Unternehmer und die Eliten. Die Citoyens praktizieren aus freien Stücken Kooperation und stiften Vertrauen. Diese Tugenden der Demokratiefähigkeit werden im guten Fall in Familien trainiert und von den Eliten vorgelebt. Und alle zusammen sorgen im guten Fall zugleich für eine hohe Qualität der demokratischen Entscheidungen. Bricht hingegen dieses kulturelle Fundament weg, werden auf die Dauer auch die demokratischen Institutionen hohl und die Prozeduren leer. Die Bürger verfallen in Dauerklagen über den Staat, von dem sie zugleich alles erwarten. Und der Staat und seine Politiker versprechen Blaues vom Himmel und lassen die Steuerbürger immer mehr Sozialleistungen bezahlen, weil die Ansprüche an Freiheit und Sicherheit ins Unrealistische gestiegen sind. Wenn die staatliche Bevormundungstendenz auf das wachsende Bedürfnis der Bürger trifft, Verantwortung an andere zu delegieren, dann ist die Demokratie tatsächlich in Gefahr. Liberale Demokratie funktioniert nur mit liberalen Demokraten. Das klingt auf den ersten Blick tautologisch. Auf den zweiten offenbart dieser Satz aber seine tiefere Wahrheit.[29]

Hatte sich die Menschheit nach den Pestepidemien verändert? Formulierten sie neue, überraschende Einsichten? Werden wir aufgewühlt sein, noch am Leben zu sein, bei einer Sterberate von unter einem Prozent im Zusammen-

---

[28] René Scheu: „Jede Demokratie lebt von den Demokraten. Warum das keine triviale Erkenntnis ist". NZZ, 3. November 2020

[29] Kaspar Villiger: *Stresstest für die Demokratie. Wege und Irrwege aus der Coronakrise.* Bern 2020; Marco Buschmann: *Die sterbliche Seele der Freiheit. Zur Verteidigung der liberalen Demokratie.* Basel 2020

hang mit dem Virus? Wir werden nicht viele geliebte Menschen verloren haben. Vielleicht gibt es den ein oder anderen, der nicht in sein früheres Leben zurückkehren möchte – ähnlich wie nach einer überstandenen Krebserkrankung. Aber was sollten wir denn ändern? Die Menschheit wird für einige Zeit ein bisschen weniger reisen, ein bisschen weniger Kreuzfahrten unternehmen, den Kauf des SUV mit stärkerem Motor ein wenig hinausschieben und vielleicht auf die eine oder andere Fernreise verzichten. Die Luft in Beijing und Wuhan wird wieder ein bisschen schlechter. Und nach einigen Monaten ist alles wieder beim Alten. Manche werden sich trennen, manche wieder zusammenfinden. Manche werden sich entschließen, ein Kind zur Welt zu bringen und andere, gerade das lieber nicht zu tun. Vielleicht werden einige mehr Vertrauen in die Wissenschaft gewinnen und sich künftig von Fake News und Apokalyptik fernhalten. Einige werden sich neue Prioritäten setzen, aber das konnten sie auch früher schon. Die Idee des Verzichts wird vielleicht mehr Anhänger erhalten, ohne dass es eine dominante gesellschaftliche Bewegung werden wird.

Die Pandemie zeigt aber auch, zu welcher Solidarität im großen Ganzen die Menschheit fähig ist. Die Vernünftigen sind und bleiben in der Überzahl. Die wenigsten sind abgrundtief verzweifelt oder ängstlich, nur wenige sind niederträchtig und idiotisch. Vielleicht werden einige zusätzlich ernsthaft. Sie werden sich freihalten von der Hysterie so vieler Massenmedien. Sie werden eine ernsthafte Auseinandersetzung über wichtige Themen verlangen. Es könnte aber auch sein, dass gerade die Reiserei wieder stark zunehmen wird, weil man den Wert der persönlichen Begegnung und die Schönheit der Welt erkannt hat. Und könnte es sein, dass Fake News, Manipulation, Verwirrung stiften, Böswilligkeit und Drohungen nicht abnehmen, sondern sich zu neuen Gipfeln aufschwingen? Aber hatte wir das nicht schon in den 70er und 80er Jahren, als die Grünen die etablierten Parteien angriffen und sich selbst zwischen Realos und Fundis zerfleischten, während linksradikale Studenten sich in Berlin Straßenschlachten mit der Polizei lieferten und systematisch die Vorlesungen vermeintlich konservativer Dozenten störten?

„Was will uns das Virus sagen?" Diese Frage stellte auf dem Höhepunkt der zweiten Corona-Welle (mit bis zu 25.000 Neuinfektionen pro Tag) am 10. Dezember in der FAZ (S. 13) der deutsche Journalist, Literaturkritiker und FAZ-Redakteur Edo Reents. Das Virus will uns aber gar nichts sagen, es kann uns auch gar nichts sagen. Das Virus spricht nicht, es hat keine Stimme, es hat kein Gehirn und kein Bewusstsein. Wenn es sprechen könnte, würde es uns auffordern: Du musst dein Leben ändern? Warum sollten wir? Wir leben prächtig und sicher. Und die in ärmlicheren Gegenden der Welt Wohnenden wollen so leben wie in Nordamerika und Mitteleuropa. Wie Reents empfinde ich es als leeres Ritual, in den Nachrichten wie einen Wasserstandsbericht täglich die Zahl der Neuinfektionen mitzuteilen. Aber bedarf es einer Virus-Pandemie, uns auf die Erderwärmung hinzuweisen? Das war schon ohne Pandemie möglich.

Eine Pandemie wie diese hat es in der Vergangenheit immer wieder gegeben. Neu ist die Reaktion darauf. Vor 100 Jahren, als eine Grippewelle, die deutlich tödlicher war als jetzt Corona, über die Welt hinging, gab es nur die heute noch gültigen Abstands- und Hygieneregeln. Neu ist erstens die Möglichkeit der medizinischen Naturwissenschaften, einen Impfstoff zu entwickeln, neu die globalisierten Transportwege, um den Impfstoff weltweit zu verteilen, neu sind drastische, staatlich verordnete Maßnahmen, um die Erkrankten- und Todeszahlen möglichst niedrig zu halten, und neu ist der Willen und die Fähigkeit staatlicher Organe, diese auch durchzusetzen. Ein derartig starkes staatliches paternalistisches Verhalten war bis vor kurzem weder möglich noch denkbar.

Wenn Corona schon keine Strafe Gottes ist, dann wenigstens ein Denkzettel? Aber geht es beim Klimawandel, wie Reents annimmt, wirklich ums Überleben? Geht es, wenn überhaupt, nicht vielmehr nur um ein kleines Weniger von allem? Wir werden sehen, ob die Geburtenraten sinken, der Autoabsatz sich auf einem etwas niedrigerem Niveau eingependelt, einige Kreuzfahrtagenturen pleite gehen und das bedingungslose Grundeinkommen eingeführt wird. Die vielen finanziellen „Rettungsschirme" jedenfalls sind darauf angelegt, alles beim Alten zu lassen.

Dennoch wird die Zukunft viel überraschender sein als das, was wir uns vorstellen können. Wie soll man sich auf eine solche unvorhersehbare Zukunft vorbereiten? Welche Instrumente benötigen wir dazu? Die Zukunft lässt sich nur in engen Grenzen voraussagen. Man kann nicht verlässlich angeben, was zu tun ist.

Ein Instrument, bei dem man wenig falsch machen kann, ist die humanistische Bildung. Sie beruht auf Friedfertigkeit, Toleranz, Wissen um die Geschichte, Verantwortung für die Mitmenschen und die Natur. Wir wissen zugleich, dass nicht alle Menschen dafür erreichbar sind. Nicht wenige erkennen ihren Vorteil in Gewalt, Hass, Rücksichtslosigkeit und Übervorteilung. Der menschliche Geist hat ein fast unbegrenztes Potenzial, Herausforderungen zu begegnen. Aber ebenso groß ist sein Potenzial, die falschen Entscheidungen zu treffen. Es bedarf nicht eines „verbesserten Geistes“ im Sinne einer eventuell genetischen Optimierung seiner Leistungsfähigkeit. Es kommt einzig auf dessen Inhalte und Werte an. Es geht um den richtigen Gebrauch seiner Ressourcen, nicht um die Erhöhung seiner Kapazität. Aber ist die Künstliche Intelligenz nicht die Vermehrung der analytischen Kapazität (wenn auch außerhalb des menschlichen Körpers – aber wer weiß, wie lange noch)?

Der Streit wird weitergehen, ob sich erst „der Mensch“ weiter zivilisieren müsse, um eine lebenswerte Zukunft für alle hervorzubringen, oder ob nicht erst das soziale und politische Umfeld, in dem wir aufwachsen, optimiert werden müsse. Der Streit ist müßig. Es kommt auf beides an. Was wir nicht brauchen, sind wichtigtuerische apokalyptische Schwarzseher, die seit Beginn der schriftlichen Aufzeichnungen das nahe Ende verkünden. Wir haben seit Mitte des 20. Jahrhunderts nicht nur eine Beschleunigung in sämtlichen technischen Bereichen erlebt, sondern ebenso den Siegeszug der Menschenrechte und seinen vielfältigen, wohltuenden Folgeerscheinungen.

Die organisierte internationale Zusammenarbeit hat mit den Vereinten Nationen und ihren vielen Unterorganisationen in der Geschichte der menschlichen Zivilisation ungeahnte Dimensionen eröffnet. Wie oft wurde nicht seit ihrem Bestehen die Unzulänglichkeit und Zahnlosigkeit der UNO angeprangert und ihr Untergang vorausgesagt. Die Vereinten Nationen sind gepolt auf friedliche Schlichtung von Streitigkeiten, Förderung und Bewahrung der Menschenrechte, Gleichstellung von Frauen und Männern, schonenden Umgang mit der Umwelt, Kampf gegen Drogenhandel und Verbrechen und nicht zuletzt die Förderung der Humanität. Die Ziele wurden immer höher gesteckt und sind noch längst nicht erreicht. Sie wurden aber von allen Staaten immer wieder bestätigt, und wenn auch nicht alle Akteure es ehrlich meinen, so hat sich die Weltgemeinschaft dennoch diesen Zielen unterworfen und sich bereiterklärt, für sie Verantwortung übernommen. Die Allgemeine Erklärung der Menschenrechte ist keine verbindliche Rechtsquelle, sondern ein Ideal, an dem Orientierung zu finden ist. Die Erklärung der Menschenrechte bezeichnet den Horizont, auf den sich die Menschengemeinschaft in den kommenden Jahrzehnten weiter zubewegen wird. In diesem Rahmen können Mitmenschlichkeit und Solidarität noch konkretere Gestalt annehmen.

Nimmt man dies als gegeben an, stellt sich die Frage, warum so viele Menschen davon überzeugt sind, dass alles schlimm und beklagenswert ist? Die allermeisten Menschen lagen mit ihrer pessimistischen Bewertung des Zustands der Welt daneben. Unterhalb dieser klebrigen Schicht aus Apokalyptik, Nihilismus und Besserwisserei existiert offensichtlich eine vitale Schicht des normalen Lebens. Sie ist stark und widerstandsfähig, und letztlich bestimmt sie das Handeln und die guten Ergebnisse. Sie wird getragen von Menschen, die wissen, was zu tun ist, um das Leben zu verbessern und angenehmer zu machen, die wissen, „was ansteht“, den anständigen Menschen. In sie setze ich meine Hoffnung, sie begründen meine Zuversicht. Ihnen widme ich dieses Buch, auch wenn sie es erst in ferner Zukunft lesen werden.

Sach- und Personenregister

Über den Autor

Gerald Mackenthun (geb. 1950) studierte zunächst Zeitungswissenschaften und Politologie an der Freien Universität Berlin und arbeitete über 25 Jahre in verschiedenen Medien, vor allem als Wissenschaftskorrespondent der Deutschen Presse-Agentur im Landesbüro Berlin. Nebenbei studierte er Psychologie und absolvierte eine Ausbildung zum Psychologischen Psychotherapeuten. In diesen Beruf wechselte er 2004. Seitdem arbeitet er als niedergelassener Psychotherapeut in Berlin. Er ist Autor mehrerer Bücher und Grundlagenwerke über Themen der Tiefenpsychologie und beschäftigt sich insbesondere mit Alfred Adler, dem Wiener Begründer der Individualpsychologie. Er ist Dr.phil. und habilitiert im Fach Klinische Psychologie.

Weitere Bücher vom Autor

Politisches Denken in Athen und Rom. Berlin: VTA 2020

Diagnostik und Diagnose in tiefenpsychologischen und psychoanalytischen Verfahren. Berlin: VTA 2018

Berichte an den Gutachter schreiben in tiefenpsychologischen und psychoanalytischen Verfahren einschließlich der genauen Erörterung der Psychodynamik. Norderstedt: BoD; 2., korrigierte und ergänzte Auflage 2017

zus. mit Rattner, J.; Kulturanalyse und Psychotherapie. 200 S., Berlin: Verlag für Tiefenpsychologie, 2015

(Hg.) Alfred Adler – wie wir ihn kannten. 304 S., Göttingen: Vandenhoeck & Ruprecht, 2015

Grundlagen der Tiefenpsychologie. 360 S., Gießen: Psychosozial-Verlag, 2013

Gemeinschaftsgefühl. Wertpsychologie und Lebensphilosophie seit Alfred Adler. 560 S., Gießen: Psychosozial-Verlag, 2012

Widerstand und Verdrängung. Ursprung und Neuinterpretation zweier Schlüsselbegriffe der Tiefenpsychologie. 470 S., Gießen: Psychosozial-Verlag, 2., überarbeitete Auflage, 2011

zus. mit Lévy, A. (Hg.): Gestalten um Alfred Adler: Pioniere der Individualpsychologie. Würzburg: Königshausen und Neumann 2002

zus. mit Krämer, W.: Die Panik-Macher, München: Piper 2001

(Hg.) Verständnis und Mitgefühl: Vorträge und Essays zur tiefenpsychologischen Kulturanalyse und Psychosomatik. Würzburg: Königshausen und Neumann 2000

zus. mit Kaminski, K. (Hg.) Kinder verstehen lernen: Vorträge zur individualpsychologischen Pädagogik in Elternhaus und Schule. Würzburg: Königshausen und Neumann 1998 zus. mit Kaminski, K. (Hg.) Individualpsychologie auf neuen Wegen - Grundbegriffe, Individualpsychologie als angewandte Ethik, Psychotherapie, Charakterkunde. Würzburg: Königshausen und Neumann 1997

Die Entstehungsgeschichte der ‚Analytischen Sozialpsychologie' Erich Fromms 1928-1938: Eine Einführung. Forschungen zu Erich Fromm, Band 3, Frankfurt/Main: Haag+Herchen 1991

Phyllis Bottome

Alfred Adler – aus der Nähe porträtiert
304 Seiten, gebunden, 2., verbesserte Auflage
Juli 2017
ISBN: 978-3-00-040056-8
30,00 €

Über den Inhalt

Alfred Adler, Arzt und Psychologe, zählt neben Sigmund Freud und Carl Gustav Jung zu den Pionieren der Tiefenpsychologie. Adlers wichtigste Anliegen in der von ihm begründeten Schule der "Individualpsychologie" war die Ausarbeitung einer Menschen- und Lebenskenntnis, die allgemeinverständlich ist und zu einer verantwortungsvollen Lebensführung anleitet.

Die bekannte englische Schriftstellerin Phyllis Bottome (1882-1963), Adlers erste Biografin und mit ihm eng befreundet, hat seinen Lebensweg einfühlsam nachgezeichnet. Ihr temperamentvoller Lebensbericht, der auf zahlreichen persönlichen und schriftlichen Mitteilungen beruht, erweckt seine humorvolle und menschliche Persönlichkeit vor den Augen des Lesers zu neuem Leben.

Das Buch ist die erstmalige Übersetzung der dritten Auflage der Bottome-Biographie (1957) ins Deutsche. Klaus Hölzer und seine Mitübersetzer sind ausgewiesene Individualpsychologen.

Über die Autorin

Phyllis Bottome (1882-1963) war eine bedeutende englische Schriftstellerin - populär in Großbritannien und in den USA -, die in der Mitte ihres Lebens eine engagierte Anhängerin der Individualpsychologie wurde. Nach ihrer Begegnung mit Alfred Adler (1870-1937) veranschaulichte sie seine Psychologie in zahlreichen Romanen und Essays.

Bestellungen in allen Buchhandlungen und auf allen Online-Plattformen.

Gerald Mackenthun

Politisches Denken – Athen und Rom

204 Seiten, gebunden, April 2020
ISBN 978-3946130277
23,00 €

eBook 12,99 €

Im antiken Athen wurden Grundformen der Demokratie erfunden und erprobt; das antike Rom wird bewundert für seine Rechtssicherheit und die effektive Organisation des Imperiums.

In diesem Buch werden die bis heute wirksamen politischen Ideen, die in Athen und Rom entwickelt wurden, im Kontext ihrer Zeit dargestellt. „Politisches Denken" ist dabei nicht nur Ideengeschichte; sie hat auch Verbindungen zur Realpolitik, zur Philosophie, zum Recht, zur Geschichtswissenschaft, zur Theologie, ja sogar zu einigen Werken der Dichtung.

Die Geschichte zeigt: Demokratie wurde mühsam errungen und war immer gefährdet. Griechen und Römer zeigten immer wieder eine starke Geneigtheit zu Tyrannen und Alleinherrschern. Das frühe Christentum wandte sich dann gänzlich ab von der Politik und gab sich dem Mystizismus hin.

Das Buch führt in die Ideengeschichte der Politik in Athen und Rom ein und endet mit der Frage: Was können wir aus der antiken Geschichte lernen? Die Antwort lautet: Es kommt sowohl auf die Qualität des politischen Personals als auch auf die demokratische Gestaltung der Gesetze und der politischen Institutionen an. Der Staat sollte so organisiert sein, dass er schlechten und inkompetenten Herrschern unmöglich macht, allzu großen Schaden anzurichten.

Rezensent T.L.: „Der Autor gibt mit seinem Buch zur richtigen Zeit einen klugen und wichtigen Impuls für den Wert und die Notwendigkeit humanistischen Denkens und Handeln für die Zukunft der Menschheit. Im übrigen zeichnet sich das anspruchsvolle Werk durch gute und leichte Lesbarkeit aus." (19.12.20)

Bestellungen in allen Buchhandlungen und auf allen Online-Plattformen.